[美]沃尔特·艾萨克森/著　张卜天/译

爱因斯坦传

上

EINSTEIN:
HIS LIFE AND
UNIVERSE

湖南科学技术出版社

谨以此书献给我的父亲

我所知道的性情最和善、思维最敏捷、品行最端正的人

在圣芭芭拉，1933 年

"生活就像骑自行车。要想保持平衡，就要不断运动。"

——爱因斯坦致儿子爱德华的信，1930 年 2 月 5 日。[1]

---

[1] Einstein to Eduard Einstein, Feb. 5, 1930. 当时爱德华正患有严重的精神疾病。德语原文为："Beim Menschen ist es wie beim Velo. Nur wenn er fährt, kann, er bequem die Balance halten." 更加忠实于原文的翻译为："和人打交道就像骑自行车。只有在运动时，才能轻松地保持平衡。" 感谢耶路撒冷希伯来大学爱因斯坦档案馆的芭芭拉·沃尔夫（Barbara Wolff）的帮助。

爱因斯坦的父母：保莉妮·爱因斯坦和赫尔曼·爱因斯坦

在慕尼黑的一家照相馆，14岁

在阿劳中学（前排左边），1896年

4 与米列娃,约 1905 年

5 与米列娃和汉斯·阿尔伯特,1905 年

6 爱德华、米列娃和汉斯·阿尔伯特

7　与"奥林匹亚科学院"的哈比希特（左）和索洛文，约1902年

8　安娜·温特勒·贝索与米歇勒·贝索

9　在伯尔尼专利局，1905年奇迹年

10
在布拉格，1912 年

11
格罗斯曼

12
与居里夫人在瑞士远足，1913 年

13
与化学家弗里茨·哈伯，1914 年 7 月

14 在纽约被犹太复国主义领导人哈伊姆·魏茨曼监视,1921年4月

15 在纽约会见媒体,1930年

16 与爱尔莎在大峡谷,1931年2月

17　1911年索尔维会议（普朗克、索尔维、洛伦兹、居里夫人、庞加莱、爱因斯坦、朗之万）

18　1927年索尔维会议（后排：埃伦菲斯特、薛定谔、德布罗意、海森伯；
　　前排：普朗克、居里夫人、洛伦兹、爱因斯坦、玻恩、玻尔）

19 获得普朗克奖章,1929年

20 在莱顿:(后排)爱因斯坦、埃伦菲斯特、德西特;(前排)爱丁顿、洛伦兹;1923年9月

21 与埃伦菲斯特和他的儿子在莱顿

22
玻尔与爱因斯坦在荷兰埃伦菲斯特家讨论量子力学,1925年(埃伦菲斯特摄)

23
海森伯

24
薛定谔

25
玻恩

26
勒纳德

27 在波罗的海度假，1928 年

28 天籁之音

与爱尔莎和她的女儿玛戈特，在柏林，1929 年

玛戈特与伊尔莎在卡普特房前，1929年

与儿子汉斯·阿尔伯特和孙子伯恩哈德，1932年

在加州理工学院附近的威尔逊山天文台,发现宇宙在膨胀,1931年1月

32

长岛海湾搏击风浪,1936年

33

34 欢迎汉斯·阿尔伯特来美国，1937 年

35 玛戈特、爱因斯坦和杜卡斯宣誓成为美国公民，1940 年 10 月

36 获赠一架望远镜,梅瑟大街112号的后花园,上面是书房的大落地窗

37 与哥德尔在普林斯顿,1950年

普林斯顿，1953 年

目 录

致谢	（ⅲ）
主要人物	（ⅷ）
第一章　光束骑士	（1）
第二章　童年，1879—1896	（10）
第三章　苏黎世联邦工学院，1896—1900	（43）
第四章　恋人，1900—1904	（67）
第五章　奇迹年：量子和分子，1905	（122）
第六章　狭义相对论，1905	（144）
第七章　最幸福的思想，1906—1909	（189）
第八章　奔波的教授，1909—1914	（213）
第九章　广义相对论，1911—1915	（255）
第十章　离婚，1916—1919	（301）
第十一章　爱因斯坦的宇宙，1916—1919	（333）
第十二章　名声，1919	（350）
第十三章　四处奔走的犹太复国主义者，1920—1921	（374）

第十四章　诺贝尔奖获得者，1921—1927　　　　　　　　（411）

第十五章　统一场论，1923—1931　　　　　　　　　　（445）

第十六章　知命之年，1929—1931　　　　　　　　　　（471）

第十七章　爱因斯坦的上帝　　　　　　　　　　　　　（508）

第十八章　流亡者，1932—1933　　　　　　　　　　　（522）

第十九章　美国，1933—1939　　　　　　　　　　　　（562）

第二十章　量子纠缠，1935　　　　　　　　　　　　　（592）

第二十一章　原子弹，1939—1945　　　　　　　　　　（623）

第二十二章　世界公民，1945—1948　　　　　　　　　（643）

第二十三章　里程碑，1948—1953　　　　　　　　　　（671）

第二十四章　红色恐惧，1951—1954　　　　　　　　　（692）

第二十五章　最后的时光，1955　　　　　　　　　　　（707）

尾声：爱因斯坦的大脑和心灵　　　　　　　　　　　　（719）

参考书目　　　　　　　　　　　　　　　　　　　　　（730）

人名译名对照表　　　　　　　　　　　　　　　　　　（751）

索引　　　　　　　　　　　　　　　　　　　　　　　（761）

译后记　　　　　　　　　　　　　　　　　　　　　　（820）

致 谢

《爱因斯坦全集》的负责人兼总编戴安娜·科默斯·布克沃尔德（Diana Kormos Buchwald）认真阅读了本书，并就初稿做了大量评论，提出了许多改进意见。此外，她使我有机会能够查阅2006年才披露的所有新的爱因斯坦文献资料，并给予我具体指导。在我造访加州理工学院"爱因斯坦文稿计划"（Einstein Papers Project）期间，她热情地接待了我，并提供了许多方便。她工作相当投入，满怀奉献精神，为人风趣幽默，所有这些都使与她交往的人备感亲切和愉悦。

在指导我查阅尚未发表的材料方面，她的两位同事也助益甚多。蒂尔曼·绍尔（Tilman Sauer）不仅审阅了本书，发表了自己的看法，而且就爱因斯坦寻找广义相对论引力场方程及探索统一场论等方面的内容提出了专业意见。《爱因斯坦全集》的历史编辑泽埃夫·罗森克朗茨（Ze'ev Rosenkranz），就爱因斯坦对德国的态度及其犹太遗产方面的内容发表了深刻见解。他曾任耶路撒冷希伯来大学爱因斯坦档案馆馆长。

希伯来大学爱因斯坦档案馆的馆员芭芭拉·沃尔夫（Barbara Wolff）详细审阅了每一页书稿，核对了其中涉及的种种事实，做了多处或大或小的修改。她说自己有吹毛求疵的毛病，但对她所指出的每一处瑕疵，我都心怀感激。此外，还要感谢档案馆馆长罗尼·格罗希（Roni Grosz）的鼓励。

布赖恩·格林（Brian Greene）是我的挚友，也是本书稿出色的审校者。他现在是哥伦比亚大学的物理学家，著有《宇宙的结构》（*Fabric of the Cosmos*）等书。他阅读了本书的终稿，提出了大量修改意见，并审订了科学方面的内容。无论是对科学的了解，还是对语言的掌握，他都是一把好手。除了做弦理论的工作之外，他还和妻子特蕾西·戴（Tracy Day）在纽约组织年度科学节，以传播其著作中洋溢的那种对物理学的热情。

凯斯西储大学的物理学教授、《隐于镜中》（*Hiding in the Mirror*）的作者劳伦斯·克劳斯（Lawrence Krauss），同样阅读了本书的初稿，并对狭义相对论、广义相对论和宇宙学部分的内容进行了核对，提出了许多好的建议和改进意见。他对物理学的热情亦极富感染力。

克劳斯还向我引荐了他的门生克雷格·J. 科皮（Craig J. Copi），他目前正在西储大学讲授相对论。他帮我从头到尾审读了科学和数学方面的内容。我非常感谢他兢兢业业的编辑工作。

耶鲁大学教授道格拉斯·斯通（Douglas Stone）也审读了书中科学方面的内容。他是一位凝聚态物理学家，目前正在撰写一部关于爱因斯坦对量子力学贡献的重要著作。除审阅科学内容之外，他还帮助我撰写了关于 1905 年光量子论文、量子理论、玻色-爱因斯坦凝聚以及运动论等方面的章节。

默里·盖尔曼（Murray Gell-Mann），1969 年诺贝尔物理学奖获得者，自始至终都给予我热情的指导。他帮我修订了草稿，对涉及相对论和量子力学的章节进行了编辑和改进，并且帮忙起草了关于解释爱因斯坦对量子不确定性的反驳的样稿。他学富五车，幽默风趣，对人性有深邃的洞察，所有这些都使同他的合作成为一件乐事。

阿瑟·I. 米勒（Arthur I. Miller），伦敦大学学院著名的科学史与科学哲学教授，著有《爱因斯坦，毕加索》(Einstein, Picasso)和《星辰帝国》(Empire of the Stars)。他多次审读了书中的科学内容，提出了大量改进意见，特别是在狭义相对论（在这方面他曾写过一部开拓性的著作）、广义相对论和量子理论部分。

马里兰大学物理教授、弦理论家小西尔维斯特·詹姆斯·盖茨 (Sylvester James Gates Jr.)，在阿斯彭出席一个关于爱因斯坦的会议时，提出要阅读我的书稿。令我高兴的是，他做了详细修改，其中包括关于某些科学章节的种种精妙评论和改述。

匹兹堡大学教授约翰·D. 诺顿 (John D. Norton) 尤其擅长追索爱因斯坦提出狭义和广义相对论时的思想过程。他阅读和修改了这些方面的内容，并提出了有益的建议。还要感谢他的两位同事——柏林马克斯·普朗克研究所的于尔根·雷恩 (Jürgen Renn) 和明尼苏达大学的米歇尔·扬森 (Michel Janssen) 的指导，他们都是研究爱因斯坦理论发展过程的专家。

阿斯彭物理学中心的创建者之一乔治·斯特拉纳汉 (George Stranahan) 也审阅了本书稿。他的帮助尤其体现在关于光量子论文、布朗运动以及狭义相对论部分的修改上。

约翰·霍普金斯大学的科学哲学家罗伯特·莱纳西维奇 (Robert Rynasiewicz) 阅读了大部分科学章节，并就广义相对论的探索方面提出了各种有益建议。

N. 戴维·默敏 (N. David Mermin) 曾对本书的导论章节以及讨论爱因斯坦 1905 年论文的第五章和第六章做了修订。他是康奈尔大学的理论物理学教授，著有《关于时间：理解爱因斯坦的相对论》(It's About Time: Understanding Einstein's Relativity) 一书。

哈佛大学物理学教授杰拉尔德·霍尔顿 (Gerald Holton) 是爱因斯坦研究领域的先驱人物。他愿意读我的书，并且对之赞赏有加，这使我受宠若惊。其哈佛的同事，在科学教育方面贡献良多的达德利·赫施巴赫（Dudley Herschbach），同样给予了支持。霍尔顿和赫施巴赫都对我的草稿提出了有益的建议，我们在霍尔顿的办公室里用了一个下午讨论这些建议，以改进我对历史人物的描述。

哈佛大学科学与国际事务教授艾什顿·卡特（Ashton Carter）不辞辛劳地审阅了本书的初稿。哥伦比亚大学的弗里茨·斯特恩（Fritz Stern），《爱因斯坦的德国世界》（*Einstein's German World*）[1] 一书的作者，从一开始就给予我鼓励和建议。"爱因斯坦文稿计划"的前任主编之一罗伯特·舒尔曼（Robert Schulmann）很早就给过我建议和鼓励。写过多部关于爱因斯坦著作的杰里米·伯恩斯坦（Jeremy Bernstein）曾经提醒我，这其中涉及的科学十分困难。他的话没错，对他的这番告诫，我心怀感激。

我还请两位中学物理教师认真阅读了本书，以确保在科学内容准确无误的情形下，只受过高中物理教育的人就可以理解它们。南希·斯特拉文斯基·艾萨克森（Nancy Stravinsky Isaacson）曾在新奥尔良教物理，现在"卡特里娜"飓风让她清闲了不少。戴维·德比斯（David Derbes）在芝加哥大学实验学校教物理。他们的意见考虑到了普通读者可能有的反应，非常中肯。

不确定性原理有一个推论，那就是一本书无论检查过多少遍，也仍然会有一些错误。这些错误无疑应由我负责。

一些没有科学背景的读者也从普通人的角度提出了许多非常有益的建议，这些读者包括威廉·迈尔（William Mayer）、奥维尔·赖特（Orville Wright）、丹尼尔·奥克兰特（Daniel Okrent）、史蒂夫·韦斯曼（Steve Weisman）及斯特罗伯·塔尔波特（Strobe

---

[1] 中译本为《爱因斯坦恩怨史》，方在庆、文亚，等译，上海科技教育出版社 2004 年版。——译者注

Talbott)等。

25年来，西蒙与舒斯特出版公司的艾丽丝·梅休（Alice Mayhew）一直是我的编辑，国际创作管理公司（ICM）的阿曼达·乌尔班（Amanda Urban）是我的代理人。很难想象还有比她们更好的工作伙伴了，她们对本书也都热情地提出了有益的建议。应该感谢的西蒙与舒斯特出版公司的员工还有：卡罗琳·里迪（Carolyn Reidy）、戴维·罗森塔尔（David Rosenthal）、罗吉尔·莱布里（Roger Labrie）、维多利亚·迈耶（Victoria Meyer）、伊丽莎白·海斯（Elizabeth Hayes）、塞丽娜·琼斯（Serena Jones）、玛拉·卢里（Mara Lurie）、朱迪思·胡佛（Judith Hoover）、杰姬·塞欧（Jackie Seow）和戴娜·斯隆（Dana Sloan）。此外，还要感谢艾利奥特·雷维茨（Elliot Ravetz）和帕特丽夏·津杜尔卡（Patricia Zindulka）多年来给予我的大力协助。

娜塔莎·霍夫迈耶（Natasha Hoffmeyer）和詹姆斯·霍佩斯（James Hoppes）为我翻译了爱因斯坦的德文通信和著述，特别是那些此前未有译本的新材料，非常感谢他们的努力。

我还有另外两个半非常重要的读者。一位是我父亲欧文·艾萨克森（Irwin Isaacson），他是一位工程师，曾向我慢慢灌输了对科学的热爱。他是我所见过的思维最敏捷的老师。感谢他和我已故的母亲为我营造的世界，也要感谢我才华横溢、智慧出众的继母朱兰娜（Julanne）。另一位重要的读者是我的妻子凯茜（Cathy），她以其一贯的聪慧、质朴和好奇心，仔细推敲了全书的每一句话。最后那半个重要读者是我的女儿贝特西（Betsy），像往常一样，她也阅读了本书的部分章节。尽管她阅读的内容很随意，但在发表评论时却是信心十足。我深深地爱着他们。

主要人物

贝索（Michele Angelo Besso，1873—1955），爱因斯坦最亲密的朋友。一个有魅力但无确定目标的工程师。他在苏黎世遇到爱因斯坦，随后同他到伯尔尼专利局工作。爱因斯坦写作1905年狭义相对论论文时曾经征询过他的意见。他与爱因斯坦第一位女友的姐姐安娜·温特勒结婚。

玻尔（Niels Bohr，1885—1962），丹麦物理学家，量子理论的先驱。在索尔维会议和随后的思想交锋中，他回应了爱因斯坦对其量子力学的哥本哈根诠释所提出的严峻挑战。

玻恩（Max Born，1882—1970），德国物理学家、数学家。与爱因斯坦保持了40年亲密的书信往来。他试图说服爱因斯坦坦然接受量子力学。他的妻子海德维希曾为私人问题对爱因斯坦表示过异议。

杜卡斯（Helen Dukas，1896—1982），爱因斯坦的忠实秘书。她恪尽职守地守护着关于爱因斯坦的信息，从1928年一直到他去世都与他住在同一幢房子里。爱因斯坦去世后，其遗物和论文一直由她保管。

爱丁顿（Arthur Stanley Eddington，1882—1944），英国天体物理学家，相对论的拥护者。其1919年的日食观测戏剧性地证实了爱因斯坦关于引力使光偏折的预言。

主要人物

埃伦菲斯特（Paul Ehrenfest，1880—1933），出生于奥地利的犹太裔物理学家，对生活过于认真，缺乏自信。1912年访问布拉格时与爱因斯坦建立起友谊。他后来成为莱顿大学的教授，爱因斯坦常到他家做客。

爱德华·爱因斯坦（Eduard Einstein，1910—1965），米列娃与爱因斯坦的次子。他天资聪慧，富有艺术气质，迷恋弗洛伊德理论，希望成为一名精神病学家，但20多岁时却患上了精神分裂症，被送往瑞士的精神病院治疗，在那里度过了余生中的大部分时光。

爱尔莎·爱因斯坦（Elsa Einstein，1876—1936），爱因斯坦的表姐（也是堂姐），也是其第二任妻子。此前她与纺织品商马克斯·勒温塔尔结婚，育有二女玛戈特和伊尔莎。在1908年与勒温塔尔离婚后，与两个女儿都改姓爱因斯坦。她与爱因斯坦于1919年结婚。她实际上比外表精明，懂得如何操控爱因斯坦。

汉斯·阿尔伯特·爱因斯坦（Hans Albert Einstein，1904—1973），米列娃与爱因斯坦的长子，这一身份经常给他带来麻烦。他在苏黎世联邦工学院学习工程学。1927年与弗里达·克乃希特（1895—1958）结婚，育有二子伯恩哈德（1930—2008）和克劳斯（1932—1938）以及一个养女伊夫林（1941—2011）。1938年移民美国，后为加州大学伯克利分校的水力工程学教授。弗里达去世后，与伊丽莎白·罗伯茨（1904—1995）于1959年结婚。伯恩哈德有五个孩子，他们是爱因斯坦仅有的为人所知的曾孙辈。

赫尔曼·爱因斯坦（Hermann Einstein，1847—1902），爱因斯坦的父亲，来自施瓦本农村的一个犹太家庭。他与弟弟雅各布一起在慕尼黑和意大利经营电气公司，但并不很成功。

伊尔莎·爱因斯坦（Ilse Einstein，1897—1934），爱尔莎第一

次结婚所生的女儿。她曾与富于冒险精神的医生尼科莱调情，1924年嫁给了文学评论家鲁道夫·凯泽尔，后者后来写过一本关于爱因斯坦的书，用的是笔名安东·莱泽尔。

莉色儿·爱因斯坦（Lieserl Einstein，1902—?），爱因斯坦和米列娃婚前所生的女儿。爱因斯坦也许从未见过。她可能被米列娃的家乡塞尔维亚诺维萨德的人收养，1903年年底死于猩红热。

玛戈特·爱因斯坦（Margote Einstein，1899—1986），爱尔莎第一次结婚所生的女儿。一个腼腆的雕塑家。1930年嫁给俄国人马里亚诺夫，没有子嗣。马里亚诺夫后来写了一本关于爱因斯坦的书。玛戈特于1937年同他离婚，与爱因斯坦一道移居普林斯顿，此后一直居住在梅瑟大街112号。

玛雅·爱因斯坦（Maria "Maja" Einstein，1881—1951），爱因斯坦唯一的妹妹，也是其最亲密的知己之一。她与保罗·温特勒结婚，没有子嗣，1938年独自从意大利搬到普林斯顿，同哥哥住在一起。

保莉妮·科赫·爱因斯坦（Pauline Koch Einstein，1858—1920），爱因斯坦的母亲，固执己见，讲求实际。她是符腾堡的一位富裕的犹太粮商的女儿，1876年与赫尔曼·爱因斯坦结婚。

弗莱克斯纳（Abraham Flexner，1866—1959），美国教育改革家。创立了普林斯顿高等研究院，爱因斯坦后来成为其中一员。

弗兰克（Philipp Frank，1884—1966），奥地利物理学家，爱因斯坦的朋友。他继爱因斯坦之后在布拉格德国大学任教，后来写了一本有关爱因斯坦的书。

格罗斯曼（Marcel Grossmann，1878—1936），爱因斯坦在苏黎世联邦工学院的同学，学习勤奋，为爱因斯坦做数学笔记，后帮助他在专利局找到了一份差事。他曾任苏黎世联邦工学院的画法几何学教授，帮助爱因斯坦找到了广义相对论所需要的数学。

哈伯（Fritz Haber，1868—1934），德国化学家，毒气战的先驱人物。他帮助爱因斯坦到柏林受聘，并且在爱因斯坦和米列娃之间调解周旋。他是犹太人，后为争做优秀的德国人而皈依基督教。他向爱因斯坦宣扬同化的美德，直至纳粹上台。

哈比希特（Conrad Habicht，1876—1958），数学家、业余发明家，伯尔尼的三人讨论小组"奥林匹亚科学院"的成员。1905年，爱因斯坦曾给他写过两封著名的信，通报了即将完成的论文。

海森伯（Werner Heisenberg，1901—1976），德国物理学家，量子力学的先驱之一。他提出了不确定性原理，对此爱因斯坦曾倾力抵制。

希尔伯特（David Hilbert，1862—1943），德国数学家。1915年，他和爱因斯坦一样，也发现了广义相对论的数学方程。

霍夫曼（Banesh Hoffmann，1906—1986），数学家和物理学家。曾在普林斯顿与爱因斯坦合作，后来写了一本关于爱因斯坦的书。

勒纳德（Philipp Lenard，1862—1947），德籍匈牙利裔物理学家[1]。他对光电效应的实验观测在爱因斯坦1905年的光量子论文中得到了解释。后来成为一名反犹主义者和纳粹分子，敌视爱因斯坦。

洛伦兹（Hendrik Antoon Lorentz，1853—1928），荷兰物理学家。聪慧过人，为人和蔼可亲。其理论为狭义相对论铺平了道

---

[1] 原文为Hungarian-German。实际上，勒纳德的祖上来自奥地利的蒂洛尔，应该是日耳曼裔。匈牙利裔的说法，让人混淆。他出生的地方属于奥匈帝国，归匈牙利管。——译者注

路。在爱因斯坦眼中，他如同父亲一般。

米列娃·玛里奇（Mileva Marić，1875—1948）[1]，出生于塞尔维亚，苏黎世联邦工学院物理系学生[2]，后来成为爱因斯坦第一任妻子，汉斯·阿尔伯特、爱德华和莉色儿的母亲。她富有激情，不乏紧迫感，但也时常陷入忧思，变得愈发闷闷不乐。她克服了一个有抱负的女物理学家所面临的许多困难，虽然事业未成。1914年与爱因斯坦分居，1919年与之离婚。

密立根（Robert Andrews Millikan，1868—1953），美国实验物理学家，验证了爱因斯坦的光电效应定律，曾邀请爱因斯坦到加州大学伯克利分校访学。

闵可夫斯基（Hermann Minkowski，1864—1909），在苏黎世联邦工学院教爱因斯坦数学，称爱因斯坦"懒狗"。他用四维时空对狭义相对论做了一种数学表述。

尼科莱（Georg Friedrich Nicolai，1874—1964），物理学家、和平主义者、冒险家。他富有魅力，获取过不少女性的芳心。是爱尔莎的朋友和医生，或许也是其女儿伊尔莎的情人。1915年，

---

[1] 对于"米列娃·玛里奇"而言，"米列娃"是名，"玛里奇"是姓，按常规应该以"玛里奇"作为姓名的简称，但由于一般的书里习惯上称"米列娃"（就像"伽利略·伽利雷"一般称"伽利略"而不称"伽利雷"一样），所以在本书中一般译成"米列娃"而不是"玛里奇"。——译者注

[2] 原文如此。其实，当时的苏黎世联邦工学院还没有物理系。爱因斯坦和米列娃读的都是为中学培养数学和物理教师的数理Ⅵ A部。——译者注

他曾与爱因斯坦写过一本关于和平主义的小册子。[1]

派斯（Abraham Pais，1918—2000），荷兰裔理论物理学家。后来成为爱因斯坦在普林斯顿的同事，写过一本关于他的科学传记。

普朗克（Max Planck，1858—1947），普鲁士理论物理学家，爱因斯坦的早期赞助人之一，曾帮助其到柏林受聘。他在生活和物理学上的保守天性与爱因斯坦截然不同，不过直到纳粹上台，他们一直是友好而忠诚的同事。

薛定谔（Erwin Schödinger，1887—1961），奥地利理论物理学家，量子力学的先驱之一，不过他和爱因斯坦都对量子力学本质上的不确定性和概率性表示过不满。

索洛文（Maurice Solovine，1875—1958），生于罗马尼亚，在伯尔尼学习哲学。他和爱因斯坦、哈比希特共同创建了"奥林匹亚科学院"。后来成为爱因斯坦著作的法文出版商，终生与之保持通信联系。

西拉德（Leó Szilárd，1898—1964），匈牙利裔物理学家，富有魅力，行为古怪。他在柏林遇到爱因斯坦，两人获得过一种冰箱的专利。他意识到核链式反应的可能性，1939 年与他人共同起草了一封信，由爱因斯坦签名递交给罗斯福总统，促请其注意研制原子弹的可能性。

---

[1] 此处所述有误。爱因斯坦没有与他合写一本书。爱因斯坦只是在尼科莱起草的《告欧洲人书》上签过名。此外，还有另外两人也签了名。当时这篇文章并没有发表，尼科莱后来写了一本《战争的生物学》将此文附在里面，这或许是艾萨克森认为它为爱因斯坦与尼科莱合写的原因。尼科莱因此书受到战争法庭审判，遭降级处分。战后他失业了，移民到南美。感谢中科院自然科学史研究所方在庆研究员指出这一讹误。——译者注

魏茨曼（Chaim Weizmann，1874—1952），出生于俄国的犹太裔化学家，移民到英国，任世界犹太复国主义组织主席。1921年，他带爱因斯坦第一次来到美国，以帮助其筹款。他是以色列的首任总统，在他去世后此职位曾打算授予爱因斯坦。

温特勒一家（The Winteler Family），爱因斯坦在瑞士阿劳上中学时曾寄宿在他们家，约斯特·温特勒教爱因斯坦历史和希腊语。妻子罗莎后来成为爱因斯坦的"第二个妈妈"。在他们的七个孩子中，玛丽成了爱因斯坦的第一位女友，安娜嫁给了爱因斯坦最好的朋友贝索，保罗则娶了爱因斯坦的妹妹玛雅。

仓格尔（Heinrich Zangger，1874—1957），苏黎世大学生理学教授。同爱因斯坦和米列娃的关系都很好，曾帮助他们化解纠纷，处理离婚事宜。

第一章　光束骑士

"我答应给你四篇论文作为回报。"年轻的专利审查员在给朋友的信中这样写道。事实证明，这封信包含了科学史上最重要的一些信息，不过，作者所特有的俏皮口吻掩盖了它的重要性。在信中，他径直称自己的朋友为"你这头冷冻的鲸鱼（frozen whale）"，并为写下这些"无足轻重的废话"表示道歉。只是在转而叙述那些在闲暇时写就的论文时，他才暗示自己完全懂得它们的重要性。[1]

"第一篇论文讲的是辐射和光的能量特性，是非常革命性的。"他解释说。是的，它的确是革命性的。它主张光不仅可以看成一种波，而且还可以看成一束微小的粒子，即所谓的量子。由这一

---

[1] Einstein to Conrad Habicht, May 18 or 25, 1905.

理论将会导出一个不具有严格因果性或确定性的宇宙。在爱因斯坦的一生中，这一结果将如幽灵一般，时不时地纠缠于他。

"第二篇论文是测定原子的实际大小。"虽然当时关于原子是否真实存在的争论仍然悬而未决，但这些论文显然倾向于得出肯定的结论。正因为此，他最近写博士论文时才把它当作最可靠的前提。他正在掀起一场物理学革命，但在获得学术职位和博士学位的过程中却一再受挫。他本想凭借这一学位将专利审查员的级别由三级升至二级。

第三篇论文是对随机碰撞进行统计分析，以解释液体中微观粒子的不规则运动，原子和分子的存在由此得以确立。

"第四篇论文还处于草创阶段，它把对时空理论的一种修正用于动体的电动力学。"这当然绝非"无足轻重的废话"。仅仅凭借在头脑中进行的思想实验，他决定抛弃牛顿的绝对时空概念。这便是后来众所周知的狭义相对论。

事实上，这一年他还会产出第五篇论文，他当时并不知晓，当然也没有告诉朋友。这篇论文将是对第四篇的一则补遗，它确定了质量与能量之间的关系，导出了物理学中最著名的方程：$E=mc^2$。

刚刚过去的一个世纪将会因其力图打破与古典传统的联系而为历史铭记，而下一个时代将会着力培养创造性，这是科学创新所不可或缺的。每当我们回想和展望这一切时，我们这个时代最引人注目的偶像便会突显出来：这是一个从压迫中挣脱出来的流亡者，和蔼而亲切。其散乱的头发，闪烁的目光，迷人的个性，超凡的才智，所有这些都使他的面孔成为一个象征，名字成为天才的同义语。阿尔伯特·爱因斯坦，这位富有非凡想象力的探索者，对自然所蕴含的和谐笃信不疑。他迷人的经历可以清楚地证明创造性与自由息息相关，亦可折射出时代的胜利与喧嚣。

爱因斯坦的档案现已完全公开，我们有机会研究他的个人方面——其不屈服的个性、叛逆的天性、好奇心、激情和超然于世——如何与他的公众事务、政治活动和科学工作交织在一起。了解他这个人有助于我们理解他的科学，反之亦然。性格、想象力和创造性天赋就像统一场的各个部分，彼此有着密切的关联。

尽管有着冷漠的名声，但实际上，无论是个人追求还是科学探索，爱因斯坦都很有激情。在大学里，他疯狂地爱上了班里唯一一个女生米列娃·玛里奇。她是塞尔维亚人，性情忧郁，对生活很认真。他们先是有了一个私生女儿，然后结婚，生了两个儿子。爱因斯坦会就科学上的想法同米列娃探讨，米列娃也会帮助爱因斯坦检查论文中用到的数学。不过最终，他们的关系还是解体了。爱因斯坦与米列娃达成了一项协议：爱因斯坦说他有一天会得到诺贝尔奖，如果她同意离婚，就把得到的奖金给她。经过一周的考虑，米列娃同意了。爱因斯坦的理论十分激进，从他在专利局奇迹般地产出那些论文，再到获得诺贝尔奖交给米列娃，时间已经过去了17年。

20世纪初，现代主义盛行一时，爱因斯坦的生活和工作折射出在那种气氛之下社会必然性和道德绝对性的瓦解。不墨守成规是当时思想领域最鲜明的特色：毕加索、乔伊斯、弗洛伊德、斯特拉文斯基、勋伯格等人正在冲破传统的枷锁。空气中隐隐潜伏着一种奇特的宇宙观念，在这个宇宙中，时间、空间和粒子性质似乎都显得有些异常。

但事实上，爱因斯坦并不是一个相对主义者，即使许多人

（包括某些因反犹而诋毁他的人）对他做这样的解释。在他所有的理论背后，包括相对论在内，都潜藏着一种对不变性、确定性和绝对性的追求。爱因斯坦认为，宇宙定律背后是一种和谐的实在，科学的目标就是去发现这种实在。

他的探索始于1895年，那时他还是一个16岁的少年。他想象自己如果与一束光并肩前行会发生什么情况。10年之后，他前面信中描述的奇迹年降临了，这为20世纪物理学的两大进展——相对论和量子理论奠定了基础。

又过了10年，即1915年，他终于从自然中获取了至高的荣耀，这便是广义相对论——所有科学中最美的理论之一。和狭义相对论一样，他的思考也是通过思想实验进行的。假如你处于一个在加速上升的封闭的升降机中，那么你所感受到的效应将无法区别于对引力的体验。

爱因斯坦的结论是，引力是时空弯曲所产生的一种效应，这种弯曲如何由物质、运动和能量所决定可以用方程来表示。我们可以借助另一个思想实验来解释。试想将一个保龄球置于二维的蹦床表面，然后在蹦床上滚动一些弹子球。这些弹子球会朝着保龄球运动，之所以如此，并不是因为保龄球对它们施加了某种神秘的吸引力，而是因为保龄球使蹦床的结构发生了弯曲。现在想象这发生于四维的时空结构当中。当然，这并不容易，爱因斯坦毕竟是爱因斯坦。

10年后的1925年，是爱因斯坦职业生涯的转折点。他所促成的量子革命正在变成一门建立在不确定性和随机性之上的新的力学。在那一年，他对量子力学做出了最后的贡献，同时也开始抵制它。在接下来的30年里，他执拗地批判他所认为的量子力学的不完备性，试图将其纳入某种统一场论。直到1955年临终之时，他还在涂写着一些方程。

无论是作为革新者的30年，还是随后作为抵抗者的30年，爱因斯坦自始至终都是一个有独立思想的人。他内心沉静，绝不墨守成规，思考不受外界影响，想象力的驱策使他能够从传统观点的束缚中解放出来。他是个怪人，一个可敬的叛逆者。他秉持着一种信念，这种信念闪现在他炯炯的目光之中，体现为那个不会通过掷骰子让事情随机发生的上帝。

爱因斯坦不墨守成规的个性也显见于他的人格和政治思想。尽管他赞同社会主义理想，但过度的个人主义使他不可能忍受过分的国家控制或中央集权。其我行我素的天性不仅成就了一位年轻的科学家，也使他特别厌恶民族主义、军国主义以及任何带有从众心理的事情。在希特勒迫使其改变自己的地缘政治学说之前，他是一个天生的和平主义者，倡导抵制战争。

从无限小到无限大，从光子发射到宇宙膨胀，爱因斯坦的理论在现代科学中无处不在。在他取得伟大成功的一个世纪之后，我们仍然生活在爱因斯坦的宇宙中，这个宇宙在宏观尺度上受相对论制约，在微观尺度上受量子力学制约。尽管一些人对量子力学仍不满意，但事实证明，量子力学运用起来是没有问题的。

今天的各项技术也离不开爱因斯坦的理论。光电电池、激光、原子能、光纤、太空旅游、半导体，所有这些都要追溯到他的理论。他在给罗斯福总统的信上签了名，提出制造原子弹的可能性。当我们头脑中浮现出蘑菇云时，他著名的质能方程会立即萦绕在我们心头。

1919年日食期间，爱因斯坦关于引力使光线弯曲的预言被观测结果证实，他由此声名大震，一个新的名人时代正在来临。他成为科学新星和人道主义的偶像，那张面孔成了地球上最著名的面孔之一。民众对他的理论感到迷惑不解，将他归入天才的行列，将其奉为尘世中的圣徒。

如果爱因斯坦没有乱蓬蓬的头发，没有洞穿一切的目光，他还能成为科学形象最典型的代表吗？我们不妨做一个思想实验，假定他长得像马克斯·普朗克或者尼尔斯·玻尔，他还能永葆科学天才的声名不减吗？他是否仍有资格进入亚里士多德、伽利略、牛顿等人居住的万神殿？[1]

我想答案是肯定的。爱因斯坦的著作有一种非常强的个人特征，好比毕加索之为毕加索，一篇文章是否出自他之手很容易辨认出来。凭借着想象中的飞跃，而不是基于对实验数据的归纳，他通过思想实验洞悉了伟大的原理。他的理论往往令人惊讶，充满神秘感，且有悖于直觉，但它们所蕴含的思想却能牢牢抓住公众的想象力：空间与时间的相对性，$E=mc^2$，光线的偏折，空间的弯曲，等等。

他的光环里闪现的还有那单纯质朴的人性，其内心的安宁源于对大自然的敬畏和谦卑。他也许会令与之亲近的人感到冷漠，但对于整个人类，他的心底却流露出真正的慈爱和悲悯。

但也正是由于爱因斯坦的魅力及其外表的和蔼可亲，他也成就了这样一种看法，即现代物理学是常人无法理解的。用哈佛大学教授赫施巴赫的话说，这是"祭司般的（priest-like）专家才

---

[1] 这些说法出自我在 *Time*，Dec. 31, 1999 和 *Discover*，Sept, 2004 上写的短文。

能涉足的领地"。[1] 但在历史上，情况却并非如此。伽利略和牛顿都是伟大的天才，但他们对世界的机械因果解释可以为大多数勤于思考的民众所理解。无论是18世纪的本杰明·富兰克林还是19世纪的托马斯·爱迪生，任何一个有教养的人都会感受到科学的亲和力，他们甚至可以以业余爱好者的身份涉足其中。

21世纪要求尽可能地重新唤起大众对科学事业的感受。这并不意味着所有文学专业都要开设一门质量平平的物理课，也不意味着企业律师应当及时地了解量子力学的最新进展，而是指，对于一位能够明辨是非的公民而言，重视科学方法将会带来丰厚的回报。科学告诉我们，事实证据是如何与一般的理论关联起来的。在爱因斯坦的一生中，这一点得到了很好说明。

此外，对于好的社会而言，能够对科学的荣耀引以为豪，这是令人欣慰的。它有助于我们保持那种孩童般的好奇心，对苹果落地、升降机起落等日常事件也能心怀惊异，这是爱因斯坦等大理论物理学家所共有的特征。[2]

正因为此，研究爱因斯坦定会带来丰厚的回报。科学事业鼓舞人心，是一项崇高而伟大的事业，就像科学家的传奇故事告诉我们的那样，这一使命让人心醉。爱因斯坦在晚年曾被纽约州教育厅问起，学校应当重视哪些东西。他回答说："在讲授历史的时候，应当多讲述那些凭借性格和判断的独立性对人类有

---

[1] Dudley Herschbach, "Einstein as a Student", Mar. 2005, 交予笔者的未发表的论文。赫施巴赫说："改善科学教育和文化素养的努力遇到了一个根本问题，那就是，科学与数学不再被当成整个文化的一部分，而是被看作祭司般的专家才能涉足的领域。爱因斯坦被视为杰出的偶像，孤独天才的最典型代表。这助长了一种完全扭曲的科学观。"

[2] Frank 1957, xiv; Bernstein 1996b: 18.

所贡献的人。"[1] 爱因斯坦当然亦属此列。

在一个全球竞争日趋激烈，重新开始强调科学和数学教育的时代，我们也应当注意爱因斯坦所给出的另一部分回答。他说："学生们的批评意见应当友好地加以斟酌。资料的积累不应扼杀学生的独立性。"一个社会的竞争优势不在于学校将乘法表和周期表讲得有多么好，而在于能在多大程度上激发起想象力和创造力。

在我看来，如果能够懂得这些话，那么爱因斯坦的卓尔不群和独特的人生道路也就不难理解了。他在做学生的时候，对机械的死记硬背从不感兴趣。后来能够成为成功的理论家，也并非由于他的头脑有处理问题的一股子蛮力，而是得益于其非凡的想象和创造力。他能构造出复杂的方程，但更为重要的是，他知道数学是大自然用来描述奇迹的语言，所以他会想象方程是如何在实在中得到表达的，比如在一个追光的孩子眼中，麦克斯韦发现的电磁场方程会是什么样。正如他所说："想象远比知识更重要。"[2]

当然，这就要求他不墨守成规。"放肆无礼万岁！"他曾对未来的妻子这样说，"这是我在这个世界上的守护天使。"许多年以后，人们认为他不愿接受量子力学，表明他已经失去了优势，对此他悲叹道："为了惩罚我对权威的不敬，命运使我自己

---

[1] Vivienne Anderson to Einstein, Apr. 27, 1953; AEA 60-714; Einstein to Anderson, May 12, 1953; AEA 60-716.

[2] Viereck, 377. 也参见 Thomas Friedman, Learning to Keep Learning, *New York Times*, Dec. 13, 2006.

成了一个权威。"[1]

他的成功源于对传统观念的质疑，对权威的挑战，善于在他人不以为然的寻常事物中发现秘密。于是，他所倡导的德行和政治见解的前提必然是，尊重自由的思想、自由的精神和自由的个体。专制统治令他厌恶，在他看来，宽容不仅是一种美德，而且也是社会富于创造性的必要条件。"培养个性很重要，因为只有个人才能提出新的思想。"他这样说。[2]

爱因斯坦就是这样一位对自然和谐充满敬畏的叛逆者，他将想象和智慧有机地结合起来，改变了我们对宇宙的理解。20世纪初，爱因斯坦等人开创了一个新时代。现在这个以全球化为特征的新世纪也是如此，我们的成功将同样依赖于创造性。

---

[1] Einstein to Mileva Marić, Dec. 12, 1901; Hoffmann and Dukas, 24. 霍夫曼是20世纪30年代爱因斯坦在普林斯顿的朋友。他指出："事实证明，他早年对权威的怀疑是极为重要的，这种怀疑从未离开过他。"

[2] Einstein message for Ben Scheman dinner, Mar. 1952：AEA 28-931.

第二章 童年，1879—1896

3 岁的玛雅和 5 岁的爱因斯坦

施瓦本人

爱因斯坦学习说话很晚。他后来回忆说："当时我的父母很发愁，还去找了医生。"两岁多时，他好不容易能说出些单词了,却又染上了一个怪毛病,就因为这个,家里的女仆甚至给他起了个"笨瓜"(der Depperte)的绰号,家里人则说他"发育比较迟缓"。原来,他想说话的时候,总要先轻声地讲给自己听,直到差不多了才会大声说出来。他的妹妹后来回忆说:"他说出每一句话,不论多么平常,都要嚅动着嘴唇,喃喃地自言自语。"这的确令人担忧,"他学习语言相当吃力,身边的人担心他永远都学不会。"[1]

他不仅发育迟缓,而且还顶撞老师,不服从权威,以致有老师曾让他收拾东西走人,还有一位老师则断言他永远都不会有出息。今天看来,这不禁令人莞尔。这些性格特点不仅使爱因斯坦成为世界上调皮贪玩学生的守护神[2],而且也成就了这位现时代最具创造力的科学天才。

他对权威的蔑视使他很容易对一般人的看法提出质疑,而在那些训练有素的学院派看来,他所做的许多质疑简直就是痴人说梦。至于语言发育迟缓,他认为这使他可以带着好奇去观察被认为是理所当然的日常现象。"我也问过自己,为什么偏偏是我发现了相对论,我以为事情大概是这样的,"爱因斯坦曾经这样解释道,"一般成年人从不为时间和空间问题操心,他们认为只有小孩子才会想这些事情。但我发育非常迟缓,直到长大之后才开始对时间和空间感到好奇。所以我对这个问题的思考要比

---

[1] Einstein to Sybille Blinoff, May 21, 1954; AEA 59-261; Ernst Straus, Reminiscences, in Holton and Elkana, 419; Vallentin, 17; Maja Einstein, lviii.

[2] 例如参见 Thomas Sowell, *The Einstein Syndrome: Bright Children Who Talk Late* (New York: Basic Books, 2002)。

别的孩子深入一些。"[1]

爱因斯坦的发育问题也许被夸大了，甚至他本人都可能有所夸张，因为他的祖父母曾经写信说，他和所有孩子一样聪明可爱。但爱因斯坦终生都有轻度的言语模仿症，他经常会把句子自言自语地重复两三遍，特别是当他觉得这个句子有意思时。他一般倾向于以图像的方式进行思考，最典型的莫过于那些著名的思想实验，比如想象从火车上发出的闪光，或者在下降的升降机中体验引力。"我很少用语词进行思考，"他后来对一位心理学家说，"只有在想法产生之后，我才可能试着用语词来表达它。"[2]

爱因斯坦祖上均为犹太商贩。200多年来，他们一直在德国西南部的施瓦本乡村过着深居简出的生活。随着时光的流逝，他们越来越多地融入了自己更为欣赏的德国文化，至少他们是这样认为的。虽然从文化血统上来说仍然是犹太人，但他们对犹太教及其宗教仪式并不很感兴趣。

爱因斯坦曾多次否认传统对他的前途产生过影响。他晚年对一个朋友说："研究我的祖上没有什么用处。"[3]这样说并非完全正确。他出生在一个思想开明的重视教育的家庭，这是他的幸运。犹太教有着独特的思想传统，它的历史可以说是由局外人和流浪者写成的，这一切对他的生活当然会有影响，尽管影

---

[1] 诺贝尔奖获得者詹姆斯·夫兰克引用爱因斯坦的话，参见 Seelig 1956b：72。

[2] Vallentin，17；Einstein to psychologist Max Wertheimer, in Wertheimer, 214.

[3] Einstein to Hans Muehsam, Mar. 4，1953：AEA 60-604. 此外还有："我认为出身问题不必去考虑。" 爱因斯坦的这段话引自 Seelig 1956a：11。也参见 Michelmore，22。

第二章 童年，1879—1896

响的方式可能有好有坏。当然，他碰巧出生在20世纪初的德国，从而更是一个局外人和流浪者，这也许有违他愿，但这一切都决定了他的身份以及在世界历史上将要扮演的角色。

1847年，爱因斯坦的父亲赫尔曼出生在施瓦本地区的布豪（Buchau）村。当时，那里的犹太团体正日趋兴盛，他们刚刚开始享有自由从事职业的权利。赫尔曼显示出了"对数学的强烈爱好"[1]，家里把他送到了75英里以北的斯图加特去读中学，但却无法送他上大学，因为多数大学都不接纳犹太人，于是他不得不回家做起了生意。

到了19世纪末，德国农村的犹太人开始迁入工业中心，赫尔曼和父母也搬到了35英里以外更富裕的小城乌尔姆。那里有一句先知式的格言："乌尔姆人都是数学家。"[2]

在那里，赫尔曼加盟了一个羽毛褥垫公司，这是他的一位远房亲戚开办的。爱因斯坦后来回忆说，赫尔曼"极为友好，性情温和，聪明过人"。[3]由于和善到近乎顺从，赫尔曼天生就不是做生意的料，在理财方面也根本不擅长。但他的顺从也使他很适合做一个极易相处的"家庭妇男"。29岁那年，他娶了比他小11岁的保莉妮·科赫。

保莉妮的父亲朱利叶斯·科赫是一个粮商，他将符滕堡宫廷的业务承包了下来，所以拥有大笔家产。保莉妮继承了父亲注重实际的特点，不过与父亲的不苟言笑相比，她的气质中多了几分揶揄挖苦，其嘲弄既有感染力，也会伤到别人（她后来将

---

[1] Maja Einstein, xvi; Seelig 1956a: 10.
[2] www.alemannia-judaica.de/synagoge_buchau.htm.
[3] Einstein to Carl Seelig, Mar. 11, 1952: AEA 39-13; Highfield and Carter, 9.

这些特征传给了儿子）。总的说来，保莉妮与赫尔曼的结合是幸福的，她个性很强，丈夫百依百顺，两人"协调得再好不过"。[1]

1879年3月14日，星期五，上午11点30分，他们的第一个孩子在乌尔姆出生了。这时的乌尔姆连同施瓦本其他地区刚刚并入新的德意志帝国。起初，保莉妮和赫尔曼想根据爷爷的名字给这个男孩取名亚伯拉罕，后来又觉得这个名字听起来"犹太味太重"[2]，便保留了首字母A，为他取名"阿尔伯特·爱因斯坦"。

慕尼黑

1880年，阿尔伯特1岁时，赫尔曼的羽毛褥垫生意破产。在弟弟雅各布的劝说下，他搬到了慕尼黑，雅各布在那里开办了一家电气公司。在五个兄弟姐妹中，雅各布排行最小。与赫尔曼不同，他受过高等教育，曾获工程师认证。在力争获得为南德城市提供发电机和照明设备的合同的过程中，雅各布负责技术事务，赫尔曼则在销售方面费了点心思，外加从妻子那里借了些钱。[3]

1881年11月，保莉妮和赫尔曼有了第二个也是最后一个孩子，这次是个女儿，取名"玛丽亚"，不过她终生都会使用昵称"玛雅"。当阿尔伯特第一次见到妹妹时，他还以为这是一个

---

[1] Maja Einstein, xv; Highfield and Carter, 9; Pais 1982: 36.
[2] Birth certificate, CPAE 1:1; Fantova, Dec. 5, 1953.
[3] Pais 1982: 36—37.

第二章 童年，1879—1896

送给他的漂亮玩具。他看了看她，喊道："真是不错，可它的轮子在哪里呀？"[1] 这也许不是他提出过的最有洞察力的问题，不过它的确说明，阿尔伯特在3岁的时候，已经能够发表一些给人深刻印象的评论。兄妹之间虽然也拌过嘴，但玛雅很快就成了哥哥最亲密的伙伴。

爱因斯坦一家在慕尼黑的郊区安顿下来。家里很舒适，有一个漂亮的花园，还长着几棵大树。他们希望过一种体面的中产阶级生活。阿尔伯特童年的大部分时光就是在这里度过的。和乌尔姆一样，巴伐利亚州当时也已并入德意志帝国的版图。慕尼黑是该州首府，那里的建筑已由心神错乱的巴伐利亚国王路德维希二世（1845—1886）修缮一新。这里教堂和美术馆众多，音乐厅里经常演奏在这里居住过的瓦格纳的作品。1882年，爱因斯坦刚刚来到这里，那时整个城市约有30万居民，其中85％的人信仰天主教，2％的人信仰犹太教。慕尼黑是首届德国电气展的主办地，展览举办期间，整个城市街道灯火通明。

爱因斯坦家的后花园里经常有孩子聚在一起打闹嬉戏，但他却对这些吵吵闹闹无动于衷，而喜欢"专注于更安静的事情"。有一位女家庭教师还给他取了个绰号——"沉闷神父"（Father Bore）。他通常不很合群，后来他说自己终生都有这种倾向。不过他所说的是一种特殊类型的超然，其中还伴随着对友情和思想交流的渴望。"他从一开始就愿意远离那些同龄的孩子，整天沉浸在奇思异想当中。"他的科学同事菲利普·弗兰克这

---

[1] Maja Einstein, xviii. "玛丽亚"（Maria）这个名字有时被用来取代她在犹太家族中的名字"米里亚姆"（Miriam）。

样说。[1]

他喜欢解智力难题，或者用拼装玩具搭起复杂的建筑结构，还喜欢摆弄叔叔送给他的一辆蒸汽机车，以及建造卡片楼房。玛雅说，爱因斯坦能够成功地用卡片搭起14层的楼房。即使这种回忆中不无美化的成分，但她说"坚忍不拔显然已经成了他性格中的一部分"，恐怕也并非言过其实。

他小时候也容易发脾气。"他发起脾气来脸色蜡黄，鼻尖雪白，无法控制住自己。"玛雅回忆说。5岁的时候，他曾拿起椅子追打一位家庭女教师，吓得她仓皇出逃，再也没有露面。玛雅的头也成了各种重物击打的目标。她后来开玩笑说："生为思想家的妹妹，必须有一个健全的脑壳。"与他的坚忍不拔不同，这种暴躁的性情后来消失了。[2]

用心理学家的话说，爱因斯坦小时候"系统化"（确定支配系统的规律）的能力要远远超过他的"移情"（体察和在乎他人

---

[1] Frank 1947：8.
[2] Maja Einstein, xviii—xix；Fölsing, 12；Pais 1982：37.

第二章 童年，1879—1896

的感受）能力，甚至有人怀疑他有一定程度的发育障碍。[1] 不过我们应当看到，尽管他不大合群，偶尔会有些叛逆的举动，但他能够交到亲密的朋友，体贴同事，对整个人类也多有悲悯。

一般说来，童年期的觉醒往往不会被记起。但爱因斯坦四五岁时却有过一段刻骨铭心的体验，这一体验将改变他的一生，也将永载科学史册。

有一天他卧病在床，爸爸给了他一个罗盘。他后来回忆说，那种神秘的力量使他激动得浑身颤抖。小磁针就好像被某种神秘的力场牵引着，这与平日里通过接触而起作用的力学方法完全不同。他终生都被这种惊奇感激励着。"我现在还记得（至少相信自己还记得），那种体验给我留下了深刻而持久的印象，"他在回想自己经历的不寻常事件时说，"我想一定有什么东西深深

---

[1] 有些研究者认为这可能是一种轻度的孤独症或阿斯伯格综合征（Asperger's syndrome）的表现。剑桥大学孤独症研究中心主任西蒙·巴伦-科恩（Simon Baron-Cohen）就持这种观点。他说孤独症与"极强的系统化冲动和极低的移情冲动相联系"。他还指出，这"解释了孤独症患者在数学、音乐、绘画等学科表现出来的'能力小岛'（islets of ability）现象，因为所有这些学科都要求有很强的系统化能力"。参见 Simon Baron-Cohen, The Male Condition, *New York Times*, Aug. 8, 2005; Simon Baron-Cohen, *The Essential Difference* (New York: Perseus, 2003), 167; Norm Legdin, *Asperger's and Self-Esteem: Insight and Hope through Famous Role Models* (New York: Future Horizons, 2002), chapter 7; Hazel Muir, Einstein and Newton Showed Signs of Autism, *New Scientist*, Apr. 30, 2003; Thomas Marlin, Albert Einstein and LD, *Journal of Learning Disabilities*, Mar. 1, 2000: 149。用 Google 搜索 Einstein+Asperger's 会得到 146000 项结果。这种推断有些不着边际，它并不能使我信服。十几岁的时候，爱因斯坦就有了好朋友，与异性也有了浪漫交往，他积极参与大学讨论，交流能力强，而且能够设身处地为朋友着想，并移情整个人类。

地隐藏在事物背后。"[1]

"这个故事充满了偶像意味，"丹尼斯·奥弗比在《恋爱中的爱因斯坦》（Einstein in Love）一书中这样说，"面对着隐藏在混乱实在背后的不可见的秩序，这个小男孩激动得发抖。"在电影《智商》（IQ）中，由沃尔特·马修出演的爱因斯坦将罗盘绕在脖子上。而舒拉米特·奥本海姆编写的儿童读物《拯救阿尔伯特的罗盘》（Rescuing Albert's Compass）也以此为焦点，奥本海姆的岳父1911年从爱因斯坦那里听到了这个故事。[2]

罗盘上的小磁针竟然听任一种看不见的场摆布，这使爱因斯坦百思不得其解。后来，爱因斯坦终生都致力于用场论来描述自然。场论用数、矢量、张量等数学量来描述空间中任一点的条件如何影响物质或其他场。例如，在引力场或电磁场中，处于任一点的粒子都可以受到力的作用。场论方程描述的是这些力如何随位置的改变而改变。1905年，他写下了那篇关于狭义相对论的伟大论文，它一上来谈的就是电磁场效应；而广义相对论的基础也是描述引力场的方程；到了晚年，他仍然对场方程孜孜以求，试图在此基础上建立一种万有理论。正如科学史家霍尔顿所指出的，爱因斯坦认为："经典的场概念是对科学精神的最大贡献。"[3]

差不多在同一时间，在钢琴演奏方面颇有造诣的妈妈也送给

---

[1] Einstein 1949b, 9; Seelig 1956a, 11; Hoffmann 1972, 9; Pais 1982, 37; Vallentin, 21; Reiser, 25; Holton 1973, 359; author's interview with Shulamith Oppenheim, Apr. 22, 2005.

[2] Overbye, 8; Shulamith Oppenheim, Rescuing Albert's Compass, (NY: Crocodile, 2003).

[3] Holton 1973, 358.

了他一件礼物。这件礼物同样伴随他终生。她为他安排了小提琴课。起初，他对机械的教学纪律颇为不耐烦。但在听到了莫扎特的奏鸣曲之后，音乐一下子变得迷人和生动起来。"我相信爱是比责任感更好的老师，至少对我来说是这样。"他这样说道。[1]

不久，他已经可以和妈妈一起演奏莫扎特的小提琴奏鸣曲了。"莫扎特的音乐如此纯净恬美，在我看来，它映衬出了宇宙的内在之美。"他后来对一位朋友说。他还做了一个补充，由此可以反映出他对数学、物理学以及莫扎特的看法："当然，就像一切大美那样，他的音乐简单而纯粹。"[2]

对爱因斯坦来说，音乐绝不仅仅是消遣，而且可以帮助思考。他的儿子汉斯·阿尔伯特说："无论什么时候，只要觉得一筹莫展，或是在工作中遇到了困难，他就会逃到音乐中，一切困难也将烟消云散。"在他独居柏林，整日为广义相对论绞尽脑汁的那段时间，这把小提琴可帮了大忙。一个朋友回忆说："深夜里，他经常独自一人在厨房拉琴，一边思索复杂的问题，一边即兴创作旋律。突然，他激动地喊道：'我明白啦！'就好像问题的答案通过灵感由音乐传给了他。"[3]

他对音乐，特别是对莫扎特的欣赏，也许反映了他所感受到的那种宇宙和谐。1920年，亚历山大·莫什科夫斯基曾根据与爱因斯坦的谈话写过一部关于他的传记，莫氏指出："在他那里，音乐、自然和上帝融为一种感情和道德的统一体，这种印

---

[1] Fölsing, 26; Einstein to Philipp Frank, draft, 1940, CPAE 1, p. lxiii.
[2] Maja Einstein, xxi; Bucky, 156; Einstein to Hans Albert Einstein, Jan. 8, 1917.
[3] Hans Albert Einstein interview in Whitrow, 21; Bucky, 148.

迹从未消失过。"[1]

爱因斯坦终生都保有孩童般的直觉和敬畏，他从未对自然现象的魔力失去好奇。磁场、引力、惯性、加速、光束，这些成年人觉得习以为常的东西无不吸引着爱因斯坦。他能够在头脑中同时持有两种想法，当它们相互冲突时，他感到困惑；当他觉察其背后隐藏的统一性时，又会啧啧惊叹。"你我这样的人永远都不会老去，"他后来给一位朋友写信说，"我们生来就面对着许多伟大的奥秘，在它们面前，我们永远都是一些好奇的孩童。"[2]

中小学

爱因斯坦有一位相信不可知论的舅父，后来爱因斯坦经常谈起关于他的一则趣闻。他是唯一去犹太会堂的家族成员。别人问他为什么要这样做，他回答说："呃，我也不知道。"爱因斯坦的父母"完全不信教"，而且并不认为这有什么损失。他们在饮食上并不遵守犹太教规，也从不去犹太会堂。父亲赫尔曼称犹太教仪式为"古老的迷信"，他的一位亲戚这样说。[3]

一转眼，阿尔伯特6岁了，到了上学的年龄。虽然附近没有犹太学校，父母却并不在乎。他上了附近一所很大的天主教

---

[1] Einstein to Paul Plaut, Oct. 23, 1928；AEA 28-65；Dukas and Hoffmann, 78；Moszkowski, 222. 希伯来大学爱因斯坦档案馆的芭芭拉·沃尔夫说，爱因斯坦最初写的是，音乐与科学"在提供解脱方面互为补充"，但后来却将"解脱"改成了"满足"。

[2] Einstein to Otto Juliusburger, Sept. 29, 1942；AEA 38-238.

[3] Clark, 25；Einstein 1949b, 3；Reiser, 28. （"安东·莱泽尔"是"鲁道夫·凯泽尔"的笔名，他娶了爱因斯坦第二任妻子爱尔莎的女儿伊尔莎。）

学校——彼得小学。在班里70个同学中，爱因斯坦是唯一一个犹太人。天主教的正规课程他都上了，而且还听得津津有味。事实上，这些课程他学得相当好，甚至还给班上的同学补过课。[1]

一天，老师拿了一根大钉到班上，说"耶稣就是被人用这样的钉子钉在了十字架上"。[2]不过，爱因斯坦后来说，他并没有感到老师对自己有什么歧视。"老师们思想开明，对任何教派都一视同仁。"不过，同学可就不一样了。"在小学生当中，反犹思想还是很严重的。"他回忆说。

由于"孩子们都很在意的那些种族特征"，阿尔伯特在上下学时曾饱受他人嘲笑，他作为局外人的感受也随之加剧，这一感受将伴随他终生。"在放学回家的路上受到人身攻击和辱骂是常有的事，不过大多并不十分恶毒。但这足以加剧一个孩子的局外人心理了。"[3]

9岁那年，爱因斯坦升入了慕尼黑市中心附近的一所中学——卢伊特波尔德高级中学（Luitpold Gymnasium）。这是一所以思想开明而著称的学校，重视数学和科学，也重视拉丁语和希腊语。此外，学校还专门配备了一名教师，为犹太人提供宗教指导。

---

[1] Maja Einstein, xix，说他是7岁上的学；实际上他1885年10月1日就入学了，那时他6岁。

[2] 根据他的继子后来所讲述的版本，这位老师接着说，耶稣是"被犹太人"钉在了十字架上；Reiser, 30。但爱因斯坦的朋友，也是他的物理学同事菲利普·弗兰克在讲述这件事时特别指出，这位老师并未提及犹太人所扮演的角色；Frank 1947, 9。

[3] Fölsing, 16; Einstein letter to an unknown recipient, Apr. 3, 1920, CPAE 1: lx.

尽管父母有强烈的世俗心理，或者也可能正因为如此，爱因斯坦突然对犹太教产生了极大热情。"这种感情是如此强烈，以至于他自愿严格遵守犹太教规的一切细则。"他的妹妹回忆说。他不食猪肉，恪守犹太教的饮食规定，每逢安息日也依礼节而行。所有这些并不容易做到，因为家里人对这些行为并没有兴趣，其冷漠已经近乎轻蔑。他甚至还创作了几首赞美诗来颂扬上帝，独自在放学回家的路上哼唱。[1]

有一则流传很广的故事说，爱因斯坦做学生时数学学得不好。许多图书杂志和网页在说到这件事时，还总是振振有词地加上一句："这是众所周知的。"唯恐天下学习成绩不好的孩子不过瘾。它甚至还上了著名的报纸专栏——里普利的"信不信由你！"[2]

爱因斯坦的童年留下了许多令人哭笑不得的趣事，可惜这一条却不是事实。1935年，普林斯顿的一个拉比给爱因斯坦看里普利专栏的一则剪报，标题是"最伟大的在世数学家没学好数学"。爱因斯坦笑了。"我数学一直都学得很好，"他回答说，"我15岁之前就掌握了微积分。"[3]

其实至少论聪明才智，他是个很不错的学生。上小学时，他是班里的前几名。"昨天阿尔伯特拿到了他的分数，"他7岁那

---

[1] Reiser, 28－29；Maja Einstein, xxi；Seelig, 15；Pais 1982, 38；Fölsing, 20. 玛雅说，他是8岁上的这所中学，而他实际上是1888年10月上的学，当时是9岁半。

[2] 里普利的"信不信由你！"（Ripley's Believe It or Not!），是1918年由罗伯特·里普利开设的美国报纸专栏。它将天下的奇闻异俗汇总在一起，至今仍在多家报纸上发表。——译者注

[3] Brian 1996，281. 2006年用Google搜索Einstein failed math，大约会得到648000项结果。

年，妈妈向阿尔伯特的姨妈汇报，"这次他又考了第一。"上中学时，学习拉丁语和希腊语等语言时的那种刻板让他很不舒服，他后来说，这使他"对单词和课文留下了糟糕的记忆"。但即使是这些课程，爱因斯坦的成绩也总是名列前茅。数年之后，在爱因斯坦过50岁生日时，有各种传言说，这位伟大的天才在中学时成绩有多么多么差。于是时任的中学校长就发表了一封信，说明他当时的成绩是何等的优秀。[1]

至于数学，他不但学得好，而且"远远超出了学校的要求"。他的妹妹回忆说，到了12岁，"他已经特别喜欢解决算术中的复杂问题了"，他决定看看自己是否能够通过自学几何和代数前进一大步。父母为他提前购置了课本，以方便他在暑假自学。他不仅学习了书中的证明，而且还尝试自行证明新的理论。"他忘记了游戏，也忘记了玩伴，"她说，"他潜心求解，一坐就是好几天，找不到解答绝不罢休。"[2]

叔叔雅各布是工程师，他使阿尔伯特体会到了代数的乐趣。"这是一门给人带来快乐的科学，"他解释说，"当我们抓不住猎物时，就暂时称之为 X，然后继续追赶，直至将其俘获。"玛雅回忆说，雅各布叔叔一面提出更困难的问题，"一面对他是否有能力解决表示善意的怀疑"。阿尔伯特总是能够找到正确的解答，这个孩子"感到莫大的幸福，这时他已经意识到自己的才能正在将其引向何方"。

---

[1] Pauline Einstein to Fanny Einstein, Aug. 1, 1886; Fölsing, 18—20, citing Einstein to Sybille Blinoff, May 21, 1954 and Dr. H. Wieleitner in *Nueste Nachrichten*, Munich, Mar. 14, 1929.

[2] Einstein to Sybille Blinoff, May 21, 1954；AEA 59－261；Maja Einstein, xx.

在雅各布叔叔教给他的知识中，有一条是勾股定理（直角三角形斜边的平方等于两直角边的平方和）。"经过一番努力，我根据三角形的相似成功地'证明'了这个定理。"爱因斯坦回忆说。他又在以图像的方式进行思考了。"在我看来，直角三角形各条边的关系'显然'完全取决于它的一个锐角。"[1]

玛雅不无自豪地称哥哥对勾股定理的证明是"完全原创的"。或许爱因斯坦本人认为是新的发现，但很难想象其证明方法果真是完全原创性的，因为它必定类似于某种标准证明，即以相似三角形各边成比例为基础。不过这的确表明，爱因斯坦很小的时候就已经完全懂得，优雅的定理可以从简单的公理推导出来，同时也说明他的数学不大可能学得不好。"12岁的时候，我发现仅仅通过推理，而不借助任何外在经验的帮助，就可以找到真理，这使我激动不已，"他后来对普林斯顿的一位校报记者说，"我越来越确信，大自然可以作为一种相对简单的数学结构而得到理解。"[2]

爱因斯坦最大的思想激励来自于一个学医的学生。他家境贫寒，每周在爱因斯坦家吃一次午饭。邀请一位笃信宗教的穷苦学生在安息日一同进餐，是古老的犹太习俗。爱因斯坦一家对这个传统做了些修改，他们每周四邀请一位学医的学生来吃饭。这个学生叫塔尔穆德（后来移居美国时改名叫"塔尔梅"），他从21岁即爱因斯坦10岁起开始了这种每周一次的造访。"爱因斯坦是一个漂亮的黑发男孩，"塔尔梅回忆说，"在那些年里，我

---

[1] Frank 1947, 14; Reiser, 35; Einstein 1949b, 11.
[2] Maja Einstein, xx; Bernstein 1996a, 24 – 27; Einstein interview with Henry Russo, *The Tower*, Princeton, Apr. 13, 1935.

从未见他读过任何通俗文学,也没见他与其他同学或同龄人在一起。"[1]

塔尔梅给他带来了一些科学书籍,其中有一套配有插图的《自然科学大众丛书》(*die naturwissenschaftlichen Volksbücher*),爱因斯坦说:"这套书我是目不转睛一口气读完的。"这套由 21 本小书组成的丛书是亚伦·伯恩斯坦写的,他强调了生物学与物理学的关系,还详细介绍了当时正在进行的(特别是在德国进行的)科学实验。[2]

在第一卷的开篇,伯恩斯坦讨论了光速,他显然对这个话题有浓厚的兴趣。事实上,在后面各卷他又多次谈到光速,比如第八卷中的 11 篇短文。从爱因斯坦后来用于提出相对论的思想实验来看,伯恩斯坦的书似乎对他产生过影响。

例如,伯恩斯坦让读者想象自己坐在一列飞驰的火车上。如果有一发子弹射入车窗,它看起来应当是斜着飞出去的,因为在子弹从这扇车窗射入,再从另一扇车窗射出的过程中,火车已经前行了一段距离。类似地,既然地球在空间中运行,那么透过望远镜的光也必定是如此。伯恩斯坦说,令人吃惊的是,无论光源如何运动,实验结果都是一样的。他宣称:"既然事实证明,每一种光的速度都是精确相等的,那么可以说,光速定律是一切自然律中最普遍的定律。"这句话与爱因斯坦后

---

[1] Talmey, 164; Pais 1982, 38.

[2] 第一版有 12 卷,于 1853 年至 1857 年出版。玛雅文章中所提到的新版问世于 19 世纪 70 年代,内容做了适时的更新。爱因斯坦所拥有的版本有 21 卷,被装订成四五本厚书。关于这套书对爱因斯坦的影响,权威性的研究见 Frederick Gregory, The Mysteries and Wonders of Science: Aaron Bernstein's *Naturwissenschaftlichen Volksbücher* and the Adolescent Einstein, in Howard and Stachel 2000: 23—42. Maja Einstein, xxi; Einstein 1949b: 15; Seelig 1956a: 12.

来提出的著名结论有密切的关系，它似乎给年轻的爱因斯坦留下了深刻的印象。

在另一卷中，伯恩斯坦让小读者们想象坐着电波去太空旅行。他热情赞颂了科学研究昭示的一个个振奋人心的奇迹，比如有这样一段话，颂扬的是人类成功预言了新的行星——天王星的位置："伟哉，天文学！伟哉，它的成就者！伟哉，人的思想，你比人的眼睛看得更远更清！"[1]

和后来的爱因斯坦一样，伯恩斯坦也渴望将自然界中所有的力都统一在一起。例如，他先是讨论了光等电磁现象如何可能被看作波，然后猜想引力或许也是如此。伯恩斯坦写道，我们的知觉所运用的一切概念背后都潜藏着一种统一性和简单性。科学真理在于发现理论来描述这种背后的实在。对于年少的爱因斯坦来说，这种观点无异于一种启示，帮助他建立起一种实在论的态度，他后来回忆说："在我们之外有一个巨大的世界，它独立于我们人类而存在，在我们面前就像一个伟大而永恒的谜。"[2]

多年以后，在爱因斯坦初访纽约时，塔尔梅问他现在对伯恩斯坦的著作有何评价。"这是一套非常好的书，"他说，"它对我的整个发展产生了很大影响。"[3]

塔尔梅还送给爱因斯坦一本几何学教科书，帮助他在正式学习之前继续探索数学的奇迹。后来，爱因斯坦称之为"神圣的

---

[1] Aaron Bernstein, *Naturwissenschanftlichen Volksbücher*, 1870 edition, vol. s 1, 8, 16, 19; Howard and Stachel, 2000: 27—39.

[2] Einstein 1949b, 5.

[3] Talmey, 163.（塔尔穆德在美国改名"塔尔梅"，之后写了一篇简短的传略。）

几何学小书"，谈起它时总是饱含敬畏："这本书里有许多断言，比如三角形的三条高交于一点，它们本身并不是显而易见的，但却可以很可靠地加以证明，以至于任何怀疑似乎都不可能。"又过了些年，在牛津大学的一次讲演中，爱因斯坦指出："如果欧几里得未能激起你少年时代的热情，那么你天生注定不是一个科学思想家。"[1]

每到星期四塔尔梅来的时候，爱因斯坦会高兴地给他看自己这周解决的问题。一开始塔尔梅还能帮助他，但后来很快就被这个学生超过了。"几个月的光景，他已经做完整本书了，"塔尔梅回忆说，"于是他又去学更深的数学……很快，他的数学才能已经相当高，我再也赶不上他了。"[2]

于是，这位惊讶的医科学生开始给爱因斯坦介绍哲学。"我向他推荐康德，"他回忆说，"那时他还是个13岁的孩子，但是连普通人都看不懂的康德的著作，他似乎都能理解。"康德一度成为爱因斯坦最喜爱的哲学家，其《纯粹理性批判》也促使他开始研读休谟、马赫的著作，思考可以获得哪些关于实在的知识。

12岁那年，爱因斯坦很快就要行犹太受戒礼。由于接触到了科学、数学和哲学，他突然开始对宗教持反对态度。伯恩斯坦在其通俗科学著作中，已经将科学与宗教倾向达成了和解。正如他所说："宗教倾向潜藏于人的一种模糊意识当中，认为包括人在内的整个世界绝非一场偶然的游戏，而是受规律支配的产

---

[1] Einstein, On the Method of Theoretical Physics, Herbert Spencer lecture, Oxford, June 10, 1933, in Einstein 1954, 270.

[2] Einstein 1949b, 9, 11; Talmey, 163; Fölsing, 23（他猜测这本"神圣的"书也许是另一本教材）；Einstein 1954, 270.

物。万事万物都有一个根本的理由。"

爱因斯坦很久以后才会认同这种情感。但在当时，他毅然决然地从信仰中脱离出来。"由于阅读了通俗的科学书籍，我很快就深信不疑，《圣经》里有许多故事不可能是真实的。其结果就是一种真正狂热的自由思想，并且交织着这样一种印象：国家是故意用谎言来欺骗年轻人的。这种印象产生了决定性的后果。"[1]

结果，爱因斯坦终生都远离宗教仪式。"爱因斯坦心中产生了一种对犹太教或任何传统宗教的惯例做法的厌恶，他不愿参加宗教仪式。此后，这种厌恶感再也没有离开过他。"他的朋友弗兰克后来说。不过，经过童年的那个宗教阶段，他对创造宇宙及其定律的上帝心智保持着一种深深的敬畏之情，它是那么和谐而美妙。[2]

爱因斯坦对宗教教条的反抗深刻影响了他对流俗之见的一般看法。它培养了一种对一切形式的教条和权威的反感，这种情绪将会影响他的政治见解和科学工作。他后来说："对任何一种权威的怀疑源于一种经验，一种对任何特定的社会环境所深信不疑的东西的怀疑态度。这种态度再也没有离开过我。"事实上，正是这种不墨守成规决定了他后来的科学道路和社会思考。

时过境迁，在爱因斯坦被视为天才之后，他这种执拗的性格获得了普遍的认同和欣赏。然而，当他还只是慕尼黑高级中

---

[1] Aaron Bernstein, vol. 12, cited by Frederick Gregory in Howard and Stachel 2000, 37; Einstein 1949b, 5.

[2] Frank 1947, 15; Jammer, 15-29. 霍尔顿写道："意欲从事卓越的科学活动，这有赖于他少年时代炽热的宗教感情所留下的余烬。"参见 Holton 2003, 32。

学的一个莽撞无礼的学生时，别人可不买他的账。"他在学校里感到很不愉快。"妹妹玛雅说。他觉得那里的育人方式——机械式的练习，对质疑的不耐烦——令人反感。"这个学校里的军队习气，要使学生在早年就习惯于军队纪律的那种崇拜权威的系统训练，尤其令人不快。"[1]

在慕尼黑，虽然巴伐利亚精神在生活中的渗透还没有那么深，但那种对军队的普鲁士式的赞颂已经甚嚣尘上。许多孩子都喜欢假扮士兵玩。当军队伴着笛声和鼓点经过时，孩子们拥到街上，加入游行的队列，亦步亦趋地前进。爱因斯坦不是这样。他第一次看到这种表演就哭了起来。"我长大后可不愿意成为这样一个可怜人。"他告诉父母。正如他后来解释的："一个人能够洋洋自得地随着军乐队在队列里行进，单凭这一点就足以使我对他鄙夷不屑。他之所以长了一个大脑，只是出于误会。"[2]

他对任何种类的约束都有抵触情绪，这使他愈发厌恶在慕尼黑中学所受的教育。他抱怨说，那里机械式的教学"和普鲁士军队所用的方法颇有几分相像，它们都是通过反复执行无意义的命令而获得机械式的服从"。后来，他又把老师比作军队成员。"在我眼中，小学老师像在训练军士，中学老师像是陆军中尉。"

他曾经问英国作家和科学家 C. P. 斯诺是否了解德语词 *Zwang*，斯诺说，这个词意为"约束""强制""义务""逼迫"。

---

[1] Einstein 1949b，5；Maja Einstein，xxi.
[2] Einstein，What I Believe，*Forum and Century*（1930）：194，reprinted as The World As I See It，in Einstein 1954，10. 根据弗兰克的说法："在他看来，这种行进是人被逼成为机器时的运动。"Frank 1947，8.

斯诺问他怎么想起问这个。爱因斯坦回答说，在慕尼黑上学的时候，他第一次反抗了 Zwang。从那以后，这件事一直帮助他决定自己的道路。[1]

怀疑论和对流俗之见的抗拒成了爱因斯坦人生的一个标志。他在1901年给朋友的信中说："盲目地迷信权威是真理的最大敌人。"[2]

在60年的科学生涯中，不论是起初领导量子革命还是后来抗拒它，这种态度都对爱因斯坦的工作产生了影响。"事实证明，他早年对权威的怀疑是极为重要的，这种怀疑从未离开过他，"爱因斯坦后来的一位合作者班内什·霍夫曼这样说，"没有这种怀疑，他的思想就不可能如此独立，就不可能有足够的勇气去挑战业已确立的科学信念，从而给物理学带来革命。"[3]

在学校里，这种对权威的蔑视使他受到了那些德国"陆军中尉"的冷遇。结果一位老师称，他的傲慢使他成为班里不受欢迎的人。当爱因斯坦回答自己并没有任何过错时，这位老师说："这倒不假，可你坐在后排发笑，你在这里出现就是班级对我的不尊重。"[4]

这种身心的不适渐渐使爱因斯坦愈发萎靡不振，甚至濒临精神崩溃。恰逢此时，家里的生意突然遭遇重创。在爱因斯坦上

---

[1] Frank 1947, 11; Fölsing, 17; C. P. Snow, Einstein, in *Variety of Men*（New York: Scribner's, 1966), 26.

[2] Einstein to Jost Winteler, July 8, 1901.

[3] Pais 1982, 17, 38; Hoffmann 1972, 24.

[4] Maja Einstein, xx; Seelig 1956a, 15; Pais 1982, 38; Einstein draft to Philipp Frank, 1940, CPAE 1, p. lxiii.

学的时候，父亲和叔叔的公司运营得还不错。1885年，它有200名员工。那年慕尼黑的啤酒节第一次用上电灯，就是爱因斯坦公司安装的。在接下来的几年里，他们获得了为慕尼黑近郊的施瓦宾区（约有一万人）安装照明系统的合同，需要用内燃机驱动公司自行设计的两台发电机。叔叔雅各布在改进弧光灯、自动断路开关和电表等方面获得过六项专利。逐渐地，爱因斯坦公司感受到了来自西门子及其他新兴电气公司的挑战。为了融资，兄弟俩不得不将自己的房产抵押，并以10%的利息借了6万多马克，随即负债累累。[1]

1894年，爱因斯坦15岁了。在为慕尼黑市中心等地区安装照明系统的竞争中，爱因斯坦公司落败，破产已成定局。爱因斯坦的父母、妹妹和雅各布叔叔不得不迁居意大利北部（先是到了米兰，后来又转到附近的帕维亚），因为公司在意大利的代理商认为，那里更适合小公司发展。他们漂亮的住宅被一家承包商拆毁，为的是建造新的公寓楼。爱因斯坦则留宿在慕尼黑的一个远房亲戚家，以完成最后三年的学业。

1894年那个阴郁的秋天，爱因斯坦到底是被迫离开了还是主动离开了卢伊特波尔德高级中学，目前尚不清楚。多年以后，他记起那位说过"你在这里出现就是班级对我的不尊重"的老师还"表达了让我离开学校的愿望"。他的家人曾在一本书中说，这是他自己的决定。"阿尔伯特决意离开慕尼黑的想法越来越强烈，于是，他制订了一个计划。"

这个计划中的一项内容就是，找一个医生（塔尔梅的哥哥）

---

[1] Stefann Siemer, The Electrical Factory of Jacob Einstein and Cie., in Renn 2005b: 128-131; Pyenson, 40.

写封信，证明自己神经极度疲劳，以此为离校做辩护。1894年圣诞节，他离开了学校，再也没有回来过。他乘火车穿过阿尔卑斯山来到了意大利，告诉"大惊失色的"父母他再也不回德国了。他保证自己会通过自学，来年秋天报考苏黎世的一所技术学院。

他决意离开德国可能还有一个原因。如果他在那里待到17岁，就必须参军。他的妹妹说："他对此惊恐万分。"[1]

阿劳（Aarau）

1895年，爱因斯坦与父母在帕维亚的公寓里度过了春天和夏天，同时在公司里帮忙。在这一过程中，他很好地了解了磁体、线圈和感生电流的运作方式。虽然他无法使家里的企业盈利，也不想做全职工作，但他的工作还是给家人留下了深刻的印象。有一次，雅各布叔叔在一台新机器的计算上碰到了问题，爱因斯坦着手解决。"您知道，我的侄子真是了不起，"雅各布对一个朋友说，"我和我的助理工程师绞尽脑汁考虑好多天都没有解决的问题，这个小伙子不到一刻钟就全部解决了。您还会听到关于他的消息的。"[2]

爱因斯坦喜欢站在群山之巅体验那种崇高的孤独感。他一连数日在阿尔卑斯山和亚平宁山脉远足，包括从帕维亚去热那亚看

---

[1] Overbye, 9—10; Einstein draft to Philipp Frank, 1940, CPAE 1, p. lxiii; Hoffmann, 1972, 25—26; Reiser, 40; Frank 1947, 16; Maja Einstein, xxi; Fölsing, 28—30.

[2] Einstein to Marie Winteler, Apr. 21, 1896; Fölsing 34; *The Jewish Spectator*, Jan. 1969.

望舅舅朱利叶斯·科赫。在北意大利，人们所表现出的那种非德国式的风雅总使他满心欢喜。在他看来，这个国家"让人喜欢得入迷"，人们的"天然淳朴"与德国那种"精神压迫和机械式的顺从"形成鲜明对照。"无论是生活方式还是风光艺术，一切都吸引着他。"他的妹妹回忆说。

刚到意大利时，爱因斯坦向家人保证他会通过自学考入当地的技术学院——苏黎世联邦工学院。他买了朱尔·维奥勒的三大卷高等物理教科书，并在书页边缘处密密麻麻写下了自己的各种想法。妹妹玛雅回忆说，他的工作习惯显示了他专注的能力，"甚至在喧闹的人群中，他也能独自坐到沙发上，拿出笔和纸，将墨水瓶晃晃悠悠地搁在扶手上，专注地思考一个问题。周围的喧哗与其说干扰了他，不如说激励了他"。[1]

16岁那年夏天，他写出了第一篇理论物理学论文，题为"磁场中的以太状态研究"。这个问题至关重要，因为在爱因斯坦的一生中，"以太"概念将扮演重要角色。当时，科学家认为光是一种波，所以他们猜想宇宙中一定含有某种无所不在但却看不见的物质。它振荡着将波传播出去，就像海水上下起伏将海浪传播出去一样。科学家们称这种物质为"以太"，爱因斯坦当时也认同这一假说。正如他在论文中所说："电流使周围的以太时时刻刻处于运动状态。"

这篇论文由14个段落组成，它重复了维奥勒教科书上的一些观点，论述了科普杂志上关于海因里希·赫兹最近的电磁波发现的一些报道。爱因斯坦在文中给出了实验建议，以解释"电流四周形成的磁场"。他说这将很有趣，"因为探究以太在这种

---

[1] Frank 1947，17；Maja Einstein，xxii；Hoffmann 1972，27.

情况下的弹性状态，我们就可以瞥见电流的神秘性质"。

这位退学的高中生坦言，他只是提出了几条建议，自己并不知道由此能够导出什么结果。他写道："由于我除了可以单纯进行沉思之外，完全缺乏能够使我更加深入探究这个主题的材料，因此请不要认为论文现在的样子是草率所致。"[1]

他把论文寄给了远在比利时经商的舅舅凯撒·科赫。科赫曾经资助过爱因斯坦，在所有亲戚当中，舅舅与他的关系相当好。"这篇东西还相当幼稚，也不完善，对一个像我这样的年轻人来说，这是可以想见的，"爱因斯坦带着谦卑的口吻承认，"即使您完全不去读它，我也一点儿不会生气。"他还说自己打算秋天报考苏黎世联邦工学院，但年龄还不到。"这个计划碰到了相当大的麻烦，因为这样一来，我必须至少大上两岁才行。"[2]

为了帮助他不受年龄限制，家人的一个朋友给联邦工学院的院长写信，请求他破例招收爱因斯坦。这封信的口气可以从院长的回复中猜出一二，院长对招收这位"所谓的'神童'"表示了疑虑。不过，爱因斯坦还是被准许参加入学考试了。1895年10月，他"忐忑不安地"踏上了开往苏黎世的火车。

结果，他轻而易举地通过了数学和科学部分的考试，这并不奇怪，不过他没有通过综合部分的考试。后者分为笔试和口试两项，包括文学、法语、动物学、植物学和政治等科目。联邦工学院的领衔物理学教授海因里希·韦伯建议爱因斯坦待在

---

[1] Einstein, On the Investigation of the State of the Ether in a Magnetic Field, summer 1895, CPAE 1: 5.

[2] Einstein to Caesar Koch, summer 1895.

苏黎世听他的课。但在学院院长建议下，爱因斯坦还是决定在25英里以西的阿劳州立中学花一年时间准备考试。[1]

对于爱因斯坦来说，这所学校堪称完美。这里的教学所遵循的乃是19世纪瑞士教育改革家约翰·海因里希·裴斯泰洛齐的哲学，他强调激励学生的形象思维，重视培养每一个孩子的"内心尊严"和个性。裴斯泰洛齐主张，应当让学生们一步步得出自己的结论，即从亲身观察开始，逐渐过渡到直觉、概念思维和视觉意象。[2]甚至可以用这样的方法来学习——并且真正理解——数学和物理学定律！机械的练习背诵和填鸭式的教学都应当避免。

爱因斯坦很喜欢阿劳中学。"学生是个别对待的，"他的妹妹回忆说，"独立的思考比迂腐的博学更受重视，年轻人不是把教师当成权威人物，而是看作与学生一样的有独特个性的人。"这与爱因斯坦所憎恶的德国教育完全相反。"通过与德国中学六年的独裁主义教育相对比，"爱因斯坦后来说，"我清楚地认识到，强调自由行动和个体责任感的教育是多么优越于崇尚外在权威的教育。"[3]

裴斯泰洛齐及其阿劳的追随者所强调的对概念的视觉理解造就了爱因斯坦天才的一个重要方面。"视觉理解是教导如何正确判断事物的重要方法，也是唯一正确的方法，"裴斯泰洛齐

---

[1] Albin Herzog to Gustave Maier, Sept. 25, 1895, CPAE 1 (English), p. 7; Fölsing, 37; Seelig 1956a, 9.

[2] 这种想象的过程就是康德主义哲学家所说的"直观"。参见 Miller 1984：241—246。

[3] Seelig 1956b, 56; Fölsing, 38.

写道,"必须把算术和语言的学习放到从属位置。"[1]

毫不奇怪,正是在这所学校,爱因斯坦才开始专心思考那个帮助他成为伟大天才的思想实验:他试图设想,追着一束光跑会出现什么情况。"在阿劳,我做了第一批非常幼稚的思想实验,它们对狭义相对论产生了直接影响,"他后来对一位朋友说,"如果一个人能够以光速追赶一束光,那么他所看到的波的排列就会完全不随时间变化。这样的事情当然是不可能的。"[2]

这种视觉化的"思想实验"(Gedanken experiment)成为爱因斯坦事业成就的一个标志。在几十年的职业生涯中,他头脑中浮现出来的意象有雷击和飞驰的火车,加速运动的升降机和下落的系缆,在弯曲树枝上盲目爬行的二维甲虫,还设计过各种精巧的装置来探明(至少在理论上)快速运动的电子的位置和速度。

在阿劳上学时,爱因斯坦寄宿在温特勒家,他们家将始终与爱因斯坦的生活联系在一起。在这家人当中,约斯特·温特勒在学校教历史和希腊语,约斯特的妻子罗莎很快就被爱因斯坦亲切地称为"妈咪"(Mamerl),在他们的七个孩子当中,女儿玛丽将会成为爱因斯坦第一个女朋友,女儿安娜将会嫁给爱因斯坦最好的朋友贝索,儿子保罗则会迎娶爱因斯坦挚爱的妹妹玛雅。

约斯特"老爹"思想开明,他和爱因斯坦都厌恶德国的军

---

[1] Miller 2001, 47; Maja Einstein, xxii; Seelig 1956b, 9; Fölsing, 38; Holton, On Trying to Understand Scientific Genius, in Holton 1973: 371.

[2] Bucky, 26; Fölsing, 46. 爱因斯坦在《爱因斯坦自述》中给出了更详细的描述,参见 Schilpp, 53。

国主义和一般意义上的民族主义。他的真诚坦率和政治理想主义有助于爱因斯坦形成自己的社会哲学。同这位老师一样，爱因斯坦后来也拥护世界联邦制、国际主义、和平主义和民主社会主义，坚决主张个人自由和表达自由。

更重要的是，在温特勒一家无微不至的关怀下，爱因斯坦变得更加无忧无虑和英俊潇洒。他仍然认为自己很不合群，但温特勒一家帮他催熟了情感，敞开了心扉。"他幽默感十足，不时开怀大笑。"女儿安娜回忆说，"他晚上经常在家用功，但更多的时候是同全家人围桌而坐侃侃而谈。"[1]

渐渐地，爱因斯坦成了一位风流倜傥的少年。曾有一位与之熟识的女士这样形容他："他那种勃勃英气足以令世纪之交的整个世界为之动容。"他有着高高的前额，一头卷曲的黑发，目光富于表情，举手投足绅士味十足。"或许，他的下半张脸本为一个酒色之徒所拥有，有那样多的理由使他热爱生活。"

同班同学汉斯·比兰德对"这位我行我素的施瓦本人"有过生动的描述："他头戴灰色毡帽，头发乌黑而浓密，此时正精力十足地来回踱步，一副胸有成竹的样子。他的大脑以飞快的速度，要我说以疯狂的速度，不知疲倦地思考着整个世界。他褐色的眼睛大而明亮，一切都逃脱不了其敏锐的目光。任何了解他的人都会因其出众的品质而折服。他下唇略为突出，肉乎乎的嘴唇撇出一丝嘲弄，令俗人不敢与之交好。"

比兰德还特别补充说，年轻的爱因斯坦有一种俏皮的、有时令人生畏的智慧。"这是一位笑对世界的哲学家，其机智诙谐

---

[1] Gustav Maier to Jost Winteler, Oct. 26, 1895, CPAE 1:9; Fölsing, 39; Highfield and Carter, 22—24.

的讽刺无情地撕碎了一切虚浮造作。"[1]

1895年年底，爱因斯坦与玛丽相爱了，那时他已搬入温特勒家数月。玛丽当时刚刚完成教师培训，指望回家在附近的村子里找份工作。她快18岁了，阿尔伯特还只有16岁。这份浪漫的感情使两个家庭激动不已。阿尔伯特和玛丽向他的妈妈致以新年的祝福，他的妈妈和蔼地做了回复："亲爱的玛丽小姐，您可爱的信让我欣喜万分。"[2]

第二年4月，爱因斯坦从帕维亚回到家休春假，他给玛丽写了封信，这也是他第一封已知的情书：

亲爱的小宝贝：

非常非常感谢你令人心醉的信，亲爱的心上人，它使我无限幸福。能把这么一张小纸按在心坎儿上，真是妙不可言，一双这么可爱的眼睛已经含情脉脉地注视过它，一双俊秀纤纤的手儿已经在它上面亲切地来回抚摸过。我的小天使，现在我可以完全领会想家和思念的意思了。然而，爱情给人的欢乐远远胜过思念引起的痛苦……

我的妈妈还根本不认识你，就已经把你锁在了她的心中；我只让她看了两封你那逗人喜爱的信。她还老嘲笑我，因为我对那些小姑娘不再喜欢了，要是以前，她们肯定会令我如痴如狂。对于我的灵魂来说，你要比整个世界更有意义。

---

[1] Vallentin, 12; Hans Byland, *Neue Bündner Zeitung*, Feb. 7, 1928, cited in Seelig 1956a, 14; Fölsing, 39.

[2] Pauline Einstein to the Winteler family, Dec. 30, 1895, CPAE 1:15.

第二章 童年，1879—1896

他的母亲又给这封信写了篇附笔："这封信我未曾拆看，向你致以热忱的问候！"[1]

爱因斯坦虽然喜欢在阿劳的学习生活，但功课并非门门都好。他的入学成绩报告单上写着，他需要补习化学，法语也"有严重缺陷"。到了学年中期考试，他仍被要求"在法语和化学方面继续请家庭教师授课"，"法语方面的异议仍然有效"。爱因斯坦的父亲看了约斯特寄给他的年中考试成绩单之后比较满意。他写道："虽然它不是各部分都符合我的期许，但我对阿尔伯特成绩的优劣并存已是习以为常，这些分数也算是差强人意了。"[2]

音乐仍然是爱因斯坦的挚爱。班里共有九名小提琴手，老师在考试时说，他们的"弓法有些生硬和不自然"。唯独爱因斯坦受到了表扬。"有一位名叫爱因斯坦的学生，他甚至会因心领神会地演奏贝多芬奏鸣曲的一段柔版而容光焕发。"在当地教堂举行的一场音乐会上，爱因斯坦在约翰·塞巴斯蒂安·巴赫的一部作品中担任第一小提琴手。其"音色淳美，节奏极其明快"，这令第二小提琴手惊叹不已。他问爱因斯坦："您打拍子吗？"爱因斯坦答："怎么会呢？它就在我的血液里。"

同学比兰德回忆说，爱因斯坦演奏的莫扎特奏鸣曲非常有激情——"他的演奏热力四射！"——听起来就像是全新的作品。在聆听他演奏的过程中，比兰德意识到，在爱因斯坦俏皮而讽刺的外表下面，隐藏着一个温柔的灵魂。"他属于那种具有分裂人格的

---

[1] Einstein to Marie Winteler, Apr. 21, 1896.
[2] Entrance report, Aargau school, CPAE 1:8; Aargau school record, CPAE 1:10; Hermann Einstein to Jost Winteler, Oct. 29, 1995, CPAE 1:11 and Dec. 30, 1895, CPAE 1:14.

人，懂得如何用难于接近的外表保护其丰富的内心世界不受侵扰。"[1]

爱因斯坦对德国专制主义学校和军国主义气氛的蔑视使他希望放弃德国国籍。约斯特对一切形式的民族主义的鄙视也起了推动作用，爱因斯坦由此获得了一种信念，即人应当将自己看成一个世界公民。于是，他要父亲帮他放弃德国国籍。1896年1月，申请终获批准，此时他成了一个无国籍的人。[2]

在那一年，他还成了没有宗派的人。也许是在阿尔伯特的要求下，他的父亲在放弃德国国籍的申请中写下了"无宗派关系"。几年以后（以及在随后的20年中），在申请苏黎世居留权时，阿尔伯特也做了这一声明。

此时，他已经从童年时的犹太教狂热中摆脱出来，加之他一直游离于慕尼黑的犹太人之外，这使他渐渐疏离了自己的传统。"我在慕尼黑接受宗教教育期间以及在犹太会堂碰到的长者式的宗教不仅不吸引我，而且令我反感，"他后来对一位犹太历史学家解释说，"我也没有感到任何像民族共同体或命运共同体那样的东西。根据我少年时代的了解，中产阶级的犹太人生活富裕，缺少集体感，我并不认为自己从中得到了什么有价值的东西。"[3]

20世纪20年代，随着反犹主义的声浪日渐高涨，爱因斯坦开始重新审视他的犹太人身份。他说："在我看来，并不存在一种可被称为'犹太信仰'的东西。不过身为犹太人中的一员，我是幸福的。"后来，他以更富表现力的方式表达了同一观点："蜗牛去

---

[1] Report on a Music Examination, Mar. 31, 1896, CPAE 1: 17; Seelig 1956a, 15; Overbye, 13.

[2] Release from Würtemberg citizenship, Jan. 28, 1896, CPAE 1: 16.

[3] Einstein to Julius Katzenstein, Dec. 27, 1931, cited in Fölsing, 41.

掉了壳仍然是蜗牛，放弃了信仰的犹太人也依旧是犹太人。"[1]

因此，不应把他 1896 年对犹太教的放弃看成一种彻底决裂，而应看成其文化认同过程的一部分。"当时，我甚至不明白脱离犹太教可能意味着什么，"他在去世前一年给朋友写信说，"但我完全清楚自己的犹太血统，即使只有后来我才认识到属于犹太民族的重要意义。"[2]

爱因斯坦在阿劳中学的学习结束了，结果出乎所有人的预料：这位伟大天才的分数在班上名列第二。（可惜，那位胜过爱因斯坦的男孩的名字已经尘封于历史中。）他所有的科学和数学课程都得了 5 分（满分为 6 分），历史和意大利语也是 5 分，法语最低，是 3 分。

就这样，他获得了笔试和口试的机会。如果考试通过，就可以进入苏黎世联邦工学院学习了。德语考试要求为歌德的一部戏剧写出内容提要，爱因斯坦轻松得了 5 分。在数学考试中，他不小心把"虚"数写成了"无理"数，不过还是得到了最高分。在物理学考试中，他交卷很早，一小时零一刻钟就做完了需要在两小时内完成的试题，同样也得到了最高分。最后，他总评为 5.5 分，在九个应试的学生中名列第一。

他表现不佳的部分仍然是法语。不过在今天的人看来，他那三段文字却是所有考试中最令人感兴趣的内容。这篇小文的题目是："*Mes Projets d'avenir*"（我的未来计划）。虽然法语水平一般，其个人洞见却相当深刻：

---

[1] Israelitisches Wochenblatt, Sept. 24, 1920; Einstein, "Why Do They Hate the Jews?" Collier's, Nov. 26, 1938.

[2] Einstein to Hans Muehsam, Apr. 30, 1954, AEA 38-434; Fölsing 42.

我若运气好,一帆风顺地通过各门考试,我就会去上苏黎世联邦工学院。我将在那里待上四年,学习数学和物理学。我选修这些科学的理论部分,我想自己会成为这些科学领域的一名教师。

下面是启发我做出这项计划的理由。最主要的是,我的个人才能偏向于抽象思考和数学思考……我的愿望也使我下了这样的决心。这是十分自然的,人总是爱做那些自己擅长的事情。何况科学职业还有一定的独立性,那正是我十分向往的。[1]

1896年的夏天,爱因斯坦兄弟的公司破产了,因为在获得建造帕维亚的水电系统所需的用水权上,他们把事情弄糟了。兄弟俩互道珍重,然后分道扬镳。雅各布去了一家大公司当工程师,乐观自信的赫尔曼则执意在米兰做起了新的发电机买卖。阿尔伯特对父亲的前景并不看好,他登门造访各位亲戚,建议他们不要再资助父亲,但没有成功。[2]

赫尔曼希望阿尔伯特有一天会参与到他的生意中来,但阿尔伯特对工程学几乎毫无兴趣。"我起初打算做一名工程师,"他后来对一位朋友说,"但一想到把创造力花费在这些事情上,目的无非是要让实际的日常生活变得更加精致,让冷酷无情的资本变得更多,我就感到不可忍受。要为思想而思想,就像音乐一样!"[3]于是,他改变方向,考取了苏黎世联邦工学院。

---

[1] Examination results, Sept. 18—21, 1896, CPAE 1: 20—27.
[2] Overbye, 15; Maja Einstein, xvii.
[3] Einstein to Heinrich Zangger, Aug. 11, 1918.

第三章　苏黎世联邦工学院，1896—1900

莽撞无礼的学生

1896年10月，17岁的爱因斯坦考入了苏黎世联邦工学院。这所学院当时共有841名学生，主要是一所技术师范学院。它虽然名气不如附近的苏黎世大学以及日内瓦和巴塞尔的大学，这些学校都可以授予博士学位[直到1911年苏黎世联邦工学院（Eidgenössische Polytechnische Schule）更名为"联邦理工大学"（Eidgenössische Technische Hochschule，简称ETH）时才具有这一资格]，但在工程和科学方面却有着良好的声誉。物理系主任韦伯最近争取到了一幢崭新的大楼，由电子行业巨头（也是爱因斯坦兄弟公司的对手）西门子公司出资兴建。楼内有一批以精密测量而闻名的示范实验室。

爱因斯坦等11名新生接受了"数学和物理学专业教师"培训。他住在学生公寓里，每月从科赫亲戚那里拿100瑞士法郎的定期津贴。每个月他要从中拿出20法郎交给政府，这是成为瑞士公民所必须缴纳的费用。[1]

19世纪90年代，理论物理学已经日趋独立，欧洲出现了不少该领域的教授。柏林的马克斯·普朗克、荷兰的亨德里克·洛伦兹、维也纳的路德维希·玻尔兹曼等人就是第一批理论物理教授。他们将物理学与数学结合在一起，为实验物理学家指明前进方向。因此，数学必定是爱因斯坦在联邦工学院的主要必修课。

不过，爱因斯坦对物理学的直觉能力还是要强于数学。在探索新理论的过程中，他尚未认识到这两门学科可以有机地结合在一起。在联邦工学院的四年学习中，他所有的理论物理课程都得了5分（满分为6分），而大部分数学课，特别是几何学，都只得了4分。他承认："学生时代的我还不明白，更深入地理解物理学基本原理是同最复杂的数学方法联系着的。"[2]

这种领悟要到10年之后才能浮现出来。那时他正在为引力理论的几何学而绞尽脑汁，发现自己不得不依靠一位曾经称自己为"懒狗"的数学教授的帮助。"我已经开始变得对数学充满敬意，"他1912年给同事写信说，"直到现在，我还愚蠢地将数学中比较精妙的内容当成纯粹的奢侈。"到了晚年，他在与一位年轻朋友彼得·巴基谈话时，也有过类似的悲叹。他说："早先我以为一个成功的物理学家只要懂得初等数学就够了，但后来我

---

[1] Cahan，42；Editor's note, CPAE vol. 1 (German)， p. 44.
[2] Einstein 1949b, 15.

第三章 苏黎世联邦工学院，1896—1900

十分遗憾地认识到，这种想法是完全错误的。"[1]

韦伯是这里主要的物理教授。一年前，爱因斯坦给这位教授留下了深刻的印象。那时爱因斯坦没能通过联邦工学院的入学考试，他敦促爱因斯坦留在苏黎世听他的课。入学之后，他们在头两年里依然相互褒奖。韦伯的课是少数几门令他印象深刻的课。"韦伯讲授热学的技巧高超而娴熟，"他在第二年写道，"他上的每一门课我都很喜欢。"他"怀着极大的热情"在韦伯的实验室中工作，选修了他的十五门课（五门实验课，十门理论课），而且考得都很好。[2]

不过，爱因斯坦渐渐对韦伯失去了兴趣。他感到这位教授过分专注于物理学的历史基础，而不注重当下的前沿。"他不关注亥姆霍兹之后的一切东西，"当时有人这样抱怨说，"在学习结束的时候，我们对物理学的过去一清二楚，而对它的现在和未来却一无所知。"

韦伯在课上没有讲述的内容之一就是麦克斯韦的重大突破。从1855年开始，麦克斯韦提出了深奥的理论和优雅的数学方程来描述像光这样的电磁波是如何传播的。"我们企盼着能够讲讲麦克斯韦理论，到头来却是一场空，"另一位学生写道，"爱因斯坦失望透了。"[3]

爱因斯坦向来直来直去，丝毫不掩饰自己的感受。韦伯则

---

[1] Record and Grade Transcript, Oct. 1996 — Aug. 1900, CPAE 1: 28; Bucky, 24; Einstein to Arnold Sommerfeld, Oct. 29, 1912; Fölsing, 50.

[2] Einstein to Mileva Marić, Feb., 1898; Cahan, 64.

[3] Louis Kollros, Albert Einstein en Suisse, *Helvetica Physica* Supplement 4 (1956), 22, in AEA 5−123; Adolf Frisch, in Seelig 1956a, 29; Cahan, 67; Clark, 55.

出于体面，对爱因斯坦愤懑的倨傲态度大为光火。到了第四年年底，他们已经到了几乎水火不容的境地。

韦伯对爱因斯坦的愤怒再次证明，爱因斯坦的科学和个人生活多么受制于那个施瓦本灵魂深处的东西，即习惯于挑战权威，不服管制，对公认的观点缺乏尊重。例如，他经常漫不经心地称韦伯为"韦伯先生"，而不是"教授先生"。

韦伯教授的愤怒最终还是胜过了赞赏，他对爱因斯坦的断言让人想起了几年前慕尼黑高中的那位气急败坏的老师。"爱因斯坦，你是个非常聪明的孩子，可以说聪明过人，"韦伯对他说，"但你有一个大毛病：你从不听别人说什么。"这种评价不无道理。不过爱因斯坦将会表明，在世纪之交的那个波谲云诡的物理学世界，不去理会时下的流行观点不无裨益。[1]

爱因斯坦的无礼也冒犯了联邦工学院的另一位物理教授让·佩尔内，他负责爱因斯坦的实验课和物理实习。在佩尔内开设的"物理实验入门"课上，他给了爱因斯坦最低分1分，从而在历史上留下了这样一个名声：他使爱因斯坦的一门物理课没有通过。爱因斯坦很少来上这门课也是一个重要原因。根据佩尔内的书面建议，1899年3月，"由于对物理实习课不够重视"，爱因斯坦受到"校长的一次申斥"。[2]

有一次，佩尔内问爱因斯坦为什么要研究物理学，而不是医学或法律等领域，爱因斯坦回答说："因为我在那些学科上的天资更浅。我何不在物理学上碰碰运气呢？"[3]

---

[1] Seelig 1956a, 30; Overbye, 43; Miller, 2001, 52; Charles Seife, The True and the Absurd, in Brockman, 63.

[2] Record and Grade Transcript, CPAE 1：28.

[3] Seelig 1956a, 30; Bucky, 25 (a slightly different version); Fölsing, 57.

第三章 苏黎世联邦工学院，1896—1900

有那么几次，爱因斯坦终于光临了佩尔内的实验室，但他那独立的个性有时又会惹上麻烦。比如有一天，老师让他按照纸上的说明做一个特殊的实验。"凭借着一贯的独立性，"卡尔·塞利希说，"爱因斯坦自然将这张纸扔进了废纸篓。"他按照自己的方式进行实验。佩尔内问一位助手："你拿爱因斯坦有什么办法？他总是不照我说的去做。"

"的确如此，教授先生，"助手回答说，"不过他的解答是对的，使用的方法很有意思。"[1]

终于，这些方法使他受到了惩罚。1899 年 7 月的一天，他在佩尔内的实验室酿成了一次爆炸，右手"伤势严重"，不得不到诊所缝合伤口。这次事故使他至少在两周内难以拿笔写东西，小提琴就更没法拉了。"我的小提琴只能弃置一旁，"他写信给曾经在阿劳同台演出的一位女士说，"它肯定感到很奇怪，自己竟然再没有从黑匣子里出来过。或许它以为，自己遇上了个继父吧。"[2] 不久，他又可以重新拉琴了，不过这次事故似乎使他更加热衷于当理论家而不是实验家了。

尽管他对物理的重视甚于数学，但给他最正面影响的教授却是数学家赫尔曼·闵可夫斯基。他是俄裔犹太人，当时只有 30 岁出头，方方的下巴，可以说相貌堂堂。爱因斯坦欣赏闵可夫斯基将数学与物理结合起来的方式，但却避开了他的课上最需要费心思的内容，这就是为什么闵可夫斯基称他为一条懒狗的原因："他从不为数学操心。"[3]

---

[1] Seelig 1956a, 30.
[2] Einstein to Julia Niggli, July 28, 1899.
[3] Seelig 1956a, 28; Whitrow, 5.

爱因斯坦经常和一两位朋友一起学习，这在很大程度上是基于他个人的兴趣和热情。[1] 他仍然自诩为"一个流浪者和不合群的人"，不过他也开始在咖啡馆里悠闲地消磨时间，和一些不拘于传统的兴趣相投者参加音乐晚会。尽管在人们的印象中，他是一个远离人群、对他物漠不关心的人，但在苏黎世，他的确与别人结下了深厚的友谊，这对他的一生至关重要。

格罗斯曼便是这样一位朋友。他是一个犹太数学奇才，生于中产阶级家庭，父亲在苏黎世附近开办了一家工厂。由于爱因斯坦不怎么去上课，格罗斯曼便为他做了大量笔记。"他的笔记甚至可以拿去发表，"爱因斯坦后来对格罗斯曼的妻子赞叹道，"当我准备考试时，他总是借给我那些笔记本，它们是我的救世主。如果没有这些东西，真不敢想象情况会是什么样。"

爱因斯坦和格罗斯曼经常在利马特河畔的大都会咖啡馆（Café Metropole）一边抽烟斗、喝冰咖啡，一边讨论哲学。"总有一天，这位爱因斯坦会成为伟人。"格罗斯曼向父母预言。后来，这个预言果然成真。在这一过程中，格罗斯曼功不可没。他为爱因斯坦在瑞士专利局找到了第一份工作，而且在数学上帮助爱因斯坦将狭义相对论发展成广义相对论。[2]

联邦工学院的许多课程似乎有些陈旧，爱因斯坦和朋友们开始自行研读最新的理论。"我经常逃课，在家里怀着神圣的热忱研究理论物理学大师的杰作。"他回忆说。这些在业余时间里阅读的内容包括基尔霍夫的辐射理论、亥姆霍兹的热力学理论、

---

[1] Einstein 1949b，15—17。

[2] Einstein interview in Bucky，27；Einstein to Elizabeth Grossmann，Sept. 20，1936，AEA 11—481；Seelig 1956a，34，207；Fölsing，53。

赫兹的电磁理论、玻尔兹曼的统计力学等。

他也受到了一位不太出名的理论家奥古斯特·弗普尔的著作的影响。1894年，弗普尔写出了一部名为《麦克斯韦电学理论导论》（*Introduction to Maxwell's Theory of Electricity*）的通俗著作。正如科学史家霍尔顿所说，弗普尔书中的许多概念很快就在爱因斯坦的工作中派上了用场。书中有一章名为"运动导体的电动力学"，开篇就对"绝对运动"概念提出了质疑。弗普尔指出，运动只能相对于其他物体来定义。然而他进而考虑一个有关磁场感生电流的问题："到底是电路静止，磁体在附近运动，还是电路运动，磁体静止，这是否是一回事？"在1905年狭义相对论论文的开头，爱因斯坦也提出了同样的问题。[1]

在业余时间里，爱因斯坦还阅读了法国人庞加莱的著作，他对爱因斯坦的影响后来成了一个争论不休的话题。庞加莱博学多才，他几乎已经发现了狭义相对论的核心思想。1897年春，爱因斯坦在联邦工学院的第一年行将结束，这时在苏黎世举行了一次数学会议，庞加莱本应到场讲演。虽然他最终没有出场，不过会上宣读了他的一篇论文，其中包含有这样的著名宣言："绝对空间，绝对时间，甚至是欧几里得几何，这些条件都不应强加于力学。"[2]

---

[1] Holton 1973，209—212。爱因斯坦的女婿凯泽尔和同事弗兰克都说，在联邦工学院期间，爱因斯坦在业余时间里读过弗普尔的书。

[2] Clark，59；Galison，32—34。伽里森写的关于庞加莱和爱因斯坦的著作生动地描述了他们提出概念的过程，以及庞加莱的发现如何"预示了爱因斯坦的狭义相对论，它的确是了不起的一步，只不过缺乏思想上的勇气将其在逻辑上贯彻到底，从而得出革命性的结论"（Galison，34）。Miller 2001，200—204也非常有用。

人性的一面

一天晚上，爱因斯坦在女房东家忽然听到有人在附近弹奏莫扎特的一首钢琴奏鸣曲。他问这是谁弹的，女房东说，这是一位教钢琴的老太太弹的，就住在隔壁的阁楼上。爱因斯坦等不及穿戴整齐，抓起小提琴就冲了出去。"您不能这样，爱因斯坦先生。"女房东喊道。他没有理会，径直冲进了邻居的房子。那位钢琴教师惊讶地抬起头看着他。"请继续演奏吧。"爱因斯坦恳求道。没过多久，屋子里就回荡起小提琴为莫扎特奏鸣曲伴奏的乐声。后来她向邻居打听，这位伴奏的不速之客是谁。邻居安抚她说："只不过是一个学生，并无恶意。"[1]

音乐一直令爱因斯坦心醉。对他而言，音乐与其说是一种逃避，不如说是一种关联：它反映了宇宙背后的和谐，体现着大作曲家的创造天才，任何感受到这种无法言传的愉悦的人都会心绪相通。和谐之美使他对音乐和物理学满怀敬畏。

苏珊娜·马克瓦尔德是苏黎世的一个小姑娘。她的妈妈举办了不少音乐晚会，演奏曲目多以莫扎特的乐曲为主。她弹钢琴，爱因斯坦演奏小提琴。"他对我出的纰漏非常宽容，"她回忆说，"他顶多会说，'你卡在这了，就像驴子（困在了）山上'，然后会用琴弓指着我应当在哪里进入。"

爱因斯坦欣赏莫扎特和巴赫音乐中清晰的结构，这种结构使他们的音乐似乎是"决定论的"，一如他最喜爱的那些科学理论像是直接来自于宇宙，而不是编创出来的。爱因斯坦曾说："贝

---

[1] Seelig 1956a, 37; Whitrow, 5; Bucky, 156.

多芬的音乐是创作出来的，而莫扎特的音乐则纯洁非常，似乎向来就存在于宇宙之中。"在另一则报道中，他将贝多芬与巴赫进行对照："我听贝多芬时感到不舒服。我认为他过于个人化了，几乎是赤裸裸的。还是让我听巴赫，多听些巴赫吧。"

他也欣赏舒伯特"表达感情的超凡能力"。但在一份亲笔填写的问卷中，他对其他作曲家提出了批评，从中可以反映出其科学旨趣：亨德尔带有"某种浅薄"，门德尔松虽然表现出了"很高的天分，但却缺乏某种深度，以至于往往流于平庸"，瓦格纳"缺少一种结构，我视之为颓废"，里夏德·施特劳斯"虽有禀赋，却没有内在的思想体系"。[1]

爱因斯坦还喜欢在苏黎世附近的阿尔卑斯湖驾驶帆船，这是一项更加孤独的追求。"我依然记得当湖面上的风不再扬起，船帆如枯萎的树叶一样低垂下来时，他会拿出自己的小本子开始涂写，"他房东的女儿马克瓦尔德回忆说，"不过只要风儿吹起，他又会立刻驾起船来。"[2]

他从小就有的政治情感——蔑视一切权威，厌恶军国主义和民族主义，尊重个性，鄙视中产阶级的消费和炫耀财富，向往社会公平——受到了在阿劳对他如父亲一般的房东约斯特·温特勒的影响。在苏黎世，爱因斯坦也遇到了一个类似的政治导师，他就是温特勒的朋友——古斯塔夫·迈尔。他是一位犹太银行家，曾经安排爱因斯坦第一次造访了联邦工学院。在温特勒的支持下，迈尔创建了伦理文化学会瑞士分会。爱因斯坦是

---

[1] Miller, 2001, 186; Hoffmann, 1972, 252; interview with Lili Foldes, *The Etude*, Jan. 1947, Calaprice, 150; Einstein to Emil Hilb questionnaire, 1939, AEA 86-22; Dukas and Hoffmann, 76.

[2] Seelig, 1956a, 36.

迈尔家举行的非正式聚会的常客。

爱因斯坦还与当时正在苏黎世学习的奥地利社会民主党领导人的儿子弗里德里希·阿德勒结为好友。爱因斯坦后来称他为自己见过的"最纯洁、最热忱的理想主义者"。阿德勒试图劝说爱因斯坦加入社会民主党,但爱因斯坦从不习惯于把时间浪费在组织机构的会议上。[1]

那些后来使爱因斯坦成为心不在焉的教授的偶像式特征在其学生时代就已经表露出来,比如在举止上不拘小节,装扮上随随便便,衣服也磨损得厉害,有时会忘性大发。他在旅行期间常会忘记拿衣服和手提箱,甚至记不住自己的钥匙在哪里,这已经成为女房东的看家笑话。据爱因斯坦回忆,曾经有一次,他拜访了家人的一些朋友,"我离开时忘记拿手提箱了。主人对我的父母说,'那个人将不会有任何出息,因为他什么也记不住'"。[2]

虽然学生生活无忧无虑,但父亲生意上的接连失败却为之蒙上了一层阴影。父亲不听爱因斯坦的建议,执意做生意,而不像雅各布舅舅那样在工厂工作,能够拿到稳定的薪水。1898年,当父亲的生意再次濒临破产时,爱因斯坦万分沮丧地给妹妹玛雅写信说:"如果我坚持己见,爸爸也许两年前就找到有薪水的工作了。"

这封信所表现出的绝望非同寻常,按照父母当时的经济状况,实际情况可能不至于如此糟糕:

---

[1] Fölsing, 51, 67; Reiser, 50; Seelig 1956a, 9.
[2] Clark, 50. 布克沃尔德指出,经过仔细辨别,他在阿劳中学的一幅照片显示,他的夹克上有几个洞。

第三章 苏黎世联邦工学院，1896—1900

最令我苦恼的自然是我可怜的父母的不幸，他们这么多年来没有一分钟幸福过。我虽已成年，却只能袖手旁观，无计可施，这使我更感痛苦。我的确是家庭的一个负担……要是我根本没有来到这个世界上，那倒更好了。我一直在做自己绵薄之力所能及的事情，而且除研究之外，一次也不允许自己娱乐或分散精力，唯有这种念头支撑着我，给我以勇气和力量，有时还使我免于灰心绝望。[1]

也许这一切都只是源于一个十几岁少年的忧惧。无论如何，他的父亲似乎像往常一样乐观地挺过了这场危机。到了来年2月，他获得了为米兰附近的两个小村庄安装街灯的合同。"一想到父母现在已经克服了最严重的困难，我就高兴起来，"爱因斯坦给玛雅写信说，"如果所有人都像我这样生活，小说这种文体就不会发明出来了。"[2]

爱因斯坦不拘于传统的新生活和自我专注的天性使他与玛丽·温特勒（即他在阿劳寄宿的家中那位既可爱又有些反复无常的女儿）的关系不大可能继续下去。起初，他还邮寄给她几篮要洗的衣服，她会在洗后寄回。有时虽然连一张便条都没有附，但她仍会满心欢喜地试图使他开心。她曾在一封信中说，自己"冒着瓢泼大雨穿过森林"到邮局寄回洗净的衣服。"我迫不及待地找寻着小小的便条，但一无所获，不过只要看上一眼你写地址时留下的可爱笔迹，就足以使我感到幸福了。"

当爱因斯坦说打算来看她时，爱情的力量使玛丽感到头晕目

---

[1] Einstein to Maja Einstein, 1898.
[2] Einstein to Maja Einstein, after Feb. 1899.

眩。"阿尔伯特，你要来阿劳，我真是感激之至。不用说，在这段时间里，我会扳着手指头过的，"她写道，"自从你可爱的灵魂活跃和游走于我的灵魂中，那种感觉是多么幸福啊，我简直无法用语言形容，我只能说，我永远爱着你，宝贝。"

而爱因斯坦却想断绝这种关系。他到苏黎世联邦工学院之初写的一些信就建议他们不要再彼此写信了。她回复说："我亲爱的，你信中有一段话我不是很明白。你写道，你不再想与我通信了，可是为什么要如此呢，宝贝？……你这样粗鲁地写信，想必是在生我的气吧。"接着，她试图将问题一笑了之，"不过等着瞧吧，待我回到了家，看你是怎么挨骂的。"[1]

爱因斯坦的下一封信愈发不友好了，甚至因为她送了一个茶壶而大发牢骚。"至于我送给你那把笨拙的小茶壶这件事，你高不高兴都无所谓，只要以后你能用它沏些好茶就行了，"她回信说，"现在你该满意了吧，请不要再在信的字里行间对我怒气冲冲了。"她说，她教的学校里有一个小男孩长得很像他，"我非常爱他，"她说，"有时他一看我，就把我完完全全抓住了，我总以为是你在看你的小宝贝哩。"[2]

然而接下来，任凭玛丽一再恳求，爱因斯坦却不再写信了。她甚至给他的妈妈写信，请她帮忙想办法。"这个小淘气现在懒得出奇，"保莉妮回信说，"眼下我就苦苦等了三天，但依然杳无音讯。只要他一露面，我肯定好好数落他一番。"[3]

最终，爱因斯坦在一封给玛丽妈妈的信中，明确宣布他们

---

[1] Marie Winteler to Einstein, Nov. 4-25, 1896.
[2] Marie Winteler to Einstein, Nov. 30, 1896.
[3] Pauline Einstein to Marie Winteler, Dec. 13, 1896.

第三章 苏黎世联邦工学院，1896—1900

的关系结束了，而且在放春假期间不会回阿劳。"由于我的过失，我已经给这个可爱的小姑娘造成了太多痛苦。倘若我以新的痛苦换取几天的欢乐，那就太不值得了。"

然后，他内省式地评论了自己如何避免因感情承诺而导致痛苦，以及如何通过回到科学来回避那些"纯个人的事务"：

> 她天性温柔贤淑，却因我的轻率无知，而给这个可爱的姑娘招致了痛苦。现在我也该体味一下这种痛苦了，这使我感到了一种特殊的满足。艰苦的思想劳作和对上帝本性的沉思冥想，是引领我走出此生一切忧患的守护天使。它们安抚我，激励我，却又是那样严厉无情。要是我能给这个好孩子一点这样的东西就好了！可是，这是用多么奇特的方式来战胜生命的暴风雨啊——在神志清醒的那些时刻，我发现自己就像鸵鸟一样，为了看不到危险，就把头掩藏在荒漠的沙中。[1]

在我们看来，爱因斯坦对玛丽的冷漠似乎有些不近人情。但人与人的关系，特别是十几岁的孩子之间的关系，旁观者很难说清楚。他们显然非常不同，尤其是在思想上。玛丽的信往往有些唠叨，特别是在心里没底时就更是显得语无伦次。"我写了不少无聊的废话，是不是？结果你甚至连一遍都懒得读完（不过我可不相信）。"她曾在信中这样说。在另一封信中，她说："我不去思考自己，宝贝，这确是事实，但之所以如此，只是因为我什么都不思考，除非碰到了一个极其愚蠢的演算，

---

[1] Einstein to Pauline Winteler, May 1897.

那时为了调剂一下，我需要比学生们知道得多一些。"[1]

毫不奇怪，无论责任在谁（如果有的话），他们最终还是走上了不同的道路。这段经历结束之后，玛丽的精神相当消沉，她经常怀念那段教学的日子。几年以后，她嫁给了一个表厂的经理。而爱因斯坦则从这重关系中解脱出来，投入了一个与玛丽迥然不同的女子的怀抱。

米列娃

米列娃·玛里奇的父亲是一个雄心勃勃的塞尔维亚农民。米列娃是长女，也是他最疼爱的孩子。他参过军，婚后生活开始富裕起来。他希望这个优秀的女儿能够在由男性统治的数学和物理学界取得成功。米列娃的童年基本是在诺维萨德度过的，当时这个塞尔维亚城市还在受匈牙利统治。[2]她转过几次学，学校的质量也越来越高，无论在哪个学校，她在班里的成绩都名列前茅。最终，经过父亲的一番努力，萨格勒布只招收男生的古典高级中学（Classical Gymnasium）允许她入学。在以优异的物理和数学成绩从那里毕业后，她考入了苏黎世联邦工学院，成为爱因斯坦班上唯一一个女生，这时她即将年满21岁。

她比爱因斯坦大三岁有余，先天性髋脱位使她备受折磨，

---

[1] Marie Winteler to Einstein, Nov. 4—25, Nov. 30.

[2] 诺维萨德是塞尔维亚民族的文化中心。长期以来，它一直是"帝国自由城市"，当时属于哈布斯堡王朝的一个塞尔维亚自治区。米列娃出生的时候，它处于奥匈帝国的匈牙利部分。她成年时，大约有40%的居民说塞尔维亚语，25%说匈牙利语，20%说德语。现在它是塞尔维亚共和国的第二大城市，仅次于贝尔格莱德。

所患肺结核容易发作，情绪也比较容易低落。米列娃的名气既不在于容貌也不在于个性。她在苏黎世的一位女友曾经这样描述她："思维敏捷，严肃认真，娇小柔弱，深色头发，其貌不扬。"

但她也有着吸引爱因斯坦的气质，至少在他浪漫的求学期间是如此：对数学和科学富有激情，喜欢沉思冥想，能逗人开心。她眼睛深陷，深邃的目光让人久久不能忘怀，脸上带有一丝迷人的忧郁。[1]时光荏苒，在爱因斯坦的一生中，她将分别扮演灵感源泉、同伴、恋人、妻子、厌恶对象以及对手的角色，而且会为他营造一个平生最强的情感场。这个场对他时而吸引，时而排斥，其强大力量是这个纯粹的科学家永远也琢磨不透的。

1896年10月，他们双双考入联邦工学院，但关系的推进尚需时日。根据他们的书信或回忆录，种种迹象表明，他们在第一学年还只是同学关系。不过，1897年夏天，他们决定一起去徒步旅行。那年秋天，米列娃从爱因斯坦那里"得到的新感觉让她有些惴惴不安"，她决定暂时离开联邦工学院，去海德堡大学听课。[2]

她给爱因斯坦的现存的第一封信是在到达海德堡后几周写的，它隐隐显示出了爱情的召唤，但她那种自信的冷漠也表现

---

[1] Desanka Trbuhovic-Gjuric, 9—38; Dord Krstic, Mileva Einstein-Marić, in Elizabeth Einstein, 85; Overbye, 28—33; Highfield and Carter, 33—38; Marriage certificate, CPAE 5：4.

[2] Dord Krstic, Mileva Einstein-Marić, in Elizabeth Einstein, 88（Krstic的文章部分基于对校友的采访）；爱因斯坦生活的研究专家，希伯来大学爱因斯坦档案馆的沃尔夫说："我想爱因斯坦是米列娃逃离苏黎世的主要原因。"

得很突出。她用德语中正式的"您"来称呼爱因斯坦，而没有用更亲切的"你"。与玛丽·温特勒不同，她戏称自己并不迷恋对方，虽然爱因斯坦此前给她写过一封罕见的长信。"收到您的信已经很久了，"她说，"我本想立即回复，以感谢您不辞劳苦写了长长的四页，也表达一下您在旅行中给我带来的快乐。不过您说过，倘使有一天我感到无聊，就该提笔给您写信，而我是很听话的，就一个劲地等待无聊出现；然而时至今日，我的等待仍是枉然。"

  米列娃与玛丽的另一点不同是，她在信中表现出了相当的思想力度。在第一封信中，她对菲利普·勒纳德正在讲授的运动论课程表现出了极大热情。勒纳德当时是海德堡大学的副教授，这门课讲的是气体性质如何源于数百万个分子的相互作用。她写道："哦，昨天勒纳德教授讲的课真是太清楚了。他目前正在讲气体的热运动论，结果竟然得出了氧分子以每秒400多米的速度运动的结论，于是这位可敬的教授算了又算……终于得出这些分子虽然以这种速度在运动，但所走过的路程只是一根头发丝宽度的1/100。"

  在当时，运动论还没有被科学界广泛接受（甚至原子和分子的存在都没有得到肯定），米列娃的信表明，她对这一领域的了解还不深。顺便说一句，勒纳德将会成为爱因斯坦早期的灵感来源，但后来却成为他最为憎恶的反犹主义者之一。这种讽刺着实令人悲哀。

  针对爱因斯坦在前一封信中提出的人在理解无限方面碰到的困难，米列娃也做了评论。"人不能把握无限，我认为这不应当归咎于人脑的结构，"她写道，"人可以想象无限的幸福，他也应当能够把握空间的无限，我相信这要容易得多。"她发现想

第三章 苏黎世联邦工学院，1896—1900

象无限空间要比想象无限幸福更容易，这在一定程度上应和了爱因斯坦所说的——摆脱"纯个人事情"的束缚，逃入科学思考的避风港。

不过从信上看，米列娃也在以一种更加个人的方式想念爱因斯坦。她甚至同自己所仰慕的、呵护自己的父亲谈起过他。"我爸爸曾托人捎给我一些烟草，要我一定当面交给您。他很想使您对我们的强盗小国垂涎三尺。我已经向他谈起过您的方方面面。哪天您无论如何都要与我去一次，你们俩一定会有许多东西可谈！"与玛丽的茶壶不同，烟草也许是爱因斯坦钟爱的礼物，不过米列娃却逗他说自己还没有寄出，"不然您必须为它上税，那时您会诅咒我的"。[1]

这种亦庄亦谐、有张有弛、若即若离的风格（其实在爱因斯坦身上也表现得很明显）必定吸引了他。他敦促米列娃快点回苏黎世。1898年2月，她终于做出了这个决定，他为此激动万分。"您一定不会为此而感到后悔的，"他写道，"您应当尽快回来。"

爱因斯坦向她透露了每位教授上课的一些细节（他发现有一位教几何的教授"有些让人捉摸不透"），并且保证用他和格罗斯曼做的课堂笔记帮她补习功课。不过有一个麻烦，她也许不能继续住在膳宿公寓那间"舒适的老屋"了。"活该，您这个逃跑的小姑娘！"[2]

到了4月份，米列娃终于回来了。她寄宿的房子距爱因斯坦的住所只有几个街区。现在他们俨然已如夫妻。他们共享书

---

[1] Mileva Marić to Einstein, after Oct. 20, 1897.

[2] Einstein to Mileva Marić, Feb. 16, 1898.

籍，热烈地交流思想，互相袒露隐私，住所也可以共用。有一天，爱因斯坦又忘带钥匙了，他被锁在了门外，便找米列娃借物理课本。"请不要怪我。"他在留给她的便笺中写道。时隔不久，同样的情况再次发生，他在便笺中补充说："如果您不介意，今晚我就去您那里和您一起读书。"[1]

朋友们感到无法理解，像爱因斯坦这样一个几乎能让任何女性一见倾心的英俊小伙子，怎么会迷上一个身材矮小、相貌平平的塞尔维亚人，况且她还有些跛足，时常流露出多愁善感。"倘若一个女人并非完全健康，我肯定不敢娶她。"一个同学对他说。爱因斯坦则回答："但她的嗓音无比动听。"[2]

爱因斯坦的母亲喜爱玛丽·温特勒，她对这位取代玛丽的深色皮肤的知识分子也有类似疑虑。1899年春假期间，爱因斯坦到米兰拜望父母时给米列娃去信说："您的照片给了我的老母亲非常深刻的印象。在她拿起照片仔细端详的时候，我还心领神会地说：'是呀，是呀，她简直就是一个聪明的小滑头。'为此我已经不得不忍受相当多的讥笑。"[3]

为什么米列娃会对爱因斯坦有如此强烈的亲和力，这其实并不难理解。身为局外人，他们都感觉自己在求学期间很孤单。这两个知识分子都对中产阶级的前程有些绝望，都希望能够找到一个既是恋人，又是伙伴、同事和合作者的人。"我们深切了解对方的隐秘灵魂，也都喝咖啡和吃香肠，等等（*etcetera*）。"爱因斯坦在给她的信中写道。

---

[1] Einstein to Mileva Marić, after Apr. 16，1898，after Nov. 28，1898.
[2] Recollection of Suzanne Markwalder, in Seelig 1956a, 34；Fölsing, 71.
[3] Einstein to Mileva Marić, Mar. 13 or 20，1899.

爱因斯坦能够设法使"等等"一词听上去有些无赖。他在另一封信的结尾说:"致以最美好的祝愿,等等,尤其是后者。"在分开数周之后,他列出了希望和她一起做的事情:"我很快又会回到我的小宝贝身边,吻她、拥抱她、煮咖啡、责骂、用功、说笑、闲逛、聊天……数也数不清!"能够共享这些俏皮话使他们颇为得意。他写道:"和往常一样,我还是那个老无赖,总是异想天开,行为粗鲁,喜怒无常!"[1]

爱因斯坦能够爱上米列娃,最重要的是因为她的心智。"有个小博士做我的心肝宝贝,我会有多骄傲呀。"他在一封信中这样写道。科学与浪漫在这里似乎水乳交融。1899年,在与家人度假期间,爱因斯坦在一封信中向她悲叹道:"当我第一次阅读亥姆霍兹的著作时,倘若您不坐在我的身旁,我无法想象我还能做到,直到现在也没有什么改变。我喜欢一起工作,那样既给人以安慰,又不至感到乏味。"

事实上,他们之间的通信大都既有绵绵爱意,又包含着对科学的巨大热情,而且通常后者更为重要。在一封信中,爱因斯坦不仅预示了他那篇关于狭义相对论的伟大论文的标题,而且预示了其中的某些思想。"我越来越确信,目前这种动体的电动力学是不符合实际的,它能够通过更简单的方式表述出来,"他写道,"在电学理论中引入'以太'这个术语已经导致了这样一种介质观念,其运动可以被描述,但却无法被赋予物理

---

[1] Einstein to Mileva Marić, Aug. 10, 1899, Mar. 1899, Sept. 13, 1900.

意义。"[1]

虽然这种理智与感情并存的伙伴关系令他着迷，但他还是会不时想起玛丽·温特勒所代表的那种更简单欲望的吸引。带着一种他以为是诚实的乖巧（或是为了恶作剧式地折磨别人的欲望），他把事情的原委告诉了米列娃。1899年暑假过后，他决定带着妹妹玛雅报考阿劳中学，而玛丽就住在那里。他写信向米列娃保证，自己绝不会与前女友在一起很长时间。但也许是存心的，这个保证写得非但不能让人宽心，反倒更加令人不安。"我不会常去阿劳，因为我四年前曾经狂恋过的那个女孩儿就要回家去了，"他说，"自从有了以内心镇定为基础的坚固堡垒，我通常感觉相当安全。不过我知道，要是再见几次这个姑娘，我肯定会发疯的。我对此相当确信，我怕这件事就像怕火一样。"

不过让米列娃高兴的是，这封信接下来写的是他们在苏黎世见面后将要做的事情。在这段文字中，爱因斯坦再次显示了他们的关系为何如此特别。"我一回到苏黎世，我们就马上爬于特利贝格山（Ütliberg）。"他说。这座山位于城外不远处，在那里能够"轻松愉快地放飞我们的记忆"，回忆以前的几次徒步旅行经历，"我已经能够想象我们将会拥有的快乐"。最后，他带着一种只有他们才能心领神会的得意口吻宣布："然后我们将开始研读亥姆霍兹的光的电磁理论。"[2]

在随后的几个月里，他们的通信变得愈加私密和热烈。他开始称她为"多莉"（Doxerl）、"我放荡不羁的小无赖"和"我

---

[1] Einstein to Mileva Marić, Sept. 13, 1900, early Aug. 1899, Aug. 10, 1899.

[2] Einstein to Mileva Marić, ca. Sept. 28, 1899.

的街头小淘气";她也称他为"乔尼"(Johannzel)、"我邪恶的小心肝"。到了1900年年初,他们终于用亲密的"你"来称呼对方了,这一转变始于她的一个短笺,它是这样写的:

我亲爱的小乔尼:

因为我很喜欢你,而你现在是那样远,我无法吻你,所以我给你送上这封短笺,问你是否也同样喜欢我,就像我对你那样?立即回答我。

送上千百次的吻,你的

多莉[1]

毕业,1900年8月

在学业上,爱因斯坦也是一帆风顺。在1898年10月的中期考试中,他的平均分为5.7(总分可能是6分),在班里名列第一。名列第二的是借给他数学笔记的朋友格罗斯曼,他的平均分为5.6。[2]

为了毕业,爱因斯坦不得不完成一篇研究论文。起初,他向韦伯教授提出用实验来测量地球在以太(使得光波能够在空间中传播的假想的物质)中穿行的速度。根据当时流行的看法(他后来会用狭义相对论推翻它),如果在以太中穿行的地球靠近或远离光源,那么观察到的光速就可以检测出不同。

---

[1] Mileva Marić to Einstein, 1900.
[2] Intermediate Diploma Examinations, Oct. 21, 1898, CPAE 1:42.

1899年暑假，他在造访阿劳期间同母校校长一起研究这个问题。"我想出了一个好办法来研究物体相对于以太的运动是否会影响光的传播速度。"他在给米列娃的信中写道。他认为可以建造这样一个仪器，其中有一些成角度放置的镜面，"使得从一个光源发出的光可以沿两个不同方向被反射"，光的一部分沿着地球运动的方向发送，另一部分则垂直于它发送。后来，在一场关于他如何发现相对论的讲演中，爱因斯坦回忆说，他的想法是将一束光分开，沿不同方向反射它，看看是否会产生"能量差，这取决于该方向是否沿着地球在以太中穿行的方向"。他认为，这一想法可以"用两个热电堆检验它们当中产生的热量差"来实现。[1]

韦伯反对这一建议。爱因斯坦自己并不知道，其实已经有不少人做过类似的实验（其中也包括美国人阿尔伯特·迈克耳孙和爱德华·莫雷）。没有任何迹象表明，这种令人困惑的以太实际存在着，也没有人发现光速会随着观察者或光源的运动而发生改变。在与韦伯讨论之后，爱因斯坦读到了此前一年威廉·维恩提交的一篇论文，它简要介绍了已有的检测以太的13个实验，其中也包括迈克耳孙-莫雷实验。

他把自己关于这个问题的纯理论论文寄给了维恩教授，希望他能够回复。"他会通过联邦工学院写信给我，"爱因斯坦向米列娃预言，"您若在那里看到给我的信，可以将它取来启封。"

---

[1] Einstein to Mileva Marić, Sept. 10, 1899; Einstein, 1922c.（参见关于1922年12月14日的这场京都讲演的参考书目。）

第三章 苏黎世联邦工学院，1896—1900

可惜没有证据表明维恩曾经写过回信。[1]

爱因斯坦的下一个计划是研究不同材料的导热性与导电性之间的关联。韦伯显然同样不喜欢这个想法，于是，爱因斯坦不得不（和米列娃一道）完成一项纯粹关于导热性的研究，而这是韦伯最擅长的领域之一。

爱因斯坦后来称自己对这篇毕业论文"毫无兴趣"。韦伯给了爱因斯坦和米列娃班上的两个最低分，分别为 4.5 和 4.0，而格罗斯曼则得了 5.5。不仅如此，韦伯还说爱因斯坦的论文没有在正规的稿纸上书写，所以强令他将整个文章重抄一遍。[2]

尽管论文得分很低，但爱因斯坦的毕业总评还是勉强得了 4.9 分，在班里的五个学生里名列第四。虽然他的中学数学不及格这一动听神话已为历史所颠覆，但有趣的是，他大学毕业时的确在班里是倒数。对有些人来说，这多少也算个安慰吧。

总而言之，爱因斯坦毕业了。他的 4.9 分刚刚能够拿到毕业文凭，1900 年 7 月，文凭正式下发。然而，米列娃只得了 4.0，几乎是班里的最低分，所以无法毕业。她只得来年再试一次。[3]

的确，在联邦工学院的那些日子里，爱因斯坦最令人难忘的就是将自己自豪地塑造成一个不服从者。一个同学回忆说，

---

[1] Einstein, 1922c; Reiser, 52; Einstein to Marić, ca. Sept. 28, 1899; Renn and Schulmann, 85, footnotes 11:3, 11:4. 维恩的论文在 1898 年 9 月提交于杜塞尔多夫，发表于当年《物理学纪事》第 65 卷第 3 期上。

[2] Einstein to Mileva Marić, Oct. 10, 1899; Seelig 1956a, 30; Fölsing, 68; Overbye, 55; final diploma examinations, CPAE 1:67. 要想加权平均到总评里面，CPAE 中记录的论文分数需要乘以 4。

[3] Final diploma examinations, CPAE 1:67.

"有一次，他的独立精神在班上表现了出来。教授提到了校方刚刚出台的一条不算严厉的纪律条例"，爱因斯坦表示抗议，他觉得教育最基本的要求是"思想自由"。[1]

爱因斯坦终生都对苏黎世联邦工学院有较高评价，不过他也指出，他并不喜欢由考试制度所带来的纪律。"当然，这里的问题在于，人们为了考试，不论愿意与否，都得把所有这些废物统统塞进自己的脑袋，"他说，"这种强制的结果使我畏缩不前，以至于通过期终考试之后整整一年，我对思考任何科学问题都提不起兴趣。"[2]

实际上，这既不是事实也不可能是事实。他几周之内就打起了精神，最终带着基尔霍夫和玻尔兹曼的教科书等科学书籍，在那年7月底与妈妈、妹妹一起到瑞士的阿尔卑斯山过暑假去了。"我一直在读很多东西，"他在给米列娃的信中说，"特别是基尔霍夫关于刚体运动的那些著名研究。"他承认自己对考试的愤恨已经平息了不少。他说："我的神经已经镇静下来，因此我又可以幸福地重新开始学习了。你怎么样？"[3]

---

[1] Einstein to Walter Leich, Apr. 24, 1950, AEA 60-253; Walter Leich memo describing Einstein, Mar. 6, 1957, AEA 60-257.

[2] Einstein, 1949b, 17.

[3] Einstein to Mileva Marić, Aug. 1, 1900.

第四章 恋人，1900—1904

与米列娃、汉斯·阿尔伯特在一起，1904 年

1900 年暑假

梅希塔尔（Melchtal）是一个位于瑞士卢塞恩湖和北意大利边境之间的小村庄，在阿尔卑斯山的群山掩映之下若隐若现。

1900年7月底，爱因斯坦一毕业，就带着基尔霍夫等人的物理学著作前往梅希塔尔，与家人共度暑假。他那"可怕的舅妈"尤利亚·科赫与之同行。在火车站，爱因斯坦见到了妈妈和妹妹。她们的吻使他几乎透不过气来，之后大家乘马车上了山。

快到旅馆的时候，爱因斯坦和妹妹下车步行。玛雅悄悄对他说，自己不敢和妈妈谈论他与米列娃的关系。由于他称米列娃为"多莉"，所以家里称这件事为"多莉绯闻"。玛雅希望他能够"体谅妈妈"。然而，正如爱因斯坦后来给米列娃的信中所说，"要封上我的大嘴"不合乎他的天性，同样，他也不会为了让米列娃高兴而不向她透露一切戏剧性的细节。[1]

爱因斯坦走进了妈妈的房间。保莉妮先是了解了他的考试情况，然后问他："你的多莉现在情况怎样？"

"是我的妻子。"爱因斯坦回答说，言语中带着妈妈问话时的那种冷漠。

爱因斯坦后来回忆说，妈妈随后"一头扑倒在床上，将头埋到枕头里，如孩子一般抽泣起来"。平静了一些之后，她又继续同他理论。"你这是在自毁前程，"她说，"任何体面的家庭都不会答应要她。如果她怀孕了，你可就麻烦大了。"

这时，轮到爱因斯坦丧失理智了。"我绝不承认我们一直在非法同居，"他对米列娃说，"我狠狠地顶撞了她。"

正当他要怒气冲冲地离开时，妈妈的一个朋友走了进来。"这位太太身材娇小，活泼而有生气，是一个体态轻盈的老妇人。"她们随即寒暄起来，谈论天气，谈论最近来疗养的客

---

[1] Einstein to Mileva Marić, ca. July. 29, 1900.

第四章 恋人，1900—1904

人，调皮捣蛋的孩子，等等，然后一同去吃饭和演奏音乐。

在整个假期当中，他们时而激烈争吵，时而相安无事。有时，爱因斯坦以为危机已经过去了，而妈妈却会重提旧事。"她像你一样是个书呆子，而你却应当有个妻子。"妈妈斥责说。还有一次，她提醒说，米列娃已经24岁，而他才21岁，"等你到30岁的时候，她就是一个老妖精了"。

爱因斯坦的爸爸当时还在米兰工作，他写了"一封说教的信"。父母的意见主要是说（至少是针对米列娃而不是玛丽），妻子是"一种奢侈品"，一个男人只有在生活宽裕之后才能担负得起。"我却瞧不起这样一种对夫妻关系的看法，"他对米列娃说，"因为照这样看来，妻子和妓女的区别仅仅在于，前者能够弄到一张终身契约。"[1]

在随后的几个月里，他的父母有时似乎已经决定接受他们的这种关系了。爱因斯坦8月给米列娃写信说："妈妈已经差不多同我讲和了。"在9月又说："他们似乎已经顺应了这个无可挽回的事实。两位老人一旦了解你，还是会非常喜欢你的。"在10月也说："我的父母已经看出胜利无望，尽管犹豫不决和心怀不满，他们还是从这场围绕着多莉的斗争中退出来了。"[2]

然而，每当他们接受这个事实之后，抵触情绪又会重新爆发，有时甚至会变成更强烈的反对。"妈妈常常伤心落泪，我简直没有片刻安宁，"他在8月底写道，"我的父母几乎为我痛哭，好像我已经死了。他们总是一再抱怨，爱你已使我惹祸上身。

---

[1] Einstein to Mileva Marić, Aug. 6, 1900.

[2] Einstein to Mileva Marić, Aug. 1, Sept. 13, Oct. 3, 1900.

他们认为你身体不够健康。"[1]

父母的沮丧与米列娃不是犹太人无关,因为玛丽也并非犹太人;与她是塞尔维亚人也没有干系,虽然这一点肯定对她无益。从根本上说,他们认为米列娃不适合做儿媳的理由似乎与爱因斯坦一些朋友的看法差不太多:她年龄较大,相貌平平,身体不够健康而且跛行,虽然充满热忱,但还不够优秀等。

所有这些情感压力都激发着他那叛逆的天性以及对他的"街头小淘气"的爱恋。"直到现在我才看出我爱你有多么疯狂!"正如他们在信中所表达的,这种关系仍然是理智与情感并存,但是现在,其中的情感成分比以往更为热烈。这位将头埋入科学的沙中以躲避纯个人事情的孤独者,不经意间为这份感情加入了更多的燃料。"我刚刚意识到已经整整一个月未能吻你了,我非常非常想你。"他有一次这样写道。

8月中旬,爱因斯坦曾短期去苏黎世探查他的工作前景,当时他发觉自己一片茫然,生活毫无头绪。"没有你,我就缺乏自信,工作没有兴致,生活没有欢乐——总之,没有你,我的生活就不称其为生活。"他甚至试着为她做了一首小诗,诗的开头是这样的:"哎呦呦!那个小男孩乔尼!／欲望使他完全癫狂／每当想念他的多莉／就紧攥着枕头不放。"[2]

然而,这种激情是高贵的,至少在他们心中是如此。他们将彼此的吸引看成一种源自灵魂而非感官的力量。就像那些整日浸淫在叔本华哲学、光顾咖啡馆的德国年轻人一样,他们也持

---

[1] Einstein to Mileva Marić, Aug. 30, 1900.

[2] Einstein to Mileva Marić, Aug. 1, Aug. 6, ca. Aug. 14, Aug. 20, 1900.

一种孤傲的精英优越论，并且毫无顾忌地渲染着自己的纯洁精神与大众低级的本能欲望之间的神秘区别。"和大多数人一样，我父母的情绪也直接受感官支配，"8月，他在家庭矛盾日益突出之时给她写信说，"而我们，由于生活在幸运的环境中，生活的乐趣也大大增加了。"

值得称赞的是，爱因斯坦告诫米列娃（以及他自己）："我们切不可忘记，正是由于许多像我父母这样的人存在，我们才有可能存在。"他们简单而诚实的本能确保了文明的演进。"因此我正在试图体谅我的父母，同时又不放弃任何我所看重的东西——那就是你，我的宝贝！"

就这样，爱因斯坦力争一方面顺从母亲的心意，另一方面又不背叛米列娃。在此过程中，他渐渐成为梅希塔尔大饭店人见人爱的小伙子。他虽然感觉无数珍馐美味过于奢侈，各位"衣冠楚楚的"顾客"好逸恶劳，不知餍足"，但他还是恪尽职守地为妈妈的朋友们演奏小提琴，并且假扮笑脸，毕恭毕敬地与人寒暄交谈。这一招着实奏效。"我在这些客人中颇受好评，加之我的'音乐成就'，这些都像香膏一样敷在妈妈心上。"[1]

至于父亲，爱因斯坦认为要使他宽慰，或者让他收回关于自己与米列娃关系的一些情绪化指责，最好的办法就是到米兰去看他，参观他新的动力设备，熟悉一下家里开办的公司，"以便紧急情况下我可以接替爸爸的位置"。赫尔曼·爱因斯坦想必很高兴，他承诺在参观完毕后带儿子去威尼斯。"星期六我启程去

---

[1] Einstein to Mileva Marić, Aug. 6, 1900.

意大利，以享用爸爸提供的'圣餐'，不过勇敢的施瓦本人[1]可不害怕。"

总的说来，爱因斯坦对父亲的拜望进行得不错。虽然关系有些疏远，但他毕竟是一个尽职尽责的儿子，他为每一笔家庭债务忧心忡忡，其操心程度甚至比父亲有过之而无不及。不过家里的生意当时还算不错，这使赫尔曼的精神振作了许多。"自从不必为钱发愁以来，我爸爸简直变了一个人。"爱因斯坦在信中对米列娃说。只有一次，他因"多莉绯闻"而想缩短访问行程，不过这一威胁让父亲吓坏了，爱因斯坦最终仍然按原计划行事。父亲不仅感谢他的陪伴，而且赞赏他愿意关注家里的生意，这似乎使爱因斯坦有些受宠若惊。[2]

虽然爱因斯坦曾经诋毁过当工程师的想法，但在1900年夏末，要是在威尼斯的旅行中父亲要求他这样做，或者命运安排他接替父亲的位置，他很可能会走上这条道路。毕竟，他还是师范学院的一名没有找到教职的普通毕业生，没有任何研究成果，当然也没有研究资助。

倘若爱因斯坦在1900年做了这个决定，他很可能会成为一名足够好的工程师，但却称不上伟大。在随后几年中，他偶尔也会做出些发明，在闲暇之余实践一些工程想法，想出一些不错的主意应用在各种设备上，比如无噪声冰箱，或者测量极低电压的机器，但这些发明中没有一项能促成重要的工程突破，也没有一种能在市场上取得巨大成功。尽管他做工程可能比父亲

---

[1] 爱因斯坦经常用"勇敢的施瓦本人"指他自己，这一说法出自路德维希·乌兰德的诗作"Schwäbische Kunde"。——原注

[2] Einstein to Mileva Marić, ca. Aug. 9，Aug. 14，Aug. 20，1900.

第四章 恋人，1900—1904

或舅舅更出色，但在赚钱方面却未必能更成功。

爱因斯坦一生中发生过众多离奇的事件，其中之一便是难于获得一个教职。事实上，直到1900年他从苏黎世联邦工学院毕业之后九年（以及在促成物理学革命并最终获得博士学位的奇迹年之后四年），他才被授予了一个初级教授职位。

事实上，这种耽搁并非他本人所愿。1900年8月中旬，在同家人在梅希塔尔度假以及到米兰拜望父亲期间，爱因斯坦在苏黎世待了一段时间，他想为联邦工学院的某位教授做助手。一般来说，只要本人愿意，每位毕业生都可以找到某个这样的职位，爱因斯坦也相信自己能够做到。与此同时，他谢绝了一位朋友帮他找到的在一家保险公司任职的机会，并斥之为"像傻瓜那样每天做8小时苦工"。正如他对米列娃所说："对于这些使人愚昧的事情，人必须退避三舍。"[1]

但问题在于，联邦工学院的两位物理学教授非常清楚爱因斯坦的无礼，却不知道他的天才。对于在申斥过自己的佩尔内教授那里找一份工作，爱因斯坦想都没想过。至于韦伯教授，他对爱因斯坦已经十分反感，以至于当他找不到物理系和数学系的毕业生做助手时，竟然从工程系雇了两个学生。

于是只剩下数学教授阿道夫·胡尔维茨了。当爱因斯坦听说，胡尔维茨的一位助手找到了一份在中学教书的工作时，他高兴地对米列娃说："这说明根据神的旨意，我将成为胡尔维茨的奴仆。"但不幸的是，他曾经逃过胡尔维茨的大多数课程，

---

[1] Einstein to Marić, ca. Aug. 9 and ca. Aug. 14, 1900. 这两封信都写自访问苏黎世期间。

这种轻视和怠慢显然并没有被忘却。[1]

到了9月底，爱因斯坦仍然与父母待在米兰，没有找到一个职位。"我打算10月1日去苏黎世，亲自与胡尔维茨谈职务问题，"他说，"这样做毕竟比写信要好。"

他也计划在那里找几份家教，从而在米列娃备考期间使他们共渡难关。"不论发生什么，我们都将拥有这个世界上最美妙的生活。合意的工作并且在一起——不仅如此，我们现在不依赖任何人，完全能够独立自主地生活，尽情享受我们的青春。谁还有比这更好的生活呢？等我们攒够钱之后就买自行车，每隔几周就骑车郊游一次。"[2]

爱因斯坦最终还是决定给胡尔维茨写信而不是登门拜访，这也许是个失误。但愿他的两封信不会成为职务申请书的范本。他坦言自己并没有去听胡尔维茨的微积分课，因为较之数学，他对物理学更有兴趣。"由于时间不够，我未能参加数学专题研讨班，"他提出了这种蹩脚的借口，"这些课程我都不感兴趣，但我确实上过大部分课程。"他还放肆地说自己希望能有一个答复，因为"授予我所申请的苏黎世公民权，需要一份固定职位证明"。[3]

与爱因斯坦的急躁相映成趣的是他的自信。"胡尔维茨还没有给我回信，"发出信后仅三天，他就说出了这番话，"不过我几乎毫不怀疑自己能够得到这个职位。"然而他终究没有得到。事实上，在从他所在的系里毕业的所有联邦工学院学生当中，

---

[1] Einstein to Marić, Sept. 13, 1900.
[2] Einstein to Mileva Marić, Sept. 19, 1900.
[3] Einstein to Adolf Hurwitz, Sept. 26, Sept. 30, 1900.

他是唯一一个没有找到工作的人。"忽然之间我被所有人抛弃了。" 他后来回忆说。[1]

到了1900年10月底，他和米列娃都回到了苏黎世。在那里，他大部分时间都待在公寓里读书和写作。在当月的公民身份申请表中，他在有关宗教背景的一栏中写了"无"。关于职业他写道："我正在做数学家教，直到获得固定职位为止。"

那年秋天，爱因斯坦只零零星星找到了八份家教。他的亲戚已经终止了对他的经济资助，但他仍强作笑脸。"我们靠着给人补习功课来维持生活，只要随便碰上几个人就可以了，可是这件事仍然很成问题，"他写信给米列娃的一个朋友说，"这岂不是一个短工，甚或就是一个吉卜赛人的生活吗？不过我相信，即使在这种情况下，我们也会像往常一样快活。"[2] 除了有米列娃做伴，使他保持乐观情绪的还有那些他正在独立写作的论文。

爱因斯坦发表的第一篇论文

第一篇论文的主题是许多学生都熟悉的毛细现象，比如水可以沿着稻草一侧顺流而上。虽然他后来称这篇论文"没有价值"，但从传记的角度来看，它还是很有意思的。不仅因为这是爱因斯坦发表的第一篇论文，而且也因为它表明爱因斯坦完全

---

[1] Einstein to Mileva Marić, Oct. 3, 1900; Einstein to Mrs. Marcel Grossmann, 1936; Seelig 1956a, 208.

[2] Einstein municipal citizenship application, Zurich, Oct. 1900, CPAE 1: 82; Einstein to Helene Kaufler, Oct. 11, 1900; minutes of the naturalization commission of Zurich, Dec. 14, 1900, CPAE 1:84.

赞同当时还没有被广泛接受的一个重要假说，即分子（以及构成它们的原子）实际存在着，许多自然现象都可以通过分析这些粒子如何相互作用而得到解释。在接下来的五年中，这一预设将在他的工作中发挥核心作用。

1900年暑假期间，爱因斯坦一直在研读玻尔兹曼的著作，后者曾经基于无数来回弹跳的分子的活动提出了一种气体理论。"这位玻尔兹曼是个出色的阐述者，"9月里，他激动地对米列娃说，"我坚信他的理论原理是正确的，也就是说，我确信对于气体，我们实际上要处理的是一些具有确定尺寸的分离的粒子，它们依照特定的条件运动着。"[1]

然而，要理解毛细现象，需要考察的是液体分子而不是气体分子之间的作用力。这些分子相互吸引，从而产生了液体的表面张力（它使液滴能够聚在一起）和毛细现象。爱因斯坦认为，这些力也许类似于牛顿的引力。根据牛顿的理论，任何两个物体都会相互吸引，引力大小与它们的质量成正比，与两者距离的平方成反比。[2]

爱因斯坦试图考察毛细现象是否也与液体的原子量有这样一种关系。这个想法得到了鼓励，他决定看看是否可以找到一些实验数据来进一步验证这一理论。"我最近在苏黎世得到的那些有关毛细现象的结果，尽管看上去简单，却是全新的，"他写信给米列娃说，"我们到苏黎世之后，要争取弄到一些这方面的经验数据……如果得出一条自然定律，我们就把它寄给《物理学纪

---

[1] Einstein to Mileva Marić, Sept. 13, 1900.
[2] 这里原文误为"与两者距离成反比"。——译者注

事》。"[1]

《物理学纪事》(Annalen der Physik)是欧洲顶尖的物理学杂志。1900年12月,他终于将论文寄给了这个杂志,并于次年3月发表。这篇论文不像他后来的论文那样精确简练,而是给出了一个比较含糊的结论。"我从分子间的吸引这一简单观念出发,用实验检验了它的推论,"他写道,"我将它与引力做类比。"在论文的结尾,他无可奈何地宣布,"关于我们的力是否以及如何与引力相关联,暂时还不能得到令人满意的结论。"[2]

这篇论文没有受到后人关注,在物理学史上没有留下什么影响。其基本猜想是错误的,因为不同的分子对距离的依赖关系是不同的。[3]但这毕竟是爱因斯坦第一次发表文章。这意味着他可以在求职信中附上一篇发表的论文,并向全欧洲的教授做广告。

在给米列娃的信中,爱因斯坦在讨论计划发表论文时用了"我们"一词。在论文发表后的那个月写的两封信中,爱因斯坦提到了"我们的分子力理论"以及"我们的研究"。这便掀起

---

[1] Einstein to Mileva Marić, Oct. 3, 1900.

[2] Einstein, Conclusions Drawn from the Phenomena of Capillarity, *Annalen der Physik*, CPAE 2:1, received Dec. 13, 1900, published Mar. 1, 1901. "这篇论文很难理解,这倒不是因为有许多显然的印刷错误;由于缺乏清晰性,我们只能认为它没有经过独立评审……但是对于一个新近的毕业生来说,能够在没有获得独立科学建议的情况下写出这样的论文,已经是非常了不起了"。John N. Murrell and Nicole Grobert, The Centenary of Einstein's First Scientific Paper, *The Royal Society* (London), Jan. 22, 2002, www.journals.royalsoc.ac.uk/app/home/content.asp.

[3] Dudley Herschbach, Einstein as a Student, Mar. 2005,提供给笔者的未发表的论文。

了一场历史争论，即米列娃在多大程度上帮助爱因斯坦提出了自己的理论。

就这个问题而言，她似乎主要是帮助查阅了一些资料供他使用。爱因斯坦的信传递出他关于分子力的一些最新思想，而米列娃的信却不包含实质性的科学内容。在给自己最好的朋友的信中，米列娃的说法听起来就好像她一直充当着恋人的支持者，而不是科学上的伙伴。"阿尔伯特已经写出了一篇物理论文，也许最近就会在《物理学纪事》上发表，"她写道，"你可以想象，我为我的爱人感到多么自豪。你知道，这可不是普普通通的论文，而是很重要的，内容涉及流体理论。"[1]

失业的痛苦

自从爱因斯坦放弃德国国籍，时间不知不觉已经过去了四年。从那时起，他就一直是一个没有国籍的人。他渴望自己有一天能够加入瑞士国籍，为此他每个月都会留出一些钱，以便日后及时缴纳入籍费用。因为他欣赏瑞士的社会制度和民主，欣赏那里对个人和隐私的尊重。"我之所以喜欢瑞士人，是因为一般来说，他们要比我平日里接触的那些人更有人情味。"他后来说。[2] 此外，他还有一些实际的考虑。要做公务员，或者在州立学校当老师，他必须先成为瑞士公民。

苏黎世当局对他的情况做了非常彻底的调查，甚至差人到米

---

[1] Einstein to Mileva Marić, Apr. 15, Apr. 30, 1901; Mileva Marić to Helene Savić, Dec. 20, 1900.

[2] Einstein to G. Wessler, Aug. 24, 1948：AEA 59-26.

兰去取关于他父母的一份报告。1901年2月，他们终于同意了这份申请，爱因斯坦成为瑞士公民。他将终生保留瑞士国籍，即使在他后来又（重新）接受了德国、奥地利和美国国籍之后也是如此。事实上，他为了成为瑞士公民，甚至将自己的反战情绪暂时抛开，按照要求申请服兵役。不过由于汗脚、平足和静脉曲张，他被拒绝了。瑞士军队显然非常有鉴别力，他的兵役手册上盖的章为——"不合格"。[1]

可就在爱因斯坦获得瑞士国籍之后几周，父母要他快点回米兰同他们住在一起。1900年年底，他们希望他在复活节前离开苏黎世，除非他在那里找到工作。然而到了复活节，他仍处于失业的痛苦之中。

米列娃自然会认为，爱因斯坦被召回米兰缘于他的父母对自己的反感。"最令我懊丧的却是由于污蔑诽谤、阴谋诡计而使我们不得不硬生生地分开。"她在给一位朋友的信中说。他以其一贯的心不在焉，把睡衣、牙刷、梳子、发刷等洗漱用品都留在了苏黎世。"把所有这些东西都送到我妹妹那里，"他嘱咐米列娃，"她可以把它们带回来。"四天后他又说："暂且将我的雨伞保存起来。以后能派上用场。"[2]

在苏黎世和米兰，爱因斯坦向全欧洲的教授发出了一封封求职信，信中同时附上那篇关于毛细现象的论文。事实证明，这

---

[1] Maja Einstein, Sketch, 19; Reiser, 63; Minutes of the Municipal Naturalization Commission of Zurich, Dec. 14, 1900, CPAE 1:84; Report of the Schweizerisches Informationsbureau, Jan. 30, 1901, CPAE 1:88; Military Service Book, Mar. 13, 1901, CPAE 1:91.

[2] Mileva Marić to Helene Savić, Dec. 20, 1900; Einstein to Mileva Marić, Mar. 23, Mar. 27, 1901.

篇论文并未特别奏效。这些信件大都石沉大海，爱因斯坦甚至连礼节性的回复都没怎么收到。"不用多久，我就会以我的报价给波罗的海至意大利南端的所有物理学家增光。"他写信给米列娃。[1]

到了1901年4月，几近绝望的爱因斯坦不得不买了一堆附有邮资已付的回执的明信片寄出去，希望至少能够得到一个回音。有趣的是，有两张留存至今的明信片已成为收藏者的珍爱之物。其中一张是寄给荷兰教授的，现藏莱顿科学史博物馆。这两张明信片的"退还—回复"的附件均没有被用过，他甚至连一次礼节性的婉拒都没有收到。"尽管如此，我还是在不遗余力地想办法，而且也不让自己失去幽默感，"他给老朋友格罗斯曼写信说，"上帝创造了蠢驴，还给了它一张厚皮呢。"[2]

在爱因斯坦去信的大科学家中，有一位是莱比锡大学的化学教授威廉·奥斯特瓦尔德，他后来因对稀释理论的贡献而获得诺贝尔化学奖。"您在普通化学方面的著作激励我写出这篇随信附上的论文。"爱因斯坦说。在这之后，其语气由逢迎转为悲哀，他问："是否还有可能用得上一位数学物理学者？"爱因斯坦最后恳求说："我一贫如洗，而且也只有这样一个职位才能使我继续进行自己的研究。"这封信发出去之后如石沉大海，未获答复。两个星期后，爱因斯坦又再次写信给他，借口说"我忘了当时是否附上了我的地址"，"您对我论文的评价对我至关重

---

[1] Einstein to Mileva Marić, Apr. 4, 1901.
[2] Einstein to Heike Kamerlingh Onnes, Apr. 12, 1901; Einstein to Marcel Grossmann, Apr. 14, 1901; Fölsing, 78; Clark, 66; Miller, 68.

第四章 恋人，1900—1904

要"。然而，信发出后依然杳无音讯。[1]

与爱因斯坦一同住在米兰的父亲非常同情儿子的痛苦，他试图通过一种令人辛酸的讨好方式助他一臂之力。在第二封寄给奥斯特瓦尔德的信未获回音之后，赫尔曼在未告知爱因斯坦的情况下做出了一个不寻常的举动，他亲自写信劝说奥斯特瓦尔德，字里行间渗透着悲苦：

> 请宽恕一位父亲为了他儿子的利益竟敢向您——尊敬的教授先生求助乞援。
>
> 阿尔伯特今年22岁，曾在苏黎世联邦工学院读了四年，去年夏天以优异的成绩通过了数学和物理专业的毕业考试。自那时起他就在谋求一个助教职位，使他有可能在理论物理和实验物理方面继续深造，可是这一切努力都是枉然。所有能够判断此事的人都称赞他的才能，我可以保证他非常有上进心而且勤奋好学，极其热爱他的科学。
>
> 我的儿子对于他目前的失业深感痛苦，认为他的职业已经渐行渐远。此外，他认为自己已经成了我们的累赘，而我们是不大富裕的人。这种想法在他心里总是盘踞不去。
>
> 尊敬的教授先生，正是因为在当今所有的物理学者中，我儿子最仰慕您也最敬重您，我才不揣冒昧直接向您求助，还望您能够读一下他发表在《物理学纪事》上的论文，如有可能，还请寄给他几行鼓励的话，他会因此而重获生活和工作的喜悦。
>
> 此外，倘若您能为他谋求一个助教职位，我将感激不尽。

---

[1] Einstein to Wilhelm Ostwald，Mar. 19，Apr. 3，1901.

再次恳求您原谅我冒昧地给您写这样的信，我的儿子对于我这种异乎寻常的做法一无所知。[1]

奥斯特瓦尔德依旧没有回信。不过九年之后，他第一个提名爱因斯坦获诺贝尔奖，这种历史讽刺真让人有些哭笑不得。

爱因斯坦确信，在这些挫折背后，有他在苏黎世联邦工学院的对手——物理学教授韦伯——在作梗。在聘用两名工程师而不是爱因斯坦做助手之后，他现在写的证明书显然会对爱因斯坦不利。在向哥廷根大学教授爱德华·里克求职未果的情况下，爱因斯坦绝望地对米列娃说："我对这个职位几乎不再抱有希望。我不大相信韦伯会放过这样一个好机会不去干点儿什么勾当。"米列娃建议他直接给韦伯写信进行抗争，爱因斯坦说他已经这样做了。"他至少应当明白，他不可以背着我为所欲为。我在信上说，我知道我的任命现在全仗他的证明书。"

这次求职依然没有奏效。爱因斯坦又一次被拒绝了。"里克的回绝并不使我感到意外，"他写信给米列娃，"我坚信责任在韦伯。"至少在当时，他变得极为消沉，觉得即便再这样找下去也不会有什么结果。"在这种情况下再给教授们写信是没有意义的，因为事情一旦有些眉目，他们必定会向韦伯了解情况，而韦伯肯定会给出不利于我的证明书。"他向格罗斯曼悲叹道，"要不是韦伯耍花招跟我作对，我老早就找到工作了。"[2]

那么，反犹主义是否也在一定程度上起了推波助澜的作用

---

[1] Hermann Einstein to Wilhelm Ostwald, Apr. 13, 1901.

[2] Einstein to Mileva Marić, Mar. 23, Mar. 27, 1901; Einstein to Grossmann, Apr. 14, 1901.

呢？爱因斯坦渐渐认为这同样是一个因素，这促使他前往意大利去找工作，他觉得那里的排犹情绪还不明显。"获得职位的一个主要障碍——反犹主义在这里并不存在，而在讲德语的国家，它既让我感到厌恶，也对我很不利。"他写信给米列娃。她则向一位朋友谈起了爱因斯坦的苦恼："你知道我的爱人有一张利嘴，而且他还是个犹太人。"[1]

当爱因斯坦正在意大利为找工作疲于奔命之时，他在苏黎世求学期间结识的一位朋友伸出了援手。他叫米歇勒·贝索，是一名工程师。和爱因斯坦一样，贝索也来自一个中产阶级犹太家庭。他们当初在整个欧洲四处流浪，最后落户于意大利。贝索比爱因斯坦大6岁，他们初次见面时，贝索刚刚从联邦工学院毕业，正在一家工程公司工作。然而，他却与爱因斯坦结成了亲密的友谊，这种友谊将会一直伴随他们走完生命的全程（1955年他们去世的时间相差不过数周）。

贝索和爱因斯坦都秉持着最崇高的科学理念，彼此互为最亲密的知心朋友，他们之间的通信现存229封。正如爱因斯坦在其中一封信中所说："在所有人当中，你爱我最深切，也最理解我。"[2]

贝索虽然头脑聪明，但是不够专注，缺乏干劲，勤奋刻苦的程度也不足。和爱因斯坦一样，他在中学时也曾因为无礼而被勒令退学（为了发泄对一位数学老师的不满，他发出了一封请

---

[1] Einstein to Mileva Marić, Mar. 27, 1901; Mileva Marić to Helene Savić, Dec. 9, 1901.

[2] Einstein to Mileva Marić, Apr. 4, 1901; Einstein to Michele Besso, June 23, 1918; Overbye, 25; Miller, 78; Fölsing, 115.

愿书)。爱因斯坦称贝索是"一个性格非常软弱的人……不能振作起来在生活和科学创造中有所作为，但聪明绝顶。他的工作虽然没有头绪，我却看得颇有兴味"。

爱因斯坦后来把贝索介绍给了玛丽的姐姐——安娜·温特勒，他们最终成为夫妻。1901年，贝索搬到了的里雅斯特与安娜生活在一起。当爱因斯坦见到他时，发现贝索还和以前一样聪明机敏、逗人发笑和没有目标。就在那不久前，贝索的上司派他去检查一家电厂，他决定在前一天晚上动身，以确保准时赶到。然而还是误了火车，第二天没有赶到，直到第三天才赶到那里——"可是他惊恐地发现，自己已经记不起到这里是要办什么事情了"。于是他立即给单位寄去一张明信片，要他们重新告诉他应该做什么。上司对贝索的评价是"完全无用，几乎精神错乱"。

爱因斯坦对贝索的评价则更加有趣。"米歇勒真是个笨手笨脚的倒霉蛋儿。"他用犹太人说的意第绪语对米列娃说。一天晚上，贝索与爱因斯坦足足谈了4小时科学，其中包括那种神秘的以太以及"对绝对静止的定义"。4年之后，这些想法将在他的狭义相对论中开花结果，贝索正是他当时征求意见的对象。"贝索对我们的研究工作很感兴趣，"爱因斯坦写信给米列娃，"尽管他常常由于纠缠于一些细枝末节而忽略了全局。"

爱因斯坦希望贝索能够为自己的谋职做一些牵线搭桥的工作。贝索的舅舅是米兰联邦工学院的数学教授，爱因斯坦打算让贝索引介一下。"我会揪住他的衣领把他拖到他舅舅跟前，然后我自己出面来谈"。虽然贝索说服了舅舅为爱因斯坦写信，但这一努力还是无果而终。在1901年的大部分时间里，爱因斯

第四章 恋人，1900—1904

坦都是既承担一些临时的教学任务，同时也做一些家教。[1]

最终，爱因斯坦在苏黎世结交的另一位密友，即那位替他做数学笔记的同学格罗斯曼为他找到了一份意想不到的工作。正当爱因斯坦重陷绝望之时，格罗斯曼给他写信说，伯尔尼的瑞士专利局很可能有一个审查员的空岗。格罗斯曼的父亲认识专利局局长，愿意举荐爱因斯坦。

"你的热心和慈悲使我深受感动，这种品质使你没有忘记你不幸的朋友，"爱因斯坦回信说，"我很高兴能够得到一个这样好的工作，我将全力以赴，绝不辜负你的推荐。"他兴奋地对米列娃说："你想想看，这对我是一个多么美妙的工作啊！要是这件事成了，我会高兴疯的！"

他知道，即使专利局的工作成了，也要再等个把月才行。于是他在温特图尔（Winterthur）的一所技术学校找了一份临时的工作，暂时顶替一位休兵役假的教师。这个活儿不仅工期长，而且还要教画法几何，不论在当时还是以后，这一学科都不是爱因斯坦的强项。"可是这个勇敢的施瓦本人并不害怕"，他念念不忘这一心爱的诗句。[2]

与此同时，他和米列娃终于有机会共度一个浪漫的假期了，由此将产生一些重大的后果。

---

[1] Einstein to Mileva Marić, Mar. 27, Apr. 4, 1901.

[2] Einstein to Marcel Grossmann, Apr. 14, 1901; Einstein to Mileva Marić, Apr. 15, 1901.

科莫（Como）湖，1901 年 5 月

"你绝对要到科莫来看我，你这个迷人的小妖精，"爱因斯坦 1901 年 4 月底写信给米列娃说，"你将会看到我已经变得多么活泼快乐，一切令人不愉快的事情都已经烟消云散啦。"

家庭的争吵与求职的受挫使他的脾气变得有些暴躁，不过他保证现在这一切都结束了。"过去我每次对你粗野只是由于烦躁。"他道歉说。为了做出补偿，他提出他们应当在世界上风景最优美、浪漫气息最浓郁的一个地方约会，这就是科莫湖，它位于意大利和瑞士的边境，是阿尔卑斯山诸多手指状湖泊中最大的一个。这些湖泊宛如宝石一般镶嵌在山间。每到 5 月初，在白雪皑皑的雄伟山峰之下，科莫湖周围的植物风华初绽，青葱欲滴。

"把我的蓝色晨服带来，好把我们俩裹在里面，"他说，"我保证你从来没有经历过这样的旅行。"[1]

米列娃很快就答应了，但紧接着却改变了主意；家人从诺维萨德寄来的一封信"夺去了我所向往的一切，娱乐的兴致，也包括生活本身"。他只能自己去旅游了，米列娃满怀愠怒。"我似乎一想干点什么高兴的事就会受到惩罚。"不过第二天她又一次改变了想法。"昨天我在极其恶劣的心情下给你写了一张小明信片，那是由于我收到一封信的缘故。可是今天读了你的

---

[1] Einstein to Mileva Marić, Apr. 30, 1901. 正式出版的英译本的翻译是 "blue nightshirt"（蓝色睡衣），但爱因斯坦实际用的词是 *Schlafrock*，更准确的翻译应当是"晨服"。

第四章 恋人，1900—1904

信，我又快乐了起来，因为我看到你是多么爱我，因此我想我们还是要去旅游的。"[1]

就这样，1901年5月5日清晨，爱因斯坦在意大利的科莫村车站等候米列娃的到来。他"张开双臂，心里怦怦直跳"。这一天，他们先是欣赏了哥特式教堂和围墙之内的老城，然后登上了一艘豪华的白色游轮，沿湖饱览乡间美景。

他们途中游览了卡尔洛塔庄园（Villa Carlotta），这是科莫湖沿岸所有著名宅第中最美的一个。那里不仅有天顶画，安东尼奥·卡诺瓦的色情雕塑"丘比特与普绪克"（Cupid and Psyche）[2]，而且还有500多种植物。米列娃后来给一个朋友写信说，她十分羡慕那座"富丽堂皇的花园，我已将它永存于心，因为我们连一枝花都不能拿走"。

在一家小旅馆留宿之后，他们决定通过山口到瑞士远足，但是发现路上仍然有厚达20英尺的积雪。所以他们租了一个小雪橇，"它的座位刚好容得下两个情投意合的人，在后面一块滑雪板上站着马车夫，他在这段时间里一直喋喋不休地闲聊，还称呼我'太太'，"米列娃说，"你能想象比这更美妙的事吗？"

雪还在轻快地下着，"这种冷飕飕、白茫茫的无边无垠使我瑟瑟发抖，在包裹我们的大衣和围巾下面，我将我的爱人紧紧抱住"。在下坡时，他们踢打着雪，造成一串串小雪崩，"为的是彻底镇住下面的世界"。[3]

---

[1] Mileva Marić to Einstein, May 2, 1901.

[2] 普绪克是人类灵魂的化身，以长着蝴蝶翅膀的少女形象出现，与爱神丘比特相恋。——译者注

[3] Mileva Marić to Helene Savić, second half of May, 1901.

几天以后，爱因斯坦回忆说："上次的经历是多么美好啊，那时，我可以用最自然的方式将你这个亲爱的小人儿紧紧搂在怀里。"[1] 也正是以这种最自然的方式，米列娃·玛里奇怀上了阿尔伯特·爱因斯坦的孩子。

在回到温特图尔继续任代课教师之后，爱因斯坦给米列娃写了一封信，信中提到了怀孕一事。奇怪的是（或者丝毫也不奇怪），他首先谈到的是科学而不是私人的事情。"我刚刚读了勒纳德的一篇讨论紫外线如何产生阴极射线的绝妙论文，"他在信的开头说，"由于受到这篇美文的感染，我心里的幸福和喜悦难以言表，以至于迫不及待要与你分享一些。"没过多久，爱因斯坦将在勒纳德论文的基础上提出光量子理论来解释光电效应，从而给科学带来革命。即便如此，他亟待与自己刚刚怀孕的恋人分享的"幸福和喜悦"竟然是指一篇讨论电子束的论文，这真是既令人惊异，又让人好笑。

只是在这种科学的狂喜之后，他才简短地提及了他们即将出生的孩子："亲爱的，你的情况怎么样？小家伙好么？"接着，他就育儿生活的情形提出了一种奇特的说法："想想看，要是我们又能不受干扰地在一起工作，周围没有人对我们指手画脚，那将多么令人愉快啊！"

这封信主要还是为了安抚米列娃。他发誓自己会找到工作，哪怕是进入一家保险公司。他们的生活很快就会安稳。"要满怀信心，亲爱的，绝不要闷闷不乐。我可不会离开你，而且还会使一切都有美满的结局。你现在只需保持耐心就可以了！你

---

[1] Einstein to Mileva Marić, second half of May, 1901.

将会看到，倚靠着我的臂膀并不坏，即使事情开始时有点糟糕"。[1]

米列娃准备重考毕业考试了，她希望自己将来能够获得博士头衔，成为物理学家。多年以来，她和父母都为此倾注了大量心血，投入了不少财力。如果她愿意，她本可以终止妊娠。苏黎世当时是节育产业最兴旺的地区之一，有一家流产药物公司的总部就设在那里，可以提供邮购服务。

然而，她还是决定生下这个孩子，即使爱因斯坦还没有做好同她结婚的准备。就他们的教养而言，有私生子是叛逆的，但这并非罕见。苏黎世官方的统计数据表明，在1901年有12%的孩子是私生的。而且奥匈帝国的居民更有可能未婚先孕。在匈牙利南部，有三分之一的孩子是私生的。塞尔维亚人的私生率最高，犹太人则最低。[2]

这一决定使爱因斯坦不得不为将来做一番打算。"我要立即谋取一个职位，不管它是怎样的差劲，"他说，"我的科学目标和个人的虚荣自负都不会妨碍我接受哪怕级别最低的职位。"他决定与贝索的父亲以及当地保险公司的负责人联系，并且许诺一旦工作落实，就尽快与米列娃结婚，"那样就没有人能向你可爱的小脑瓜儿扔石头了"。

他也希望怀孕这件事能够化解双方家庭面临的问题。"你我的父母一旦面对既成事实，也就只能尽量迁就了。"[3]

这时，米列娃在苏黎世因怀孕而卧床不起，她在接到这封

---

[1] Einstein to Mileva Marić，CPAE 中暂定为 May 28，1901，实际日期可能是一周左右之后。
[2] Overbye，77—78.
[3] Einstein to Mileva Marić，July 7，1901.

信后激动不已。"怎么，亲爱的，你打算立即找个事做？那就接我到你那里去吧！"这是个含混的求婚，但她立即宣布自己"乐于"接受。"亲爱的，当然不能接受一个糟糕透顶的职位，"她又说，"那会让我很难受的。"根据姐姐的建议，她试图说服爱因斯坦暑假期间去塞尔维亚拜访她的父母。"那样我会喜出望外的，"她恳求说，"当我的双亲看到我们俩活生生地出现在他们面前时，他们的所有疑虑就会烟消云散了。"[1]

但令她失望的是，爱因斯坦决定再次和他的父母在阿尔卑斯山过暑假。结果在1901年7月底，当米列娃第二次参加毕业考试时，爱因斯坦并没有在那里帮助和鼓励她。或许是由于怀孕和身体状况所致，她这次又没能通过考试，不仅分数依然是4.0/6，而且也是那个组里唯一没有通过考试的人。

于是，米列娃只好放弃了成为科学研究者的梦想，只身一人回到塞尔维亚的家中，告诉父母她的怀孕和考试不及格。临行前，她要爱因斯坦寄给她父亲一封信描述他们的计划，并且如果可能，发誓会娶她。"你可否把那封信寄给我，我也好看看你写了什么？"她问，"我不久会告诉他必要的信息，还有那些令人不快的事情。"[2]

与德鲁德等人的论争

爱因斯坦对传统的冒犯和蔑视得到了米列娃的纵容。1901

---

[1] Mileva Marić to Einstein，after July 7，1901（在CPAE第8卷中写为1：116，因为它是在第1卷出版之后发现的）.

[2] Mileva Marić to Einstein，ca. July 31，1901；Highfield and Carter，80.

年，这些特点在他的科学和个人生活中表现得异常显著。在这一年，这位失业的狂热分子卷入了4场与学术权威的纷争之中。

这些争吵表明，爱因斯坦会毫不犹豫地向权威发出挑战。事实上，这似乎给他带来了极大的愉悦。正如他那年对约斯特·温特勒宣称的那样："对权威的盲目崇拜是真理的最大敌人。"事实证明，这一可敬的信条价值非凡。如果他愿意，这句话很适合刻在他的盾徽上。

他在这一年的努力还揭示了其科学思想的一些微妙之处：他有一种驱动力或冲动，希望将各个物理学分支中的概念统一起来。他将诸理论之间显示出来的矛盾视为需要进一步研究的标志。"从初看起来完全无关的一系列现象中发现统一性，那真是一种壮美的感觉。"他给老朋友格罗斯曼写信说，那时他正尝试将自己关于毛细现象的工作与玻尔兹曼的气体理论联系起来。较之其他，这句话更能概括爱因斯坦科学使命背后的信念。从他的第一篇论文起，一直到生命最后一刻涂写的场方程，这种指导性的信念贯穿始终，就像他童年时在指南针上所感受到的那种确定性一样。[1]

在令爱因斯坦着迷的具有潜在统一性的诸多概念中，有一些源自分子运动论，这一理论是19世纪晚期通过将力学原理应用于热传导和气体状态等现象而发展起来的。例如，它将气体看成大量微小粒子——这里是由若干原子构成的分子——的集合，这些粒子自由地四处运动，不时与其他粒子发生碰撞。

分子运动论促进了统计力学的发展，后者用统计计算来描述

---

[1] Einstein to Jost Winteler, July 8, 1901; Einstein to Marcel Grossmann, Apr. 14, 1901. 与指南针的比较来自 Overbye, 65。

大量粒子的行为。当然，它不可能把气体中的每一个分子和每一次碰撞都搞清楚，但是如果知道了统计行为和平均运动，就可以用一种切实可行的理论来描述大量分子在不同条件下如何活动。

科学家们不仅用这些概念来描述气体状态，而且还用它来描述液体和固体现象，比如电导率和辐射。"将气体分子运动论方法应用于完全不同的物理学分支的时机到了，"爱因斯坦的密友保罗·埃伦菲斯特（他本人也是该领域的专家）后来写道，"该理论首先应当运用于金属电子的运动，微观悬浮粒子的布朗运动以及黑体辐射理论。"[1]

虽然当时许多科学家正在用原子论探索他们各自从事的研究领域，但在爱因斯坦看来，可以用它在不同学科之间建立联系，构造统一理论。例如，1901年4月，他对用来解释液体毛细现象的分子理论进行了改造，将它运用于气体分子的扩散。"我已经有了一个极其出色的想法，它使得我们的分子力理论也可以应用于气体。"他写信给米列娃。他也对格罗斯曼说："我现在确信，我的原子吸引力理论也可以推广到气体。"[2]

接下来，他对导热和导电现象产生了兴趣，这使他开始研究保罗·德鲁德的金属电子理论。正如爱因斯坦研究专家雷恩所指出的："爱因斯坦对德鲁德的电子理论和玻尔兹曼的气体分子运动论感兴趣并非缘于巧合，或是随随便便的选择，而是因为它

---

[1] Renn 2005a，109. 雷恩是柏林马克斯·普朗克科学史研究所所长，曾任《爱因斯坦全集》主编。感谢他就这一话题提供的帮助。

[2] Einstein to Mileva Marić，Apr. 15，1901；Einstein to Marcel Grossmann，Apr. 15，1901.

们与他早期的几个研究主题有一种重要的共性，那就是，它们是将原子论思想应用于物理化学问题的两个例子。"[1]

德鲁德的电子理论认为，金属中存在着像气体分子一样自由运动的粒子，因此可以导热和导电。爱因斯坦在研究这个问题时，在一定程度上赞同这种观点。"我手头有德鲁德的一篇关于电子理论的论文，它完全写出了我的心里话，虽然其中也包含一些非常草率的地方。"他对米列娃说。一个月以后，带着那种对权威的一贯的不尊重，他宣称："也许我会亲自给德鲁德写信，指出他的错误。"

他的确这样做了。在6月给德鲁德的信中，爱因斯坦指出了他所认为的两个错误。"他几乎不可能提出任何合理的意见来反驳我，"爱因斯坦扬扬自得地对米列娃说，"因为我的批评简单明了。"或许是出于一种美妙的幻觉，爱因斯坦以为向一位著名科学家指出他的失误是谋职的一个好方法，所以他在信中提出了这一请求。[2]

出乎意料的是，德鲁德竟然回信了。毫不奇怪，他拒绝接受爱因斯坦的反对意见。德鲁德的回信令爱因斯坦火冒三丈。"对于其作者的卑劣可耻，它倒是一份确实可靠的证据，无须我补充任何说明，"爱因斯坦在把这封信转给米列娃时说，"从现在起我绝不会再向这样的人求助，而是要在期刊上无情地抨击他们。难怪人会渐渐变得遁世，不愿与他人交往。"

关于这次受挫，爱因斯坦还在一封信中向阿芳的约斯特·温

---

[1] Renn 2005a, 124.

[2] Einstein to Mileva Marić, Apr. 4, ca. June 4, 1901. 由于寄给德鲁德的信以及他的回信已经散失，所以爱因斯坦的目标是什么已经无从知晓。

特勒发泄了他的愤怒。也正是在这封信中,他宣称对权威的盲目崇拜是真理的最大敌人。"他竟然回应我说,他的另一位'不可能出错的'同事也持相同看法。我不久就要发表一篇巧妙的文章,让这个人下不来台。"[1]

业已出版的爱因斯坦书稿并未确定德鲁德所说的这位"不可能出错的"同事是谁,不过根据雷恩的发现,有米列娃的一页未公开的信上说,这个人就是玻尔兹曼。[2]这解释了为什么爱因斯坦开始着手研究玻尔兹曼的著作。"近来我认真研究了玻尔兹曼关于气体分子运动论的著作,"他9月给格罗斯曼写信说,"前几天我自己还写了一篇小论文,为他所提出的一连串证明提供缺失的楔石(keystone)。"[3]

玻尔兹曼当时在莱比锡大学,是欧洲统计物理学的巨擘。他帮助发展了气体分子运动论,捍卫了原子、分子实际存在的信念。在这一过程中,他发现有必要重新构想伟大的热力学第二定律。这个定律有许多等价的表述。比如说,热必然会由热的物体流向冷的物体,但却不会自发地由冷的物体流向热的物体。另一种方式是借助熵(表示一个系统无序和随机的程度)来表述,即任何一个自发过程都倾向于增加系统的熵。例如,香水分子可以从敞开的瓶中飘进房间,但至少在我们的日常经验

---

[1] Einstein to Mileva Marić, ca. July 7, 1901; Einstein to Jost Winteler, July 8, 1901.

[2] Renn 2005a, 118. 雷恩在注释中说:"感谢奥斯陆的 Felix de Marez Oyens 先生使我注意到了爱因斯坦1901年7月8日左右写给米列娃的信中缺失的一页。不幸的是,由于我没有这一页的拷贝,所以我的解释只能基于这段话的一个未经加工的抄本。"

[3] Einstein to Marcel Grossmann, Sept. 6, 1901.

中，它们不会自动聚拢到瓶中。

玻尔兹曼的问题是，根据牛顿的理论，像分子碰撞这样的每一个力学过程都是可逆的，因此熵的自发减少至少理论上是可能的。玻尔兹曼的反对者认为，假设扩散的香水分子可以自发地聚拢到瓶中，或者热可以自动从冷的物体流到热的物体中，那都是荒谬绝伦的。奥斯特瓦尔德便是这样一位反对者，他不相信原子和分子的实在性。"'一切自然现象最终都可以归结为力学现象'这一命题甚至连有用的初步假说都算不上，它完完全全是个错误，"奥斯特瓦尔德宣称，"自然现象的不可逆性证明，存在着一些无法用力学方程来解释的过程。"

为此，玻尔兹曼对热力学第二定律进行了改造，使得它并非在绝对意义上确定，而仅仅满足统计上的近似确定性。从理论上讲，数百万个香水分子的确有可能通过随机弹跳在某一时刻全部回到瓶中，只不过这种情况发生的可能性微乎其微，其可能性或许比一副新纸牌洗一百次后重新回到原初的花色和大小序列还要小，是它的数万亿分之一。[1]

1901年9月，爱因斯坦相当不客气地宣称自己正在填补玻尔兹曼一连串证明中的"楔石"，而且说很快就会将它发表。不过在次年4月，他给《物理学纪事》寄了一篇论文，其中涉及一种研究分子力的电学方法，它利用了别人用盐液和电极所做实验得出的计算结果。[2]

---

[1] Overbye, 82—84. 它很好地概述了玻尔兹曼-奥斯特瓦尔德争论。
[2] Einstein, On the Thermodynamic Theory of the Difference in Potentials between Metals and Fully Dissociated Solutions of Their Salts, Apr. 1902. 雷恩在分析爱因斯坦与德鲁德的争论时并未提到这篇论文，而只是考察了1902年6月的那篇论文。

接着，他发表了对玻尔兹曼理论的批评。他指出，玻尔兹曼的理论可以很好地解释气体的热传递，但却没有推广到其他领域。"尽管热的分子运动论在气体理论方面取得了很大成就，"他写道，"可是到目前为止，力学还未能为一般的热学理论提供恰当基础。"他的目标就是要"填补这一缺陷"。[1]

对于一个既未获得博士学位，又没有找到工作的名不见经传的联邦工学院学生来说，这一切过于放肆了。爱因斯坦后来承认，这些论文并没有为整个物理学大厦添砖加瓦。不过它们的确表明了他1901年挑战德鲁德和玻尔兹曼的核心是什么。他感觉他们的理论并没有实现他当年向格罗斯曼宣称的那种准则，即透过似乎完全无关的现象发现其背后蕴藏的美妙统一性。

与此同时，爱因斯坦1901年11月向苏黎世大学的阿尔弗雷德·克莱纳教授提交了一篇博士论文。这篇论文没有留存下来，但米列娃对一位朋友说："它涉及用各种已知现象研究分子力。"爱因斯坦信心十足。"他不敢拒绝我的博士论文，"他谈到克莱纳时说，"在其他方面，跟这个目光短浅的人没有什么交道好打。"[2]

到了12月，克莱纳仍然没有回音，爱因斯坦开始担心这位教授是不是由于"脆弱的尊严"而不好接受这样一篇论文，因

---

[1] Einstein, Kinetic Theory of Thermal Equilibrium and the Second Law of Thermodynamics, June 1902; Renn, 2005a, 119; Jos Uffink, Insuperable Difficulties: Einstein's statistical road to molecular physics, *Studies in the History and Philosophy of Modern Physics* 37 (2006), 38; Clayton Gearhart, Einstein Before 1905: The early papers on statistical mechanics, *American Journal of Physics* (May 1990): 468.

[2] Mileva Marić to Helene Savić, ca. Nov. 23, 1901; Einstein to Mileva Marić, Nov. 28, 1901.

为它贬低了像德鲁德和玻尔兹曼这样的大师的工作。"要是他真敢拒绝我的博士论文，我就把他的拒绝连同这篇论文一道白纸黑字地发表出来，让他当众出丑，"爱因斯坦说，"不过要是他接受了，我倒要看看那位德鲁德老先生会怎么说。"

由于迫切希望有个了结，他决定亲自去见克莱纳。出乎意料的是，这次会面相当顺利。克莱纳承认他还没有读这篇论文，爱因斯坦让他不要着急，慢慢看。接着他们讨论了爱因斯坦提出的各种想法，其中一些后来用在了狭义相对论中。克莱纳向爱因斯坦保证，如果将来有获得教职的机会，他一定帮忙写推荐信。爱因斯坦的结论是："他并不像我想象的那样昏庸，而且，他是一个好伙伴。"[1]

克莱纳也许的确是一个好伙伴，不过他在读完爱因斯坦的论文之后并不喜欢。特别是，爱因斯坦对科学权威人士的抨击使他感到不悦，所以他拒绝了这篇论文。他对爱因斯坦说，论文可以自愿撤回，并可取回230法郎的评审费。根据爱因斯坦的继子在一本书中的说法，克莱纳的举动是"顾及其同事玻尔兹曼，因为爱因斯坦就玻尔兹曼的一系列推理提出了尖锐的批评"。而缺乏这种敏感的爱因斯坦则被朋友说服，将这篇论文直接寄给了玻尔兹曼。[2]

---

[1] Einstein to Mileva Marić, Dec. 17 and 19, 1901.

[2] Receipt for the return of Doctoral Fees, Feb. 1, 1902, CPAE 1：132; Fölsing, 88－90; Reiser, 69; Overbye, 91. Einstein to Mileva Marić, ca. Feb. 8, 1902："目前我正在向哈比希特讲述这篇提交给克莱纳的论文。他十分欣赏这些出色的想法，并且还不让我有片刻安宁，老是喋喋不休地说我应该把论文中涉及玻尔兹曼著作的部分寄给玻尔兹曼。我也打算这样做。"

莉色儿

格罗斯曼曾经跟爱因斯坦提起过，专利局可能有一个职位，不过还没有公示。所以5个月后，爱因斯坦委婉地提醒格罗斯曼，自己仍然需要帮助。他在报纸上看到，格罗斯曼在一所瑞士中学得到了一个教职，于是他表达了"极大的喜悦"，然后伤心地说："我也曾申请过这个职位，但那只不过是为了免得向自己说，我太懦弱不敢申请。"[1]

1901年秋天，爱因斯坦得到了一份更加微贱的工作，即在一所私立中学做指导老师。这所中学规模很小，位于苏黎世以北20英里莱茵河畔的沙夫豪森村。他的工作仅仅是辅导一个富有的英国小男孩。现在看来，能被爱因斯坦辅导，那是千金难买的，但在那时，学校的所有者雅各布·尼施还跟爱因斯坦讨价还价。孩子的家人每年要付给尼施4000法郎，而他却只付给爱因斯坦每月150法郎，外加提供食宿。

爱因斯坦仍然向米列娃许诺，"一旦境况好转，她就会得到个好丈夫，"但他现在对专利局的工作已经渐渐绝望了，"伯尔尼的职位仍然没有登广告征聘，因此我对它确实不抱太大希望。"[2]

米列娃迫切希望同他一起生活，但她的怀孕使他们不可能公然住在一起。于是，她几乎整个11月都待在附近村庄的一个小旅馆中。他们的关系变得日趋紧张。尽管米列娃恳请再三，但

---

[1] Einstein to Marcel Grossmann, Sept. 6, 1901.
[2] Einstein to Mileva Marić, Nov. 28, 1901.

第四章　恋人，1900—1904

爱因斯坦来看她的次数并不多，经常说他没有多余的钱。"想必你真要给我一个意外的惊喜，是不是？"在又一次得知来访取消后，她恳求说。在同一封信里，她软硬兼施，恳求中含着愤懑：

> 要是你知道我想家想得要命，那么你一定就来了。难道你真是分文不名？干得真漂亮！这个男子汉挣150法郎，有吃有住，月底却一个子儿都没有！……请不要把这当成是定在星期天的借口。如果到那时你还没有收到钱，我就寄给你一些……要是你明白我是多么想再见到你就好了！我整天都在想你，晚上更是如此。[1]

由于对权威难以忍受，爱因斯坦很快就与学校的所有者发生了冲突。他试图诱哄自己唯一的学生同他一起搬到伯尔尼直接付费给他，但孩子的母亲拒绝了。于是，爱因斯坦要尼施直接把饭钱用现金付给他，这样就不必同尼施一家一起吃饭了。"你知道我们的条件是什么，"尼施回答，"你没有理由违反。"

爱因斯坦义愤填膺，威胁要辞职。尼施虽然大为光火，却也只好让步。爱因斯坦向米列娃详细讲述了这一幕，他欢呼道："放肆无礼万岁！它是我在这个世界上的守护天使。"这句话或可作为他的另一则生活座右铭。

那天晚上，当他在尼施家最后一次吃饭时，他发现自己的汤盘旁边放着一封信。这封信是他现实生活中的守护天使——格

---

[1] Mileva Marić to Einstein, Nov. 13, 1901, Highfield and Carter, 82.

罗斯曼写的。信中写道，专利局的职位马上就要登广告征聘了，爱因斯坦肯定能够得到它。他们的生活很快就会"大为改观"，爱因斯坦兴奋地写信给米列娃。"每当想到这里，我就高兴得晕头转向，"他说，"我为你高兴甚至胜过为我自己。只要在一起生活，我们就必定是世界上最幸福的人。"

不过还有一个问题需要解决，那就是他们的孩子怎么办，因为再过不到两个月，到1902年2月初，孩子就要出生了。"剩下唯一尚待解决的问题，就是我们如何能够养育我们的小莉色儿，"爱因斯坦（他开始把这个未出生的孩子当成女孩了）写信给刚刚回到诺维萨德生孩子的米列娃说，"我不愿意就这样将她撒手不管。"这种意图当然挺好，然而他知道，要在有私生女的情况下在伯尔尼工作，对他来说是很困难的。"问一下你爸爸，他很有经验，对这个世界的了解胜过你趾高气扬、不切实际的乔尼。"此外他还提到，孩子出生后，"不应当喂她牛奶，因为她可能会因此而变得愚蠢。"玛里奇的奶水一定营养更丰富，他说。[1]

虽然爱因斯坦希望与米列娃的家人商讨对策，但却并不打算让自己的家人知道，母亲最担心的事情——怀孕和可能结婚——正一步步地变为现实。他的妹妹似乎意识到，他和米列娃正在秘密准备结婚，于是把这件事告诉了阿劳的温特勒一家。不过，他们都确信米列娃已经有了一个孩子。爱因斯坦的母亲从温特勒太太那里得知了他们可能会结婚。"我们坚决反对阿尔伯特与玛里奇小姐的这种关系，我们绝不希望与她有任何瓜

---

[1] Einstein to Mileva Marić, Dec. 12, 1901; Fölsing, 107; Zackheim, 35; Highfield and Carter, 86.

葛。"保莉妮·爱因斯坦悲痛地说。[1]

爱因斯坦的母亲甚至采取了一个非同寻常的行动，她写了一封恶语中伤的信给米列娃的父母，丈夫也在信上签了名。关于爱因斯坦的母亲，米列娃向一个朋友悲叹道："看来这位夫人要毕生致力于不仅使我的生活尽可能地痛苦，而且也要使她的儿子同样痛苦。我本以为世上绝不可能有这样没有心肝的人，她真是坏透了！他们竟然毫无顾忌地给我父母写去一封信，信中如此地辱骂我，说这真是一桩丑事。"[2]

1901年12月，专利局正式的招聘广告终于出炉了。在格罗斯曼父亲的要求下，专利局局长弗里德里希·哈勒尔显然已经将规定做了调整，使这个岗位非爱因斯坦莫属。候选者并不需要有博士学位，但必须受过力学训练，还要懂物理学。"哈勒尔是专为我量身定做的。"爱因斯坦对米列娃说。

哈勒尔给爱因斯坦写了一封友好的信，明言他是优先考虑的候选人。格罗斯曼向他表示了祝贺。"现在不再有任何疑虑了，"爱因斯坦高兴地对米列娃说，"瞧着吧，你很快就将是我幸福的爱妻了。现在我们的苦难结束了。我现在才意识到我有多么爱你，因为这种可怕的压力已经从我身上解脱了……我很快就能把我的多莉紧紧搂在怀里，向全世界宣称她是我自己的。"[3]

然而，他要米列娃许诺，结婚将不会使他们变成一对安于享乐的平庸夫妻。"我们要充满热情地一道从事科学工作，到老也不变成庸人，对吧？"他甚至觉得妹妹玛雅对待安逸和享乐

---

[1] Pauline Einstein to Pauline Winteler, Feb. 20, 1902.
[2] Mileva Marić to Helene Savić, ca. Nov. 23, 1901.
[3] Einstein to Mileva Marić, Dec. 11 and 19, 1901.

正在变得"如此粗俗"。"你可不要变成那样,"他对米列娃说,"那就太糟糕了。你必须永远是我的女妖和街头小淘气。除了你,所有人都是那样的陌生,我与他们之间就好像隔着一堵无形的墙。"

1902年1月底,怀着对专利局工作的期待,爱因斯坦抛下了一直在沙夫豪森辅导的学生,搬到了伯尔尼。他将永远感激格罗斯曼,在未来的几年里,格罗斯曼仍将以各种方式继续为他提供帮助。"格罗斯曼正在写他的博士论文,题目同非欧几何有些关系,"爱因斯坦对米列娃说,"我并不很了解它的内容。"[1]

几天后,爱因斯坦到了伯尔尼,米列娃当时正住在诺维萨德的父母家坐月子,他们把女儿称为"莉色儿"。由于分娩很艰难,米列娃无法写信给他。她的父亲给爱因斯坦发去了一些消息。

"她健康吗?哭闹得厉害吗?"爱因斯坦给米列娃写信说,"她有一双什么样的眼睛?我们俩之中她更像谁呢?谁喂她奶呢?她觉得饿么?还没有头发是吗?我非常爱她,但还一点儿也不了解她!"然而,他对这个新生儿的爱似乎主要停留在口头上,因为这并不足以使他乘火车前往诺维萨德。[2]

关于莉色儿的出生,爱因斯坦没有透露给他的母亲、妹妹或任何朋友。事实上,没有迹象表明他曾经跟他们提起过莉色儿。爱因斯坦不仅没有公开说起过她,甚至从未承认过她的存在。除了爱因斯坦和米列娃之间的少数几封信以外,现存的任

---

[1] Einstein to Mileva Marić, Dec. 28, 1901.

[2] Einstein to Mileva Marić, Feb. 4, 1902; Dec. 12, 1901.

第四章 恋人，1900—1904

何通信中都没有提到过她。直到1986年，这几封信才重见天日。当爱因斯坦学者和爱因斯坦文稿的编者们得知有莉色儿这么一个人时，全都大吃一惊。[1]

但在莉色儿出生之后，他在给米列娃的信中表现出了自己黑色幽默的一面。"她肯定已经会哭了，但要很晚才学会笑，"他说，"这其中包含着深邃的真理。"

作为父亲，他在等待专利局职位的同时也需要挣些钱。所以第二天，他在报纸上登了一则广告："数学和物理私人授课……由阿尔伯特·爱因斯坦透彻讲解，曾获联邦工学院专业教师证书……免费试听。"

莉色儿的降生甚至使爱因斯坦展示出了一种营建家庭巢穴的本能，这种本能以前从未表露出来过。他在伯尔尼找了一间大

---

[1] 这几封信是"爱因斯坦文稿计划"的斯塔契尔在隐藏的400封家书中发现的，这些家书被爱因斯坦的儿子汉斯·阿尔伯特的第二个妻子保存在加州的一个保险箱中，他的第一个妻子曾在1949年米列娃去世后前往苏黎世整理米列娃的住所，并将它们带到了加利福尼亚。

房子，并为米列娃画了一张草图，有一张床、六把椅子、三个橱子、他自己（乔尼）以及一张标有"你瞧瞧那里呀！"的沙发。[1]然而，米列娃并不打算和他搬进去。他们还没有结婚，一个有抱负的瑞士公务员是不能以这样一种方式和人同居的。过了几个月，米列娃搬回了苏黎世，等待他工作之后娶她，就像他许诺的那样。她没有把莉色儿一同带去。

爱因斯坦和女儿显然从未谋面。根据现存的通信，爱因斯坦在接下来不到两年的时间里一共就略略提及她一次，那是1903年9月，之后就再没有提过。与此同时，她被留在了诺维萨德由米列娃的亲戚或朋友抚养，这样爱因斯坦就可以既保证自己的生活方式不被打扰，又保全中产阶级的体面，从而可以风风光光地成为一个瑞士公务员。

有秘密迹象显示，当时或后来抚养莉色儿的人很可能是米列娃的一位密友——海琳·考夫勒·萨维奇。1899年，她与米列娃在苏黎世同租一室，从而相识。萨维奇来自一个维也纳的犹太家庭，1900年嫁给了塞尔维亚的一个工程师。米列娃在怀孕期间，曾经给她写过一封信倾诉自己的苦衷和哀愁，但在寄出之前又把信撕掉了。她很庆幸自己这样做了，因为在莉色儿出生前两个月，她向爱因斯坦解释说："现在关于小莉色儿的情况我们还是什么都不要说。"但米列娃又补充说，爱因斯坦应当抽空给萨维奇写几句话。"现在我们必须很好地对待她，她毕竟

---

[1] Einstein to Mileva Marić, Feb. 4, 1902.

会在一些重要的事情上帮助我们。"[1]

专利局

正当爱因斯坦等待进入专利局工作时，他碰到了在那里工作的一个熟人。这位朋友抱怨说，那里的工作枯燥乏味。他注意到，爱因斯坦即将得到的职位是"级别最低的"，所以他不必担心会有别人申请。爱因斯坦听后泰然自若，丝毫不为所动。"有的人觉得一切都无聊，"爱因斯坦对米列娃说，虽然级别低可能遭人鄙夷，但他认为恰恰应当从相反的角度来看，"我俩对高官厚禄不感兴趣！"[2]

1902年6月16日，爱因斯坦的工作终于批下来了。瑞士联邦委员会正式遴选他"暂时为联邦专利局三级技术专家，年薪3500法郎"。这份工资实际上超过了一个初级教授的收入。[3]

他的办公室位于伯尔尼的新邮政电报大楼里，附近就是老城门，城门上方坐落着世界著名的钟塔。爱因斯坦每天上班时都会打这儿路过。伯尔尼始建于1191年，之后不久就有了这个钟表，1530年又添置了展示行星位置的天文装置。每过一小时，钟表就会有一轮展演：最先出场的是一个翩翩起舞的摇铃小丑，接着几只熊列队出场，然后是一只报晓的公鸡，一个身披甲胄的骑士，最后是手持权杖和沙漏的时间老人。

---

[1] Mileva Marić to Einstein, Nov. 13, 1901. 关于这件事的一些背景情况，参见 Popović，其中包含了萨维奇的孙子收藏的米列娃与萨维奇的一些通信。

[2] Einstein to Mileva Marić, Feb. 17, 1902.

[3] Swiss Federal Council to Einstein, June 19, 1902.

这个钟表是为附近的火车站报时的，站台上的所有其他钟表都要根据它来校准时间。如果其他城市的当地时间没有校准，那么从那里开来的火车就要根据伯尔尼的钟塔将自己的表拨准。[1]

爱因斯坦将在这里度过一生中最具创造性的七年（甚至是在他写出了改变物理学发展方向的那些论文之后）。他一星期上六天班，每天早上从 8 点开始审查专利申请。这是一项很耗时的工作。"我出奇地忙，"几个月后他给一个朋友写信说，"我每天要在办公室待 8 小时，至少上 1 小时辅导课，然后还要做一些科学研究。"不过，如果认为专心审读专利申请是项苦差事，那就错了。"我非常喜欢这项办公室里的工作，因为它极为多样，可以做许多思考"。[2]

没过多久，他就可以在短时间内审查完专利申请，在剩下的时间里进行自己的科学思考了。"我可以在两三小时内做完一天的工作，"他回忆说，"在剩下的时间里，我将思考自己的事情。"他的上司哈勒尔性情温和，风趣幽默，对一些事情虽然心知肚明，却愿与人为善。尽管爱因斯坦的桌子上堆放着稿纸，而且只要有人走过，就会消失在抽屉里，但仁慈的哈勒尔一向不加过问。"只要有人路过，我就会把笔记本塞到抽屉里，假装做正事。"[3]

事实上，我们不应为爱因斯坦无缘进入学术象牙塔而难过。

---

[1] 参见伽里森对那一时期欧洲时间校准的讨论，载 Galison，222－248。亦参见后面的第六章，其中更详细地讨论了它在爱因斯坦提出狭义相对论过程中可能扮演的角色。

[2] Einstein to Hans Wohlwend, Autumn 1902; Fölsing, 102.

[3] Einstein interview, Bucky, 28; Reiser, 66.

第四章　恋人，1900—1904

专利局是一个"让我构想出最美妙思想的世俗隐居之地"，无论在当时还是以后，他都认为在那里工作有助于他的科学，而不是一个负担。[1]

他每天都要基于理论前提做一些思想实验，试图揭示出背后的实在。他后来说，对现实问题的关注"激励我去弄清楚理论概念的物理结果"。[2] 在他为了专利品而不得不去考虑的观念中，有一些或许有助于他形成科学思想，比如通过光信号校准时钟的数十种新方法。[3]

此外，他的上司哈勒尔有一个信条，它不仅适用于专利审查员，而且也适用于一个具有创造性的叛逆的理论家："你必须时刻保持高度警惕。"质疑每一个前提，挑战传统看法，永远不要仅仅因为所有人都赞同就接受一件事物。勿要轻信。"当你拿起一份申请时，"哈勒尔教导说，"要先假定发明者所说的一切都是错误的。"[4]

爱因斯坦生长在一个创造专利并将其投入商业运营的家庭，他发现这个过程很能让人感到满足。这强化了他的一种禀赋，即能够通过思想实验来想象一个理论如何实现出来。它还有助于紧紧扣住问题的核心，忽略与之无关的事实。[5]

倘若爱因斯坦当初做了某个教授的助手，他也许就会发表一

---

[1] Einstein to Michele Besso, Dec. 12, 1919.

[2] Einstein interview, Bucky, 28; Einstein 1956, 12. 两者本质上说的都是一件事情，只不过措辞和翻译上有些出入。Reiser, 64.

[3] 可惜的是，18年以后，所有专利申请都被销毁了。到了20世纪20年代，即使爱因斯坦那时已经举世闻名，他对那些发明的评语也都被处理掉了。Fölsing, 104.

[4] Galison, 243, Flückiger, 27.

[5] Fölsing, 103; C. P. Snow, Einstein, in Goldsmith et al., 7.

些中规中矩的文章，在挑战传统观点方面畏首畏尾。正如他后来所说，原创性和创造性对于学术地位的跃升并不是最主要的，尤其在德语世界，他将不得不去迎合其主顾的偏见或流行看法。"一个人在学术道路上被迫大量发表科学文章会导致思想浅薄的危险。"他说。[1]

出于偶然，他去了专利局而没有在学术圈当一名助手，这很可能使他的一些禀赋能够发挥出来，帮助他最终取得成功。例如，他对权威的看法始终保持敏锐的怀疑，试图独立做出判断，这些都使他能够对基本假设提出挑战。在这方面，专利审查员并没有什么压力非怎样做不可。

奥林匹亚科学院

莫里斯·索洛文是一个在伯尔尼大学学习哲学的罗马尼亚学生，1902年复活节假期期间，他在散步时偶然买了一张报纸，注意到了爱因斯坦辅导物理的广告（"免费试听"）。索洛文留着短发，蓄着落拓不羁的山羊胡，是一个业余的艺术爱好者。他比爱因斯坦大4岁，当时他必须决定自己以后是当哲学家，还是物理学家，还是别的什么家。于是，他按照地址找到了爱因斯坦的住处，按下了门铃，过了一会儿，屋内传来一声响亮的"请进！"，爱因斯坦给索洛文留下的印象很深。"我被他那双炯炯有神的大眼睛镇住了。"索洛文回忆说。[2]

---

[1] Einstein interview, Bucky, 28; Einstein 1956, 12. 参见 Don Howard, A kind of vessel in which the struggle for eternal truth is played out, AEA Cedex-H。

[2] Solovine, 6.

爱因斯坦和索洛文的第一次谈话持续了大约两小时，之后他们又到街上聊了半个多小时。他们商定第二天再见面。到了第三次见面的时候，爱因斯坦说自由交谈要比收费辅导更有意思。"你不必接受物理辅导，"他说，"你随时都可以来找我，和你聊天很愉快。"他们决定一起读大思想家的著作，然后讨论他们的思想。

后来，又有康拉德·哈比希特加入进来。他是一个银行家的儿子，以前曾在苏黎世联邦工学院学习数学。作为对华而不实的学术界开的一个小玩笑，他们戏称自己为"奥林匹亚科学院"。爱因斯坦虽然最年轻，却被推选为院长。索洛文准备了一个证书，上面画有一串香肠，下方是爱因斯坦胸像侧面图的素描。"你是名副其实的饱学之士，有着深邃、精湛、高雅的学识，在处于变革之中的宇宙学方面造诣颇深。"献词这样说。[1]

他们的正餐一般就是廉价的香肠、格鲁耶尔（Gruyère）干酪、水果和茶。但在爱因斯坦过生日时，索洛文和哈比希特决定给他一个惊喜，他们在桌子上放了三盘鱼子酱。爱因斯坦当时正全神贯注于对伽利略惯性原理的分析，他边谈边吃鱼子酱，直到吃完都没有察觉。哈比希特和索洛文面面相觑。"你知道你刚才一直在吃什么吗？"索洛文终于忍不住问了一句。

"我的天，"爱因斯坦惊呼，"是著名的鱼子酱啊！"他停顿了一下，然后说："如果你给我这样的农民吃这种美食，你知道他不会意识到的。"

---

[1] Maurice Solovine, Dedication of the Olympia Academy, "A. D. 1903," CPAE 5:3.

在每次彻夜讨论之后，爱因斯坦有时会拉小提琴。夏天的时候，他们偶尔会去伯尔尼近郊爬山看日出。"璀璨的星光给我们留下了深刻的印象，引发了对天文学的讨论，"索洛文回忆说，"太阳从地平线冉冉升起，最终光芒四射，给阿尔卑斯山披上了一抹神秘的玫瑰红，这时我们会对太阳充满敬畏。"然后他们会等待山上的咖啡馆开门，喝点黑咖啡，然后下山开始工作。

有一次，索洛文没有参加原定在他的住处举行的聚会，因为他忍不住去听了一场捷克四重奏团的音乐会。他留下了一张拉丁语便条，上写"致以煮老的鸡蛋和问候"作为补偿。爱因斯坦和哈比希特知道索洛文对烟草恨之入骨，他们报复性地在索洛文的房间抽烟斗和雪茄，并把他的家具和器皿摆在床上。"致以浓烟和问候。"他们用拉丁文写道。索洛文说他回来时几乎笼罩在重重烟雾之中。"我差点窒息过去，连忙把窗户打开，从床上挪下几乎堆到天花板的东西。"[1]

索洛文和哈比希特成了爱因斯坦终身不渝的朋友。爱因斯坦后来和他们一起回忆"我们令人愉快的'科学院'，它要比我后来近距离了解的那些体面的科学院少一些幼稚"。爱因斯坦74岁生日时，这两位同事从巴黎给他寄了一张明信片，他在回复时向奥林匹亚科学院致辞说："你的成员们把你创立起来，目的是要取笑你的那些科学院老大姐。我通过多年细心观察，才完全懂得了他们的嘲讽是多么切中要害。"[2]

---

[1] Solovine, 11—14.

[2] Einstein to Maurice Solovine, Nov. 25, 1948; Seelig 1956a, 57; Einstein to Conrad Habicht and Maurice Solovine, Apr. 3, 1953; Hoffmann 1972, 243.

第四章 恋人，1900—1904

奥林匹亚科学院的阅读书目中有一些文学经典，其中包含的若干主题可能是爱因斯坦所欣赏的，比如索福克勒斯关于反抗权威的悲剧《安提戈涅》（*Antigone*），塞万提斯描写的与风车顽强作战的英雄《堂吉诃德》（*Don Quixote*）。不过三位科学院院士阅读的书籍大都在探索科学与哲学的交界：休谟的《人性论》（*A Treatise of Human Nature*），马赫的《感觉的分析》（*Analysis of the Sensations*）和《力学史评》（*Mechanics and its Development*），斯宾诺莎的《伦理学》（*Ethics*），庞加莱的《科学与假设》（*Science and Hypothesis*），等等。[1] 正是在阅读这些著作的过程中，年轻的专利审查员自己的科学哲学也日趋形成。

爱因斯坦后来说，这其中对他影响最大的是苏格兰经验论者大卫·休谟（1711—1776）。休谟遵循着约翰·洛克和乔治·贝克莱的传统，对一切不能直接由感官感知的知识都表示怀疑。在他看来，甚至显而易见的因果律都是可疑的，他认为那只不过是心灵的习惯；虽然两个球可以按照牛顿定律所预言的方式一次次发生碰撞，但严格说来，这并不足以让人相信下一次碰撞也是如此。爱因斯坦指出："休谟清楚地认识到，像因果性这样一些概念并不能通过逻辑方法从我们的经验知觉中导出。"

这种哲学有一个版本被称为实证论，它否认超出直接经验的任何概念的有效性。至少在一开始，它对爱因斯坦很有吸引力。"相对论以实证论的方式表现出来，"他说，"这一思路对我的工作有很大影响，特别是马赫和休谟，我曾在发现相对论之

---

[1]《爱因斯坦全集》的编者在 vol. 2，xxiv—xxv 的导言中描述了奥林匹亚科学院阅读过的书籍以及特定版本。

前以极大的热情和赞叹研读过休谟的《人性论》。"[1]

休谟还将其严密的怀疑运用到时间概念中。他认为，说时间绝对存在着，与可观察的物体（其变化和运动使我们可以定义时间）无关，这是没有意义的。"由相继的观念和印象，我们形成了时间的观念，"休谟写道，"单纯的时间本身是不可能出现的。"绝对时间不存在，这种思想后来在爱因斯坦的相对论中得到了印证。不过，较之时间观念，休谟更为一般的洞见对爱因斯坦的影响更大，即谈论无法通过知觉和观察来定义的概念是危险的。[2]

由于受到康德（1724—1804）著作的影响，爱因斯坦加深了对休谟的认识。早在上小学的时候，塔尔梅就向他介绍过这位德国的形而上学家。"康德朝着解决休谟的难题迈进了一步。"爱因斯坦说。有些真理属于"基于理性本身"的"绝对确定的知识"。

换句话说，康德区分了两种类型的真理：①分析命题，它源于逻辑和"理性本身"，而不是对世界的观察，例如，所有单身汉都是未婚的，2加2等于4，三角形内角和等于180度；②综合命题，它基于经验和观察，例如，慕尼黑比伯尔尼大，所有天鹅都是白的。后者可以通过新的经验证据进行修正，前者却不行。我们可能会发现一只黑天鹅，但却不会发现一个结

---

[1] Einstein to Moritz Schlick, Dec. 14, 1915. 在1944年的一篇论及罗素的文章中，爱因斯坦写道："休谟的清晰论述似乎是颠覆性的：作为我们知识唯一源泉的感觉材料，通过习惯，也许会把我们引向信念和期待，但却不能引向知识，更不能引向对那些合乎规律的关系的理解。" Einstein 1954, 22. 亦参见，Einstein, 1949b, 13。

[2] David Hume, *Treatise on Human Nature*, book 1, part 2; Norton 2005a.

了婚的单身汉，或者（至少康德是这样认为的）一个内角和等于181度的三角形。正如爱因斯坦对分析命题的看法："例如，几何学命题和因果性原理就是如此。这些以及某些其他类型的知识……并不必然由感觉材料获得，换句话说，它们是先天的知识。"

爱因斯坦最初觉得很惊奇，某些真理竟然单凭理性就能够被发现。但不久以后，他便开始质疑康德关于分析性真理和综合性真理之间的严格区分。"几何学处理的对象似乎与感官知觉的对象没有什么不同。"他回忆说。后来，他断然拒绝了这种康德式的区分。"我确信这种区分是错误的。"他写道。一个看起来是纯粹分析的命题——比如三角形内角和等于180度——在非欧几何或在弯曲空间中（比如广义相对论所处理的情况）竟然是错误的。正如他后来谈论几何学和因果性时所说："当然，今天每个人都知道，这些概念并不包含康德赋予它们的确定性和内在必然性。"[1]

马赫（1838—1916）把休谟的经验论向前推进了一步。马赫是奥地利物理学家、哲学家，在贝索的敦促下，爱因斯坦研读了他的著作。马赫是奥林匹亚科学院最受欢迎的作者之一，他为爱因斯坦灌输了对常识和习见的怀疑态度，这种怀疑态度也成

---

[1] 关于康德的《纯粹理性批判》（1781），有各种不同的解释。我这里试图紧扣爱因斯坦本人对康德的看法。Einstein, Remarks on Bertrand Russell's Theory of Knowledge, （1944 in Schlipp; Einstein 1954, 22; Einstein, 1949b, 11—13; Einstein, On the Methods of Theoretical Physics, the Herbert Spencer lecture, Oxford, June. 10, 1933, in Einstein 1954, 270; Mara Beller, Kant's Impact on Einstein's Thought, in Howard and Stachel 2000, 83—106）。亦参见 Einstein, Physics and Reality, （1936）in Einstein 1950a, 62; Yehuda, Elkana, The Myth of Simplicity, in Holton and Elkana, 221。

了爱因斯坦创造性的一个标志。爱因斯坦后来指出（同样的说法也适用于他本人），马赫的天才部分在于其"坚不可摧的怀疑态度和独立性"。[1]

用爱因斯坦的话说，马赫哲学的本质是："只有当概念所指涉的对象以及概念同这些对象据以对应起来的规则能够被显示出来时，概念才是有意义的。"[2]换句话说，要想让一个概念有意义，就需要对它进行一种操作定义。几年以后，这种看法将为爱因斯坦带来丰硕的回报，他和贝索谈论了什么样的观察能够给两个事件"同时"发生这一看似简单的概念赋予意义。

马赫对爱因斯坦最大的影响是将这种方法运用于牛顿的"绝对时间"和"绝对空间"概念。马赫断言，这些概念不可能通过实际观察来定义，因此是无意义的。马赫嘲笑牛顿的"绝对空间是一种概念畸形"，称它"纯粹是臆想出来的东西，在经验中不可能有对应"。[3]

奥林匹亚科学院的最后一位思想巨人是阿姆斯特丹的犹太哲学家斯宾诺莎（1632—1677）。他的影响主要是宗教上的。爱因斯坦信仰斯宾诺莎的那个无可名状的上帝，他反映在令人敬畏的美、合理性和自然律的统一性之中。和斯宾诺莎一样，爱因斯坦并不相信一个会对我们的日常生活进行赏罚干预的人格上帝。

此外，爱因斯坦还从斯宾诺莎那里获得了一种决定论的信

---

[1] Einstein 1949b, 21.
[2] Einstein, Obituary for Ernst Mach, Mar. 14, 1916, CPAE 6:26.
[3] Philipp Frank, Einstein, Mach and Logical Positivism, in Schilpp, 272; Overbye, 25, 100 – 104; Holton, Mach, Einstein and the Search for Reality, *Daedalus* (Spring 1968): 636 – 673, reprinted in Holton 1973, 221; Clark, 61; Einstein to Carl Seelig, Apr. 8, 1952; Einstein, 1949b, 15; Norton 2005a.

念，即一旦我们彻底了解自然律，就会明白，原因和结果都是不可变的，上帝不掷骰子，亦即不会让任何事件随机或不确定地发生。斯宾诺莎宣称："一切事物都由神圣的自然的必然性所确定。"甚至当量子力学似乎表明这是错误的时候，爱因斯坦也坚信它是正确的。[1]

同米列娃结婚

赫尔曼·爱因斯坦没有看到儿子成功的那一天。1902年10月，当赫尔曼的病情开始恶化时，爱因斯坦专程到米兰陪伴他走到生命的终点。长期以来，他们的关系一直是疏远和慈爱兼备，直到最后也是如此。"当最后一刻来临时，"爱因斯坦的助手海伦·杜卡斯后来说，"赫尔曼要他们所有人都离开房间，这样他可以自行离开人世。"

爱因斯坦在那一时刻产生了一种愧疚，这种愧疚伴随着他的一生，这其中包含着他无法与父亲形成一种真正的亲密关系。他第一次感到天旋地转，"被一种极度的孤独感所笼罩"。他后来回忆说，父亲的去世是他所经历过的最深的创痛。不过，这件事也使一个重要问题得到了解决。在临终之时，赫尔曼终于允许爱因斯坦娶米列娃。[2]

1903年1月6日，爱因斯坦和米列娃在伯尔尼的户籍登记

---

[1] Spinoza, *Ethics*, part I, proposition 29 and passim; Jammer 1999, 47; Holton 2003, 26—34; Matthew Stewart, *The Courtier and the Heretic*（New York: Norton, 2006）.

[2] Pais 1982, 47; Fölsing, 106; Hoffmann 1972, 39; Maja Einstein, xvii; Overbye, 15—17.

处登记结婚，结婚仪式很朴素，索洛文和哈比希特是他们的证婚人。双方的家庭成员都没有到场，无论是爱因斯坦的母亲、妹妹，还是米列娃的父母。当天晚上，这群志同道合的伙伴在一家小餐馆里举行了庆祝活动，然后爱因斯坦和米列娃一同回到寓所。毫不奇怪，爱因斯坦忘了带钥匙，于是不得不将女房东从睡梦中唤醒。[1]

"现在我已经是个有妇之夫了，与妻子一起过着愉快而舒适的生活，"两周后，他向贝索报告说，"她把一切都料理得井井有条，做饭烧菜也是把好手，每天总是乐呵呵的。"米列娃[2]则对自己最好的朋友说："我与我爱人的感情比在苏黎世的时候更好了，如果这真是可能的话。"她偶尔也会参加奥林匹亚科学院的会议，不过主要是做旁观者。"机智而矜持的米列娃专心地听着，但从未介入我们的讨论。"索洛文回忆说。

然而，阴影正在悄然形成。米列娃在谈到自己不得不做的家务杂事时说："我的新义务正在给我造成损失。"她对自己在谈论科学时只能做一个纯粹的旁观者愈发感到不满。爱因斯坦的朋友发现，米列娃变得比以前更阴郁了。她似乎越来越沉默寡言，对人也更加缺乏信任了。对此爱因斯坦已经开始有所警觉，至少他在回顾这一切时是这样说的。他后来说自己对于娶米列娃有一种"内心的抵触"，不过出于一种"责任感"还是克服了它。

不久，米列娃开始设法恢复他们的关系。她希望他们能够

---

[1] Marriage Certificate，CPAE 5:6；Miller，64；Zackheim，47.
[2] 结婚后，她通常使用"米列娃·爱因斯坦-玛里奇"这个名字；离婚后，她继续使用"米列娃·玛里奇"。

第四章 恋人，1900—1904

躲过一个瑞士公务员家庭似乎必定会遇到的中产阶级的苦差事，找到某种机会重获以前自由自在的学术生活。至少米列娃希望，爱因斯坦能在远方找一份教职，也许离他们那个被遗弃的女儿不远。"我们什么地方都会试试，"她给塞尔维亚的朋友写信说，"例如，你认为我们这样的人在贝尔格莱德能找到什么工作吗？"米列娃说，只要是学术的事情，他们什么都可以做，甚至是在中学教德语。"你看，我们仍然保持着那种古老的进取精神。"[1]

就我们所知，爱因斯坦从未去塞尔维亚找过工作，或是去看他的孩子。1903年8月，他们结婚刚刚几个月，潜藏在他们生活中的不安突然产生了新的变数。米列娃得知，刚刚19个月大的莉色儿因猩红热病倒了。她急忙坐火车来到了诺维萨德。当火车停在萨尔茨堡时，她买了一张当地城堡的明信片，草草写了几行字，从布达佩斯车站寄出去了。"日子过得很快，但是不好受。我浑身都不舒服。你在那边忙些什么，小乔尼，快点给我写信，好吗？你可怜的多莉。"[2]

显然，孩子是交给别人收养了。我们目前掌握的唯一线索是爱因斯坦9月给米列娃写的一封神秘信件，那时她已经在诺维萨德待了一个月："关于小莉色儿的事，我感到很惋惜。猩红热很容易留下一些后遗症。但愿一切都能顺利地过去。那么这个小莉色儿如何登记身份呢？我们必须非常小心谨慎，免得今后

---

[1] Einstein to Michele Besso, Jan. 22, 1903; Mileva Marić to Helene Savić, Mar. 1903; Solovine, 13; Seelig 1956a, 46; Einstein to Carl Seelig, May. 5, 1952. AEA 39-20.

[2] Mileva Marić to Einstein, Aug. 27, 1903; Zackheim, 50.

给孩子带来种种困难。"[1]

无论爱因斯坦问这个问题有什么动机，反正现在找不到莉色儿的户籍文件，也没有留存下来关于她的存在的任何其他书面线索。许多研究者遍访教堂、登记处、犹太会堂和墓地，还是一无所获。这些研究者中既有塞尔维亚的也有美国的，其中包括"爱因斯坦文稿计划"的舒尔曼以及曾经写过一本书讲述寻找莉色儿的米歇尔·扎克海姆。

所有关于爱因斯坦女儿的证据都被小心翼翼地抹去了。爱因斯坦和米列娃在1902年夏秋之际的几乎任何一封通信都被销毁了，其中有许多必定是关于莉色儿的。米列娃与萨维奇在这一时期的通信也被萨维奇的家人有意焚毁了。爱因斯坦和米列娃终生都在尽一切所能掩盖着他们第一个孩子的命运和存在，甚至在离婚之后也是如此。奇怪的是，他们竟然做得很成功。

对于这段空白的历史，我们所知的为数不多的几个事实之一是，莉色儿直到1903年9月仍然活着。爱因斯坦在那个月给米列娃的信中对"这个孩子在未来"可能面临的困难表现出了焦虑。这封信还表明，她那时已经交予别人抚养，因为在信中爱因斯坦谈到了希望有一个"替补"孩子。

关于莉色儿的命运有两种可能的解释。第一种是，她没有被猩红热夺去生命，而是被收养她的家庭抚养长大。后来有几次，一些女人声称（后来证明是假的）自己是爱因斯坦的私生女，他并没有立即排除这种可能性，尽管鉴于他曾经有过的数次风流韵事，没有迹象表明他认为她们就是莉色儿。

---

[1] Einstein to Mileva Marić, ca. Sept. 19, 1903; Zackheim; Popović; 笔者与舒尔曼的讨论和电子邮件。

第四章 恋人，1900—1904

舒尔曼的看法是，米列娃的朋友萨维奇收养了莉色儿。事实上，萨维奇的确育有一个女儿佐尔卡，她从小就失明了（也许是由于猩红热），终生未婚，由侄子保护着不让他人采访。佐尔卡一直活到20世纪90年代。

这位保护佐尔卡的侄子米兰·波波维奇否认了这种可能性。在一本名为《在阿尔伯特的阴影中》(*In Albert's Shadow*)的书中，他写到了米列娃和他的祖母萨维奇的友谊和通信，他断言："有人说，我的祖母收养了莉色儿，只要考察一下我的家族史就会明白，这种说法是毫无根据的。"然而，他并没有给出任何确凿的文献证据，比如他的姑姑的出生证明，而且他的母亲焚毁了大部分萨维奇的书信，包括任何涉及莉色儿的信。波波维奇本人的说法是，莉色儿1903年9月死于猩红热，即在爱因斯坦当月写下那封信之后不久，这是根据一个叫米拉·阿莱科维奇的塞尔维亚作家的回忆录得出的结论。扎克海姆在其追踪莉色儿的书中也得出了类似结论。[1]

无论当时到底发生了什么，米列娃的心情一天比一天阴郁了。爱因斯坦去世后不久，一位名叫彼得·米歇尔莫尔的作家（他对莉色儿一无所知）根据他与爱因斯坦的儿子汉斯·阿尔伯特的对话出版了一本书。在谈到爱因斯坦结婚后的那一年时，米歇尔莫尔说："两人之间发生了某些事情，但米列娃只是说，它是'极为私人的'。无论如何，她感到闷闷不乐，阿尔伯特对此似乎要负一些责任。朋友们鼓动米列娃把问题讲出来。但她坚持说它过于私人，终生都保守着秘密——在阿尔伯特·爱因斯

---

[1] Popović，11；Zackheim，276；笔者与舒尔曼的讨论和电子邮件。

坦的那些仍然疑云重重的故事中，这是一个至关重要的细节。"[1]

米列娃在布达佩斯发出的明信片上抱怨的疾病很可能是因为她又一次怀孕了。她在发现自己的确怀孕了之后，担心这会让丈夫生气。但在听说很快就要有一个孩子来接替他们的女儿之后，爱因斯坦非常高兴。"我一点也不恼火，我可怜的多莉不得不孵蛋了，"他写道，"事实上，我甚至为此感到欣喜，而且一直都在考虑，是否应当保证你怀上一个新的小莉色儿。你可不要自己剥夺每个女人都拥有的权利。"[2]

汉斯·阿尔伯特·爱因斯坦出生于1904年5月14日。这个新生命使得米列娃的精神有所恢复，也给她的婚姻带来了一些欢乐，至少她是这样告诉朋友萨维奇的。"快点来伯尔尼吧，这样我们可以重逢，而且我可以让你看看我可爱的小宝贝，他的名字也叫阿尔伯特。他醒来时笑个不停，洗澡时还会踢他的小腿，我无法告诉你这些给我带来了多少欢乐。"

爱因斯坦"带着父亲的尊严行事"，米列娃说。他给儿子做了一些小玩具，比如用火柴盒和细绳做的一辆空中缆车。"这是我在那个时候所拥有的最可爱的玩具之一，而且很管用，"汉斯·阿尔伯特长大后仍然能够回忆起来，"他能够用细绳和火柴盒等做出最美妙的东西。"[3]

米洛斯·玛里奇对小外孙的降生欣喜若狂，他亲自送来了一大笔嫁妆，根据家人的说法（可能有些夸张），有10万瑞士法

---

[1] Michelmore，42.

[2] Einstein to Mileva Marić, ca. Sept. 19, 1903.

[3] Mileva Marić to Helene Savić, June. 14, 1904; Popović, 86; Whitrow, 19.

第四章 恋人，1900—1904

郎。但爱因斯坦拒绝了，说自己和他的女儿结婚并不是为了钱，米洛斯·玛里奇后来噙着泪讲述了这一经过。事实上，爱因斯坦已经能够凭借自己的能力很好地生活了。在专利局待了一年多之后，他已经成功地度过了试用期。[1]

---

[1] Overbye，113，citing Desanka Trbuhovic-Gjuric，*Im Schatten Albert Einstein*（Bern：Verlag Paul Haupt，1993），94。

第五章 奇迹年：量子和分子，1905

在专利局，1905年

世纪之交

1900年，据说德高望重的开尔文勋爵在英国科学促进会举行的讲演中说："当前，物理学中已经没有什么新东西可以发现

第五章 奇迹年:量子和分子,1905

了,剩下的事情就是把测量做得越来越精确而已。"[1]后来的事实证明,这种说法过于自信了。

17世纪末,牛顿(1642—1727)奠定了经典物理学的基础。他根据伽利略等人的发现,提出了描述宇宙的力学定律,使宇宙在相当程度上为理性所统辖:无论是下落的苹果,还是沿轨道运转的月球,支配它们的都是关于引力、质量、力和运动的相同定律。原因产生结果,力作用于物体,万事万物从理论上讲都可以得到解释、确定和预言。难怪数学家、天文学家拉普拉斯对牛顿的宇宙发出了由衷的赞叹:"如果有一种智慧能够在某一时刻了解在自然中起作用的所有的力,了解宇宙万物的瞬时位置,那么他就可以用一个单独的公式来概括宇宙万物的运动,从最大的天体到最轻的原子,概莫能外;在他看来,没有什么东西是不确定的,未来和过去都能一目了然。"[2]

爱因斯坦欣赏这种严格的因果性,称它为"牛顿学说最深刻的特征"。[3]他在总结物理学史时带着调侃的语气说:"起初(假如有这样的起初的话),上帝创造了牛顿的运动定律以及必需的质量和力。"给爱因斯坦留下最深刻印象的是"力学在那些看

---

[1] 许多文献都说这句话出自开尔文勋爵1900年在英国科学促进会上的讲演。关于这一点,我没有找到直接的证据,所以我称它为"据说"。在1910年出版的两卷本开尔文传记Silvanus P. Thompson, *The Life of Lord Kelvin*(New York:Chelsea Publishing, 1976)中并没有这句话。

[2] Pierre-Simon Laplace, *A Philosophical Essay on Probabilities* (1820; reprinted, New York:Dover, 1951). 这段著名的决定论陈述出自一部概率论著作的序言。其潜台词是,就终极实在而言是决定论在起作用,但在现实中,我们却只有概率。他说,既然我们不可能获得完满的知识,所以需要概率。

[3] Einstein, Letter to the Royal Society on Newton's bicentennial, Mar. 1927.

似与力学无关的领域中的成就"，比如他一直在研究的分子运动论就是如此。根据分子运动论，气体的状态和特性是由无数相互碰撞的分子的活动所引起的。[1]

19世纪中叶，牛顿力学又与另一项重大进展结合了起来。出身于铁匠家庭的自学成才的英国实验家法拉第（1791—1867），发现了电场与磁场的特性，即电流可以产生磁场，变化的磁场也可以产生电流。当磁体在线圈附近运动，或者线圈在磁体附近运动时，线圈中就会产生电流。[2]

正是由于法拉第发现了电磁感应，像爱因斯坦的父亲和舅舅这样富于创造力的企业主才能设计出新的方法将旋转线圈与运动磁体结合起来，从而制造出发电机。因此，对于法拉第的场，年轻的爱因斯坦不仅有理论上的理解，而且还感同身受。

后来，胡须浓密的苏格兰物理学家麦克斯韦（1831—1879）提出了一组美妙的电磁场方程，规定了变化的电场如何产生磁场，以及变化的磁场如何产生电场。事实上，变化的电场能够产生变化的磁场，而这个变化的磁场又会产生变化的电场，如此无穷交替下去，结果便会产生电磁波。

牛顿出生于伽利略逝世那一年，爱因斯坦则出生于麦克斯韦逝世那一年。爱因斯坦认为自己的部分使命就在于拓展这个苏格兰人的工作。麦克斯韦摈弃流行的偏见，让数学引领他走入了未知的领域，从而发现了一种和谐，这种和谐乃是建立在场论的美和简单性之上。

---

[1] Einstein 1949b, 19.

[2] 关于法拉第的电磁感应理论对爱因斯坦的影响，参见 Miller 1981, chapter 3。

第五章 奇迹年：量子和分子，1905

爱因斯坦终生都对场论着迷。在一本与人合写的教科书中，他这样来描述场的概念的发展：

> 物理学中出现了一种新的概念，这是自牛顿时代以来最重大的发明：场。要想认识到它既不是电荷，也不是粒子，而是对于描述物理现象至关重要的电荷与粒子之间的空间中的场，这需要极大的科学想象力。麦克斯韦方程的特色显现在现代物理学的所有其他方程式中，这种特色可以用一句话来概括，即麦克斯韦方程是表示场的结构的定律。事实证明，场的概念是成功的，因为由它我们提出了描述电磁场结构的麦克斯韦方程。[1]

起初，麦克斯韦的电磁场论似乎与牛顿力学相容。例如，麦克斯韦认为包括可见光在内的电磁波都可以通过经典力学来解释——我们只需假设宇宙中充满着一些看不见的、稀薄的"承载光的以太"就可以了。电磁波正是通过这种"以太"的起伏振荡来传播的，就像水传播大海的波浪，空气传播声波一样。

然而到了19世纪末，经典物理学根基处的裂痕开始暴露出来。一个问题是，科学家们无论怎样努力，都无法找到这种光以太存在的任何证据。对辐射的研究（即光和其他电磁波如何从物体发射出来）则暴露出了另一个问题：描述离散粒子力学的牛顿理论与描述一切电磁现象的场论在发生交叠时发生了一些奇特的事情。

这时，爱因斯坦已经发表了5篇不太为人所知的论文。这

---

[1] Einstein and Infeld, 244; Overbye, 40; Bernstein 1996a, 49.

些论文既没有使他得到博士学位，也没有帮他获得一份教职，哪怕是在中学教书。倘若他这时放弃理论物理学，科学界丝毫也不会注意到。他也许会由此平步青云，当上瑞士专利局局长，而且很可能会在这个位子上优哉游哉。

没有任何迹象表明，他即将迎来一个"奇迹年"（*annus mirabilis*）。自1666年以来，科学界再也没有出现过类似的年份。当时牛顿隐居在伍尔索普（Woolsthorpe）乡下躲避正在剑桥肆虐的瘟疫，在此期间他发明了微积分，对光谱进行了分析，还提出了万有引力定律。

物理学的大厦即将倾覆，而肇始者将是爱因斯坦。其坚持己见使他可以抛开普遍看法，洞悉物理学根基处所隐藏的裂痕。他的形象思维使他能够实现概念上的飞跃，而大多数传统思想家却无法迈出这一步。

1905年3月到6月，爱因斯坦在4个月里接连实现了种种意想不到的突破，这些成果曾在科学史上的一封非常著名的私人信件中有所预示。那时，他在奥林匹亚科学院的哲学伙伴哈比希特刚刚搬离伯尔尼，于是爱因斯坦5月底给他写信说：

亲爱的哈比希特：

咱俩之间笼罩着一种神圣的沉默，倘若我现在用某种无足轻重的废话来打破它，我会感到我似乎是在亵渎……

那么你究竟在忙些什么呢？你这头冷冻的鲸鱼，你这熏干的罐装的灵魂片……你为什么还不把你的博士论文寄给我呢？你这可怜的家伙难道不知道，在1.5个会有兴致津津有味地拜读这篇大作的伙伴中，我就是其中之一吗？我答应你以四篇论文作为回报。第一篇讲的是辐射和光的能量特征，是非常革命性的，只要你先把你的大作寄给我，你就会明白；第二篇论文是……测定原子的实际大小；第三篇论文证明悬浮在液体中的1/1000毫米数量级的物体，必定会做一种由热运动引起的可观察到的无规则运动。事实上，生理学家们已经观察到了这种悬浮体的运动，他们把这类运动称为"布朗分子运动"；第四篇论文目前还处于草创阶段，内容是动体的电动力学，它修正了时空理论。[1]

光量子，1905年3月

正如爱因斯坦向哈比希特指出的，在1905年写的这些论文中，是第一篇，而不是提出相对论的著名的最后一篇，才称得上是"革命性的"。的确，这篇论文也许包含着物理学史上最具革命性的进展。它认为，光不仅以波的形式，而且也以光量子（后来被称为光子）这种小能量包的形式发射出来。这一结论使我们笼罩在科学的重重迷雾之中，它甚至比相对论最奇特的方面都要令人费解和诧异。

在1905年3月17日寄给《物理学纪事》的论文中，爱因斯坦已经认识到了这一点。这篇论文有一个略显古怪的名字："关于光的产生和转化的一个试探性的观点"。[2]试探性的？这意味着它是一个假说，只能充当解决问题的先导，而并非已经得到证明。从他发表的这篇量子理论的处女作，一直到50年

---

[1] Einstein to Conrad Habicht, May 18 or 25, 1905.
[2] 1905年3月17日寄出，发表于 *Annalen der Physik* 17（1905）。感谢耶鲁大学教授道格拉斯·斯通对于本节写作所提供的帮助。

后发表的最后一篇论文，爱因斯坦一直都认为令人困惑的量子概念至多是试探性的，是临时性的和不完备的，与他本人关于基本实在的看法并不能完全相容。

爱因斯坦的论文所关注的是在世纪之交困扰着物理学的那些问题。事实上，这些问题自古希腊以来就一直得不到解决：宇宙是由像原子和电子这样的粒子构成的，还是像引力场或电磁场那样是一个不间断的连续体？倘若两种描述方法都是有效的，那么当它们发生交叠时会发生什么？

自19世纪60年代起，科学家们就一直在分析所谓的"黑体辐射"，以探究这样一个交截点。了解窑炉或煤气灶的人都知道，当铁这样的材料被加热时，发出的光会改变颜色。当温度较低时，它主要辐射出红光；随着温度的升高，它所发出的光会相继变为橙色、白色和蓝色。为了研究这一辐射，基尔霍夫等人设计了一种封闭的金属容器，上面有一个小孔，可以供少量的光逸出。然后，当这个设备在某一温度达到平衡时，画出每一种波长的强度。结果发现，不论腔壁的材料或形状如何，图的形状仅仅与平衡态的温度有关。

令人不解的是，没有人能说清楚这些山状图形所对应的数学公式的基础是什么。

基尔霍夫去世后，普朗克接替他在柏林大学任教授。1858年，普朗克出生于一个德国家庭，祖上都是了不起的学者、神学家和律师。在许多方面，普朗克都与爱因斯坦迥异。普朗克戴着一副夹鼻眼镜，穿着考究，以身为德国人而自豪。他比较腼腆，目标坚定，天性保守，举止刻板。"很难想象还有哪两人的性情比他们更为不同，"他们的朋友马克斯·玻恩后来说，"爱因斯坦是一个世界公民，对周围的人没有什么依恋，不大受

第五章 奇迹年：量子和分子，1905

社会情感背景的牵制；而普朗克则深深地植根于他的家庭和民族传统，是一个热情洋溢的爱国者，为德国的伟大历史而自豪，对国家自觉秉持着普鲁士式的态度。"[1]

保守主义使得普朗克对原子论表示怀疑，甚至对一般的粒子理论（而不是波动理论和连续的场论）也持保留态度。正如他1882年所说："尽管迄今为止原子论已经取得了巨大成功，但我们最终将会放弃它，而去支持连续物质的假设。"一个小小的讽刺是，虽然普朗克和爱因斯坦同属量子力学的奠基人，但是当情况渐趋明朗，量子力学将会破坏他们共同遵奉的严格因果性和确定性概念时，两人又都畏缩不前了。[2]

1900年，出于所谓的"偶然猜测"，普朗克构想了一个方程来描述每一温度下的辐射波长曲线。在这一过程中，他承认玻尔兹曼的统计方法是正确的，而此前他并不承认这种方法。但这个方程有一个奇怪的地方，那就是它需要用到一个常量才能得到正确的结果。这个常量非常小（约为 6.62607×10^{-34} 焦·秒），而且得不到解释。这个常量 h 不久将被称为普朗克常量，现在是自然界的基本常量之一。

起初，普朗克并不知道这个数学常量有什么样的物理意义（如果有的话）。但随后他提出了一种理论，将这个常量不是应用于光本身的性质，而是应用于光被物质吸收或发射时发生的作

---

[1] Max Born, obituary for Max Planck, Royal Society of London, 1948.

[2] John Heilbron, *The Dilemmas of an Upright Man*, (Berkeley: University of California Press, 1986). 关于对爱因斯坦量子论文的清晰解释，参见 Gribbin and Gribbin; Bernstein 1996a, 2006; Overbye, 118—121; Stachel 1998; Rigden; A. Douglas Stone, Genius and Genius: Planck, Einstein and the Birth of Quantum Theory, Aspen Center for Physics Lecture, July. 20, 2005。

用。他假定辐射热和光的任何物体表面（比如一个黑体的腔壁）都包含着像振动的小弹簧一样的"振动分子"或"谐振子"。[1]这些谐振子只能吸收或发射一个个能量包。这些能量包不能继续分下去，也没有一个连续的能量范围，而必须是由普朗克常量所确定的固定的量。

普朗克仅仅把他的常量看成一种计算上的发明，为的是说明光的吸收或发射过程，而没有将它与光本身的基本性质挂起钩来。然而，1900年12月，他在柏林物理学会做的报告中却振聋发聩地说："我们认为——这是整个计算中最为关键的一点——能量是由确定数目的、彼此相等的、有限的能量包构成的。"[2]

爱因斯坦很快就认识到，量子理论很可能会颠覆经典物理学。"普朗克基础性的工作出现后不久，我就看清楚了所有这一切，"他后来写道，"我试图将物理学的理论基础与这种知识调和起来，但所有努力都以彻底失败而告终。就好像我们脚下的地面突然消失，任何地方都看不到坚实的地基。"[3]

除了普朗克常量的意义需要解释，关于辐射还有一个奇特的现象。它被称为光电效应，即照射到金属表面的光会使电子松动，并最终使它发射出来。1901年5月，在给刚刚怀孕的米列娃的信中，爱因斯坦对研究光电效应的勒纳德所写的一篇"美

---

[1] 普朗克的方法实际上要更为复杂，他假设了一组振子，设定总能量大小为一个量子单位的整数倍。Bernstein 2006，157—161。

[2] Max Planck，Speech to the Berlin Physical Society，Dec. 14，1900。参见Lightman 2005，3。

[3] Einstein 1949b，46. Miller 1984，112；Miller 1999，50；Rynasiewicz and Renn，5.

第五章 奇迹年：量子和分子，1905

文"表现出了极大的热情。

勒纳德的实验得出了一些意想不到的结果。当他把光的**频率**由红外和红跃升至紫和紫外时，电子会以更高的能量发射出来。然后，他用碳弧灯把光的**强度**提高 1000 倍。由于光越亮越强，拥有的能量就越多，所以从逻辑上讲，发射出来的电子似乎应当拥有更多的能量，速度也更快。但事实并非如此。更强的光虽然能够使更多的电子逸出，但每个电子的能量却和原来一样。光的波动说无法解释这种现象。

爱因斯坦思考普朗克和勒纳德的工作已经有四年之久。在 1904 年写的最后一篇论文《关于热的一般分子理论》中，爱因斯坦讨论了分子系统平均能量的涨落情况。接着，他把这种理论运用于充满辐射的腔中，发现实验结果是类似的。他在这篇论文的结尾说："我相信这种一致必定不是出于巧合。"[1] 他在写完这篇论文之后给朋友哈比希特写信说："我以一种极为简洁的方式发现了物质基本量子的尺寸与辐射波长之间的关系。" 关于辐射场由量子构成这样一种理论，他似乎已经胸有成竹了。[2]

在 1905 年发表的那篇光量子论文中，他的确是这样做的。他解释了普朗克的发现，丝毫不回避它在数学上的怪异之处，并且将它与勒纳德的光电效应实验结果联系了起来，认为光似乎真由点粒子（他称之为光量子）构成，而不是一种连续的波。

爱因斯坦在论文的一开始就指出，建立在粒子基础上的理论（比如气体分子运动论）和涉及连续函数的理论（比如光的波动说

---

[1] Einstein, On the General Molecular Theory of Heat, Mar. 27, 1904.

[2] Einstein to Conrad Habicht, Apr. 15, 1904. 杰里米·伯恩斯坦在 2005 年 7 月 29 日的一封电子邮件中讨论了 1904 年和 1905 年的论文之间的关联。

的电磁场)之间有着巨大的差别。"在物理学家关于气体和其他有重物体所形成的理论观念同麦克斯韦关于所谓空虚空间中的电磁过程理论之间,有着深刻的形式上的不同,"他指出,"我们认为一个物体的状态完全由有限数目的大量原子和电子的位置和速度所决定,而为了描述一个给定空间的电磁状态,我们需要利用连续的空间函数。"[1]

在提出自己的理由证明光的微粒说之前,他强调这并不必然意味着否定光的波动说,波动说仍然可以继续发挥作用。"用连续空间函数来运算的光的波动说,在描述纯粹的光学现象时,已被证明是十分卓越的,也许很难被另一种理论所取代"。

他将波动说和微粒说调和起来的"试探性"方法是,我们观察到的波动现象涉及对大量粒子位置的统计平均。"可是不应忘记,"他说,"光学观测涉及的都是时间平均值,而不是瞬时值。"

接着便出现了爱因斯坦最具革命性的说法。他提出,光是由离散的粒子或能量包构成的:"根据这里所考虑的假设,从点光源发射出来的光束能量在传播过程中不是连续分布在越来越大的空间之中,而是由数量有限的、局限在空间各点的能量子所构成,这些能量子只能整个地被产生或吸收。"

爱因斯坦研究这一假说的方法是,确定一定体积内的黑体辐射(他假设由离散的量子构成)的性质是否类似于一定体积的气体(由离散的粒子构成)。他将气体的熵随体积变化的公式与黑体辐射的熵随体积变化的公式进行比较,结果发现,辐射的熵

---

[1] Einstein, On a Heuristic Point of View Concerning the Production and Transformation of Light, Mar. 17, 1905.

"按照理想气体的熵随体积变化的定律而变化"。

他又根据玻尔兹曼关于熵的统计公式做了计算。既然描述由粒子构成的稀薄气体的统计力学在数学上等同于描述黑体辐射的公式,爱因斯坦由此宣称,辐射"在热力学上就好像是由彼此独立的能量子构成的"。他还提供了一种计算在某一特定频率下光"粒子"能量的方法,这种方法与普朗克的发现一致。[1]

接下来,爱因斯坦就用这些光量子来解释勒纳德在光电效应方面的"先驱性工作"。如果光是一个个离散的量子,那么每一个光量子的能量就仅仅由光的频率乘以普朗克常量来确定。爱因斯坦提出,如果我们假设"光量子把全部能量传递给一个电子",那么较高频率的光就会使电子以较高的能量发射出来。而提高光的强度(而不是频率)仅仅意味着射出更多数目的电子,但每个电子的能量仍然保持不变。

而这恰恰就是勒纳德发现的结果。带着一种谦卑或试探性,同时也是为了表明他的结论是从理论上推出来的,而不是完全由实验数据归纳而来,爱因斯坦宣布了论文的前提,即光是由微小的量子构成的:"就我的认识所及,我们的构想并不与勒纳德先生所观察到的光电效应的性质相冲突。"

就这样,爱因斯坦朝着普朗克留下的余烬吹了一口气,燃起的火焰将会焚毁整个经典物理学的大厦。爱因斯坦1905年的

---

[1] "我们对19世纪光波理论发生的变化感到好奇,惊叹于爱因斯坦如何能够在平淡无奇的热力学公式中发现原子式的离散性的征象,"科学史家约翰·D. 诺顿说,"这个公式仿佛就是热辐射动力学的一个单调乏味的片段,它表述了一定体积内高频热辐射的熵的实验结果。爱因斯坦把这个表达式接过来,三下两下就把它转换成了一个简洁的概率论公式,对于后者我们不得不做出这样的解释:辐射能量在空间上局限于为数众多(然而有限)的独立的点。"Norton 2006c,73. 亦参见 Lightman 2005,48。

论文到底贡献在哪里，使它成为相对于普朗克工作的一个不连续的（量子式的）跃迁？

实际上，正如爱因斯坦在次年一篇论文中所指出的，他使人认识到了普朗克的发现的物理意义。[1] 在普朗克这样一个不情愿的革命者看来，量子是一种数学发明，解释的是在与物质相互作用时能量如何被发射和吸收。但他没有看到，量子与光的本性和电磁场本身所涉及的物理实在有关。"可以认为，普朗克1900年的论文只是意味着，量子假说被当作一种数学发明，引入它是为了计算一种统计分布，而不是作为一种新的物理假设。"科学史家霍尔顿和史蒂文·布拉什写道。[2]

而爱因斯坦则把光量子当成实在的一种特征，它充满神秘，令人困惑，有时甚至让人疯狂。在他看来，甚至当光穿过真空时，这些能量子（1926年才被命名为光子）[3] 也存在着。"我们希望表明，普朗克先生对基本量子的确定在某种程度上独立于他的黑体辐射理论"。换句话说，爱因斯坦主张，光的微粒性是光本身的一种属性，而不仅仅是对光如何与物质相互作用的一种

---

[1] 爱因斯坦1906年的论文清晰地指出，普朗克并没有完全领会量子理论的完整内涵。显然，贝索建议爱因斯坦不要过于公开地批评普朗克。贝索后来写道："诚然，在协助编辑你关于量子的论文时，我剥夺了你的一部分荣耀，但另一方面，我却为普朗克赢得了你这个朋友。" Michele Besso to Einstein, Jan. 17, 1928. 参见 Rynasiewicz and Renn, 29；Bernstein 1991, 155。

[2] Holton and Brush, 395.

[3] 吉尔伯特·刘易斯于1926年生造了"光子"（photon）一词。1905年，爱因斯坦发现了光量子。直到1916年，他才讨论了这种量子的动量和零静止质量。杰里米·伯恩斯坦注意到，爱因斯坦在1905年没有做出的最有趣的发现之一就是光子。Jeremy Bernstein, letter to the editor, *Physics Today*, May 2006.

描述。[1]

甚至在爱因斯坦发表了论文之后，普朗克也没有接受他的理论。两年后，普朗克警告这位年轻的专利员说，他走得过了头，量子描述的是发射或吸收的过程，而不是真空中辐射的某种真实属性。"我要寻求的并不是真空中'作用量子'（光量子）的意义，而是想发现吸收和放射处的作用量子的意义。"他指出。[2]

普朗克不承认光量子具有物理实在性，这种抵触情绪一直持续着。在爱因斯坦的论文发表八年之后，普朗克提名他接管普鲁士科学院的一个令人羡慕的席位。他和其他支持者写的推荐信充满了溢美之词，但普朗克还是补充说："有时候他可能思辨过了火，比如他的光量子假说就是如此，对此我们不应求全责备。"[3]

就在去世之前不久，普朗克对自己长期以来的畏缩不前做了反省。"多年以来，我一直试图将基本作用量子与经典理论调和起来，结果徒劳无功，枉费了许多心力，"他写道，"我的许多同事认为这几乎是一场悲剧。"

具有讽刺意味的是，类似的话后来也被用来形容爱因斯坦。玻恩说，他对自己开创性的量子发现变得愈发"疏离和怀疑"，"我们许多人都认为这是一场悲剧"。[4]

---

[1] Gribbin and Gribbin, 81.
[2] Max Planck to Einstein, July. 6, 1907.
[3] Max Planck and three others to the Prussian Academy, June. 12, 1913, CPAE 5:445.
[4] Max Planck, *Scientific Autobiography* (New York: Philosophical Library, 1949), 44; Max Born, Einstein's Statistical Theories, in Schilpp, 163.

爱因斯坦的理论引出了可以得到实验证实的光电效应定律：出射电子的能量依赖于光的频率，其中的关系满足一个包含着普朗克常量的简单的数学公式。后来发现，这一公式是正确的。完成这项重要实验的是物理学家罗伯特·安德鲁斯·密立根，他后来执掌加州理工学院，并试图邀请爱因斯坦加盟。

然而，即使是证明了爱因斯坦的光电效应公式之后，密立根也仍然拒绝这种理论。"尽管爱因斯坦的方程式显然大获成功，"他说，"但这种符号表达式所基于的物理理论却被发现是站不住脚的，我相信爱因斯坦本人也不再会坚持它。"[1]

密立根错误地认为，爱因斯坦对光电效应的表述已经被抛弃了。事实上，正是由于发现了光电效应定律，爱因斯坦才被授予了他唯一的诺贝尔奖。随着20世纪20年代量子力学的进展，光子的实在性成为物理学的基本内容。

然而从另一个角度讲，密立根是正确的。量子（以及光的波粒二象性）的怪异内涵将越来越使爱因斯坦感到不安。到了爱因斯坦的晚年，量子力学几乎已经被每一位在世的物理学家所接受，他在给老朋友贝索写的一封信中悲叹道："整整50年的思考都没有使我更接近于回答'光量子是什么'这个问题。"[2]

关于分子大小的博士论文，1905年4月

爱因斯坦已经写过一篇将给科学带来革命的论文，但他还没

---

[1] 引自 Gerald Holton, Millikan's Struggle with Theory, *Europhysics News* 31 (2000): 3。

[2] Einstein to Michele Besso, Dec. 12, 1951, AEA 7-401.

第五章 奇迹年：量子和分子，1905

有得到一个博士学位。所以他再次尝试写出一篇能够被接受的博士论文。

他意识到需要选一个比较安全的题目，而不是像量子或相对论这样激进，所以他选择正在写作的第二篇论文作为博士论文，它的标题为"分子大小的新测定法"，完成于4月30日，7月提交给苏黎世大学。[1]

也许是出于谨慎以及对他保守的导师克莱纳的顺从，他总的来讲避免了先前论文（以及11天后完成的那篇布朗运动论文）中的那些革新性的统计物理学，而是主要依赖于经典的流体力学。[2] 不过他探讨的仍然是无数微小粒子（原子、分子）的行为如何反映于可观察的现象中，以及相反地，可观察的现象如何能够告诉我们那些微小的不可见粒子的性质。

大约一个世纪以前，意大利科学家阿梅迪欧·阿伏伽德罗（1776—1856）提出了一个假说（后来被证明是正确的），即任何等体积的气体在同一温度和压强下的分子数都相同。问题在于，如何确定这个数到底是多少。

通常选取的体积是一摩尔气体（以克计算，气体的重量为它的相对分子质量）所占据的体积，在标准温度和压强下是22.4升。后来，在这些条件下的分子数被称为阿伏伽德罗常数。精确地测定这个常数无论在当时还是现在都相当困难。当时的估计

---

[1] 完成于1905年4月30日，1905年7月20日提交给苏黎世大学，1905年8月19日将修改稿寄给《物理学纪事》，发表于《物理学纪事》1906年1月。参见Norton 2006c以及www.pittedu/~jdnorton/Goodies/Einstein_stat_1905/。

[2] Jos Uffink, Insuperable Difficulties: Einstein's Statistical Road to Molecular Physics, *Studies in the History and Philosophy of Modern Physics* 37 (2006): 37, 60.

大约为 6.02214×10^{23}（这个数字非常巨大，如果用这么多颗玉米粒铺满美国的国土，那么玉米的厚度可达 9 英里）。[1]

以前对分子的大多数测量都是通过研究气体进行的。但爱因斯坦在他的论文一开头就指出："液体中观测到的物理现象直到目前还没有用来计算分子的大小。"在这篇博士论文中（在后来做了几处数学和数据的修正之后），爱因斯坦第一次用液体获得了理想的结果。

他利用了一些关于黏性的数据，即液体会对物体产生多大阻力。例如，柏油和糖蜜的黏性非常大。如果你把糖溶解在水中，那么随着水越来越甜，溶液的黏性也越来越大。爱因斯坦设想，糖分子正逐渐通过扩散穿过较小的水分子。他得出了两个方程，每一个方程都包含着他试图确定的两个未知变量——糖分子的大小和水中糖分子的数目，然后求出这些未知量。这样，他得到的阿伏伽德罗常数是 2.1×10^{23}。

不幸的是，它与正确结果还有一定差距。就在论文被苏黎世大学接受之后不久，他 8 月将论文提交给了《物理学纪事》，编辑德鲁德（好在他不知道爱因斯坦曾经喜欢取笑他）将它推迟发表，因为他知道有一些关于糖溶液性质的更好的数据。利用这些新的数据，爱因斯坦得出了一个更加准确的结果：4.15×10^{23}。

几年以后，一位法国学者用实验检验了这一理论，并且发现了其中的一些差错。于是爱因斯坦要苏黎世的一个助手再重新仔细检查一遍。结果发现了一个小错误，纠正之后得到的结果

---

[1] bulldog.u-net.com/avogadro/avoga.html.

是 6.56×10^{23}，这一结果已经相当理想了。[1]

爱因斯坦后来半开玩笑地说，当他提交论文时，克莱纳教授说它太短了，所以他又加了一句话，于是很快就被接受了。没有什么证据支持这一说法。[2] 无论如何，这篇论文实际上成了他被引次数最多、最实用的论文之一，它被用于水泥加工、奶制品生产和气雾剂制造等诸多领域。即使这篇论文没能帮爱因斯坦找到一份学术职位，但他的确因此而为人所知，并且最终，成了爱因斯坦博士。

布朗运动，1905 年 5 月

在完成博士论文 11 天后，爱因斯坦写了另一篇论文来证明不可见粒子存在的证据。从 1901 年开始，他就一直在对不可见粒子的随机运动进行统计分析，以表明它们如何在可见世界中得到反映。

在这一过程中，爱因斯坦解释了一种被称为布朗运动的现象，它已经困扰了科学家 80 年之久：为什么悬浮在水等液体中的小颗粒被观察到在不停地抖动？作为副产品，他几乎一劳永逸地证明了一切原子、分子都是实际存在的物理客体。

布朗运动是根据苏格兰植物学家罗伯特·布朗的名字命名的，他 1828 年通过高倍显微镜观察到，水中的小花粉颗粒在来回不规则地摆动摇晃。人们对其他微粒也做了研究，做出了各

---

[1] Rigden, 48—52; Bernstein 1996a, 88; Gribbin and Gribbin, 49—54; Pais 1982, 88.

[2] Hoffmann 1972, 55; Seelig 1956b, 72; Pais 1982, 88—89.

种不同的解释。兴许它与微小的水流或光的效应有些关系。但这些理论似乎都不能令人信服。

19世纪70年代，用分子的随机运动来解释气体行为的分子运动论兴起，有些人试图用它来解释布朗运动。但是因为悬浮颗粒比水分子大一万倍，所以一个分子似乎没有能力推动这些颗粒，就像棒球很难推动一个直径为半英里的物体一样。[1]

爱因斯坦表明，虽然一次碰撞不可能推动一个颗粒，但每秒数十亿次随机碰撞所产生的效应却足以解释布朗所观察到的不规则运动。"在这篇论文中将要说明，"他开宗明义地说，"按照热的分子运动论，在显微镜下可见的物体悬浮在液体中，必定会发生其大小可以用显微镜容易观测到的运动。"[2]

他接下来的说法似乎有些令人困惑。他说这篇论文并不是为了解释观察到的布朗运动。事实上，他甚至并不确信从他的理论中推导出来的运动是否就是布朗所观察到的运动。"这里所讨论的运动可能就是所谓的'布朗分子运动'；可是，关于后者我所能得到的资料是如此的不准确，以致在这个问题上我无法形成判断。"接着，他进一步将自己的工作与试图找到布朗运动的解释区分开来："我发现，根据原子论，一定会有一种可以观察到的悬浮微粒的运动，而我并不知道，关于这种布朗运动的观察实际上早已为人所熟知了。"[3]

---

[1] Brwonian motion introduction, CPAE 2 (German), p. 206; Rigden, 63.

[2] Einstein, On the Motion of Small Particles Suspended in Liquids at Rest Required by the Molecular-Kinetic Theory of Heat, submitted to the *Annalen der Physik* on May 11, 1905.

[3] Einstein 1949b, 47.

初看起来，他不承认自己是在讨论布朗运动似乎显得很奇怪，甚至是有失真诚。毕竟，他几个月前就曾给哈比希特写信说："这些悬浮物体的运动已经被生理学家们实际观察到了，他们称之为布朗分子运动。"但爱因斯坦的说法并没错，而且很重要：他的论文的出发点并不是布朗运动被观察到这一事实，并试图对它做出解释，而是对其早先关于分子活动如何表现于可见世界的统计分析的延续。

换言之，爱因斯坦想说，他提出的是一种从基本原理和假设推导出的理论，而不是通过考察物理数据构造出来的理论（就像他曾经说明的，他的光量子论文的出发点并非勒纳德所收集的那些光电效应数据）。我们不久就会看到，他的相对论也并不仅仅是为了解释关于光速和以太的实验数据。

爱因斯坦认识到，单个水分子的碰撞并不能使我们看到一个悬浮的花粉颗粒的运动。然而在任一瞬间，这个颗粒受到四面八方数千个分子的撞击。在某些瞬间，颗粒的某一侧面将会受到更多的撞击；而在另一些瞬间，另一侧面则会受到更多的撞击。

结果就会产生一些随机的小晃动，它将导致所谓的随机游走。为了理解这一点，我们不妨想象一个醉汉从一个灯柱跟跟跄跄地朝随机的方向每秒钟走一步。两秒钟之后，他或许又回到灯柱，也可能沿同一方向走了两步，还可能一步朝西走，一步朝东北走。关于这种随机游走有一个有趣的结论，那就是从统计上讲，醉汉在某一时间与灯柱的距离将与经过时间（秒数）

的平方根成正比。[1]

爱因斯坦认识到，测量布朗运动的每一次不规则运动既不可能也没必要，测量颗粒在任一瞬间的速度也是如此。但是随着距离随时间的增加，测量随机碰撞的颗粒的总距离却很容易。

爱因斯坦希望自己的预测结果能够得到检验，所以利用关于黏性和扩散率的理论知识和实验数据，他提出了精确的预测，表明颗粒将要走过的距离取决于它的大小和液体的温度。例如，对于一个直径为 1/1000 毫米在 17 摄氏度的水中的颗粒来说，他预言"一分钟之内的平均位移将约为 6 微米"。

这一结果可以实际进行检验，而且意义重大。他写道："如果这里讨论的运动可以被观察到，那么经典热力学就不再能够被看成严格有效的。"由于自己更擅长理论而不是实验，所以爱因斯坦在论文的最后郑重其事地宣布："我们希望有研究者不久就会成功地解决这里提出的问题，它对于热理论非常重要。"

几个月之内，德国实验物理学家亨利·塞登托普夫用强大的显微镜证实了爱因斯坦的预言。无论如何，原子和分子的物理实在性现在已经得到彻底证实。著名理论物理学家玻恩后来回忆说："我们必须记住，在那个原子、分子远未被看作真实的时代，我认为爱因斯坦的这些发现要比其他任何工作都更有助于说服物理学家相信原子和分子的实在性。"[2]

---

[1] 均方根的平均值趋近于 $\sqrt{2n/\pi}$。对随机游走与爱因斯坦布朗运动的关系的出色分析，参见 Gribbin and Gribbin, 61; Bernstein 2006, 117。感谢阿斯彭物理中心的乔治·斯特拉纳汉就这种关系背后的数学方面提供的帮助。

[2] Einstein, On the Theory of Brownian Motion, 1906, CPAE 2: 32（在其中他注意到了塞登托普夫的结果）; Gribbin and Gribbin, 63; Clark, 89; Max Born, Einstein's Statistical Theories, in Schilpp, 166.

爱因斯坦的论文还提供了另一种测定阿伏伽德罗常数的方法，这是一个意想不到的收获。"它充满了新奇的思想，"亚伯拉罕·派斯对这篇论文评论道，"最终的结论，即阿伏伽德罗常数可以通过普通显微镜的观察测定出来，这实在令人惊讶，即使是以前读过这篇论文，知道文章妙处的人也不例外。"

爱因斯坦有一种能力，他能够同时进行不同的思考。甚至在研究液体中晃动的颗粒时，他也一直在冥思苦想一种涉及运动物体和光速的理论。就在寄出那篇布朗运动论文之后一天左右，他的灵感降临了，于是跟朋友贝索开始就这一理论进行探讨。正如他在那个月给哈比希特写的著名的信中所说，它是"对时空理论的一种修正"。

第六章 狭义相对论，1905

伯尔尼钟塔

背景

相对性是一个简单的概念。它断言，无论你处于何种运动状态，物理学的基本定律都保持不变。

第六章 狭义相对论，1905

就观察者以恒定速度运动的特殊（即狭义）情形而言，这个概念并不难接受。让我们想象一位先生坐在家里的椅子上，一位女士乘坐飞机在天空中飞行。他们都可以倒咖啡、拍皮球、开灯或者在微波炉里加热松饼，支配这些东西的都是同样的物理学定律。

事实上，我们无法确定他们之中谁"在运动"，谁"处于静止"。坐在椅子上的先生可能会认为自己是静止的，飞机在运动；而飞机上的女士却可能认为她是静止的，大地则渐行渐远。没有实验能够证明谁说的是对的。

的确，绝对的正确性是没有的，我们只能说他们在做相对运动。当然，相对于其他行星、恒星和星系，两个人都在飞速地运动着。[1]

爱因斯坦1905年提出的狭义相对论只适用于这一特殊情形（所以称为"狭义"）：观察者相对彼此以恒定的速度运动（沿

---

[1] 在椅子上"处于静止"的人实际上正随着地球以每小时1040英里的速度自转，同时以每小时67000英里的速度绕太阳公转。当我说这些观察者速度恒定时，我忽略了因处在一个自转和公转的行星上而发生的速度变化，因为对大多数普通实验不会造成什么影响。（Miller 1999，25）

直线匀速运动),这被称为"惯性参照系"。[1]

而对于更一般的情形,比如正在加速、转弯、旋转、刹车或随意运动的人,似乎很难说他不是在做着某种形式的绝对运动,因为在他看来,不论是咖啡的泼洒,还是球的滚动,都不同于在平稳行驶的火车、飞机或行星上的人所看到的情况。我们很快就会看到,爱因斯坦将用十年多的时间提出他的所谓广义(即一般)相对论,这一理论把加速运动纳入了引力理论,并试图将相对性概念应用于它。[2]

相对论的历史要从 1632 年说起。那一年伽利略提出了相对性原理,认为运动定律和力学定律(电磁学定律尚未发现)在一切匀速参照系中都保持不变。在《关于两大世界体系的对话》(*Dialogue Concerning the Two Chief World Systems*)中,伽利略

---

[1] 对爱因斯坦狭义相对论的当代历史研究始于霍尔顿的一篇论文:"On the Origins of the Special Theory of Relativity" (1960), reprinted in Holton 1973, 165。直到今天,霍尔顿仍然是这一领域的佼佼者。他早期的论文大都收于以下三本书中:*Thematic Origins of Scientific Thought*;*Kepler to Einstein* (1973), *Einstein, History and Other Passions* (2000) 以及 *The Scientific Imagination*, Cambridge, Mass.: Harvard University Press, 1988。

在 1916 年的《狭义与广义相对论浅说》中,爱因斯坦本人对此做了通俗讲解,更为技术性地阐述参见他 1922 年的《相对论的意义》。

关于对狭义相对论的清晰解释,参见 Miller 1981, 2001; Galison; Bernstein 2006; Calder; Feynman 1997; Hoffmann 1983; Kaku; Mermin; Penrose; Sartori; Taylor and Wheeler 1992; Wolfson。

本章引用了这些书以及资料来源中列出的 John Stachel; Arthur I. Miller; Robert Rynasiewicz; John D. Norton; John Earman, Clark Glymour and Robert Rynasiewicz 以及 Michel Jannsen 的文章。亦参见 Wertheimer 1959。韦特海默尔试图对爱因斯坦提出狭义相对论的过程进行重构,从而解释格式塔心理学,米勒对此持谨慎和怀疑态度;参见 Miller 1984, 189—195。

[2] Janssen 2004 概述了一些论证,它们主张爱因斯坦将广义相对论拓展到任何旋转运动的论证并没有完全成功,而且可能并不像他认为的那样必然。

为哥白尼的思想辩护，主张地球并非静止于宇宙的中心，同时万物围绕它旋转。对此有疑虑的人认为，如果地球果真像哥白尼所说的那样在运动，那么我们理应感觉得到。伽利略让他的代言人用一个关于船舱的清晰的思想实验反驳了这种观点：

> 把你和某个朋友关在一条大船甲板下的主舱里，让你们带着几只苍蝇、蝴蝶和其他小飞虫，舱内放一只大水碗，其中有几条鱼。然后，挂上一个水瓶，让水一滴一滴地滴到下面的一个宽口罐里。船停着不动时，你留神观察，小虫都以相等的速度朝着舱内各个方向飞行，鱼朝各个方向游动自如，水滴滴进下面的罐中，你把任何东西扔给你的朋友时，只要距离相等，朝这一方向不必比另一方向用更多的力。你双脚齐跳，无论朝哪个方向，跳过的距离都相等。当你仔细地观察这一切之后，再使船以任何速度前进，只要运动是匀速，也不忽左忽右地摆动，你将发现，所有上述现象都没有丝毫变化。你也无法根据其中任何一个现象来断定，船到底是在运动还是静止不动。[1]

这是对相对性的绝佳描述，至少阐明了相对性原理如何运用于彼此以恒定速度做相对运动的系统。

在伽利略的船上，要想彼此交谈并不困难，因为承载声波的空气正在和船舱中的人一起缓缓移动。类似地，如果有乘客将小石子丢进一碗水中，那么泛起涟漪的方式将与碗在岸上保持

---

[1] Galileo Galilei, *Dialogue Concerning the Two Chief World Systems* (1632), translated by Stillman Drake, 186.

静止时相同，因为此时传播涟漪的水正在和包括碗在内的船舱中的所有东西一起缓缓移动。

在经典力学的框架下，声波和水波很容易解释。它们只不过是在介质中行进的一种扰动。这就是为什么声波不能在真空中传播，却可以在空气、水和金属中传播的原因。例如，通过压缩和稀释空气，声波在室温空气中穿行的速度大约为每小时770英里。

在伽利略的船舱里，声音和水的表现与在岸上完全一样，因为船舱中的空气、碗里的水以及乘客都在以相同的速度运动。然而，倘若你登上甲板，观察大海中的波浪，或者根据远方水艇的喇叭里传出的声音来测量声速，那么水波和声波朝你涌来的速度将取决于你如何相对于传播它们的介质（水或空气）运动。

换句话说，波浪朝你涌来的速度将取决于你在水中靠近或远离波源的速度。类似地，声波相对于你的速度将取决于你如何相对于传播声波的空气运动。

这些相对速度需要叠加在一起。想象你正站在海面上，波浪以每小时10英里的速度向你涌来，此时你乘上快艇，以每小时40英里的速度驶向波浪，那么你将会看到，波浪正以每小时50英里的速度朝你（相对于你）涌来。类似地，想象声波从远方的喇叭中以每小时770英里的速度穿过静止的空气向你传来。如果你跳上快艇，以每小时40英里的速度朝着喇叭行进，那么声波将会以每小时810英里的速度向你（相对于你）传来。

那么，光的行为也是如此吗？这是爱因斯坦从16岁起就一直在冥思苦想的一个问题，他曾想象自己去追赶一束光会怎么样。

牛顿认为，光是发射出来的一束微粒。但在爱因斯坦的时代，大多数科学家都接受了与之相对的波动说，即主张光应当被看作一种波。这种理论是牛顿的同时代人克里斯蒂安·惠更斯提出来的。

到了19世纪末，波动说已经获得了大量实验支持。例如，托马斯·杨曾经做过一个现在高中生耳熟能详的著名实验，表明光就像水波一样，穿过两条窄缝时会产生干涉条纹。因为从每条缝发出的波峰和波谷会在某些地方相互加强，在某些地方相互抵消。

麦克斯韦成功地发现了光、电、磁之间的关联，这更是有利于波动说。他提出了描述电场和磁场的方程，而这些方程联立起来就会预测出电磁波。麦克斯韦发现，这些电磁波只能以某一特定的速度传播：约为每秒钟186000英里[1]，而这恰恰是科学家们已经测量到的光速。这显然并非巧合。[2]

现在我们知道，光是整个电磁波谱中的可见部分。电磁波谱包括我们现在所说的调幅信号（波长为300码）、调频信号（波长为3码）和微波（波长为3英寸）。随着波长逐渐变短（波的频率也随之增加），它们构成了从红（1英寸的百万分之二十五）到紫（1英寸的百万分之十四）的可见光谱。更短的波长则对应于紫外线、X射线和γ射线。当我们说到"光"和"光速"时，指的是所有的电磁波，而不仅仅是能够被肉眼看到的可见光。

---

[1] 更精确的说法是在真空中每秒钟行进186282.4英里或299792458米。除非特别指明，"光速"指的都是光在真空中的速度，这一速度适用于一切电磁波，不论可见还是不可见。正如麦克斯韦所发现的，这也是电流通过导线的速度。

[2] Miller 1999，102.

于是便引出了一些很重要的问题：传播这些波的介质是什么？其速度每秒钟186000英里是**相对于什么**的速度？

答案似乎是，光波是某种不可见介质的扰动，我们把这种介质称为"以太"，光速就是相对于这种以太而言的。换句话说，以太之于光波就像空气之于声波。"似乎无可置疑的是，光必须被解释为一种充满宇宙空间的具有弹性的惰性介质的振动过程。"爱因斯坦后来指出。[1]

然而不幸的是，这种以太必须因此而具有许多令人困惑的属性。既然从遥远的恒星发出的光能够到达地球，那么以太必须弥漫在整个宇宙中。它必须极为稀薄和轻盈，才能不影响行星或羽毛在其中的运动。然而，它又必须具有极高的硬度，才能使波以如此之高的速度在其中振荡。

所有这些都使得19世纪末的科学家为搜寻以太而着迷。倘若光果真是一种在以太中振动的波，那么假如你朝着光源穿过以太，你将会看到波以更快的速度经过你。科学家们设计出了各种天才实验来检测这种差别。

关于以太的各种假设都派上了用场。他们寻找的以太似乎是不动的，地球在其中自由穿行。地球就好像在一团黏糊糊的东西里拖曳着以太的一部分前行，一如地球作用于自身的大气。他们甚至还考虑了一种不大可能的情况，即地球是唯一相对于以太静止的东西，宇宙中的任何其他物体，包括其他行星、太阳、其他恒星，也许还有长眠于地下的可怜的哥白尼，都在飞速旋转着。

---

[1] Einstein, Ether and the Theory of Relativity, address at the University of Leiden, May 5, 1920.

第六章 狭义相对论，1905

1851年，法国物理学家伊波利特·斐索做了一个实验，爱因斯坦后来称它"对于狭义相对论意义重大"。[1] 斐索试图测量运动介质中的光速。他用成角度放置的半镀银镜将光束分开，使一部分光顺水前进，另一部分光逆水前进，然后再使两部分光重新会合。如果某一部分光需要的时间更长，那么它的波峰和波谷就会与另一束光不再同步。通过观察这两束光重新会合时所产生的干涉纹样，实验者就能判断这种情况是否已经发生。

1887年，迈克耳孙和莫雷在克里夫兰做了另一个更为著名的实验。他们设计了一个带有两个光臂的精巧装置，同样是将一束光分开，其中一部分沿地球运动方向发射到臂尾的镜面并反射回来，另一部分沿着与地球运动垂直的方向发射到臂尾的镜面并反射回来。然后，通过分析这两部分光重新会合时所产生的干涉纹样，就可以看到逆着假想的以太风前进的光是否要花费更多时间。

然而，无论是什么样的实验，无论对以太行为做何种假设，人们都无法检测到这种神秘的东西。不管任何物体以任何方式运动，所观察到的真空中的光速都完全一样。

于是，科学家们不得不带着尴尬，转而解释为什么以太存在着却又无法在任何实验中被检测出来。19世纪90年代初，荷兰理论物理学家洛伦兹和爱尔兰物理学家乔治·菲茨杰拉德各自独立提出了一个假说，认为坚实的物体在穿过以太时会发生轻微的收缩，这是这方面最著名的努力。洛伦兹-菲茨杰拉德收缩适用于一切物体，当然也包括迈克耳孙和莫雷所使用的光臂，

---

[1] Einstein, Ether and the Theory of Relativity, address at the University of Leiden, May 5, 1920; Einstein 1916, chapter 13.

其收缩程度刚好使得以太对光的作用无法被检测到。

爱因斯坦感到这一切"非常令人沮丧"。他说,科学家们发现无法通过牛顿的"机械自然观"来解释电磁学,这"导致了一种基本的二元论,它总归是令人无法容忍的"。[1]

爱因斯坦的相对论之路

"一个新的想法突然出现了,而且在相当程度上是凭借直觉获知的。"爱因斯坦曾经这样说,但他又补充道:"但直觉只不过来源于早先的思想历程。"[2]

爱因斯坦对狭义相对论的发现与一种直觉密不可分,它建立在十年的思想历程和个人体验之上。[3]我认为,最重要的当然是他对理论物理学有着深刻的理解和领会。此外,他构造思想实验的能力也助益甚多,这种能力是他在阿劳上学时培养起来的。再有就是他在哲学方面的基础。他从休谟和马赫那里获得了一种针对无法观察到的事物的怀疑论,这种怀疑论也因其天生的质疑权威的反叛倾向而得到加强。

他生活中的技术背景或许也增强了他想象物理场景以及切中概念核心的能力:帮助舅舅雅各布改进发电机中的运动线圈和磁铁;在专利局每天都要处理一些有关新式校表方法的申请;上

---

[1] Einstein, Ether and the Theory of Relativity, address at the University of Leiden, May 5, 1920.

[2] Einstein to Dr. H. L. Gordon, May 3, 1949, AEA 58-217.

[3] 关于对爱因斯坦发现狭义相对论的一种富有洞见的虚构性反思,参见艾伦·莱特曼的《爱因斯坦之梦》(*Einstein's Dreams*)。莱特曼讨论了可能对爱因斯坦产生影响的职业因素、个人情况和科学思想。

司欣赏他的怀疑论；办公室就在钟塔和火车站附近的伯尔尼电报大楼里，那时欧洲正在用电信号来校准时区内的钟表；他的工程师朋友贝索也在专利局工作，可以同他一起探讨问题和检查机电设备。[1]

当然，对这些影响的排序只是一种主观的判断。毕竟，甚至连爱因斯坦本人都不可能说清楚具体过程是怎样的。"很难说我是如何提出相对论的，"他说，"这背后有太多复杂的因素在激发我的思想。"[2]

不过，有一点我们还是比较清楚的，那就是爱因斯坦的主要出发点。他多次声称，他的相对论之路始于16岁的一个思想实验，即以光速追赶一束光会怎么样。他说，这导致了一个"悖论"，它在接下来的十年里一直困扰着他：

> 如果我以速度 c（真空中的光速）追赶一束光，那么我就应当看到，这束光就好像一个在空间里振荡着而停滞不前的电磁场。可是，无论是依据经验还是按照麦克斯韦方程，似乎都不会有这样的事情。从一开始我就有种直觉，从这样一个观察者的观点来判断，一切都应当像一个相对于地球静止的观察者所看到的那样按照同样的一些定律进行。因为，第一个观察者怎么会知道或者能够确定他是处于快速的匀速运动状态呢？由这个悖论我们看到，狭义相对论的萌芽已经

---

[1] 哈佛大学科学史家伽里森是关于技术环境影响爱因斯坦的最坚定的支持者，米勒的态度适中，诺顿、绍尔和阿尔贝托·马丁内斯则认为这种影响被夸大了。参见 Alberto Martinez, *Material History and Imaginary Clocks*, *Physics in Perspective* 6（2004）：224。

[2] Einstein 1922c.

蕴藏其中了。[1]

这一思想实验并不必然破坏光波的以太理论。以太理论家完全可以设想一个冻结的光束。但这违背了爱因斯坦的一种直觉，即光学定律应当遵守相对性原理。换句话说，规定了光速的麦克斯韦方程对于所有匀速运动的观察者来说都应当保持不变。爱因斯坦从本能上就认为冻结的光束（或冻结的电磁波）的想法是错误的。[2]

这一思想实验还表明，爱因斯坦感到麦克斯韦方程中所蕴含的光速不变性与牛顿力学定律之间存在着冲突。所有这些都使他精神紧张，坐卧不安。"当狭义相对论最早开始在我头脑中萌芽时，各种冲突往往会一股脑地袭来，"他后来回忆说，"我年轻的时候，因思绪纷乱而在数周之内不去想它是常有的事。"[3]

还有一种更为特殊的"非对称"开始困扰他。当磁体相对于线圈运动时，就会产生电流。爱因斯坦小时候摆弄家里的发电机时已经知道，不论是磁体运动线圈静止，还是线圈运动磁体静止，产生的电流是一样多的。他还研读过1894年出版的弗普尔的《麦克斯韦电理论导论》，其中有一节名为"运动导体的

---

[1] Einstein, 1949b, 49. 关于其他版本，参见 Wertheimer, 214; Einstein 1956, 10.

[2] Miller 1984，123 中的一个附录解释了1895年的思想实验如何影响了爱因斯坦的思考。亦参见 Miller 1999, 30-31; Norton 2004, 2006b。诺顿指出："[这] 对于一位以太理论家来说不是问题。麦克斯韦方程的确会直接导致观察者看到一个冻结的波形；这位以太理论家并不指望我们能够看到冻结的波形，因为我们并非以光速在以太中运动。"

[3] Einstein to Erika Oppenheimer, Sept. 13, 1932, AEA 25-192; Moszkowski, 4.

电动力学"，它追问当感应发生时，磁体运动或线圈运动是否有什么不同。[1]

"但是根据麦克斯韦-洛伦兹理论，"爱因斯坦回忆说，"很难对这两种情况的现象做出理论说明。"对于前一种情况，法拉第的感应定律说，磁体在以太中运动会产生电场。对于后一种情况，洛伦兹的力的定律说，线圈在磁场中运动会产生电流。"认为这两种情况之间存在着本质区别，这对我来说是不可忍受的。"爱因斯坦说。[2]

多年以来，爱因斯坦一直在认真思考以太概念。正是以太从理论上规定了如何对这些电感应理论中的"静止"进行定义。1899 年，他在苏黎世联邦工学院读书时就曾致信米列娃，"在电学理论中引入'以太'这一术语已经导致这样一种介质的观念，我相信，人们可以谈论它的运动，却无法赋予它物理含义。"[3] 而就在那个月，他在阿劳度假期间曾与母校的一位老师一道设法检测以太。"我想出了一个好办法，考察物体对以太的相对运动如何影响光的传播速度。"他告诉米列娃。

韦伯教授对爱因斯坦说，他的想法是不切实际的。也许正是在韦伯的建议下，爱因斯坦读到了维恩的一篇论文，它讨论了 13 个以太检测实验（都是零结果），其中也包括迈克耳孙-莫

---

[1] 霍尔顿第一次强调了弗普尔对爱因斯坦的影响。他引证了爱因斯坦的女婿莱泽尔所写的回忆录以及德文版《弗兰克传记》。Holton 1973，210.

[2] Einstein, Fundamental Ideas and Methods of the Theory of Relativity (1920), unpublished draft of an article for *Nature*, CPAE 7：31. 亦参见 Holton 1973，362－364；Holton 2003。

[3] Einstein to Mileva Marić, Aug. 10, 1899.

雷实验以及斐索的实验。[1] 1903 年前后，他也通过阅读洛伦兹 1895 年的《关于运动物体电学和光学现象的一种尝试性理论》（*Attempt at a Theory of Electrical and Optical Phenomena in Moving Bodies*）一书而得知了迈克耳孙-莫雷实验。在这本书中，洛伦兹考察了检测以太的各种失败尝试，以此为引子提出他的收缩理论。[2]

"物理学中的归纳与演绎"

既然迈克耳孙-莫雷实验表明没有以太存在的迹象，不论观察者的运动方向如何，观察到的光速都一样，那么，这一实验结果对于正在孕育相对论思想的爱因斯坦有什么影响呢？根据爱因斯坦的说法，这种影响微乎其微。事实上，他有时甚至会（错误地）回忆说，他在 1905 年之前甚至并不知道这个实验。在接下来的 50 年里，爱因斯坦关于迈克耳孙-莫雷实验影响的表述不尽一致，这提醒我们，在根据模糊的回忆编写历史时要慎

---

[1] Einstein to Mileva Marić, Sept. 10 and 28, 1899; Einstein 1922c.

[2] Einstein to Robert Shankland, Dec. 19, 1952 说，他在 1905 年前读过洛伦兹的书。在 1922 年的京都讲演中（Einstein 1922c），他谈起了自己 1899 年当学生时，"碰巧有机会读到了洛伦兹 1895 年的论文"。Einstein to Michele Besso, Jan. 22, 1903 说，他开始"认真研究电子理论"。米勒对爱因斯坦当时所了解的知识做了很好的考察。参见 Miller 1981, 85—86。

之又慎。[1]

爱因斯坦的矛盾表述始于他 1922 年在日本京都所做的一次讲演。他在讲演中提到，迈克耳孙没能检测出以太是"使我导向所谓狭义相对性原理的第一步"。而 1931 年在帕萨迪纳为迈克耳孙举行的一次宴会上，爱因斯坦在祝酒词中虽然对这位杰出的实验物理学家彬彬有礼，但言语中却带着谨慎："您发现了一个隐藏在光的以太理论中的缺陷，激发了洛伦兹和菲茨杰拉德的思想，狭义相对论也由此发展起来。"[2]

爱因斯坦曾与格式塔心理学的先驱马克斯·韦特海默尔数次谈及他的思想历程。韦特海默尔后来称，迈克耳孙-莫雷实验的结果对爱因斯坦的思考是"至关重要的"。但是正如米勒所说，这一断言也许部分缘于韦特海默尔自己的考虑，即用爱因斯坦的故事来说明格式塔心理学的一些原理。[3]

在生命的最后几年，爱因斯坦又使问题的线索变得更加模糊

---

[1] 这一部分选自 Gerald Holton, Einstein, Michaelson, and the 'Crucial' Experiment, in Holton 1973：261—286，以及 Pais 1982，115—117。霍尔顿和派斯都对爱因斯坦的各种不同表述做出了评价。近年来，史学方法已经大为发展。例如，爱因斯坦终生的朋友——物理学家弗兰克在 1957 年写道，"爱因斯坦的出发点是，旧有的运动定律和光的传播定律无法解释最著名的观察事实：迈克耳孙实验"（Frank 1957，134）。在就这一话题写给笔者的信中（2006 年 5 月 30 日），哈佛大学科学史家霍尔顿说："关于迈克耳孙-莫雷实验，直到三四十年前，几乎每个人都会说（特别是在教科书中），这个实验与爱因斯坦的狭义相对论有直接的联系。现在我们终于有机会认真考察爱因斯坦本人关于这一问题的表述，于是一切也就随之而改观……即使非历史学家也早已不再认为，这个实验与爱因斯坦的工作之间存在着重要联系。"

[2] Einstein 1922c；Einstein toast to Albert Michelson, the Athaneum, Caltech, Jan. 15, 1931, AEA 8—328；Einstein message to Albert Michelson centennial, Case Institute, Dec. 19, 1952, AEA 1—168.

[3] Wertheimer 1959, chapter 10；Miller 1984，190.

不清。他曾就这一话题与物理学家罗伯特·香克兰谈过多次。最初,他说自己直到1905年之后才听说过迈克耳孙-莫雷实验,后来又说是1905年之前在洛伦兹的书中读到的,最后又补充说:"据我推测,我想当然地认为它是正确的。"[1]

最后一点是最重要的,因为爱因斯坦经常这样讲。在他开始认真研究相对论时,他就想当然地认为,没有必要考察所有的以太漂移实验,因为根据他的初始假设,所有检测以太的尝试都是注定要失败的。[2]在他看来,这些实验结果只不过增强了他已有的信念:伽利略的相对性原理对光波也适用。[3]

这也许解释了他为什么并不那么重视1905年那篇论文中的实验。他从未明确提到迈克耳孙-莫雷实验,哪怕是在内容非常相关的地方,也没有提到斐索的水流实验,而是在讨论完磁体和线圈的相对运动之后,轻描淡写地谈到了"检测地球相对于光介质运动的失败尝试"。

一些科学理论主要依赖于归纳,即对许多实验结果进行分析,寻找能够对它们做出解释的理论。另一些则更加依赖于演绎,即从若干神圣而优雅的原理和假设出发,由它们导出推

---

[1] Robert Shankland interviews and letters, Feb. 4, 1950, Oct. 24, 1952, Dec. 19, 1952. 亦参见 Einstein to F. G. Davenport, Feb. 9, 1954:"在我的历程中,迈克耳孙的结果并未造成很大影响,我甚至记不起我在写第一篇这方面的论文时是否知道它。因为出于某些一般性的理由,我坚信并不存在所谓的绝对运动。"

[2] Miller 1984, 118:"爱因斯坦没有必要考察每一个以太漂移实验,因为在他看来,它们的结果从一开始就是预料之中的必然结论。"本章借鉴了米勒的研究成果以及他对于本章初稿所提出的建议。

[3] 爱因斯坦将以太漂移实验的零结果看成是对相对性原理的支持,而不是(像有时认为的那样)对光速不变原理的支持。参见 John Stachel, Einstein and Michelson: the Context of Discovery and Context of Justification, 1982, in 2002a。

论。任何科学家都在不同程度上同时使用这两种方法。凭借着对于实验结果的良好直觉，爱因斯坦得出了若干基本原理，从而发现某些关节点，能够基于它们的构造理论。[1] 不过他所注重的主要是演绎方法。[2]

在那篇关于布朗运动的论文中，他就出人意料地贬低实验结果在理论演绎中所扮演的角色。相对论也是如此。关于布朗运动还没有明说的话，现在针对相对论和迈克耳孙-莫雷实验说了出来："在我得知这一实验及其结果之前，我就确信相对性原理是有效的。"

的确，在他1905年写的三篇划时代论文中，他都明确提出要以演绎的方法进行研究。每一篇论文的开头谈的都是由理论之间的协调所导致的疑难，而不是某些未经解释的实验数据。然后他假设了一些基本原理，将实验数据所起的作用减到最低限度，无论是布朗运动、黑体辐射还是光速，都是如此。[3]

在1919年的一篇题为《物理学中的归纳与演绎》的文章中，他描述了他对演绎方法的偏爱：

> 关于经验科学的产生，人们能够形成的最简单图像就是按照归纳法来进行。各种事实被选择出来归在一起，使它们

---

[1] 约翰·霍普金斯大学的莱纳西维奇教授等人强调爱因斯坦对归纳方法的依赖性。尽管爱因斯坦后来经常说，他更多地依赖于演绎而不是归纳，但莱纳西维奇仍然认为这一点"非常有争议"。他说："我对奇迹年的看法是，虽然缺少一种基本理论，但却存在着一些关节点，可以由它们继续往下做，这一胜利是靠归纳来保证的。" Rynasiewicz email to me, commenting on an earlier draft of this section, June 29, 2006.

[2] Miller 1984, 117; Sonnert, 289.

[3] Holton 1973, 167.

的规律性联系变得一目了然……然而，科学知识的巨大进步很少是源于这种方式的……在理解自然的过程中，我们所取得的真正伟大的进展乃是源于一种几乎与归纳法截然相反的方式。通过直觉把握大量复杂事实的本质，科学家可以提出若干假设性的基本定律，再由这些定律导出他的结论。[1]

爱因斯坦对演绎方法的欣赏与日俱增。他在晚年宣称："我们钻研得越是深入，我们的理论变得越是广泛，用来确定这些理论所需要的经验知识就越少。"[2]

早在1905年年初尝试解释电动力学时，爱因斯坦就已经开始强调演绎而不是归纳。"渐渐地，我对那种根据已知事实通过构造性的努力去发现真实定律的可能性感到绝望，"他后来说，"带着这种绝望，我尝试的时间越长，也就愈发地确信，只有发现一个普遍的形式原理，才能使我们获得可靠的结果。"[3]

两条基本假设

爱因斯坦还是决定从上至下地寻求他的理论，也就是说由基本假设来导出。为此，他必须做出选择。他会以什么样的基本假设开始呢?[4]

---

[1] Einstein, Induction and Deduction in Physics, *Berliner Tageblatt*, Dec. 25, 1919, CPAE 7：28.

[2] Einstein to T. McCormack, Dec. 9, 1952, AEA 36－549. McCormack 是布朗大学的一个本科生，他曾经以崇拜者的身份给爱因斯坦写过一封信。

[3] Einstein 1949b, 89.

[4] 以下分析源自 Miller 1981 以及资料来源中所列的斯塔契尔、诺顿和莱纳西维奇的著作。感谢米勒、诺顿和莱纳西维奇阅读本书初稿并提出修改建议。

他的第一条基本假设是相对性原理，它断言，物理学中的一切基本定律，甚至是支配电磁波的麦克斯韦方程，对于一切以恒定速度相对运动的观察者来说都相同。更准确地说，它们在一切惯性参照系下都相同，无论是在相对于地球静止的人看来，还是在匀速行驶的火车或飞船上的人看来。这条始于追光思想实验的基本假设体现了爱因斯坦的一种信念："从一开始我就有一种清楚的直觉，在这样一个观察者看来，一切都应当按照与相对于地球静止的观察者看来同样的定律发生。"[119]

另一条基本假设与光速有关，爱因斯坦至少有两种方案可以选择：

（1）他可以遵循一种发射论，即光就像子弹一样由光源发射出来。这时不需要假设以太的存在。光粒子可以穿过真空，光速将是相对于光源的速度。如果光源正在靠近你，那么相比于光源远离你的时候，它所发射的光相对于你的速度就要快一些。（想象一个投手能够以每小时100英里的速度掷出球。如果他乘坐一辆朝你驶来的汽车掷球，那么与乘坐一辆驶离你的汽车相比，球相对于你的速度就要大一些。）换句话说，星光以每秒186000英里的速度由恒星发射出来，如果该恒星正以每秒10000英里的速度朝着地球运动，那么相对于地球上的观察者来说，光速就将是每秒196000英里。

（2）他还可以假设光速是一个常数，即不论光源如何运动，光速都是每秒186000英里，这与波动说更加一致。如果与声波相类比，那么较之静止不动的消防车，朝你驶来的消防车所发出的声音并不能更快地传到你的耳朵里。无论是哪种情形，声音在空气中的传播速度都是每小时 770 英里。[1]

爱因斯坦曾经考虑过发射论。如果认为光的行为就像一束量子，那么这种方案特别有吸引力。正如上一章所指出的，光量子概念恰恰就是爱因斯坦 1905 年 3 月所提出的概念，那时他正在认真思考相对论的问题。[2]

但这种方案是有问题的。它似乎意味着放弃麦克斯韦方程和波动说。如果光波的速度依赖于光源的速度，那么光波就必定以某种方式携带着这一信息。但实验和麦克斯韦方程都表明事实并非如此。[3]

爱因斯坦试图改造麦克斯韦方程，使之符合发射论，但结果令人气馁。"这种理论要求，在任何地方以及沿任何特定的方向，具有不同传播速度的光波都应当是可能的，"他后来回忆说，"满足这一条件的合理的电磁理论似乎是不可能的。"[4]

况且，科学家们无法找到任何证据表明光速依赖于光源。

---

[1] 假如声源正在朝你运动，虽然声波并不会更快地到达你这里，但是根据所谓的多普勒效应，声波将被压缩，它们的间距将会变小。波长减小意味着频率更高，这会导致声音的音调更高（当警报器经过你以后，音调会变得更低）。类似的效应也适用于光。如果光源正在朝你运动，那么波长就会减小（频率增加），所以它将移向光谱的蓝端。由正在远离你的光源发出的光将被红移。

[2] Miller 1981，311 描述了爱因斯坦的光量子论文与狭义相对论论文之间的一种联系。在狭义相对论论文的第 8 节中，爱因斯坦讨论了光脉冲，并宣称："值得注意的是，光复合体的能量和频率都按照同样的定律随着观察者的运动状态而改变。"

[3] Norton 2006a。

[4] Einstein to Albert Rippenbein, Aug. 25, 1952, AEA 20－46. 亦参见 Einstein to Mario Viscardini, Apr. 28, 1922, AEA 25－301："我当时拒绝了这一假说，因为它会导致巨大的理论困难（比如解释一个相对于光源运动的屏幕上形成的影子）。"

第六章 狭义相对论，1905

从所有恒星传来的光似乎都是以同一速度抵达地球的。[1]

爱因斯坦越是思考发射论，碰到的问题就越多。正如他对朋友埃伦菲斯特所解释的，很难计算由"运动"光源发出的光被静止的屏折射或反射时会发生什么。而且根据发射论，从加速光源发出的光兴许会自行后退呢。

于是，爱因斯坦放弃了发射论，转而假设不论光源移动多快，光速都是不变的。"我开始确信，所有的光都仅仅由频率和强度决定，完全不依赖于它是由运动光源还是静止光源发出。"他对埃伦菲斯特说。[2]

现在爱因斯坦有了两条基本假设："相对性原理"和这个新的"光速不变原理"。他对后者的定义是："光在空虚空间中总是以一个确定速度 V 传播着，这一速度同发射体的运动状态无关。"[3]例如，当你测量由火车前灯发出的光的速度时，它将

---

[1] Mermin, 23. 这一点后来被德西特 1913 年关于彼此高速旋转的双星的研究完全证实。不过在那之前，科学家们就已经注意到，没有证据表明，由运动的恒星或其他任何光源所发出的光的光速会发生改变。

[2] Einstein to Paul Ehrenfest, Apr. 25, June 20, 1912. 通过这一方案，爱因斯坦又为终生使他困扰的量子理论奠定了基础。在这篇光量子论文中，他既支持光的波动说，又提出光也可以被看成粒子。然而就在他完成这篇光量子论文时，事实和直觉都使他放弃了相对论的这一方案。"在我看来，难以想象他会在同一年基于在他看来彼此矛盾的假设的自然观写出两篇论文，"物理学家彭罗斯说，"他必定认为（后来表明是正确的），麦克斯韦波动理论的准确性（事实上是'真理性'）与他在量子论文中提出的'量子'粒子观之间'说到底'并不存在真正的冲突。我们不禁想起牛顿 300 多年前与同一问题的角力，他提出了一种奇特的观点，试图将波动说与微粒说调和起来，以解释光的行为的相互冲突的方面。" Roger Penrose, foreword to *Einstein's Miraculous Year*（Princeton：Princeton University Press, 2005），xi. 亦参见 Miller 1981, 311。

[3] Einstein, On the Electrodynamics of Moving Bodies, June 30, 1905, CPAE 2:23. 爱因斯坦最初用 V 来表示恒定的光速，但 7 年后开始用现在通用的 c 来表示。

总是每秒186000英里，不论火车是驶向你还是远离你。

但不幸的是，这个光速不变原理似乎与相对性原理不相容。为什么？爱因斯坦后来用下面这个思想实验来解释他所碰到的困难：

假设"沿着铁路站台发射一束光"。当火车呼啸而过时，站在站台上的一位先生测量的光速将是每秒186000英里。现在想象坐在车厢里的一位女士正在以每秒2000英里的速度远离光源，我们会认为她所看到的光速将是每秒184000英里，"于是光线相对于车厢的传播速度会小一些"，爱因斯坦写道。

"但是这一结果与相对性原理相冲突，"他又说，"因为就像其他任何一般的自然定律一样，根据相对性原理，光的传播定律也必须保持不变，不论以车厢为参照系还是以站台为参照系。"换句话说，不论是在移动的车厢里还是相对于站台，确定光速的麦克斯韦方程都应当保持不变。无论你做什么实验，包括测量光速，都应当无法区分哪个参照系"处于静止"，哪个参照系在以恒定的速度运动着。[1]

这真是一个奇怪的结果：乘火车远离光源的人和站在站台上的人所测得的光速竟然是一样的。爱因斯坦认为，这使得这两

---

[1] 在这篇论文的第2节，他更加谨慎地定义了光速不变原理："任何光线在'静止的'坐标系中都是以固定的速度 V 运动着，不论这束光是由静止的还是运动的物体发射出来的。"换句话说，这条基本假设不论光源运动有多快，光速都是相同的。在定义光速不变原理时，许多人都将它与下面这个更强的断言混淆了，即不论光源**或观察者**彼此靠近或远离的速度有多快，光在任何惯性系里总是以相同的速度运动。这一陈述也是正确的，但只有在将相对性原理与光速不变原理**结合起来之后**才是如此。

个基本假设"似乎是不相容的"。[1]

如果把光速不变原理与相对性原理结合起来，那么就意味着，无论光源是靠近还是远离观察者，或者无论观察者是靠近还是远离光源，他所测得的光速都是一样的。也就是说，不论观察者和光源如何运动，光速都保持不变。

1905年5月初的情况就是这样。爱因斯坦坚持相对性原理，并且将它提升为一条基本假设。接着，他带着一丝不安，也将光速与光源的运动无关接受为一条基本假设。随之而来的便是这样一种显然的困境，他为此而大伤脑筋：一个朝着光源运动的观察者测得的光速竟然会与他远离光源时测得的光速一样，而且也与站台上静止不动的观察者测得的光速一样。

"考虑到这个困难，我们的出路似乎只能是：或者放弃相对性原理，或者放弃简洁的光的传播定律。"爱因斯坦写道。[2]

接着便发生了一些令人兴奋的事情。爱因斯坦在与一个朋友谈话时，做出了物理学史上极具想象力的一次优雅飞跃。

"飞跃"

爱因斯坦后来回忆说，那一天伯尔尼天气晴好，他去拜访自己最好的朋友贝索。爱因斯坦在苏黎世学习时结识了这位有些心不在焉的优秀工程师，后来他也来到瑞士专利局与爱因斯坦共事。他们经常一起步行去上班，其间爱因斯坦向贝索谈起了这

---

[1] Einstein 1922c. 在1916年的通俗著作《狭义与广义相对论浅说》中，爱因斯坦在第7章"光的传播定律与相对性原理的表面抵触"中解释了这一点。

[2] Einstein 1916，chapter 7.

个一直令他百思不得其解的困难。

"我打算放弃了。"爱因斯坦有一次说。但就在讨论过程中，爱因斯坦回忆说："我忽然想出了问题的解决办法。"第二天见到贝索时，爱因斯坦极为兴奋。他顾不上问候就开门见山地说："感谢你，我已经完全解决了这个问题。"[1]

在这一灵光闪现之后仅仅五个星期，爱因斯坦就寄出了那篇著名的论文——《论动体的电动力学》。它没有引用其他文献，也没有提到他人的工作，只是在文章的结尾处写道："我要声明，在研究这里所讨论的问题时，我曾得到我的朋友和同事贝索始终如一的支持，感谢他提出的一些宝贵建议。"

那么，在与贝索谈话时，是什么思想启发了他呢？"对时间概念的分析是解决问题的关键，"爱因斯坦说，"时间无法被绝对地定义，时间与信号速度之间存在着不可分割的联系。"

更确切地说，关键在于认识到，在一个观察者看来似乎是同时的两个事件，在另一个快速运动的观察者看来却是不同时的。我们不能说哪个观察者是绝对正确的。换句话说，我们无法宣称两个事件是绝对同时的。

爱因斯坦后来通过一个关于火车的思想实验来解释这个概念。假定闪电击中铁路站台的两个不同位置 A 和 B。如果我们说闪电同时击中它们，这是什么意思呢？

爱因斯坦认识到，我们需要一个可以实际运用的操作性定义，而且需要考虑光速。他的回答是，如果我们恰好站在这两个位置的正中间，而且从两处发出的光恰好在同一时间传到我们这里，那么就可以定义这两次击中是同时发生的。

---

[1] Einstein 1922c；Reiser，68.

但是现在让我们想象这一切在一个乘火车快速运动的乘客看来是什么样子。在1916年写的一本科普书中，爱因斯坦使用了下面这张图，上面那条线代表火车：

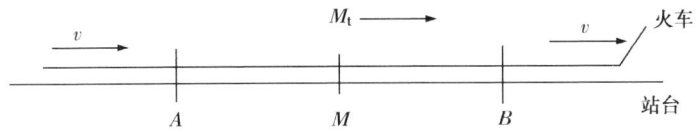

假定在闪电击中 A 点和 B 点的瞬间（在站台上的人看来），有一位乘客恰好站在火车的中点 M_t，他此时正在经过站在站台中点 M 处的观察者。如果火车相对于站台静止不动，那么这位乘客和站台上的观察者都会同时看到闪光。

但是如果火车正在相对于站台向右运动，那么在光信号的传播过程中，乘客会朝 B 点运动。于是，当光抵达他时，他的位置应当在中点偏右一些；结果，他将首先看到 B 点发出的闪光，然后才看到 A 点发出的闪光。因此他会断定，闪电先击中 B，然后才击中 A，这两次击中并不是同时的。

"于是我们就得出以下重要结果：对于站台是同时的若干事件，对于火车却并不同时。"爱因斯坦说。根据相对性原理，我们无法断言站台"静止"而火车"运动"。我们只能说，它们正在做相对运动，所以"绝对的"或"真正的"答案并不存在。我们不能说任意两个事件是"绝对"或"真正"同时发生的。[1]

这一洞见虽然简单，但却相当激进。它意味着**不存在绝对

---

[1] Einstein 1916，chapter 9.

时间。任何参照系都有其自身的相对时间。虽然爱因斯坦并没有说这一飞跃是真正"革命性的",就像在谈论光量子时那样,但它的确改变了科学。曾经提出量子不确定性原理的维尔纳·海森伯指出:"这是对物理学基础的改变,它出人意料,激进而彻底,需要由一个富有勇气和革命精神的年轻天才来完成。"[1]

在 1905 年的论文中,爱因斯坦展示了一幅生动的画面。我们可以想象他看到驶入伯尔尼车站的火车经过了一排排钟表,它们已经与著名的伯尔尼钟塔上的钟表校准。"我们有关时间的判断总是对同时事件的判断,"他写道,"例如,我说'火车七点钟到达这里',我的意思大概是:'我的表针在火车到达的同时指向 7。'"然而,对于这两个远距离事件是否同时发生,彼此做相对运动的观察者将再次持不同的看法。

自从牛顿 216 年前使绝对时间的概念成为《自然哲学的数学原理》中的一个前提之后,绝对时间就一直是物理学的一个支柱。它意味着时间"实际"存在着,不依赖于对它的任何观察而自行流逝。绝对空间或绝对距离也是如此。"绝对的、真实的和数学的时间本身,依其本性而均匀地流逝,与一切外在事物无关,"牛顿在《自然哲学的数学原理》的第一章中写下了这段名言,"绝对空间,其自身特性与一切外在事物无关,处处均匀,永不移动。"

然而即使是牛顿,似乎也对无法直接观察这些概念感到不满。牛顿承认:"绝对时间并非知觉的对象。"他依靠神的在场来帮助他走出这个困境。"神的延续从永恒达于永恒,神的在场

---

[1] Einstein 1922c;Heisenberg 1958,114.

从无限达于无限,他构成了延续和空间。"[1]

马赫的著作曾经影响过爱因斯坦及其奥林匹亚科学院同伴。他批评牛顿的绝对时间概念是一个"无用的形而上学概念","无法在经验中产生"。他指责说,牛顿"违背心意行事,只是为了研究实际事实"。[2]

庞加莱在其《科学与假设》一书(也是奥林匹亚科学院最欣赏的著作之一)中,也曾指出过牛顿绝对时间概念的缺陷。他写道:"我们不仅无法直接观察到两个时间的相等,而且无法直接观察到在两个不同位置发生的事件的同时性。"[3]

于是,马赫和庞加莱似乎为爱因斯坦的伟大突破提供了一些基本思想。但爱因斯坦后来说,他更感谢从苏格兰哲学家休谟那里学到的关于心灵构造(区别于纯粹的事实观察)的怀疑论。

由于他在论文中多次使用思想实验,比如运动的火车和处于不同位置的钟表,因此我们会很自然地猜想,经过伯尔尼钟塔的火车以及站台上一排排已经校准的钟表有助于他展开想象和澄清思想。的确,据说他在与朋友们讨论他的新理论时,曾经用手指向(或至少是提到)伯尔尼已经校准的钟表以及附近的穆尼

---

[1] Sir Isaac Newton, *Philosophiae Naturalis Principia Mathematica* (1689), books 1 and 2; Einstein, The Methods of Theoretical Physics, Herbert Spencer lecture, Oxford, June 10, 1933, in Einstein 1954, 273.

[2] Fölsing, 174—175.

[3] 庞加莱还说他已经在《时间的测量》一文中讨论过这一思想。米勒指出,爱因斯坦的朋友索洛文也许读过这篇法语论文,并同爱因斯坦讨论过。爱因斯坦后来引用过它,他对钟表同步的分析反映了庞加莱的某些思想。Miller 2001, 201—202.

(Muni)村中遥遥可见的尖塔上未被校准的钟表。[1]

在《爱因斯坦的钟表，庞加莱的地图》（*Einstein's Clocks, Poincaré's Maps*）一书中，彼得·伽里森对当时的技术潮流进行了引人深思的考察。调节钟表在当时是一种风气。1890年，伯尔尼建立了一个由电信号校准的钟表所组成的城市时间网络。10年后，当爱因斯坦来到这里的时候，许多瑞士人都在研究如何使这些钟表走得更准，并且与其他城市的钟表同步。

此外，爱因斯坦在专利局的主要职责就是对电力设备做出评估，这其中包括用电信号来校准钟表的大量申请。伽里森指出，从1901年到1904年，伯尔尼就有28项这样的专利获得批准。

例如，其中有一个专利申请名为"安装中央钟表以同时指示不同地点的时间"。就在爱因斯坦与贝索进行那次重要谈话之前仅仅三周的4月25日，有一个类似的申请被送到了专利局，它涉及用电信号来校准两个带有电磁摆的钟表。这些申请的共同之处在于都使用了以光速传播的信号。[2]

然而，我们不应过分强调专利局的技术背景所扮演的角色。尽管钟表是其理论描述的一部分，但爱因斯坦关注的却是**相对运**

---

[1] Fölsing，155："他一边指着伯尔尼的钟塔，一边向朋友和同事们做着手势，然后还指向了附近穆尼村的一座钟塔。"Galison，253也选取了这个故事。他们都以 Max Flückiger，*Einstein in Bern*（Bern：Paul Haupt，1974），95作为资料来源。事实上，马克斯·弗吕基格只不过引用了一位同事的说法，说爱因斯坦把这些钟表当成一个假设性的例子。亦参见 Alberto Martinez，Material History and Imaginary Clocks，*Physics in Perspective* 6（2004）：229。不过马丁内斯也承认，说穆尼村有一个钟表与伯尔尼的钟表不同步，爱因斯坦在向朋友们解释理论时指着它，这的确很有意思。

[2] Galison，222，248，253；Dyson。伽里森的论点基于他关于专利申请的原创性研究。

动的观察者在用光信号校准钟表时所遇到的困难，而这并不是专利申请者们所考虑的问题。[1]

不过，很有意思的是，爱因斯坦相对论论文的前两部分几乎都是在如数家珍地（与洛伦兹和麦克斯韦等人的风格极为不同）讨论他最熟悉的两项实用技术。他谈到了由线圈和磁体"同等的相对运动"所产生的"等量电流"，还谈到了用"光信号"来确保"两个钟表同步"。

正如爱因斯坦所说，他在专利局的日子"促使我认识到了理论概念的物理意义"。[2] 莫什科夫斯基在1921年根据与爱因斯坦的谈话写的一本书中指出，爱因斯坦相信"在专利局获得的知识与理论结果之间存在着一种确定的联系"。[3]

《论动体的电动力学》

现在让我们看看在1905年6月30日那期《物理学纪事》的著名论文中，爱因斯坦是如何来澄清所有这一切的。这篇极为重要的论文或许是科学史上最有勇气、最赏心悦目的论文之一。它的主要思想都是通过语词和生动的思想实验来表达的，而不是

---

[1] Norton 2006a，3 and 43："另一种过度简化的看法则过分关注了爱因斯坦论文现在特别使我们感兴趣的那部分内容，即他天才地用光信号和钟表来对同时性进行概念分析。这种看法过分重视只是到了数年研究的最后才出现的思想……它对于狭义相对论或同时的相对性并不是必要的。" 亦参见 Alberto Martinez, Material History and Imaginary Clocks, *Physics in Perspective* 6 (2004): 224—240; Alberto Martinez, Railways and the Roots of Relativity, *Physics World*, Nov. 2003; Norton 2004。Dyson 比较赞赏伽里森的研究和洞见，做出了一种不错的评价。亦参见 Miller 2001。

[2] Einstein interview, Bucky, 28; Einstein 1956, 12.

[3] Moszkowski, 227.

凭借复杂的方程。虽然它的确涉及一些数学，但其主要内容一个优秀的高中生就能掌握。"这篇论文表明，震撼人心的深刻思想通过简洁的语言就可以表达出来。"科学作家奥弗比如是说。[1]

这篇论文开篇讲了一种"非对称"现象，即磁体和线圈产生感生电流仅仅基于它们之间的相对运动，但是在法拉第之后，对于感生电流却有两种不同的理论解释，它们分别对应于磁体运动和线圈运动。[2]"在这里，可观察的现象只同导体和磁体的相对运动有关，可是按照通常的看法，这两个物体之中，究竟是这个在运动，还是那个在运动，却是截然不同的两回事"。[3]

这两者之间的区分乃是基于大多数科学家仍然秉持的一个信念，即存在着一种相对于以太的"静止"状态。但是磁体-线圈的例子以及任何对光的观测都暗示，"在力学和电动力学现象中并没有什么性质对应于绝对静止概念"。这促使爱因斯坦把相对性原理提升至"基本假设的地位"，认为在所有以恒定速度做相对运动的参照系中，力学定律和电动力学定律是一样的。

接着，爱因斯坦又提出了作为理论前提的另一个基本假设：

---

[1] Overbye，135.

[2] Miller 1984，109 and 114. Miller 1981，chapter 3 解释了法拉第的旋转磁体实验对爱因斯坦狭义相对论的影响。

[3] Einstein, On the Electrodynamics of Moving Bodies, *Annalen der Physik* 17（Sept. 26, 1905）. 它有许多版本可以使用。网址参见 www.fourmilab.ch/etexts/einstein/specrel/www/。有用的注释本包括：Stachel 1998；Stephen Hawking, ed., *Selections the Principle of Relativity*（Philadelphia：Running Press，2002）；Richard Muller, ed., *Centennial Edition of The Theory of Relativity*（San Francisco：Arion Press，2005）。

光速不会发生改变，"不论发射体的运动状态如何"。然后他笔尖一抖，随着看似漫不经心的"多余"一词跃然纸上，这位叛逆的专利审查员否定了通过两代人积累形成的科学教条："引入'光以太'将被证明是多余的，因为按照这里所要阐述的观点，并不需要一个'绝对静止的空间'。"

运用这两条基本假设，爱因斯坦说明了他在同贝索谈话时所产生的概念飞跃。"在一个坐标系看来是同时的两个事件，在另一个相对于它运动的坐标系看来，就不再是同时的事件了。"换句话说，所谓的绝对同时性根本不存在。

爱因斯坦简明扼要地指出，时间本身只能通过同时发生的事件来定义，比如当火车到达时表针指向 7。于是便会得出一个令人惊讶的结论：并不存在所谓的绝对同时性和绝对时间。正如他后来所指出的："世界各地都不存在什么可以当作时间的嘀嗒声。"[1]

不仅如此，这种认识还推翻了牛顿在《自然哲学的数学原理》开篇所做出的另一个假设。爱因斯坦表明，如果时间是相对的，那么空间和距离也是相对的。"如果车厢里的人在单位时间内走过距离 w（**从火车测量**），那么这个距离（**从站台测量**）并不必然等于 w。"[2]

爱因斯坦是这样解释的。设想一根相对于观察者静止不动的量杆。现在想象量杆运动起来，那么它的长度是多少呢？

要想确定这一点，一个办法是以同样的速度沿着量杆运动，并把尺子置于其上。然而那些**不随它运动**的人怎样来测量呢？

---

[1] Einstein, unused addendum to 1916 book *Relativity*, CPAE 6:44a.
[2] Einstein 1916.

在这种情况下，可以通过两个已经校准的静止的钟表来测量运动量杆的长度，即确定量杆两端在某一特定时刻的精确位置，再用静止的尺子测量这两点之间的距离。爱因斯坦表明，这些方法将会产生**不同**结果。

为什么会这样？原因在于，两个静止的钟表已经由一个静止的观察者校准了，但与量杆运动得一样快的观察者却会以不同的方式校准它们，因为他对同时性有不同的理解。正如爱因斯坦所说："与运动量杆一同运动的观察者会发现，两个钟表并不同步，而在静止系统中的观察者却会说，这两个钟表是同步的。"

狭义相对论的另一个推论是，站在站台上的人会发现，在一列高速行驶的火车上，时间流逝得更慢。想象火车上有这样一个"钟表"，它由车厢地板的镜子、天花板上的镜子以及在其间来回反射的光束所组成。在火车上的女士看来，光自始至终都在直上直下地运动。但在站台上的先生看来，从地板发出的光却是首先斜向上发射到天花板的镜子（它已经往前移动了一点）上，然后斜向下反射到地板的镜子（它也已经往前移动了一点）上。由于在两个观察者看来，光速是一样的（这是爱因斯坦的前提假设），所以在站台上的先生看来，光走过的距离要比火车上的女士看到的长一些。于是，站台上的先生会认为时间在运动的火车上流逝得较慢。[1]

我们还可以用伽利略的船来解释这一点。想象一束光从桅杆顶部射向甲板。在船上的观察者看来，光束运动的距离精确等于桅杆长度。但陆地上的观察者却会认为，光束运动的距离是

---

[1] Bernstein 2006，71。

桅杆长度与船在这段时间（即光从桅杆顶端运动到桅杆底部的时间）内向前走过的距离（这是一条快船）的叠加。在两个观察者看来，光速都是一样的。陆地上的观察者发现，光在到达甲板之前又往前运动了。换句话说，同样的事件（从桅杆顶部发出的光束抵达甲板）从陆地上看要比从船上看花费更多的时间。[1]

这一现象被称为时间延缓，由它会引出所谓的双生子佯谬。如果一个人站在站台上，而他的孪生妹妹乘坐宇宙飞船以接近光速的速度旅行很长一段距离，那么当她返回地球时，她将比哥哥年轻几岁。但是由于运动是相对的，这似乎提出了一个悖论：在宇宙飞船上的妹妹也许会认为，是地球上的哥哥在做飞速旅行，所以重逢时她会期待着看到哥哥年轻一些。

他们可能在重逢时分别比对方年轻么？当然不能。这个现象不可能同时出现于双方。因为宇宙飞船不是以**恒定速度**运行的，而是必须掉头才能回来。老得更慢的将是宇宙飞船上的人，而不是地球上的人。

时间延缓的现象已经得到实验证实，甚至用飞机上的特制钟表就可以验证。但是在我们的日常生活中，它不会造成什么影响，因为我们相对于其他观察者的速度从来也不可能接近光速。事实上，即使你整个一生都待在飞机上，你回来时也只能比你在地球上的孪生子年轻大概 0.00005 秒，而你在飞机上随便吃点东西，就已经抵消了这一效应。[2]

狭义相对论还有许多奇怪的结果。我们再来看看火车上的光

---

[1] 对这个例子的清晰描述参见 Miller 1999，82－83；Panek，31－32。
[2] James Hartle, lecture at the Aspen Center for Physics, June 29, 2005; British National Measurement Laboratory, report on time dilation experiments, Spring 2005, www.npl.co.uk/publications/metromnia/issue18/.

钟。当火车以近乎光速的速度驶向站台上的观察者会怎么样？如果是这样，那么在站台上的观察者看来，火车上的一束光要从运动的地板反射到天花板，再从天花板反射到运动的地板，几乎需要花费无限长的时间。于是站台上的观察者会认为火车上的时间几乎趋于停止。

随着物体的速度接近光速，它的质量也会增加。虽然牛顿定律，即力等于质量乘以加速度仍然成立，但是随着质量的增加，越来越大的力将会产生越来越小的加速度。即使是一块小石头，我们也没有足够的力能够推动它超过光速。根据爱因斯坦的理论，这是宇宙最终的速度极限，没有什么粒子或信息能够运动得比光还快。

既然距离和时间都取决于观察者的运动，因而是相对的，那么也许有人会问，哪个观察者是"正确的"？谁的表显示了"实际的"时间？量杆的哪一个长度是"真实的"？谁的同时性概念是"正确的"？

根据狭义相对论，所有惯性参照系都是等效的。这不是一个关于量杆**实际**收缩或时间**实际**变慢的问题；我们只知道，观察者的运动状态不同，对事物的测量也将有所不同。既然我们已经抛弃了以太，认为它是"多余的"，因此也就没有什么特定的"静止"参照系优越于其他参照系。

爱因斯坦对相对论的最清晰解释见于他给奥林匹亚科学院的同事索洛文的一封信：

> 相对论用短短几句话就可以概括。尽管自古以来人们就认识到，运动只有作为**相对**运动才能被理解，但与此事实相违背，物理学却以**绝对**运动的概念为基础。对光波的研究假

设，有一种运动状态，即承载着光的以太的运动状态，区别于所有其他运动状态。物体的所有运动都被认为是相对于这种光以太进行的，它是绝对静止的化身。但是在试图发现这种具有优越运动状态的假想以太的所有实验努力均告失败之后，这个问题似乎应当重新加以表述。这就是相对论所要做的事情。它认为不存在优先的物理运动状态，并且追问由此可以推出什么结论。

正如爱因斯坦向索洛文解释的，他的洞见在于，我们必须抛弃那些"与经验没有关联"的概念，比如"绝对同时性"和"绝对速度"。[1]

然而需要注意的是，相对论并不意味着"任何事物都是相对的"，也不意味着一切事物都是主观的。

相对论的意思是说，对时间（包括延续和同时性）的测量是相对的，它取决于观察者的运动，因此对空间（比如距离和长度）的测量也是相对的。然而两者之间的一种联合，即所谓的"空-时"，却在任何惯性系中都保持不变。类似地，像光速这样的东西也保持不变。

事实上，爱因斯坦曾经想把这种理论称为"不变性理论"，但这个名字从未被使用过。1906年，普朗克使用了"相对的理论"（Relativtheorie）一词。到了1907年，爱因斯坦在与朋友埃伦菲斯特通信时，称之为"相对性理论"（Relativitätstheorie）[2]。

为了理解爱因斯坦谈论的是不变性，而不是宣称一切事物都是

---

[1] Einstein to Maurice Solovine, undated, in Solovine, 33, 35.
[2] 中文译为"相对论"。——译者注

相对的，我们不妨考虑一下光在给定时间内所走的距离。当然，这一距离就是光速乘以逝去的时间。如果我们在站台上看到的这一切发生在一列飞驰的火车上，那么在我们看来，逝去的时间会显得更短（因为时间在火车上似乎流逝得更慢），距离也会显得更短（因为火车上的尺子似乎收缩了）。但是无论参照系如何选取，这两个量之间——对空间和时间的测量之间——却有一种关系保持不变。[1]

要想理解这种不变性，还可以采取另一种办法，那就是爱因斯坦在苏黎世联邦工学院时的数学老师闵可夫斯基所使用的方法，不过这要更复杂一些。闵可夫斯基对爱因斯坦的工作大为惊叹，这种惊叹是每一个处于逆境中的学生都梦想能从高高在上的教授那里得到的。"这真是令人惊讶，因为爱因斯坦在学生时代曾经是一条懒狗，"闵可夫斯基对物理学家玻恩说，"他对数学从来都不在乎。"[2]

闵可夫斯基给这一理论赋予了一种形式化的数学结构。他的方案与 H. G. 韦尔斯 1895 年的著名小说《时间机器》（*The Time Machine*）开篇那位时间旅行者说的话如出一辙："实际上存在着四个维度，其中三维是空间的三个平面，第四维则是时间。"闵可夫斯基把所有事件都变成了四维的数学坐标，其中第四维便是时间。这虽然使变换成为可能，但事件之间的数学关系依然保持不变。

1908 年，闵可夫斯基在一次讲演中戏剧性地宣布了这一新的数学方法。"我想向诸位展示的时空观源于实验科学的土壤，其力量就

---

[1] Krauss, 35—47.
[2] Seelig 1956a, 28. 关于对狭义相对论的完整数学描述，参见 Taylor and Wheeler 1992。

在于此，"闵可夫斯基说，"这种时空观是根本性的。从此以后，空间本身和时间本身都注定要蜕变为纯粹的幻影，只有对两者的某种联合才能保持独立的实在性。"[1]

爱因斯坦当时尚未迷恋数学，他曾经用"花拳绣腿"（superfluous learnedness）来形容闵可夫斯基的工作，并且开玩笑说："自从数学家涉足相对论之后，我就再也不理解它了。"但事实上，他渐渐开始赏识闵可夫斯基的工作，并且在1916年的相对论科普书中为此专辟了一节。

这本可以是一场多么美妙的合作啊！但是到了1908年年底，闵可夫斯基却因患腹膜炎而住进了医院。据说他曾发出过这样的悲叹："在相对论发展的关键时期，我却接到了死神的邀请，真是太遗憾了！"[2]

我们又一次感到好奇，为什么发现新理论的是爱因斯坦，而不是其他某个同时代人？洛伦兹和庞加莱都曾经提出过爱因斯坦理论的许多成分。庞加莱甚至还对时间的绝对性提出过质疑。

但是，无论是洛伦兹还是庞加莱都没有将事情做彻底。也就是说，没有必要假设以太的存在，没有所谓的绝对静止，空间和时间都是相对的，都要基于观察者的运动。物理学家基普·索恩说，这两个人"都在朝着爱因斯坦的时空观念进行摸索，但牛顿物理学所强加的错误理解却使他们在一片迷雾中步履维艰"。

而爱因斯坦却可以抛弃牛顿的错误。"他深信宇宙偏爱美和简单性，希望能够被这种信念所指引，即使牛顿物理学的基础遭到摧

---

[1] Pais, 1982, 151, citing Hermann Minkowski, Space and Time, lecture at the University of Cologne, Sept. 21, 1908.

[2] Clark, 159—160.

毁也在所不惜，再加上其他人难以匹敌的清晰思想，这一切都使他最终对空间和时间做出了新的描述。"[1]

庞加莱从未将同时的相对性与时间的相对性关联起来，一旦接近他的局域时间思想的实质性结果，他就会退缩不前。为什么庞加莱会犹豫不决？他虽然不乏洞见，但在物理学上过于因循守旧，无法展示出这位不知名的专利审查员所固有的那种叛逆。[2]"每到关键时刻，他就会精神紧张，败下阵来，转而固守于那些旧有的思想习惯和熟知的时空观念，"霍夫曼这样谈庞加莱，"如果这似乎有些奇怪，那是因为我们低估了爱因斯坦在把相对性原理当成公理，从而改变了我们的时空观念时需要多么大的勇气。"[3]

爱因斯坦的一位继任者，普林斯顿高等研究院的理论物理学家戴森清晰地解释了庞加莱的局限和爱因斯坦的勇气：

庞加莱与爱因斯坦之间的本质区别在于，庞加莱天性保守，爱因斯坦则富于革命性。庞加莱在寻找一种新的电磁理论时，总想尽可能多地保留已有的东西。他对以太情有独钟，甚至当

---

[1] Thorne, 79. 对此，Miller 2001, 200 也有很好解释："洛伦兹、庞加莱以及其他任何物理学家都不愿赋予洛伦兹的局域时间以任何物理实在性……只有爱因斯坦能够迈出这关键一步。"亦参见 Miller 2001, 240："爱因斯坦指出了一种意义，而庞加莱却没有。爱因斯坦的思想实验使他能够将形式化的数学体系解释为一种关于时空的新理论，而对庞加莱来说，这只不过是一种一般性的洛伦兹电子理论。"米勒还在 Scientific Creativity: A Comparative Study of Henry Poincaré and Albert Einstein, *Creativity Research Journal* 5 (1992): 385 中探讨了这一话题。

[2] Arthur Miller e-mail to the author, Aug. 1, 2005.

[3] Hoffmann 1972, 78. 量子理论家德布罗意曾经提出，粒子可以表现得像波一样。他在 1954 年谈到庞加莱时说："庞加莱并没有迈出这决定性的一步，他留给了爱因斯坦获取相对性原理的一切推论的荣耀。"参见 Schilpp, 112; Galison, 304.

他的理论表明以太无法观测时也对它坚信不疑。他的相对论版本就像一床拼缀起来的被子。依赖于观察者运动的局域时间的新观念，被补缀到由刚性的静止以太所定义的旧有的绝对时空框架上。而爱因斯坦则乐于抛弃这一框架，认为它会惹来麻烦，也无甚必要。爱因斯坦的理论版本更为简洁和优雅。不存在绝对空间和绝对时间，也不存在以太。所有那些将电磁力解释成以太中的弹性应力的复杂解释，都被扫入了历史的垃圾堆，同被历史遗弃的还有那些仍然相信这些观点的大牌教授。[1]

虽然庞加莱所提出的相对性原理与爱因斯坦的有些类似，但实际上却有着本质区别。庞加莱仍然保留了以太。在他看来，只有当观察者相对于这个假想的以太参照系静止时，光速才是恒定的。[2]

更为令人惊讶和深思的是，即使在读了爱因斯坦的论文之后，洛伦兹和庞加莱也没能迈出爱因斯坦的一步。洛伦兹仍然坚持以太及其"静止"参照系存在着。在1913年的一次讲演中[重印他1920年的著作《相对性原理》(The Relativity Principle)]，洛伦兹说："根据爱因斯坦的看法，谈论相对于以太的运动是毫无意义的。类似地，他也否定了绝对同时性的存在。而我则对旧有的解释感到满意，根据这种解释，以太至少拥有某种实在性，空间和

---

[1] Dyson.
[2] Miller 1981，162.

时间可以截然分开，同时性无须进一步说明就可以被谈论。"[1]

庞加莱则似乎从来也没有完全理解爱因斯坦的突破。甚至到了1909年，他仍然认为，相对论需要有第三条基本假设，即"运动物体将会沿位移方向遭受形变"。事实上，正如爱因斯坦所表明的，量杆收缩并不是某种涉及真实形变的独立假说，而是接受爱因斯坦相对论的必然推论。

直到1912年去世，庞加莱也没有完全放弃以太概念和绝对静止概念，而是仍然坚持"洛伦兹的相对性原理"。他从未完全理解或接受爱因斯坦的理论基础。"庞加莱坚持认为，在知觉世界里存在着一种绝对的同时性。"科学史家米勒指出。[2]

他的同伴

"当我们俩一起最终完成关于相对运动的工作时，我会多么幸福和骄傲啊！"爱因斯坦曾在1901年给他的恋人米列娃写信说。[3]现在工作终于完成了，爱因斯坦在6月写成了一篇草稿，感到精疲力竭。"他的身体累垮了，躺在床上休息了两个星期"，而米列娃则"一遍遍地检查着文章"。[4]

---

[1] Holton 1973，178；Pais 1982，166；Galison，304；Miller 1981. 这四位作者都对庞加莱和他所应得的荣誉做了重要研究，本章引用了其中的一些成果。感谢米勒教授惠赠论文"Why Did Poincare Not Formulate Special Relativity in 1905?"，并且帮助编辑这一章的内容。

[2] Miller 1984，37—38；Henri Poincaré lecture，May 4，1912，University of London，cited in Miller 1984，37；Pais 1982，21，163—168. 派斯写道："终其一生，庞加莱都没有理解狭义相对论的基础……显然，庞加莱或者从未理解相对论，或者从未接受过相对论。"亦参见 Galison，242 等处。

[3] Einstein to Mileva Marić，Mar. 27，1901.

[4] Michelmore，45.

接着他们做了一件不同寻常的事情，即共同庆祝胜利。爱因斯坦一写完在信中向哈比希特保证的四篇论文，就给这位奥林匹亚科学院的老同事寄了另一封信，这次是一张明信片，上面还有他妻子的签名。它是这样写的："唉，我俩都倒在桌下，烂醉如泥了。"[1]

所有这些都提出了一个问题，它比洛伦兹和庞加莱的影响更加微妙和富有争议，那就是：米列娃在其中到底扮演了什么角色？

那年8月，他们一起到塞尔维亚度假，看她的朋友和家人。当时米列娃很自豪，也乐于承认自己的功劳。根据后来的记录，她曾对父亲说："我们不久前完成了一项非常重要的工作，它将使我的丈夫名扬世界。"他们的关系似乎暂时恢复了，爱因斯坦对妻子的帮助念念不忘。"我需要我的妻子，"他对米列娃在塞尔维亚的朋友说，"她帮我解决了所有数学问题。"[2]

有些人认为，米列娃作为合作者是完全合格的，甚至有报道说（后来发现不足为凭）[3]，爱因斯坦的一份早期相对论草稿上也有米列娃的名字。1990年，在新奥尔良举行的一次会议上，美国科学促进会曾经专门讨论了这一问题。马里兰大学的物理学家，同时也是癌症研究者的埃文·沃克，与"爱因斯坦文稿计划"的负责人约翰·斯塔契尔进行了争论。沃克展示了一些提及"我们的工

---

[1] Overbye, 139; Highfield and Carter, 114; Einstein and Mileva Marić to Conrad Habicht, July 20, 1905.

[2] Overbye, 140; Trbuhovic-Gjuric, 92—93; Zackheim, 62.

[3] 关于米列娃的名字是否曾以任何方式出现在狭义相对论的手稿上，这是个棘手的问题，但后来事实表明，这一报道的唯一来源是一位已故的俄国物理学家，他从来没有过这种说法，也没有其他证据来支持这一观点。参见 John Stachel's appendix to the introduction of *Einstein's Miraculous Year*, centennial reissue edition (Princeton, 2005), lv.

作"的书信，斯塔契尔回答说，这些话显然是浪漫的谦虚，"没有任何证据表明她贡献过自己的思想"。

可以想见，科学家和媒体对这场争论都很感兴趣。专栏作家古德曼在《波士顿环球报》上写了一篇不实的评论，同时审慎地给出了证据。《经济学家》杂志则发表了一篇题为《爱因斯坦夫人的相对重要性》的报道。接着，另一次会议于1994年在诺维萨德大学举行。会议的组织者拉斯托卡·马格里奇教授认为，到了"强调米列娃的价值，使其获得科学史上应有位置"的时候了。公众讨论的高潮是美国公共广播公司2003年拍摄的一部纪录片《爱因斯坦的妻子》（*Einstein's Wife*），尽管它毫无根据地相信了米列娃的名字曾经出现在原始手稿上的报道，但总体而言还是比较公允的。[1]

由现存的所有证据来看，米列娃是一个意见征询者，尽管并不像贝索那样重要。她也帮助检查了爱因斯坦的数学，尽管没有

---

[1] The Relative Importance of Einstein's Wife, *The Economist*, Feb. 24, 1990; Evan H. Walker, Did Einstein Espouse His Spouse's Ideas? *Physics Today*, Feb. 1989; Ellen Goodman, Out From the Shadows of Great Men, *Boston Globe*, Mar. 15, 1990; Einstein's Wife, PBS, 2003, www.pbs.org/opb/einsteinswife/index.htm; Holton 2000, 191; Robert Schulmann and Gerald Holton, Einstein's Wife, letter to the *New York Times Book Review*, Oct. 8, 1995; Highfield and Carter, 108—114; Svenka Savić, The Road to Mileva Marić-Einstein, www.zenskestudie.edu.yu/wgsact/e-library/e-lib0027.html_ftn1; Christopher Bjerknes, *Albert Einstein: The Incorrigible Plagiarist*, home.comcast.net/~xtxinc/CIPD.htm; Alberto Martinez, Arguing about Einstein's Wife, *Physics World*, Apr., 2004, physicsweb.org/articles/world/17/4/2/1; Alberto Martinez, Handling Evidence in History: The Case of Einstein's Wife, *School Science Review*, Mar. 2005, 51—52; Zackheim, 20; Andrea Gabor, *Einstein's Wife: Work and Marriage in the Lives of Five Great Twentieth-Century Women* (New York: Viking, 1995); John Stachel, Albert Einstein and Mileva Marić: A Collaboration that Failed to Develop, in H. Prycior et al., eds., *Creative Couples in Science* (New Brunswick, N.J.: Rutgers University Press, 1995), 207—219; Stachel 2002a, 25—37.

证据表明她提出过什么数学概念。此外,她还不断地鼓励他和容忍他,有时后者是更难做到的。

如果可以更进一步,那么我们或许可以编织一个美妙的故事,同时唤起潜在的情感共鸣。但是,我们必须遵照现有的证据行事,而不能为了吸引人而妄下结论。在他们的许多书信中,不论是彼此之间的还是写给朋友的,没有一封提到过米列娃关于相对论的任何思想或创造性的概念。

米列娃也从未声称对爱因斯坦的理论做出过任何实质性的贡献,甚至在后来痛苦的离婚期间也没有向她的家人和密友提起过。儿子汉斯·阿尔伯特一直很爱她,在她与爱因斯坦离婚期间一直与她待在一起。汉斯·阿尔伯特的说法见于米歇尔莫尔的一本书中,它似乎反映了米列娃对儿子说的话:"米列娃帮助他解决了一些数学问题,但在那些创造性的工作和思想方面,其他人爱莫能助。"[1]

事实上,我们没有必要夸大米列娃的贡献,把她当成一个先驱者来赞扬、夸耀或同情。科学史家霍尔顿说,要给她赋予超出她曾经承认的功劳,"这只会贬低她在历史中实际具有的重要位置,也会淡化她早年的希望和抱负未能实现所透出的悲剧色彩"。

爱因斯坦欣赏这位富有进取心的女物理学家的勇气。在她的国家,女性一般不允许进入物理学领域。今天,这样的事情依然并不鲜见。米列娃能够进入由男性统治的物理和数学世界,并且在其中奋力拼争,她所表现出来的这种勇气,已经足以使她在科学史上占有令人钦佩的一席之地。这一点她当之无愧,而不用夸大

---

[1] Michelmore, 45.

她在合作狭义相对论方面的重要性。[1]

尾声：$E=mc^2$，1905年9月

爱因斯坦给哈比希特的信揭开了奇迹年的帷幕，而醉酒以后写给他的那张只包含一句话的明信片则代表着奇迹年的顶点。到了9月，他又给哈比希特写了一封信，这一次是劝说他来专利局工作。爱因斯坦作为孤独狼的名声看来要打些折扣了。"（专利局局长）也许会偷偷把你安排在专利局当苦力，"他说，"你也许还是会感到相当快活的。你真的愿意并准备来么？考虑考虑吧，除了八小时的工作外，每天还有八小时的闲暇时间，而且还有星期天。我希望你能来这里。"

继六个月前的那封信之后，爱因斯坦又一次相当偶然地揭示了一项重大的科学突破，它将表示为科学史上最著名的一个方程：

> 我还想到了这篇电动力学论文的另一个推论，即相对性原理与麦克斯韦方程相结合时，要求质量成为一个物体所含能量的直接量度。光携带着质量。就镭而言，其质量大概会有可觉察的减小。这种考虑很有趣也很诱人；但谁知道呢，也许善良的上帝在嘲笑这整件事，而且也许一直就在牵着我的鼻子走。[2]

---

[1] Holton 2000，191.

[2] Einstein to Conrad Habicht，June 30—Sept. 22，1905.（几乎可以肯定是在9月初，那时爱因斯坦已经休假回来，开始写 $E=mc^2$ 的论文。）

爱因斯坦优美而简洁地提出了这一思想。《物理学纪事》1905年9月27日收到了他这篇名为《物体的惯性依赖于它所包含的能量吗?》的论文，它仅有三页，而且只包含三步。在谈到狭义相对论时，爱因斯坦宣称："最近我在本刊发表的一项电动力学研究所得出的结果引出了一个非常有趣的结论，这里要把它推演出来。"[1]

这一次他又是从原理和基本假设出发推出一个理论，而不是要解释研究阴极射线的实验物理学家收集起来的描述质量与粒子速度关系的实验数据。他依然由一个思想实验开始，并且将麦克斯韦的理论与相对论结合在一起。他计算了由一个静止物体沿相反方向发出的两个光脉冲的性质，然后计算了在一个运动的参照系中观察到的这些光脉冲的性质。由此他得出了描述速度与质量之间关系的方程。

最终的结论十分优雅：质量与能量是同一物体的不同表现。两者从根本上说是可以互换的。正如爱因斯坦在论文中所说："物体的质量是它所含能量的量度。"

用来描述这一关系的公式惊人的简洁："如果一个物体以辐射的形式发出能量 L，那么它的质量就要减少 L/V^2。"或者用另一种方式来表示：$L=mV^2$。在1912年之前，爱因斯坦一直用字母 L 来表示能量，后来他才在手稿上将 L 画去，换成了更常用的 E。他还用 V 来表示光速，后来换成了更常用的 c。于是，用后来成为标准的字母写出来，爱因斯坦那让人过目不忘的方程就表示为：

$$E=mc^2$$

---

[1] Einstein, Does the Inertia of a Body Depend on Its Energy Content? *Annalen der Physik* 18 (1905), received Sept. 27, 1905, CPAE 2: 24.

即能量等于质量乘以光速的平方。当然，光速是巨大的。光速的平方就更是大得难以想象。这就是为什么一丁点物质如果完全转化成能量就能产生巨大的效力。1千克物质可以转化成大约250亿千瓦时的电能。用更加形象的话来说：一颗葡萄干所包含的能量几乎可以满足纽约一天的能量需求。[1]

和往常一样，爱因斯坦最后提出了实验建议来验证他的理论。他写道："也许可以用那些所含能量极易变化的物质（比如用镭盐）来验证这个理论。"

---

[1] 关于对爱因斯坦方程的背景和衍生品的富有洞见的考察，参见 Bodanis。还有一个有用的网址包含了关于这个方程的进一步细节：davidbodanis.com/books/emc2/notes/relativity/sigdev/index.html。对一颗葡萄干的质量所含能量的计算参见 Wolfson，156。

第七章 最幸福的思想，1906—1909

得到认可

爱因斯坦1905年迸发出的创造力实在令人惊讶。他提出了一种革命性的光量子理论，间接证明了原子的存在，解释了布朗运动，颠覆了时间、空间概念，提出了科学上最著名的方程。但起初这些成果并没有引起多少人注意。据妹妹说，爱因斯坦曾经希望他在这家优秀期刊上发表的一系列文章能够将他从一个卑微的三级专利审查员提升到更高职位，并且在一定程度上得到学术界认可，甚至帮他跻身学术界。"但他大失所望，"她说，"文章发表之后是一片寂静。"[1]

　　这并非完全符合事实。少数颇有名望的物理学家很快就注意到了爱因斯坦的论文。也许是命运眷顾，其中一位后来成了爱因斯坦最重要的支持者，那就是欧洲德高望重的理论物理学巨擘——普朗克，能够得到他的赏识真是再理想不过了。普朗克用他那神秘的数学常量解释了黑体辐射，爱因斯坦则把这个常量锻造成全新的物理实在。作为《物理学纪事》负责理论文章的编委，普朗克审阅了爱因斯坦的论文，他后来回忆说，那篇相对论论文"立即引起我极大的关注"。它一发表，普朗克就在柏林大学做了一场关于相对论的讲演。[2]

　　普朗克是第一位公开支持爱因斯坦理论的物理学家。在1906年春季发表的一篇文章中，他认为相对论符合物理学的一条基本原理——最小作用量原理，即在两点之间运动的光或物体总会沿着最简单的路径前进。[3]

　　普朗克的文章不仅推动了相对论的发展，而且有助于其他物理学家接受它。玛雅在哥哥脸上看到的愁云消散了。"我的论文颇得赏识，正在接受进一步评阅，"他幸福地对索洛文说，"普朗克教授最近给我写信谈了这些情况。"[4]

---

[1] Maja Einstein, xxi.
[2] Fölsing, 202; Max Planck, *Scientific Autobiography and Other Papers* (New York: Philosophical Library, 1949), 42.
[3] 更明确地说，费曼在其《物理学讲义》(*Lectures on Physics*, Addison Wesley, 1989), 19-1中给出的定义是："物理学中的作用量有精确的含义。它等于一个粒子的动能减去势能的时间平均。最小作用量原理说，一个粒子将沿着使得其动能与势能之差最小的路径前进。"
[4] Fölsing, 203; Einstein to Maurice Solovine, Apr. 27, 1906; Einstein tribute to Planck, 1913, CPAE 2:267.

第七章　最幸福的思想，1906—1909

没过多久，这位踌躇满志的专利审查员就与著名的普朗克教授开始了通信。当时有一位理论物理学家挑战普朗克的观点，认为相对论并不符合最小作用量原理，爱因斯坦寄给普朗克一张明信片，对他表示支持。普朗克很高兴，他给爱因斯坦回信说:"只要相对性原理的捍卫者们是一小群如此谦逊之士，就像现在这样，那么他们之间保持一致就具有双倍的重要性。"他还说希望第二年能够访问伯尔尼，亲自与爱因斯坦会面。[1]

普朗克后来没能前往伯尔尼，不过还是派他认真尽责的助手马克斯·冯·劳厄去了。此前，劳厄曾经多次与爱因斯坦通信讨论其光量子论文。劳厄赞同爱因斯坦"那极富启发性的观点，即辐射只能以特定的有限量子被吸收和发射"。

不过，劳厄和普朗克都认为，爱因斯坦错误地假定这些量子是辐射本身的一种特征。劳厄主张，量子仅仅是对物质发射或吸收辐射的一种描述方式。"它不是真空中电磁过程的特征，而是发射或吸收物质的特征，"劳厄写道，"因而辐射并非像您在第一篇论文第六节中所说的那样是由光量子构成的。"[2]（爱因斯坦在第六节中说，辐射"从热力学上看，就像是由相互独立的能量子所构成一样"。）

劳厄在准备 1907 年夏天的访问时惊奇地发现，爱因斯坦并不在伯尔尼大学工作，而是在位于邮政电报大楼三层的专利局任职。当时的场景依然使他感到好奇。"一个年轻人向我走来，但他与我的预期相差太大了，我不相信他就是相对论的创始人，"劳厄说，"所以我没跟他打招呼。"过不多时，爱因斯坦又一次

---

[1] Max Planck to Einstein, July 6, 1907; Hoffmann 1972, 83.
[2] Max Laue to Einstein, June 2, 1906.

缓步走过接待处，劳厄总算明白他是谁了。

他们边走边谈，时间一晃过去了几小时。爱因斯坦递给他一支雪茄，劳厄回忆说："它难闻极了，我'不慎'将它丢到了河里。"而爱因斯坦的理论则很让人愉快。"在我们交谈的前两小时里，他推翻了整个力学和电动力学。"劳厄指出。事实上，他完全入了迷，以至于在接下来的四年里，他发表了关于爱因斯坦相对论的八篇论文，并成为爱因斯坦的密友。[1]

有些理论物理学家觉得这位专利审查员写的一系列令人惊讶的论文过于抽象。后来成为爱因斯坦朋友的阿诺德·索默菲很早就暗示，爱因斯坦的理论倾向有些犹太味道，后来这一点被反犹主义者拿来大做文章。这种倾向缺乏对秩序和绝对事物的必要尊重，缺乏严格的基础。"尽管爱因斯坦的论文引人注目，"索默菲1907年给洛伦兹写信说，"但在我看来，这种难以破解和洞悉的教条之中存在着某种不健康的东西。英国人就不大可能提出这样一种理论。在这里，或许就和科恩一样，犹太人抽象的概念特征表露无遗。"[2]

这些关注并没有使爱因斯坦出名，也没有给他带来任何工作机会。"我惊奇地得知，你一天必须在办公室里坐满八小时，"一名要来访问的年轻物理学家这样写道，"历史总是充满着恶搞（bad jokes）。"[3] 不过，由于爱因斯坦最终得到了博士学位，

---

[1] Hoffmann 1972, 84; Seelig 1956a, 78; Fölsing, 212.

[2] Arnold Sommerfeld to Hendrik Lorentz, Dec. 26, 1907, in Diana Kormos Buchwald, The First Solvay Conference, *Einstein in Context* (Cambridge, England: Cambridge University Press, 1993), 64. 索默菲这里指的是德国物理学家埃米尔·科恩，他是电动力学专家。

[3] Jakob Laub to Einstein, Mar. 1, 1908.

第七章 最幸福的思想，1906—1909

所以他至少由专利局的三级技术专家升至二级，薪水也增加了1000法郎，达到年薪4500法郎。[1]

他的产出是惊人的。除了每周在专利局工作六天，他还要写多篇论文和评论：1906年6篇，1907年10篇。每周至少在一个弦乐四重奏组演奏一次。他还是位好父亲，有一个3岁大的儿子，并得意地称其为"捣蛋鬼"。米列娃在给朋友萨维奇的信中说："我的丈夫闲的时候经常在家哄孩子。"[2]

从1907年夏天开始，爱因斯坦还抽空做了其他事情，如果命运更加弄人，那么他很可能会走上一条全新的职业道路，那就是像他舅舅和父亲那样做一个发明家和电气设备的销售商。爱因斯坦和哈比希特及其兄弟保罗合作设计了一台放大微弱电荷的机器，使之能够被检测和研究。它更多的是服务于学术研究而非实用。他们的初衷是发明一套实验室设备来研究微小的电涨落。

其思想很简单。当两个金属棒彼此靠近时，一方的电荷会在另一方感应出相反的电荷。爱因斯坦的想法是：用若干金属棒感应出10倍的电荷，再将它们转移到另一个圆盘上。重复这一过程，直到最初的微弱电荷被放大许多倍，很容易检测为止。关键在于如何让整个装置运转起来。[3]

无论是家庭传统、所受的教育，还是专利局的工作，爱因斯坦都有足够的背景成为天才的工程师。但后来的事实表明，

---

[1] Swiss Patent Office to Einstein, Mar. 13, 1906.
[2] Mileva Marić to Helene Savić, Dec. 1906.
[3] Einstein, A New Electrostatic Method for the Measurment of Small Quantities of Electricity, Feb. 13, 1908; Overbye, 156.

他更适合做理论研究。幸运的是，保罗·哈比希特是一个优秀的机械师，到1907年8月，他已经有一个"小机器"（Maschinchen）的样品要问世了。"你闪电般地造出了小机器，真使我大吃一惊，"爱因斯坦写道，"我星期天会来。"不幸的是，小机器出了点毛病。"我迫不及待地想知道你在做什么。"爱因斯坦一个月后写信说，那时他们正在维修。

整个1908年，爱因斯坦与哈比希特兄弟书信频繁，文中夹杂着各种复杂图表和让设备运转的想法。爱因斯坦在一家杂志上刊登了一张设计图，这张图曾引来一家大赞助商。到了10月，保罗改进了机器，但供电方面又出了问题。他将机器带到伯尔尼，爱因斯坦征用了学校的一间实验室，找了当地的一名技工帮忙。到了11月，机器似乎可以工作了。他们又花了一年左右的时间才获得专利并开始制造和销售。但即使在那时，他们也没能真正占领市场或找到买家，爱因斯坦最终失去了兴趣。[1]

这些应用方面的探索或许挺有意思，但渐渐地，爱因斯坦与物理学界的极度隔绝开始弊大于利。在1907年春的一篇论文中，他一开篇便显露出得意扬扬的自信，说他那里既没有图书馆，也没想知道其他理论家就这一主题写过什么。"其他作者可能已经阐明了我将要说的部分内容，"他写道，"我感到我的文献综述可以被豁免（这对我来说是十分麻烦的事），特别是因为很有理由希望其他作者会来弥补这一缺陷。"然而过了不久，

---

[1] Einstein to Paul and/or Conrad Habicht, Aug. 16, Sept. 2, 1907, Mar. 17, June, July 4, Oct. 12, Oct. 22, 1908, Jan. 18, Apr. 15, Apr. 28, Sept. 3, Nov. 5, Dec. 17, 1909; Overbye, 156－158.

当他应一本年鉴之邀写一篇关于相对论的长文时，他的得意已经有所收敛。他提醒编辑说，他对相关文献掌握得不够全面。"不幸的是，我本人无法完全了解关于这一主题的所有发表著作，"他写道，"因为在我空闲的时候图书馆就闭馆了。"[1]

那一年，他申请了伯尔尼大学的无俸讲师职位，这是攀爬学术阶梯的第一步。爱因斯坦需要通过授课而从听众那里收取一点钱。在大多数欧洲大学里，要想成为教授，做一段时间这样的讲师是有益的。爱因斯坦随申请附上了已经发表的17篇论文，包括关于相对论和光量子的论文。照理说，他也应当附上一篇尚未发表的论文作为教职论文，但他不想再特地写一篇，因为对于那些有着"其他杰出成就"的人来说，有时可以不做要求。

在教授委员会中，只有一名教授认为，"鉴于爱因斯坦先生所取得的重要科学成就"，他可以在不写新论文的情况下得到录用，而其他教授则坚决不同意，甚至没有商量的余地。毫不奇怪，爱因斯坦认为这件事情"好笑得很"。他没有专门为此写这篇教职论文，当然也没有得到职位。[2]

引力与加速的等效

爱因斯坦的广义相对论之路始于1907年11月，那时他正在为一份科学年刊赶写一篇解释狭义相对论的文章。狭义相对论仍

---

[1] Einstein, On the Inertia of Energy Required by the Relativity Principle, May 14, 1907, CPAE 2: 45; Einstein to Johannes Stark, Sept. 25, 1907.

[2] Einstein to Bern Canton Education Department, June 17, 1907, CPAE 5: 46; Fölsing, 228.

然有两个限制困扰着他：一是只适用于匀速运动（如果改变速度或方向，那么物体的表现就不一样了），二是没有把牛顿的引力理论包含在内。

"我坐在伯尔尼专利局的椅子上，突然产生了一个想法，"他回忆说，"人在自由下落时是感觉不到自己重量的。"随着这个令他"震惊"的领悟，他开始了长达8年的推广狭义相对论的漫长征程，这"迫使我走向一种引力理论"。[1]后来，他俨然称其为"一生中最幸福的[2]思想"。[3]

这个下落的人的故事后来被说得绘声绘色，在有些版本中，其主人公成了从专利局附近的公寓大楼房顶上跌落下来的一个画家。[4]事实上，就像伽利略从比萨斜塔上扔下重物，苹果落在牛顿头上[5]等关于引力发现的传闻一样，这个故事也在口口相传中被不断加工，它更是一个思想实验而不是真实事件。尽管爱因斯坦倾向于关注科学，而不是仅仅与个人相关的事情，但他不大可能在亲眼见到真人从房顶跌落下来的同时想到引力理论，更不至于把这称为一生中最幸福的思想。

爱因斯坦进一步改进了他的思想实验。这时下落的人位于一个密闭舱内，比如在地球上空做自由落体运动的升降机。在这

---

[1] Einstein 1922c.

[2] 他使用的德文短语是"die glücklichste Gedanke"，一般译成"最幸福的"思想，但在这里也许更合适的译法是"最幸运的"思想。

[3] Einstein, Fundamental Ideas and Methods of Relativity Theory, 1920, unpublished draft of a paper for *Nature* magazine, CPAE 7:31. 他使用的说法是"我一生中最幸福的思想"（glücklichste Gedanke meines Lebens）。

[4] Einstein Expounds His New Theory, *New York Times*, Dec. 3, 1919.

[5] Bernstein 1996a, 10 指出，牛顿关于苹果下落的思想实验和爱因斯坦的升降机实验"所显示的洞见都揭示了日常经验中所包含的未曾预料的深度"。

个下落的密闭舱里（至少在它坠毁之前），这个人感受不到任何重力。如果他从口袋里掏出东西并且放手，这些东西将会随他一起飘游。

以另一种方式来看，爱因斯坦设想密闭舱里的人在太空中飘游，"远离星体和其他大质量"，那么他将体验到同样的失重感。"对于这个观察者而言，引力当然并不存在。他必须用绳子将自己拴在地板上，否则他只要轻轻碰一下地板，就会朝天花板慢慢升起。"

接着，爱因斯坦设想有一根绳索钩住了密闭舱的顶部，并以恒定的力去拉它。"于是，舱连同观察者开始以匀加速运动'向上'升起。"舱里的人将会感到自己被压向地板。"他站在舱里实际上与站在地球的房间里完全一样。"如果他释放口袋里的一个物体，不论物体的重量如何，它都会"以一种加速的相对运动"落向地板，就像伽利略发现的引力情形一样。"舱里的人将会断定，他和舱正处于引力场中。当然他会暂时感到迷惑不解，为什么舱在这个引力场中并不下落。但正在这时，他忽然发现舱盖正中有一个系着缆索的钩子，于是他就得出结论说，舱是静止地悬挂在引力场中的。"

"我们是否应该讥笑这个人，说他的结论错了呢？"爱因斯坦问。和狭义相对论的情况一样，知觉并无对错可言。"我们反而必须承认，他的思想方法既不违反理性，也不违反已知的力学定律。"[1]

爱因斯坦还用另一种方式提出了同一问题，充分展露了他的才智和洞见。他注意到这样一个现象，由于它过于司空见惯，

---

[1] Einstein 1916, chapter 20.

以至于科学家很少为它费过心思。这个现象就是:每个物体都有一个"引力质量","引力质量"决定了物体在地球表面的重量,或者更一般地说,决定了它与其他物体之间的吸引;物体还有一个"惯性质量","惯性质量"决定了使物体加速需要施予多大的力。牛顿注意到,虽然惯性质量与引力质量的定义完全不同,但物体的惯性质量与引力质量却总是相等。这显然并非巧合,但从未有人很好地解释过其中的原因。

同一现象竟然可以给出两种不同解释,爱因斯坦对此深感不安,他用思想实验考察了惯性质量与引力质量的等效。设想一台封闭的升降机正在没有重力的外太空加速向上运动,那么升降机内部的人所感受到的向下的力(或被绳索悬挂在天花板上的物体所受到的向下的拖曳力)乃是起因于**惯性**质量。而如果封闭的升降机静止于引力场中,那么升降机内部的人所感受到的向下的力(或被绳索悬挂在天花板上的物体所受到的向下的拖曳力)乃是起因于**引力**质量。而惯性质量总是等于引力质量。"由这种对应可知,"爱因斯坦说,"不可能通过实验来发现某一坐标系是否在加速,或者……所观察到的效应是否由引力场所引起。"[1]

爱因斯坦把这称为"等效原理"。[2] 就产生的局域效应而言,引力与加速是等效的。正是基于等效原理,他才把相对论推广到非匀速运动系。在接下来的八年中,他发展的根本洞

---

[1] Einstein, The Fundaments of Theoretical Physics, *Science*, May 24, 1940, in Einstein 1954, 329. 亦参见 Sartori, 255。

[2] 在为《物理学纪事》1912 年 2 月撰写的一篇论文中,爱因斯坦首次使用了这一短语。亦参见 The Speed of Light and the Statics of the Gravitational Field, CPAE 4:3。

见就在于,"我们所谓的引力效应和加速效应都是由同一结构产生的"。[1]

爱因斯坦研究广义相对论的方式再次显示了他的思想是如何运作的:

• 如果同一种可观测的现象能够由两种看似无关的理论来解释,他会感到不安。比如线圈运动或磁体运动都能产生同样的可观测的电流,他通过狭义相对论加以解决。现在是惯性质量和引力质量的定义不同,他希望基于等效原理加以解决。

• 当某种理论所做的区分在自然中观察不到,他也会感到不安。对于正在匀速运动的观察者来说就是这样:无法确定谁处于静止,谁在运动。显然,对于正在加速运动的观察者来说也是如此:无法确定谁在加速,谁处于引力场中。

• 他渴望将理论一般化,而不是将其局限于某一特殊情形。他感到,不应对于匀速运动这一特殊情形存在一套原理,对于其他类型的运动存在另一套原理。他终生都在矢志不渝地追求统一理论。

1907年11月,在为《放射性与电子学年刊》(*Yearbook of Radioactivity and Electronics*)赶写论文时,爱因斯坦给他的相对论文章增加了第五节,概述了他的新思想。"到目前为止,我们只把相对性原理运用……到了非加速的参照系,"他在文章开头说,"是否可以设想,相对性原理也适用于彼此做加速运动的参照系呢?"

---

[1] Janssen 2002.

他说，想象加速和静止于引力场这两种情形[1]，我们无法通过任何物理实验对它们加以区分。"所以我们在下面的讨论中将假设，引力场和参照系相应的加速在物理上完全等价。"

通过对加速系统做各种数学计算，爱因斯坦进而表明，如果他的观点是正确的，那么在较强的引力场中，时钟将会变慢。他还提出了许多预言以供检验，比如光线会在引力作用下发生偏折，从太阳这样的大质量光源发出的光的波长会稍有增加，即所谓的引力红移现象。"经过某种虽然大胆但确实有所收获的思考，我得出了这样的见解，即引力势差也许是谱线红移的原因，"他向一位同事解释说，"通过这些论证还可以得出以下结论：引力场会使光线发生偏折。"[2]

爱因斯坦又花了8年时间，即到了1915年11月，才完成了这一理论的基础，找到了表达它的数学。而他最生动的预言，即光在多大程度上被引力所弯曲，又将经过4年才被戏剧性地证实。但现在，至少爱因斯坦有了一个洞见，使他踏上了通往物理学史上最优雅、最震撼人心的成就之一——广义相对论的征途。

升任教授

到了1908年年初，就连普朗克和维恩这样的学界名流都在试图了解爱因斯坦思想洞见的时候，他却不像以前那样强烈渴望

---

[1] 引力场必须是静态的和同质的，加速必须是均匀的和直线的。

[2] Einstein, On the Relativity Principle and the Conclusions Drawn from It, *Jahrbuch der Radioaktivität and Elektronik*, Dec. 4, 1907, CPAE 2:47; Einstein to Willem Julius, Aug. 24, 1911.

第七章　最幸福的思想，1906—1909

成为大学教授了。信不信由你，他想到一所高中当老师。他对帮他找到专利局工作的格罗斯曼说："这种想法仅仅是出于一种强烈的愿望，即能够在更宽松的条件下继续我个人的科学工作。"

他甚至渴望回到曾经短期代人授课的温特图尔的技术学校。"这样做怎么样？"他问格罗斯曼，"我也许应该找个什么人亲自证明我作为教师和公民的极好品质很有价值？我会不会给他留下什么不好的印象呢（比如不是瑞士籍德国人，长着一副犹太人的面孔等）？"他写的几篇论文正在改变物理学的面貌，但他不知道这是否帮得上忙。"此时强调一下我的科学论文是否有意义呢？"[1]

在看到苏黎世一所高中招聘"数学和画法几何学教师"的广告之后，他也递交了申请，并声明："我也可以教物理。"他提交了包括那篇狭义相对论论文在内的迄今完成的所有论文。申请者共有21位，爱因斯坦甚至没有入围决赛。[2]

最终，爱因斯坦收敛了傲气，决定写一篇论文来应聘伯尔尼大学的无俸讲师。他对那里一位曾经资助过他的赞助人说："与您在市图书馆的谈话以及几位朋友的劝告，已经使我再次改变了自己的决定，我将尝试去申请伯尔尼大学的教职。"[3]

他提交的论文很快被接受了，这篇论文拓展了他关于光量子的革命性工作。1908年2月底，他成为无俸讲师。他终于爬上了学术界的墙壁，至少是外墙。但他的职位挣不来多少钱，也

---

[1] Einstein to Marcel Grossmann, Jan. 3, 1908.

[2] Einstein to the Zurich Council of Education, Jan. 20, 1908; Fölsing, 236.

[3] Einstein to Paul Gruner, Feb. 11, 1908; Alfred Kleiner to Einstein, Feb. 8, 1908.

没有重要到使他放弃专利局的工作。于是，他在伯尔尼大学的授课成了一件额外的事情。

1908年夏天，每到周四和周六早上7点钟，他就会讲授热理论。这门课程最初只有三个人参加——贝索和其他两位在邮政大楼工作的同事。到了冬季学期，他开始讲授辐射理论，这时又来了一位名为马克斯·斯特恩的学生。而到了1909年夏天，只有斯特恩还坚持听课，于是爱因斯坦取消了授课。此时，他已开始了教授的打扮，发型和衣着有悖于他喜欢随意的本性。[1]

克莱纳是苏黎世大学的物理教授，曾帮助爱因斯坦获得博士学位，也曾鼓励他申请无俸讲师一职。[2] 他还做过长时间的努力（1908年获得了成功），劝说苏黎世主管部门设立新的理论物理学职位以提高大学的声望。这并不是一个正教授职位，而是一个由克莱纳掌控的副教授职位。

对爱因斯坦来说，这个职位的意义是不言而喻的，但有一个障碍。克莱纳还想到了另一个候选人：他的助手阿德勒，一个面色苍白、充满激情的政治活动家，他和爱因斯坦在联邦工学院时就是朋友。阿德勒的父亲是奥地利社会民主党的领导人，阿德勒更喜欢政治哲学而不是理论物理学。所以1908年6月的一天早上，他去见了克莱纳。两人的结论是，爱因斯坦比阿德勒更适合这一职位。

在给父亲的一封信中，阿德勒记述了这次谈话，说爱因斯坦"不懂得如何与人相处"，曾经"遭到联邦工学院教授们的冷

---

[1] Flückiger, 117−121; Fölsing, 238; Maja Einstein, xxi.
[2] Alfred Kleiner to Einstein, Feb. 8, 1908.

遇"。但阿德勒说，他是天才，理应获得这一职位，而且很有希望获得。"他们为自己以前对待爱因斯坦的方式感到内疚。无论在这里还是在德国，都有人恶意诽谤，说这样一个人只能在专利局坐班。"[1]

阿德勒要让苏黎世主管部门以及所有人都知道，自己正急流勇退给朋友让路。"如果我们的大学能够得到像爱因斯坦这样的人，任命我就是荒谬的。"他写道。当时主管教育的政务会委员是一个社会民主党员，对他而言，这番话化解了政治矛盾。"斯特恩本来可能会喜欢阿德勒，因为他是党员，"爱因斯坦向贝索解释说，"但阿德勒关于他自己和我的说法使这成为不可能。"[2]

于是，1908年6月底，克莱纳专程从苏黎世到伯尔尼听爱因斯坦讲课。正如爱因斯坦所说，"讲得很蹩脚"。可惜，这次亮相并不出彩。"那次我讲得的确不太好，"爱因斯坦遗憾地对一位朋友说，"一方面我准备得不充分，一方面处于被考查的状态使我感到有些紧张。"克莱纳坐在那里，眉头紧锁地听着，下课之后他告诉爱因斯坦，他的讲课风格不足以使他升任教授。爱因斯坦平静地说，他认为这个职位"可有可无"。[3]

克莱纳回到苏黎世，说爱因斯坦"只顾唱独角戏"，"距离一名教师还有很长的路要走"。他的机会似乎已经渺茫。正像阿德勒对父亲说的那样，"情况就这样发生了变化，爱因斯坦前景

---

[1] Friedrich Adler to Viktor Adler, June 19, 1908; Rudolph Ardelt, *Friedrich Adler* (Vienna: Österreichischer Bundesverlag, 1984), 165–194; Seelig 1956a, 95; Fölsing, 247; Overbye, 161.

[2] Frank 1947, 75; Einstein to Michele Besso, Apr. 29, 1917.

[3] Einstein to Jakob Laub, May 19, 1909; Reiser, 72.

不妙"。爱因斯坦只能强作笑脸。"教授职位一事已成泡影，不过我没事，"他给一位朋友写信说，"即使没有我，那里的教师也足够了。"[1]

事实上，爱因斯坦的情绪十分低落，当他听说克莱纳对其授课技巧的批评已经在德国广为流传之后就更是沮丧。于是他写信给克莱纳，严厉谴责他"散布对我很不利的谣言"。他发现要找到一个正规的学术职位已很困难，而克莱纳雪上加霜的评价会使这一切更加成为泡影。

克莱纳的批评并非毫无道理。事实上，爱因斯坦从来也不是富有启发力的教师。一般认为，他的授课比较散乱。只是在名扬天下之后，他上课时的每一次支吾和磕绊才成为美谈。然而，克莱纳发了慈悲。他说如果爱因斯坦能够表现出"一定的教学能力"，他将乐于帮助其获得苏黎世的工作。

爱因斯坦在回信中表示，他将到苏黎世为当地的物理学会做一次正式的（大概也是做了充分准备的）讲演。1909年2月，他做了这次讲演。"我很幸运，"这之后不久爱因斯坦说，"与往常不同，那次我讲得很好。"[2]当他后来拜访克莱纳时，教授明确表示他很快会获得这份工作。

爱因斯坦回到伯尔尼之后没几天，克莱纳就向苏黎世大学的全体教员提交了他的正式推荐信。"爱因斯坦当属最重要的理论物理学家之一，自从他关于相对性原理的工作发表之后就已得到公认。"他写道。至于爱因斯坦的教学能力，他尽可能客气地

---

[1] Friedrich Adler to Viktor Adler, July 1, 1908; Einstein to Jakob Laub, July 30, 1908.

[2] Einstein to Jakob Laub, May 19, 1909.

第七章 最幸福的思想，1906—1909

说，改进的时机已经成熟："爱因斯坦博士也能证明他作为教师的价值。他才智出众，认真负责，在必要时不会不听取建议。"[1]

有些教员认为，爱因斯坦的犹太人身份是一个潜在的问题，但克莱纳使他们确信，爱因斯坦不会表现出那些与犹太人联系在一起的"令人不快的性格特征"。他们的结论是当时愈演愈烈的反犹主义的生动写照：

> 不论是对于委员会还是所有教员，我们的同事克莱纳基于数年私人接触所做的表述都颇具价值，因为爱因斯坦博士是一个犹太人，而学者们有一种根深蒂固的看法认为，犹太人有各种令人不快的性格特征，比如胡搅蛮缠、莽撞无礼、如店老板一般对自己的学术职位精打细算和谋取私利等，在许多情况下确实如此。但另一方面，或许有些犹太人的品性并没有那么糟糕。因此，仅仅因为一个人是犹太人就剥夺他的资格并不妥当。事实上，我们偶尔也能发现一些非犹太学者，在用他们的学术职位牟利方面表现出了通常被认为是犹太人的典型特征。因此，无论是委员会还是所有教员都认为，把反犹主义当作考核标准与其尊严并不相符。[2]

秘密投票于1909年3月底进行，结果是十票赞成，一票弃权。在使物理学发生革命5年之后，爱因斯坦终于第一次升任

---

[1] Alfred Kleiner, report to the faculty, Mar. 4, 1909; Seelig 1956a, 166; Pais 1982, 185; Fölsing, 249.

[2] Alfred Kleiner, report to faculty, Mar. 4, 1909.

153　教授。不幸的是，他的薪水要低于专利局，所以他拒绝了。最后，苏黎世主管部门提高了薪水，爱因斯坦接受了，随即从专利局辞职。"现在，我也成了出卖才能者行会的一名正式成员了。"他对一位同事兴高采烈地说。[1]

　　爱因斯坦被任命的消息上了报纸。这则消息被一名女士看到了，她叫安娜·迈尔-施密特，是巴塞尔的一个家庭主妇。十年前，当她还是一个17岁的小女孩时，她曾与爱因斯坦见过面，那时爱因斯坦和妈妈正在天堂旅馆（Hotel Paradies）度假。在爱因斯坦眼里，大多数客人都显得那么俗气和缺乏教养，但他却对安娜另眼相看。他甚至还在她的签名簿上题了一首小诗："我给你题写什么好／我会想起许多事情／其中也有／在可爱的小嘴上亲一亲／若你因此而生气／可不要马上就哭闹／最好的惩罚是——／还给我一个亲吻。"署名是"你调皮捣蛋的朋友"。[2]

　　安娜寄给爱因斯坦一张明信片表示祝贺，爱因斯坦做了礼节性的但又稍具暗示的回复。"在天堂旅馆，我在您身边度过了几个星期美好的时光，对这段时间我所珍藏的记忆甚至可能比您还多，"他写道，"是的，我现在已经成了一个出名的教书匠了，甚至报纸都会提到我的名字。不过我仍然是个单纯的家伙。"他说他已经娶了大学时的朋友米列娃，但他给了安娜他的办公地址。"如果您碰巧来苏黎世并且有时间，请到那里来看我，我会非常高兴。"[3]

　　不论爱因斯坦写这封回复希望表达的是天真还是暗示，安娜

---

[1] Einstein to Jakob Laub, May 19, 1909.
[2] Einstein, verse in the Album of Anna Schmid, Aug. 1899, CPAE 1:49.
[3] Einstein to Anna Meyer-Schmid, May 12, 1909.

第七章 最幸福的思想，1906—1909

显然做了后一种理解。她写了一封回信，但被米列娃截获了。米列娃醋意大发，随即给安娜的丈夫写了封信，声称（更多是盼望而非真实）爱因斯坦对安娜"不妥的书信"和企图明目张胆地重新激起一种暧昧关系大为光火。

爱因斯坦最后不得不给安娜的丈夫写了封信来息事宁人。"非常抱歉，由于我做事大大咧咧，给您带来了痛苦，"他写道，"您的夫人在我获得任命之际给我寄来了贺卡，而我的回信用词过分亲密了，从而唤起了我们之间的旧情。不过，我的信并未掺杂任何非分之想。我对您的夫人极为尊敬，她的行为是非常得体的。错的是我的妻子，她的这种做法只是出于极端的嫉妒，这也情有可原，但她这样做我并不知晓。"

虽然这场风波就此平息，但它标志着爱因斯坦与米列娃关系的一个转折。在爱因斯坦看来，那股浓浓的嫉妒之情正在使米列娃变得愈发阴郁。数十年之后，他仍然对米列娃的行为心怀怨恨，他给安娜的女儿写信，恶狠狠地说，他妻子的嫉妒是一个"丑八婆"所特有的病态缺陷。[1]

米列娃的确有点嫉妒。她不仅怨恨丈夫与其他女人调情，而且对他与男同事们长时间在一起也心存不满。现在爱因斯坦已俨然成为教授，她产生了一种职业上的妒羡。由于她本人的科学事业于中途受挫，这是可以理解的。"他如今声名大噪，已经没有多少时间陪伴妻子了，"她对朋友萨维奇说，"你写道，我一定很妒羡科学。但你能怎么做呢？一个人得到了珍珠，另一

---

[1] Mileva Marić to Georg Meyer, May 23, 1909; Einstein to Georg Meyer, June 7, 1909; Einstein to Erika Schaerer-Meyer, July 27, 1951; Highfield and Carter, 125; Overbye, 164.

个人只得到了珍珠匣子。"

米列娃尤其担心丈夫的名气会使他变得更加冷漠和自我。"对于他的成功,我很高兴,因为这是他实际应得的,"她在另一封信中说,"我只希望,名气不会损害他人性的一面。"[1]

从某种意义上说,米列娃的顾虑是没有根据的。甚至在名望与日俱增之时,爱因斯坦也一直保持着朴素的人格和自然真挚的性情,至少在外表上是温和谦恭的。但是从另一个参照系来看,他的人性一面的确有所转变。1909年前后,他开始疏远妻子。对约束和牵绊的抗拒越来越使他躲进自己的工作中,而对他所谓的"纯个人"领域则采取一种漠然置之的态度。

爱因斯坦快要离开专利局时曾经收到过一个大信封,里面有一张优雅的信笺纸,上面涂满了像是拉丁语书法之类的文字。由于看起来很古怪而且笔调冷漠,他随手将信丢进了废纸篓。事实上,这是寄给他的众多邀请函中的一封,希望在1909年7月举行的日内瓦大学建校典礼上授予他荣誉博士学位。爱因斯坦的一个朋友最终说服他参加了典礼。爱因斯坦头戴草帽,身穿便服,扮相相当奇怪。无论是在游行中,还是在当晚奢华的正式晚宴中,他都非常惹人注目。爱因斯坦觉得整个场面很好笑,他转向坐在身旁的绅士,谈起当年筹建日内瓦大学的那位伟大的新教改革领袖。"你知道如果加尔文在这里会怎么做么?"那位绅士一脸迷惑地摇了摇头。爱因斯坦回答说,"他会竖起一根巨大的火刑柱,因我们罪恶的奢侈而把我们都烧死。"爱因

---

[1] Mileva Marić to Helene Savić, late 1909, Sept. 3, 1909, in Popović, 26—27.

斯坦后来回忆说:"那个人再也没有跟我说一个字。"[1]

光可以既是波又是粒子

同样是在1909年夏末,爱因斯坦应邀出席在萨尔茨堡召开的自然研究者(*Naturforscher*)年会,这是德语区科学家最重要的会议。会议组织者将相对论和光的量子性都列入了议程,他们本来期望爱因斯坦能够就相对论发表看法。但爱因斯坦却认为另一个问题更迫切,即如何解释量子,并把它与麦克斯韦所表述的优雅的光的波动理论相协调。

1907年年底,爱因斯坦产生了"最幸福的思想",即通过引力与加速的等效来推广相对论。此后,他将这一问题搁置起来,转而研究他所谓的"辐射问题"(即量子理论)。他越是思考那种"启发式的"思想,即光由量子构成,或由不可见的能量包构成,就越是担心他和普朗克已经发动了一场摧毁整个经典物理学基础(特别是麦克斯韦方程)的革命。"我之所以得出这个悲观的看法,主要是因为用一种直观的方法来解释……普朗克常量的各种努力是没有止境的和徒劳无益的,"他1908年年初给一位物理学同事写信说,"我甚至极为怀疑,坚持麦克斯韦方程的普遍有效性是否可能。"[2]后来的事实表明,他并没有错爱麦克斯韦方程。麦克斯韦方程属于极少数没有被爱因斯坦直接创立的相对论和间接发动的量子革命所改变的理论物理学要素。

---

[1] Seelig 1956a, 92;Dukas and Hoffmann, 5—7.
[2] Einstein to Arnold Sommerfeld, Jan. 14, 1908. 感谢耶鲁大学的斯通教授在关于量子的早期工作方面提供的帮助。

那时爱因斯坦仍然没有正式升任教授。当他1909年9月出席萨尔茨堡会议时，他终于见到了普朗克以及其他仅有书信来往的巨头们。第三天下午，他当着上百位著名科学家的面发表了讲演，量子力学的先驱沃尔夫冈·泡利后来称这是"理论物理学发展史上的一座里程碑"。

爱因斯坦一开场就解释了光的波动说如何不再完备。他说，与牛顿的假设类似，光（或辐射）也可以被看成一束能量粒子或能量包。"光具有某些基本属性，要解释这些属性，牛顿的光的发射论观点要比光的波动说好得多，"他宣称，"因此我认为，理论物理学的下一个发展阶段将给我们带来这样一种光学理论，它可以认为是光的波动说和发射论的某种融合。"

他警告说，将微粒说与波动说结合起来将会引起"一场深刻的变革"。他担心这不是好事，因为它将破坏经典物理学内在的确定性和决定论。

爱因斯坦曾一度认为，如果接受普朗克对量子的更为狭义的诠释，那么这样一种命运或许可以避免。普朗克认为，量子只是关于辐射如何被发射和被表面吸收的特征，而不是关于实际的光波在空间传播的特征。他问："至少保留关于辐射传播的方程，而只对发射和吸收的过程做不同理解，这是否可能呢？"但在将光的行为与气体分子的行为进行比较之后（就像他在1905年光量子论文中所做的那样），爱因斯坦不得不下结论说，这是不可能的。

结果，爱因斯坦说，必须认为光既像振动的波，又像粒子束。他在演讲的最后宣布："辐射同时表现出来的这两种结构特性，不应当认为是彼此不相容的。"[1]

就这样，经过深思熟虑，爱因斯坦第一次宣布了光的波粒二象性，这与他早年的理论突破具有同样深刻的内涵。"有可能将能量子与辐射的波动原理结合起来吗？"他愉快地给一个物理学家朋友写信说，"现象与此不合，但万能的上帝（似乎）自有办法。"[2]

爱因斯坦的演讲结束后，普朗克亲自主持了讨论，气氛十分热烈。普朗克仍然不愿接受隐藏在他九年前发明的数学常量背后的物理实在，也不愿接受爱因斯坦所预想的革命性结论，他现在成了旧秩序的维护者。他承认，辐射包含着离散的"量子，它被认为是作用的原子"。但他认为这些量子只是作为辐射被发射或吸收过程的一部分而存在。"现在的问题是到哪里去寻找这些量子，"他说，"根据爱因斯坦先生的说法，必须设想真空中的自由辐射，也即光波本身是由原子般的量子构成的，从而迫使我们放弃麦克斯韦方程。在我看来，这一步似乎还没有必要。"[3]

不出20年，爱因斯坦也会扮演类似的角色去维护旧的秩序。事实上，他已经在想方设法解决由量子理论所引发的奇特

---

[1] Einstein lecture in Salzburg, On the Development of Our Views Concerning the Nature and Constitution of Radiation, Sept. 21, 1909, CPAE 2:60; Schilpp, 154; Armin Hermann, *The Genesis of the Quantum Theory* (Cambridge, Mass.: MIT Press, 1971), 66—69.

[2] Einstein to Arnold Sommerfeld, July 1910. 正如爱因斯坦的朋友霍夫曼在《量子史话》(*The Strange Story of the Quantum*, New York: Dover, 1959) 中讽刺说："他们只能勉为其难，四处蹀步，并且愁眉不展地抱怨说，他们不得不在星期一、星期三、星期五把光看成波，星期二、星期四、星期六把光看成粒子，星期天则只是祷告。"

[3] Discussion following, Sept. 21, 1909, lecture in Salzburg, CPAE 2:61.

难题了。"我非常希望我能解决辐射问题,我将在不假设光量子的情况下做这件事。"他给一位共事的年轻物理学家写信说。[1]

至少在当时,这实在太神秘了。随着他升任欧洲德语区大学的教授,他又把注意力转回到相对论这一专属于他的主题,从而暂时逃离量子奇境。他曾向一位朋友悲叹道:"量子理论越是成功,就越显得愚蠢。"[2]

---

[1] Einstein to Jakob Laub, Nov. 4 and 11, 1910.
[2] Einstein to Heinrich Zangger, May 20, 1912.

第八章 奔波的教授，1909—1914

苏黎世，1909 年

爱因斯坦 17 岁时，满怀信心地考取了苏黎世联邦工学院，见到了他未来的妻子米列娃。时光荏苒，1909 年 10 月，爱因斯坦已是而立之年，他又回到了这个城市，在与联邦工学院毗邻的苏黎世大学任副教授。

这次返乡至少暂时使他们的关系有所恢复。米列娃对重返最初的爱巢兴奋异常。一个月后，她又一次怀孕了。

他们惊喜地发现，阿德勒夫妇也住在他们这座公寓大楼里。现在，这两对夫妇走得更近了。"他们都不拘于传统，"阿德勒带着赞许给父亲写信说，"通过与爱因斯坦深入交谈，我越来越认识到我对他的好评是公正的。"

到了晚上，爱因斯坦与阿德勒经常在一起讨论物理学和哲学。为了不受孩子或配偶打扰，他们往往会去这座三层建筑的顶楼讨论。阿德勒向爱因斯坦介绍了皮埃尔·迪昂的著作，他已经将迪昂的《物理学理论的目的与结构》（*La Théorie Physique, son objet et sa structure*）译成了德文。针对理论与实验证据之间的关系，迪昂提出的观点比马赫更具整体论色彩。这种观点似乎影响了爱因斯坦的科学哲学。[1]

阿德勒特别佩服爱因斯坦独立思考的能力。他告诉父亲，爱因斯坦有一种不受他人所左右的品质，反映出内心的自信而非傲慢。"我们就许多物理学家甚至无法理解的一些问题取得了共识。"阿德勒自豪地说。[2]

爱因斯坦劝阿德勒埋头钻研科学，不要参与政治。"耐心一点，"他说，"总有一天，你肯定会接替我在苏黎世（大学）任教。"（爱因斯坦认为自己将会转到一个更有名的大学。）但阿德勒没有听从，执意担任社会民主党报的编辑。爱因斯坦感到，效忠于一个党派就意味着放弃了某种思想的独立性，这种顺从使他感到惶惑。"一个这样睿智的人如何可能会效忠于一个政党，这在我看来是完全不可思议的。"爱因斯坦后来这样悼念阿德勒。[3]

在苏黎世，爱因斯坦还见到了老同学格罗斯曼。格罗斯曼当年曾把笔记借给他，并帮他找到专利局的工作。如今，格罗

---

[1] 关于迪昂对爱因斯坦的影响，唐·霍华德的研究最为出色，也最具原创性。参见 Howard 1990a, 2004。

[2] Friedrich Adler to Viktor Adler, Oct. 28, 1909, in Fölsing, 258.

[3] Seelig 1956a, 97.

斯曼已是苏黎世联邦工学院的数学教授。爱因斯坦经常在午饭后拜访格罗斯曼,就一些复杂的几何和微积分运算寻求他的帮助,以把相对论拓展成更加一般的场论。

爱因斯坦甚至与联邦工学院的另一位著名数学教授胡尔维茨结下了友谊。当年,爱因斯坦经常逃胡尔维茨的课,胡尔维茨也曾断然拒绝爱因斯坦的工作请求。每逢周日,胡尔维茨家会举行音乐会,爱因斯坦则成了那里的常客。一天散步时,胡尔维茨说他女儿有一道数学作业题弄不明白,爱因斯坦下午便去帮她解决了这个问题。[1]

正如克莱纳所预言的,爱因斯坦的教学能力已经有所提高。虽然他不是一个举止优雅、衣冠楚楚的老师,但这种不拘小节也会成为他的优势。"他上衣很破,裤子有些短,坐下来开始上课,看到这些我们将信将疑。"曾经在苏黎世大学听过爱因斯坦许多课程的汉斯·坦纳回忆说。爱因斯坦没有讲义,只有一张卡片大小的写满字的纸条。他边说边想,不紧不慢地提出自己的观点,学生们细细地观察着这一切。"我们见识了他的推理技巧,"坦纳说,"相比于那些讲求完美的授课方式,我们肯定更欣赏这种。"

在讲课过程中,爱因斯坦不时停下来问学生们是否跟得上,也允许学生们打断他。"在当时,老师与学生之间的这种热情互动并不常见。"另一位听过课的学生阿道夫·菲什说。他休息时,有时会让学生们围坐在他身旁聊天。"偶尔一时兴起,还会抓住学生的胳膊讨论。"坦纳回忆说。

在一次上课时,爱因斯坦忽然想不起一项计算应当如何进行

---

[1] Seelig 1956a, 113.

了。"一定是哪个该死的数学变换，我一下想不起来了，"他说，"在座的有谁能看出来吗？"毫不奇怪，没有人看得出来。爱因斯坦接着说："那么我们跳过1/4页，不再浪费时间。" 10分钟后，爱因斯坦在讲解别的内容时停下来喊道："我知道了。"正如坦纳后来赞叹的："虽然他的讨论主题复杂多变，他仍能抽出时间反思那一特殊数学变换的实质。"

在晚间快要下课时，爱因斯坦经常会问："谁打算去露台咖啡馆（Café Terasse）？"就这样，一个非正式群体组成了。他们在露台上一边眺望着利马特河（Limmat River）一边交谈，直到咖啡馆打烊为止。

有一次，爱因斯坦问学生们有谁想去他的寓所。"今天早上我收到了普朗克寄来的研究论文，其中肯定有错误，"他说，"我们可以一起读它。"坦纳和另一个学生接受了邀请，随他一起到了家，然后立刻开始审读普朗克的论文。"我去准备咖啡，看看你们能否发现其中的错误。"他说。

过了一会儿，坦纳喊道："您一定弄错了，教授先生，这里面没有错误。"

"看，错误在这儿呢，"爱因斯坦指着一些不一致的数据说，"因为如若不然，某某东西就会变成某某东西。"这正是爱因斯坦卓越才能的一个生动例证，他可以透过一个复杂的数学方程（在别人看来这仅仅是一种抽象），看出其背后隐藏的物理实在。

坦纳呆住了。他提议："我们写信给普朗克教授，向他指出这个错误。"

爱因斯坦这时已经变得更加圆通，特别是对普朗克和洛伦兹这样的偶像式人物。"我们不要告诉他犯了一个错误，"他说，

"结果是正确的,但证明错了。我们只需写信告诉他实际证明应当是怎样的。重要的是内容,而不是数学。"[1]

虽然爱因斯坦曾经研制过测量电荷的机器,但他已经成了一位实打实的理论物理学家而不是实验物理学家。第二年,有人希望由他来指导实验室工作,他很恐慌。他告诉坦纳说,自己几乎不敢"拿起一件仪器,因为担心它会爆炸"。他向另一位著名教授坦言:"我对实验室的恐惧由来已久。"[2]

1910年7月,爱因斯坦即将在苏黎世大学待满一年,这时米列娃(艰难地)生下了第二个儿子,名叫爱德华,小名泰特(Tete),然后一连病了几个星期。医生认定她劳累过度,建议爱因斯坦多挣些钱雇一个女仆。米列娃很生气,她本能地庇护起爱因斯坦来。"我丈夫的工作已经把他累个半死了,这难道不是明摆着吗?"她说。最后,米列娃的妈妈不得不从诺维萨德赶来帮忙。[3]

虽然爱因斯坦有时对两个儿子显得比较疏远,特别是对精神疾病越来越重的爱德华,但在他们小的时候,爱因斯坦的确在努力做一个好父亲。"当妈妈忙于家务时,爸爸会放下工作,一连几小时照看我们,把我们放在膝上摇来摇去,"汉斯·阿尔伯特后来回忆说,"我记得他会给我们讲故事,还经常拉小提琴使我们安静下来。"

作为思想家(如果不是作为家长),他有一种排除一切干扰的能力。对他而言,这种干扰有时也包括他的孩子和家庭。"甚

---

[1] Seelig 1956a, 99—104; Brian 1996, 76.
[2] Seelig 1956a, 102; Einstein to Arnold Sommerfeld, Jan. 19, 1909.
[3] Overbye, 185; Miller 2001, 229—231.

至婴儿的大声哭闹都打扰不了爸爸，"汉斯·阿尔伯特说，"他能够继续自己的工作，完全不受噪声的影响。"

一天，来访的学生坦纳发现，爱因斯坦正在书房专心研究一叠论文。他右手写字，左手抱着爱德华。汉斯·阿尔伯特正在一旁玩着砖块，想引起他的注意。"等等，我马上就看完了。"爱因斯坦边说边把爱德华交给坦纳，然后继续演算他的方程。坦纳说："这使我窥见了他巨大的专注力。"[1]

布拉格，1911年

1910年3月，爱因斯坦收到了一封信，邀请他出任布拉格大学（德语）[2]的正教授。这是一份声望更高的工作，无论是大学还是学术地位都上了一层。然而，从熟悉而友好的苏黎世搬到不那么舒适的布拉格有可能会导致家庭破裂。对爱因斯坦来说，职业上的考虑要重于个人事务。

在家里，他的日子又一次难熬了起来。"您注意到我心情不好，但这与您没有关系，"他给居住在柏林的妈妈写信说，"跟别人唠叨那些让我们沮丧和不快的事情，对克服它们毫无帮助。自己的问题只能自己解决。"

而科学工作则给他带来了极大的愉快，新的可能的机遇使他

---

[1] Hans Albert Einstein interview, *Gazette and Daily* (York, Pa.), Sept. 20, 1948; Seelig 1956a, 104; Highfield and Carter, 129.

[2] 布拉格大学是德语区最古老的大学。1882年，因为捷克民族主义者势力日涨，被迫分成两所大学，一个是捷克语的，另一个是德语的，尽管它们还享有一些共同的科系。正式的名称应为"卡尔-菲迪南大学"（德语）。另一所则相应为"卡尔-菲迪南大学"（捷克语）。——译者注

第八章　奔波的教授，1909—1914

异常兴奋。"我很可能会得到一所较大的大学的正教授职位，那里的薪水要比现在高出不少。"[1]

关于爱因斯坦可能离校的传言在苏黎世大学不胫而走。他的15位学生写了一封请愿书，敦促主管部门能够"尽你们所能，将这位出色的研究人员和教师留在我们学校"。他们强调了在"这个新设立的理论物理专业"拥有一名教授的重要性，并对爱因斯坦大加称赞。"爱因斯坦教授有一种惊人的才能，他能够把最难理解的理论物理学问题讲得清晰易懂，我们都很喜欢上他的课，而且他很善于和听众建立一种和谐融洽的关系。"[2]

苏黎世的主管部门很想留住他，便把他的薪水从目前的4500法郎（与专利审查员的薪水持平）提高到5500法郎。[3]而那些试图诱使他去布拉格的人则捏着一把汗。

布拉格大学教务部已经把爱因斯坦定为首选，并将报告上呈维也纳教育部。（布拉格当时属于奥匈帝国的一部分，这样一种任命必须得到弗朗茨·约瑟夫皇帝及其幕僚的首肯。）泰斗式人物普朗克还为此写了充满溢美之词的推荐语。爱因斯坦的相对论"在胆识上或许超出了思辨科学迄今为止已经取得的一切成就，"普朗克宣称，"这一原理已经给我们关于世界的物理图景带来了一场革命，只有哥白尼所带来的革命可与之比肩。"普朗克还颇有预见地评论道："与此相比，非欧几何只不过是小孩

---

[1] Einstein to Pauline Einstein, Apr. 28, 1910.
[2] Student petition, University of Zurich, June 23, 1910, CPAE 5:210.
[3] 相当于1909年的1057美元，考虑通胀因素后折合为2006年的23700美元。

的游戏。"[1]

有了普朗克的认可，事情本来应该没有悬念了。然而事实并非如此。教育部更倾向于一个二流候选人古斯塔夫·尧曼，因为他有两个优势：首先，他是奥地利人；其次，他不是犹太人。"我没有得到去布拉格的通知，"爱因斯坦8月向一位朋友抱怨，"我已经被系里提名，但由于我的犹太血统，教育部不批准。"

然而，尧曼很快就发现自己是系里的第二选择。他坐不住了。"如果爱因斯坦是因为取得了更大成就而被提名为首选，"他宣称，"那么我将不会与一所只追求时髦而不论是非的大学为伍。"就这样，到了1910年10月，爱因斯坦可以安心地宣布，他本人的任命"几乎没有悬念了"。

最后一道障碍也与宗教有关。身为犹太人是不利因素，身为一个宣称不属于任何宗教派系的无信仰者则要被剥夺资格。包括教授在内，帝国要求其所有臣民都信仰某种宗教。而在正式表格里，爱因斯坦填的是无信仰。"在这方面，爱因斯坦天真得就像个孩子。"阿德勒的妻子说。

结果，爱因斯坦对工作的渴望还是胜过了执拗的不切实际。他答应把"摩西的（犹太教）"（Mosaic）写为他的信仰，也接受了奥匈帝国国籍，条件是自己同时也是瑞士公民。加上他已经放弃但不久又会被强加的德国国籍，他在32岁之前已经陆陆续续获得了3个国籍。1911年1月，爱因斯坦被正式授予这一职位，薪水相当于最近提薪之前水平的两倍。他同意当年3月搬

---

[1] Repeated in lecture by Max Planck, Columbia University, Spring 1909; Pais 1982, 192; Fölsing, 271.

到布拉格。[1]

爱因斯坦还有两位以前从未谋面的科学偶像——马赫和洛伦兹，在搬往布拉格之前，爱因斯坦见到了他们两位。他在到维也纳向部长们做正式陈述时，拜望了住在维也纳郊区的马赫。这位年事已高的物理学家鼓吹经验论，他深深地影响了奥林匹亚科学院，并且帮助爱因斯坦培养了一种怀疑论，对绝对时间等无法观察的概念保持怀疑。马赫胡须浓密，性情乖戾。"请大声跟我说话，"爱因斯坦进屋时他吼道，"我不仅性格惹人讨厌，而且还是个聋子。"

爱因斯坦试图说服马赫相信原子的实在性。长期以来，马赫一直把原子斥为人类心灵的虚构，无法直接观察到。"倘若通过假设气体原子的存在，我们能够预言该气体的一种可观察的特性，而不基于原子论就做不出这种预言，"爱因斯坦问道，"那么你是否会接受这一假说？"

"倘若借助于原子假说，我们可以在一些可观察特性之间实际建立起联系，而不这样做这些特性就会保持孤立，那么我会说，这一假说是'经济的'。"马赫勉强地回答道。

虽然没有完全接受，但这对爱因斯坦已经足够了。"爱因斯坦此刻心满意足。"他的朋友弗兰克说。然而，爱因斯坦已经渐渐开始摆脱马赫那种针对任何不基于直接观测数据的实在理论

---

[1] Einstein to Jakob Laub, Aug. 27, Oct. 11, 1910; Count Karl von Stürgkh to Einstein, Jan. 13, 1911; Frank 1947, 98−101; Clark, 172−176; Fölsing, 271−273; Pais 1982, 192.

的怀疑论。弗兰克说，他产生了"对马赫主义哲学的某种厌恶"。[1]这正是一次重要转变的开始。

在搬往布拉格前夕，爱因斯坦到荷兰莱顿去拜望洛伦兹，米列娃也一同随行。洛伦兹曾经提出运动系统中发生的变换和收缩，但没有实现爱因斯坦在相对论中完成的概念飞跃。洛伦兹夫妇邀请他们到家中小住。爱因斯坦写信说，他希望谈谈"辐射问题"，并说："我希望事先使您明确一点，我并不像您所认为的那样，宣扬正统的光的量子化学说。"[2]

爱因斯坦把洛伦兹当成偶像由来已久。出访之前，他给一位朋友写信说："我对这个人的钦佩超出了其他所有人；或者可以说，我热爱他。"他们最终见面时，这种感情又得到了进一步深化。他们在周六晚上彻夜长谈，讨论像温度与导电性的关系这样的问题。

洛伦兹认为爱因斯坦在一篇光量子论文中犯了一个小小的数学错误，但事实上，正如爱因斯坦所说，它只是"从前的一个笔误"，在那里漏掉的一个"$\frac{1}{2}$"已经在后来补入。[3]洛伦兹的热情好客与"科学激励"使爱因斯坦深受感动。在接下来的一封信中，爱因斯坦的这种感激之情溢于言表。"您待人如此善良和宽厚，以至于在您家里的这段时间，我压根没想到我对这份盛情和殊荣是受之有愧的。"[4]

---

[1] Frank 1947, 104. 弗兰克的书中说这次拜访发生在 1913 年，但它实际上发生在 1910 年 9 月，那时爱因斯坦正在维也纳准备布拉格大学教授职位的官方面试。参见 CPAE 5 (German version)，p. 625 的注释。

[2] Einstein to Hendrik Lorentz, Jan. 27, 1911.

[3] Einstein to Jakob Laub, May 19, 1909.

[4] Einstein to Hendrik Lorentz, Feb. 15, 1911.

第八章 奔波的教授，1909—1914

用派斯的话说，"在爱因斯坦的人生中，洛伦兹的形象就像慈父一般"。拜访洛伦兹使爱因斯坦深感愉快，此后只要有机会，他就会回到洛伦兹在莱顿的书斋。他们的同事埃伦菲斯特生动地描述了他们会面的气氛：

> 舒适的安乐椅被细心周到地推到大工作台旁，以便其尊贵的客人落座。洛伦兹递出一根雪茄，然后开始平静地表述有关爱因斯坦引力场中光线弯曲理论的问题……爱因斯坦一边坐在安乐椅上屏息倾听，一边吧嗒吧嗒抽着烟斗。当洛伦兹讲完之后，爱因斯坦俯身拿起洛伦兹写有数学公式的纸条。烟抽完了，爱因斯坦若有所思地用手捻着右耳上方的一绺头发。洛伦兹坐在那里，微笑地看着完全陷入沉思的爱因斯坦，有如父亲对待心爱的儿子。他完全相信这个年轻人能够解决他所提出的难题，但渴望看到他会如何解决。忽然间，爱因斯坦的头抬了起来，眉宇间透着快乐，他找到答案了。于是，经过短暂的你来我往、互不相让，经由不解到澄清，再到完全达成一致，新理论的熠熠光辉终于在两人眼中闪现出来。[1]

1928年，洛伦兹去世。爱因斯坦在悼词中说："我站在我们这个时代最伟大、最高贵的人的墓前。" 1953年，爱因斯坦为纪念洛伦兹一百周年诞辰会议写了一篇文章，评述其重要工作。"这位卓越的人物讲出来的，总是像杰出的艺术品一样明晰和美

---

[1] Pais 1982, 8; Brian 1996, 78; Klein 1970a, 303. 埃伦菲斯特的描述来自他对洛伦兹的一篇颂词草稿。

丽，"他写道，"对我个人来说，他比我一生中碰到的任何人都要重要。"[1]

米列娃对搬到布拉格很不高兴。"我不愿意去那里，那里不会给我多少快乐。"她给朋友写信说。但是一开始，他们在那里的生活是很不错的，直到城市的肮脏和势利变得让他们难以忍受。他们的房子第一次用上了电灯，而且也雇得起女仆。"这儿的人由于命运不同，有的趾高气扬，有的穷要面子，有的低三下四，"爱因斯坦说，"其中很多人还有点温文尔雅。"[2]

在布拉格大学的办公室，爱因斯坦可以俯瞰一个美丽的公园，它绿树成荫，花草修葺齐整。早上公园里聚集的都是女人，下午则都是男人。爱因斯坦注意到，有些人独自行走，好像在沉思着什么；另一些人则三五成群，指手画脚争论着什么。爱因斯坦向别人打听这是怎么回事。原来，这个公园属于一个精神病院。爱因斯坦后来对朋友弗兰克苦笑着说："那些人是没有受量子理论折磨的精神病患者。"[3]

爱因斯坦一家结识了一位有很高修养的女士贝莎·范塔，她为布拉格的犹太知识分子举办了一个家庭文学音乐沙龙。爱因斯坦是理想的受邀对象：学界新星，既希望演奏小提琴，也愿意讨论休谟和康德。年轻的作家卡夫卡和他的朋友马克斯·布罗德也是此沙龙的常客。

---

[1] Einstein, Address at the grave of Lorentz (1928), in Einstein 1954, 73; Einstein, Message for hundredth anniversary of the birth of Lorentz" (1953), in Einstein 1954, 73. 亦参见 Bucky, 114。

[2] Mileva Marić to Helene Savić, Jan. 1911 in Popović, 30; Einstein to Heinrich Zangger, Apr. 7, 1911.

[3] Frank 1947, 98.

第八章　奔波的教授，1909—1914

在《第谷·布拉赫的救赎》（*The Redemption of Tycho Brahe*）一书中，布罗德以爱因斯坦为原型来塑造约翰内斯·开普勒这一人物，尽管他有时否认这一点。（开普勒是一位卓越的天文学家，曾于1600年在布拉格担任第谷的助手。）开普勒全然投身于科学工作，总是愿意抛弃常规想法。但在个人领域，他因其沉思超然的气质而不致"感情失常"。"他没有心，因此对世界没有什么好怕的，"布罗德写道，"他无法产生情感或爱。"这部小说面世之后，科学家瓦尔特·能斯特对爱因斯坦说："你就是开普勒。"[1]

这有些言过其实。虽然爱因斯坦有时会显得不合群，但在回到苏黎世和伯尔尼之后，他与不少人都结下了亲密的友谊，形成了良好的人际关系，特别是一些思想家和科学家同道。埃伦菲斯特就是其中一位。这位年轻的犹太物理学家来自维也纳，在圣彼得堡大学执教，但由于背景不同，他在那里觉得很受排挤。1912年年初，他开始游历欧洲寻找新的工作，在前往布拉格的路上遇到了爱因斯坦，此前他们一直通信讨论引力和辐射。"请您一定在我家住下，这样我们可以充分利用时间。"爱因斯坦回信说。[2]

1912年2月的一个星期五下午，天正下着雨，当埃伦菲斯特到达布拉格时，爱因斯坦正抽着烟斗，和米列娃在车站等他。他们进了一家咖啡厅，就欧洲的各大城市聊了一番。而米列娃一离席，讨论就转向了科学，特别是统计力学。在去爱因

---

[1] Max Brod, *The Redemption of Tycho Brahe*（New York: Knopf, 1928）; Seelig 1956a, 121; Clark, 179; Highfield and Carter, 138.

[2] Einstein to Paul Ehrenfest, Jan. 26, Feb. 12, 1912.

斯坦办公室的路上，他们也继续交谈。"在前往研究所的路上，我们讨论了统计力学的方方面面。"埃伦菲斯特在他的布拉格周记中写道。

埃伦菲斯特是一个沉默寡言、缺乏安全感的人，但他对友谊的渴望以及对物理学的热爱使他很容易与爱因斯坦成为朋友。[1]他们都渴望就科学进行讨论。爱因斯坦后来说："几小时后，我们似乎已经成为天生的一对朋友。"第二天，他们继续进行激烈讨论，爱因斯坦解释了他推广相对论的种种努力。星期天晚上则稍事休息，他们演奏约翰内斯·勃拉姆斯的作品，埃伦菲斯特弹钢琴，爱因斯坦拉小提琴，7岁的汉斯·阿尔伯特演唱。"是的，我们将成为朋友，"埃伦菲斯特在当晚的日记中写道，"这真让人幸福。"[2]

爱因斯坦已经在盘算离开布拉格了，他建议埃伦菲斯特日后接替他的位置。但埃伦菲斯特"坚决否认有任何宗教派系（religious affiliation）"，爱因斯坦悲叹道。爱因斯坦曾经做出妥协，在正式文件上写下"摩西的（犹太教）"，而埃伦菲斯特却已经放弃犹太教，也不愿承认其他信仰。"您顽固地拒不承认有任何宗教派系着实使我为难，"爱因斯坦4月写信给他说，"为了您的孩子放弃这一点吧。毕竟，在您成为这里的教授之后，您可以

---

[1] Einstein, Paul Ehrenfest: In Memorium, 1934年为一份莱顿年鉴而作，重印于Einstein 1950a, 132。

[2] Klein 1970a, 175－178; Seelig 1956a, 125; Fölsing, 294; Clark, 194; Brian 1996, 83; Highfield and Carter, 142.

恢复这种奇特的嗜好。"[1]

皆大欢喜的是，埃伦菲斯特接受了一个邀请，接替正要从莱顿大学退休的德高望重的洛伦兹（爱因斯坦较早前曾经收到过这一邀请，但没有接受）。爱因斯坦很激动，因为这就意味着，现在莱顿有两个朋友可以经常拜访了。对爱因斯坦来说，莱顿几乎成为他的第二个学术家园，成为逃离气氛沉闷的柏林的避难所。在接下来的20年里，爱因斯坦几乎每年都要到莱顿或附近的海滨胜地去看望埃伦菲斯特，直到1933年埃伦菲斯特自杀，爱因斯坦前往美国。[2]

1911年索尔维会议

欧内斯特·索尔维是比利时化学家和实业家，他因发明了一种制造苏打的方法而发了财。他希望用这笔钱做一些有意义的事情，同时也有一些奇怪的引力理论想让科学家听，于是他决定出钱举办一次会议，邀请欧洲顶尖物理学家出席。这次会议预定于1911年10月底举行，后来也陆陆续续举行了一系列有影响的会议，被称为索尔维会议。

到布鲁塞尔的都会大酒店（Grand Hotel Metropole）出席会议的有20位欧洲最著名的科学家，32岁的爱因斯坦是最年轻的一

---

[1] Einstein to Paul Ehrenfest, Mar. 10, 1912; Einstein to Alfred Kleiner, Apr. 3, 1912; Einstein to Paul Ehrenfest, Apr. 25, 1912. Einstein to Heinrich Zangger, Mar. 17, 1912: "我希望他能在这里接替我，但其狂热的无神论使这一切化为泡影。"仓格尔的信是2006年才公布的，作为CPAE 5: 374a 发表于 vol. 10 的补遗。

[2] Dirk van Delft, Albert Einstein in Leiden, *Physics Today*, Apr. 2006, 57.

位。与会者还包括普朗克、庞加莱、居里夫人、卢瑟福和维恩等人。化学家能斯特负责组织会议,不离老谋深算的索尔维左右。会议主席则由和蔼可亲的洛伦兹出任。正如他的忠实崇拜者爱因斯坦所说:"无可比拟的老练,技巧难以置信的高超。"[1]

会议围绕着"量子问题"而展开。爱因斯坦应约提交了一篇论文,使他跻身"八强成员"之一。对于这种令人受宠若惊的称号,他略带夸张地表达了自己的烦恼。他把即将举行的这次会议称为"巫师大聚会",还向贝索抱怨说:"我为布鲁塞尔会议准备的蠢话把我搞得疲惫不堪。"[2]

爱因斯坦的演讲名为"论比热容问题的现状"。比热容——单位质量的某种物质温度升高1℃所需的热量——曾经是爱因斯坦在苏黎世联邦工学院的老对手韦伯教授的专长,他曾经发现过比热容定律在低温情况下的一些反常。从1906年年底开始,爱因斯坦就用所谓的"量子化"方法来解决问题,即假定每种物质的原子只能以离散包的形式来吸收能量。

在1911年的索尔维会议上,爱因斯坦结合量子问题这一更大背景来讨论这些问题。他问道,我们是否可能不接受这些原子式的光微粒的物理实在性,它们如子弹一般,瞄准了麦克斯韦方程乃至整个经典物理学的核心?

作为量子概念的先驱,普朗克一直坚称,只有当光被发射或吸收时才是如此,光的粒子性并非光本身的实在特征。爱因

---

[1] Einstein to Heinrich Zangger, Nov. 7, 1911.
[2] An invitation from Ernest Solvay, June 9, 1911, CPAE 5:269; Einstein to Michele Besso, Sept. 11, Oct. 21, 1911.

斯坦在会议上悲伤地反对说:"这些在普朗克理论中那么令人反感的非连续性,在自然中似乎是真实存在的。"[1]

在自然中真实存在,在爱因斯坦看来,这是一种奇怪的说法。在马赫或休谟的支持者看来,"在自然中真实存在"这种说法的含义不够清晰。在狭义相对论中,爱因斯坦没有假设绝对时间和绝对距离的存在,因为如果观察不到,那么说它们"真实"存在于自然似乎是没有意义的。然而在此后的40多年里,随着对量子理论的不安与日俱增,爱因斯坦越来越像一个科学实在论者。他相信自然中隐藏着一种实在,不依赖于我们的观察或测量。

爱因斯坦讲完之后,洛伦兹、普朗克、庞加莱等人提出了一些质疑。洛伦兹认为爱因斯坦说的一些内容"似乎与麦克斯韦方程完全不相容"。

爱因斯坦同意,或许欣然同意,"量子假说是一种权宜之计",它"似乎与已由实验证实的波动说结论不相容"。但他对提问者说,必须以某种方式来调和光的波动说和微粒说。"除了我们不可或缺的麦克斯韦电动力学,我们也必须承认像量子这样的假说。"[2]

爱因斯坦并不清楚普朗克是否已经相信了量子的实在性。"我差不多成功说服了普朗克,在他苦苦反对我的观点这么多年之后,使他相信我的观点是正确的。"爱因斯坦写信给朋友海因里希·仓格尔说。但一周之后,爱因斯坦又对仓格尔说:"普朗

---

[1] Einstein, On the Present State of the Problem of Specific Heats, Nov. 3, 1911, CPAE 3:26; 这句关于"在自然中真实存在"的引语出现在英译本第3卷的第421页。

[2] Discussion following Einstein lecture, Nov. 3, 1911, CPAE 3:27.

克顽固地坚持某些错误无疑的先入之见。"

至于洛伦兹，爱因斯坦仍然一如既往地敬佩："一件活脱脱的艺术品！在我看来，他是当代理论家中最有才智的。"而对于很少重视过他的庞加莱，则硬生生地评价了一句："庞加莱一般仅仅是否定，尽管他很敏锐，但他很少把握事情的实质。"[1]

总体而言，他对这次会议评价不高，认为它大部分时间都在悲叹，而不是消除量子理论对经典力学的威胁。"布鲁塞尔会议就像在耶路撒冷废墟上的哀歌，"他写信给贝索，"没有产生什么正面的东西。"[2]

在爱因斯坦看来，会议期间还发生了一件趣事：寡居的居里夫人和已婚的保罗·朗之万之间的浪漫故事。居里夫人德高望重，富有献身精神，是第一位获得诺贝尔奖的女性；1903年，她与丈夫以及另一位科学家因为辐射方面的研究而分享了诺贝尔物理学奖。三年后，居里夫人的丈夫被马车撞死。朗之万是她丈夫的门生，与居里夫妇同在巴黎大学教物理学。他的婚姻很不幸，因为妻子总是虐待他。不久，他和居里夫人在巴黎的一间寓所幽会。朗之万的妻子差人潜入，偷走了他们的情书。

居里夫人和朗之万都参加了索尔维会议。会议期间，被盗取的情书开始在一家巴黎小报上刊载，拉开了轰动一时的离婚事件的序幕。就在这时消息传来，居里夫人因为发现镭和钋而获

---

[1] Einstein to Heinrich Zangger, Nov. 7 and 15, 1911.
[2] Einstein to Michele Besso, Dec. 26, 1911.

得了诺贝尔化学奖。[1] 瑞典科学院写信给她说，鉴于她与朗之万的暧昧关系所引发的狂热，建议她不要来领奖。但她镇定自若地回信说："我认为在我的科学工作与私生活之间没有关联。"索尔维会议结束后没过几个星期，她前往斯德哥尔摩领取诺贝尔奖。[2]

在爱因斯坦看来，整个狂热是愚不可及的。"她是一个朴实无华的人，而且才华横溢。"他还不太恰当地断定，居里夫人的长相还不足以拆散别人的婚姻："尽管她生性热情，但她的魅力还不足以对他人构成威胁。"[3]

爱因斯坦曾写信给居里夫人表达对她的坚定支持，措辞要亲切得多：

> 我贸然写信给您，却又没有什么明智的意思要表达，请勿见笑。但是我对这群乌合之众如今竟敢以卑鄙的方式对待您实在是怒不可遏，因而非将这种愤慨之情诉诸笔端不可。不过我深信，无论这帮乌合之众是出于谄媚而尊敬您，还是为了借此来满足他们炮制耸人听闻消息的欲望，您对他们也始终是鄙视的！我不由得要告诉您，我已经开始多么钦佩您的思想、您的干劲和您的诚恳，而在布鲁塞尔与您结识，更是我的幸运。除了那些可鄙者，所有人都会一如既往地因为我们中间有您和朗之万这样的人而高兴，与你们这样真正的

---

[1] 加上1903年获得物理学奖，居里夫人成为第一位在两个不同领域获得诺贝尔奖的人。除她之外，获得此殊荣的只有鲍林，他获得了1954年的诺贝尔化学奖，后来又因反对核试验而获得了1962年的诺贝尔和平奖。
[2] Bernstein 1996b, 125.
[3] Einstein to Heinrich Zangger, Nov. 7, 1911.

人交往，真是荣幸之至。假如那帮乌合之众继续拿您说事，您干脆就不要理会那些胡说八道，让那些可鄙的人把这类专为他们炮制的玩意儿当宝贝吧。[1]

爱尔莎登场

正当爱因斯坦声名鹊起，在欧洲巡回讲演之时，米列娃却仍然待在她所厌恶的布拉格，为自己没有进入曾经向往的科学界而垂头丧气。"我很想在那里听上一听，亲眼看看所有这些杰出人士，"1911年10月的一次讲演之后她写信给爱因斯坦说，"自从我们分别以来，时间好像已经过了很久很久，你还会认得我吗？"她的签名是，"你的老D"，就好像尽管青春已逝，她依然是他的多莉。[2]

这使得生性沉默寡言的米列娃变得更加阴郁和情绪低落。弗兰克第一次在布拉格见到她时，就觉得她似乎患上了精神分裂症。爱因斯坦也有同样的看法，他后来告诉一位同事，她的阴郁"无疑可以追溯到她母亲家族的一种精神分裂的遗传倾向"。[3]

1912年复活节假期到了，爱因斯坦只身一人前往柏林。此

---

[1] Einstein to Marie Curie, Nov. 23, 1911.（这封信收在 CPAE 第 8 卷的开头，而不是按照时间顺序插在第 5 卷的相应处，因为当第 5 卷出版时，这封信还没有公开。）

[2] Mileva Marić to Einstein, Oct. 4, 1911.

[3] Overbye, 201. 爱因斯坦的话出自 1952 年 5 月 5 日的一封给塞利希的信。

时，他的婚姻又一次变得岌岌可危，充满变数。在那里，他与一位从小就认识的比他大三岁的表姐（也是堂姐）重新熟识。

爱尔莎·爱因斯坦[1]是鲁道夫·爱因斯坦和范妮·科赫·爱因斯坦的女儿。她既是爱因斯坦的表姐，也是他的堂姐。父亲鲁道夫是爱因斯坦的父亲赫尔曼的嫡堂兄，曾经赞助过赫尔曼的企业。母亲范妮则是爱因斯坦的母亲保莉妮的姐姐。（所以爱因斯坦和爱尔莎首先是表姐弟。）赫尔曼去世后，保莉妮搬到了鲁道夫和范妮那里，帮助他们料理家务。

爱因斯坦和爱尔莎小的时候，就在爱因斯坦慕尼黑的家里一起玩，并曾在歌剧院一同体验过艺术的魅力。[2]现在，经历了结婚、离婚，36岁的爱尔莎和两个女儿玛戈特和伊尔莎与她的父母住在同一幢公寓大楼里。

爱尔莎与米列娃非常不同。米列娃来自异国他乡，智力出众，情绪复杂。爱尔莎则是土生土长的德国人，一般认为要好看一些。她喜欢难以消化的德国食品和巧克力，这使她看上去像是一个富态的家庭主妇。她的面孔与表弟有些相像，而且随着年龄的增长还会越来越像。[3]

爱因斯坦正在寻找新的伴侣。他先是和爱尔莎的妹妹调情，但复活节假期快要结束时，他决定选择爱尔莎来提供他所渴望的慰藉与关照。他所企盼的似乎并非风流韵事，而是实打实的支持与关爱。

---

[1] 她出生时就叫爱尔莎·爱因斯坦，后来嫁给了一个柏林商人，在这段不长的婚姻期间成了爱尔莎·勒温塔尔。爱因斯坦在同她结婚之前就称其为爱尔莎·爱因斯坦。为了清晰起见，我通篇都称她为爱尔莎。

[2] Reiser, 126.

[3] Highfield and Carter, 145.

而对爱因斯坦充满崇敬的爱尔莎也很乐于提供这一切。爱因斯坦回到布拉格之后，她马上给他写信——把信寄到了他的办公室而不是家里，还建议了一种进行秘密通信的方法。"当我看到您的来信，得知您想到一个方法可以使我们彼此保持联系，我是多么高兴！"他回信说，"我甚至不知道怎样告诉您，这几天我已是多么喜爱您。"爱尔莎要他将信件销毁，他照办了。而她则终身保留着他的回信，将它们封存在一个夹子里，并为它做了一个封套，注明"良辰佳书"（Especially beautiful letters from better days）字样。[1]

爱因斯坦为自己和她的妹妹保拉调情表示歉意。"我很难理解，我怎么会对她存有幻想，"他宣称，"但实际上很简单。她青春涌动，乐于顺从。"

十年前，当爱因斯坦给米列娃写情书，赞扬他们不拘于传统的高尚生活方式时，他很可能会把爱尔莎这类亲戚归于"平庸俗气"一类。但是现在，在这些同样热情洋溢的信中，他表达了对爱尔莎新的激情："我必须爱一个人，否则生活就是悲惨的，而这个人就是您。"

爱尔莎知道如何使他就范：她取笑他受制于米列娃，断言他"怕老婆"。正如她所料，爱因斯坦在回信中坚称自己并非如此。"不要这样看我！"他说，"我坚决向你保证，我是个完全成熟的男子汉。或许什么时候我有机会向您证明这一点。"

受新的爱情驱策，向往着在理论物理之都的工作，爱因斯坦渴望搬到柏林。"不幸的是，我在柏林找到工作的机会很小。"

---

[1] Einstein to Elsa Einstein Löwenthal, Apr. 30, 1912；关于她保存的信件，参见 CPAE 5: 389 (German edition), footnote 12。

他向爱尔莎承认。但在访问柏林的时候，他竭尽所能为日后能在那里任职而努力。他在笔记本上列出了他与几位重要的学术界巨头的会面，包括科学家哈伯、能斯特和瓦尔堡等。[1]

爱因斯坦的儿子汉斯·阿尔伯特后来回忆说，1912年春天，就在自己过完8岁生日之后，他注意到父母的婚姻正在瓦解。但是从柏林回到布拉格之后，爱因斯坦似乎对他与表姐的新的感情纠葛产生了不安。他一连写了两封信，试图做一了结。"如果我们屈从于我们彼此之间的感情，就只能产生混乱和不幸。"他写信给爱尔莎。

到了月底，他的语气愈加坚定。"倘若我们形成了更密切的依恋关系，对我们两人以及别人都不好。所以，我今天是最后一次给你写信了，再次听从命运的安排吧。你也必须如此行事。你要知道，我说这番话并非出于铁石心肠或缺乏感情，而是因为如你所知，我也和你一样，绝望地背负着我的十字架（指米列娃）。"[2]

爱因斯坦和米列娃都感到，生活在布拉格的中产阶级德国人中间已经变得令人厌倦。"这是一帮没有自然情感的人，"他告诉贝索，"他们奇特地集自视尊贵与奴颜媚骨于一身，对自己的同事毫无善意。"那里的水对身体有害，空气里充满了煤烟，街道上一边是炫耀卖弄的奢侈，一边是令人悚然的悲惨景象。但最令爱因斯坦不快的还是那种虚伪做作的阶层等级。"当我来到研究所，"他抱怨说，"一个侍者酒气熏天，点头哈腰地说，'您

---

[1] Einstein to Elsa Einstein, Apr. 30, 1912; Einstein "scratch notebook", CPAE 3 (German edition), appendix A; CPAE 5: 389 (German edition), footnote 4.

[2] Einstein to Elsa Einstein, May 7 and 12, 1912.

最谦卑的仆人。'"[1]

米列娃担心劣质的水、牛奶和空气正在损害着次子爱德华的健康，因为他已经食欲不振，寝食难安。而且事实已经很明显，丈夫更关心的是他的科学而不是家庭。"他不知疲倦地研究自己的问题；可以说他纯粹就是为它们活着的，"米列娃对好友萨维奇说，"我不得不羞愧地承认，在他眼里我们并不重要，处于次要地位。"[2]

于是，爱因斯坦和妻子决定回到那个他们认为能够恢复关系的地方。

苏黎世，1912年

苏黎世联邦工学院是爱因斯坦和米列娃的母校，他们曾在这里幸福地读书和交流思想。1911年6月，这所学院正式升格为大学，现在的名字是"苏黎世联邦理工大学"（Eidgenössische Technische Hochschule，简称ETH)，有资格授予研究生学位。如今，32岁的爱因斯坦已经在理论物理学界享有盛名，他要想成为这里的教授应该很容易。

事实上，这种可能性一年前就已经讨论了。在搬到布拉格之前，爱因斯坦曾与苏黎世的主管部门达成协议。"我私下里曾经做过承诺，在我接受另一个地方的聘任之前我会告诉他们，这样，如果他们觉得合适，联邦工学院的行政部门也可以来聘

---

[1] Einstein to Michele Besso, May 13, 1911; Einstein to Hans Tanner, Apr. 24, 1911; Einstein to Alfred and Clara Stern, Mar. 17, 1912.

[2] Mileva Marić to Helene Savić, Dec. 1912, in Popović, 106.

任我。"他对一位邀请他到乌德勒支大学任教的荷兰教授说。[1]

1911年11月,爱因斯坦的确收到了来自苏黎世的邀请,于是便谢绝了乌德勒支大学的好意。但事情其实并没有完全确定,因为苏黎世的一些教育官员持反对意见。他们认为,理论物理学教授是一种"奢侈",太占用实验室空间,而且爱因斯坦本人也不是一个好教师。

仓格尔是爱因斯坦的老朋友,在苏黎世大学做医学研究。他写信给一位瑞士高层官员,为爱因斯坦说情:"现在一个真正的理论物理学家是当务之需。"他还指出,这样一个职位"不需要实验室"。至于爱因斯坦的授课才能,仓格尔的描写生动细致而又发人深省:

> 对于那些懒于思考的人来说,他不是一位好老师,因为这些人只想记笔记,然后通过死记硬背来应付考试;他是个不善辞令的人,但只要想知道如何才能诚实而深刻地提出物理学思想,如何才能慎重地考察所有前提,如何才能看清反思中的陷阱和问题,那么他就会发现,爱因斯坦是位一流的教师,因为所有这一切都表现在他的讲课中,它会促使听课的人一起思考。[2]

仓格尔写信给爱因斯坦,表达了他对苏黎世主管部门优柔寡

---

[1] Willem Julius to Einstein, Sept. 17, 1911; Einstein to Willem Julius, Sept. 22, 1911.

[2] Heinrich Zangger to Ludwig Forrer, Oct. 9, 1911; CPAE 5:291 (German edition), footnote 2; CPAE 5:305 (German edition), footnote 2.

断的愤怒。爱因斯坦回信说："亲爱的苏黎世人或许会……喜欢我（省略号是原信中的）。"他要仓格尔别再关注这件事。"让联邦工学院[1]的事由上帝做出高深莫测的判决吧。"[2]

然而，爱因斯坦并没有放弃，而是耍了个小心眼来给联邦工学院施压。乌德勒支大学的主管部门正要把空出的职位授予另一个人——彼得·德拜，这时爱因斯坦要他们再等一段时间。"我向您提出一个奇怪的请求。"他写道。苏黎世联邦工学院最初似乎很想聘他，之所以急于办理，是因为担心他会去乌德勒支。"但是如果在不久的将来，他们知道德拜要去乌德勒支，定会热情顿消，从而使我总是心神不宁。因此我请您把正式聘请德拜一事再等一段时间。"[3]

很奇怪，爱因斯坦在母校谋职竟然需要推荐信。居里夫人写了一封推荐信。"在布鲁塞尔，爱因斯坦先生和我一起参加了一次科学会议，使我能够有机会欣赏他明晰的思想、见闻的广博和认识的深度。"她说。[4]

他的另一封主要推荐信是庞加莱写的。庞加莱几乎已经提出狭义相对论，但却没有迈出最后一步。他说，爱因斯坦是"我所见过的最有原创性思想的人之一"。特别鞭辟入里的是他对爱因斯坦试图做激进的概念飞跃（这是他本人所缺乏的）的描述："我特别钦佩他适应新概念的能力。他并不固守于经典原理，在

---

[1] 虽然学校已经有了新名字，但爱因斯坦仍然称它为"联邦工学院"（Polytechnikum），为清晰起见，我将继续沿用这个名字。

[2] Einstein to Heinrich Zangger, Nov. 15, 1911.

[3] Einstein to Willem Julius, Nov. 16, 1911.

[4] Marie Curie, letter of recommendation, Nov. 17, 1911; Seelig 1956a, 134; Fölsing, 291; CPAE 5：308 (German edition), footnote 3.

面对物理学问题时，能够立即设想出所有可能性。"不过庞加莱也认为（也许此时他想到的是相对论），爱因斯坦提出的理论并不一定样样都正确。"由于他的探索沿着各个方向进行，我们不得不预期他所走的许多道路都是死胡同。"[1]

不久，事情全都办妥了。爱因斯坦将于1912年7月返回苏黎世。他感谢仓格尔"顶着重重困难"帮他取得了胜利，并且欢呼说："我们又能重新在一起了，真是幸福之至。"米列娃也很激动。她希望这次返乡能够帮她挽回健全的心智和幸福的婚姻。离开布拉格回到故土，孩子们也很高兴。爱因斯坦给朋友寄明信片说："我们两个老家伙和两个小熊仔对此十分快乐。"[2]

他的离职在布拉格掀起了一场不大不小的争论。报纸上称，大学中的反犹主义或许起了推波助澜的作用。爱因斯坦感到有必要发表一篇公开声明进行澄清。他说："尽管有这些猜测，但我并没有感到，也没有注意到任何宗教偏见。"他还说，犹太人弗兰克被任命为他的继任者表明，"这方面的考虑"并不是主要问题。[3]

苏黎世的生活理应非常愉快。爱因斯坦一家购置了一套六间屋子的现代住宅，风景宜人。他们又和仓格尔、格罗斯曼等老朋友重逢了，甚至连对手都少了一位。"凶恶的韦伯去世了，所

---

[1] Henri Poincaré, letter of recommendation, Nov. 1911; Seelig 1956a, 135; Galison, 300; Fölsing, 291; CPAE 5：308 (German edition), footnote 3.

[2] Einstein to Alfred and Clara Stern, Feb. 2, 1912.

[3] 文章刊登于 Bienna's weekly paper *Montags-Revue* on July 29, 1912 和 Prague's *Prager Tagblatt* on May 26 and Aug. 5, 1912. CPAE 5：414 (German edition), footnotes 2, 3, 11; Einstein statement, Aug. 3, 1912.

以就个人而言，那也是快事一桩。"针对本科时的物理教授和强硬对手韦伯，爱因斯坦这样写道。[1]

音乐聚会又重新开始在数学教授胡尔维茨家中举行。演奏的曲目不仅包括爱因斯坦最钟爱的莫扎特的，而且还包括米列娃最喜欢的舒曼的。星期天的下午，爱因斯坦会带着妻儿站在门口高喊："爱因斯坦一家倾巢到此。"

尽管有朋友们的支持和多种娱乐方式，米列娃的抑郁仍在加深，身体也越来越差。她得了风湿，出行困难，冬天街道结冰时就更是如此。她不常参加胡尔维茨家的音乐会，即便出席，也掩饰不住内心的愁闷。1913年2月，为了使她能够走出家门，胡尔维茨一家打算举办一次舒曼专场音乐会。她来了，但精神和肉体的双重创痛几乎使她崩溃。[2]

显然，爱因斯坦的家庭关系已经岌岌可危，濒临瓦解。一封信成了它所需要的催化剂。经过一年的沉寂，爱尔莎给爱因斯坦写了一封信。

1914年5月，爱因斯坦在宣布"最后一次"给爱尔莎写信的同时，却又附上了自己在苏黎世的新办公室地址。现在，爱尔莎决定向他致以问候，祝贺他的34岁生日，附带索取一张他的照片，并请他推荐一本讲解相对论的好书。的确，她懂得如何奉迎。[3]

"没有一本相对论的书是外行能够看懂的，"他回复说，"不过表姐你要相对论干吗？假如有一天你碰巧来苏黎世，那么我

---

[1] Einstein to Ludwig Hopf, June 12, 1912.
[2] Overbye, 234, 243; Highfield and Carter, 153; Seelig 1956a, 112.
[3] 在 Einstein to Elsa Einstein, July 30, 1914 中，爱因斯坦回忆了爱尔莎如何取笑他在1912年5月7日的那封宣布停止通信的信中附上了这个新地址。

们（不包括我妻子，她不幸嫉妒心很重）就可以在一起愉快地散步，我将告诉你我所发现的所有那些奇妙的事情。"接着，他更进了一步。与寄照片相比，见一面不是更好吗？"你要想让我真正愉快，就找个时间到这里住几天吧。"[1]

几天以后他又写信说，他已经差一位摄影师寄给她一张照片。推广相对论的研究工作使他这段时间精疲力竭。和一年前一样，他还抱怨米列娃给他带来了负担。"如果能够和你在一起待几天，而没有我的十字架（指米列娃），我愿为此付出一切！"他问爱尔莎那年夏天是否会在柏林，"我将乐意做短暂访问"。[2]

几个月后，柏林科学界的两位巨头普朗克和能斯特带着诱人的邀请来到苏黎世，爱因斯坦自然接待得十分殷勤。爱因斯坦在1911年索尔维会议上的表现给他们留下了深刻的印象。他们一直在派人打探他是否愿意到柏林工作。

1913年7月11日，普朗克和能斯特两对夫妇乘夜车从柏林赶到苏黎世。他们开出的条件有三点很诱人：爱因斯坦将被选为享有崇高声誉的普鲁士科学院的新增院士，薪水相当丰厚；他将担任一个新建的物理研究所的所长；还将成为柏林大学教授。这真是一个大礼包，而且似乎不需要做太多工作。普朗克和能斯特明确表示，他在大学没有硬性的教学任务，所里也没有什么行政差事。虽然他将获得德国国籍，但仍可以保留其瑞士国籍。

在联邦工学院那间窗明几净的办公室里，他们说明了来意，

---

[1] Einstein to Elsa Einstein, ca. Mar. 14, 1913.
[2] Einstein to Elsa Einstein, Mar. 23, 1913.

苦口婆心地进行劝说。虽然爱因斯坦知道自己很可能会接受，但还是说需要花几小时好好想一想。于是普朗克和能斯特携妻子乘缆车到附近的山里游览。爱因斯坦恶作剧式地告诉他们，他到车站去接时将带着暗号。如果拒绝，他会拿一朵白玫瑰（有人说暗号是一块白手帕），如果接受，则会拿一朵红玫瑰。当普朗克和能斯特一行走出车门时，他们欣喜地发现，爱因斯坦接受了邀请。[1]

这意味着34岁的爱因斯坦将会成为普鲁士科学院最年轻的院士。但首先普朗克必须使他能够当选。普朗克起草了一封信，能斯特等人在上面签了名。虽然像前面引用过的那样，这封信就爱因斯坦的科学贡献给出了一些不够准确的评价，"有时候他可能思辨过了火，比如他的光量子假说就是如此"，但通篇对他的诸多科学贡献大加赞赏。"在现代物理学如此丰富的重要问题中，爱因斯坦几乎对每一个都有重大贡献。"[2]

爱因斯坦意识到，这些柏林人这样做是有风险的。他被选上不是因为教学技巧（因为他将不用教课），也不是因为管理能力。虽然他一直在发表文章和论文解释如何推广相对论，但连他本人也不清楚这项工作是否会取得成功。"德国人正在把我当成可以获奖下蛋的母鸡，"他对一个朋友说，"但我不知道自己是否还能下蛋。"[3]

---

[1] Seelig 1956a, 244; Levenson, 2; CPAE 5：451（German edition），footnote 2; Clark, 213; Overbye, 248; Fölsing, 329. 根据能斯特的女儿后来写的一封信，《爱因斯坦全集》说是白手帕，而其他文献都基于塞利希的叙述说是白玫瑰。

[2] Max Planck, Walther Nernst, Heinrich Rubens, and Emil Warburg to the Prussian Academy, June 12, 1913, CPAE 5：445.

[3] Seelig 1956a, 148.

第八章 奔波的教授，1909—1914

爱因斯坦同样也在冒险。他和家人都很热爱现在这个城市，而且工作稳定，收入可观。瑞士人的性格和他很对路。作为斯拉夫人，他的妻子对一切日耳曼事物都心存厌恶。他本人也有一种类似的反感，童年时就已扎根。对于那种具有普鲁士特色的阅兵式，少年时代的他就恐避之不及，德国人的僵化刻板也使他厌恶。只有在科学之都得到如此礼遇，才可能驱使他搬离此处。

在爱因斯坦看来，新的前景令人振奋，也有些可笑。"我将到柏林任科学院院士而不承担任何义务，活像一尊木乃伊，"他写信给物理学家雅各布·劳伯说，"我倒希望从事这样一种困难的行当！"[1] 在给埃伦菲斯特的信中他承认，"我接受这份奇特的闲职，是因为讲课常使我精神紧张。"[2] 不过，对荷兰德高望重的洛伦兹，他却表达得很严肃："我抵挡不住就任新职的诱惑，因为那样一来，我就可以摆脱一切责任，全身心地投入到沉思默想之中。"[3]

当然，还有一个因素使新的工作无法抗拒，那就是能与新欢——表姐爱尔莎在一起。他后来向朋友仓格尔承认："你知道，她是我去柏林的主要原因。"[4]

就在普朗克和能斯特离开苏黎世的当晚，爱因斯坦兴奋地给爱尔莎写了一封信，描述自己被授予的"巨大荣誉"。"最晚到明年春天，我将一劳永逸地来到柏林，"他欢呼道，"我已经在为

---

[1] Einstein to Jakob Laub, July 22, 1913.
[2] Einstein to Paul Ehrenfest, late Nov. 1913.
[3] Einstein to Hendrik Lorentz, Aug. 14, 1913.
[4] Einstein to Heinrich Zangger, June 27, 1914, CPAE 8：5a, 2006 年公之于众，作为附录刊印于 CPAE 第 10 卷。

我们即将共度的美好时光而欢呼了！"

在接下来的一周，他又发出了两封这样的信。"一想到我将很快来到你处，就感到欢欣鼓舞。"第一封信这样写道。几天后他又说："不久我们就可以在一起了，让我们共同欢呼吧！"对于吸引他到柏林的几个因素：无与伦比的科学群体，所获职位的荣耀和好处，有机会与爱尔莎待在一起……我们不可能确切知道它们孰轻孰重，至少他对爱尔莎说主要是因为后者。"我热切期望去柏林，主要是因为想见你。"[1]

事实上，在这一过程中爱尔莎也助了他一臂之力。不久前，她曾主动拜访了主管柏林威廉皇帝化学研究所的哈伯，告知她的表弟可能会接受一个柏林的职位。在听说爱尔莎的这一行为之后，爱因斯坦非常高兴。"哈伯知道他在和谁打交道。他懂得如何评估一位友好的女性老朋友的影响……你若无其事地去拜访哈伯是典型的爱尔莎（风格）。你没有把此事告诉别人吧？或者你仅和自己顽劣的内心商量过？要是我能旁观该多好！"[2]

甚至在搬到柏林之前，爱因斯坦和爱尔莎就已经开始通信，宛如一对夫妻。爱尔莎担心爱因斯坦疲劳过度，寄给他一封长信，提醒他应该多多锻炼和休息，注意健康饮食。他则回信说，他打算"吸烟像烟囱，工作像骡马，饮食无所顾忌不加选择，至于散步，只有有了真正合宜的同伴才愿意进行"。

然而，爱因斯坦明确表示，爱尔莎不要指望他会抛弃妻子。"在不伤害她的情况下，我俩才能过得很愉快。"[3]

---

［1］Einstein to Elsa Einstein, July 14, 19, before July 24, and Aug. 13, 1913.
［2］Einstein to Elsa Einstein, after Aug. 11, 1913.
［3］Einstein to Elsa Einstein, after Aug. 11 and Aug. 11, 1913.

的确，甚至在与爱尔莎的鸿雁传情中，爱因斯坦也试图做一个真正的居家男人。1913年暑假，他决定带妻子和两个儿子与居里夫人及其两个女儿一同徒步旅行，穿过瑞士东南部的山脉抵达科莫湖。12年前，他曾和米列娃在那里度过了最为激情和浪漫的时光。

然而，爱德华因患病而无法远行，米列娃留下来与朋友们一同照看，数天之后在他们快到科莫湖时才加入。旅行期间，居里夫人曾要爱因斯坦说出所有山峰的名字。他们也讨论科学，特别是当孩子们在别处玩耍时。有一次爱因斯坦忽然停住脚步，抓起居里夫人的胳膊。"你知道，我需要弄清楚的恰恰就是当升降机从空中落下时其中的乘客会怎么样。"他指的是关于引力与加速的等效原理。居里夫人的女儿后来说："这样一种动人的全神贯注使他们年轻人乐不可支。"[1]

随后，爱因斯坦一家去了米列娃在诺维萨德的家，还去了米列娃的家人在卡奇（Kać）村的避暑别墅。在塞尔维亚的最后一个星期天，米列娃独自带孩子们去受洗了。汉斯·阿尔伯特后来回忆说，自己当时听到了美妙的歌声，3岁的弟弟爱德华则只顾捣乱。至于他们的父亲，倒是显得很乐观，随后又有些茫然无措。"你知道结果如何吗？"他对胡尔维茨说，"他们成了天主教徒。好吧，这对我来说都一样。"[2]

---

[1] Eve Curie, *Madame Curie* (New York: Doubleday, 1937), 284; Fölsing, 325; Highfield and Carter, 157.

[2] 1913年9月21日，洗礼于诺维萨德的圣尼古拉教堂举行。Hans Albert Einstein to Dord Krstic, Nov. 5, 1970; Elizabeth Einstein, 97; Highfield and Carter, 159; Overbye, 255; Einstein to Heinrich Zangger, Sept. 20, 1913; Seelig 1956a, 113.

然而，家庭和睦的外表掩藏不住婚姻关系的恶化。在访问了塞尔维亚之后，爱因斯坦出席了在维也纳举行的德国物理学家年会，之后独自去了柏林。在那里他又见到了爱尔莎。"现在我有了这样一个人，一想起她就能产生真正的愉悦，我为她而活着。"他对爱尔莎说。[1]

爱尔莎的拿手好菜成了他们通信的一个主题。这与十几年前他同米列娃的通信和关系形成了鲜明对照。他与爱尔莎写信谈论的都是食物、安宁、保健、喜好等居家琐事，而不是卿卿我我地分享爱情的甜美，交流灵魂的愉悦和思想的洞见。

尽管关心着这些俗事，爱因斯坦仍然幻想着他们的关系能够免于落入俗套。"要是在这些天中的某一天，我们能够不落俗套地操持一下家务，那该多好！"他写道，"你还不懂得摈除奢华，崇尚简朴的生活是多么美好！"[2] 爱尔莎送给他一把梳子，他一开始还自鸣得意，认为自己在个人打理方面已经进步不小，但很快就回到了更邋遢的样子。他半开玩笑地告诉爱尔莎，这是为了防范庸俗和小资。这些话他也曾用在米列娃身上，只是更为诚恳。

爱尔莎不仅希望使爱因斯坦就范，而且想嫁给他。甚至在爱因斯坦搬到柏林之前，她就写信敦促他跟米列娃离婚。就这样，一场旷日持久的斗争开始了，直至她最终取得胜利。但在目前，爱因斯坦还不同意。"如果一方不掌握对方罪责的证据，"他问道，"你认为离婚很容易吗？"虽然他不准备与米列娃离婚，但实际上已经分居，这一点爱尔莎应当接受。"我对待妻子就像

---

[1] Einstein to Elsa Einstein, Oct. 10, 1913.
[2] Einstein to Elsa Einstein, Oct. 16, 1913.

对待一个不能解雇的职员,我有自己的卧室,避免和她单独在一起。"爱尔莎对爱因斯坦不想娶她很是沮丧,而且担心这种不正当的关系会对她的两个女儿产生影响,但爱因斯坦坚持说,结果最终会让人满意的。[1]

不难理解,米列娃对搬往柏林沮丧至极。在那里,她必须面对从不喜欢自己的爱因斯坦的妈妈,还有那位表姐,此时她已经敏锐地把后者当成了自己的对手。此外,柏林对斯拉夫人甚至还不及对犹太人宽容。"我妻子喋喋不休地向我抱怨柏林,说害怕那边的亲友,"爱因斯坦写信给爱尔莎,"这不无道理。"在另一封信中,在说到米列娃害怕她时,他加了一句:"我正希望如此!"[2]

事实上,他生活中的所有女人此时都在彼此争斗——他的妈妈、妹妹、妻子以及那位过从甚密的表姐。随着1913年圣诞节的临近,爱因斯坦一门心思投入到了推广相对论的工作中,以此来避免家庭纠葛。这又一次清楚地表明,科学如何把他从纯个人的事务中解救出来。"在这种情况下,我对科学的爱愈发执着,"他告诉爱尔莎,"因为它使我从泪水的苦海中无怨无悲地升至宁静之地。"[3]

1914年春,就在他们搬往柏林前夕,爱德华患上了中耳炎,米列娃带他到阿尔卑斯山的一处度假胜地疗养。"这也有好的一面。"爱因斯坦对爱尔莎说。他将独自去柏林,而且"为了尽情享受这一刻",他决定逃开巴黎的一次会议,从而早点

---

[1] Einstein to Elsa Einstein, before Dec. 2, 1913.
[2] Einstein to Elsa Einstein, after Dec. 21 and Aug. 11, 1913.
[3] Einstein to Elsa Einstein, after Dec. 21, 1913.

到达。

在快要离开苏黎世时,一天晚上,他和米列娃去胡尔维茨家出席了一场告别音乐会。为了让米列娃高兴起来,演出曲目又一次突出了舒曼的,但没有奏效。她独自坐在角落里沉默不语。[1]

柏林,1914年

1914年4月,爱因斯坦迁入了位于柏林市中心以西的宽敞新居,这是米列娃到柏林过圣诞节时挑选的。在爱德华的中耳炎有所好转之后,她4月底来到柏林。[2]

爱因斯坦超负荷的工作和精神压力使他的家庭生活更加紧张。他已经开始了一项新的工作(实际上是三项新的工作),还要时断时续地努力推广他的相对论,将它与引力理论结合起来。例如,刚到柏林的4月间,他与朋友埃伦菲斯特频繁通信,讨论如何计算磁场中旋转电子所受的力。他根据这样的条件提出了一种理论,后来意识到它是错的。"天使露出了一半尊容,"他对埃伦菲斯特说,"进一步揭开时,一个魔鬼显现了出来,我跑掉了。"

更能说明问题的是他对柏林生活的评论(实际情况也许超出了他所要表达的意思)。"我真的很喜欢当地的亲戚们,"他说,

---

[1] Einstein to Elsa Einstein, after Feb. 11, 1914; Lisbeth Hurwitz diary, cited in Overbye, 265.

[2] Marianoff, 1; Einstein to Mileva Marić, Apr. 2, 1914.

"特别是一位和我年纪相仿的表姐。"[1]

4月底，米列娃到达柏林。来访的埃伦菲斯特觉察到她的忧郁和对苏黎世的思念。爱因斯坦却全身心投入到工作中。"他有一种印象认为，家庭占用了他太多的时间，他有责任完全专注于工作。"儿子汉斯·阿尔伯特后来这样回忆灾难性的1914年春天。[2]

夫妻关系涉及一些最神秘的自然力量。有很多闲言碎语，但都很难证实。爱因斯坦曾多次向他的朋友——特别是贝索夫妇、哈伯夫妇和仓格尔夫妇——痛心疾首地说，他们将会见证他的婚姻破裂，尽管他自己无疑负有责任。

也许需要责备的不仅仅是他一个人。婚姻的破裂是一个盘旋下行的螺线。在感情上，他已经变得内向而孤僻，米列娃则变得更加冷漠和阴郁，双方互相影响。爱因斯坦通过投入到工作中来避免个人感情的伤痛，米列娃则苦于个人梦想的破灭，愈发怨恨丈夫的成功。她的嫉妒使她对任何与爱因斯坦亲近的人都心生敌意，甚至是他的妈妈（感情是相互的）和朋友。在一定程度上，她那不信任的性情固然是由爱因斯坦的冷漠引发的，但它本身也是一个原因。

搬到柏林之后，米列娃至少与萨格勒布的一位数学教授弗拉基米尔·瓦里查克保持着暧昧关系，后者曾经挑战过爱因斯坦对狭义相对论应用于旋转圆盘的解释。爱因斯坦对这一情况心知肚明。"他与我的妻子关系暧昧，不能因此而怨恨他们中的任何一

---

[1] Einstein to Paul Ehrenfest, ca. Apr. 10, 1914; Paul Ehrenfest to Einstein, ca. Apr. 10, 1914; Highfield and Carter, 167.

[2] Whitrow, 20.

方,"他 6 月给仓格尔写信说,"它只能使我愈加痛苦地感到孤独。"[1]

到了 7 月,尘埃开始落定。在这场纷争中,米列娃和两个儿子搬到了哈伯的住处。哈伯曾经招聘过爱因斯坦,爱因斯坦的办公室所在的研究所就是由他负责的。哈伯本人的家庭就很不幸。他的妻子克拉拉反对哈伯参战,因斗争无果而于一年后自杀。不过目前,克拉拉是米列娃在柏林唯一的朋友。随着爱因斯坦夫妇的冲突渐趋公开,哈伯成了他们的调解人。

7 月中旬,爱因斯坦通过哈伯夫妇向米列娃发出了一份残忍的最后通牒,期望停火。这是一份令人惊讶的合同,爱因斯坦冷峻的科学方法、个人的敌意以及感情的疏远在其中表露无遗。全文如下:

条 件

A. 你负责:

1)保管好我的各种衣物;

2)把我的一日三餐在我的房间里定时安排好;

3)我卧室和书房的整洁,尤其是写字台供我独用。

B. 你放弃与我的一切个人关系——只要不是出于某些社会原因而必须保持这种关系。你尤其要放弃以下要求:

1)在家里要我和你坐在一起;

2)要我与你一起外出或旅行。

C. 在你我关系方面,你要遵守以下内容:

---

[1] Einstein to Heinrich Zangger, June 27, 1914, CPAE 8:16a, 2006 年公之于众,作为附录刊印于 CPAE 第 10 卷。

1) 不要期望从我这里得到任何亲密举动,也不能给我任何指责;

2) 对我讲话时,如果我提出要求,你要立即停止;

3) 如果我提出要求,你必须立即离开我的卧室或书房,不得顶嘴。

D. 答应不当着我们孩子的面以言语或动作贬低我。[1]

米列娃接受了这些条款。当哈伯转达了她的回应之后,爱因斯坦又给她写了一封信,"以便你完全明白目前的形势"。之所以准备重新住在一起,是"因为我不愿失去孩子们,也不愿他们失去我"。"和睦的"关系是不大可能达成了,但他还是打算保持一种"事务性的"关系。"个人方面必须缩小到很小一个范围,"他说,"不过我为此向你保证,我会以恰当的态度对待你,就好像我面对的是一个陌生女人。"[2]

直到这时米列娃才意识到,他们的关系已经无法挽回。他们于一个星期五到哈伯家会合,花了三小时拟出了一份分居协议。爱因斯坦同意每年给米列娃和孩子们提供5600马克,这只占其基本工资的一半。哈伯和米列娃到律师那里签订这份协议;爱因斯坦并没有同往,而是让从的里雅斯特赶来的朋友贝索代

---

[1] Einstein, Memorandum to Mileva Marić, ca. July 18, 1914, CPAE 8: 22. Anna Besso-Winteler to Heinrich Zangger, Mar. 1918. 关于爱因斯坦离婚的备注,参见 appendix, CPAE 8b (German edition), p. 1032。

[2] Einstein to Mileva Marić, ca. July 18 and also July 18, 1914.

表他。[1]

爱因斯坦从哈伯家出来，径直到了爱尔莎的父母（也是他的姨妈和姨父）家。由于外出参加晚宴，他们很晚才回到家。他们得知这一消息时"心里有些不悦"，但还是让他住下来了。此时，爱尔莎和两个女儿正在巴伐利亚阿尔卑斯山区避暑，爱因斯坦写信给她说，他现在正睡在楼上她的床上。"真是奇怪，使人觉得这般困惑，"他告诉爱尔莎，"这张床与别的床没有什么不同，就好像你从未躺在上面睡过一样，但我觉得它很舒服。"此前爱尔莎曾邀请他到阿尔卑斯山来看她，但他说他不能，"因为担心再次破坏你的名声"。[2]

他向爱尔莎保证，离婚已经箭在弦上，并称这是为她做的"一种牺牲"。米列娃将会搬回苏黎世照看两个儿子。当他们来看望父亲时，会在一个"中性地带点"，而不会在他与爱尔莎的住处见面。"这很合理，"爱因斯坦向爱尔莎承认，"因为让孩子们看到他们的爸爸和一个并非他们妈妈的女人在一起是不合适的。"

与孩子们分开使爱因斯坦心痛万分。他表现得好像对个人感情很超脱，有时也的确如此。但每当他想起儿子们不在身边的生活时，就会变得很动情。"倘若我的感受不是如此，那我就真是个怪物，"他对爱尔莎说，"我曾经在无数个日日夜夜抱着这两个孩子，或者用婴儿车推着他们到处走，同他们游戏，爬上爬下，嬉戏逗乐。以前我一出现他们便要欢呼，小儿子直到现

---

[1] CPAE 8a：26, footnote 3 (German edition)；memo from Anna Besso-Winteler to Heinrich Zangger, Mar. 1918, CPAE 8b (German edition), p. 1032；Overbye, 268.

[2] Einstein to Elsa Einstein, July 26，1914.

在也还会欢呼，因为他太小了，不可能明白眼前的情况。现在他们将一去不复返了，而在他们的脑海里，父亲的形象正在被销蚀！"[1]

1914年7月29日早上，在贝索的陪同下，米列娃和两个孩子登上了开往苏黎世的火车，离开了柏林。哈伯和爱因斯坦去了火车站。整个下午和晚上，爱因斯坦"像小孩子一样号啕大哭"。对一个自得于回避个人事务的人来说，这一瞬间充满了痛楚。感情深厚的他曾经疯狂地爱上了米列娃，并且培养了与孩子们的亲情。这是他成年后极少数几次哭泣中的一次。

第二天，他看望了母亲保莉妮，心里好受了一些。保莉妮从来没有喜欢过米列娃，对她的离去很高兴。"哦，要是我们可怜的爸爸能够亲眼见到就好了！"保莉妮在谈到分居时说。保莉妮甚至说她对爱尔莎很满意，尽管她们偶尔有过不和。爱尔莎的母亲（保莉妮的姐姐）和父亲似乎也对事情的了结感到高兴，只是同时也表达了不满，即爱因斯坦对米列娃在经济上过于大方了，这意味着留给他和爱尔莎的收入要"少一些"。[2]

整个事件使爱因斯坦精疲力竭，他决定不准备再婚了，尽管一个多星期前他曾对爱尔莎说过相反的话。这样他不必正式离婚，这是米列娃强烈反对的。这个消息使正在度假的爱尔莎"失望之至"。爱因斯坦试图打消她的疑虑。"对我而言，除你之外再也不存在另一位女性，"他写道，"我之所以会对结婚一再望而却步，并非因为我缺少真正的感情！我是不是对舒适的

---

[1] Einstein to Elsa Einstein, after July 26, 1914.

[2] Einstein to Elsa Einstein, July 30, 1914 (two letters); Michele Besso to Einstein, Jan. 17, 1928 (recalling the breakup); Pais, 242; Fölsing, 338.

生活、对漂亮的家具、对自己招来的憎恨，甚或对变成某种贪图安逸的中产阶级感到恐惧？我自己都不清楚。不过你会看到，我将永远忠实于你。"

他坚称，她不应当因为与一个不与她结婚的男人为伍而感到羞耻，或者让人可怜她。他们将在一起散步，并且相互支持。如果她能付出更多，他将心存感激。但不结婚将使他们不致沦为"贪图安逸的中产阶级"，防止他们的关系"变得平庸乏味"。在他看来，婚姻只能起限制作用，这是他本能抗拒的。"我高兴的是，我们之间温情脉脉的关系不必堕落为小市民的庸俗习气。"[1]

曾几何时，作为灵魂伴侣的米列娃恰恰能够对这种不拘于传统的观点产生共鸣。爱尔莎不是这样的人，吸引她的是一种舒适安逸的生活，婚姻也是如此。不结婚的决定她可以接受一时，但不能接受一世。

与此同时，爱因斯坦与米列娃就各个方面展开了拉锯战，比如钱、家具以及据称米列娃向孩子们灌输的对他的"恶语中伤"。[2]而在他们周围，一个链式反应正在将欧洲拖入历史上最不可理解的血战之中。

毫不奇怪，爱因斯坦通过投入科学来回应所有这些混乱。

---

[1] Einstein to Elsa Einstein, after Aug. 3, 1914.

[2] Einstein to Mileva Marić, Sept. 15, 1914 包括了对恶语中伤的指控。1914年的许多其他书信都详细记述了他们在钱、家具和对待孩子等方面的冲突。

第九章 广义相对论，1911—1915

光与引力

在 1905 年提出狭义相对论之后，爱因斯坦认识到它至少在两个意义上是不完备的。首先，规定任何物理相互作用的传播速度都不能超过光速，这与牛顿的引力理论相冲突，后者认为引力在远距离物体之间瞬时发生作用。其次，狭义相对论只适用于匀速运动。在接下来的十年里，爱因斯坦既希望提出一种新的引力场理论，又试图把相对论推广到加速运动。[1]

1907 年年底，在为一家科学年鉴撰写论文时，他终于在概

---

[1] Renn and Sauer 2006，117.

念上第一次有了重大进展。我们在前面章节曾经说过，他做了一个关于自由落体的观察者如何感觉的思想实验，由此得出了这样一个原理，即加速运动和处于引力场之中在局域效应上是无法区分的。[1] 一个人在密封舱中感到脚被地板支撑着，他无法判断这是由于密封舱正在外层空间向上加速，还是因为密封舱静止于引力场中。无论是哪种情形，倘若这时他从口袋里掏出一分钱，然后松开手，这枚硬币都会以完全相同的方式落到地板上。类似地，一个在密封舱中飘浮的人也弄不清楚，此时密封舱正在自由下落，还是正悬浮于没有引力的外层空间。[2]

为此，爱因斯坦提出了所谓的"等效原理"，以帮助他寻找一种引力理论和推广相对论。"我认识到，除了匀速运动的参照系，我将能够把相对性原理拓展和推广到加速系统，"他后来解释说，"我希望在这样做的同时能够解决引力问题。"

正因为惯性质量等于引力质量，所有惯性效应（比如对加速的反抗）与引力效应（比如重量）之间才存在着某种等效。爱因斯坦洞察到，它们是同一种结构的两种表现，这种结构我们现

---

[1] 参见第七章。就这里的讨论而言，我们指的是一个匀加速直线运动的参照系和一个静态的均匀引力场。

[2] 这种对等效原理的描述遵循着爱因斯坦在 1907 年的年鉴文章和 1916 年的广义相对论论文中的表述。后来的其他描述稍微有所修改。亦参见 Einstein, Fundamental Ideas and Methods of Relativity Theory, 1920, unpublished draft of a paper for *Nature* magazine, CPAE 7:31.

本章的某些内容源自《爱因斯坦全集》编辑之一的一篇论文：Jeroen van Dongen, Einstein's Unification: General Relativity and the Quest for Mathematical Naturalness, 2002. 他不但给了我这篇文章的一个副本，也对本章提出了建议和意见。本章也借鉴了其他学者研究爱因斯坦广义相对论著作的研究成果。我感谢他和所有帮助我撰写本章的人，包括绍尔、雷恩、诺顿和扬森。本章参考了他们以及斯塔契尔的著作，见参考文献。

第九章 广义相对论，1911—1915

在有时称为惯性-引力场（inertio-gravitational field）。[1]

正如爱因斯坦所指出的，这种等效的一个后果便是，引力会使光线弯曲。我们很容易用密封舱的思想实验来说明这一点。想象此时密封舱正在加速向上运动，一束光通过墙上的一个洞射进来。当这束光到达对面墙壁的时候，它已经离地板近了一些，因为在这段时间里密封舱已经向上移动了一段距离。如果画出光通过密封舱的路径，那么它将因密封舱的向上加速而是弯曲的。等效原理说，不论密封舱是加速向上还是静止于引力场中，这一效应都是相同的。因此，光线在通过引力场时会发生弯曲。

在提出这一原理后的四年时间里，爱因斯坦没有再怎么管它，而是转而思考光量子和辐射问题。然而在1911年，他对贝索说，量子问题的困扰已经使他疲惫不堪，他要重新开始思考如何用一种引力场理论来推广相对论。这项任务又将花费他大约四年时间，直到1915年11月的灵感迸发而达到最高峰。

1911年6月，他寄给《物理学纪事》一篇论文——《论引力对光的传播的影响》。在这篇论文中，他对1907年以来的思想给予了严格的表述。"在我四年前发表的一篇论文里，我曾试图回答这样一个问题：引力是否会影响光的传播，"他开门见山地说，"我现在发现，我以前论述的最重要的结果之一可以在实验上加以检验。"经过一系列计算，爱因斯坦预言了光通过太阳附近的引力场时发生的现象："光线经过太阳附近时将会发生

---

[1] Einstein, The Speed of Light and the Statics of the Gravitational Field, *Annalen der Physik* (Feb. 1912), CPAE 4：3；Einstein 1922c；Janssen 2004，9。在1907年和1911年的论文中，爱因斯坦称之为"等效假说"，但在这篇1912年的论文中，他把它提升至"等效原理"（Aequivalenzprinzip）的地位。

0.83弧秒的偏折。"[1]

这一次，他同样是由基本原理和假设演绎出理论，然后推出某些预言供实验家检验。和往常一样，他在文章的结尾呼吁做这样的检验。"由于日全食期间可以看到太阳附近的恒星，因此可以对理论结果进行观测。但愿天文学家能够着手考虑这一问题，那将是相当值得的。"[2]

埃尔温·弗伦德里希是柏林大学天文台的一位年轻天文学家。他读到了这篇论文，很有兴趣做这一检验。然而，实验只有在日食期间才能做，因为那时才能观测到途经太阳附近的星光，而未来三年内不会出现合适的日食。

于是弗伦德里希提出，可以测量木星引力场所造成的星光偏折。可惜，对于这项任务来说，木星的质量还不够大。"要是有一颗比木星大得多的行星该多好！"爱因斯坦那年夏末对弗伦德里希开玩笑说，"然而大自然并不认为让我们能够轻易发现它的规律是分内之事。"[3]

光线可能会弯曲，这种理论引出了一些有趣的问题。日常经验表明，光总是沿直线传播。木匠现在会用激光水平尺来画直线，建造房屋。倘若光线通过变化的引力场时会发生弯曲，那么直线应当如何确定呢？

一种解决方案是，把通过变化引力场的光线的路径类比于球面或曲面上的线。对于球面或曲面来说，两点之间最短的线是

---

[1] 我使用的是爱因斯坦原始计算中的数据。后来的数据使之被修正为大约0.85弧秒，1弧秒是1度的1/3600。

[2] Einstein, On the Influence of Gravity on the Propagation of Light, *Annalen der Physik* (June 21): 1911, CPAE 3: 23.

[3] Einstein to Erwin Freundlich, Sept. 1, 1911.

弯曲的，比如作为地球测地线的大弧或大圆。也许光线弯曲意味着，引力使光线通过的空间结构发生了弯曲。被引力弯曲的空间区域中的最短路径或许迥异于欧几里得几何学中的直线。

还有一种解决方案是，需要一种新的几何学。爱因斯坦在思考旋转圆盘时想到了这一点。在不随同圆盘旋转的观察者看来，当圆盘旋转时，其圆周会沿着运动方向收缩，而直径却不会发生任何收缩。于是，圆盘的周长与直径之比不再是 π，欧几里得几何学并不适用于这种情形。

旋转运动是一种加速运动，因为边缘上的点每时每刻都在发生变化，这意味着它的速度（包括速率和方向两个方面）在发生变化。这种加速需要用非欧几何来描述，所以根据等效原理，引力也需要用非欧几何来描述。[1]

不幸的是，非欧几何并非爱因斯坦的强项，这一点早在苏黎世联邦工学院时期就已经显示出来。但幸运的是，他在苏黎世还有一位同窗老友可以求助。

数学

1912 年 7 月，爱因斯坦从布拉格搬回苏黎世后，最先做的事情之一就是拜访他的朋友格罗斯曼。他在苏黎世联邦工学院逃数学课时，格罗斯曼曾帮他记笔记。那时，爱因斯坦的两门几何课都是 4.25 分，而格罗斯曼都得了满分 6 分。格罗斯曼的博士论文是关于非欧几何的，还发表过相关的七篇论文。他现在

---

[1] Stachel 1989b.

是数学系主任。[1]

"格罗斯曼,你一定要帮帮我,否则我会发疯的。" 爱因斯坦说。他解释说,他需要一个数学系统来表示(甚至是帮他发现)支配引力场的定律。"他立即产生了极大兴趣。" 爱因斯坦后来这样回忆格罗斯曼当时的反应。[2]

直到那时,爱因斯坦的科学成功一直得益于他在揭示大自然背后物理原理方面的惊人能力。他总是让别人去寻找关于这些原理的最佳数学表述,比如他的苏黎世同事闵可夫斯基在狭义相对论方面做的就是这种工作。

然而到了1912年,爱因斯坦开始认识到,数学也许是发现——而不仅仅是描述——自然定律的一种工具。数学是大自然的剧本。"广义相对论的核心思想就是,引力源于时空弯曲,"物理学家詹姆斯·哈特尔说,"引力就是几何。"[3]

"我正在一门心思研究引力问题,我相信,在这里一位数学家朋友的帮助下,我能够克服所有困难," 爱因斯坦写信给物理学家索默菲,"对于数学,我产生了极大的敬意,在此之前我一直愚蠢地认为,数学中更为奥妙的部分纯粹是一种奢侈!"[4]

格罗斯曼开始思考这个问题。在查阅了相关文献之后,他

---

[1] Record and grade transcript, CPAE 1: 25; Adolf Hurwitz to Hermann Bleuler, July 27, 1900, CPAE 1: 67; Einstein to Mileva Marić, Dec. 28, 1901.
[2] Fölsing, 314; Pais 1982, 212.
[3] Hartle, 13.
[4] Einstein to Arnold Sommerfeld, Oct. 29, 1912.

建议爱因斯坦关注伯恩哈特·黎曼曾经提出的非欧几何。[1]

黎曼（1826—1866）是一位少年天才，14岁时就发明了一种万年历，后来到了世界的数学中心——德国的哥廷根大学，在高斯的指导下进行研究。作为曲面几何的开拓者，高斯为黎曼指定了这一论文题目。事实证明，这不仅将改变几何学的面貌，而且将使物理学发生变革。

欧氏几何可以描述平直表面，但对于弯曲表面并不适用。例如，平面三角形的内角和等于180°。但如果在地球仪上作一个三角形，以赤道为底，从赤道通过伦敦到达北极的经线（经度0°）为一边，从赤道通过新奥尔良到达北极的经线（经度90°）为第三边，那么你将看到，这个三角形的所有内角都是直角，而这在欧几里得的平直世界中显然是不可能的。

高斯等人发展出了不同类型的几何学，以描述球面或其他曲面。黎曼则走得更远，他提出了一种描述表面的万能方法，不论该表面的几何如何变化，哪怕它从球面变到平面再变到双曲面，都可以运用这种方法。他不仅探讨了二维表面的曲率，还在高斯著作的基础上，探讨了描述三维甚至四维空间曲率的各种数学方式。

这真是一种富有挑战性的概念。我们可以设想一条曲线或一个曲面，但很难想象弯曲的三维空间是什么样子，更不要说弯

194

---

[1] 爱因斯坦为通俗著作 *Relativity*，1923 的捷克语译本写的前言，参见 utf. mff. cuni. cz/Relativity/Einstein. htm. 爱因斯坦写道："直到1912年我回到苏黎世之后，才想到要把理论的数学表述类比于高斯的表面理论，当时我还不知道黎曼、里奇和莱维-契维塔的工作。是我的朋友格罗斯曼第一次让我注意到了它们。Einstein 1922c：我认识到几何基础具有物理含义。当我从布拉格回到苏黎世时，我的挚友数学家格罗斯曼在那里。从他那里我第一次听说了里奇和黎曼。"

曲的四维空间了。然而，数学家却很容易把曲率概念拓展到不同维度，至少它在数学上是可行的。这涉及所谓的**度规**概念，它规定了如何计算空间中两点之间的距离。

在只有 x 坐标和 y 坐标的正常平面上，任何高中生在老毕达哥拉斯的帮助下都可以计算出两点间的距离。但在一张用来表示弯曲球面上各个位置的平面地图（比如世界地图）上，距离在极点附近被拉长，测量变得更加复杂。计算格陵兰岛上两点的间距不同于计算赤道附近两点的间距。黎曼找到了确定空间中两点之间距离的数学方法，无论它如何弯曲或扭曲。[1]

为此，他运用了张量这种数学概念。在欧氏几何中，矢量是既有大小又有方向的量，比如速度或力，它需要用一个以上的数来描述。而在非欧几何中，空间是弯曲的，我们需要有某种更一般的东西才能在数学上包含更多的成分，这就是所谓的张量。

利用**度规张量**这种数学工具，我们能够计算出给定空间中两点之间的距离。对于二维地图，度规张量有 3 个分量。对于三维空间，度规张量有 6 个独立分量。而对于所谓的四维时空，度规张量则有 10 个独立分量。[2]

---

[1] Sartori, 275.
[2] 它的道理是这样的。如果你处于空间中的某一点，想知道距离邻近点（无限近）有多远，如果你只能利用勾股定理和一般性的几何学知识，事情就会比较困难。计算与北边邻近点的距离的方法可能不同于计算与东边或上方邻近点的距离的方法。在空间中的每一点，我们都需要某种类似于小计分卡那样的东西，告诉我们该点与每一点的距离。在四维时空中，你的计分卡需要有十个数，才能使你能够处理与邻近点的时空距离相关的所有问题。对于时空中的每一点，你都需要这样一个计分卡。但是一旦你有这些计分卡，你就可以计算沿任何曲线的距离：只要利用相应的计分卡，将途经的每一个无穷小距离加起来就可以了。这些计分卡构成了度规张量，它是时空中的一个场。换句话说，它在各点都有定义，但在各点可以有不同的值。感谢诺顿教授的帮助。

第九章 广义相对论，1911—1915

黎曼为提出这种度规张量概念做出了贡献。它通常写作 $g_{\mu\nu}$，有16个分量（其中10个是独立的），可以用来定义和描述弯曲的四维时空中的距离。[1]

黎曼张量，以及爱因斯坦和格罗斯曼从意大利数学家里奇和莱维-契维塔的著作中了解到的其他张量的关键用处是，它们都是广义协变的。当爱因斯坦试图推广相对论时，这对他来说是一个重要概念。它意味着，不论时空坐标系如何变化或旋转，其各个分量的关系仍然保持不变。换句话说，虽然编入这些张量中的信息可以因参照系的改变而发生变化，但支配其各个分量之间关系的基本定律却不会改变。[2]

在探索广义相对论的过程中，爱因斯坦的目标是要找到描述两种互补过程的数学方程：

1. 引力场如何作用于物质，规定物质如何运动。
2. 反过来，物质如何产生时空中的引力场，规定时空如何弯曲。

他认识到，引力可以定义成时空的弯曲，从而可以通过一个度规张量来表示。为此，他将在三年多的时间里努力寻找正确的方程。[3]

数年之后，小儿子爱德华问他为什么如此著名，爱因斯坦用一个形象的比喻来解释他的伟大发现，即引力是时空结构的弯曲。"一只瞎眼的甲虫在弯曲的树枝表面爬行，它没有发现它爬过的路

---

[1] Amir Aczel, Riemann's Metric, in Aczel 1999, 91–101; Hoffmann 1983, 144–151.

[2] 感谢绍尔和科皮就本节提供的帮助。

[3] Janssen 2002; Greene 2004, 72.

径是弯的，"他说，"但我幸运地注意到了甲虫没有注意到的东西。"[1]

苏黎世笔记本，1912 年

从 1912 年夏天开始，爱因斯坦试图沿着黎曼、里奇等人提供的思路用张量来研究引力场方程。他最初的努力都记在一个便条簿中。多年来，雷恩、诺顿、绍尔、扬森和斯塔契尔等学者已经对这一极有启发性的"苏黎世笔记本"进行了细致入微的研究，使我们得以窥见他的思想发展。[2]

在其中，爱因斯坦沿两个方向进行了探索。一方面是"物理方案"，即根据物理学直觉提出要求，并由此找到正确的方程；另一方面是"数学方案"，即运用格罗斯曼等人建议的张量分析方法，试图根据更加形式化的数学要求导出正确的方程。

爱因斯坦的"物理方案"始于对相对性原理的推广，即试图使相对性原理适用于正在加速运动的观察者。任何引力场方程都必须满足如下物理要求：

- 在静态弱引力场的情况下，必须转化为牛顿理论。换句话说，在正常条件下，他的理论应该能够描述我们所熟悉的牛顿的引力和运动定律。

- 它应当维持经典物理学的定律，特别是能量和动量守恒

---

[1] Calaprice，9；Flückiger，121.
[2] 苏黎世笔记本收在 CPAE 4：10。网络版可参见 echo. mpiwg-berlin. mpg. de/content/relativityrevolution/jnul。亦参见 Janssen and Renn。

第九章 广义相对论，1911—1915

定律。

• 它应当满足等效原理，即匀加速运动的观察者的观察应当等效于均匀引力场中的观察者的观察。

爱因斯坦的"数学方案"则试图用关于度规张量的数学知识找到一个广义协变的引力场方程。

爱因斯坦双管齐下，一方面考察由物理要求所得出的方程，检验其协变性；另一方面考察由美妙的数学表达式导出的方程，看它们是否满足物理要求。"在这个笔记本中，他一直都试图从两个进路解决问题，时而写出由牛顿极限和能量动量守恒等物理要求所预示的表达式，时而写出由里奇和莱维-契维塔的广义协变量所预示的表达式。"诺顿说。[1]

但令人失望的是，这两组要求并不匹配，至少爱因斯坦是这样认为的。他无法使一种方案的结果满足另一种方案的要求。

运用数学方案，他导出了一些非常美妙的方程。在格罗斯曼建议下，他开始使用黎曼张量以及更加适合的里奇张量。到了1912年年底，他设计出了一个场方程，这与1915年11月底最终提出的场方程相当接近。换句话说，他在苏黎世笔记本中提出了近乎正确的解答。[2]

但随后他放弃了这个方程，而且一放就是两年多。为什么会这样？一个原因是，他（不太正确地）认为，这一解答在静态弱场的情况下没有还原为牛顿定律，也不满足能量动量守恒的要求。

---

[1] Norton 2000，p. 147. 亦参见 Renn and Sauer 2006，151。感谢绍尔对本节的编辑工作。

[2] Zurich Notebook，CPAE 4:10 (German edition)，p. 39 第一次记录了所谓的爱因斯坦张量。

如果通过引入坐标条件，使方程满足其中一种要求，那么又无法满足另一种要求的条件。[1]

结果，爱因斯坦抛弃了数学方案，这一决定后来使他追悔莫及。事实上，最终使他大获成功的正是数学方案。从那以后，他将一直强调数学形式主义的优点，无论在科学上还是在哲学上。[2]

《纲要》和牛顿的水桶，1913年

1913年5月，在抛弃了由数学方案导出的方程之后，爱因斯坦和格罗斯曼又基于物理方案提出了一种概要性的理论。其方程应当能够满足能量动量守恒的要求，并且在静态弱场的情况下能够与牛顿定律相容。

虽然这些方程的协变性似乎还不够，但爱因斯坦和格罗斯曼认为这是他们目前所能做到的极致了。从文章的标题就可以看出其尝试性：《广义相对论和引力理论纲要》，这就是后来所谓的《纲要》(*Entwurf*)一文。[3]

写出《纲要》之后，爱因斯坦既深感幸福又疲惫不堪。"几个

---

[1] Renn and Sauer 1997，42-43 对这一难题提出了一种解释。关于爱因斯坦为什么没有在 1913 年年初找到正确的引力张量，以及他对坐标条件选择的理解，Renn 2005b，11-14 做了很好的分析。他基本同意 Norton 1984 的结论，并且提出了一些修正。

[2] 诺顿、扬森和绍尔都指出，爱因斯坦在1913年的糟糕经历，即放弃数学策略采取物理策略，以及他后来采用数学策略所取得的成功，1933年他在牛津大学斯宾塞讲演中表达的观点，以及他后半生寻找统一场论的过程中都可以反映出来。

[3] Einstein, Outline [*Entwurf*] of a Generalized Theory of Relativity and of a Theory of Gravitation (with Marcel Grossmann), before May 28, 1913, CPAE 4：13; Janssen 2004; Janssen and Renn.

星期以前，我终于把问题解决了，"他写信给爱尔莎说，"它大胆拓展了相对论和引力理论。现在我必须稍事休息，否则会垮掉的。"[1]

然而没过多久，他就开始质疑这项工作。他越是反思，就越认识到《纲要》的方程并不满足广义协变的目标。换句话说，也许并不能总是以同一种方式将方程运用于各种加速运动。

1913 年 6 月，他与来访的老友贝索一起研究《纲要》理论，当时他并未建立起对该理论的信心。他们进行了深入研究，做了 50 多页的笔记，分析了《纲要》如何与关于水星轨道的一些古怪事实相一致。[2]

自 19 世纪 40 年代以来，科学家们一直耿耿于怀于水星轨道的一种微小移动得不到解释。近日点是行星椭圆轨道上距离太阳最近的点。人们注意到，水星近日点的移动，即大约每世纪 43 弧秒，要比牛顿定律的预言略大一些。起初人们以为，这是由于某颗尚未发现的行星在牵引着它，类似于较早前海王星的发现过程。发现水星反常的那位法国人甚至计算了这颗未知行星的可能位置，并把它命名为"火神星"。但事实上，它并不在那里。

爱因斯坦希望新的引力场方程能够解释水星的轨道。不幸的是，经过大量计算和修正，他和贝索得出的水星近日点运动的值是每世纪 18 弧秒，这个值甚至还不到正确值的一半。由于结果不理想，爱因斯坦决定暂不发表这些计算，但却并没有抛弃《纲要》理论，至少当时还没有。

根据《纲要》理论方程，爱因斯坦和贝索也探讨了旋转运动是

---

[1] Einstein to Elsa Einstein, Mar. 23, 1913.
[2] Einstein-Besso manuscript, CPAE 4:14; Janssen, 2002.

否可以看成某种相对运动。换句话说，想象一个观察者正在旋转，并体验到惯性，这是否可能是另一种情形的相对运动，它与观察者静止、宇宙的其余部分围绕他旋转的情形不可区分？

牛顿在其《自然哲学的数学原理》的第三卷描述了这方面最著名的思想实验。想象一个水桶吊在一根绳子上开始旋转。起初，桶中的水几乎静止，水面是平的，但是不久，桶壁的摩擦使水和桶一起旋转，水面呈凹形。为什么？因为惯性使旋转的水向外推压，从而冲上桶壁。

的确如此。但如果我们怀疑一切运动都是相对的，那么我们会问：水正相对于什么旋转呢？不是桶，因为水在和桶一起旋转时呈凹形，而且当水桶停止后，水仍然会在里面旋转一段时间。也许水正相对于邻近的物体旋转，比如施予引力的地球。

但是想象水桶在没有引力、没有参照点的宇宙空间中旋转，或者想象它正在一个空荡荡的宇宙中旋转，那么是否仍然存在惯性？牛顿相信仍然存在，因为他认为水桶正在相对于绝对空间旋转。

19世纪中叶，爱因斯坦早年崇拜的马赫批判了这种绝对空间的概念。他认为，惯性之所以存在，是因为水正相对于宇宙中其余的物质旋转。他说，倘若水桶静止不动，宇宙的其余部分围绕它旋转，也能观察到同样的效应。[1]

---

[1] Einstein, On the Foundations of the General Theory of Relativity, *Annalen der Physik* (Mar. 6, 1918), CPAE 7：4. 关于对牛顿水桶的生动说明以及它与相对论的关联，参见 Greene 2004，23—74。在很大程度上正是爱因斯坦推出了马赫对一个空的宇宙的看法。参见 Norton 1995c；Julian Barbour, "General Relativity as a Perfectly Machian Theory"；Carl Hoefer, "Einstein's Formulation of Mach's Principle" 以及 Hubert Goenner, "Mach's Principle and Theories of Gravity"，均载于 Barbour and Pfister。

第九章 广义相对论，1911—1915

爱因斯坦希望，广义相对论能够将所谓的"马赫原理"当成一个检验标准。令他喜出望外的是，通过对《纲要》理论中的方程进行分析，他的结论是，它们似乎的确预言了，不论是水桶旋转，还是水桶静止而宇宙的其余部分围绕它旋转，效应都是一样的。

爱因斯坦大概就是这样想的。他和贝索做了一系列巧妙的计算，以检验情况是否真的如此。爱因斯坦高兴地称，这一胜利在望的计算结果"是正确的"。

不幸的是，他和贝索在这项工作中犯了一些错误。爱因斯坦两年后终于发现了它们，并且认识到《纲要》实际上并不满足马赫原理。贝索很可能提醒过他。在一份可能写于1913年8月的备忘录中，贝索说，"旋转度规"实际上并非《纲要》中的场方程所允许的解。

但在给贝索、马赫等人的信中，爱因斯坦当时并没有理会这种怀疑。[1] 如果实验支持这种理论，"那么您在力学基础方面的卓越研究将得到很好的证实，"爱因斯坦在《纲要》发表后写信给马赫说，"因为它表明惯性源自物体之间的某种相互作用，恰恰符合您关于牛顿水桶实验所做的论证。"[2]

---

[1] Janssen 2002, 14; Janssen 2004, 17; Janssen 2006. 扬森有一项重要工作分析了贝索和爱因斯坦在1913年的合作。克里斯蒂拍卖行有一份288页的目录收入了爱因斯坦-贝索手稿的复印本以及其他相关材料，还有扬森写的一篇讨论其重要性的论文，克里斯蒂拍卖行于2002年10月4日拍卖了原稿。（50页的爱因斯坦-贝索手稿以59.5万美元拍出。）关于爱因斯坦如何没有理会贝索的建议，即旋转坐标的闵可夫斯基度规不是《纲要》场方程的一个有效解（以及爱因斯坦如何一直感觉《纲要》实际上与马赫原理并不相容）的一个例子，参见 Einstein to Michele Besso, ca. Mar. 10, 1914。

[2] Einstein to Ernst Mach, June 25, 1913. Misner, Thorne and Wheeler, 544.

关于《纲要》，最令爱因斯坦忧虑的是，它的数学方程并不是广义协变的，从而无法保证自然定律对于加速运动的观察者和以恒定速度运动的观察者是一样的。"遗憾的是，此事仍然非常棘手，导致我对这一理论的信心不是很足，"他在回复洛伦兹的贺信时写道，"不幸引力方程本身并不具有广义协变性。"[1]

他很快便意识到这是不可避免的。这部分是通过一个思想实验做到的，它后来被称为"空穴论证"[2]。这个论证似乎暗示，引力场方程不可能实现广义协变。"引力方程并不是广义协变的，这在长时间里一直困扰着我，现已证明是不可避免的，"他给一位朋友写信说，"如果场在数学上完全由物质所决定，那么就很容易证明，带有广义协变方程的理论不可能存在。"[3]

在当时，很少有物理学家支持爱因斯坦的新理论，许多人甚

---

[1] Einstein to Hendrik Lorentz, Aug. 14, 1913. 但两天以后，他又给洛伦兹写信说，他已经屈从于协变不可能的想法。"只有现在，在似乎擦掉了这一丑陋的污点之后，这理论才给我带来了喜悦。" Einstein to Lorentz, Aug. 16, 1913.

[2] 空穴论证大致是说，**广义协变**的引力理论将是非决定论的。广义协变的场方程无法唯一地确定度规场。完全指定某个没有物质的小区域，即所谓的"空穴"之外的度规场，将无法确定那一区域内部的度规场。参见 Stachel 1989b; Norton 2005b; Janssen 2004。

[3] Einstein to Ludwig Hopf, Nov. 2, 1913. 亦参见 Einstein to Paul Ehrenfest, Nov. 7, 1913："可以证明，完全由物质张量来决定引力场的广义协变方程，是根本不可能存在的。必要的限定来自于守恒定律，还有什么事情能比这更美妙呢？这一守恒定律就能从所有的曲面中决定可以特许为坐标面的面。我们可以指定这些特许的面为平面，因为我们剩下的线性代换是唯一正当的。"爱因斯坦对空穴论证的最清晰的解释参见"On the Foundations of the Generalized Theory of Relativity and the Theory of Gravitation", Jan. 1914, CPAE 4:25。

至公开指责它。[1] 但爱因斯坦依然满心欢喜，他对朋友仓格尔说，人们至少已经在相对性问题上"倾注了必要的精力。我喜爱争论，用费加罗的话说'我尊贵的伯爵敢于跳舞吗？他应该告诉我！我将为他定调'"。[2]

在这一过程中，爱因斯坦始终试图挽救他的《纲要》。他想方设法获取足够的协变性，以满足关于引力和加速的等效原理的大部分方面。"我成功证明了引力方程对于任意运动的参照系仍然成立，因此关于加速与引力场等效的假说是绝对正确的，"他1914年年初写信给仓格尔说，"大自然只把狮子的尾巴显露给了我们。但我确信无疑，狮子是个庞然大物，尚不能立即全部显露在我们眼前。我们见到的就像叮在狮子身上的虱子所见到的一样。"[3]

弗伦德里希和1914年日食

爱因斯坦知道，有一种办法可以消除疑虑。他经常在论文结尾提出一些实验建议以证实他的观点。至于广义相对论，他1911年就已经给出了太阳引力使星光偏折的估计值。

---

[1] 1913年9月，当爱因斯坦出现在德国科学家年会时，持不同观点的引力理论家古斯塔夫·米对他发起了"实时"攻击，结果引发一场激辩，其言辞的尖刻远远超过了科学争论的范畴。爱因斯坦还与马克斯·亚伯拉罕进行了激烈争论，整个1912年，爱因斯坦都怀着极大的兴趣对亚伯拉罕的引力理论进行批评。Report on the Vienna conference, Sept. 23, 1913, CPAE 4:17.

[2] Einstein to Heinrich Zangger, ca, Jan. 20, 1914.

[3] Einstein to Heinrich Zangger, Mar. 10, 1914. 雷恩指出，虽然1913—1915年对《纲要》的捍卫和打磨并没有能够挽救理论，但它的确帮助爱因斯坦更好地理解了他用数学策略研究的张量所面临的困难。"事实上，爱因斯坦在苏黎世笔记本中碰到的所有技术问题，都在这一时期考察与《纲要》理论相关的问题的过程中得到了解决。" Renn 2005b, 16.

他提出，这可以通过对星体进行摄影来测量，我们只需确定星光掠过太阳时星体的位置与星光不被太阳偏折时所对应的星体位置是否存在微小的偏移。但这个实验只有在日食期间星光可见时才能进行。

他的理论引发了同行们的激烈批评，他本人也有一定怀疑。因此，当爱因斯坦听说，1914年8月21日将会发生下一次日全食时，他对此抱以极大热情。届时需要一支远征队奔赴俄国的克里米亚观察日食。

爱因斯坦热切盼望他的理论能够在日食期间得到检验，以至于当这支远征队面临经费不足的困境时，他甘愿亲自承担一部分费用。埃尔温·弗伦德里希是一位年轻的柏林天文学家，他曾经读过爱因斯坦1911年论文中对光线偏折的预言，很愿意能够牵头证明这个结论。爱因斯坦在1912年年初写信给他说："您对光线弯曲问题的研究如此热心，我感到十分高兴。"1913年8月，爱因斯坦仍然在想方设法鼓动天文学家。"在这里，理论家们已经爱莫能助，"他写道，"明年，只有你们天文学家能够为理论物理学做出极其宝贵的贡献。"[1]

1913年8月，新婚燕尔的弗伦德里希决定在苏黎世附近山区度蜜月，他希望能够见到爱因斯坦。这一愿望没有落空。弗伦德里希在一封信中谈了他在蜜月期间的安排，爱因斯坦知道后便邀请他来访问。"这真是妙极了，因为它很符合我们的计划。"弗伦德里希写信给未婚妻说。至于后者对蜜月期间将与一位从未谋面的理论物理学家一同度过有何反应，我们则无从知晓。

---

[1] Einstein to Erwin Freundlich, Jan. 8, 1912, mid-Aug. 1913; Einstein to George Hale, Oct. 14, 1913; George Hale to Einstein, Nov. 8, 1913.

第九章 广义相对论，1911—1915

当这对新婚夫妇到达苏黎世火车站时，弗伦德里希的妻子回忆说，头发凌乱的爱因斯坦戴着一顶大草帽，身旁站着体态臃肿的化学家哈伯。爱因斯坦把他们带到附近的一个镇上，并在那里做了一场讲演，然后共进午餐。毫不奇怪，他忘了带钱，还是一位助手从桌下偷偷递给他一张100法郎的钞票，算是解了燃眉之急。弗伦德里希那天一直都在与爱因斯坦讨论引力和光的弯曲问题，甚至在野外散步时也在聚精会神地讨论，弗伦德里希的新婚妻子只得在一旁独自欣赏静谧的景色。[1]

在当天关于广义相对论的讲演中，爱因斯坦向听众介绍弗伦德里希，称他"将在明年检验理论"。然而，资金是个问题。当时，普朗克等人正试图游说爱因斯坦从苏黎世搬到柏林担任普鲁士科学院院士，爱因斯坦则趁此机会给普朗克写信，敦促他为弗伦德里希提供资金完成这项任务。

事实上，就在1913年12月7日，即爱因斯坦正式接受柏林的职位并当选院士那天，他还写信给弗伦德里希提议他将自掏腰包。"如果科学院准许，我就准备向私人筹集经费，"爱因斯坦说，"如果各种办法都失败了，那么我将从我的少量积蓄中取出钱来支付，至少先付出第一笔2000马克。"爱因斯坦强调，主要的事情是弗伦德里希应当继续准备。"只管预备底片吧，不要因为钱的问题而浪费时间。"[2]

后来证明，有足够的私人捐款（主要来自克虏伯基金会）使这次远征成为可能。"您事业上的外部困难现在或多或少得到了克服，您可以想象，我是多么快乐。"爱因斯坦写道。他对未来的发现

---

[1] Clark，207.
[2] Einstein to Erwin Freundlich，Dec. 7，1913.

充满信心。"我从每一个角度对理论做了考虑，对这个理论我充满信心。"[1]

7月19日，弗伦德里希和两位同事离开柏林前往克里米亚，在那里又有一个阿根廷科尔多瓦天文台的小组加入进来。如果一切顺利，他们将有2分钟时间用来拍照，以分析星光是否因太阳引力而偏折。

但事情进展并不顺利。在日食前20天，欧洲卷入了第一次世界大战，德国向俄国宣战。弗伦德里希及其德国同事被俄军俘虏，他们的装备也被没收。这些强大的照相机和定位设备自然无法使俄军相信，他们仅仅是一些天文学家，打算观察星星以更好地理解宇宙的秘密。

即使他们的安全得到了保障，观测也很有可能会失败，因为日食期间天空阴云密布。当时一个美国小组就在当地，他们也无法得到任何有用的照片。[2]

虽然任务被迫终止，但事情还有一线希望。爱因斯坦的《纲要》方程并不正确。根据爱因斯坦当时的理论，引力使光的偏折与牛顿光发射理论的预言相一致。但正如爱因斯坦一年后发现的，正确的预言应当是它的两倍。倘若1914年弗伦德里希取得了成功，爱因斯坦的理论反倒可能被证伪了。

"我那位优秀的天文学家弗伦德里希，非但没有在俄国观测到日食，现在倒要在那里遭受牢狱之苦，"爱因斯坦给埃伦菲斯特写信说，"我为他感到担忧。"[3] 不过，担忧是没有必要的。几周

---

[1] Einstein to Erwin Freundlich, Jan. 20, 1914.
[2] Fölsing, 356—357.
[3] Einstein to Paul Ehrenfest, Aug. 19, 1914.

第九章　广义相对论，1911—1915

以后，这位年轻的天文学家就在一次犯人交换中被释放。

然而，1914年8月，还有别的理由使爱因斯坦忧心忡忡。他的婚姻刚刚破裂。伟大理论仍然需要推进。他从小就厌恶的民族主义和军国主义正在把他的祖国拖入一场战争，他也因此成为陌生土地上的一个陌生人。事实证明，对他来说德国是一个危险的地方。

第一次世界大战

将欧洲拖入1914年8月战争的链式反应激发了普鲁士人的爱国热情，也沿相反方向唤起了爱因斯坦内心深处的和平主义及其不服从的本能。他是如此温文友善，厌恶冲突，就连下棋都不喜欢。"疯狂的欧洲现在开始了难以置信的闹剧，"他当月写信给埃伦菲斯特说，"此时人们看得出来，人究竟属于哪一类可悲的畜生。"[1]

自从学生时代离开德国，在阿劳受到温特勒国际主义的一定影响之后，爱因斯坦的情感已经使他倾向于和平主义、世界联邦制和社会主义。但他一般不会公开进行活动。

第一次世界大战改变了这一切。爱因斯坦永远都没有放弃物理学，但从此以后他将一直坚定地宣扬其政治社会理念。

战争的非理性使爱因斯坦相信，科学家实际上有一种特殊的责任来参与公共事务。"我们这些科学家必须培养一种国际主义，"他说，"不幸的是，甚至在科学家中间，我们也不得不在这方面失望至极。"[2]他特别惊诧于他的三位亲密同事，即游说他到柏林的

---

[1] Einstein to Paul Ehrenfest, Aug. 19, 1914.
[2] Einstein to Paolo Straneo, Jan. 7, 1915.

科学家——哈伯、能斯特和普朗克，都不约而同地成了主战派。[1]

化学家哈伯是个秃顶，个子不高，衣冠楚楚。他虽然是犹太人，却竭力使自己同化。他改变了信仰，受了洗，衣着举止都发生了改变，甚至还戴上了一副普鲁士人的夹鼻眼镜。他担任着化学研究所所长的职务，爱因斯坦在所里有自己的办公室。欧洲的大战爆发时，他一直在爱因斯坦与米列娃之间进行斡旋。虽然他希望担任军官，但由于是犹太裔学者，他不得不成为一名军士。[2]

哈伯将他的研究所进行了重组，从而为德国研制化学武器。他发现了由氮合成氨的方法，这使德国能够大规模生产炸药。接着他转而研制致命的氯气。氯气比空气重，可以飘入战壕，使士兵们痛苦地窒息，灼伤他们的喉咙和肺。1915年4月，现代化学战诞生了。哈伯亲自督战，大约5000名法国人和比利时人在伊普尔（Ypres）遭遇了噩运。（一个不大为人注意的讽刺是，诺贝尔奖是由炸药的发明人阿尔弗雷德·诺贝尔设立的，哈伯因氨的合成法获得了1918年诺贝尔化学奖。）

能斯特50岁左右，戴着眼镜，是哈伯的同事，偶尔也是其学术对手。他经常在房前练习步伐和敬礼，并让妻子检查动作是否规范。然后他驾车前往西线做志愿司机。回到柏林之后，他用催泪瓦斯以及其他可能将敌军仁慈赶出战壕的刺激物进行了实验，但将军们还是更喜欢哈伯正在研制的致命武器。因此能斯特在这件事情上是出了力的。

---

[1] 参见 Levenson，特别是 pp. 60—65。
[2] Elon，277，303—304。

第九章　广义相对论，1911—1915

甚至连可敬的普朗克也支持德国的所谓"正义之战"。正如他在学生们参战时所说："德国已经拔出利剑，对准那阴险背叛的策源地。"[1]

爱因斯坦没有让他与三位同事的关系因战争而破裂，1915年春天，他一直在给哈伯的儿子辅导数学。[2]但是当他们在一份捍卫德国军国主义的请愿书上签字时，爱因斯坦感到不得不在政治上与他们划清界限。

1914年10月发表的这份请愿书名为《告文明世界书》，后来在多位知识界人士签名后称为《93人宣言》。它不顾事实真相，断然否认德军曾入侵比利时，并宣称战争是必需的。"要不是因为德国军国主义，德国文化已被从地球表面抹去，"它断言，"作为一个有教养的民族，我们将把这场战斗进行到底，对这个民族来说，歌德、贝多芬和康德的遗产就像家庭和土地一样神圣。"[3]

在签名的科学家当中有因光电效应而出名的保守主义分子勒纳德，这并不奇怪。他后来成了一个狂热的反犹主义者，对爱因斯坦恨之入骨。令人悲伤的是，哈伯、能斯特和普朗克也在上面签了名。作为公民和科学家，他们都有一种自然的本能去附随其他人的情感。但爱因斯坦却往往表现出一种不合作的自然倾向，这有时使他成为更伟大的科学家和更高贵的公民。

格奥尔格·弗里德里希·尼科莱是一位冒险家和医生。他是犹太人（原名勒温施坦），极富魅力，是爱尔莎和女儿伊尔莎的朋友。他与爱因斯坦合作写了一篇和平主义的文章来回应。这篇《告

---

[1] Fölsing, 344.
[2] Einstein to Hans Albert Einstein, Jan. 25, 1915.
[3] Nathan and Norden, 4; Elon, 326.

欧洲人书》呼吁一种超越民族主义的文化，敦促创建欧洲统一体联盟。"他们以敌对的精神来讲话，而没有站出来为和平说话，"它在谈到《93人宣言》的签名者时这样说，"民族主义的热情不能为这种态度开脱，这种态度同这个世界上向来被称为文化的那种东西是不相称的。"

爱因斯坦告诉尼科莱，虽然普朗克是《告文明世界书》的93名签名者之一，但他或许也想加入他们的反宣言，因为他"心胸开阔，心地善良"。他还认为仓格尔也有可能签名。但是显然，两个人都不愿牵涉进来。最后，只有两个人支持爱因斯坦和尼科莱。于是他们放弃了努力，《告欧洲人书》当时也没有发表。[1]

爱因斯坦还成了一个带有和平主义色彩的自由组织的早期成员，这个组织名为"新祖国同盟"，致力于尽早实现欧洲和平，并在欧洲建立一种联邦制以避免未来的冲突。它发表了一份名为《欧洲联合国的创造》的小册子，帮助使和平主义著作流入监狱等地。到了周一晚上，爱尔莎有时会陪同爱因斯坦参加一些聚会，直到这个组织于1916年年初遭禁。[2]

法国作家罗曼·罗兰是战争期间最著名的和平主义者之一，他一直试图推进法德两国的友谊。1915年9月，爱因斯坦在日内瓦湖畔拜访了他。罗曼·罗兰在日记中写道，法语说得很吃力的爱因斯坦"对一些最严肃的话题进行了调侃"。

他们坐在旅馆的天台上聊天，周围花团锦簇，蜜蜂飞舞。爱因斯坦开玩笑说，在柏林的会议上，每一位教授都会对"为什么我

---

[1] Einstein to Georg Nicolai, Feb. 20, 1915. 全文见 CPAE 6：8 以及 Nathan and Norden, 5. Clark, 228 指出其中有些内容是爱因斯坦写的。亦参见 Levenson, 63；Fölsing, 346—347, Elon, 328。

[2] Nathan and Norden, 9；Overbye, 275—276；Fölsing, 349；Clark, 238。

们德国人在世界上遭到憎恨"而愤愤不平,然后便会"小心翼翼地避开真相"。爱因斯坦大胆地公然宣称,他认为德国已经无可救药,希望协约国能够获胜,"粉碎普鲁士和王朝的权力"。[1]

在接下来的一个月里,爱因斯坦与昔日的一位朋友,即哥廷根的著名数学家保罗·赫尔茨展开了激烈的笔战。和爱因斯坦一样,赫尔茨曾经是新祖国同盟的准会员,但是当这个组织变得有争议时,他却退出了该团体。"这种小心谨慎的态度,或者说不坚持自己权利的态度,正是造成整个政治困境的原因,"爱因斯坦斥责说,"您具有当权者深爱的德意志人身上的那种勇敢精神。"

"要是您对人的理解如同对科学的理解一样细心的话,您就不至于给我写这种侮辱人的信了。"赫尔茨回信说。这种说法很能说明问题,而且是准确的。在理解物理方程方面,爱因斯坦的确要比处理个人事务更胜一筹,他在致歉信中也这样承认。"正如您所言,我对人不像对科学那样细心地去理解,因此您必须原谅我。"他写道。[2]

11月,爱因斯坦发表了一篇三页的文章,几乎到了德国言论所能允许范围的极致(即使对一个大科学家也是如此)。在这篇名为《我对战争的看法》的文章中,他猜想存在着"一种由生物学决定的雄性特征",它是导致战争的原因之一。当这篇文章当月被歌德联盟发表时,有几段话出于安全的考虑被删去了,比如将爱国

---

[1] Einstein to Romain Rolland, Sept. 15, 1915; CPAE 8a: 118 (German edition) footnote 2; Romain Rolland diary, Nathan and Norden, 16; Fölsing, 366.

[2] Einstein to Paul Hertz, before Oct. 8, 1915; Paul Hertz to Einstein, Oct. 8, 1915; Einstein to Paul Hertz, Oct. 9, 1915.

主义攻击为潜藏着"兽性仇恨和大屠杀的道德前提"。[1]

关于战争有一种雄性攻击的生物学基础，爱因斯坦在给苏黎世的朋友仓格尔的信中也曾谈到。"是什么驱使人们如此野蛮地自相残杀？"爱因斯坦问，"我想正是雄性的性特征不时导致了这些野性的爆发。"

他认为，遏制侵略的唯一方法就是建立一个有权统摄成员国的世界政府。[2] 18年后，他还会重拾这个主题，与弗洛伊德就男性心理学以及世界政府的必要性进行公开通信，那时他的纯粹和平主义正处于最后的阵痛中。

家庭，1915

1915年年初，无论是从感情上讲还是从逻辑上讲，战争都使爱因斯坦与汉斯·阿尔伯特和爱德华的分离变得更加残酷。他们希望爱因斯坦能够在复活节期间到苏黎世来看他们。刚刚11岁的汉斯·阿尔伯特给他写了两封信，旨在牵动他的心弦。"我只是想：复活节时你会来这里，我们又能有爸爸了。"

在另一张明信片中，他说弟弟爱德华梦见了"爸爸在这里"。他还描述了自己数学学得有多么好。"妈妈给我布置问题；我们有一个小册子；我可以做得和你一样好。"[3]

---

[1] Einstein, My Opinion on the War, Oct. 23 – Nov. 11, 1915, CPAE 6: 20.

[2] Einstein to Heinrich Zangger, after Dec. 27, 1914, CPAE 8:41a, in supplement to vol. 10.

[3] Hans Albert Einstein to Einstein, two postcards, before Apr. 4, 1915, 这部分家庭通信直到2006年才公之于世。CPAE 8:69a, 8:69b, in supplement to vol. 10.

战争使他复活节期间无法回到苏黎世，不过他回复明信片时向汉斯·阿尔伯特保证，他7月会到瑞士阿尔卑斯山徒步旅行。"夏天我会带你一个人去旅行两三个星期，"他写道，"以后每年都会这样，等泰特（爱德华）长得足够大了，他也可以同行。"

爱因斯坦很高兴儿子喜欢几何。他说，这曾经是他在同样年龄时"最喜欢的消遣"，"但那时没有任何人给我讲解，我只能从书本中学"。他想给儿子讲数学，"告诉你科学方面以及其他许多方面的美妙而有趣的事情"。但这并不总是可能的。也许可以通过写信来实现。"如果你每次写信给我时都告诉我，你已经学会了什么，那我就出一道很妙的小题目让你去解。"他给两个儿子分别寄去了一件玩具，同时不忘告诫他们要好好刷牙。"我也是这么做的，很高兴我的牙齿现在仍然很健康。"[1]

然而此时，家庭关系变得更加紧张起来。爱因斯坦和米列娃在通信中就钱的问题和假期安排争论不休。6月底，汉斯·阿尔伯特寄来了一张明信片，上面只有寥寥几行："如果你对她这样不友好，那么我不想跟你在一起。"于是爱因斯坦取消了苏黎世的行程，转而和爱尔莎及其两个女儿到了波罗的海的休假胜地——吕根岛的塞林（Sellin）。

爱因斯坦确信，是米列娃让孩子们跟他作对。他疑心（也许是正确的），汉斯·阿尔伯特寄来的那些明信片是受了她的操控，其中有些是由于他不待在苏黎世而让他感到歉疚，有些则是粗暴地拒绝假期旅行。"我的好儿子已经与我疏远了数年，这都是因为我的妻子，她有一种报复心理，"他向仓格尔抱怨说，"小阿尔伯特寄给我的那些明信片即使不是完全由她口授，也是受了她的唆使。"

---

[1] Einstein to Hans Albert Einstein, ca. Apr. 4, 1915.

爱因斯坦请当过医学教授的仓格尔给小爱德华做做检查，他一直在受耳疾等病症的折磨。"请写信告诉我，我的小儿子到底怎么了，"他恳求说，"我特别疼爱他，他还如此可爱和天真无邪。"[1]

直到9月初，他才最终来到瑞士。虽然关系很紧张，但米列娃觉得，让他和自己以及孩子们待在一起也是应当的。毕竟，他们仍是一家人。米列娃曾经希望和解，但爱因斯坦不愿和她在一起，而是住在一家旅馆，大多数时间都与贝索、仓格尔等朋友在一起。

事实表明，在瑞士的整整三个星期里，爱因斯坦只见到了儿子们两次。在一封给爱尔莎的信中，他谴责了与自己疏远的妻子："原因在于，当母亲的害怕孩子们过于依恋我。"汉斯·阿尔伯特告诉爸爸，整个行程让他感到不舒服。[2]

爱因斯坦回到柏林之后，汉斯·阿尔伯特拜访了仓格尔。这位和蔼的医学教授与各方关系都很好，他想制订一份协议，使爱因斯坦能够看望儿子。贝索也在其中斡旋。在与米列娃商议后，贝索在一封正式信件中建议，爱因斯坦可以看望他的儿子，但不能在柏林，也不能有爱尔莎的家人在场，最好是在"一家不错的瑞士酒馆"，在那里爱因斯坦和汉斯·阿尔伯特可以自由自在地、不受干扰地度过一段时间。汉斯·阿尔伯特正打算圣诞节期间拜访贝

---

[1] Einstein to Heinrich Zangger, July 16, 1915.
[2] Einstein to Elsa Einstein, Sept. 11, 1915; Einstein to Heinrich Zangger, Oct. 15, 1915; Einstein to Hans Albert Einstein, Nov. 4, 1915. 关于爱因斯坦抱怨自己在1916年9月访问期间很难见到儿子们，参见 Mileva Marić, Apr. 1, 1916："我希望这次你不会又让孩子们几乎完全远离我。"

索家，他建议爱因斯坦也许可以那时候来。[1]

奔向广义相对论，1915 年

1915 年是爱因斯坦的多事之秋，政治纷争频仍，个人事务搅扰不断，但这些恰恰突出了爱因斯坦巨大的专注能力。在各种干扰之下，他仍然能够致力于科学，将各种工作安排得有条不紊。在此期间，他怀着极大的焦虑，向着后来他所谓的一生中最大的成就奋勇冲刺。[2]

当爱因斯坦 1914 年春搬到柏林时，同事们以为他会组建一个研究所，招募助手来研究物理学中最迫切的问题——量子理论的含义。但他好似一匹孤独的狼，并不希望身边有一批合作者或学生，就像普朗克那样，而是希望聚精会神地研究他关心的东西——推广相对论。[3]

所以在妻儿离开他前往苏黎世之后，爱因斯坦搬出了旧楼，在柏林市中心租了一间离爱尔莎更近的房子。屋里没有什么家具，是单身汉的庇护所，不过相当宽敞，它有七间屋子，位于一幢五层新楼的第三层。[4]

爱因斯坦的书房里有一张木制的大写字台，上面凌乱地堆放着一叠叠论文和期刊。在这样一个僻静的住所，他可以随处走动，

---

[1] Einstein to Heinrich Zangger, Oct. 15, 1915; Michele Besso to Einstein, ca. Oct. 30, 1915.

[2] 我这里又一次引用了雷恩、绍尔、斯塔契尔、扬森和诺顿等人的著作。

[3] Horst Kant, Albert Einstein and the Kaiser Wilhelm Institute for Physics in Berlin, Renn 2005d, 168–170.

[4] Wolf-Dieter Mechler, Einstein's Residences in Berlin, Renn 2005d, 268.

饿了就吃，困了就睡，有了兴致就开始工作。他正在孤独地做着努力。

整个1915年的春天和夏天，爱因斯坦都在冥思苦想他的《纲要》理论，试图对它进行改进和反驳各种挑战。这时，他开始称其为"广义理论"，而不仅仅是关于相对性的"一种推广的理论"，但这并不能掩盖他一直试图避开的问题。

他称他的方程拥有空穴论证以及其他物理学限制所允许的最大协变性，但他开始怀疑这样说并不正确。他还与意大利数学家莱维-契维塔进行了一场令人精疲力竭的争论，莱维-契维塔通过张量运算指出了一些问题。另一个问题是，该理论给出的水星轨道运动结果并不正确。

不过，爱因斯坦的《纲要》理论仍然成功地（至少他在1915年夏天是这么认为的）把旋转解释为一种**相对**运动，即一种只能相对于其他物体的位置和运动来定义的运动。他认为，他的场方程在变换到旋转坐标时能够保持不变。[1]

爱因斯坦对自己的理论充满信心，以至于从1915年6月底开始，他在最著名的数学物理学中心——哥廷根大学举行了为时一周的一系列讲座，每次2小时。那里有多位天才人物，大卫·希尔伯特就是其中最著名的一位。爱因斯坦特别希望——后来表明是希望过度了——向他解释相对论的所有困难之处。

对哥廷根的访问硕果累累。爱因斯坦兴奋地对仓格尔说，他已经"完全说服了那里的数学家们，这真是快事一桩"。关于同样身为和平主义者的希尔伯特，爱因斯坦说："我见到了他，对他非常欣赏。"几周以后，爱因斯坦又说，"我能够说服希尔伯特相信

---

[1] Janssen 2004, 29.

广义相对论",并称他"有惊人的能量和独立性"。在给另一位物理学家的信中,爱因斯坦更加热情洋溢:"我极其欣喜地看到,在哥廷根,每一个细枝末节都得到了彻底的理解。我对希尔伯特狂喜不已!"[1]

希尔伯特也同样被爱因斯坦和他的理论深深吸引,以至于没过多久,他决定看看自己是否能够先行得到正确的场方程。在三个月的哥廷根讲演期间,爱因斯坦有两项令人沮丧的发现:他的《纲要》理论的确有缺陷;希尔伯特本人正在热情高涨地试图自行得出正确的公式。

爱因斯坦之所以认识到他的《纲要》理论正在分崩离析,乃是源于一系列问题的不断积聚,不过以1915年10月初的两次打击为最。

首先,爱因斯坦在重新检查的时候发现,《纲要》方程并不像他曾经认为的那样能够真正解释旋转。[2]他希望证明,旋转只不过是另一种形式的相对运动,但事实表明,《纲要》并不能证明这一点。《纲要》方程并非像他所认为的那样,能够在匀速转动坐标轴的变换下保持协变。

在1913年的一份备忘录中,贝索曾经警告过他这可能是一个问题,但爱因斯坦没有理会。现在,在重新做了计算之后,他沮丧地看到,这根柱子坍塌了。"这是一个明显的矛盾。"他向天文学家弗伦德里希悲叹道。

他认为正是因为同样的错误,他的理论才无法完全解释水星轨

---

[1] Einstein to Heinrich Zangger, July 7, and ca. July 24, 1915; Einstein to Arnold Sommerfeld, July 15, 1915.
[2] 具体而言,这个问题是《纲要》场方程在非自主地变换到标准对角线形式的闵可夫斯基度规的旋转坐标时是否保持不变。

道的运动。他对自己是否能够发现问题感到绝望。"我不相信我自己能够把错误找出来，因为在这方面我的思想已经过于陈旧。"[1]

不仅如此，爱因斯坦还意识到，他在所谓的"唯一性"论证上犯了一个错误，即根据能量动量守恒以及其他物理限制所要求的一套条件能够唯一地导出《纲要》中的场方程。他写信给洛伦兹，详细解释了他以前的"错误断言"。[2]

除此之外还有他已经知道的那些问题：《纲要》方程不是广义协变的，这就意味着它并不能使一切形式的加速运动和非匀速运动真正成为相对的，而且也没有完全解释水星的反常轨道。如今大厦将倾，他似乎可以听见希尔伯特正从哥廷根向他步步紧逼。

爱因斯坦的部分天才在于他的坚韧不拔。甚至在面对"显然的矛盾"（比如他1905年的相对论论文）时，他也能够固守自己的想法。他对自己关于物理世界的直觉感受深信不疑。其工作方式比大多数

---

[1] Michele Besso memo to Einstein, Aug. 28, 1913, Janssen 2002; Norton 2000, 149; Einstein to Erwin Freundlich, Sept. 30, 1915.

[2] Einstein to Hendrik Lorentz, Oct. 12, 1915. 在以下给洛伦兹和索默菲的信中，爱因斯坦描述了他在1915年10月的突破。Einstein to Hendrik Lorentz, Jan. 1, 1916："去年秋天，我逐渐认识到，以前提出的引力场方程是不正确的，这使我经历了一段满腹懊恼的时光。过去我早就发现，得出的水星近日点运动结果太小。加之我又发现，对于新坐标系的均匀旋转变换来说，这些方程并不具有协变性。最后我发现，我去年为了确定引力场的哈密顿函数 H 而进行的研究工作完全是白干了，因为很容易将其修改为完全自由地选择 H，而根本不必对它施加任何限制性条件。于是我确信，引入合适系统是误入歧途了，必须要求一种范围更广的协变性，最好称之为广义协变性。现在广义协变性是实现了，以后指定坐标系时什么改变也不会发生。现在这些方程本质上就是我在三年前同格罗斯曼——是他使我注意到黎曼张量——一起考虑过的方程。"Einstein to Arnold Sommerfeld, Nov. 28, 1915："最近这一个月，是我的生命中最令我激动和紧张的时期之一，当然也是成果最丰硕的时期之一。因为我认识到，我迄今为止的引力场方程统统都是站不住脚的！这么说有下列几条根据：1) 我证明，一个匀速旋转系统的引力场并不满足场方程；2) 水星近日点移动是每世纪18"而不是45"；3) 我去年论文中思考的协变性并没有给出哈密顿函数 H。如果得到恰当的推广，它容许任意的 H。由此证明，相对于'合适'坐标系的协变性是个失败。"

第九章 广义相对论，1911—1915

科学家更孤独，无论别人多么怀疑，他总是信守自己的本能。

然而尽管如此，他并非顽固不化。当他最终认定《纲要》理论站不住脚时，便断然将它抛弃。这正是他 1915 年 10 月所做的事情。

为了取代注定要失败的《纲要》理论，爱因斯坦开始把目光由物理方案（强调他对于物理学基本原理的感受）转向更多地依靠数学方案（运用黎曼和里奇张量）。他曾经在苏黎世笔记本中使用过这种方法，后来抛弃了它，但此时发现由它可以产生广义协变的引力场方程。诺顿写道："爱因斯坦的逆转分开了水面，引领他由奴役走入了广义相对论的应许之地。"[1]

当然，和往常一样，他仍然两种方案并用。为了采用重新焕发生机的数学方案，他不得不修改作为《纲要》理论基础的物理学假定。"这恰恰是爱因斯坦在苏黎世笔记本和《纲要》理论中没有实现的那种物理思考与数学思考的融合。"扬森和雷恩写道。[2]

---

[1] Norton 2000，152.

[2] 关于他声称的 1915 年 10 月到 11 月由物理方案转向数学方案，研究广义相对论的史学家们有微妙的观点分歧。诺顿主张，爱因斯坦"新的策略是倒转他 1913 年的决定"，回到一种数学方案，强调产生广义协变的张量分析（Norton 2000，151）。类似地，杰伦·范·东恩说，策略的转移是清清楚楚的。"爱因斯坦立即发现了走出《纲要》困境的道路：他回到了曾经在苏黎世笔记本中放弃的广义协变的数学要求。"（Van Dongen，25）两位学者都引用了爱因斯坦后来说过的话，即声称他所吸取的一大教训就是要相信数学方案。而雷恩和扬森则认为，诺顿和东恩（以及记忆有些模糊的老年爱因斯坦）过于强调这一转移了。在 1915 年发现最终理论的过程中，物理考虑仍然发挥着关键作用。"然而，在我们的重构中，爱因斯坦通过对《纲要》理论（这一理论几乎完全是基于物理考虑）做出重大调整而发现了回到广义协变场方程的道路……数学考虑指向了同一方向，这无疑加强了这是正确方向的信念，但引导他沿着这条道路走下去的是物理考虑而不是数学考虑。"（Janssen and Renn，13；我在文中引用的段落出自 p. 10）此外，Janssen 2004，35："无论他后来怎么想、怎么说和怎么写，爱因斯坦只有在不平坦的物理学之路的尽头找到这些方程之后，才发现了通往爱因斯坦场方程的数学道路。"

于是他转向了曾经在苏黎世使用过的张量分析，更强调找到广义协变方程这一数学目标。"对之前理论的信任完全消失之后，"他对一位朋友说，"我清楚地看到，只有通过广义协变理论，也就是与黎曼协变量结合，才可能找到令人满意的解答。"[1]

结果，爱因斯坦开始了四个星期不知疲倦的疯狂工作。在此期间，他摆弄着一大堆张量和方程，不断进行修正和翻新。一连四个周四，他在普鲁士科学院做了四次演讲。1915年11月底工作达到了高潮，牛顿的宇宙成功得以修正。

每一周，50多位普鲁士科学院院士都会聚集在柏林市中心的普鲁士国家图书馆大礼堂，听取同行们的成果和见解。爱因斯坦的四次讲演几周前就安排好了，但直到讲演开始（甚至在开始之后），他还在紧张地忙于修正理论。

第一次讲演是在1915年11月4日。他开门见山地说："在过去四年里，我试图基于非匀速运动的相对性假设建立一门广义相对论。"在谈到被抛弃的《纲要》理论时，他说相信自己已经发现了符合物理实在的唯一的引力定律。

但是接着，他坦陈了这一理论碰到的所有问题。"由于这个原因，我对场方程完全失去了信心"，他已经为此努力过两年多。现在，他已经转到了他和格罗斯曼1912年使用的方案。"于是我回到了场方程更加广义的协变性要求。当我与朋友格罗斯曼合作时，我曾经心情沉重地放弃了它。事实上，我们那时已经与答案相当接近。"[2]

---

[1] Einstein to Arnold Sommerfeld, Nov. 28, 1915.

[2] Einstein, On the General Theory of Relativity, Nov. 4, 1915, CPAE 6：21.

第九章 广义相对论，1911—1915

爱因斯坦回到了格罗斯曼 1912 年向他介绍的黎曼张量和里奇张量。"任何真正理解它的人都很难抗拒这种理论的魅力，"他说，"它标志着由高斯、黎曼、克里斯托菲、里奇和莱维-契维塔等人创立的演算方法的真正胜利。"

这一方法使他与正确结果更近了，但他 11 月 4 日的方程仍然不是广义协变的。要达到这一步还需要三个星期。

此时，爱因斯坦正处于历史上罕见的科学创造力集中爆发的阵痛中。他说自己正在"极为紧张"地工作。[1] 在此期间，他不仅要经受这种折磨，还要处理家庭内部的危机。妻子和贝索写来的信强调了他需要承担的经济义务，讨论了与两个儿子联系的方式。

就在他递交第一篇论文的 11 月 4 日，他给正在瑞士的汉斯·阿尔伯特写了一封痛苦而动人的信：

> 我将尽量每年抽出一个月的时间陪你，这样你就可以同亲近你爱你的爸爸在一起了。你可以从我这里学到许多别人不可能教给你的知识。我通过艰苦努力获得的这些知识不仅对陌生人有很大价值，对我的儿子也是如此。在过去几天里，我完成了有生以来最出色的论文之一。你大一些的时候，我会把它讲给你听。

在信的结尾，他对自己有时表现出的心不在焉略致歉意。"我常

---

[1] Einstein to Michele Besso, Nov. 17, 1915; Einstein to Arnold Sommerfeld, Nov. 28, 1915.

常专注于工作,以致忘记吃午饭。"他说。[1]

爱因斯坦在忙于修改方程的同时,还与他昔日的朋友兼竞争者希尔伯特进行了一场尴尬的角力。此时希尔伯特正在寻找广义相对论方程,与他竞争。有人告诉爱因斯坦,这位哥廷根数学家已经发现了《纲要》方程的错误。由于担心被抢先,爱因斯坦给希尔伯特写了一封信,说他四周之前就已经发现了这些错误,并寄去了11月4日讲演的副本。"我很想知道,您是否喜欢这种新的解决办法。"爱因斯坦带着防御的口气问道。[2]

希尔伯特虽然在数学方面比爱因斯坦更好,但却不是同样好的物理学家。他并没有像爱因斯坦那样最终确保任何新理论在静态弱场情况下都能符合牛顿的旧理论,或者服从因果律。希尔伯特没有采用数学-物理双重方案,而主要采用了力图找到协变方程的数学方案。"希尔伯特喜欢开玩笑说,物理学太复杂了,不能只留给物理学家去研究。"奥弗比说。[3]

接下来的那个星期四,即11月11日,爱因斯坦提交了第二篇论文。他在其中使用了里奇张量,指定了新的坐标条件,使得方程具有广义协变性。事实表明,问题并没有得到根本解决。爱因斯坦距离最终答案虽然只有一步之遥,却始终迈不过去。[4]

他再次把论文寄给了希尔伯特。"倘若我目前的修改(并没有改变方程)是合理的,那么在物质构成方面,引力必定起着基础性的

---

[1] Einstein to Hans Albert Einstein, Nov. 4, 1915.
[2] Einstein to David Hilbert, Nov. 7, 1915.
[3] Overbye, 290.
[4] Einstein, On the General Theory of Relativity (Addendum), Nov. 11, 1915, CPAE 6: 22; Renn and Sauer 2006, 276; Pais 1982, 252.

作用，"爱因斯坦说，"好奇心使我的工作更加困难了！"[1]

希尔伯特第二天的回信必定使爱因斯坦坐立不安。他说他正准备就"您提出的大问题给出一种公理化的解决方案"。希尔伯特打算暂不讨论，直到对这项物理研究做出实质性的推进。"但是既然您如此有兴趣，我愿意在下星期二（本月16日）把我的理论详详细细阐述一遍。"

他邀请爱因斯坦到哥廷根，亲自听他给出答案。会面将在下午6点开始，希尔伯特特意告知了从柏林到哥廷根的两列火车的到达时间。"如果您能和我们在一起，我的妻子和我将会非常高兴。"

信写完之后，希尔伯特又加上了一段挑逗式的附言。"根据我对你这篇新论文的理解，你所给出的解答与我的完全不同。"

11月15日，星期一，爱因斯坦一连写了四封信，也许我们可以从中感到他为何会胃痛。在给儿子汉斯·阿尔伯特的信中他说，他打算在圣诞节和新年前后去瑞士看他。"也许我们两个人单独到某个地方更好些，"比如一个隐蔽的小酒馆，他向儿子建议，"你觉得如何？"

他还给妻子写了一封安抚的信，感谢她不打算"破坏我与孩子们的关系"。他又给他们共同的朋友仓格尔写信说："我已经修改了引力理论，意识到我以前的证明有一处脱漏……我很高兴在年底去瑞士看看我可爱的儿子。"[2]

最后，他给希尔伯特写了回信，谢绝了第二天访问哥廷根的邀请。信件没有掩饰他的焦虑："我对您的分析非常感兴趣……您在

---

[1] Einstein to David Hilbert, Nov. 12, 1915.

[2] Einstein to Hans Albert Einstein, Nov. 15, 1915; Einstein to Mileva Marić, Nov. 15, 1915; Einstein to Heinrich Zangger, Nov. 15, 1915.（2006年公之于世，刊印于第10卷补遗）

明信片上的暗示，让人满怀期待。但眼下我没法去哥廷根……我疲惫极了，而且还受到胃痛的折磨……如有可能，请寄给我一本您论文的校样，以便缓解我的不耐。"[1]

幸运的是，那一周爱因斯坦的焦虑因为一个惊喜的发现而有所缓解。虽然他知道他的方程不是最终形式，但他还是决定看看由这种新方案是否能够产生正确的水星轨道运动结果。由于他和贝索此前已经做过计算（得到了一个令人失望的结果），所以用修正后的理论重新计算并未用去太多时间。

事实上，他在11月的第三次讲演中宣布的解答是正确的：每世纪43弧秒。[2]"我相信，这一发现是迄今为止爱因斯坦科学生活乃至整个一生中最强烈的情感体验。"派斯后来说。他激动万分，仿佛"心都要跳出来了"。"我简直高兴得要死，"他对埃伦菲斯特说。他还对另一位物理学家欢呼说："我对水星近日点运动的结论是极其满意的。在这方面，天文学学究式的精确性对我们的帮助多么大啊，以前我还经常偷偷取笑这种精确性呢！"[3]

在同一场讲演中，他还报告了他的另一次计算。当他八年前第一次开始表述广义相对论时，他曾说，一个结论是引力会使光线弯曲。他曾经计算出，太阳附近的引力场将使光线大约偏折0.83弧秒，这与把光视作粒子的牛顿理论的预言相符。但是现在，利用修正后的新理论，考虑到时空弯曲所产生的效应，爱因斯坦计算出的光线弯曲是它的两倍。因此，他现在预言太阳引力

---

[1] Einstein to David Hilbert, Nov. 15, 1915.
[2] Einstein, Explanation of the Perihelion Motion of Mercury from the General Theory of Relativity, Nov. 18, 1915, CPAE 6:24.
[3] Pais 1982, 253; Einstein to Paul Ehrenfest, Jan. 17, 1916; Einstein to Arnold Sommerfeld, Dec. 9, 1915.

将使光线大约偏折 1.7 弧秒。这一预言必须等到三年多之后再次发生合适的日食才能被检验。

11 月 18 日一早，爱因斯坦收到了希尔伯特的新论文，即那篇他受邀到哥廷根听取的论文。爱因斯坦惊奇（且有些沮丧）地看到，它竟然与他本人的工作非常相似。他给希尔伯特回了一封冷冷的信，信中言辞简洁，显然旨在肯定他本人工作的优先性：

> 在我看来，您所确定的系统与我前几个星期所发现并已提交给科学院的完全一致。其中困难并不在于找到广义协变的方程，因为借助于黎曼张量，这是很容易做到的……三年前，我就已经和我的朋友格罗斯曼一起思考了唯一可能的广义协变方程，即现在看来是正确的那些方程。我们之所以不太情愿地放弃了这个思路，是因为在我看来，物理讨论的结果与牛顿定律不一致。我今天提交给科学院一篇论文，其中我从广义相对论出发，不借助任何假说，便定量地导出了水星的近日点运动。迄今为止，任何引力理论都未曾达到这一点。[1]

第二天，希尔伯特友好地回了信，慷慨大度地称自己并没有优先权。"衷心祝贺您拿下了近日点运动，"他写道，"如果我能像您那样算得那么快，那么在我的公式中，电子就不得不束手就擒，氢原子也会给我写一张致歉条，说明为什么它不发出辐射。"[2]

但是到了第三天，即 11 月 20 日，希尔伯特寄给哥廷根的一家科学杂志一篇论文，宣布了他本人给出的广义相对论方程。他为

---

[1] Einstein to David Hilbert, Nov. 18, 1915.
[2] David Hilbert to Einstein, Nov. 19, 1915.

这篇论文选的标题并不谦虚，称之为《物理学的基础》。

当爱因斯坦正忙于准备他在普鲁士科学院达到顶峰的第四次讲演时，我们不知道他把希尔伯特寄给他的论文读了多少遍，也不知道其中哪些内容影响了他的思考。无论如何，他一周前就水星和光的偏折所做的计算使他认识到，他能够避免曾经强加给引力场方程的限制和坐标条件。于是在1915年11月25日，他为最后一次讲演"引力的场方程"及时提出了一套协变方程，使其广义相对论达到了巅峰。

在外行看来，这个结果并不像 $E=mc^2$ 那样生动。但是利用简洁的张量符号，各种纷繁复杂的东西可以被并入下标，最终的爱因斯坦场方程非常紧凑，令人赞叹。就像我们经常看到的那样，它印在自豪的物理系学生穿的T恤衫上。作为其中一个变种，[1]它可以写成：

$$R_{\mu\nu} - \frac{1}{2}g_{\mu\nu}R = -8\pi T_{\mu\nu}$$

方程左边的起始项便是里奇张量 $R_{\mu\nu}$，$g_{\mu\nu}$ 是非常重要的度规张量，R 则是里奇张量的迹，即所谓的里奇标量。总之，方程左边——现在被称为爱因斯坦张量，可以简单地写成 $G_{\mu\nu}$——将有关时空几何如何被有质量物体或其他能量源弯曲的所有信息都结合在了一起。

方程右边描述的是物质在引力场中的运动。两边共同表明了物体如何使时空弯曲，以及这种弯曲又如何反过来影响物体的运动。正如物理学家约翰·惠勒所说："物质告诉时空如何弯曲，弯曲的空

---

[1] 这个方程可以以多种方式来表达。我这里用到的是爱因斯坦在1921年普林斯顿讲演中使用的表述。方程的整个左边可以用现在所谓的爱因斯坦张量 $G_{\mu\nu}$ 来更简洁地表示。

间告诉物质如何运动。"[1]

一场宇宙之舞就这样上演了，正如物理学家格林所说：

> 空间与时间成了不断演化的宇宙中的表演者。它们充满了生气：这里的物质使那里的空间发生弯曲，那里的空间又使这里的物质运动起来，后者又使那里的空间进一步地弯曲……广义相对论为空间、时间、物质和能量的宇宙之舞提供了舞蹈设计。[2]

最终，爱因斯坦得到了真正协变的方程，因为这种理论（至少令他满意地）包含了所有运动形式，无论是惯性运动、加速运动、旋转运动还是任意运动。在当年3月的《物理学纪事》中，他在给出理论的正式表述时宣称："自然的一般定律是由那些对一切坐标系都有效的方程来表示的，也就是说，它们无论对于哪种变换都是协变的。"[3]

爱因斯坦对自己的成功激动不已，同时也担心，已于五天前在哥廷根提交了论文的希尔伯特，会被认为对这项理论有所贡献。"只有一位同行真正理解它，"他写信给朋友仓格尔说，"他正试图以巧妙的方式'侵占'（亚伯拉罕的用语）它。""侵占"（nostrifizieren）一词曾经被哥廷根的数学物理学家马克斯·亚伯拉罕使用过，指的是一种承认学位的活动，即德国大学将其他大学授予的学位变成他们

---

[1] Overbye, 293; Aczel, 117; archive. ncsa. uiuc. edu/Cyberia/NumRel/Einstein Equations. html#intro. 惠勒引语的另一个版本参见他与迈斯纳（Charles Misner）、索恩（Kip Thorne）合著的《引力》（*Gravitation*）的第5页。

[2] Greene 2004, 74.

[3] Einstein, The Foundations of the General Theory of Relativity, *Annalen der Physik*, Mar. 20, 1916, CPAE 6:30.

自己的学位。"在我的人生经历中,几乎从来没有如此让我体会到人之可悲。"在几天以后给贝索的信中,他又说:"在这件事情上,我的同行们表现得很可恶。如果我讲给你听,你肯定会乐坏了。"[1]

那么,最终的数学方程应当主要归功于谁呢?关于爱因斯坦和希尔伯特的优先权问题,史学家们已经在小范围里进行了激烈争论,其驱动力有时似乎超出了纯科学的范围。在11月16日的谈话,以及一篇日期为11月20日的论文中,希尔伯特提出了他的方程,这些都早于爱因斯坦11月25日提出最终的方程。但是1997年,一些爱因斯坦学者发现了希尔伯特文章的一些校样,它们显示希尔伯特做了一些改动,之后于12月16日寄回了出版社。虽然在最初的版本中,希尔伯特的方程与爱因斯坦在11月25日讲演的最终版本相差不多,但有一个关键的区别。它们不是真正广义协变的,而且希尔伯特没有把里奇张量收缩,并把得到的"迹"即里奇标量放入方程。而爱因斯坦在11月25日的讲演中却这样做了。显然,希尔伯特在文章的修订版中做了改正,以符合爱因斯坦的版本。在谈到引力势时,他非常有雅量地加上了"首先由爱因斯坦引入"这一短语。

希尔伯特的支持者(以及爱因斯坦的恶意批评者)以各种论证作为回应,比如有一部分校样丢失了,"迹"这一项或者无关紧要,或者是显然的等。

平心而论,两人在1915年11月都导出了(在某种程度上是独立的,但也都知道对方在做什么)正式的广义相对论数学方程。根据希尔伯特对自己校样的修改来看,似乎是爱因斯坦首先发表了这

---

[1] Einstein to Heinrich Zangger, Nov. 26, 1915; Einstein to Michele Besso, Nov. 30, 1915.

些方程的最终版本。而且甚至连希尔伯特本人最后都把荣誉和优先权归于爱因斯坦。

无论如何，这些方程使爱因斯坦的理论获得了形式化表述。那年夏天，他在哥廷根见到希尔伯特时就向其解释过这种理论。甚至连主张把正确的场方程归于希尔伯特的物理学家索恩都说，方程背后的理论应当归功于爱因斯坦。"希尔伯特几乎与爱因斯坦同时独立地发现了最后几个数学步骤，但这些步骤之前的几乎任何东西都要归功于爱因斯坦，"索恩说："没有爱因斯坦，广义相对论的引力定律也许要再过数十年才能被发现。"[1]

心胸宽广的希尔伯特也是这样认为的。他在论文最终的发表版本中明确指出："在我看来，结果得出的引力微分方程与爱因斯坦建立的宏伟的广义相对论相一致。"此后他总是承认（这会使那些用他来贬低爱因斯坦的人失望的），爱因斯坦是相对论唯一的创造者。[2] "关于四维几何，哥廷根大街上的每一个孩子都比爱因斯坦

---

[1] Thorne, 119.

[2] 关于对希尔伯特贡献的分析，参见 Sauer 1999, 529—575；Sauer 2005, 577—590. 讨论希尔伯特的修正的论文包括 Corry, Renn and Stachel；Sauer 2005 等。关于这场争论，亦参见 John Earman and Clark Glymour, Einstein and Hilbert: Two Months in the History of General Relativity, *Archive for History of Exact Sciences* (1978): 291; A. A. Logunov, M. A. Mestvirishvili and V. A. Petrov, How Were the Hilbert-Einstein Equations Discovered? *Uspekhi Fizicheskikh Nauk* 174, no. 6 (June 2004): 663—678; Christopher Jon Bjerknes, *Albert Einstein: The Incorrigible Plagiarist*, 参见 home.comcast.net/~xtxinc/AEIPBook.htm; John Stachel, Anti-Einstein sentiment surfaces again, *Physics World*, Apr. 2003, physicsweb.org/articles/review/16/4/2/1; Christopher Jon Bjerknes, The Author of *Albert Einstein: The Incorrigible Plagiarist* Responds to John Stachel's Personal Attack, home.comcast.net/~xtxinc/Response.htm; Friedwardt Winterberg, On "Belated Decision in the Hilbert-Einstein Priority Dispute", *Zeitschrift fuer Naturforschung A* (Oct., 2004): 715—719, www.physics.unr.edu/faculty/winterberg/Hilbert-Einstein.pdf; David Rowe, Einstein Meets Hilbert: At the Crossroads of Physics and Mathematics, *Physics in Perspective* 3, no. 4 (Nov. 2001): 379.

知道更多,"据说他曾这样说,"然而尽管如此,做出这项工作的是爱因斯坦,而不是数学家们。"[1]

事实上,爱因斯坦与希尔伯特不久就重归于好。在他们就场方程发生冲撞几周以后,希尔伯特11月写信说,在他的支持下,爱因斯坦当选为哥廷根科学院院士。在表达谢意之后,爱因斯坦说:"我感到不得不对你说一些别的事情。"他解释说:

> 你我之间曾经出现过某种敌意,其原因我并不想加以分析。我同它所带来的痛苦情绪进行了一番搏斗,终于彻底战胜了它。我又一次完全以亲切友好之情想起了您,希望您也能这样对我。如果两个多多少少从这个破败的世界中解脱出来的真正伙伴没有彼此给对方带来快乐,那真是一种羞耻。[2]

他们继续定期通信交流思想,并且计划为天文学家弗伦德里希安排工作。到了2月,爱因斯坦甚至再次访问了哥廷根,住在希尔伯特家。

身为作者,爱因斯坦的自豪之情完全可以理解。他一拿到四次讲演的副本,就寄给了朋友们。"一定要好好看看,"他对一位朋友说,"这些是我一生中最有价值的发现。"他又对另一位朋友说:"这一理论有着无与伦比的美。"[3]

---

[1] Reid,142. 虽然这一评论在其他二手文献中也有引用,但《爱因斯坦全集》的编者绍尔(他正在写一本关于希尔伯特的著作)说,他从未找到它的原始出处。

[2] Einstein to David Hilbert, Dec. 20, 1915.

[3] Einstein to Arnold Sommerfeld, Dec. 9, 1915; Einstein to Heinrich Zangger, Nov. 26, 1915.

第九章 广义相对论，1911—1915

36岁的爱因斯坦已经对我们的宇宙概念做出了历史上最具想象力和戏剧性的修正。广义相对论不仅是对某些实验数据的解释，或是对一套更精确定律的发现，而且是一种看待实在的全新方式。

在牛顿留给爱因斯坦的宇宙中，时间有一种绝对的存在性，它独立于物体和观察者而均匀流逝，空间也有类似的绝对存在性。引力被认为是物体神秘地穿过空虚的空间彼此施加的一种力。在这一框架中，物体服从力学定律。从行星轨道、气体扩散、分子抖动到声波（虽然不是光波）传播，它们在解释万物方面惊人的准确，堪称完美。

通过狭义相对论，爱因斯坦表明，空间和时间并不具有绝对的存在性，而是构成了一种时空结构。而通过广义相对论，这种时空结构不仅成了物体和事件的一种容器，而且也有自己的动力学，既被其中物体的运动所确定，也可以反过来确定它——就像弹子球和保龄球滚过时，蹦床的结构会发生弯曲一样，反过来，这种蹦床结构的弯曲又会规定滚过的球的路径，使弹子球朝着保龄球运动。

这种弯曲的时空结构解释了引力，引力与加速的等效，以及关于一切形式的运动的广义相对论。[1]在量子力学的先驱——诺

---

[1] 关于广义相对论是否真的使所有形式的运动和所有参照系等价，这是一个有争议的问题。当然可以说，正在做非匀速相对运动的两个观察者都可以正当地将自己看成"静止"，而另一个受到引力场的作用。但这并不必然意味着（爱因斯坦有时这样想，有时不这样想），正在做非匀速相对运动的两个观察者总在物理上等价，特别是有旋转发生时。比如参见 Norton 1995b，223−245；Janssen 2004，8−12；Don Howard, Point Coincidences and Pointer Coincidences, in Goenner et al. 1999, 463; Robert Rynasiewicz, Kretschmann's Analysis of Covariance and Relativity Principles, in Groenner et al. 1999, 431; Dennis Diek, Another Look at General Covariance and the Equivalence of Reference Frames, *Studies in the History and Philosophy of Modern Physics* 37（Mar. 2006），174。

贝尔奖获得者保罗·狄拉克看来，它"也许是迄今为止最伟大的科学发现"。20世纪物理学的另一位巨人玻恩则称它为"人思考自然的最伟大成就，哲学洞察、物理直觉和数学技巧最令人惊叹的结合"。[1]

整个过程使爱因斯坦精疲力竭，但也使他兴奋异常。虽然婚姻已经破裂，战争正在蹂躏着欧洲，但他仍然感到幸福。"我最大胆的梦想已成为现实，"他高兴地对贝索说，"广义协变性，水星的近日点运动极为精确。"他说自己"心满意足，但累得要死"。[2]

---

[1] Fölsing, 374; Clark, 252.
[2] Einstein to Michele Besso, Dec. 10, 1915.

第十章 离婚，1916—1919

和爱尔莎在一起，1922年6月

"狭隘的个人经验"

爱因斯坦少年时，曾在给初恋女友母亲的信中预言，科学所带来的愉悦将使他从痛苦的个人感情中解脱出来。的确如此。事实证明，他攻克广义相对论要比解决家庭内部的矛盾更容易。

这些矛盾十分复杂。在1915年11月的最后一周里，爱因斯坦正在给场方程定稿，儿子汉斯·阿尔伯特告诉贝索，他希望单独陪爸爸过圣诞节，最好是在楚格山或类似的僻静之处。但他同时也给爸爸写了一封令人不快的信，说根本不想让他来瑞士。[1]

这种矛盾应该如何来看？汉斯·阿尔伯特有时似乎表现出两面性（毕竟他才11岁），他对父亲的态度十分矛盾。这并不奇怪。爱因斯坦富有热情，引人注目，魅力十足，但也超然物外，心不在焉，在身体和感情上时常疏远孩子。此时孩子正由那位自觉屈辱的妈妈照料。

爱因斯坦在处理科学问题时非常执着，但在处理个人事务时却缺乏耐心，这两方面形成了鲜明对照。他告诉汉斯·阿尔伯特，他已经取消了行程。"你信中不友好的口吻让我热情顿消，"爱因斯坦在最后一次广义相对论讲演之后的几天写道，"我去看你似乎无法带给你快乐，所以我认为坐2小时20分钟的火车是错误的。"

圣诞节礼物也是个问题。汉斯·阿尔伯特已经成了一个小滑雪爱好者，米列娃准备送给他一套70法郎的滑雪用具。"只要你也出钱，妈妈就给我买，"他写道，"我把它当成一件圣诞礼物。"爱因斯坦听了颇为不快。他回信说，他会如其所愿把钱寄去。"不过我确实觉得，<u>一件价值70法郎的奢侈礼物，对于我们这种收入微薄的家庭恐怕并不合适</u>。"爱因斯坦还特地标注了下画线。[2]

---

[1] Michele Besso to Einstein, Nov. 29, 1915; Einstein to Michele Besso, Nov. 30, 1915.

[2] Hans Albert Einstein to Einstein, before Nov. 30, 1915; Einstein to Hans Albert Einstein, Nov. 30, 1915.

贝索开始以所谓"牧师的方式"进行调解。"你不该对儿子发那么大脾气。"他说。贝索相信问题的源头在于米列娃,但他要爱因斯坦记住,她"虽然自私,但也不乏善良"。贝索认为爱因斯坦应当试着去理解,米列娃同他打交道是多么困难。"做天才的妻子从来都不容易。"[1] 就爱因斯坦而言,情况肯定是这样的。

因爱因斯坦的旅行计划而引发的矛盾部分源于一种误解。爱因斯坦原以为,安排他和汉斯·阿尔伯特在贝索家碰面是米列娃和儿子两人的主意,但实际上汉斯·阿尔伯特根本不希望父亲和贝索在讨论物理学时自己被晾在一边,而只想让父亲关注他自己。

最终,米列娃写信做了澄清,爱因斯坦心中的石头落了地。"我仍然感到有些失望,因为我不能亲自与阿尔伯特取得联系,而只能依靠贝索的帮助。"他说。

于是爱因斯坦又把苏黎世之行重新提上了日程,并保证以后会多次看望儿子。"(汉斯·)阿尔伯特[2]现在已经逐渐长大,我在他心目中很快就会占据重要位置,"他说,"我主要想教他学会客观地思考、判断和评价事物。"一周之后,他又给米列

---

[1] Michele Besso to Einstein, Nov. 30, 1915. 亦参见 Einstein to Heinrich Zangger, Dec. 4, 1915:"有人正在一步步地戕害我儿子的灵魂,让他不再信任我。"

[2] 为清晰起见,我称爱因斯坦的儿子为汉斯·阿尔伯特,尽管他的父亲总是径直称其为阿尔伯特(这种做法也许会让一些心理学家觉得好笑)。有一次,爱因斯坦给儿子写了一张明信片,署名"阿尔伯特"而不是"爸爸"。在接下来的一封信中,他尴尬地说:"我在上封信里滑稽的签名可以解释成,由于心不在焉,我签的往往不是自己的名字,而是收信人的名字。"(Einstein to Hans Albert Einstein, Mar. 11 and 16, 1916.)

娃写了封信，重申他很高兴去苏黎世，"因为我的到来还是有可能让阿尔伯特开心的"。不过，他又含沙射影地补充了一句："要设法让他见到我时高兴一些。我现在精疲力竭，劳累过度，再也无力承受新的不安和失望了。"[1]

但情况并不如意，他依然疲惫不堪。因为战争，离开德国已经很难。1915年圣诞节前的两天，按照原计划他本应前往瑞士，他给儿子写了封信。"在过去的几个月里，我一直在辛苦工作，我迫切需要在圣诞假期里好好休息一下，"他说，"此外，目前穿越国境很不保险，因为近来它几乎总是关闭着。所以我现在不得不遗憾地取消行程。"

爱因斯坦在家中度过了圣诞节。那天，他给汉斯·阿尔伯特寄了一张明信片，说汉斯·阿尔伯特寄来的画让他非常高兴，并许诺复活节去看他。爱因斯坦高兴地发现，他的儿子竟然喜欢弹钢琴。"或许你可以练习一些曲子为小提琴伴奏，那样我们在复活节就可以一起演奏了。"[2]

刚与米列娃分居时，爱因斯坦并没有决定离婚。原因之一是，他毫无与爱尔莎结婚的愿望。没有承诺的情侣关系很合他的胃口。"结婚压力来自于我表姐的父母，究其原因主要是虚荣心在作怪，老一代人根深蒂固的道德偏见也起了一定作用，"爱因斯坦在1915年11月那场著名演讲之后的第二天写信给仓格尔说，"倘若我乖乖就范，我的生活就将变得十分复杂，而且首

---

[1] Einstein to Mileva Marić, Dec. 1 and 10, 1915.

[2] Einstein to Hans Albert Einstein, Dec. 23 and 25，1915. 1915年12月18日，爱因斯坦也给汉斯·阿尔伯特写了一张类似的明信片。Einstein to Hans Albert Einstein, Mar. 11, 1916.

第十章 离婚，1916—1919

先对孩子可能是个沉重打击。因此，我既不能放任自己的感情，也不能被眼泪感化，而必须保持现状。"他对贝索也说了类似的话。[1]

贝索和仓格尔对他不打算离婚表示赞同。"重要的是要让爱因斯坦明白，"贝索写道，"他最忠诚的朋友把离婚以及随后的再婚视为罪大恶极之事。"[2]

但爱尔莎及其家人并不罢休。于是到了1916年2月，爱因斯坦致信米列娃，建议（事实上是请求）她同意离婚，"这样我们都可以独立地安排余下的生活"。他提出，哈伯帮助拟定的分居协议可以作为离婚的基础。"内容细节当然会包你满意。"他许诺说。他还在信中谈了如何解决孩子们缺钙的问题。[3]

米列娃拒绝了，爱因斯坦则愈发坚定。"这对你来说只不过是一种手续，"他说，"但对我而言却是一种不容推卸的义务。"他告诉米列娃，他与爱尔莎的不合法关系已经招来不少"流言蜚语"，她两个女儿的名誉深受其害，婚姻也成了问题。"这使我心情很沉重，只有通过正式的婚姻才能补救，"他对米列娃说，"请设身处地为我想一想。"

他答应补偿更多的钱。"这种变化对你是有益的，"他对米列娃说，"我甚至愿意为此承担更多的义务。"他会为孩子们转6000马克现款过去，并且把每年付给她的报酬提高到5600马克，同时每年至少再存3000马克。"我这种倾囊的做法是为了向

---

[1] Einstein to Heinrich Zangger, Nov. 26, 1915; Einstein to Michele Besso, Jan. 3, 1916.

[2] Overbye, 300.

[3] Einstein to Mileva Marić, Feb. 6, 1916.

你证明，儿子们的安康在我心里超出世上其他一切。"

反过来，他希望有权让儿子们到柏林来看他。他保证不会让他们接触爱尔莎，甚至还加上了一条有些古怪的许诺：他即使与爱尔莎结婚，也会独自住在自己的公寓而不会住在一起。"因为我永远也无法放弃独自生活的状态，那种幸福简直无以言表。"

米列娃不愿让孩子们到柏林去看他，不过她的确同意（至少爱因斯坦是这么认为的）开始商谈离婚事宜了。[1]

1916年4月初，爱因斯坦履行他对儿子的诺言，到瑞士过复活节，为时三个星期。他住在苏黎世火车站附近的一家旅馆。开始时一切顺利，孩子们兴高采烈地来看他。他从旅馆给米列娃写了一张便条表示感谢：

> 欣悉我们的孩子一切都好。他们身心非常健康，无须我多虑。我知道这主要应归功于你养育得法。同时也要由衷地感谢你没有让孩子们疏远我。他们大大方方、满心欢喜地与我相见。

米列娃希望亲自见见爱因斯坦，以确定他是否真的想离婚，而不是迫于爱尔莎的压力。贝索和仓格尔都在张罗这样一次会面，但爱因斯坦拒绝了。"我们面谈似乎没有必要，那样只会重

---

[1] Einstein to Mileva Marić, Mar. 12 and Apr. 1, 1916; Neffe, 194.

揭旧伤疤。"他对米列娃说。[1]

爱因斯坦准备满足汉斯·阿尔伯特的要求，十天之内带他到山里的一处疗养胜地，从那里可以俯瞰整个卢采恩湖。然而一场暴风雪打乱了他们的计划，他们都被困在了旅馆里。开始时他们的心情很不错。"今天因为塞利斯贝格山（Selisberg）在下雪，我们被困在室内没有外出，但是我们相处得十分愉快，"爱因斯坦给爱尔莎写信说，"这小伙子让我感到很高兴，特别是因为他轻而易举地提出了一些机智的问题。我们之间毫无不和谐的感觉。"可惜天气很快变得更加恶劣，或许这种被迫的相处开始变得难以忍受，他们没过几天就返回了苏黎世。[2]

回到苏黎世之后，他们的关系变得再度紧张起来。一天早上，汉斯·阿尔伯特到物理学研究所看爱因斯坦准备一个实验。本来事情进行得很愉快，但是到了午饭时分，汉斯·阿尔伯特敦促爸爸回家一趟，至少是礼节性地看望一下米列娃。

爱因斯坦没有答应。汉斯·阿尔伯特当时还不到12岁，他生气地说，如果爸爸不答应，他下午就不来了。爱因斯坦毫不妥协。"于是只好作罢，"他一周后离开苏黎世时给爱尔莎写信说，"从那时起我就再没见过儿子们了。"[3]

---

[1] Einstein to Mileva Marić, Apr. 1 and 8, 1916; Einstein to Michele Besso, Apr. 6, 1916; Michele Besso to Heinrich Zangger, Apr. 12, 1916, CPAE 8: 211 (German edition), footnote 2.

[2] Einstein to Elsa Einstein, Apr. 12 and 15, 1916. 亦参见 Einstein to Elsa Einstein, Apr. 10, 1916, 载2006年公之于世的家庭通信，CPAE 8: 211a: "我与他的关系正在变得相当融洽。"

[3] Einstein to Elsa Einstein, Apr. 21, 1916. 亦参见 Einstein to Heinrich Zangger, July 11, 1916: "在极为开心的复活节旅行之后，接下来几天在苏黎世的关系便急遽冷却。其中的原因我并不能完全说清楚。"

紧接着,米列娃的身心遭遇重创。1916年7月,她的心脏出了几次小问题,伴随而来的是极度的焦虑。医生让她静卧在床。孩子们先是搬到贝索家居住,然后又到洛桑,与正在那里躲避战火的米列娃的朋友萨维奇住在一起。

贝索和仓格尔试图劝说爱因斯坦离开柏林与儿子们住在一起,但爱因斯坦没有同意。"如果我到苏黎世,我的妻子将会要求见我,"他给贝索写信说,"而我却不得不加以拒绝,一方面是因为已经做出的决定不可更改,另一方面也是为了防止她激动。况且你也知道,复活节期间我与孩子们的关系变得十分糟糕(刚开始时还是挺有希望的),因此我现在很怀疑,我的出现到底能否使孩子们感到宽慰。"

爱因斯坦认为妻子的病在很大程度上是心理疾病,甚至可能有伪装之嫌。"这一切难道没有可能因神经质而起吗?"他问仓格尔。在给贝索的信中,他说得更加强硬:"我怀疑你们两个好心的男人被这个女人牵着鼻子走了。她这样的人为达目的会不择手段。你们可不知道这个女人天性有多么狡猾。"[1]爱因斯坦的母亲深以为然。"米列娃的病从来不像看上去那样严重。"她告诉爱尔莎。[2]

爱因斯坦要贝索将最新情况通报给他,还开玩笑说,其报告不必具有逻辑"连续性",因为"这在量子理论时代是允许的"。贝索并未接茬说下去。他给爱因斯坦写了一封措辞严厉的信,说米列娃的情况并非"一种欺骗",而是因情感压力所

---

[1] Einstein to Heinrich Zangger, July 11, 1916; Einstein to Michele Besso, July 14, 1916. 参见 CPAE 8:233 (German version), footnote 4, 仓格尔是信中谈到的另一个人。

[2] Pauline Einstein to Elsa Einstein, Aug. 6, 1916, in Overbye, 301.

第十章 离婚,1916—1919

致。贝索的妻子安娜甚至更为强硬,她给这封信加上了一段附言,其中用正式的"您"来称呼爱因斯坦。[1]

爱因斯坦不再指责米列娃装病,但还是抱怨她不该有情感压力。"她过的是无忧无虑的日子,身边两个宝贝儿子,住的地段极好,可以自由地支配时间,头上还顶着被人抛弃的清白无辜者的光环。"他在给贝索的信中说。

那段冷冷的附言深深地刺痛了爱因斯坦。他误以为是贝索写的,于是他也加上了一段话:"20年来我们相交甚笃,"他说,"而现在我却发现,你心里对我的怨恨正日见增长——为了一个与你毫无关系的妇人。请不要这样吧!"那天晚些时候,他意识到自己误把安娜的附言当成了她丈夫写的,于是立刻又写了一封信向贝索道歉。[2]

在仓格尔的建议下,米列娃到一家疗养院接受治疗。爱因斯坦仍然不愿意去苏黎世,虽然他的儿子们只有一位女仆陪着。但他告诉仓格尔,"如果你觉得合适",他会改变想法。仓格尔觉得目前还不是时候。"双方的关系太紧张了。"仓格尔向贝索解释说。贝索也同意了。[3]

尽管坚持离婚,但爱因斯坦依然爱他的儿子,希望一直照顾他们。他对仓格尔说,请让他们知道,如果他们的妈妈去世了,他会照顾好他们。"我会亲自将两个孩子抚养长大,"他说,"只要可能,我会在家里手把手地教他们。"在接下来的几

---

[1] Einstein to Michele Besso, July 14, 1916; Michele Besso to Einstein, July 17, 1916; CPAE 8:239 (German version), footnote 2.

[2] Einstein to Michele Besso, July 21, 1916, 两封信。

[3] CPAE 8:241 (German edition), footnote 3, 4; Einstein to Heinrich Zangger, July 25, 1916; Heinrich Zangger to Michele Besso, July 31, 1916.

个月里，爱因斯坦多次谈及如何教育儿子，不仅包括所教授的内容，甚至连如何一起散步都要考虑。他给汉斯·阿尔伯特写信说"我一直惦念着你们俩"。[1]

也许是由于过于气愤，或是伤心过度，汉斯·阿尔伯特并没有回复爸爸的这些信。"我认为，他对我的敌视已经到了极点，"爱因斯坦悲伤地对贝索说，"在目前这种情况下，我也只能以同样的方式做出回应。"在三个月内给儿子写了三封信均未收到回音之后，爱因斯坦径直写信问他："你还记得我这个爸爸吗？我们是不是永不再见了？"[2]

最终，汉斯·阿尔伯特寄来了一张他最近用木头建造的小艇的图片。他还描述了妈妈从疗养院回来的情形。"妈妈回家的时候，我们庆祝了一番。我演奏了莫扎特的一首奏鸣曲，泰特学唱了一首歌。"[3]

面对这种惨状，爱因斯坦的确做出了让步，他决定不再要求米列娃离婚，至少暂时不要求。这似乎有助于她的康复。"我将尽量注意，再也不让她从我这里听到任何令人不安的消息，"他对贝索说，"我也最终放弃了离婚的打算。现在还是谈谈科学吧！"[4]

的确，每当受到个人问题困扰，他都会在工作中寻求庇护。工作保护了他，使他有地方逃避。正如他对萨维奇所说

---

[1] Einstein to Heinrich Zangger, Aug. 18, 1916; Einstein to Hans Albert Einstein, July 25, 1916. 亦参见 Einstein to Zangger, Mar. 10, 1917。

[2] Einstein to Michele Besso, Aug. 24, 1916; Einstein to Hans Albert, Sept. 26, 1916.

[3] Hans Albert Einstein to Einstein, before Nov. 26, 1916.

[4] Einstein to Michele Besso, Oct. 31, 1916.

第十章 离婚，1916—1919

（可能是希望这番话能够传到她的朋友米列娃耳中），他打算退回到科学思考中。"我就像是一个视野广阔的远视者，只有当障碍物妨碍他远观时，近景才会困扰他。"[1]

因此，在个人事务陷入困境时，科学成了爱因斯坦的慰藉。1916年，他再次着手研究量子，同时还就广义相对论写了一篇正式文章进行阐述，它比1915年11月与希尔伯特竞争期间的讲演内容更全面，也更好理解。[2]

此外，他还为普通读者写了一本《狭义与广义相对论浅说》（Relativity：The Special and the General Theory），这本书直到今天都很受欢迎。为了确保一般人都能理解，他向爱尔莎的女儿玛戈特逐字逐句大声朗读了全书，还不时停下来问她是否听懂了。"是的，阿尔伯特。"她总是这样回答，即使（正如她对别人吐露的）她觉得所有这些内容完全莫名其妙。[3]

用科学来摆脱痛苦的个人感情，是他在庆祝普朗克60岁生日会上讲演的一个主题。虽然这段话针对的是普朗克，但它所传达的精神似乎更多地属于爱因斯坦本人。"把人们引向艺术和科学的最强烈的动机之一，是要逃避日常生活中令人厌恶的粗俗和使人绝望的沉闷，"爱因斯坦说，"这些人把和谐的世界及其构造当作他们感情生活的支点，以便获得他在狭隘的个人经验里找

---

[1] Einstein to Helene Savić，Sept. 8，1916.

[2] Einstein，The Foundation of the General Theory of Relativity，Mar. 20，1916，CPAE6：30.

[3] Einstein，*On the Special and the General Theory of Relativity*，Dec. 1916，CPAE 6：42，and many popular editions；Michelmore，63. 爱因斯坦这部著作的网络版参见 bartleby.com/173/或 www.gutenberg.org/etext/5001.

不到的宁静和安定。"[1]

协议

1917年年初，爱因斯坦也病了。他胃痛十分剧烈，甚至开始怀疑是癌症。既然此时使命已经完成，他并不惧怕死亡。他对天文学家弗伦德里希说，他不担心死亡，因为他的相对论已经完成。

而弗伦德里希却很担心他这位朋友，毕竟爱因斯坦只有38岁。他给爱因斯坦找了一位医生，经诊断，他患的是一种慢性胃炎，战争期间的食品短缺令他的病情更是雪上加霜。他建议爱因斯坦吃四个星期的米饭、通心粉和烤干面包。

在接下来的四年里，他将因此而卧病在床，而且这种胃病将使他终身遭受折磨。由于是一个人生活，合理饮食便成了问题。仓格尔从苏黎世寄来了不少包裹，都是稀缺的食物。然而两个月内，爱因斯坦的体重降了50多磅。最后，到了1917年夏天，爱尔莎在她那幢大楼里租到了第二间公寓，她帮爱因斯坦搬到那里，负责照料和陪伴他。[2]

爱尔莎开始积极搜寻爱因斯坦爱吃的食物。她不仅足智多谋，而且十分富有。虽然正值战争期间，但她依然可以弄到他喜欢吃的鸡蛋、黄油和面包。每天她都给他做饭，溺爱他，甚至还为他找到了雪茄。她的父母也时常邀请他们到家里美餐

---

[1] Einstein, Principles of Research, 1918, in Einstein 1954, 224.
[2] Einstein to Heinrich Zangger, Jan. 16, 1917; Clark, 241.

一顿。[1]

小儿子爱德华的病情也很不稳定。他时常发烧，1917年年初还感染了肺炎，诊断结果很不理想。爱因斯坦悲伤地对贝索说："我小儿子的状况令我十分沮丧。他将来已经没有可能全面发展。如果他还没来得及真正懂得生活就告别人世，谁知道这是不是对他更好呢？"

在给仓格尔的信中，他提到了"斯巴达人的做法"——把生病的孩子扔到山里任其死去。但他又接着说，这种做法让人无法接受。他承诺自己会不惜一切代价照顾爱德华，并让仓格尔送他到最好的医疗机构。"即使你默默地对自己说，一切努力都是徒劳的，也要送他过去，这样我的妻子和小阿尔伯特才会认为，我们的确在竭力对抗这种不幸。"[2]

那年夏天，爱因斯坦又回到了瑞士，他亲自带爱德华到阿罗莎（Arosa）村的一家疗养院。他给物理学家朋友埃伦菲斯特写了一封信，其中用科学来超越个人感情的能力清晰可见："小儿子病得很重，必须到阿罗莎一年。我的妻子也病了。真是烦恼丛生，苦不堪言。不过，我发现了一种推广索默菲-爱普斯坦量子定律的很不错的方法。"[3]

汉斯·阿尔伯特和爸爸送爱德华去了阿罗莎，然后他们到了卢采恩，与爱因斯坦的妹妹玛雅及妹夫保罗·温特勒待在一起。爱因斯坦因胃痛而卧床不起，只能保罗叔叔带汉斯·阿尔伯特出

---

[1] Clark，248；Highfield and Carter，183；Overbye，327；Einstein to Paul Ehrenfest，Feb. 14，1917；Einstein to Heinrich Zangger，Dec. 6，1917.

[2] Einstein to Michele Besso，Mar. 9，1917；Einstein to Heinrich Zangger，Feb. 16 and Mar. 10，1917.

[3] Einstein to Paul Ehrenfest，May 25，1917.

去玩。经过一些艰难的磨合,爱因斯坦与汉斯·阿尔伯特的关系正在逐渐转暖。"我的阿尔伯特写来的信是过去一年中我最大的快乐,"他对仓格尔说,"这种亲密联系让我很幸福。"经济上的忧虑也在消退。"维也纳科学院给了我 1500 克朗的奖励,我们可以用这笔钱给泰特治病。"[1]

既然爱因斯坦现在已经搬到了爱尔莎那幢楼里,而且爱尔莎又在照料他,帮助他康复,因此与米列娃离婚的事情又不免再次被提起。1918 年年初,他终于采取了新一波的行动。"我希望在一定程度上理顺我的私人关系,这促使我第二次向你提出离婚的请求,"他写道,"为此,我决心竭尽所能。"这次他开出的价码更加优厚。他每年将付给她 9000 马克,而不是现在的 6000 马克,条件是其中有 2000 马克要用在孩子们身上。[2]

接着,他补充了一条令人吃惊的新的诱惑。他胸有成竹地确信自己有一天会得到诺贝尔奖。即使科学界还没有完全理解狭义相对论,更不要说他未经证实的新的广义相对论,但最终会的。或者他关于光量子和光电效应的深刻洞见总有一天会被认可。于是他许给了米列娃一项惊人的东西:"一旦离婚,只要诺贝尔奖发给我,我就将全部转给你。"[3]

这项赌注的价码是很有诱惑力的。无论是当时还是现在,

---

[1] Einstein to Heinrich Zangger, June 12, 1917.

[2] 爱因斯坦的薪水税后是 13000 马克。当时通货膨胀已经显现,德国马克的价值已从 1914 年的 24 分钱降到了 1918 年 1 月的 19 分钱。当时 1 马克可以买两打鸡蛋或四块面包。(一年之后,马克将只值 12 分钱,当恶性通货膨胀在 1920 年 1 月开始肆虐时降到了只有 2 分钱。)1918 年 1 月,米列娃的 6000 马克年收入大约值 1140 美元,或者经过换算,低于 2006 年的 15000 美元。爱因斯坦的建议相当于将它提高一半。

[3] Einstein to Mileva Marić, Jan. 31, 1918.

诺贝尔奖都是一大笔钱。1918 年,它大概相当于 135000 瑞典克朗或 225000 德国马克,是米列娃年收入的 37 倍多。何况德国马克正要开始贬值,而诺贝尔奖金却会以稳定的瑞典货币支付。此外,这里可能还存在着某种颇具象征意味的权衡考虑:她曾经为爱因斯坦 1905 年的论文提供过数学、校对等方面的帮助,在家务上也提供过支持,现在她终于可以分一杯羹了。

起初她极为恼火。"两年前,这种信把我推入了痛苦的深渊,直到现在都没有恢复过来,"她回信说,"你为什么要无休止地折磨我?你真的不应当这样对我。"[1]

但几天之后,她开始更加冷静地估计形势。她的生活已经到了谷底,而且饱受病痛、焦虑、抑郁的折磨。小儿子住在疗养院。妹妹赶来帮她,却因精神消沉而被送到了精神病院。她的哥哥是奥地利军队的军医,但被俄军俘虏了。与丈夫结束战斗,获得经济保障,对她来说也许是最好的选择。于是她与邻居的律师朋友埃米尔·齐歇尔商量了一下该如何选择。

几天以后,她决定接受这个协议。"让你的律师写信给齐歇尔博士,谈谈一切应当如何安排,以及协议该如何写,"她回复说,"一切使我烦心的事情,我都必须留给客观公正的人去处理。如果你决心已下,我并不想阻拦你的幸福。"[2]

到了 4 月,讨价还价通过书信和第三方进行。"我很想知道,什么会持续更长时间,是世界大战,还是我们的离婚。"

---

[1] Mileva Marić to Einstein, Feb. 9, 1918, from family trust correspondence, CPAE 8: 461a, in supplement to vol. 10.

[2] Mileva Marić to Einstein, after Feb. 6, 1918. 注释 32 中提到的这封 2 月 9 日的信直到 2006 年才解密。它的日期显然应早于被《爱因斯坦全集》编者标注"2 月 6 日之后"的信。

他曾经这样旁敲侧击地埋怨道。但随着事态不断朝着理想的方向发展,他高兴地说:"相比而言,我们的情况还要好些。向你致以友好的问候,并吻小家伙们。"

在这中间,钱是主要议题。米列娃向朋友抱怨说,爱因斯坦正因为爱尔莎而变得吝啬(事实上没有)。"爱尔莎非常贪婪,"米列娃指责说,"她的两个姊妹很富有,她总是嫉妒她们。"他们争论的问题包括:未来的诺贝尔奖金应如何支付,孩子们享有什么权利,如果她再婚了又当如何,倘若他万一没有得诺贝尔奖,他将如何进行补偿等。[1]

另一个争议是,他的儿子是否可以到柏林来看他。米列娃坚决反对这种做法。[2]最终,他在4月底放弃了这一要求。"关于孩子们,我还是让步吧,因为我现在确信,你也愿意以和解的方式来处理事情,"他说,"以后你也许会毫不犹豫地把孩子们交到我这儿来。暂时我将在瑞士见他们。"[3]

考虑到米列娃健康状况很糟糕,爱因斯坦为两个儿子想了另一种方案:让他们住在附近的卢采恩,由他的妹妹玛雅和妹夫保罗·温特勒照顾。温特勒一家很愿意照料他们的侄子。有一天,他们乘火车去伯尔尼找仓格尔讨论这种方案。因为在与米列娃商量之前,他们需要仓格尔的帮助。但他们到达之后,发现仓格尔恰好不在。于是保罗去找他火爆脾气的妹妹安娜(她嫁给了贝索),看他们那里是否可以借住一宿。

他本来不打算告诉安娜此行的目的,因为她比较同情米列

---

[1] Overbye, 338–339.

[2] Mileva Marić to Einstein, Apr. 22, 1918.

[3] Einstein to Mileva Marić, Apr. 15, 23, 26, 1918.

娃，还有一种义愤填膺的正义感。"但她猜到了我们来访的目的，"玛雅告诉爱因斯坦，"当保罗肯定了她的怀疑之后，斥责和威胁一股脑地倾泻出来。"[1]

于是爱因斯坦给安娜写了一封信，希望她能给予支持。他说，米列娃目前"无法理家"。如果汉斯·阿尔伯特同玛雅和保罗住在一起，那真是再好不过了。爱德华也可以同去，还可以住在山里的一家医疗机构休养，直到健康有所好转。爱因斯坦将负担全部费用，包括米列娃在卢采恩疗养院的开销，在那里她每天都可以见到孩子们。

可惜爱因斯坦在信的结尾犯了一个错误，他恳请安娜帮助解决这个问题，这样他就可以同爱尔莎结婚，并结束他们的关系对她的两个女儿带来的耻辱。"想想这两个年轻的姑娘吧，她们结婚的前景已经变得不妙，"他说，"请在 Miza（米列娃）那儿为我说句好话吧，向她解释清楚，无缘无故地给别人的生活造成困难是多么不好。"[2]

安娜反唇相讥，说爱尔莎是一个自私透顶的人。"倘若爱尔莎不想让自己变得如此难堪，她就不应当这样明目张胆地缠着你不放。"[3]

事实上，安娜非常难以相处，她不久也同米列娃发生了争吵。"她试图干涉我的事情，人性中潜藏的恶由此暴露出来。"米列娃向爱因斯坦抱怨说。这在一定程度上有利于爱因斯坦一家关系的改善。"我从你的信中看出，你同安娜·贝索也有过麻

---

[1] Maja Winteler-Einstein to Einstein, Mar. 6, 1918, family foundation correspondence, unsealed in 2006, CPAE 8: 475b, in supplement to vol. 10.
[2] Einstein to Anna Besso, after Mar. 4, 1918.
[3] Anna Besso to Einstein, after Mar. 4, 1918.

烦，"在刚刚同意离婚条款之后，他就写信给米列娃，"她给我写了那些粗鲁无礼的信来，我只好终止了进一步通信。"[1]

此时离婚协议还要几个月时间才能生效，但谈判已经结束，每一个人似乎都如释重负，事情总算要有个了结了。米列娃康复得不错，孩子们终于可以和她待在一起了[2]，柏林与苏黎世之间的通信也变得愈发友好。"通过商谈离婚的事情，我与妻子之间又形成了令人满意的关系！"他告诉仓格尔，"这的确是和解的好机会。"[3]

这种缓和意味着，爱因斯坦可以就1918年的暑假安排做出选择。他既可以到苏黎世看望孩子们，也可以轻松自在地同爱尔莎去度假。他选择了后者。由于医生不主张到海拔高的地方，他与爱尔莎在波罗的海胜地阿伦斯霍普（Aarenshoop）待了7个星期。他带去了一些轻松的海滩读物以及康德的《未来形而上学导论》，花了"无数时间思考量子问题"，为身心放松和胃病康复而欣喜。"没有电话，没有义务，静谧非常，"他高兴地对一位朋友说，"我像鳄鱼一样躺在海滨，任凭太阳烘烤，从不

---

[1] Mileva Marić to Einstein, before May 23, 1918；Einstein to Mileva Marić, June 4, 1918. 亦参见 Vero Besso (Anna and Michele's son) to Einstein, Mar. 28, 1918, family trust correspondence：" 您寄给我妈妈的明信片真的不够好……她说那些话并不是要冒犯您（如果您亲耳听到的话）；您对这些本可以一笑了之，不要太当真。"

[2] Mileva Marić to Einstein, Mar. 17, 1918："我目前的健康状况是，我在家里躺下来没有问题，但无法下床。不过我几乎总能与孩子们相处很好，这让我十分快乐，也对我的健康颇有助益。" Einstein to Heinrich Zangger, May 8, 1918.

[3] Einstein to Heinrich Zangger, May 8, 1918.

第十章 离婚，1916—1919

看报，对所谓的人世不屑一顾。"[1]

在这个前途未卜的假期里，爱因斯坦试图缓和他与汉斯·阿尔伯特的关系，后者曾经写信说想念他。"至少请写信告诉我，为什么你不准备来。"汉斯·阿尔伯特问道。[2] 爱因斯坦极力为自己辩护，给出的解释令人悲伤：

> 你很容易想象我为什么不能来。今年冬天我病得很厉害，只得卧床两个多月。我的每一餐都必须单独做，也不能做任何剧烈运动。所以我可能无法同你一起散步和在旅馆吃饭……此外，我与安娜·贝索发生过争吵，我不想再给仓格尔先生添麻烦。最后，我怀疑我的到来对你是否真的那么重要。[3]

儿子原谅了他。汉斯·阿尔伯特给他写了几封信，谈了各种消息和看法，还描述了他设计的一种安装在单轨火车内的摆。如果火车倾斜得太厉害，这个摆就会摆动，切断电路。

爱因斯坦不公平地批评了汉斯·阿尔伯特没有设法在假期到德国来看他，因为在与米列娃的分居协议中，这种旅行是不被允许的，而且也是相当不切实际的。"我到德国几乎比你来这里更不可能，"汉斯·阿尔伯特写道，"因为到头来我是家里唯一

---

[1] Einstein to Max Born, after June 29, 1918; Einstein to Michele Besso, July 29, 1918.
[2] Einstein to Hans Albert Einstein, after June 4, 1918.
[3] Einstein to Hans Albert Einstein, after June 19, 1918.

能去商店买点东西的人。"[1]

于是,渴望接近儿子们的爱因斯坦暂时打算搬回苏黎世。1918年在波罗的海度假期间,他同时考虑了苏黎世大学和母校苏黎世联邦工学院的邀请。"您可以随意安排您在这里的职位。"物理学家埃德加·迈尔写信说。爱因斯坦对贝索开玩笑说:"18年前,我要是个微不足道的助教该多么幸福。"[2]

爱因斯坦承认,这项决定使他非常痛苦。苏黎世是他"真正的家",瑞士是唯一让他感到有亲和力的国家,何况还能亲近自己的儿子。

但有一个问题。倘若他搬到儿子附近,就会靠近他的妻子。即使是擅于逃避个人感情影响的爱因斯坦,也很难在前妻生活的城市和爱尔莎组建家庭。"虽然我很想亲近孩子们,"他告诉贝索,"但如果我再次在苏黎世安家,那么我个人的主要麻烦就会继续。"[3]

爱尔莎也坚决反对这项决定,甚至对它充满了恐惧。她央求爱因斯坦不要这样做。或许是因为这个,他不再考虑搬到苏黎世。

就这样,他罕见地妥协了。他保留了柏林的职位,不过答应在苏黎世担任客座教师,每年去那里访问两个月。他认为此举两全其美。

---

[1] Hans Albert Einstein to Einstein, ca. July 17, 1918; Einstein to Eduard Einstein, ca. July 17, 1918.

[2] Edgar Meyer to Einstein, Aug. 11, 1918; Einstein to Michele Besso, Aug. 20, 1918.

[3] Einstein to Heinrich Zangger, Aug. 16, 1918; Einstein to Michele Besso, Sept. 6, 1918; Fölsing, 424.

瑞士人似乎过于谨慎了，苏黎世当局"实验性地"批准了这项讲课合同。它可以报销爱因斯坦的花费，但不支付现金。他们这种做法实际上很高明。爱因斯坦的课一开始很受欢迎，但听众渐渐就少了，以致两年后不得不取消。

社会民主人士

爱因斯坦曾经半开玩笑地问米列娃，世界大战和他们的离婚哪一个会结束得更早。结果，两者均在1918年年底草草收场。随着当年11月德意志帝国崩溃，基尔水兵起义迅速扩大为全国性的大罢工和大规模起义。"阶级因革命而不复存在"，爱因斯坦在其11月9日的讲课日记中写道，那天抗议者占领了国会大厦，德皇退位。四天之后，一个工人-学生革命委员会占据了柏林大学，拘禁了那里的校长和院长。

随着战争的爆发，爱因斯坦第一次变成了一个坦率直言的公众人物。他提倡国际主义和欧洲联邦制，抵制军国主义。现在，和平的曙光使爱因斯坦的政治思考更多地转向了国内的政治议题。

爱因斯坦年轻时崇拜约斯特·温特勒，同时也是阿德勒的朋友，他一直被社会主义和个人自由的理想所吸引。柏林革命由一群社会主义者、工会、共产主义者及其他左翼分子所领导，这使他遭遇了这两种理想发生冲突的情形。

爱因斯坦后来提倡一种基于自由和反独裁主义的民主社会主义。他宣扬平等和社会正义，主张抑制资本主义，坚定地支持受压迫者。

"在他看来，社会主义反映了一种伦理诉求，即消除阶级之间的巨大差别，形成一种更加公正的经济体系，"他的女婿在20年代这样描写爱因斯坦的态度，"但他无法接受一种社会主义纲领。他崇尚孤独的冒险和自由的快乐，而不可能接受一种有可能彻底埋没个人的体制。"[1]

这种态度一直没有什么变化。"爱因斯坦基本的政治哲学终身都没有发生重大改变，"社会主义者奥托·纳坦（后来成为爱因斯坦的密友和遗稿保管人）在爱因斯坦搬到美国之后说，"由于他对社会主义的兴趣，特别是对民主毫无保留的热爱，他欢迎德国1918年的革命发展。爱因斯坦政治思想的一个基本出发点就是对个人尊严的强调和对政治思想自由的保护。"[2]

当柏林的学生革命者监禁了他们的校长和院长时，爱因斯坦开始把这种哲学付诸实践。物理学家玻恩当时已成为爱因斯坦的密友，当爱因斯坦打来电话时，他正因感冒而卧病在床。爱因斯坦想赶往学校，把校长和院长解救出来，他要玻恩起床与他同去。他们还叫了另一个朋友——格式塔心理学的先驱韦特海默尔，也许他们相信，韦特海默尔要比理论物理学家更擅长处理这件事。

三人乘电车从爱因斯坦的公寓赶往学生聚集的国会大厦。起初，一伙暴徒挡住了他们的去路，但爱因斯坦很快被认了出来，人群分开了。他们被引向一个会议室，学生代表们正在那里开会。

会议主席向他们表示了问候，并要他们等待会议最终出台学校管理条例。然后他问爱因斯坦："在我们讨论您的请求之前，

---

[1] Reiser 140.
[2] Nathan and Norden, 24.

第十章 离婚，1916—1919

爱因斯坦教授，我可以问一下您对新规定有何看法？"

爱因斯坦迟疑了一会儿。人们一般会不由自主地避免正面回答，以取悦听众，避免尴尬。但爱因斯坦不是，他的回答很尖锐。"我一直认为，德国大学最可贵的制度就是学术自由。教师讲授的内容不受任何限制，学生们可以随便选择听什么课，而不会受到监管和控制，"他说，"你们的新条例似乎废止了所有这一切，而代之以明确的规定。倘若先前的自由就此结束，那么我将遗憾之至。"玻恩回忆说，这时"趾高气扬的年轻绅士们坐在那里沉默不语，不知所措"。

可惜这番话已经于事无补。一番讨论之后，学生们说他们无权释放校长和院长。于是爱因斯坦一行来到帝国总理府看谁有这个权力。他们找到了新的德国总统。他似乎处于困境，不过还是欣然为他们写了一张要求释放的条子。

这张条子起了作用。三个人成功解救了他们的同事。玻恩回忆说："我们兴高采烈地离开了帝国总理府，感觉我们参与了一个历史事件，希望看到普鲁士的傲慢态度就此完结。"[1]

接着，爱因斯坦沿街走到复兴的新祖国联盟的一个群众集会，并宣读了两页讲稿，这原本是他带来讲给学生们听的。他称自己为"一个老派的民主信奉者，而不是新近才皈依的"，并再次强调，他的社会主义情感并没有让他同情苏维埃式的专制。"所有真正的民主人士都必须提防，不要让右翼的旧阶级专制为左翼的新阶级专制所取代。"他说。

---

[1] Born 2005，145-147. 我的叙述依据的是玻恩的回忆，这些内容以及爱因斯坦对此次事件的提及可见于1944年9月7日爱因斯坦给玻恩写的一封信。亦参见 Bolles，3-11；Seelig 1956a，178；Fölsing，423；Levenson，198。

一些左翼人士坚持说，民主（至少是多党自由民主）需要被放弃，直到大众接受了教育，形成一种新的革命意识为止。爱因斯坦不同意这种看法。"不要被情绪所左右，认为目前需要无产阶级专政，以防止我们的同胞理解自由概念。"他对人们说。相反，他批评德国的新左翼政府"独裁"，并要求立即举行公开选举，"以尽快消除对于新专制的恐惧"。[1]

多年以后，当希特勒和纳粹上台时，爱因斯坦悲伤地回忆起柏林这天的经历。"你是否还记得25年前，我们一起去国会大厦，自信能把那里的人变为真诚的民主人士？"他给玻恩写信说，"不惑之年的我们是多么幼稚啊。"[2]

与爱尔莎结婚

战争刚一停息，爱因斯坦的离婚诉讼也结束了。诉讼过程规定，他必须在证词中承认有通奸行为。1918年12月23日，他在柏林一家法院向法官宣布，"在四年半左右的时间里，我一直与我的表姐——寡居的爱尔莎·爱因斯坦，即离婚的勒温塔尔——住在一起，而且一直保持着这种亲密关系。"[3]

在接下来的一个月里，爱因斯坦到苏黎世发表了系列讲演。他同时也把爱尔莎带了过去，就好像是为了证明他们的这种关

---

[1] Einstein, On the Need for a National Assembly, Nov. 13, 1918, CPAE 8：14；Nathan and Norden, 25. 纳坦说，爱因斯坦向大学生中的激进分子发表了这些评论。这一点似乎没有证据，玻恩并未提到这件事。报纸上说，新祖国联盟在当天晚些时候有一个讲演。参见 CPAE 8：14 (German edition)，footnote 2.

[2] Einstein to Max Born, Sept. 7, 1944.

[3] Einstein, Deposition in Divorce, Dec. 23, 1918, CPAE 8：676.

系。与后来的情形不同，他此时的演讲听者甚众，以至于门口要派专人阻止听众随便入场。爱尔莎不在的时候，汉斯·阿尔伯特会到旅馆来看他。爱因斯坦还到阿罗莎待了几天，爱德华仍然在那里的疗养院接受治疗。[1]

2月14日，苏黎世的三个官员向他下达了最后的离婚判决，其中涉及有关未来可能获得的诺贝尔奖的条款。在证词中，爱因斯坦称自己"无教派"，但在离婚判决中却被称为"摩西的（犹太教）"。米列娃也被称为"摩西的（犹太教）"，虽然她从小到大一直是塞尔维亚的东正教徒。

判决书按常规要求"被告方（爱因斯坦）两年内不得再婚"。[2]爱因斯坦不打算遵守这一条款。他已决定娶爱尔莎为妻，四个月后终于如愿以偿。

与他再婚的决定相伴随的还有一出戏。倘若这出戏真的上演，那么即使按照他不寻常的家庭关系的标准，也是不可思议的。它涉及爱尔莎的女儿伊尔莎以及和平主义冒险家兼医生尼科莱。

伊尔莎当时21岁，是爱尔莎的大女儿。爱因斯坦曾经请她做计划创建的威廉皇帝物理学研究所的秘书（天文学家弗伦德里希是他目前聘请的唯一一位科学家）。伊尔莎活泼可爱，美若天鹅，富有理想主义色彩。她小时候在一次事故中一只眼睛失明，这更增加了她的神秘感。她如飞蛾扑火一般，着迷于激进

---

[1] Einstein to Mileva Marić and Hans Albert Einstein, Jan. 10, 1919; Einstein to Hedwig and Max Born, Jan. 15 and 19, 1919; Theodor Vetter to Einstein, Jan. 28, 1919. 魏特（Vetter）是苏黎世大学的校长，他回复了爱因斯坦对讲座门口设置警卫的抱怨。

[2] Divorce Decree, Feb. 14, 1919, CPAE 9:6.

的政治和富有魅力的男人。

毫不奇怪，她被尼科莱迷住了。尼科莱曾在1914年与爱因斯坦合作，并以和平主义的方式回应过德国知识界的《告文明世界书》。他同时还是一位医生，在心电图方面很擅长，曾为爱尔莎做过治疗。他生于德国，曾在巴黎和俄国生活过，是一个有着强烈性欲的极端利己主义者。在一次访问俄国时，他记下了与之发生过性关系的16名女性，其中包括两对母女。

伊尔莎爱上了尼科莱，也醉心于他的政治。除了身为他的爱慕者，她还帮助打印和分发他的抗议信，说服爱因斯坦支持出版尼科莱的和平主义著作《战争生物学》(*The Biology of War*)，这本书收录了他们起草的命运多舛的1914年宣言，以及康德等德国古典作家的一些自由主义著作。[1]

一开始，爱因斯坦很支持这项出版计划，但是到了1917年年初，却称这个想法"完全没有希望"。尼科莱曾经被捕和假释，后来在德军中担任初级卫生员。不知何故，他认为爱因斯坦会资助这项计划，于是他不断写信纠缠爱因斯坦。"没有什么能比拒绝尼科莱更难了，"爱因斯坦给他写信说，并用第三人称来称呼他，"这个人在其他事情上敏感至极，甚至小草的生长都会打扰他的安宁，但是当声音中包含着拒绝时，他却如聋子一般。"[2]

有一次，伊尔莎对尼科莱说，爱因斯坦正打算娶她的妈妈。对同时与母女约会颇感兴趣的尼科莱对伊尔莎说，爱因斯

---

[1] Overbye, 273–280.
[2] Einstein to Georg Nicolai, ca. Jan. 22 and Feb. 28, 1917; Georg Nicolai to Einstein, Feb. 26, 1917.

第十章 离婚，1916—1919

坦错了。他应当娶伊尔莎，而不是她的母亲爱尔莎。

至于尼科莱与他的年轻恋人玩的是什么心理把戏，现在并不清楚。同样不清楚的是伊尔莎同尼科莱，甚或伊尔莎自己，打的是什么算盘。伊尔莎给尼科莱写了一封长信，说到底选择伊尔莎还是爱尔莎，这对爱因斯坦突然成了一个真实的问题。这封信甚为惊人和奇特，值得大段引用：

> 您是我唯一可以将下面的事情予以托付的人，也是唯一能够给我出主意的人……您回忆得起吧，我们最近谈到过阿尔伯特和妈妈的婚事；您对我说，您认为阿尔伯特与我结婚更为正确。直到昨天，我都没有认真考虑过这件事。然而昨天，问题突然冒出来了：阿尔伯特是希望同妈妈结婚呢，还是同我结婚。这一问题起初是半开玩笑提出来的，但在几分钟之内就变成了一件严肃的事情；现在，必须对这件事进行全面认真的思考与讨论。阿尔伯特本人拒绝做任何决定，他做好了娶我或妈妈的准备。我知道阿尔伯特非常爱我，或许再也不会有另一个男人这么爱我了。他昨天也这么对我说了。一方面，他或许倾向于娶我做妻子，因为我还年轻，可以给他生孩子，而这对妈妈来说是完全不可能的；但他是那样的正派，也那么喜欢妈妈，因而那些话怎么也说不出口。我对阿尔伯特的态度您是知道的。我非常喜欢他，对他这个人极其敬重。如果在两种不同类型的人之间存在着真正的友谊与信任的话，那肯定就是我对阿尔伯特的那种感情。我从来没有希望过，也没有丝毫欲念要同他肌肤相亲。然而在他那里却是另一种样子——至少最近一段时间如此。他有一次曾亲自向我承认，控制自己对他而言是多么困难。但我现在

245

相信，我对他的感情还不足以作为夫妇共同生活……对于这一奇特而又极为可笑的事情还须提到第三个人，那就是妈妈。由于她目前还不确信我是认真的，所以她让我完全自由地做出选择。倘若她看到我只有同阿尔伯特在一起才可能真正幸福的话，她一定会为了我而退出的。但这肯定会令她极为难过。在她即将达到目的之际，我却与她竞争（经过多年努力获得的）位置，我不知道我这样做是否公平。像外祖父母这样的世俗之人自然会对这些新的计划感到骇然。母亲恐怕更会为这门亲事蒙羞……阿尔伯特也说过，假如我没有想过要给他生个孩子，那么我不嫁给他会更好些。而我真的没有这种愿望。我这么个20岁的愚蠢小丫头居然要去决定这么严肃的一件事，您会觉得很奇怪吧；我自己也几乎不敢相信这一切，觉得自己很不幸。帮帮我吧！

您的，
伊尔莎[1]

她还在第一页上方用大字写了一行："阅后请立即销毁此信！" 但尼科莱没有这样做。

这是真的吗？ 抑或亦真亦假？ 真相与观察者有关吗？ 关于爱因斯坦在这对母女之间是否拿不定主意，我们目前掌握的唯一证据就是这封信。 而当时其他信件以及后来的回忆录没有一处谈到过这件事。 这封信是一个堕入爱河的年轻女性写给一个浮华的花花公子的， 此时她正渴望引起他的注意。 这些内容或许只是她的幻想， 或是为了引起尼科莱嫉妒。 这便是人性， 其真实情

---

[1] Ilsa Einstein to Georg Nicolai, May 22, 1918, CPAE 8: 545.

况到底如何，也许不会有人知晓。

1919年6月，爱因斯坦最终娶了爱尔莎，伊尔莎后来与他们两人一直都很亲近。

爱因斯坦的家庭关系似乎得到了全方位的改善。就在接下来的那个月，他到苏黎世看望儿子们。当米列娃不在时，他与汉斯·阿尔伯特住在前妻的寓所。爱尔莎对这种安排似乎有所顾虑，不过爱因斯坦给她写了至少两封信，说米列娃经常不在家。"事实证明，在母狮的巢穴宿营非常值得，"他在一封信中说道，"不用担心任何偶然的事件。"他与汉斯·阿尔伯特一起去划船，演奏乐曲，还共同制造了一架模型飞机。"这个孩子给我的快乐无以言表，"他对爱尔莎说，"他做任何事情都非常努力，而且持之以恒。钢琴演奏得也非常好。"[1]

在1917年7月访问苏黎世期间，爱因斯坦与原有家庭的关系非常稳定，他再次认为也许可以把爱尔莎及其两个女儿接到那里。这使爱尔莎心乱如麻，她坦言了自己的感受。于是爱因斯坦不再坚持。"好吧，我们待在柏林，"他安慰说，"请把心放宽，别怕！"[2]

爱因斯坦新的婚姻与第一次有很大差别。这一次不是罗曼蒂克式的，没有激情。他与爱尔莎从一开始就有不同的卧室，分别位于柏林那套房子的两头。它也没有思想的共鸣。爱尔莎后来说，理解相对论"对于我的幸福不是必需的"。[3]

但爱尔莎比较擅长处理许多实际的事情，这些往往是她丈夫

---

[1] Einstein to Elsa Einstein, July 12 and 17, 1919.
[2] Einstein to Elsa Einstein, July 28, 1919.
[3] Professor Einstein Here, *New York Times*, Apr. 3, 1921.

所缺乏的。她能说一口流利的法语和英语，可以在爱因斯坦旅行时充当他的翻译和经纪人。"也许我的才能仅限于做妻子和母亲，"她说，"我对数学的兴趣主要在家庭账目上。"[1]

这番话反映了她的谦卑和内心涌动的一种不安全感，但不要小看了她。要知道，给爱因斯坦既当妻子又当妈（他两者都需要），同时还要管理资金，料理生活，这可不是一件简单的事。她积极主动地忙活着这些事。虽然她有时会因他们夫妇的名望而显得有些虚伪，但她一般都会表现得落落大方，还有一种颇具自知之明的幽默感，这也有助于丈夫保有那些特征。

其实，这场婚姻是一种实打实的互利共生关系。在大部分时间里，它基本满足了双方的需要和欲望。爱尔莎活跃而能干，渴望服侍他，保护他。她喜欢爱因斯坦的名气，而且（与他不同）并不想掩盖这一事实。她也欣赏他们所拥有的名望，即使这意味着她必须满脸堆笑地赶走记者和那些窥探爱因斯坦隐私的人。

她乐意照顾爱因斯坦，爱因斯坦也乐意被照顾。她告诉爱因斯坦何时吃饭，何时出行，收拾他的手提箱，给他口袋里塞上零用钱。在公共场合，她充当着这位被她称为"教授"或"爱因斯坦"的男人的保护伞。

这一切使爱因斯坦得以长时间处于幻想中，更多地集中于宇宙而不是周围的世界。所有这些都使爱尔莎激动不已，深感满足。"上帝给了他那么多美妙的东西，即使他精力不济，生活艰难，我仍然觉得他很棒。"她曾经这样说。[2]

---

[1] Pronounced Sense of Humor, *New York Times*, Dec. 22, 1936.
[2] Fölsing, 429; Highfield and Carter, 196.

第十章 离婚，1916—1919

每当爱因斯坦紧张工作时，爱尔莎就"意识到需要排除他周围的一切干扰"，一位亲戚这样说。她会做他最喜欢的扁豆汤和香肠，把他从书房喊下楼，让他独自机械地进餐。但是当爱因斯坦小声抱怨或抗议时，她会提醒他吃饭的重要性。"人有几百年时间可以做出发现，但你的胃不是，它不会等上几百年。"[1]

只要远远地瞄一下爱因斯坦的眼睛，爱尔莎就能知道他此时是否正"专注于一个问题"，因此不应去打扰。如果他在书房里来回踱步，她会把食物送上楼去。在紧张的工作结束之后，他便会下来吃饭，有时会同爱尔莎和她的女儿出去散步。她们总会答应，不过她们从未主动提出过这一要求。"提出要求的是爱因斯坦，"有一家报纸在采访了爱尔莎之后这样报道，"当爱因斯坦要她们散步时，她们知道他心中的工作压力已经减轻了。"[2]

爱尔莎的女儿伊尔莎后来嫁给了德国最重要的文学杂志的主编鲁道夫·凯泽尔，他们建造了一幢布满了艺术品的房子，经常有许多艺术家和作家光顾这里。喜欢雕塑的玛戈特更加敏感害羞。她十分腼腆，以至于当父亲的客人来的时候，她有时竟会藏到桌子底下。她一直住在家里，直到1930年嫁给了一个名叫德米特里·马里亚诺夫的俄国人。这两位女婿后来均写了介绍爱因斯坦一家的著作，不过这些著作都有些华而不实，而且没太大名气。

---

[1] Reiser，127；Marianoff，15，174. 这两位作者分别娶了爱尔莎的两个女儿。莱泽尔原名鲁道夫·凯泽尔。

[2] Elias Tobenkin, How Einstein, Thinking in Terms of the Universe, Lives From Day to Day, *New York Evening Post*, Mar. 26, 1921.

爱因斯坦、爱尔莎及其两个女儿暂时住在柏林市中心附近的一间配有深色家具的宽敞公寓中。壁纸是深绿色的，桌布则是带有花边刺绣的白亚麻。"我们觉得在这样一个家庭中，爱因斯坦永远都像是一个陌生人，"他的朋友兼同事菲利普·弗兰克说，"好像是一个波希米亚人到一个中产阶级家庭做客。"

他们无视建房规定，擅自将阁楼上的三个房间改造成了装有大窗户的顶楼书房。这个书房偶尔会被打扫，但从没有人收拾，一叠叠论文堆在那里，画像上的牛顿、麦克斯韦和法拉第正温和地注视着它们。爱因斯坦坐在一张旧扶手椅上，膝上铺着垫子。有时他会站起身来踱步，然后又坐下来涂写方程，他希望把相对论拓展到能够解释整个宇宙。[1]

---

[1] Frank 1947，219；Marianoff，1；Fölsing，428；Reiser，193.

第十一章 爱因斯坦的宇宙，1916—1919

在柏林家中书房

宇宙学与黑洞，1917 年

宇宙学是对宇宙整体的研究，包括宇宙的大小和形状，历史和归宿。无论是空间的范围还是时间的界限，都是一个相当大的话题，研究起来并不容易。即使是定义那些概念意味着什么或者它们是否有意义也绝非易事。根据广义相对论的引力场方程，爱因斯坦为研究宇宙的本性奠定了基础，并因而成为现代宇宙学的首要奠基人。

在这方面，至少在其初始阶段，一位具有深邃洞察力的数学家，同时也是著名的天体物理学家帮助了爱因斯坦。他叫卡尔·施瓦茨希尔德，是波茨坦天文台台长。他读到了爱因斯坦新提出的广义相对论。1916 年年初，他尝试将广义相对论用于空间物体。

有一件事令施瓦茨希尔德的工作举步维艰。战争期间，他志愿加入了德军。他是在俄国研究弹道轨迹时读到爱因斯坦论文的。他根据爱因斯坦的理论抽空计算了空间物体周围的引力场，就像爱因斯坦在思考时钟同步的潜在应用时提出狭义相对论一样。

1916 年 1 月，施瓦茨希尔德将其结果寄给了爱因斯坦，说这使他的理论"闪耀着愈发纯净的光芒"。至少它以更高的严格性再次证明了爱因斯坦方程能够成功地解释水星轨道。爱因斯坦激动不已。"我没有料到问题的精确解竟然可以表述得如此简洁。"他回信说。接下来的那个星期四，他亲自到普鲁士科学院的每周会议上通告了这篇论文。[1]

施瓦茨希尔德先是计算了一个非旋转的球形恒星外部的时空曲率。几周以后，他又寄给爱因斯坦一篇论文，讨论了这样一颗恒星内部的时空曲率是什么样子。

无论是哪种情况，似乎都可能有某种不同寻常的事情发生，

---

[1] Overbye，314；Einstein to Schwarzschild, Jan. 9，1916.

事实上是必然会发生。如果一颗恒星（或任何物体）的所有质量都被压缩到一个足够小的空间（即后来所谓的施瓦茨希尔德半径）中，那么所有计算似乎都失效了。时空将无限地自行弯曲下去。对我们的太阳而言，如果它的所有质量都被压缩到不足两英里的半径内，这种情况就会发生。而地球则需要压缩到大约1/3英寸。

这就意味着，在这种情况下，施瓦茨希尔德半径之内没有任何东西能够逃脱引力的牵引，甚至连光或其他形式的辐射也不行。时间也将延缓到停滞。换句话说，在外面的观察者看来，施瓦茨希尔德半径附近的旅行者似乎被冻结了，从而驻足不前。

无论是当时还是以后，爱因斯坦都不相信这些结果能够有实际对应。例如，他1939年写了一篇论文，"对这些'施瓦茨希尔德奇点'为什么不存在于物理实在之中进行了清晰说明"。然而数月之后，J. 罗伯特·奥本海默和他的学生哈特兰·斯奈德就提出了相反的看法，预言恒星可能会遭遇引力塌缩。[1]

至于施瓦茨希尔德，则再也没有机会进一步研究这个问题了。完成这些论文数周之后，他在前线染上了一种可怕的自身免疫性疾病，皮肤细胞遭到严重损害。当年5月施瓦茨希尔德去世，年仅42岁。

爱因斯坦去世后，科学家们发现施瓦茨希尔德的怪异理论竟然是正确的。恒星的确可能发生塌缩，并会造成这样一种现象，这其实是司空见惯的事情。20世纪60年代，霍金、彭罗斯、惠勒、戴森和索恩等物理学家表明，这实际上是爱因斯坦

---

[1] Einstein, On a Stationary System with Spherical Symmetry Consisting of Many Gravitating Masses, *Annals of Mathematics*, 1939.

广义相对论在现实中的一种表现。惠勒称它们为"黑洞"。从那时起，黑洞就像科幻片《星际旅行》（*Star Trek*）那样，在宇宙学中备受关注。[1]

在整个宇宙中，现已发现许多黑洞。我们银河系中心就有一个，质量比太阳大几百万倍。"黑洞并不稀少，它们并不是我们宇宙的一种偶然点缀，"戴森说，"只有在这里，爱因斯坦的广义相对论才能大显身手，光芒四射。也仅仅在这里，空间和时间才丧失了自己的特性，共同融入一种由爱因斯坦的方程精确描绘的卷曲的四维结构。"[2]

爱因斯坦认为，他的广义相对论能够以一种使马赫满意的方式解决牛顿水桶问题：对于在空无一物的宇宙中旋转的物体来说，惯性（或离心力）并不存在。[3] 惯性之所以产生，仅仅是因为物体**相对于**宇宙中所有其他物体的旋转。"根据我的理论，惯性只是物质之间的一种相互作用，而不是涉及'空间'本身的一种独立于物质的效应，"爱因斯坦告诉施瓦茨希尔德，"可以这样来加以说明。如果我可以让一切事物统统消失，那么根据牛顿的理论，伽利略的惯性空间仍然存在；而根据我的解释，**没有什么东西**还能留下来。"[4]

惯性问题使爱因斯坦与莱顿的大天文学家威廉·德西特发生了争论。1916年，爱因斯坦用各种方法极力确保惯性的相对性和马赫原理，包括假定各种"边界条件"，比如假设在空间边缘

---

[1] 关于黑洞的历史、数学和科学，参见 Miller 2005；Thorne, 121—139。

[2] Freeman Dyson in Robinson, 8—9.

[3] 参见第十四章爱因斯坦在1920年莱顿讲演中对这一观点的修正。

[4] Einstein to Karl Schwarzschild, Jan. 9, 1916.

第十一章 爱因斯坦的宇宙，1916—1919

分布着许多无法观测到的物质。正如德西特指出的，这本身就违反马赫的主张，因为马赫坚决反对假定无法观测到的事物。[1]

1917年2月，爱因斯坦有了一个新方案。"我已经完全放弃了被您正当批判过的观点，"他写信给德西特，"我很想知道，对于我眼下正在考虑的这个有些疯狂的观点，您会说些什么。"[2]一开始，爱因斯坦觉得这种想法过于古怪，他对莱顿的朋友埃伦菲斯特说："我没准会被关进疯人院。"他开玩笑地要埃伦菲斯特保证，在他到访之前，要保证莱顿没有这样的疯人院。[3]

他的新思想于当月发表在《根据广义相对论对宇宙学所做的考察》这篇重要论文中。[4]乍看起来，它似乎的确基于一种相当疯狂的想法：空间没有边界，因为引力使空间折回到了它自身。

爱因斯坦先是指出，一个充满星体和其他物体的绝对无限的宇宙似乎是不可能的。因为那样一来，每一点都会受到无限大的引力吸引，四面八方都会有无限的光在闪烁。而另一方面，一个在空间中某个随机位置漂浮着的有限宇宙也是不可想象的。比如说，恒星和能量不从宇宙中散逸，从而不使宇宙耗尽枯竭，这是靠什么来维持的呢？

---

[1] CPAE vol. 8收录了爱因斯坦与德西特的所有通信，并对这场争论做了很好的评注。Michel Janssen [uncredited author], The Einstein-De Sitter-Weyl-Klein debate, CPAE 8a [German edition], p. 351.

[2] Einstein to Willem de Sitter, Feb. 2, 1917.

[3] Einstein to Paul Ehrenfest, Feb. 4, 1917.

[4] Einstein, Cosmological Considerations in the General Theory of Relativity, Feb. 8, 1917, CPAE 6:43.

因此他提出了第三种观点：一个有限但无界的宇宙。宇宙中的物质使空间弯曲，在宇宙膨胀的过程中，这些物质使空间（其实是整个四维时空）完全折回到了自身。这个系统是封闭而有限的，但却没有尽头或边界。

为了帮助理解这一观念，爱因斯坦让我们想象一个二维宇宙（比如一个平面）中的二维居民。这些"平直居民"可以在这个平直表面上四处移动，但上下概念对他们没有任何意义。

现在想象这样一种情形：如果这些平直居民的二维仍然在一个表面上，但这一表面（以一种在他们看来相当微妙的方式）发生了轻微弯曲，或者说，如果他们仍然局限于二维，但其平直表面就像是一个球面，情况会怎样？正如爱因斯坦所说："现在让我们考虑一种二维存在，但这次是在球面上而不是在平面上。"这些平直居民射出的箭看上去仍然沿直线运动，但最终却会折返，就像沿地球表面航行的水手最终会从反方向归来一样。

平直居民所处的二维空间的弯曲使其表面是有限的，但却没有任何边界。无论他们沿着什么方向旅行，都不会到达宇宙的尽头或边缘，但最终会回到同一位置。正如爱因斯坦所说："这种思考的迷人之处在于认识到：**这些生物的宇宙是有限的，但却没有边界。**"如果这些平直居民的表面类似于一个膨胀的气球，那么他们的整个宇宙将会不断膨胀，但仍然没有边界。[1]

推而广之，我们可以设想——就像爱因斯坦让我们做的那样——三维空间也发生类似的弯曲，形成一个没有边界的封闭有限的系统。对于我们这些三维生物来说，这一点很难想象，但

---

[1] Einstein 1916，chapter 31.

第十一章 爱因斯坦的宇宙，1916—1919

是借助高斯和黎曼等先驱创立的非欧几何，用数学来描述它并不困难。它也可以适用于四维时空。

在这样一个弯曲的宇宙中，沿任何方向发出的光将沿着表面上的一条直线运动，但仍然会折回自身。"构想这样一种有限无界的空间，是迄今为止关于宇宙本性的最伟大的思想之一。"物理学家玻恩这样说。[1]

的确如此，但这个弯曲的宇宙**之外**是什么呢？曲线的另一侧是什么呢？这不仅是一个无法回答的问题，而且是一个无意义的问题，就像平直居民问他的表面之外是什么一样没有意义。他可以想象或用数学来猜想第四维空间中的事物是什么样，但除了在科幻作品中，追问我们弯曲宇宙的三维空间之外的世界什么样是没有意义的。[2]

爱因斯坦由广义相对论导出的这种宇宙概念优雅而迷人。但有一点好像让人放心不下，它似乎是一个缺陷，需要修正或回避。爱因斯坦的理论暗示，宇宙只能或在膨胀或在收缩，而不可能保持静态。根据他的场方程，静态宇宙是不可能的，因为那样一来，引力会把所有物质拉到一起。

这种看法与大多数天文学家的理解并不相符。他们认为，宇宙仅仅由我们的银河系所构成，它似乎是相当稳定和静态的。星体似乎在缓缓漫游，而不是作为正在膨胀的宇宙的一部分迅速退行。像仙女座这样的其他星系，仅仅是天空中一些未经解释的偶然现象。（几个在亚利桑那洛厄尔天文台工作的美国人已经

---

[1] Clark, 271.
[2] 关于以这种思路写成的一个科幻故事，参见 Edwin Abbott's *Flatland*，首版于1880年，有许多平装版。

注意到，一些神秘的螺旋星云的光谱移向了光谱的红端，但科学家们还没有确定它们都是正在远离我们而去的遥远星系。）

当爱因斯坦的优雅理论似乎与传统物理学相冲突时，他往往倾向于质疑传统理论，而这种倔强很快就会获得回报。在这方面，他的引力场方程似乎暗示（实际上是清晰地表明），关于稳恒宇宙的传统观点是错误的，它应当像牛顿的绝对时间空间那样被抛弃。[1]

但这一次，他却对自己的理论做了"略微的修补"。为使宇宙中的物质不致内爆，爱因斯坦加上了一项"斥"力：他为广义相对论方程添加了一个小项，以平衡整体框架中的引力。

在修正后的方程中，他用希腊字母 λ 乘以度规张量 $g_{\mu\nu}$，从而恰好产生一个稳恒的静态宇宙。在1917年的论文中，他带着辩护的口吻说："我们的确必须引入引力场方程的一个新的补充，而这种补充并没有为我们实际的知识所证明。"

他称这一新的要素为"宇宙学项"或"宇宙学常数"（爱因斯坦使用的术语是 [das] kosmologische Glied[2] [宇宙学项]）。后来，当爱因斯坦发现宇宙果真在膨胀时，他称这是自己一生中"最大的错误"[3]。不过今天，鉴于宇宙正在加速膨胀，它仍然被认为是一个有用甚至是必要的概念。[4]

---

[1] Edward W. Kold, The Greatest Discovery Einstein Didn't Make, in Brockman, 205.

[2] 原文为 kosmologische Gleid，当为 kosmologische Glied 之误。根据德文词尾变化规则，在前面应补充定冠词 das。——译者注

[3] 关于爱因斯坦发现宇宙正在膨胀后决定放弃这一项，参见第十四章。

[4] Lawrence Krauss and Michael Turner, A Cosmic Conundrum, Scientific American (Sept. 2004): 71; Aczel, 155; Overbye, 321. 爱因斯坦这句关于大错的著名引语出自 Gamow, 1970, 44.

第十一章 爱因斯坦的宇宙，1916—1919

在 1905 年的五个月里，爱因斯坦提出了光量子、狭义相对论以及证明原子存在的统计方法，从而使物理学发生了革命。现在，从 1915 年秋到 1917 年春，这项更加漫长的艰苦工作刚刚告一段落，奥弗比称："对于物理学史上的人物来说，这也许是具有永恒光辉的最为惊人的努力。"他在做专利员时创造性的第一次爆发似乎没有什么痛苦，但这一次的努力却是艰苦卓绝的。他精疲力竭，饱受胃痛折磨。[1]

在这一时期，他推广了相对论，提出了引力的场方程，为光量子找到了一种物理解释，暗示了量子如何涉及或然性而非确定性[2]，还提出了一种关于整个宇宙结构的概念。事实证明，无论是对于最小的量子，还是最大的宇宙本身，爱因斯坦都是一位大师。

日食，1919 年

对于广义相对论，可以进行一项特别有戏剧性的实验检验。这项实验将会震惊全球，并有助于使饱受战争摧残的世界恢复元气。它基于一个人人都能理解的概念：引力会使光线弯曲。爱因斯坦预言了从遥远恒星发出的光经过太阳附近的强引力场时弯曲的程度。

要检验这一点，天文学家必须弄清楚星体在正常条件下的精确位置，然后还要等到星光恰好途经太阳附近，从而确定星体的视位置是否发生了移动。

---

[1] Overbye, 327.
[2] 参见第十四章。

困难之一在于，这项观测要求发生日全食，使得星体可以看见和拍照。好在大自然将太阳和月亮的尺寸安排得非常巧妙，使得在不同的时间和地点，每几年就会发生一些理想的日全食，可供实验观测。

爱因斯坦1911年的论文《论引力对光的传播的影响》以及第二年的《纲要》方程都计算出，星光在经过太阳附近时（将后来的一些数据修正考虑在内）会发生大约0.85弧秒的偏折，这与牛顿将光看成微粒的发射理论所预言的结果相同。幸运的是，1914年日食期间在克里米亚检验这一结果的计划因战争而流产，爱因斯坦才躲过了可能遭到否证的尴尬。

而根据1915年年底表述的场方程（解释了由引力导致的时空弯曲），得到的偏折值是原先的**两倍**。他说，经过太阳附近的光将会偏折大约1.7弧秒。

在1916年关于相对论的通俗著作中，爱因斯坦继续呼吁科学家对这一结论进行检验。"与太阳位于天空中其他位置时相比，这些恒星在天空中的视位置应当向外偏离太阳1.7弧秒，"他说，"检验这一推断正确与否是一个极其重要的问题，希望天文学家能够早日予以解决。"[1]

1916年战争期间，荷兰天体物理学家德西特隔着英吉利海峡把爱因斯坦广义相对论论文的一个副本寄给了剑桥天文台台长阿瑟·斯坦利·爱丁顿。在英国，爱因斯坦并不知名，那里的科学家对忽视或诋毁德国同行的工作引以自豪。爱丁顿是一个例外。他热情地支持相对论，还写了英语文章普及这一理论，至少是在学者之间。

---

[1] Einstein 1916，chapter 22.

爱丁顿与皇家天文学家弗兰克·戴森爵士进行了商议，他们萌生了一个大胆的想法：英国科学家将去证明一个德国人的理论，虽然此时德英两国正在交战。不仅如此，这样做还可以帮助爱丁顿解决一个私人问题。爱丁顿是一个秉持和平主义信念的贵格派信徒，他因在英国拒绝服兵役而面临牢狱之苦。（1918年，35岁的他仍然被征召。）戴森说服了英国海军部，同意爱丁顿可以在下一次日全食期间率领一支远征队检验相对论，以这种方式为祖国最好地服务。

日全食将于1919年5月29日发生。戴森指出，这是一次千载难逢的良机。太阳那时将位于金牛座中心的毕宿星团之中。但实际做起来并不容易。只有在从巴西海岸穿过大西洋的赤道区域再到赤道非洲一线，日全食才能看得最清楚。何况在1918年，当这支远征队正在筹备之时，这一区域有德国的潜水艇出没，他们的指挥官对控制海洋更有兴趣，而不是了解宇宙的曲率。

幸运的是，战争在远征开始之前就结束了。1919年3月初，爱丁顿和两支队伍从利物浦启程。其中一队将照相机安置在巴西北部亚马孙丛林中的索布拉（Sobral）镇。爱丁顿所在的另一队则前往普林西比岛，这是一个葡萄牙殖民地，位于赤道以北1°，靠近非洲的大西洋海岸。爱丁顿将设备安置在该岛北端的一个500英尺的断崖上。[1]

---

[1] 爱丁顿1920年的经典著作现已以平装本再版，即 *Arthur Eddington, Space, Time & Gravitation: An Outline of the General Relativity Theory* (Cambridge, England: Cambridge Science Classics, 1995)。第141页描述了这次普林西比远征。亦参见一篇获奖论文：Matthew Stanley, An Expedition to Heal the Wounds of War: 1919 Eclipse and Eddington as Quaker Adventurer, *Isis* 94 (2003): 57–89. 对所有检验的全面论述参见 Crelinsten。

日食预计将于普林西比当地时间15时13分开始，大约持续5分钟。那天早上，雨下得很大。但在日食临近时，天空开始放晴。在爱丁顿的一生中，老天爷总是在一些最关键的时刻与他开玩笑，开始时浓云密布，接着云开雾散，重见天日。

"我当时正忙于更换感光板，没有看到日食，只是在开始时瞥了一眼，确定日食已经开始，中途看了一眼云层有多厚。"爱丁顿在日记中写道。他拍了16张照片。"太阳拍摄得很好，日珥非常明显，只是云遮住了星象。"在当天发回伦敦的电报中，他说得更加简短："穿过云层，有希望。爱丁顿。"[1]

巴西的远征队遇上了更好的天气，但要等到两地的所有照相底片运回英国冲洗、测量和比较，最后结果才能出来。这要一直等到9月份，那时欧洲的科学家们已经望眼欲穿。在某些人看来，这带有一定的政治色彩，它反映了战后英德之间的较量：英国的牛顿理论预言了大约 0.85 弧秒的偏折，德国的爱因斯坦理论则预言了 1.7 弧秒的偏折。

最后的照片并没有立即给出明确结果。在巴西拍摄的一套质量很高的照片显示了 1.98 弧秒的偏折，而安放在巴西的另一套设备拍摄的照片则有些模糊，因为镜片受到热的影响；这些照片显示了 0.86 弧秒的偏折，但误差范围更高。然后是爱丁顿在普林西比拍的底片。由于它们上面的星星比较少，所以需要用复杂的计算来分析数据。它们显示大约偏折了 1.6 弧秒。

爱因斯坦理论能够提出可供检验的预言，这一点也许刺激了爱丁顿。该理论在数学上的优雅使爱丁顿对其深信不疑。他没

---

[1] Douglas, 40; Aczel, 121−137; Clark, 285−287; Fölsing, 436−437; Overbye, 354−359.

第十一章 爱因斯坦的宇宙，1916—1919

有理会在巴西得出的较小的值，声称那套设备出了问题，而是比较偏向他本人在非洲得出的那些有些模糊的结果，得出的平均值是1.7弧秒多一点，符合爱因斯坦的预言。虽然没有干净利落地证实爱因斯坦的理论，但这对爱丁顿来说已经足够了，该理论已经被证明是有效的。爱丁顿后来将获得这些结果看成他一生中最伟大的时刻。[1]

在柏林，爱因斯坦显出一副漠不关心的样子，但在等待消息的时候，他并不能完全掩饰内心的渴望。随着德国经济在1919年每况愈下，他公寓楼里的电梯已经无法运转，冬天的取暖也成了问题。"这个冬天将在瑟瑟发抖中度过，"他9月5日给生病的妈妈写信说，"关于日食还没有消息。"在一封后来写给荷兰的朋友埃伦菲斯特的信的末尾，爱因斯坦问："你在那里是否听到过关于英国日食观测的任何消息？"[2]

这些发问表明，爱因斯坦并不像他极力表现的那样信心满怀，因为如果有了消息，荷兰的朋友们肯定会寄信给他。终于，他们得到了消息。1919年9月22日，洛伦兹从一位在会议上与爱丁顿交谈过的天文学家同事那里听到了消息，并据此给爱因斯坦发了一封电报："爱丁顿发现了太阳边缘的星移，估值在0.9弧秒及其两倍之间。"这一说法非常含混。它是牛顿的发射理论以及被爱因斯坦抛弃的1912年理论所预言的0.85弧秒，还是他现在预言的两倍大小？

爱因斯坦倒是深信不疑。"今天有一些好消息，"他给妈妈写

---

[1] Douglas, 40.

[2] Einstein to Pauline Einstein, Sept. 5, 1919; Einstein to Paul Ehrensfest, Sept. 12, 1919.

信说,"洛伦兹给我发来电报说, 英国远征队已经证实了太阳使光偏折。"[1] 他这样说或许是为了让正在遭受胃癌折磨的妈妈高兴, 但更有可能是因为他知道自己的理论是正确的。

收到洛伦兹的消息之后不久, 爱因斯坦见到了一个研究生伊尔莎·施奈德。"他突然停下讨论。" 取回了放在窗台上的电报, 施奈德后来回忆说。"也许这会让你感兴趣。" 他一边说, 一边把电报递给她。

她自然喜出望外, 兴奋不已, 但爱因斯坦却显得相当平静。"我知道这个理论是正确的。" 他告诉施奈德。

但是, 施奈德问道, 倘若实验表明他的理论是错误的怎么办?

他回答说:"那我只能对亲爱的上帝感到遗憾; 理论是正确的。"[2]

随着关于日食结果更确切的消息传播开来, 许多人都向爱因斯坦坦言, 事实的证实使他们有了信心, 普朗克就是其中之一。"你已经多次说过, 你本人一直对这个结果信心十足," 普朗克写道,"现在事实扫除了他人的疑虑, 这是一件好事。" 在爱因斯坦的这位处事冷静的赞助人看来, 这次胜利还有一种超越的意味。"真与美的内在统一再次得到了证明。" 爱因斯坦在回复普朗克时表现得很谦卑:"这是仁慈的上天赐予的礼物, 命运

---

[1] Einstein to Pauline Einstein, Sept. 27, 1919; Bolles, 53.
[2] Ilsa Rosenthal-Schneider, *Reality and Scientific Truth: Discussions with Einstein, von Laue, and Planck* (Detroit: Wayne State University, 1980), 74. 施奈德误把洛伦兹发来的电报当成了爱丁顿的。 爱因斯坦的名言有许多翻译版本。 施奈德记录的德语句子是: "Da könnt' mir halt der Liebe Gott leid tun, die Theorie stimmt doch."

第十一章 爱因斯坦的宇宙，1916—1919

使我有机会经历了这一切。"[1]

爱因斯坦与苏黎世的好友之间的贺信就轻松多了。那里的物理学讨论会给他发来一首打油诗：

> 所有怀疑一扫光，
> 最终发现撼心房。
> 光线天然可弯曲，
> 爱因斯坦美名扬！[2]

几天以后，爱因斯坦回信时谈到日食：

> 太阳女士为我们发出热和光，
> 却不乐于被冥思苦想。
> 于是她绞尽脑汁，紧张彷徨，
> 如何才能守住最珍视的宝藏！
> 如今友好的月亮来访，
> 由于快乐，她几乎忘记了发光。
> 同时也暴露了最深的秘藏，
> 原来是爱丁顿拍了张相。[3]

应当注意，爱因斯坦原先的德文诗作要比现在看到的更好，其中最后两行句尾分别是押韵的"gekommen"和"aufgenom-

---

[1] Max Planck to Einstein, Oct. 4, 1919; Einstein to Max Planck, Oct. 23, 1919.

[2] Zurich Physics Colloquium to Einstein, Oct. 11, 1919.

[3] Einstein to Zurich Physics Colloquium, Oct. 16, 1919.

men"。

第一份非正式消息是在荷兰皇家科学院的一次会议上宣布的。爱因斯坦自豪地坐在台上，洛伦兹向近乎1000位欢呼雀跃的学生和学者描述了爱丁顿的发现。不过这是一次没有媒体参与的闭门会议，所以泄露出去的结果反倒极大地增加了公众的期待，于是两周以后，终于在伦敦正式宣布了消息。

1919年11月6日下午，英国最受人尊敬的科学机构——皇家学会的著名会员们与皇家天文学会的同行聚集在皮卡迪利（Piccadilly）大街的伯林顿会馆（Burlington House）。他们知道，这很可能是一次历史事件。议程只有一项：听取关于日食观测的报告。

皇家学会主席兼电子的发现者J.J.汤姆孙爵士担任会议主席。哲学家阿尔弗雷德·诺斯·怀特海专程从剑桥赶来，边听边做笔记。大厅中悬挂着牛顿的肖像，牛顿正威严地俯视着他们。"会场上的气氛极为热烈，简直像是在上演希腊戏剧，"怀特海说，"我们是合唱队，评说着决定宇宙命运的天条律令……背景中牛顿的形象让我们想起，200多年以后，这个最伟大的科学体系终于第一次得到了修正。"[1]

皇家天文学家戴森爵士展示了这些发现。他详细讲解了设备、照片和复杂的计算。最后的结论很简单。"经过对底片的认真研究，我郑重宣布，它们无可置疑地证实了爱因斯坦的预言，"他宣布，"奔赴索布拉和普林西比的远征队所得到的结果令人信服地证明，光在太阳附近的确发生了偏折，而且偏折的

---

[1] Alfred North Whitehead，*Science and the Modern World*（1925；New York：Free Press，1997），13. 亦参见pp. 29和113。

第十一章 爱因斯坦的宇宙，1916—1919

量与爱因斯坦广义相对论所要求的一致。"[1]

会场上并非没有人持谨慎怀疑的态度。"我们在修正和改进他的引力理论时小心翼翼地前行，这都应当归功于他老人家。"路德维希·西尔伯斯坦指着牛顿的肖像警告大家。不过最后还是位高权重的汤姆孙一锤定音。他宣布："这一结果是人类思想最伟大的成就之一。"[2]

身在柏林的爱因斯坦没能分享这种激动。他买了一把新小提琴以示庆祝。但他理解这一宣告的历史影响，因为牛顿爵士的定律不再能够完全支配宇宙的方方面面。"牛顿啊，请原谅我，"爱因斯坦后来为此写道，"你所发现的道路，在你那个时代，是一位具有最高思维能力和创造力的人所能发现的唯一道路。"[3]

这是一场极大的胜利，但理解起来却并不容易。将信将疑的西尔伯斯坦找到爱丁顿，说人们相信世界上只有三个科学家理解广义相对论。他曾听说，爱丁顿就是其中一位。

这位腼腆的贵格派信徒缄口不言。"别那么谦虚嘛，爱丁顿！"西尔伯斯坦说。

爱丁顿回答："恰恰相反，我正在想第三个人是谁呢。"[4]

---

[1] *The Times* of London, Nov. 7, 1919; Pais 1982, 307; Fölsing, 443; Clark, 289.

[2] *The Times* of London, Nov. 7, 1919.

[3] Einstein 1949b, 31. Purchase of violin is in Einstein to Paul Ehrenfest, Dec. 10, 1919.

[4] Douglas, 41. Subrahmanyan Chandrasekhar, *Truth and Beauty: Aesthetics and Motivations in Science* (Chicago: University of Chicago Press, 1987), 117. (希尔伯特当然可能是第三个，虽然还有许多人也有这个能力。) 后来与爱丁顿共事的钱德拉塞卡对杰里米·伯恩斯坦说，这番话是他亲耳听爱丁顿说的；Bernstein 1973, 192。

第十二章 名声，1919

与查理·卓别林和爱尔莎在好莱坞，《城市之光》首演，1931年1月

"光全都偏斜了"

对一个厌倦了战争、渴望美好人性的世界来说，爱因斯坦的相对论不啻为一支强心剂。在那场残酷的战争结束一年后，

有报道说，一个德国犹太人的理论被一个英国贵格派教徒所证实。"分属两个敌国的科学家再次合作！"物理学家英菲尔德欢呼道，"这似乎标志着一个新时代的开始。"[1]

11月7日那天，伦敦的《泰晤士报》报道了战败的德军被召集到巴黎与英法两国谈判，同时它也刊登了以下三行大标题：

科学中的革命

新的宇宙理论

牛顿思想被推翻

"关于宇宙结构的科学概念必须改变。"这篇文章宣称。爱因斯坦新近创立的理论"要求建立一种新的宇宙哲学，它将几乎彻底推翻目前所接受的一切"。[2]

两天后，《纽约时报》也急起直追做了报道。[3] 由于《纽约时报》在伦敦没有科学记者，所以报道任务被分派给高尔夫行家亨利·克劳奇。他最初打算绕过皇家学会的公报，随后又改变了想法，但却读不懂这份公报。于是他打电话给爱丁顿索取一份摘要，并且不无尴尬地希望对方用较为易懂的话复述一下。[4]

不知是因为爱丁顿复述的热情还是克劳奇报道的热情，爱丁

---

[1] Clark, 309. David Rowe, Einstein's Rise to Fame, Perimeter Institute, Oct. 15, 2005, www. mediasite. com 是一篇不错的概述。

[2] Fabric of the Universe, *The Times* of London editorial, Nov. 7, 1919.

[3] *New York Times*, Nov. 9, 1919.

[4] Brian 1996, 100, from Meyer Berger, *The Story of the New York Times* (New York: Simon and Schuster, 1951), 251—252.

顿称爱因斯坦的理论为"人类思想史上最伟大的成就之一，甚至是最伟大的成就"。[1] 但是为了不至引发疯狂，所用的大标题还是相当谨慎的。

> **ECLIPSE SHOWED GRAVITY VARIATION**
>
> Diversion of Light Rays Accepted as Affecting Newton's Principles.
>
> ———
>
> HAILED AS EPOCHMAKING
>
> ———
>
> British Scientist Calls the Discovery One of the Greatest of Human Achievements.

第二天，《纽约时报》显然觉得它过于谨慎了，于是紧接着发了一篇更为振奋人心的报道，其六排大标题在当时实属罕见。

一连数天，《纽约时报》带着往昔的平民主义笔调，对这一复杂理论大肆渲染，连篇累牍进行报道，视之为对常识的冒犯。"这一新闻着实令人震惊，它甚至会动摇我们对乘法表的信任。"《纽约时报》11月11日的社论说。这篇文章断定："空间有界限"的想法必定愚不可及。"空间依据定义就不可能有界限。对普通民众来说，事情已到此为止，无论那些高深的数学家们对此有何看法。"五天后，它又回到了这一主题："宣称空间有尽头的科学家们有义务告诉我们空间之外是什么。"

一周之后，《纽约时报》觉得此时不妨说一些安慰性的俏皮

---

[1] *The New York Times*, Nov. 9, 1919.

第十二章 名声，1919

> **LIGHTS ALL ASKEW IN THE HEAVENS**
>
> Men of Science More or Less Agog Over Results of Eclipse Observations.
>
> ———
>
> **EINSTEIN THEORY TRIUMPHS**
>
> Stars Not Where They Seemed or Were Calculated to be, but Nobody Need Worry.
>
> ———
>
> **A BOOK FOR 12 WISE MEN**
>
> No More in All the World Could Comprehend It, Said Einstein When His Daring Publishers Accepted It.

话。"在听说爱因斯坦的理论得到照片证实后，英国科学家们似乎产生了理性恐慌，"《纽约时报》报道说，"直至他们意识到太阳（看上去）依旧从东方升起，并将一直这样持续下去时，他们才慢慢恢复了平静。"[1]

12月2日，这家报纸驻柏林的一个无畏的通讯记者在爱因斯坦的寓所采访了他，并且炮制了一篇关于相对论的报道。在描述了顶楼的书房之后，这位记者断言："几年前，他正是从这间书斋看到一个人从附近的房顶跌落下来。幸好这个人落在一堆软垃圾上而无大碍。这个人对爱因斯坦博士说，他在下落过程中没有感到通常的引力效应。"这篇文章说，爱因斯坦就是这

---

[1] 当然，《纽约时报》对这一理论进行了严肃的新闻报道，这一点值得称赞。

样对牛顿万有引力定律进行了"升华或补充"。正如它的一个美妙标题所说:"虽然像牛顿一样受到启发,但灵感来自一个人从房顶落下,而不是苹果的落下。"[1]

事实上,这篇文章才是"一堆软垃圾"。爱因斯坦1907年在伯尔尼专利局工作时就曾做过这个思想实验,而不是在柏林,而且它并不涉及某个人的实际坠落。"这家报纸关于我胡言乱语了一通,这真是可悲。"当文章发表时他给仓格尔写信说。不过他清楚新闻业的运作。"这种夸张迎合了公众的某种需要。"[2]

其实,公众非常渴望了解相对论。为什么呢?这一理论的确有些不可思议,充满神秘感。弯曲的空间?光线的弯曲?时间和空间并非绝对?在把握公众想象力方面,相对论的能力可谓相当了得。

《纽约客》杂志刊登了一幅瑞·欧文[3]的调侃漫画。画中有困惑的大楼管理员、身穿毛皮大衣的主妇、看门人、孩子以及在街上挠头的行人。说明文字是爱因斯坦的一句话:"人们慢慢地习惯于这样一种观念:空间本身的物理状态是最终的物理实在。"正如爱因斯坦对格罗斯曼所说:"现在每一个车夫和店员都在争论相对论是否正确。"[4]

每当举办相对论的讲座时,爱因斯坦的朋友们都很苦恼。后来与爱因斯坦共事的利奥波德·英菲尔德那时正在波兰的一个小城市当老师。"当时,我做的事情与全世界上百人做的事情一样,"他回忆说,"在寒冷的冬夜,我做了相对论的公开讲演,

---

[1] Einstein Expounds His New Theory, *New York Times*, Dec. 3, 1919.
[2] Einstein to Heinrich Zangger, Dec. 15, 1919.
[3] 瑞·欧文(Rea Irvin),《纽约客》第一任美术编辑。——译者注
[4] Einstein to Marcel Grossmann, Sept. 12, 1920.

人们排了很长的队，甚至连城里最大的报告厅都容不下。"[1]

爱丁顿在剑桥三一学院演讲时也是如此。数百人挤满了报告厅，还有几百人被挡在门外。为了让人们理解这一理论，爱丁顿举例说，如果以接近光速的速度旅行，那么他将只有3英尺高。这成了报纸的标题。洛伦兹也给许多听众做了讲演。他将地球比作一个行进中的交通工具，以此来说明相对论的某些例子。[2]

不久，当时的许多大物理学家和思想家都开始亲自著述解释这一理论，包括爱丁顿、劳厄、弗伦德里希、洛伦兹、普朗克、玻恩、外尔、泡利，甚至还有哲学家和数学家伯特兰·罗素。总之，在日食观测后的六年间，关于相对论的书和文章多达600多种。

爱因斯坦亲自在伦敦的《泰晤士报》上撰文解释相对论。他应约写了一篇文章——《什么是相对论?》。[3] 结果可以想见。他关于这一主题的通俗读物《狭义与广义相对论浅说》最早于1916年出版德文版。而现在，日食观测刚刚完成，爱因斯坦又用英语发表了它。书中含有大量思想实验，它很快就成了畅销书，在许多年里一版再版。

名声的悖论

爱因斯坦很有理由被奉为偶像。记者们知道，公众渴望看

---

[1] Leopold Infeld, To Einstein on his 75th birthday, in Goldsmith, 24.
[2] *New York Times*, Dec. 4, Dec. 21, 1919.
[3] *The Times* of London, Nov. 28, 1919.

到一个与众不同的国际名人。他们激动地发现，这位新近崭露头角的天才既不单调无趣，亦非性格保守的学究，而是一个年富力强、魅力十足的人。他风流倜傥、卓尔不群、神采奕奕、风趣幽默，有一头乱蓬蓬的头发，打扮不拘小节，常常妙语连珠。

他的朋友埃伦菲斯特认为媒体的关注相当可笑。"受惊的报纸如鸭子鼓起翅膀嘎嘎乱叫。"他开玩笑说。爱因斯坦的妹妹玛雅成长于人们不爱出名的时代。在她看来，这种关注令人惊讶，她认为爱因斯坦非常厌恶这些东西。"一家卢采恩的报纸刊登了一篇关于你的文章！"她惊呼，当时她并不知道爱因斯坦已经占据了全世界的头版，"关于你写了这么多，想必这给你造成了许多不快。"[1]

爱因斯坦的确多次哀叹过自己得到的名声。他正"被媒体和其他家伙穷追不舍"，他对玻恩抱怨说，"我几乎喘不过气来，更不要说抽出时间做任何有价值的工作了。"关于出名所带来的危险，他还向另一位朋友描绘了一幅更加生动的画面："自从报纸文章泛滥成灾以来，我被大量问题、邀请和请求淹没了。我梦见自己正在地狱受煎熬，邮递员便是永远向我咆哮的魔鬼。他将一捆捆新信朝我头上掷来，因为我还没有回复旧信。"[2]

然而，爱因斯坦对名声的厌恶更多是在理论上而不是现实中。对他来说，躲过所有的采访、声明、照相以及在大庭广众之下抛头露面不仅做得到，甚至是轻而易举的事。真正不喜

---

[1] Paul Ehrenfest to Einstein, Nov. 24, 1919; Maja Einstein to Einstein, Dec. 10, 1919.

[2] Einstein to Max Born, Dec. 8, 1919; Einstein to Ludwig Hopf, Feb. 2, 1920.

欢镁光灯的人不会像爱因斯坦那样，与卓别林一起出席后者的一场电影首映式。

"他比较喜欢拍照和人群的簇拥，"作家斯诺在与他结识后说，"他有自我宣传和做作的成分。若非如此，摄影师和人群自会散去。没有什么能比避开公众的注意更容易了。如果一个人真的不想要它，就不会得到它。"[1]

爱因斯坦对谄媚奉承的反应就像引力对宇宙的作用一样复杂。照相机镜头和公众的注意让他又爱又恨。这种爱恨交加的关系也许看起来不同寻常，但只要想想大多数名人也有同样的开心、快乐、厌恶和苦恼就不奇怪了。

与普朗克、洛伦兹和玻尔不同，爱因斯坦变成这种偶像的一个原因是，他生就一副偶像坯子，而且他有能力，同时也愿意扮演那个角色。"成为偶像的科学家必须不仅是天才，而且也是演员，乐于为公众表演，享受公众的欢呼。"物理学家弗里曼·戴森（与那位皇家天文学家没有关系）指出。[2]爱因斯坦都做到了。他欣然接受采访，时不时夹杂着令人愉快的警句，他很清楚如何做成功的报道。

甚至爱尔莎（或许**尤其**是爱尔莎）也喜欢这种关注。她是丈夫的保护伞，她的咆哮和逼视足以赶走闯入他们生活的不速之客。但她比丈夫更醉心于名望和恭敬。她会向给爱因斯坦拍照的人索取报酬，并把钱捐给维也纳等地的慈善机构，以照料那

---

[1] C. P. Snow, On Einstein, *in The Variety of Men* (New York: Scribner's, 1966), 108.

[2] Freeman J. Dyson, Wise Man, *New York Review of Books*, Oct. 20, 2005.

里饥饿的孩子。[1]

在现在这个名人时代，很难想象一个世纪之前有教养的人对名声的畏惧和对名人的鄙视。特别是在科学领域，对个人的强调就更显得不和谐。爱因斯坦的朋友玻恩在日食观测后出版了一本相对论著作，他在第一版的扉页加了一张爱因斯坦的照片，还补充了他的传略。他们的许多朋友都非常惊愕。劳厄给玻恩写信说，这些东西不属于科学著作，甚至不属于科普著作。玻恩只好在新版中老老实实删去了这些内容。[2]

1920年有消息指出，爱因斯坦将与一位主要写幽默和神秘著作的犹太新闻记者莫什科夫斯基合写一本传记，玻恩听说后很恐慌。书的标题是基于同爱因斯坦的谈话，事实上也的确如此。战争期间，这位爱好交际的莫什科夫斯基把爱因斯坦当作朋友，对他关怀备至，还介绍他加入一个在柏林咖啡厅消磨时间的半文学圈子。

玻恩是一个不那么虔诚的犹太人，渴望融入德国社会。他担心这本书会激起蠢蠢欲动的反犹主义。越来越多的德国民族主义者已经开始谴责爱因斯坦理论内在的抽象性和所谓的道德"相对主义"。"爱因斯坦的理论被同行们贴上了'犹太物理学'的标签，"玻恩说，"现在，一个曾写过几本无足轻重著作的犹太作家粉墨登场，也想写一本关于爱因斯坦的类似的书。"于是玻恩、妻子海德维希（她从不吝于指责爱因斯坦）和朋友们试图阻止这本书的出版。

"你必须立即用挂号信收回许可。"海德维希警告爱因斯坦，

---

[1] Clark, 296.
[2] Born 2005, 41.

第十二章　名声，1919

"花边小报"会用这本书给他的形象抹黑，把他说成一个擅于自我推销的犹太人。"它必将引发新一波更严重的迫害浪潮。"她强调，麻烦不在于爱因斯坦说了什么，而在于他允许宣传包装自己这一事实。

> 倘若我不了解您，我肯定不会认为这些情况背后存在着清白无辜的动机，而会斥之为虚荣。除了您的四五个朋友，在所有人看来，这本书将在道德上判您死刑。它随后会成为指控您自我推销的最好证据。[1]

经过一周的斟酌，海德维希的丈夫玻恩警告说，如果爱因斯坦不阻止书出版，那么他的所有反犹主义对手"将大获全胜"。"你的犹太人'朋友'（即莫什科夫斯基）将实现一伙反犹主义者梦寐以求的目标。"

倘若莫什科夫斯基拒不罢手，玻恩建议爱因斯坦请检察厅出面干预。"要确保在报纸上有所报道，"他说，"我会把申请细节寄给你。"和他们的许多朋友一样，玻恩也担心爱尔莎更容易受名声的诱惑。他对爱因斯坦说："在这些事情上你是一个小孩子。我们都爱你，你必须听明智者（而不是你的妻子）的话。"[2]

爱因斯坦听从了朋友们的建议。他给莫什科夫斯基寄了一封挂号信，要求不要出版那本书。虽然莫什科夫斯基没有就范，但爱因斯坦并未诉诸法律。埃伦菲斯特和洛伦兹都认为，对簿

---

[1] Hedwig Born to Einstein, Oct. 7, 1920.
[2] Max Born to Einstein, Oct. 13, 1920.

公堂只能使问题激化，让事情变得更糟。但玻恩并不这样看。"你可以逃到荷兰"（因为埃伦菲斯特和洛伦兹一直希望爱因斯坦能过去），但他在德国的犹太人朋友"将会身陷危难"。[1]

爱因斯坦的超然使他能够保持一种达观轻松的心态。"整个事情对我无关紧要，就像一切喧哗和所有人的观点都影响不了我一样，"他说，"我将做一个漠不关心的看客，经受为我准备的一切。"[2]

书最终还是面世了，它成为反犹主义者攻击爱因斯坦的又一把柄。他们借此攻击他自我推销，妄图将科学变成一笔买卖。[3]但这本书并没有引起公众骚动。正如爱因斯坦对玻恩所说，什么"地震"也没有发生。

回想起来，这场围绕名声展开的争论似乎有些古怪。那本书不过是无害的哗众取宠的读物。"我随意翻了翻，觉得并不像我预想的那么糟糕，"玻恩后来承认，"它写了许多相当有趣的故事和轶事，很有爱因斯坦特色。"[4]

爱因斯坦并未因公众的注意而毁掉他简单的生活方式。有一次，在前往布拉格途中，为避免达官贵人或好事者的骚扰，爱因斯坦决定与他的朋友弗兰克夫妇住在一起。不过，他们当时

---

[1] Max Born to Einstein, Oct. 28, 1920.

[2] Einstein to Max Born, Oct. 26, 1920. 这本书几个月后最终出版时，爱因斯坦给索洛文写信说，莫什科夫斯基"令人憎恶"，"是个猥琐小人"，还说"他涉嫌伪造"，私自用一些爱因斯坦的信来暗示爱因斯坦为这本书写了一篇导言，参见 Einstein to Maurice Solovine, Mar. 8 and 19, 1921. 当他听说汉斯·阿尔伯特也买了这本书之后，他非常沮丧，说"我没能阻止它出版，这使我深感痛心"，参见 Einstein to Hans Albert Einstein, June 18, 1921, 亦参见 Highfield and Carter, 199。

[3] Brian 1996, 114-116; Moszkowski, 22-58.

[4] Born 2005, 41.

住在弗兰克物理实验室(爱因斯坦曾经在那里工作过)的办公室套间,爱因斯坦只好睡在沙发上。"这与一个如此著名的人也许不够相称,"弗兰克回忆说,"但这符合他对简朴生活的热爱,即使与社会常规相抵触。"

在从咖啡厅返回的路上,爱因斯坦提议买一些食物做晚餐,这样就省得弗兰克的妻子再去购物了。他们买了一些牛肝,弗兰克的妻子用实验室的煤气灯烹煮。突然,爱因斯坦惊呼,"你在做什么? 用水煮牛肝吗?"弗兰克夫人点点头。"水的沸点太低了,"爱因斯坦说,"你必须使用一种沸点更高的东西,比如黄油或油脂。"从那以后,弗兰克的妻子便把必须用油煎肝称为"爱因斯坦理论"。

在爱因斯坦当晚的讲演结束后,物理系举行了一场小型欢迎会,不少人做了热情洋溢的讲话。轮到爱因斯坦答谢时,他说:"要是我为诸位演奏一首小提琴曲,而不是讲话,那也许更令人愉快和易于理解。"随后他演奏了一首莫扎特的奏鸣曲。按照弗兰克的说法,"他的技法简洁、精确、打动人心"。

第二天早上临行前,一个年轻人到弗兰克的办公室来找他,坚持给他看一份手稿。这个人说,根据他的 $E=mc^2$ 方程,可以"用原子中包藏的能量来制造威力巨大的炸药"。爱因斯坦没有将讨论继续下去,称这种想法很愚蠢。[1]

爱因斯坦乘火车从布拉格来到维也纳,那里有3000名科学家和兴奋的民众等待听他演讲。在车站,接待方在一等车厢外面等他下来,但没有找到他。然后又去二等车厢,依然没有找到他。最后才发现,爱因斯坦在月台尽头的三等车厢里,手里

---

[1] Frank 1947,171-174.

提着小提琴匣子，活脱脱一个巡游的音乐家。"你知道，我喜欢坐一等车厢旅行，但我的样子现在太出名了，"他告诉接待方，"在三等车厢可以不被认出来。"[1]

"盛名之下我变得越来越愚蠢了，这种现象当然很普遍。"爱因斯坦对仓格尔说。[2]但没过多久他提出了一种理论，认为他的名声虽然会带来许多烦恼，但至少标志着社会对他这类人的认可，这也是令人欣慰的：

> 在我看来，个人崇拜总是没有道理的……要在众人中间挑出几个加以无止境的赞颂，认为他们的思想和品质具有超人的力量，我觉得这是不公平的，甚至是品位低下的。这就是我所经历过的命运，把公众对我成就的评价同实际情况做一对照，简直怪诞得可笑。这种离奇的状况着实让人无法容忍，但有一点却也令人感到欣慰：在这个物欲主义的时代，那些在思想和道德领域孜孜以求的人居然被看作英雄，这是一个可喜的迹象。[3]

名声带来的一个问题是，它会招致怨恨。特别是在学术界和科学界，自我推销被认为是一种罪过。那些出了名的人往往会讨人嫌，爱因斯坦是犹太人这一事实也许加剧了这种情绪。

在为《泰晤士报》写的解释相对论的文章中，爱因斯坦幽默地暗示了可能产生的问题。"这里还有相对性原理的另一个应

---

[1] Michelmore, 95; Fölsing, 485.
[2] Einstein to Heinrich Zangger, Dec. 24, 1919.
[3] Einstein, My First Impressions of the U. S. A., *Nieuwe Rotterdamsche Courant*, 1921; Einstein 1954, 3—7.

用——现在我在德国被说成'德国科学家',但在英国我又被说成'瑞士的犹太人',"他写道,"倘若我命中注定就该扮演一个惹人嫌的角色,我就该被德国人称为'瑞士的犹太人',而在英国人看来,我又成了'德国科学家'!"[1]

这并不完全是玩笑。他名扬世界后没过几个月,后一情况就成了现实。1920年年初,他被告知将被授予英国皇家天文学会金奖,这是一项崇高的荣誉,但是由于一伙沙文主义的英国卫道士的抵制,这一奖项被迫撤销。[2]更加不祥的是,在他的祖国有一小群人(而且力量正不断壮大)不久就开始把他说成是犹太人,而不是德国人。

"孤独的过客"

爱因斯坦喜欢扮演孤独者的角色。尽管他的笑很有感染力,听起来有些像海豹的叫声,但有时会伤人,而不是温暖人心。他喜欢在一群人中演奏音乐,讨论想法,喝浓咖啡,抽刺鼻的雪茄,但他与家人和密友之间却隐隐隔着一堵墙。[3]从奥林匹亚科学院开始,他时常光顾思想的许多角落,但却回避了心灵的内室。

他不喜欢被束缚,对家人也可能有些冷漠。但他喜欢和思

---

[1] Einstein, Einstein on His Theory, *The Times* of London, Nov. 28, 1919.

[2] Einstein to Hedwig and Max Born, Jan. 27, 1920; Einstein to Arthur Eddington, Feb. 2, 1920. 爱因斯坦和颜悦色地对爱丁顿说:"与你们在相对论及其证实方面卓有成效的努力相比,授奖事件悲喜参半的结果丝毫不重要。"

[3] Frida Bucky, 引自 Brian 1996,230。

想同伴一起交流，并且结下了一些终生不渝的友谊。他对任何年龄和阶层的人都很友好，与同事相处融洽，并试图对整个人类友善。只要不对他发号施令或在感情上强迫他，他很容易与别人结下友谊甚至是感情。

当爱因斯坦在人性的世界中游弋时，这种冷漠与热情在他那里交织成一种古怪的超然。"我有强烈的社会正义感和社会责任感，但又明显地缺乏与别人和社会直接接触的需求，这两者总是形成鲜明的对比，"他反思道，"我实在是一个'孤独的过客'，我从未全心全意地属于我的国家，我的家庭，我的朋友，甚至我最亲近的人。在所有这些关系面前，我从未失去距离感和保持孤独的需要。"[1]

甚至他的科学同事也很惊讶，为什么他对一般人会那样和蔼，而对周围的人却会显得漠然。"我不知道还有谁像爱因斯坦那样孤独和超然，"英菲尔德说，"他不会真正受到伤害，他的生活充满了淡淡的愉快和冷冷的情感。他的温文友善完全是不带感情的，这些东西似乎来自另一星球。"[2]

玻恩也注意到了这一特点，它似乎解释了爱因斯坦为何一直对欧洲在第一次世界大战期间经受的磨难有些漠然。"他如此和蔼，善于交际，心系人类，却完全超然于他的环境和其中的人。"[3]

---

[1] Einstein, The World as I See It(1930), in Einstein 1954, 8. 另一种翻译载 Einstein 1949a, 3。

[2] 这种评价在 Infeld, 118 中稍有不同；Infeld, To Albert Einstein on his 75th Birthday, in Goldsmith, 25, and in the Bulletin of the World Federation of Scientific Workers, July 1954.

[3] Editorial note by Max Born in Born 2005, 127.

第十二章 名声，1919

爱因斯坦的超然与科学创造性之间似乎存在着微妙的联系。根据派斯的说法，这种超然源于爱因斯坦显著的"孤独"特征，这使他既可以拒斥科学传统，又可以回避亲密的感情。如果一个人很难被他人影响，那么无论在科学上还是在像德国这样的军国主义文化中，他都更容易打破羁绊，成为一名反叛者。派斯说，"这种超然使他能在思考中度过一生"，也（迫）使他"一心一意、单枪匹马地"追求自己的理论。[1]

爱因斯坦理解他灵魂当中相互冲突的力量，他似乎认为所有人都是如此。"人既是孤独的人，同时也是社会的人。"他说。[2]他本人就是冷漠超然与渴望友谊的矛盾体，这反映在他对名声的好恶上。精神分析的一位先驱者埃里克·埃里克森曾经这样评价爱因斯坦："孤立隔绝与热情友好的交替轮换似乎保持了一种动态的极化（dynamic polarization）。"[3]

爱因斯坦的超然态度反映在他的婚外情上。只要女性不会对他有所要求，而且让他觉得可以自由接近，或者不受他的喜怒无常所左右，那么就能维持一段风流韵事。一旦担心可能失去某些自由，他就竖起盾牌。[4]

在与家人的关系上，这一点反映得尤为清楚。他并非一味冷漠，因为有些时候，特别是米列娃令他爱恨交加。历史学家

---

[1] Abraham Pais, Einstein and the Quantum Theory, *Reviews of Modern Physics*, Oct. 1979. 亦参见 Pais, Einstein, Newton and Success, in French, 35；Pais 1982，39。

[2] Einstein, Why Socialism?, *Monthly Review*, May, 1949, reprinted in Einstein 1954，151。

[3] Erik Erikson, Psychoanalytic Reflections on Einstein's Centenary, Holton and Elkana, 151。

[4] 这种想法出自希伯来大学爱因斯坦档案馆的芭芭拉·沃尔夫。

托马斯·利文森写道:"他不擅长理解别人的处境,没有能力设身处地为他人的感情生活着想。"[1]在面对他人的感情需要时,他会试图退回到科学的客观性当中。

由于德国货币的贬值,爱因斯坦敦促米列娃搬到德国,因为他很难用贬值的德国马克支付米列娃在瑞士的花销了。然而当日食观测使他成名,收入有了保证后,他更愿意让他们待在苏黎世。

为了资助他们,爱因斯坦将欧洲巡回演讲的收入直接寄给荷兰的埃伦菲斯特,以免这些钱被换成不断贬值的德国货币。爱因斯坦用密码式的文字给埃伦菲斯特写了几封信,称其硬通货储备为"你我在这里获得的关于金离子(Au ions,即金子)浓度的结果"。[2]然后埃伦菲斯特将这笔钱支付给米列娃和孩子们。

再婚之后不久,爱因斯坦到苏黎世去看儿子们。当时汉斯·阿尔伯特15岁,他宣布要当一名工程师。

"我感觉这种想法令人厌恶。"爱因斯坦说。他的父亲和叔叔就是工程师。

"我就要当工程师。"孩子回答。

爱因斯坦大发雷霆,他们的关系又一次恶化了。汉斯·阿尔伯特还给他写了一封带有威胁口吻的信。"任何一个有分寸的人都不会像他那样给父亲写信,"在给另一个儿子爱德华的信中,

---

[1] Levenson,149.

[2] Einstein to Paul Ehrenfest,Jan. 17,1922;Fölsing,482. (由于爱因斯坦的国外收入没有寄回本国,而是寄到莱顿,这违反了德国货币规定,而且他还向税务部门隐瞒了个人收入,所以他和埃伦菲斯特通信时采用了密码式的说法,以交流财务处理方面的信息。——译者注)

他痛苦地说,"不知道我和他的关系日后还能否继续。"[1]

不过,米列娃希望改善他与儿子们的关系。于是她对孩子们说,爱因斯坦"在许多方面很古怪",但他仍然是爸爸,需要他们的爱。他或许很冷漠,但也"很友善"。按照汉斯·阿尔伯特的说法:"米列娃知道,无论他怎样伪装,阿尔伯特的个人生活仍然可能受到伤害,而且伤害很深。"[2]

那一年晚些时候,爱因斯坦和大儿子又开始频繁写信,交流从政治到科学的各种事情。他还表达了对米列娃的感激,并且开玩笑说,既然现在她不必再忍受他,应当高兴一些才是。"我不久打算到苏黎世,我们应当把一切不愉快都抛到脑后。你应当享受生活赋予你的一切——比如可爱的孩子们、房子以及不再嫁给我。"[3]

汉斯·阿尔伯特报考了他父母的母校——苏黎世联邦工学院,成了一名工程师。他在一家钢铁企业找了份工作,然后在联邦工学院做助研,研究水力学与河流。他在一次考试中考了第一名,此后他与父亲的关系不但缓和多了,而且爱因斯坦对此颇为自豪。"我的阿尔伯特已经成了一个聪明能干的小伙子,"爱因斯坦1924年写信给贝索,"他是一个完整的人,一个一流的水手,不矫揉造作,值得信赖。"

爱因斯坦最终把这种看法告诉了汉斯·阿尔伯特,并且承认

---

[1] Einstein to Eduard Einstein, June 25, 1923, Einstein family correspondence trust, unpublished, letter in possession of Bob Cohn。鲍勃·科恩向我提供了一份拷贝。科恩是爱因斯坦文稿的收集者,Janifer Stackhouse博士翻译了他所掌握的书信。感谢他们的帮助。

[2] Michelmore, 79.

[3] Einstein to Mileva Marić, May 12, 1924, AEA 75-629.

他当工程师也许是正确的。"科学是一门困难的职业，"他写道，"有时我很高兴你选择了一个实践领域，在那里不必寻找一株长有四个叶瓣的三叶草。"[1]

有一个人能够激起爱因斯坦强烈而持久的情感，那就是他的母亲。1919年年底，因胃癌而不久于人世的她搬到了爱因斯坦和爱尔莎那里。她所经受的折磨使爱因斯坦再也不能像往常那样保持超然。当她1920年2月去世时，爱因斯坦的精神濒于崩溃。"我现在对血缘关系意味着什么有着痛切的理解。"他写信给仓格尔。天文学家弗伦德里希的妻子凯特听说爱因斯坦曾向她的丈夫夸口，死亡根本不会影响到他，而爱因斯坦母亲的去世证明事实并非如此，这让凯特舒了一口气。"爱因斯坦也会像其他男人那样哭泣，"她说，"我知道他会真的在乎某个人。"[2]

相对论引发的骚动

在将近300年的时间里，牛顿基于定律和绝对确定性的机械宇宙构成了启蒙运动和社会秩序的心理基础，人们对因果性、秩序甚至义务都深信不疑。现在出现了一种相对论宇宙观，其空间和时间均取决于参考系。在某些人看来，这种对确定性的明显违背和对绝对信念的公然抛弃的确有些异端，甚至有不敬神之嫌。历史学家保罗·约翰逊在其20世纪通史《现时代》(*Modern Times*)中写道："它是一把利刃，可以帮助社会从传统

---

[1] Einstein to Michele Besso, Jan. 5, 1924, AEA 7－346；Einstein to Hans Albert Einstein, Mar. 7, 1924.
[2] Einstein to Heinrich Zangger, Mar. 1920；Fölsing, 474；Highfield and Carter, 192；Clark, 243.

第十二章 名声，1919

中挣脱出来。"[1]

世界大战的恐怖、社会阶层的崩溃以及经典物理学的瓦解似乎都指向了不确定性。"在过去的若干年里，整个世界陷入了一种动荡之中，既有精神上的，也有物质上的，"哥伦比亚大学的天文学家普尔在爱因斯坦的理论得到证实之后对《纽约时报》说，"实际上，动荡、战争、罢工、布尔什维克起义的暴力特征很可能反映了整个世界背后的某种更深层扰动。这种动荡已经侵入了科学。"[2]

渐渐地，人们开始把相对论与道德、艺术和政治上的一种新的**相对主义**联系起来，这乃是源于一种流行的误解，它并不符合爱因斯坦实际的思想。人们对绝对的事物不那么信任了，不仅是时间和空间，还包括真理和道德。在1919年12月的一篇名为《攻击绝对》的关于相对论的社论中，《纽约时报》声称"一切人类思想的基础已被颠覆"。[3]

爱因斯坦后来对把相对论与相对主义混为一谈感到惊愕。我们说过，他曾经想把相对论称为"不变性"理论，因为根据相对论，结合后的时空所遵循的物理定律实际上是不变的，而不是相对的。

---

[1] Paul Johnson, *Modern Times* (New York: Harper Collins, 1991), 1—3. 当爱因斯坦当选《时代》周刊世纪人物时，我曾写了一篇文章"Who Mattered and Why," *Time*, Dec. 31, 1999, 本节即根据这篇文章改写。关于对这一思想的批判，参见 David Greenberg, It Didn't Start With Einstein, Slate, Feb. 3, 2000, www.slate.com/id/74164/. 米勒的 *Einstein*, *Picasso* 也是一篇重要文献。

[2] Charles Poor, professor of celestial mechanics, Columbia University, in the *New York Times*, Nov. 16, 1919.

[3] *New York Times*, Dec. 7, 1919.

此外，他本人在道德和品位上也并非相对主义者。"相对论一词已经被广泛误解为相对主义，即否认或怀疑真理或道德价值具有客观性，"哲学家以赛亚·伯林后来悲叹道，"这恰恰与爱因斯坦的看法相反。他是一个质朴的、具有绝对道德信念的人，他的经历和所做的一切都表明了这一点。"[1]

无论是科学还是道德哲学，爱因斯坦都力图寻求确定性和决定论定律。如果他的相对论引发了骚动，扰乱了道德文化领域，这并非源于爱因斯坦的思想，而是因为人们对其做了通俗解释。

例如，英国政治家理查德·伯登·霍尔丹勋爵便是这样一位通俗解释者，他自认为是一个哲学家和科学家。1921年，他出版了一本名为《相对论的统治》（*The Reign of Relativity*）的书，试图用爱因斯坦的理论来支持他个人的政治观点，即需要避免教条主义才能使社会生气勃勃。"爱因斯坦关于空间时间测量的相对性原理不应孤立思考，"他写道，"倘若我们思考它的意义，就可以在其他自然领域和一般知识领域找到它的对应。"[2]

霍尔丹警告坎特伯雷大主教，相对论可能会对神学产生深刻影响。大主教立即着手研究这一理论，但收效不大。一位大臣

---

[1] Isaiah Berlin, Einstein and Israel, Holton and Elkana, 282. 亦参见爱因斯坦的女婿莱泽尔的说法，Reiser, 158："相对论一词在普通人那里遭到了混淆，今天仍然与相对主义一词混为一谈。然而，爱因斯坦的工作和人格远非含混不清和相对主义，无论在知识论上还是在伦理上都是如此……伦理上的相对主义否认一切不容辞的道德准则，它完全与爱因斯坦所代表和奉行的高尚的社会观念相抵触。"

[2] Haldane, 123. 有一本当代的书就许多同类主题做了更加深刻的讨论，而且标题也相同，参见 Thomas Ryckman, *The Reign of Relativity*.

对英国科学的泰斗汤姆孙说:"大主教完全弄不懂爱因斯坦,他抱怨道,霍尔丹的解说和相关的报纸文章只能让他更加糊涂。"

在霍尔丹的劝说下,爱因斯坦1921年来到英国。爱因斯坦和爱尔莎住在伦敦市政厅,他们发现男仆和管家已经为他们安排好一切。霍尔丹为爱因斯坦举行了一场盛大的宴会,召集了英国知识界的各路精英,其场面足以使牛津资深教授共宴厅(senior common room)相形见绌。出席的人士有萧伯纳、爱丁顿、汤姆孙、哈罗尔德·拉斯基等人,当然还有那位一头雾水的坎特伯雷大主教。在准备这件事的过程中,他从汤姆孙那里得到了一份爱因斯坦的简介。

根据霍尔丹的安排,大主教与爱因斯坦坐在一起,以便直接向他发问。大主教问爱因斯坦,相对论对宗教会产生什么影响?

爱因斯坦的回答也许令大主教和主办方感到失望。"没有影响,"爱因斯坦说,"相对论是纯科学的东西,它与宗教无关。"[1]

这无疑是正确的。然而,爱因斯坦的理论与20世纪初在现代主义的背景下涌现出的各种思想感情有着更复杂的关联。在劳伦斯·杜雷尔的小说《巴尔萨泽》(*Balthazar*)中,主人公宣布:"相对论对抽象绘画、无调性音乐和无形式文学负有直接责任。"

当然,相对论对其中任何一项都没有直接责任,它与现代主义更多是神秘地相互作用。在历史的某些时段,各种力量共同造成了人的观念的转变。在文艺复兴和启蒙运动之初,艺

---

[1] Frank 1947,189-190;Clark,339-340.

术、哲学和科学都发生了这种转变。20世纪初,通过打破已有的限制和真理观,现代主义应运而生。爱因斯坦、毕加索、马蒂斯、斯特拉文斯基、勋伯格、乔伊斯、艾略特、普鲁斯特、佳吉列夫、弗洛伊德、维特根斯坦等一大批打破古典思维羁绊的开拓者涌现出来。[1]

在《爱因斯坦·毕加索:空间、时间和动人心魄之美》一书中,科学史家和哲学史家米勒特别探讨了爱因斯坦1905年狭义相对论和毕加索1907年的现代派杰作《阿维尼翁的少女》(*Les Demoiselles d'Avignon*)等的共同源泉。米勒指出,这两个人都魅力无穷,"但在感情上都表现出淡漠"。他们均以自己的方式觉察到各自领域的某些陈规出了问题。他们都对同时性、空间、时间,特别是庞加莱的著作非常感兴趣。[2]

爱因斯坦为许多现代派艺术家和思想家提供了灵感,即使他们并不了解爱因斯坦。比如艺术家们会歌颂像"从时间的秩序中解放出来"这样的观念,这是普鲁斯特在《追忆逝水年华》(*Remembrance of Things Past*)的结尾说的话。"我多想和你谈谈爱因斯坦啊,"普鲁斯特1921年给一个物理学家朋友写信说,"我不懂代数,他的理论我一点儿也不明白。[但]我们在扭曲时间方面似乎有异曲同工之妙。"[3]

1922年,也就是爱因斯坦获诺贝尔奖的那一年,是现代主义革命的一个顶峰。乔伊斯的《尤利西斯》(*Ulysses*)和艾略特的《荒原》(*The Waste Land*)在这一年出版。当年5月,为庆

---

[1] Gerald Holton, Einstein's Influence on the Culture of Our Time, in Holton, *Einstein*, *History*, and *Other Passions*, 127, and also Holton and Elkana, xi.

[2] Miller 2001, especially 237-241.

[3] Damour 34; Marcel Proust to Armand de Guiche, Dec. 1921.

第十二章 名声，1919

祝佳吉列夫的俄罗斯芭蕾舞团表演的斯特拉文斯基的《狐狸》（Renard）首演，巴黎的马捷斯特饭店（Majestic Hotel）举行了一场午夜晚宴。斯特拉文斯基、佳吉列夫、毕加索都出席了，乔伊斯和普鲁斯特也在。他们"正在摧毁19世纪文学的确定性，就像爱因斯坦使物理学发生革命那样"。曾经规定着经典物理学、音乐和艺术的机械秩序和牛顿定律已经不再有效。[1]

不论这种新的相对主义和现代主义的原因为何，使世界冲破古典樊篱很快就会引起某些令人不安的回响和反应。20世纪20年代，这种情绪在德国尤其令人担忧。

---

[1] Philip Courtenay, Einstein and Art, in Goldsmith, 145; Richard Davenport-Hines, *Proust at the Majestic* (New York: Bloomsbury, 2006).

第十三章　四处奔走的犹太复国主义者，1920—1921

纽约城的车队，1921年4月4日

纽带

在相对论得到证实之后，爱因斯坦为伦敦的《泰晤士报》写了一篇文章。他在文中调侃道，要是相对论搞砸了，德国人

第十三章 四处奔走的犹太复国主义者，1920—1921

肯定会把他当成瑞士的犹太人，而不再认为是自己的同胞。这种说法很有点先知先觉的味道。那时爱因斯坦已经感觉到了这种令人不快的气氛。在同一周写给好友埃伦菲斯特的信中，他描述了德国当时的情况。"这里的排犹情绪非常浓厚，"他写道，"下一步会如何发展呢？"[1]

第一次世界大战以后，德国反犹主义开始抬头，这使得爱因斯坦更加强烈地意识到了自己的犹太血统和归属。在当时，像哈伯这样的德国犹太人是一个极端，他们竭尽全力使自己同化，甚至皈依基督教，还劝说爱因斯坦也这样做。但爱因斯坦的做法完全相反，他刚一成名便投身于犹太复国主义运动。虽然他从未正式加入过任何犹太复国主义组织，也没有因此而隶属于任何犹太教会，或在犹太会堂做礼拜，但他赞成在巴勒斯坦修建犹太人定居点，为全体犹太人的民族认同而奔走，为抵制同化主义的影响而奔走。

1919年年初，犹太复国主义运动的领导人库尔特·布卢门菲尔德在柏林拜访了爱因斯坦，请求他的帮助。"他带着天真的神情向我发问，"布卢门菲尔德回忆说。爱因斯坦的疑问包括：以犹太人在精神和智力上的禀赋，为什么要去建立一个单一民族的独立国家？民族主义难道不恰恰是问题，而不是问题的解决吗？

爱因斯坦最终还是被说服了。"从做人的态度上讲，我反对民族主义，"他宣称，"但作为犹太人，我从今天开始支持犹太

---

[1] *The Times* of London, Nov. 28, 1919.

复国主义者的努力。"[1]他还提议在巴勒斯坦新建一所犹太人的大学，这就是后来耶路撒冷的希伯来大学。

既然不再坚持一切形式的民族主义都是坏的，他自然会更加热情地拥护犹太复国主义。"一个人可以既是国际主义者，同时又关心其部族成员，"他1919年10月给一位朋友写信说，"犹太复国主义事业于我心有戚戚……我很高兴地球上能有一小块土地，在那里我们的同胞兄弟不再被视作异己。"[2]

由于支持犹太复国主义，爱因斯坦与民族同化论者产生了不和。1920年4月，一个强调效忠于德国的组织"犹太教德国公民中央协会"邀请他在会议上发表讲演。爱因斯坦指责他们企图脱离那些更为穷苦和寒酸的东欧犹太人。"'雅利安人'可能尊重这种持骑墙态度的人吗？"他斥责道。[3]

仅有私下里的拒绝还不够，爱因斯坦感到有必要再写一篇文章，公开抨击那些只谈"宗教信仰，不谈部族联系"[4]以求顺应的人。他特别嘲笑了那种企图"通过几乎放弃犹太人的一切来克服反犹主义"的"同化"方法。这种做法不仅从未取得过成效，而且"在非犹太人看来也显得可笑"，因为犹太人是一个与众不同的民族。"反犹主义的心理根源在于犹太人自成一体这样一个事实，"他写道，"其犹太特性显示在他们的身体外貌上，

---

[1] Kurt Blumenfeld, Einstein and Zionism, in Seelig 1956b, 74；Kurt Blumenfeld, *Erlebte Judenfrage* (Stuttgart：Verlags-Anstalt，1962)，127-128.

[2] Einstein to Paul Epstein, Oct. 5，1919.

[3] Einstein, to German Citizens of the Jewish Faith, Apr. 5，1920，CPAE 7：37.

[4] 爱因斯坦使用的原词是"Stammesgenossen"。虽然"Stamm"通常意为"部族"（tribe），但这种译法可能含有某些种族意味。一些爱因斯坦学者说，译成"kindred""clan"或"lineage"可能更清楚一些。

第十三章　四处奔走的犹太复国主义者，1920—1921

人们在其思想成果中看到了他们的犹太遗产。"[1]

那些实行和鼓吹同化的犹太人往往会扬扬自得于他们的德国或西欧血统。当时（以及20世纪的大部分时间），他们不太瞧得起来自俄国和波兰等国的东欧犹太人，因为这些人看上去不够文雅和有教养，同化程度也不深。尽管爱因斯坦是德国犹太人，但他仍然惊诧于这些与他出身相同的人竟然会"在西欧犹太人与东欧犹太人之间划分明确的界限"。他认为，这种做法注定会对所有犹太人产生不利影响，因为它所基于的区分并不真实。"东欧犹太人中间潜藏的巨大才能和生产力，足以与西欧犹太人的较高文明相媲美。"[2]

爱因斯坦甚至比同化论者更为敏锐地认识到，反犹主义并非源于理性。"在今天的德国，对犹太人的仇恨已经表现得有些骇人。"他在1920年年初写道。问题部分出在通货膨胀正在失去控制。德国马克在1919年年初的价值为12美分，这虽然只抵得上战前价值的一半，但尚在可控范围之内。而到了1920年年初，1马克仅值2美分，而且还在逐月贬值。

不仅如此，战争的失败一直让人觉得脸上无光。德国损失了600万人，换来的却是割让占一半自然资源的土地以及所有海外殖民地。许多自命不凡的德国人相信，这一定是因为有人出卖。战后成立的魏玛共和国虽然得到了自由主义者、和平主义者以及像爱因斯坦这样的犹太人的支持，却遭到了大多数旧势力

---

[1] Einstein, Anti-Semitism: Defense through Knowledge, after Apr. 3, 1920, CPAE 7:35.

[2] Einstein, Assimilation and Anti-Semitism, Apr. 3, 1920, CPAE 7:34. 亦参见 Einstein, Immigration from the East, Dec. 30, 1919, an article in *Berliner Tageblatt*, CPAE 7:29。

甚至是中产阶级的鄙视。

有一个群体最容易为人所不容。他们被视为一股恶势力，最应该对这种高傲的文化所面临的屈辱负责。"人们需要一只替罪羊，于是便归咎于犹太人，"爱因斯坦指出，"他们是本能怨恨的发泄目标，因为他们是一个与众不同的部族。"[1]

魏兰德、勒纳德和反相对论者

正如阿莫斯·埃隆在其《一切之憾》(*The Pity of It All*) 中所指出的，当时德国艺术和思想的繁荣在很大程度上应归功于各个领域的犹太资助者和先驱者。在科学领域尤其如此。弗洛伊德指出，犹太科学家所取得的成功部分在于他们"创造性的怀疑论"，这源自于他们的局外人本性。[2] 那些犹太同化论者没有看到，许多被他们当作同胞的德国人其实视他们为异类，或如爱因斯坦所说，把他们看成"一个不同的部族"。

1920年夏，爱因斯坦第一次与这种反犹主义公开发生冲突。正在接受培训的工程师、臭名昭著的德国民族主义者保罗·魏兰德，成了一个有政治野心的辩论家。他是一个右翼民族主义政党的激进分子，该党在1920年的正式纲领中誓言"削弱犹太人在政府和公众中日益显著的影响"。[3]

---

[1] Einstein, Anti-Semitism: Defense through Knoweldge, after Apr. 3, 1920, CPAE 7: 35; Hubert Goenner, The Anti-Einstein Campaign in Germany in 1920, in Beller et al., 107.

[2] Elon, 277.

[3] Hubert Goenner, The Anti-Einstein Campaign in Germany in 1920, in Beller et al., 121.

第十三章 四处奔走的犹太复国主义者，1920—1921

魏兰德意识到，爱因斯坦作为一个知名度极高的犹太人，已经招致了怨恨和嫉妒。他的相对论也很容易成为众矢之的，包括一些科学家在内的许多人都不满于它，因为它似乎颠覆了绝对性，而且建立在抽象的假说而非牢靠的实验基础上。魏兰德发表文章谴责相对论是"一场大骗局"，还成立了一个由乌合之众组成的团体（然而资金却很充足），并给它起了一个冠冕堂皇的名字——"德国科学家维护科学纯洁研究小组"。

加入魏兰德队伍的还有一位名头不大的实验物理学家恩斯特·格尔克。多年来，他一直在猛烈攻击相对论，不过更多是出于恶意，而不是为了真理。他们的小组对爱因斯坦和相对论的"犹太性"屡次进行人身攻击，还在全德国组织了一系列会议，包括8月24日在柏林爱乐音乐厅举行的一次大型集会。

魏兰德第一个发言。他以一个蛊惑民心的政客所特有的腔调，指责爱因斯坦"对其理论和名声大肆吹嘘"。正如爱因斯坦的同化论者朋友所警告的，无论如何，爱因斯坦对哗众取宠的嗜好正在给他惹来麻烦。魏兰德说，相对论是一场骗局，是靠剽窃发家的。格尔克也照本宣科讲了类似的话，只不过多了几分技术性。《纽约时报》报道说，这次会议"带有明显的反犹主义色彩"。[1]

在格尔克讲话时，听众席中传来一阵骚动："爱因斯坦，爱因斯坦。"他也赶来观看了表演，并且无所顾忌地嘲笑这场闹剧。正如好友弗兰克所指出的："他总喜欢关注周围世界发生的事情，宛如剧场里的一名观众。"他和化学家朋友能斯特坐在

---

[1] *New York Times*, Aug. 29, 1920.

听众席中，不时发出爽朗的笑声，称整场表演"有趣极了"。[1]

当然，他并不是真的觉得有趣，甚至还一度考虑搬离柏林。[2]三天后，义愤填膺的爱因斯坦即以《柏林日报》（这是犹太人朋友办的一份自由派报纸）头版的一篇言辞激烈的骂文作为回应，这着实是一种战术性错误。"我非常清楚地知道，这两位演讲者都不值得我动笔去回应。"他说。但接下来，他并没有将这种认识真正贯彻下去。格尔克和魏兰德并未在演说中公开反犹，也没有公然批判犹太人，但爱因斯坦声称，"假如我是德国的民族主义者（无论是否戴'卐'字徽），而不是犹太人"，他们就不会攻击他的理论。[3]

爱因斯坦的文章主要驳斥了魏兰德和格尔克，但同时也攻击了一个更著名的物理学家。后者当时并不在场，但支持过反相对论运动。他就是勒纳德。

勒纳德曾是光电效应领域具有开创性的实验物理学家，获得过1905年的诺贝尔奖。爱因斯坦一度仰慕过他。"我刚刚读了勒纳德写的一篇出色论文，"爱因斯坦1901年给米列娃写信说，"读罢这篇美文，我心中充满了幸福和喜悦，一定要和你分享其中的快乐。"爱因斯坦1905年发表第一批重要论文之后，两人曾经写过一些惺惺相惜的信，那篇光量子论文还提到了勒纳德的

---

[1] Frank 1947，161；Clark，318；Fölsing，462；Brian 1996，111.

[2] Einstein to Leave Berlin，*New York Times*，Aug. 29，1920；电头为柏林的这篇报道说："当地报纸称，鉴于对相对论和他本人的许多无端攻击，爱因斯坦教授将离开德国的首都。"

[3] Einstein，My Response，Aug. 27，1920，CPAE 7:45.

第十三章 四处奔走的犹太复国主义者，1920—1921

名字。[1]

但是作为一名狂热的德国民族主义者，勒纳德变得越来越仇恨英国人和犹太人。他鄙视爱因斯坦的理论所获得的知名度，攻击相对论的"荒谬"之处。魏兰德会议上散发的小册子上俨然就印有他的名字。作为诺贝尔奖获得者，他曾经在幕后活动，试图阻止爱因斯坦得奖。

由于勒纳德没有在柏林爱乐音乐厅的集会上露面，而且他对相对论发表的批评是学术腔调，爱因斯坦本来不需要在报纸上攻击他。但他还是这样做了。"我钦佩作为实验物理学大师的勒纳德，但他在理论物理学中并没有做出什么出色的成就，对广义相对论的反驳也是非常肤浅的，到目前为止我认为没有必要做出回应，"他写道，"现在我想弥补一下。"[2]

爱因斯坦的朋友们公开声援他。劳厄和能斯特等人发表了一封信，并不十分准确地说："任何一个有幸接近爱因斯坦的人都知道……在对哗众取宠的厌恶上，没有人能够超过他。"[3]

然而在私下里，朋友们都吓坏了。爱因斯坦已经被触怒，对那些本不值得亲自回应的人公开表达愤慨，从而招致了更多令人不快的名声。曾经公开指责他对家庭处理不善的玻恩的妻子海德维希，现在说他"不应按捺不住情绪，做出这一相当不幸的回应"，并认为他应当对"寂寥的科学殿堂"显示出更多的尊敬。[4]

埃伦菲斯特说得更加严厉。"我妻子和我绝对无法相信你在文

---

[1] 特别参见 Philipp Lenard to Einstein, June 5, 1909.
[2] Einstein, My Response, Aug. 27, 1920, CPAE 7:45.
[3] Seelig 1956a, 173.
[4] Hedwig Born to Einstein, Sept. 8, 1920.

章中写了这样一些话，"他说，"如果它们果真是你本人所写，这证明这些该死的猪猡终于成功地扰乱了你的灵魂。我非常强烈地敦促你不要再就此话题向公众这头贪婪的野兽多说一个字。"[1]

爱因斯坦有些懊悔。"请不要对我太过苛责，"他给玻恩夫妇回信说，"在愚蠢这座祭坛上，有时任何人都要做出牺牲，以取悦神人。我是以我的文章做出牺牲的。"[2]但他并未就自己的抛头露面道歉，"如果我想待在柏林，就不得不这样做。在柏林，每一个孩子都能从照片上认出我来，"他告诉埃伦菲斯特，"如果一个人是民主主义者，他就必须也给人以民主的权利。"[3]

不用说，勒纳德对爱因斯坦的这篇文章暴跳如雷。他坚持要爱因斯坦道歉，因为他并没有参与反相对论集会。德国物理学会主席索默菲试图从中调停，他敦促爱因斯坦"给勒纳德写一些安抚之辞"。[4]但爱因斯坦拒绝妥协。勒纳德最终变本加厉地公开反犹，成为一名纳粹。

（这件事有一个奇特的结局。根据美国联邦调查局爱因斯坦档案中解密文件的说法，1953年，一个穿着考究的德国人走进了迈阿密的联邦调查局办公室，声称有消息指出，爱因斯坦曾经在1920年8月《柏林日报》的一篇文章中承认过自己是共产主义者。这位热心的通报者不是别人，正是魏兰德。在全世界行骗多年之后，他到了迈阿密，正试图移民美国。J.埃德

---

[1] Paul Ehrenfest to Einstein, Sept. 2, 1920.
[2] Einstein to Max and Hedwig Born, Sept. 9, 1920.
[3] Einstein to Paul Ehrenfest, before Sept. 9, 1920.
[4] Arnold Sommerfeld to Einstein, Sept. 11, 1920.

第十三章 四处奔走的犹太复国主义者,1920—1921

加·胡佛的美国联邦调查局正苦于无法证明爱因斯坦是共产主义者,便开始着手调查。三个月后,联邦调查局终于找到了那篇文章并做了翻译,但其中并无任何关于爱因斯坦是共产主义者的内容。不过,魏兰德还是得到了美国国籍。)[1]

因反相对论集会而引发的公开交火激起了人们对9月底将在温泉小城巴特瑙海姆(Bad Nauheim)召开的德国科学家年会的兴趣。爱因斯坦和勒纳德都会参加这次会议。爱因斯坦还在那篇报纸文章的结尾宣布,根据他的建议,届时将举行一场关于相对论的公开辩论。"任何敢于直面科学讨论的人都可以在那里提出他的反驳",这话显然直指勒纳德。

在巴特瑙海姆为期一周的会议中,爱因斯坦和玻恩待在20英里以外的法兰克福,两人每天乘火车前往这座疗养胜地城市。9月23日下午,期盼已久的爱因斯坦与勒纳德的决战终于打响。爱因斯坦忘了带笔,于是向邻座借了一支铅笔,边听勒纳德说话边做笔记。

会议由普朗克主持,他的威仪和抚慰人心的话语使得会上没有出现任何人身攻击。勒纳德对相对论的反驳与许多非理论家如出一辙。他说,相对论的基础是方程而不是观察,它"违反了一个科学家单纯的良知"。爱因斯坦回复说,什么东西"看起来显然"因时代而变,即使伽利略的力学也不例外。

这是爱因斯坦与勒纳德的首次会面,但他们没有握手,也没有交谈。尽管官方的会议记录里没有记载,但爱因斯坦显然一度失去了镇定。"爱因斯坦忍不住做了刻薄的回应。"玻恩回忆说。几周以后,爱因斯坦给玻恩写信保证,他以后不会"再

---

[1] Jerome, 206-208, 256-257.

像在巴特瑙海姆那样激动了"。[1]

最后，普朗克以一个勉强的玩笑结束了会议，以免酿成更大的冲突。"非常遗憾，鉴于到目前为止相对论没有办法延长本次会议所需的绝对时间，"他说，"现在必须暂时休会了。"第二天报纸上没有什么特别报道，反相对论运动暂时平息下去了。[2]

至于勒纳德，则疏远了原先那个怪异的反相对论组织。"不幸的是，魏兰德原来是个骗子"，他后来说。但他对爱因斯坦的憎恶并没有减少。在巴特瑙海姆的会议之后，他愈发激烈地攻击爱因斯坦和"犹太科学"。他鼓吹创建一种"德意志物理学"，将德国物理学中的犹太流毒肃清。在他看来，首当其冲的就是爱因斯坦的相对论及其理论的、非实验的抽象方法，以及它拒斥绝对、秩序和必然性的（至少在他看来的）相对主义味道。

过了几个月，1921年1月初，一个名不见经传的慕尼黑政客接过了话题。"曾经是我们最大骄傲的科学，如今却由犹太人来教授。"希特勒在一篇报纸辩论中写道。[3] 甚至大西洋对岸也激起了波澜。那年4月，由汽车制造商亨利·福特主办的带有强烈反犹色彩的《狄堡独立周刊》（*Dearborn Independent*）在头版上方打出了大标语——"爱因斯坦是剽窃者吗？"它责

---

[1] Born 2005, 35; Einstein to Max Born, Oct. 26, 1920.
[2] Clark, 326-327; Fölsing, 467; Bolles, 73.
[3] Fölsing, 523; Adolf Hitler, *Völkischer Beobachter*, Jan. 3, 1921.

第十三章　四处奔走的犹太复国主义者，1920—1921

问道。[1]

爱因斯坦在美国，1921 年

1921 年春，爱因斯坦的盛名和萌发的犹太复国主义因一件特殊的事情而融合到了一起。这件事情不仅在科学史上独一无二，而且在任何方面都很引人注目，那就是一连两个月在美国东部和中西部巡游，激起了大众和媒体的狂热追捧，那种场面连巡演的摇滚明星都会为之震撼。历史上从未出现过（也许今后也不会再出现）这样一个超级科学巨星，同时也是一个温文尔雅的人道主义偶像和犹太人的在世守护神。

一开始，爱因斯坦是想通过初访美国挣到一些价值坚挺的货币，以补贴瑞士家用。"我向普林斯顿（大学）和威斯康星（大学）索取了 15000 美元，"他告诉埃伦菲斯特，"这也许会让他们打退堂鼓。但如果他们真的上钩，我会换来经济上的独立——这倒不是什么让人嗤之以鼻的事情。"

美国大学并没有上钩。"我要价太高了"，他反馈给埃伦菲斯特。[2] 于是到了 1921 年 2 月，他制订了另一种春季计划：他将在布鲁塞尔举行的第三届索尔维会议上提交一篇论文，并应埃伦菲斯特之邀在莱顿做若干场讲演。

---

[1] *Dearborn* (Mich.) *Independent*, Apr. 30, 1921, on display at the "Chief Engineer of the Universe" exhibit, Kronprinzenpalais, Berlin, May-Sept. 2005. 该页下方的一个大标题称："犹太人承认布尔什维克主义！"

[2] Einstein to Paul Ehrenfest, Nov. 26, 1920, Feb. 12, 1921, AEA 9-545; Fölsing, 484. 1920 年以后的爱因斯坦书信尚未在 CPAE 中发表，我用爱因斯坦档案（AEA）的编号来标记这些未发表的书信。

就在这时，德国犹太复国主义运动的领导人布卢门菲尔德又一次登门拜访了爱因斯坦。两年前，布卢门菲尔德曾经拜访过爱因斯坦一次，希望他支持在巴勒斯坦建立犹太国。这一次他带来了世界犹太复国主义组织主席哈伊姆·魏茨曼发来的一份电报邀请（或许也是一份指令）。

魏茨曼是一个杰出的生物化学家，曾经从俄国移民到英国。第一次世界大战期间，他发明了一种可以更有效地制造炸药的细菌方法，从而帮助了英国。那时他在时任海军部首任司令的前首相阿瑟·詹姆斯·贝尔福手下工作。后来贝尔福当上了外交大臣，他帮助说服贝尔福签署了著名的1917年宣言，在这份宣言中，英国誓言支持"犹太人在巴勒斯坦建立民族家园"。

魏茨曼在电报中邀请爱因斯坦一起到美国为在巴勒斯坦建立犹太人定居点，特别是在耶路撒冷建立希伯来大学筹款。布卢门菲尔德读完电报后，爱因斯坦先是拒绝。他说他不是一个演说家，借他的名气使人投身这一事业是"不足取的"。

布卢门菲尔德没有争辩，他只是重新朗读了一遍魏茨曼的电报。"他是我们组织的主席，"布卢门菲尔德说，"如果您认真看待您对犹太复国主义态度的转变，我就有权以魏茨曼博士的名义请您跟他一道到美国。"

"您说得很对，很有说服力，"爱因斯坦的回答令布卢门菲尔德"无限惊异"，"我明白，遇到这种情况，我只有接受这个邀请。"[1]

爱因斯坦的回答的确让人惊讶。他本来已经答应要去参加索尔维会议，并且在欧洲做演讲。他表示自己不喜欢被公众注

---

[1] Clark, 465-466.

第十三章　四处奔走的犹太复国主义者，1920—1921

意，而且那个脆弱的胃也已使他不愿再做旅行。再者，他不是一个虔诚的犹太人，对民族主义的反感使他不能成为一个纯粹的犹太复国主义者。

但是现在，他的做法却违反了他的本性：基于所感受到的与他人的纽带和承诺，接受一个权威人物的含蓄命令。为什么？

爱因斯坦的决定表明，他的生活发生了重大转变。在广义相对论完成和得到证实之前，他几乎全身心地投身于科学，甚至连他的个人、家庭和社会关系都不予考虑。但在柏林，他越来越认识到自己的犹太人身份。盛行的反犹主义使他感到，他与犹太民族的文化和共同体有着更深的甚至是密不可分的联系。

于是在1921年，他不是改变了信仰，而是改变了承诺。"实际上，我正在尽我一切所能为我的同胞兄弟服务，他们在各地的处境太糟糕了。"他给索洛文写信说。[1]除科学以外，这将成为他最重要的有决定性意义的事业。正如他在晚年拒绝担任以色列总统以后所指出的："我与犹太民族的关系已经成为我最牢固的人性纽带。"[2]

有一个人不仅对爱因斯坦的决定感到震惊，而且深感沮丧，那就是他在柏林的朋友兼同事——化学家哈伯。他已经脱离了犹太教，尽心尽力地同化自己，以显得像一个真正的普鲁士人。与其他同化论者一样，他也担心（这是可以理解的）爱因斯坦在犹太复国主义组织的要求下访问敌国会加剧一个信念，即犹太人脚踩两只船，不是优秀的德国人。

---

[1] Einstein to Maurice Solovine, Mar. 8, 1921, AEA 9-555.
[2] Einstein statement to Abba Eban, Nov. 18, 1952, AEA 28-943.

不仅如此，哈伯还对爱因斯坦打算出席在布鲁塞尔举行的战后第一届索尔维会议感到不安。会议没有邀请其他德国人，爱因斯坦的与会被视为德国回到更大的科学共同体的关键一步。

"这个国家的人民会认为你这种做法证明了犹太人的不忠，"哈伯在听说爱因斯坦决定访美时写信说，"你肯定会牺牲在德国大学信仰犹太教的教授和学生赖以生存的孱弱基础。"[1]

哈伯写下这封亲笔信之后，爱因斯坦当日便做出回复。他不赞同哈伯把犹太人看成"信仰犹太教"的民族，而是再次主张犹太人的身份认同必须涉及种族纽带。"尽管我自认为是国际主义者，但我一直感到有义务去维护我那些遭受迫害和精神折磨的部族同伴，"他说，"特别是正在筹建的犹太人大学使我充满了喜悦，最近我看到了太多对杰出的年轻犹太人不仁不义的对待，企图剥夺他们受教育的权利。"[2]

就这样，1921年3月21日，爱因斯坦夫妇从荷兰第一次前往美国访问。为了显得不张扬和节省花销，爱因斯坦说他愿意乘统舱旅行。这一要求没有得到批准，他还是被安排到了特等舱。他还要求给他和爱尔莎单独安排房间，无论在船上还是在宾馆，以使他能够在旅行过程中工作。这一要求被批准了。

从各种说法来看，这是一次愉快的大西洋之旅。在此期间，爱因斯坦试着给魏茨曼解释相对论。到达美国之后，在被问及是否懂得相对论时，魏茨曼幽默地说："在途中，爱因斯坦每天都向我解释他的理论，抵达这里之后，我才确信他是

---

[1] Fritz Haber to Einstein, Mar. 9, 1921, AEA 12-329.
[2] Einstein to Fritz Haber, Mar. 9, 1921, AEA 12-331.

第十三章　四处奔走的犹太复国主义者，1920—1921

真懂。"[1]

4月2日下午，船停靠在曼哈顿下城的炮台公园。爱因斯坦站在甲板上，身穿一件褪了色的灰色羊毛外套，头戴黑色毡帽，微微露出已经泛白的头发。他一手拿着锃亮的欧石南根烟斗，一手拎着破旧的琴匣。"他看上去像是一个艺术家，"《纽约时报》报道说，"但在他蓬乱的头发下面是一个科学的头脑，他的理论已经震惊了欧洲最有才华的知识分子。"[2]

得到获准之后，数十位记者和摄影师一齐冲到船上。犹太复国主义组织的新闻官告诉爱因斯坦，他需要开一场新闻发布会。"我不能这样做，"他抗议说，"那就像在众人面前脱衣服。"[3]不过当然，他并非真的不能，也的确这样做了。

摄影师和新闻制片人先是要他和爱尔莎在将近半小时的时间里摆出各种姿势，他一一照办了。之后，他到船长室制作关于他的第一份新闻简报，把自己打扮成像是一个机智幽默、魅力无穷的大城市市长。此时，他表现出的更多是喜悦而非勉强。《费城公众纪录报》(*Philadelphia Public Ledger*)的记者写道："从他爽朗的笑声可以听出，他在享受这一切。"[4]向他提问的人也很享受。整场表演妙语连珠，回答言简意赅，爱因斯坦注定会成为家喻户晓的名人，也就不足为奇了。

借助于翻译，爱因斯坦说他希望"确保美国犹太人在物质和精神上支持耶路撒冷的希伯来大学"。但记者们对相对论更感兴趣。第一个提问者请他用一句话来描述相对论，这种问题爱因

---

[1] Seelig 1956a, 81; Fölsing, 500; Clark, 468.
[2] *New York Times*, Apr. 3, 1921.
[3] Illy, 29.
[4] *Philadelphia Public Ledger*, Apr. 3, 1921.

斯坦几乎在每一次旅行时都会碰到。"我一直想用一本书来讲清楚它,"他答道,"他却想让我用一句话来说!"禁不住一再追问,他用简洁的语言给出了一般看法:"它是一种关于物理学的时空理论,能够导出一种引力理论。"

他对那些攻击他的理论的人有何看法?"任何懂得它的人都不会反对我的理论,"他回答说,"那些反对相对论的物理学家是受到了政治动机的蛊惑。"

什么政治动机?"他们的态度在很大程度上是由于反犹主义。"他答道。

最后,翻译宣布会议结束。"好吧,我希望我已经通过了考试。"爱因斯坦微笑着说。

他们离开前,有人问爱尔莎是否懂相对论。"哦,我不懂,虽然他曾经多次向我解释,"她答道,"但这对我的幸福不是必需的。"[1]

当市长和其他政要引领爱因斯坦上岸时,已经有数千人和犹太笛鼓军乐队在炮台公园等候。犹太人的蓝白旗四处挥舞,人们唱起《星条旗永不落》和犹太复国主义者的圣歌《希望之歌》(Hatikvah)。

爱因斯坦夫妇和魏茨曼夫妇打算直接到市中心的康莫多旅馆(Commodore Hotel)下榻,而他们的车队却蜿蜒驶过下东城的犹太人区。"每一辆汽车都有喇叭,每一个喇叭都在鸣响,"魏茨曼回忆说,"到达康莫多旅馆时已经大约11点半了,我们疲惫

---

[1] 这些引文和叙述源自 New York Times,New York Call,Philadelphia Public Ledger 和 New York American 1921 年 4 月 3 日的报道。

第十三章　四处奔走的犹太复国主义者，1920—1921

不堪，又饿又渴，头晕眼花。"[1]

第二天，拜访爱因斯坦的人络绎不绝。他又一次举行了媒体见面会，正如《泰晤士报》所说，他给人留下了"一种与众不同的亲切印象"。有记者问，为什么他会如此强烈地吸引公众，他说自己也很困惑。也许心理学家能够解释为什么大体上不关心科学的人会对他如此感兴趣。"这似乎与心理病理学有关。"他笑称。[2]

在那一周的晚些时候，官方在市政厅为魏茨曼和爱因斯坦举行了欢迎仪式。一万名激动的观众聚集在公园聆听他们的讲演。魏茨曼得到了礼节性的掌声，而一言未发的爱因斯坦却获得了"雷鸣般的欢呼"。"爱因斯坦博士离开时，被同行们举上肩膀，扛进了汽车，"《纽约晚邮报》报道说，"汽车凯旋般地穿过游行队伍，到处是挥舞的标语，欢呼声响彻云霄。"[3]

来康莫多旅馆拜望爱因斯坦的客人中有一位从德国移民过来的医生，名叫塔尔梅，他以前在慕尼黑上学时的名字叫塔尔穆德。他曾经第一次使小爱因斯坦接触到数学和哲学，他不确定这位著名的科学家是否还记得他。

爱因斯坦当然记得他。"我们已经有19年没有见过面或写过信了，"塔尔梅后来写道，"然而我一走进他的房间，他就惊呼：'你永远是那么年轻！'"[4]他们聊起了昔日在慕尼黑度过的时光以及此后的人生道路。访问期间，爱因斯坦多次与塔尔梅

---

[1] Weizmann, 232.
[2] Einstein Sees End of Time and Space, *New York Times*, Apr. 4, 1921.
[3] City's Welcome for Dr. Einstein, *New York Evening Post*, Apr. 5, 1921.
[4] Talmey, 174.

见面。临行前，他还到塔尔梅的寓所看望了他的女儿。

虽然爱因斯坦讲他那些深奥的理论时使用的是德语，而且当魏茨曼为巴勒斯坦的犹太人定居点筹款时并不作声，但无论他出现在纽约的任何地方，都会人满为患。"大都会歌剧院里的每一个座位，从乐队席到天花板下的最后一排都坐满了人，此外还有几百人站着。"《泰晤士报》说。关于那一周的另一场讲演也有类似的报道："虽然他讲的是德语，但大家都急于目睹这个为科学宇宙观贡献了一种新的时空理论的人，整个剧场内座无虚席，连过道里都站满了人。"[1]

在纽约做了三周的讲演和访问之后，爱因斯坦去了华盛顿。只有住在华盛顿的人才能猜到，参议院为什么会决定就相对论展开辩论。断言相对论无法理解的领导人有宾夕法尼亚州的共和党人伯依斯·彭罗斯以及将于一年后退休的密西西比州的民主党人约翰·夏普·威廉斯。前者的名言是："舆论是一个无赖最后的避难所。"后者则说："我宁愿做一条狗在月亮上汪汪乱叫，也不愿在参议院再待六年。"

在国会大厦的众议院一边，纽约州议员金德里德建议在《国会记录》中加入对爱因斯坦理论的解释。马萨诸塞州的戴维·沃尔什表示反对。金德里德懂相对论吗？"我花了三个星期认真研究这种理论，"他回答说，"现在已经初见成效。"但有人问他，这与国会事务有何干系？"它也许会影响我们将来就人类同宇宙的一般关系进行立法。"

4月25日，爱因斯坦一行到了白宫。有了以上这些争论，哈丁总统不可避免会被问到是否懂相对论。照相时，哈丁总统

---

[1] *New York Times*, Apr. 11 and 16, 1921.

第十三章　四处奔走的犹太复国主义者，1920—1921

笑着承认自己完全不懂相对论。《华盛顿邮报》刊登了一幅漫画，画上的他正对着一篇名为"相对论"的论文发愣，而爱因斯坦则对一篇讨论"常态理论"（这是哈丁给他的施政哲学起的名字）的论文感到茫然。《纽约时报》在头版刊出了大标题："哈丁承认，爱因斯坦的思想使他困惑。"

在位于宪法大街（那里塑有一尊12英尺高的爱因斯坦全身青铜斜倚雕像，号称世界上最有意思的爱因斯坦雕像）[1]的美国国家科学院举行的一场招待会上，爱因斯坦听了不同获奖者的长篇演讲，其中有充满热忱的海洋学家摩纳哥王储阿尔伯特一世，一位研究钩虫的北卡罗来纳学者，还有一个人发明了一种太阳灶。夜幕慢慢降临了，爱因斯坦对身边的一位荷兰外交官说："我刚才想出了一个关于漫长时间的新理论。"[2]

在芝加哥，爱因斯坦做了三场演讲，在一个宴会上演奏了小提琴。那时他已经能够比较自如地回答那些无聊的问题了。其中最常被问起的问题源于1919年日食观测后《纽约时报》臆

[1] 这尊纪念雕像位于宪法大街和22街的交叉口，草地广场西北侧，是华盛顿秘藏的财宝（见图）。雕塑者是罗伯特·贝尔克斯，附近肯尼迪中心的肯尼迪半身像也出自他之手，园林建筑师是范·斯维登（Van Sweden）。爱因斯坦手持的板上写有三个方程，分别描述光电效应、广义相对论和质能关系 $E=mc^2$。雕像所倚靠的大理石台阶上刻有三段话，其中一句是："如果让我选择，我只想生活在一个公民自由、宽容和在法律面前人人平等已经深入人心的国家。"参见www.nasonline.org。

[2] *Washington Post*, Apr. 7, 1921; *New York Times*, Apr. 26 and 27, 1921; Frank 1947, 184. 帕萨迪纳的"爱因斯坦文稿计划"收录了加州理工学院的天文学家夏普利（Harlow Shapley）所描述的科学院晚宴的情形。

想的大标题——只有12个人能够理解他的理论。

"据说您的理论只有12个伟人能懂，是真的吗？"《芝加哥先驱考察家报》的记者问道。

"不，不，"爱因斯坦笑着回答，"我想大多数研究过它的科学家都能懂。"

接着，他试图通过类比向记者解释，一个在球面上爬行的二维生物所看到的宇宙是什么样子。"即使它爬行数百万年，也总会回到出发点，"爱因斯坦说，"它永远不会知道在它上面或下面是什么。"

这位优秀的芝加哥新闻记者用第三人称讲述了一个美妙的故事，以表达他本人深深的困惑。"记者回过神时，徒劳地试图用三维的火柴点燃一支三维的烟斗，"该报道最后说，"他开始明白，这个二维的生命体正是他自己，他远不是第13个能够理解这一理论的伟人，他从此以后沦为生活在城镇、开着福特牌汽车的一个普通大众。"[1]

《芝加哥论坛报》的一位记者也问了他关于12个人懂他的理论的问题，爱因斯坦同样予以否认。"无论我走到哪里，都有人问我这个问题，"他说，"这是荒谬的。任何有足够科学训练的人都很容易理解这种理论。"但这一次，爱因斯坦没有进一步解释，记者也没有追问。"《论坛报》很遗憾地告诉读者朋友，它无法向你们呈现爱因斯坦的相对论了，"文章这样开头，"教授先生说，即使对这个问题做最随意的讨论也要花上三四小

---

[1] Charles MacArthur, Einstein Baffled in Chicago: Seeks Pants in Only Three Dimensions, Faces Relativity of Trousers, *Chicago Herald and Examiner*, May 3, 1921.

第十三章 四处奔走的犹太复国主义者，1920—1921

时，于是我们决定转移采访话题。"[1] 接着，爱因斯坦去了普林斯顿，在那里做了一周的系列科学讲演，并因"在奇异的思想海洋中遨游"而获得荣誉学位。在那里，他不仅因讲演而得到了一笔可观的费用（虽然不是他当初设想的 15000 美元），而且还谈成了一笔买卖：普林斯顿将出版他的讲演[2]，他可以提取 15% 的版税。

应普林斯顿大学校长的要求，爱因斯坦所有的讲座都非常技术化。在用德语讲演的同时，他在黑板上写下了至少 125 个复杂的方程。一个学生对记者说："虽然我坐在楼厅，但他讲的内容还是超出了我的理解力（talked right over my head）。"[3]

在其中一场讲演结束之后的宴会上，爱因斯坦说出了他最令人难忘和最表露真情的一句话。有人兴奋地告诉他，最近有一些实验改进了迈克耳孙-莫雷实验的技巧，似乎表明以太存在，光速可变。爱因斯坦知道自己的理论是正确的，便没有理会。他平静地回答说："上帝难以捉摸，但并不心怀恶意。"[4]

当时在场的数学教授奥斯瓦尔德·维布伦听到了这句话。10 年后，一幢新的数学大楼在普林斯顿落成，维布伦希望将这句话刻在公共休息室的壁炉石架上，便去征求爱因斯坦的同意。爱因斯坦愉快地答应了请求，并向维布伦解释了他的意思："大

---

[1] *Chicago Daily Tribune*，May 3，1921。

[2] Memorandum of Agreement，Einstein and Princeton University Press，May 9，1921。版权归普林斯顿独家所有，美国其他地方都不得出版他的任何讲演。4 次讲演作为《相对论的意义》（*The Meaning of Relativity*）出版，现在是它的第 5 版。

[3] *Philadelphia Evening Bulletin*，May 14，1921。

[4] 我使用的是派斯偏爱的译文。爱因斯坦的德语原文是："*Raffiniert ist der Herr Gott，aber boshaft ist Er nicht.*"

自然因其本性高贵而隐藏了自己的秘密，但并非通过诡计。"[1]

这幢整洁的大楼后来成了高等研究院临时的栖身之所，爱因斯坦1933年移居普林斯顿后在那里有一间办公室。到了晚年，在数学家外尔（纳粹上台时随爱因斯坦从德国来到普林斯顿）的退休宴会上，怀着对量子力学不确定性的沮丧心情，爱因斯坦站在这个壁炉前冲这句话点点头，向外尔悲叹道："谁知道呢？也许他**的确**有点儿恶意。"[2]

爱因斯坦似乎很喜欢普林斯顿，称它"朝气蓬勃，富有活力"，是"一支没有抽过的烟斗"。[3]对于一个喜好新的欧石南根烟斗的人来说，这句话不啻为溢美之辞。难怪12年后他会决定永远移居这里。

而随后去的哈佛大学并没有让爱因斯坦同样喜欢。这或许是因为普林斯顿大学校长约翰·希本用德语来介绍他，而哈佛大学校长A. 劳伦斯·洛厄尔却用法语跟他讲话。此外，虽然哈佛大学邀请爱因斯坦来访问，却没有请他做讲座。

有人指责说，这种怠慢乃是迫于一个人的影响：路易斯·布兰代斯毕业于哈佛大学法学院，后来成为第一任犹太最高法院法官，他也领导着一个美国犹太复国主义组织，与魏茨曼的组织形成了竞争。这种说法流传甚广，以至于布兰代斯的门

---

[1] Einstein to Oswald Veblen, Apr. 30, 1930, AEA 23-152. Pais 1982, 114给出了这句话的历史，爱因斯坦的秘书杜卡斯为爱因斯坦档案准备的一个备忘录中讲述了它的细节。壁炉在202房间的教员休息室，位于现在普林斯顿大学的琼斯楼（Jones Hall），此前一直叫"法因楼"（Fine Hall），后来这个名字被用到一幢新的数学大楼。

[2] Seelig 1956a, 183; Frank 1947, 285; Clark, 743.

[3] *New York Times*, July 31, 1921.

第十三章　四处奔走的犹太复国主义者，1920—1921

生菲利克斯·弗兰克福特不得不公开予以否认。这促使爱因斯坦给弗兰克福特写了一封有趣的信，讨论同化论的危险。他写道，"总是热衷于使异教徒保持好心情"，这是"犹太人的一个弱点"。[1]

这位被同化的布兰代斯生于肯塔基州，后来到了波士顿。和众多德国犹太人一样，他的家人也于19世纪搬到这里，他们往往看不起来自东欧和俄国的新移民。出于政治的和个人的原因，布兰代斯与魏茨曼关系不和。魏茨曼是俄国犹太人，他对犹太复国主义更为自信，主张采取更加政治的途径。[2]前来热情欢迎爱因斯坦和魏茨曼的主要是东欧的犹太人，布兰代斯和他的派别则显得比较冷漠。

爱因斯坦在波士顿待了两天，主要是和魏茨曼参加集会和宴会（包括一次有500人出席的按犹太教规举行的宴会），为其犹太复国主义事业筹款。《波士顿先驱报》报道了在罗克斯伯里（Roxbury）的一座犹太会堂举行的一次筹款活动：

> 人们兴奋异常。年轻的女引座员们抱着长长的箱子，艰难地穿过拥挤的过道。各种面值的钞票被投入箱中。一位著名的犹太女士激动地喊道，她有八个儿子参了军，希望与他们的牺牲相称地捐些钱。她从手上摘下昂贵的进口手表和戒指。其他人纷纷效仿。不一会儿，篮子和箱子里装满了钻石和其他昂贵首饰。[3]

---

[1] Einstein to Felix Frankfurter, May 28, 1921, AEA 36-210.
[2] 参见 Ben Halpern, *A Clash of Heroes: Brandeis, Weizmann and American Zionism* (Oxford Univ. Press, 1987).
[3] *Boston Herald*, May 19, 1921.

爱因斯坦在波士顿做了一次流行的"爱迪生测试"。发明者爱迪生是一个实际的人，随着时间的推移，他的脾气也越来越古怪（当时他74岁）。他指责美国大学过于理论化，对爱因斯坦也有同样看法。他给求职者设计了一个测试，根据所谋职位，包括大约150个实际问题，比如说：皮革是如何鞣成的？哪个国家喝茶最多？谷腾堡活字是由什么制成的？[1]

《泰晤士报》称"爱迪生问卷引发的争论始终存在"，爱因斯坦当然也参与了这场争论。"声速是多少？"一位记者根据测试问他。如果有哪个人理解声波的传播，那肯定是爱因斯坦。但他承认自己并不"总是记得这些信息，因为它们在书中很容易查到"。接着，为了批驳爱迪生的教育观，他进而指出："大学教育的价值并不在于学习许多事实，而在于训练如何思考。"[2]

爱因斯坦这场盛大巡游的一个显著特征就是，其所到之处几乎都会有声势浩大的游行队伍，这对一个理论物理学家来说是相当不寻常的。比如在康涅狄格州的哈特福德，游行队伍里有100多辆汽车，汽车前面是一个乐队和一帮老兵，还有扛着美国国旗和犹太复国主义旗帜的旗手们。超过15000名观众夹道欢迎。"北大街上人山人海，人们拼命走上前来握手，"报纸说，"当魏茨曼博士和爱因斯坦教授站在汽车里接受献花时，人们的

---

[1] 那一周稍早前，州长钱宁·考克斯也做了该测试。他给出的前三个回答是：虫胶来自哪里？"来自罐头。"什么是季风（monsoon）？"一个听起来很逗的词。"李子从哪里来？"早饭。"

[2] *New York Times*，May 18，1921；Frank 1947，185；Brian 1996，129；Illy，25-32。

第十三章　四处奔走的犹太复国主义者，1920—1921

欢呼声响彻云霄。"[1]

这一场面虽然令人惊讶，但还比不上克利夫兰。在那里，数千人聚集在联合火车站，渴望目睹访问团的风采，游行队伍中有200辆悬挂国旗的汽车在鸣笛。爱因斯坦和魏茨曼乘坐一辆敞篷汽车，前方是国民警卫队军乐团和身穿制服的犹太老兵。沿途有些仰慕者拽住爱因斯坦的汽车，跳上脚蹬板，警察连忙把他们拉开。[2]

在克利夫兰期间，爱因斯坦在凯斯应用科学学院（即现在的凯斯西储学院，著名的迈克耳孙-莫雷实验就是在那里做的）发表了演说。在那里，他与戴顿·米勒教授私下会谈了一个多小时。在普林斯顿鸡尾酒会上，后者新版本的迈克耳孙-莫雷实验引起了爱因斯坦的怀疑。爱因斯坦画出了米勒的以太漂移模型的草图，促请他继续改进实验。米勒仍然怀疑相对论，偏爱以太，但其他实验最终证实了爱因斯坦的信念，即上帝的确是微妙多于恶意。[3]

虽然爱因斯坦所得到的热情、欢呼和超级明星地位是史无前例的，但在筹款方面，犹太复国主义运动在这次旅行中所取得的成功却相当有限。尽管不够富裕的犹太人和新移民为了看他而慷慨解囊，热情捐赠，但很少有地位显赫、家财万贯的老犹太人参与进来。他们总体来说同化程度更深，对犹太复国主义运动并不那么热心。魏茨曼曾希望至少募集到400万美元，然而

---

[1] *Hartford*（Conn.）*Daily Times*, May 23, 1921. 亦参见 *Hartford Daily Courant*, May 23, 1921。

[2] *Cleveland Press*, May 26, 1921.

[3] Illy, 185.

到了年底，实际上只募集到75万美元。[1]

甚至在美国之行结束后，爱因斯坦也没有成为犹太复国主义运动的正式成员。他赞同在巴勒斯坦建立犹太国的一般想法，特别是在耶路撒冷创建希伯来大学，但他从未想过要迁居到那里，或者迫切要求建立一个单一民族的独立国家。他的感情更加发自内心。他愈发感受到与犹太民族的联系，愈发痛恨那些抛弃自己的根来同化的人。

此时，欧洲已经出现了一种重要走向，即通过选择和强迫来重塑犹太人的认同感，爱因斯坦也身陷其中。"直到一代人之前，德国犹太人并不认为自己是犹太民族的成员，"他离开美国时接受一个记者采访时说，"他们仅仅把自己看成是一个宗教共同体的成员。"但反犹主义改变了这一切，他认为还有一线希望。"许多拥有我这样社会地位的人有损尊严地热衷于适应、顺从和同化，我对此一直极为厌恶。"他说。[2]

不称职的德国人

爱因斯坦对他在美国之行中扮演的角色很满意：世界公民，国际主义者，而不是德国人。他到另外两个敌国的旅行更说明了这一点。在访问英国时，他在皇家学会做了讲演，并为威斯敏斯特教堂的牛顿墓献花。在法国，他用法语发表演说，使公众为之倾倒，还在著名的战争墓地做了悼念。

---

[1] Fölsing, 51.
[2] Einstein, How I Became a Zionist, interview in *Jüdische Rundschau*, June 21, 1921, conducted on May 30, CPAE 7:57.

第十三章 四处奔走的犹太复国主义者，1920—1921

在这段时间里，他的家庭也在趋于和解。1921年夏天，他和两个儿子到波罗的海度假，并向年轻的爱德华灌输了对数学的爱，然后带汉斯·阿尔伯特去了佛罗伦萨。他们度过了一段非常愉快的时光，这进一步恢复了他与米列娃的关系。"感谢你让他们友好待我，"他给米列娃写信说，"事实上，你在各个方面的做法都值得效仿。"最令人惊讶的是，在从意大利回家的途中，他到苏黎世看望了米列娃，甚至考虑住在她"楼上的小房间"。他们又在胡尔维茨家举办了音乐晚会，重温往昔的时光。[1]

但德国马克的持续贬值很快就使这种气氛蒙上了阴影。要维持这样一个用瑞士货币消费的家庭，爱因斯坦感觉更困难了。一马克在战前值24美分，1920年年初却只值2美分。当时一马克可以买一条面包，但随即货币一再贬值。1923年年初，一条面包的价格涨到了700马克，到了年底已经值10亿马克。不错，是10亿马克。1923年11月，政府发行了一种新的货币——地产抵押马克（Rentenmark），一万亿旧马克可以换一个新的地产抵押马克。

德国人愈发急切地寻找替罪羊。他们谴责国际主义者与和平主义者在战争中竭力投降，谴责英法强制推行的和平使德国承担的义务过重。当然，他们也谴责犹太人。因此，一个国际主义的、和平主义的犹太知识分子并不适合待在20世纪20年代的德国。

---

[1] Einstein to Mileva Marić, Aug. 28, 1921, Einstein family trust correspondence, letter in possession of Bob Cohn. 在这次旅行中，为了尊重爱尔莎的感受，他在最后一刻决定不住在米列娃处。

瓦尔特·拉特瑙遇刺身亡是一个重要的转折事件，它标志着德国反犹主义由一股潜伏的暗流发展成为公开的危险。拉特瑙生于柏林一个富裕的犹太人家庭，他的父亲组建了通用电力公司，曾与爱因斯坦父亲的公司竞争，后来发展成为一家大企业。拉特瑙当时在国防部做一名高级官员，后来担任重建部部长，最后任外交部部长。

爱因斯坦1917年就读过拉特瑙的政治著作。在宴会上，爱因斯坦对他说："我非常惊讶和高兴地看到，我们对生活的看法竟然如此一致。"拉特瑙也向爱因斯坦致意，说自己读过他对相对论的通俗解释。"不能说它很好懂，但肯定相对要容易一些。"他开玩笑说。然后他向爱因斯坦提了一些非常有洞见的问题。"陀螺仪如何知道自己在旋转？它在空间中如何分辨出它不想偏向的方向？"[1]

虽然他们成了亲密的朋友，但在一个问题上两人意见不合。拉特瑙反对犹太复国主义，并错误地认为像他这样的犹太人可以通过彻底同化为优秀的德国人，从而减少反犹主义。

爱因斯坦希望拉特瑙能够热心于犹太复国主义事业，便把他引荐给了魏茨曼和布卢门菲尔德。他们在爱因斯坦的住所和拉特瑙在柏林格鲁纳瓦尔德（Grunewald）的豪华庄园进行了会面，但拉特瑙不为所动。[2]他认为，最好的办法是让犹太人承担公共角色，成为德国权力结构的一部分。

布卢门菲尔德认为，一个犹太人擅自去主管另一个民族的外

---

[1] Einstein to Walther Rathenau, Mar. 8, 1917; Rathenau to Einstein, May 10, 1917.

[2] Reiser, 146, describes the Weizmann-Rathenau-Einstein discussions. 亦参见 Fölsing, 519; Elon, 364。

第十三章 四处奔走的犹太复国主义者，1920—1921

交事务是错误的，但拉特瑙坚称自己是德国人。魏茨曼说，这是"同化了的德国犹太人的典型"态度。魏茨曼瞧不起那些竭力同化的德国犹太人，特别是那些被他斥之为"皇帝犹太人"（Kaiserjuden）的溜须拍马者。"他们似乎对自己坐在火山口浑然不觉。"[1]

1922年，作为外交部部长的拉特瑙支持德国签订《凡尔赛和约》，并与俄国就《拉帕洛条约》进行谈判，这使他最早被羽翼未丰的纳粹党列为犹太-共产主义阴谋分子。1922年6月24日清晨，一伙年轻的民族主义分子开车赶上拉特瑙乘坐的敞篷汽车，用机关枪扫射他，还丢了一颗手榴弹，然后逃之夭夭。

爱因斯坦对这次血腥暗杀深感震惊，德国大多数人都举行了悼念活动。葬礼那天，中小学校、大学和剧院出于尊敬纷纷停课或歇业。包括爱因斯坦在内的100万人在国会大厦前哀悼。

但并不是所有人都表示同情。希特勒称暗杀者是德国的英雄。在海德堡大学，爱因斯坦的对手勒纳德也决定在哀悼日照常上课。有几位学生前去捧场，但一群义愤填膺的工人将勒纳德从课堂上拖了出来，打算把他丢到内卡河里，后被警察制止。[2]

至于爱因斯坦，拉特瑙遭暗杀是一个痛苦的教训，说明暗杀并不能带来安全。"很遗憾，他成了一名政府部长，"爱因斯坦在给一家德国杂志写的一篇颂词中写道，"鉴于诸多有教养的德国人对待犹太人的态度，我一直认为，犹太人在公众生活中的

---

[1] Weizmann, 288; Elon, 268.
[2] Frank 1947, 192.

合乎礼数的行为应当是一笔可供自豪的财富。"[1]

警方警告爱因斯坦，他可能就是下一个对象。他的名字已经被纳粹的支持者列入黑名单。官员们也建议他离开柏林，至少不要发表公开讲演。

爱因斯坦暂时搬到了基尔，不再履行教学义务。他致信普朗克，取消了原定于德国科学家年会发表的讲演。勒纳德和格尔克领导一个由19名科学家组成的团体发表了一篇"抗议声明"，以阻止他与会。爱因斯坦意识到，他的名声又给他惹了麻烦。"报纸屡屡提到我的名字，如此煽动暴民反对我。"他在给普朗克的道歉信上解释说。[2]

爱因斯坦告诉好友索洛文，在拉特瑙被刺后的几个月，他总是"心神不宁"，"我一直在提防着"。[3]他向居里夫人坦言，他可能会辞去柏林的职位到别处生活。居里夫人劝他继续斗争下去，"我想你的朋友拉特瑙也会鼓励你做一番努力的"。[4]

他曾考虑搬到位于德国波罗的海海滨的基尔，在朋友开办的一家工程公司工作。他曾为该公司设计过一种航海陀螺仪，后于1922年获得专利，并因此而得到两万马克现金。

爱因斯坦暗示他可能会搬到基尔，买一幢别墅，当一名工程师而不是理论物理学家，这使公司的所有者既惊讶又激动。

---

[1] Reiser, 145.

[2] Milena Wazeck, Einstein on the Murder List, Renn 2005d, 222; Einstein to Max Planck, July 6, 1922, AEA 19-300.

[3] Einstein to Maurice Solovine, July 16, 1922, AEA 21-180.

[4] Einstein to Marie Curie, July 4, 1922, AEA 34-773; Marie Curie to Einstein, July 7, 1922, AEA 34-775.

第十三章　四处奔走的犹太复国主义者，1920—1921

"我很高兴能够有幸像正常人那样平静地生活，在工厂里做一些实际的事情，同时还可以欣赏美丽的景色，驾驶帆船，多么令人羡慕！"爱因斯坦说。

但他很快又改变了主意，并将其归咎于爱尔莎对任何变化都会产生"恐惧"。爱尔莎则指出（无疑是正确的），这其实是爱因斯坦本人的决定。"在基尔安居是一种错觉。"她写道。[1]

爱因斯坦为什么不离开柏林？他已经在那里生活了八年，自从上学时逃离慕尼黑，再也没有在哪个地方比在那里生活时间更长了。反犹主义在高涨，经济在崩溃，基尔当然不是他唯一的选择，莱顿和苏黎世的朋友们一直在用优厚的条件劝说他加盟。

这种惰性的确很难解释，但这也预示着他的个人生活和科学工作在 20 世纪 20 年代发生了显著变化。他曾经是一个不安分的反叛者，不断改变工作和眼光，拒绝任何约束，从而为传统的正派人所不容。但是现在，他也俨然成了正派人的化身。他不再是一个浪漫的年轻人，总幻想自己是一个略带超然的无拘无束的波希米亚人，而且过上了一种中产阶级生活，家有爱妻，墙上贴满墙纸，屋里满是笨重的比德迈（Biedermeier）式家具。他不再不安分，生活很舒适。

虽然他对名声感到不安，决意保持低调，但羞于说出自己的真实想法并不符合爱因斯坦的天性。对于那些让他担当起公共角色的要求，他也不能总是拒绝。于是，在拉特瑙遇刺五周之后，8 月 1 日他在柏林的一个公园举行的大型和平主义集会上现

---

[1]　Fölsing，521.

身。尽管他没有发言，但他同意站在车上游行。[1]

那年稍早时，爱因斯坦加入了国际联盟的"国际知识分子合作委员会"，这个组织力图在学者中弘扬一种和平主义精神，他也说服居里夫人加入了该组织。它的名字和使命必定会激怒德国民族主义者。于是，在拉特瑙被暗杀之后，爱因斯坦宣布他希望退出。"现在的情况是，在参与政治事务方面，犹太人最好是约束自己，"他写信给国际联盟的一位官员，"此外我必须说明，我无意代表那些肯定不会选我当代表的人。"[2]

即使是这种低调的姿态都没能持续下去。居里夫人和委员会的一个领导人牛津大学教授吉尔伯特·默里请求他不要辞职，爱因斯坦很快便收回了辞呈。在接下来的两年里，他仍然参与一些外围活动，但最终还是与国际联盟决裂了。这部分原因是因为在德国无力支付战争赔款后，国际联盟支持法国侵占鲁尔区。

他以一种略带超然和愉快的态度对待国际联盟，这在他的一生中已经屡见不鲜。按照规定，每一位会员都要为日内瓦大学的学生们做一次讲演，但爱因斯坦却举行了一场小提琴独奏会。在一次晚宴上，默里的妻子问他，为什么世界如此堕落，他还能继续保持愉快的心情。"我们必须记住，这是一颗非常小的星球，"他回答说，"也许某些更大的、更重要的星球可能是很善良、很幸福的。"[3]

---

[1] Nathan and Norden, 54.

[2] Hermann Struck to Pierre Comert, July 12, 1922; Nathan and Norden, 59.（爱因斯坦请他们共同的朋友画家施特鲁克通知国际联盟的新闻官考默特[Comert]。）

[3] Nathan and Norden, 70.

第十三章　四处奔走的犹太复国主义者，1920—1921

亚洲和巴勒斯坦，1922—1923

由于德国的恶劣气氛，爱因斯坦打算做他一生中最昂贵的一次旅行。这次始于1922年10月的六个月巡游，将是他人生中唯一一次来到亚洲和今天的以色列。无论他走到哪里，人们都把他当作名人对待。和往常一样，这在他心里唤起了复杂的感情。一到锡兰，爱因斯坦夫妇就被等在那里的人力车拉走了。"我们坐在只能乘坐一人的小车上，由力气很大但体格脆弱的人拉着小跑，"他在旅行日记中写道，"我因对人类同伴们遭受如此恶劣的待遇负有责任而感到痛苦和羞愧，但对此却无能为力。"[1]

在新加坡，几乎所有犹太人都来到码头，总数超过了600人，好在他们没有追赶人力车。爱因斯坦打算会见他们当中最富有的梅纳西·迈尔爵士，他生于巴格达，在鸦片和房地产市场发了财。"我们的子孙被禁止到其他国家的大学学习。"他在为希伯来大学筹款的演讲中说。听众中懂德语的人并不多，爱因斯坦称这次活动是一场"配有美味糕饼的令人绝望的语言灾难"。但还是很值得。迈尔慷慨解囊，捐了一大笔钱。[2]

爱因斯坦本人的收入则更为丰厚。他的日本出版商和主办方为其系列演讲支付给他2000英镑。演讲大获成功。近2500位听众买票出席了第一场在东京的讲演，一共持续了四小时，配有翻译。更

---

[1] Einstein, Trip diary: Japan-Palestine-Spain, AEA 29－129. 本节所引的爱因斯坦日记均出自本文献。

[2] Joan Bieder, Einstein in Singapore, 2000, www.onthepage.org/outsiders/einstein_in_singapore.htm.

多的人则聚集在皇宫等待他到那里觐见天皇和皇后。

爱因斯坦被这一切逗乐了。"没有哪个活着的人配得上这种待遇。我担心我们是骗子，最后会坐牢。"黎明时他站在旅馆的阳台上对爱尔莎说。耳边传来了1000人的欢呼声，他们已经在外面守了一夜，希望能够见到他。德国大使说得很尖锐："这位名人的整个旅行已经俨然成了一场商业活动。"[1]

爱因斯坦感到有些愧对于听众，便把随后的讲演时间缩短为三小时以内。然而在乘火车到下一个城市（路过广岛）的路上，他感觉到主办方好像有什么地方不对劲。后来他被礼貌地告知，"筹办第二场讲演的人被骂了，因为它没有像第一场那样持续四小时"。从那以后，他给耐心的日本听众讲演时都会讲很长时间。

他觉得日本人民温和而谦逊，能够深刻领会美和思想。"在我见过的所有民族中，我最喜欢日本人，因为他们谦虚礼让，才智出众，体谅他人，艺术感强。"他给两个儿子写信说。[2]

在回程途中，爱因斯坦唯一一次访问了巴勒斯坦，在那里待了难忘的十二天，参观了劳德（Lod）、特拉维夫、耶路撒冷和海法。爱因斯坦得到了隆重的英国国宾礼的欢迎，就好像他是国家元首而不是理论物理学家。礼炮响起，他抵达了英国高级专员赫伯特·塞缪尔爵士的豪华住地。

爱因斯坦还像往常那样朴实自然。他和爱尔莎到达时已经很累，因为他坚持坐普通旅客车厢从海滨一夜赶来，而没有乘坐专门为他们准备的一等卧铺车厢。爱尔莎被这种英国仪式搞得身心交

---

[1] Fölsing, 527; Clark, 368; Brian 1996, 143; Frank 1947, 199.

[2] Einstein to Hans Albert and Eduard Einstein, Dec. 12, 1922, AEA 75–620.

第十三章　四处奔走的犹太复国主义者，1920—1921

痒，有几天晚上她早早就睡觉了，为的是避免礼节性的活动。"如果我的丈夫违反了礼仪，据说这是由于他是天才，"她抱怨说，"但如果是我，却是因为没有文化。"[1]

和霍尔丹勋爵一样，塞缪尔专员在哲学和科学上也是外行。他和爱因斯坦沿耶路撒冷老城走到位于圣殿山一侧的犹太教圣地——西墙（或称哭墙）。爱因斯坦虽然愈发热爱其犹太血统，但却并没有更欣赏犹太教。"愚钝的部族同伴正在祈祷，面对着墙，前后摇摆身体，"他在日记中写道，"这些可怜的人拥有过去，却没有未来。"[2]

当他看到勤劳的犹太人民正在建造一个新的家园时，他的反应更为积极。一天，他来到一个犹太复国主义组织接待处，楼外被想听他讲话的人挤得水泄不通。"我把这看作我一生中最伟大的日子，"爱因斯坦激动地宣称，"以前，我一直觉得犹太灵魂中有种东西令人遗憾，那就是对本民族的遗忘。今天，我高兴地看到犹太人正在学习认识自己，使之被公认为世界上的一支力量。"

爱因斯坦最常被问到的问题就是，他是否有一天会回到耶路撒冷居住。他对这个问题的回答出奇的谨慎，没有任何惊人之语。但他深知，就像他对主办方所吐露的，如果他回来，他将成为"一个装饰品"，再也不可能有安宁和隐私。正如他在日记中所写："我心里说要留下，但我的理性不答应。"[3]

---

[1] Frank 1947, 200.

[2] Einstein, Trip diary: Japan-Palestine-Spain, AEA 29-129.

[3] Clark, 477-480; Frank 1947, 200-201; Brian 1966, 145; Fölsing, 528-532.

图书在版编目（CIP）数据

爱因斯坦传：全2册 /（美）沃尔特·艾萨克森著;张卜天翻译. — 长沙：湖南科学技术出版社，2019.7（2024.11重印）
书名原文：Einstein: His Life and Universe
ISBN 978-7-5710-0005-9
Ⅰ.①爱⋯ Ⅱ.①沃⋯ ②张⋯ Ⅲ.①爱因斯坦(Einstein, Albert 1879-1955)—传记
Ⅳ.①K837.126.11

中国版本图书馆CIP数据核字(2018)第269768号

Einstein: His Life and Universe
Copyright © 2007 by Walter Isaacson
Chinese (simplified characters) Trade Paperback Copyright © 2019 by Hunan Science and Technology Press
Published by arrangement with International Creative Management , Inc.
All Rights Reserved
湖南科学技术出版社通过博达著作权代理有限公司独家获得本书简体中文版中国大陆出版发行权
著作权合同登记号：18-2014-149

AIYINSITAN ZHUAN
爱因斯坦传（全2册）

著　　者：（美）沃尔特·艾萨克森
翻　　译：张卜天
出 版 人：潘晓山
责任编辑：孙桂均　吴　炜
责任美编：殷　健
出版发行：湖南科学技术出版社
社　　址：长沙市芙蓉中路一段416号泊富国际金融中心
网　　址：http://www.hnstp.com
湖南科学技术出版社天猫旗舰店网址：
　　　　　http://hnkjcbs.tmall.com
印　　刷：长沙鸿和印务有限公司
　　　　　（印装质量问题请直接与本厂联系）
厂　　址：长沙市望城区普瑞西路858号
邮　　编：410200
版　　次：2019年7月第1版
印　　次：2024年11月第4次印刷
开　　本：880mm×1230mm　1/32
印　　张：27
字　　数：623千字
书　　号：ISBN 978-7-5710-0005-9
定　　价：80.00元（全2册）

（版权所有·翻印必究）

[美]沃尔特·艾萨克森/著 张卜天/译

爱因斯坦传

EINSTEIN:
HIS LIFE AND
UNIVERSE

下

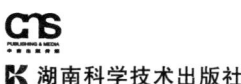
湖南科学技术出版社

第十四章 诺贝尔奖获得者，1921—1927

爱因斯坦在巴黎，1922年

1921年诺贝尔奖

在大多数人看来，爱因斯坦总有一天会得到诺贝尔物理学奖。的确，他已经答应在得奖后把奖金交给前妻米列娃。但问题是：

什么时候能够得奖,以及因为什么得奖?

1922年11月,他获得1921年诺贝尔奖的消息公布了。这时的问题是:为什么过了那么久,以及为什么"特别是因为他发现了光电效应定律"。

有报道说,爱因斯坦是在前往日本途中得知获奖消息的。"授予您诺贝尔物理学奖/更多消息见信函。"11月10日的电报写道。但事实上,瑞典科学院的决定是9月份做出的,他在临行前就已经获悉。

物理奖评审委员会主席斯万特·阿雷尼乌斯听说,爱因斯坦计划10月份去日本,这意味着如果他不推迟旅行,将无法出席颁奖典礼。于是阿雷尼乌斯给爱因斯坦写了封信。"真希望您12月份能来斯德哥尔摩。"他说。他还表述了一条乘飞机旅行实现之前的(pre-jet travel)物理学原理:"如果您那时在日本,那将是不可能的。"[1]这样的话出自诺贝尔奖委员会主席,其意自明。物理学家12月份被召到斯德哥尔摩不可能有其他原因。

尽管知道最终能获奖,但爱因斯坦认为推迟旅行并不合适,这部分原因是由于他已经数次遭拒,不由得心生不快。

早在1910年,他就被诺贝尔化学奖获得者奥斯特瓦尔德首次提名。而九年前,他曾拒绝过爱因斯坦的求职申请。奥斯特瓦尔德称赞了狭义相对论,强调这一理论涵盖了基础物理学,而不像某些诋毁爱因斯坦的人所声称的仅仅涉及哲学。后来他又多次提名爱因斯坦,并屡次强调这一点。

瑞典诺贝尔奖委员会对诺贝尔的遗愿念念不忘,牢记该奖项

---

[1] Svante Arrhenius to Einstein, Sept. 1, 1922, AEA 6-353; Einstein to Arrhenius, Sept. 20, 1922, AEA 6-354.

第十四章 诺贝尔奖获得者，1921—1927

应当奖励那些"最重要的发现或发明"。它感觉这两项要求相对论都不符合，于是委员会的报告说，"在人们可以接受这一原理，特别是授予诺贝尔奖之前"，相对论有待于获得更多的实验证据。[1]

在接下来的十年间，爱因斯坦仍然因为相对论而多次被提名。他获得了像维恩这样的著名理论家的支持，尽管洛伦兹对此仍持怀疑态度。他最大的障碍是，当时的诺贝尔奖委员会对纯理论家很警惕。从1910年到1922年，委员会的五位成员中有三位是来自瑞典乌普萨拉大学的实验家，他们都是因为在完善实验测量技巧方面的贡献而出名的。"带有强烈实验偏好的瑞典物理学家们把持着委员会，"奥斯陆科学史家罗伯特·马克·弗里德曼指出，"他们认为，精密测量是这门学科的最高目标。"也正是由于这个原因，普朗克要等到1919年（那时授予的是迟来的1918年诺贝尔奖）才能获奖，而庞加莱则压根没有获奖。[2]

1919年11月的日食观测戏剧性地部分证实了爱因斯坦的理论，这本应使他获得1920年的诺贝尔奖。那时洛伦兹的疑虑已经打消，他和玻尔以及其他六位正式提名者写信支持爱因斯坦，主要集中在他完成了的相对论。（普朗克也写信予以支持，不过他的信在截止日期后才到。）正如洛伦兹在信中所说，爱因斯坦"已经成为所有时代第一流的物理学家"。玻尔的信说得也很明

---

[1] Pais，506－507；Elzinga，82－84。

[2] Robert Marc Friedman 2005，129。亦参见 Friedman's book，*The Politics of Excellence：Behind the Nobel Prize in Science*（New York：Henry Holt，2001），特别是第7章，Einstein Must Never Get a Nobel Prize!；Elzinga；Pais 1982，502。

确:"我们在这里看到了一项绝顶重要的进展。"[1]

政治也介入进来。直到那时,拒绝授予爱因斯坦诺贝尔奖的主要理由一直是科学方面的:他的工作是纯理论的,缺乏实验基础,而且一般认为并不涉及任何新定律的"发现"。在日食观测、解释水星轨道运动以及其他实验证实出现之后,这些论证仍然被用来反对爱因斯坦,但现在带有更强的文化和个人偏见。在其批评者看来,自富兰克林降服闪电之后,爱因斯坦忽然一跃成为国际上最著名的科学家和超级明星,恰恰证明他擅于自我推销,不配获得诺贝尔奖。

在委员会主席阿雷尼乌斯解释爱因斯坦为何没有在1920年获得诺贝尔奖的七页内部报告中显然有这种潜台词。他指出,日食观测结果被指模糊不清,科学家们尚未证实该理论的预言,即太阳光会在太阳引力的作用下朝光谱的红端偏移。他还引用了反犹主义者和反相对论者格尔克(他于1920年夏天在柏林领导了臭名昭著的反爱因斯坦集会)不足为信的论证,认为水星轨道的运动可以通过其他理论来解释。

另一位反犹主义批评者勒纳德也在幕后发动了一场反对爱因斯坦的运动。(第二年,勒纳德提名格尔克获诺贝尔奖!)瑞典科学院院士、著名探险家斯文赫定后来回忆说,勒纳德极力劝说他和其他人相信,"相对论实际上不是一个发现,而且也没有得到证明"。[2]

---

[1] Pais 1982,508;Hendrik Lorentz and Dutch colleagues to the Swedish Academy,Jan. 24,1920;Niels Bohr to the Swedish Academy,Jan. 30,1920;Elzinga,134.

[2] Brian 1996,143 引用了作家欧文·华莱士(Irving Wallace)为其小说《奖》(*The Prize*)所做的调查采访。

阿雷尼乌斯的报告引用了勒纳德"对爱因斯坦广义相对论中怪异之处的猛烈批判"。勒纳德批评这种物理学不是基于实验和具体发现。但勒纳德的报告中夹杂着对那种"哲学臆想"的强烈憎恨，他经常斥之为"犹太科学"的特征。[1]

就这样，1920年的诺贝尔物理学奖颁给了曾经是爱因斯坦科学对手的另一位苏黎世联邦工学院毕业生查理-爱德华·纪尧姆。他是国际计量局局长，在科学上做出的贡献一般：他使人们相信标准器更为精确，发现金属合金能够用于制造优质量杆等。"当物理学界已经开始着手进行一场非凡的思想历险时，人们惊讶地发现，纪尧姆基于日常研究和常规理论技巧所做的工作竟被看成一项出类拔萃的成就，"弗里德曼说，"即使那些反对相对论的人也会觉得纪尧姆入选很奇怪。"[2]

到了1921年，公众对爱因斯坦的狂热已经如火如荼。不论是好是坏，支持他获得诺贝尔奖的呼声很高。大家似乎都认为，倘若他得不到诺贝尔奖，那将不可思议。而且从德国的普朗克到非德国的爱丁顿，理论家和实验家都有。他获得了14项正式提名，远远超过任何其他竞争者。"爱因斯坦甚至像牛顿那样超出了他的同时代人。"爱丁顿给出了皇家学会会员可能做出的最高褒扬。[3]

这一次，诺贝尔奖委员会给斯德哥尔摩北部乌普萨拉大学的眼科学教授古尔斯特兰德布置了一项任务，即制定一份关于相对论的报告。古尔斯特兰德曾经获得1911年的诺贝尔医学奖，他

---

[1] Elzinga，144.
[2] R. M. Friedman，130. 亦参见 Pais 1982，508。
[3] Arthur Eddington to the Swedish Academy，Jan. 1，1921.

对相对论的数学和物理学都不在行，但却无知地严厉批评爱因斯坦的理论。古尔斯特兰德显然在想方设法诋毁爱因斯坦，他在长达50页的报告中宣称，光线的弯曲并不能真正检验爱因斯坦的理论，其结果在实验上并非有效，即便有效，也仍然可以用经典力学来解释这种现象。至于水星轨道，他宣称"在进一步明确爱因斯坦的理论是否符合近日点实验之前，它仍然是未知的"。他还说，狭义相对论可以测量的效应"比实验误差极限还小"。作为一个以设计精密光学测量仪器而出名的人，古尔斯特兰德似乎特别惊愕于爱因斯坦的结论，即刚性的量杆长度竟然会相对于观察者而改变。古尔斯特兰德提出，在日食期间用来检测星光弯曲的仪器可能由于温度变化而不够可靠。[1]

即使瑞典科学院的某些成员意识到古尔斯特兰德的反对过于简单，事情也很难处理。他是一个德高望重的受欢迎的瑞典教授，无论是公开场合还是私下里，他都坚持说，"诺贝尔奖这一伟大奖项不应授予这样一个高度思辨的理论。它虽然现在引发了公众狂热，但很快就会消退"。最终，科学院不是另选一个人，而是做了一件对爱因斯坦伤害更小（或更多？）的事情：经过投票，它没有定出人选，而是暂时将1921年的奖推到了下一年。

这一结局弄不好就会变得无法收场。爱因斯坦不获奖对诺贝尔奖的影响要比对他本人更坏。"试想一下，如果50年后爱因斯坦的名字没有出现在诺贝尔奖获得者的名单中，舆论会怎么想。"法国物理学家马塞尔·布里渊在1922年的提名信中

---

[1] Pais 1982, 509; R. M. Friedman 131; Elzinga, 151.

写道。[1]

这时，1922年进入委员会的乌普萨拉大学理论物理学家奥森前来"救驾"了。他是古尔斯特兰德的同事和朋友，这使他能够和缓地帮助爱因斯坦逐渐克服这位眼科学家的一些有欠考虑的顽固反对。他意识到相对论问题太富争议，最好另谋出路。于是奥森力主因"发现光电效应定律"而授奖于爱因斯坦。

这句话的每个字都经过了认真的斟酌推敲。当然，它只字未提相对论（事实上，历史学家对此有不同的说法），它不是因为爱因斯坦的光量子理论（即使那是1905年一篇论文的主要关注点），也不是因为任何**理论**，而是因为对一条**定律**的发现。

上一年已经有一份报告讨论了爱因斯坦的"光电效应理论"，但奥森报告的标题即表明他采取了不同的进路："爱因斯坦的光电效应定律。"在其中，奥森并没有集中在爱因斯坦工作的理论方面，而是强调了爱因斯坦提出的一条所谓的基本自然定律，它已经完全被实验所证实：通过假设光以离散量子的方式被吸收和发射，以及它与光的频率的关系，提出了对光电效应的数学描述。

奥森还指出，授予爱因斯坦迟到的1921年诺贝尔奖可以使科学院有理由同时授予玻尔1922年诺贝尔奖，因为玻尔的原子模型建立在对光电效应定律的解释上。这种做法真是很妙，它既能确保当时两位最伟大的理论物理学家获得诺贝尔奖，同时又不违反科学院的传统。这一结果看来是不可避免了。古尔斯特兰德对此表示赞同，阿雷尼乌斯（他曾在柏林见过爱因斯坦，对其印象很深）现在也愿意接受。于是，1922年9月6日，瑞典科学院投了票，

---

[1] Marcel Brillouin to the Swedish Academy, Jan. 1922; Arnold Sommerfeld to the Swedish Academy, Jan. 11, 1922.

爱因斯坦和玻尔分别被授予1921年和1922年的诺贝尔物理学奖。

就这样，按照官方的说法，爱因斯坦荣获1921年诺贝尔奖，是"为了表彰他对理论物理学的贡献，特别是因为他发现了光电效应定律"。无论是这段引文，还是科学院秘书通知爱因斯坦的正式信函中，都插入了一段非同寻常的说明以防止误解。两份文件都强调，该奖的颁发"没有考虑您的相对论和引力场论在将来获得证实之后将拥有的价值"。[1] 结果，爱因斯坦没有因为相对论和引力方面的工作而获奖，也没有因为光电效应之外的工作而获奖。

因光电效应而让爱因斯坦得奖是一个黑色幽默。他的"定律"主要基于勒纳德所做的观测，而勒纳德又是最强烈反对他当选的竞争者。在1905年的论文中，爱因斯坦曾经感谢过勒纳德的"先驱性"工作。但在1920年柏林的反犹集会之后，他们变成了仇敌。现在，爱因斯坦不仅在勒纳德反对的情况下获了奖，而且还是在一个以勒纳德为先驱的领域，这使勒纳德异常愤怒。他气急败坏地给科学院写了封信（这也是科学院收到的唯一一封正式抗议信），说爱因斯坦误解了光的真正本性，而且他还是一个追名逐利的犹太人，其做法与德国物理学的真正精神背道而驰。[2]

12月10日，爱因斯坦正乘火车在日本旅行，错过了颁奖典礼。针对他领奖时应被看作德国人还是瑞士人有过许多争论，最终诺贝尔奖由德国大使领受，但在官方记录里他被列入双重国籍。

委员会主席阿雷尼乌斯精心策划了正式陈述。"也许没有哪一位在世的物理学家能够像阿尔伯特·爱因斯坦那样出名，"他说，"大

---

[1] Christopher Aurivillius to Einstein, Nov. 10, 1922. 在另一个译本中，实际寄给爱因斯坦的诺贝尔奖证书上有以下说法："不依赖于（在最终证实后）可能被归于相对论和引力理论的价值。"

[2] Elzinga, 182.

第十四章　诺贝尔奖获得者，1921—1927

多数讨论都集中在他的相对论。"然后他带着近乎轻蔑的口气说："它本质上属于认识论，因此一直是哲学圈里争论的热门话题。"

在简要谈及爱因斯坦的其他工作后，阿雷尼乌斯给出了科学院对他获奖原因的解释。"爱因斯坦的光电效应定律已经被美国的密立根[1]和他的学生以极为严格的方法所检验，并且出色地通过了检验。"他说，"就像法拉第定律是电化学的基础一样，爱因斯坦的定律已经成为定量光化学的基础。"[2]

次年7月，爱因斯坦在一次瑞典科学会议上发表了正式受奖演说，新瑞典国王古斯塔夫五世也出席了。他没有谈及光电效应，而是讨论了相对论。他在结尾强调了其工作的重要性，即发现一种统一场论，将广义相对论与电磁理论（如果可能的话还有量子力学）调和起来。[3]

当年的诺贝尔奖金是121572瑞典克朗，约合32250美元，比当时一般教授的年薪要高十倍多。根据与米列娃签订的离婚协议，爱因斯坦将一部分钱直接寄给苏黎世，为米列娃和孩子们做信托，其余的钱则汇入一个美国账户，利息直接归米列娃使用。

这引发了另一场争吵。汉斯·阿尔伯特抱怨说，这种以前承诺的安排使得家人只能使用利息。仓格尔又一次进行了调解，才使争论平息下来。爱因斯坦开玩笑似的给儿子们写信说："你们都会变得非常富有，有朝一日兴许我会找你们贷款的。"米列娃最终用

---

[1] 密立根由于在芝加哥大学做的关于光电效应的实验工作而于1923年获得诺贝尔奖。当时他已经成为加州理工学院物理实验室主任。20世纪30年代初，他邀请爱因斯坦到那里访问。

[2] Svante Arrhenius, Nobel Prize presentation speech，Dec. 10, 1922, nobelprize.org/physics/laureates/1921/press.html.

[3] Einstein, Fundamental Ideas and Problems of the Theory of Relativity, Nobel Lecture, July 11, 1923.

这笔钱在苏黎世买了三套用于出租的房子。[1]

牛顿的水桶和以太的重现

"一个人只有在年轻时才能发明真正新颖的东西，"爱因斯坦在完成广义相对论和宇宙论的工作后对一位朋友悲叹道，"后来他越来越有经验，越来越著名——但思想却越来越僵化了。"[2]

1919年，爱因斯坦已步入不惑之年，那年的日食观测使他名

---

[1] Einstein to Hans Albert and Eduard Einstein, Dec. 22, 1922, AEA 75-620. 诺贝尔奖金的整个故事非常复杂，多年来引发了大量争论，随着爱因斯坦与米列娃的通信在2006年被公布才真相大白。根据离婚协议，诺贝尔奖金被存入一家瑞士银行。米列娃可以使用利息，但只有在爱因斯坦同意后才能花这笔钱。1923年，在咨询了一位理财师之后，爱因斯坦决定只把一部分钱放在瑞士银行，而把其余的钱存入一个美国账户。这使米列娃感到恐慌，并引起了摩擦，后来在朋友们的斡旋下才逐渐平息。在爱因斯坦的准许下，米列娃1924年用瑞士银行的钱和一大笔贷款在苏黎世买了一幢公寓。其租金可以用来支付贷款、物业费以及一部分家庭开销。两年后，经过爱因斯坦首肯，米列娃又用诺贝尔奖金中的40000瑞士法郎以及一些贷款买了两幢房子。后来证明，这两幢新房子的投资是失败的，为了不危及第一幢房子（米列娃和爱德华在那里居住）的所有权而不得不卖掉。与此同时，美国经济的大萧条降低了在那里开户和投资的价值。爱因斯坦继续为米列娃和爱德华支付数量可观的钱，但米列娃的确有理由担心在经济上是否能够得到保障。到了20世纪30年代末，爱因斯坦建了一家控股公司，从米列娃那里购买了剩下的公寓（她仍然在那里居住），并且接管她的债务，以免房子再被银行收走。米列娃可以继续住在这幢公寓中，并获得多余的租金收益。此外，爱因斯坦还每月寄一笔钱以帮助抚养爱德华。这种安排一直持续到20世纪40年代末，那时米列娃再也无法照顾房子了，来自租金的这笔收入已经入不敷出。在爱因斯坦的准许下，米列娃卖掉了房子，但依然拥有对房子的所有权。来自这笔收益的钱最后在米列娃的床垫下面被找到了。一些批评者指责爱因斯坦听任米列娃在贫困中死去。虽然米列娃有时肯定感到被遗弃和穷困潦倒，但爱因斯坦的确试图保护她和爱德华免受经济上的压力，不仅支付了他应付的那部分，而且还对他们的生活开销给予补助。感谢希伯来大学爱因斯坦档案馆的芭芭拉·沃尔夫就这一话题所提供的帮助。亦参见Alexis Schwarzenbach, *Das verschmähte Genie: Albert Einstein und die Schweiz* (DVA, 2003)。

[2] Einstein to Heinrich Zangger, Dec. 6, 1917.

扬世界。在接下来的6年里，他继续为量子理论做着巨大贡献。但我们看到，在那之后，他开始表现得僵化和固执起来：他拒绝量子力学，经年累月地尝试提出一种统一理论，将量子力学纳入一种更加决定论的框架，但最终没有成功。

在随后的若干年里，研究者们发现了自然界中除电磁力和引力之外的新的力和新的粒子，这将使爱因斯坦的统一之路变得更加曲折。但他不大熟悉实验物理学的最新成果，对于如何从大自然中获取其基本原理不再有同样的直觉、感受。

假使爱因斯坦在日食观测后就退休，在余下的36年里致力于帆船运动，那么科学会因此而受损么？肯定如此。即使他对量子力学的大部分攻击并不一定站得住脚，但对它的确有所推进，而且通过其天才但徒劳地寻找漏洞而加强了这种理论。

这引出了另一个问题：为什么爱因斯坦在40岁之前要比40岁之后创造力强那么多？部分原因在于，对在40岁之前做出重大突破的数学家和理论物理学家而言，这是一种职业病。[1]"思想已经锈住，"爱因斯坦对一位朋友说，"而钙化的外壳周围仍然裹了一层闪闪发光的名声。"[2]

更加具体地说，爱因斯坦的科学成功部分来自于他的反叛精神。他的创造性与不服从权威有关。他对旧秩序没有感情依附，

---

［1］"除了少数几个**特例，**理论物理学中**一切**真正伟大的发现都已经被**30岁以**下的人做出了。"Bernstein, 1973, 89, 着重表示是原文就有的。爱因斯坦36岁完成了广义相对论的工作，但他的第一步，即他关于引力与加速等效的"最幸福的思想"是在28岁时获得的。普朗克在1900年12月做量子演讲时是42岁。

［2］Einstein to Heinrich Zangger, Aug. 11, 1918; Clive Thompson, Do scientists age badly? *The Boston Globe*，Aug. 17, 2003. 现代计算机的创始人之一冯·诺依曼曾经说，数学家的思考能力在26岁达到顶峰。有一项对随机抽取的科学家的研究表明，80%的人是在40岁左右做出最出色工作的。

因此可以毅然颠覆它。这种顽固曾经很奏效。

但是现在，他用早期放荡不羁的态度换来了中产阶级家庭的舒适，却又开始固执地相信，场论可以保持经典科学的确定性和决定论。于是，这种顽固开始对他不利。

若干年前，在完成了1905年那些著名论文之后不久，他已经开始担心这种命运。"不久我的思想将陷入贫瘠和停滞，那时只能悲叹年轻人的革命精神了。"他曾对奥林匹亚科学院成员索洛文表示过这种担忧。[1]

现在，在多次取得成功之后，一些年轻的革命者感到这种命运的确降临到了他身上。爱因斯坦后来发表了一条极有启发性的评论："为了惩罚我对权威的蔑视，命运把我自己变成了一个权威。"[2]

于是毫不奇怪，20世纪20年代，爱因斯坦又放弃了他早期提出的一些大胆的新观念。例如，他曾经在其1905年著名的狭义相对论论文中将以太概念斥为"多余"，但在完成了广义相对论之后却又总结说，广义相对论中的引力势刻画了空虚空间的物理性质，充当着一种能够传播扰动的介质，并称这是一种设想以太的新方式。"我同意你的看法，广义相对论承认一种以太假说。"他1916年写信给洛伦兹说。[3]

1920年5月，在莱顿的一次讲演中，爱因斯坦公开提出了以太重现（尽管不是复生）的可能性。"然而，更加深入的考察表明，狭义相对论并不一定要求否定以太，"他说，"可以假定有以太存

---

[1] Einstein to Maurice Solovine, Apr. 27, 1906.
[2] Aphorism for a friend, Sept. 1, 1930, AEA 36-598.
[3] Einstein to Lorentz, June 17, 1916; Miller 1984, 55-56.

在，只是不能再赋予它确定的运动状态。"

他说，这种修正的观点被广义相对论的结果所证实。他明确指出，这种新以太与旧以太不同：旧以太被认为是一种波动起伏的介质，能够解释光波在空间中的运动，而他在这里重新引入这一思想是为了解释旋转和惯性。

如果他选择了另一个术语，或许可以避免某些混乱。但在演讲中，他明确指出他是有意重新引入以太概念：

> 否认以太的存在，最后就意味着空虚空间没有任何物理性质。这种见解不符合力学的基本事实……为了能把加速和转动都看作是某种实在的东西，除了可以观察到的客体之外，还必须把另一种不可察觉的东西也看作是实在的……以太概念又一次获得了一种思想内容，这种内容当然同光的机械波动说的以太内容大不相同……依照广义相对论，空间已经被赋予了物理性质；在这种意义上说，存在着一种以太。没有以太的空间是不可思议的；因为在这样一种空间中，不但光不能传播，而且空间和时间的标准（量杆和时钟）也不可能存在，因此也就没有任何物理意义上的时空间隔。但是又不可认为这种以太会具有那些有重介质所特有的性质，也不可认为它是由那些能够随时间追踪下去的粒子所构成。运动概念不适用于以太。[1]

---

[1] Einstein, Ether and the Theory of Relativity, speech at University of Leiden, May 5, 1920, CPAE 7: 38.

319　　　那么,这种重现的以太是什么?它对马赫原理以及牛顿水桶实验[1]提出的问题意味着什么?爱因斯坦开始时主张,就像马赫曾经主张的那样,广义相对论将旋转解释成一种**相对于**空间中其他物体的运动。换句话说,如果你位于一个在空虚空间中摆动的水桶中,宇宙中没有其他物体,那么就没有任何方法说明你是否在旋转。爱因斯坦甚至写信给马赫说,他的原理得到了广义相对论的支持,他应当为此而高兴。

　　爱因斯坦曾在一封致施瓦茨希尔德的信中表达过这一观点。施瓦茨希尔德就是那位在战争期间从俄国前线写信给爱因斯坦讨论广义相对论的宇宙学含义的优秀年轻科学家。"惯性仅仅是物体之间的一种相互作用,而不是与观察到的物质相分离的'空间'本身的一种效应。"爱因斯坦曾经说。[2]但施瓦茨希尔德不同意这种看法。

　　4年之后,爱因斯坦又改变了想法。在其莱顿讲演中,爱因斯坦一反1916年对广义相对论的阐释,承认他的引力场论蕴含着的空虚空间具有物理性质。悬浮于空虚空间中的物体(比如牛顿的水桶)的力学行为"不仅取决于相对速度,而且取决于它的旋转状态"。这意味着"空间被赋予了物理性质"。

　　他承认,这意味着放弃马赫原理。马赫的思想,即惯性源于宇宙中所有遥远物体的存在,蕴含着这些遥远物体能够**瞬时**作用于物体,即使它们相距遥远。爱因斯坦的相对论并不接受瞬时的超距作用,甚至引力也不能瞬时发生作用,而只能通过遵守光速极

---

[1] 关于牛顿的思想实验,即位于空虚空间的水桶中的水是否受到惯性力,从而压向水桶,参见第九章。关于爱因斯坦1916年的观点(他正在修正的),即一个空荡荡的宇宙将既没有惯性,也没有时空结构,参见第十一章。

[2] Einstein to Karl Schwarzschild, Jan. 9, 1916.

限的引力场的变化才能发生。"相对于遥远物体的加速所受到的惯性阻力，预先假定了一种超距作用，"爱因斯坦在讲演中说，"由于现代物理学家并不接受这种所谓的超距作用，它便重新回到了能够充当惯性效应介质的以太上来。"[1]

这个问题仍然富有争议，但爱因斯坦似乎至少在莱顿讲演中认为，根据他目前所理解的广义相对论，牛顿水桶中的水将会冲上桶壁，即使它在一个空荡荡的宇宙中旋转。"与马赫可能的预言相反，"格林写道，"即使在一个空荡荡的宇宙中，你也将感到被压向旋转水桶的内壁……在广义相对论中，空的时空为加速运动提供了一个基准。"[2]

将水推向桶壁的惯性是因其相对于度规场的旋转而引起的，现在爱因斯坦把这种场重新解释为以太，而且这种度规场无法还原为物质。结果，爱因斯坦不得不面对这样一种可能性，即广义相对论并不必然消除绝对运动，至少是相对于时空度规的绝对运动概念。[3]

这并不完全是倒退或回归到 19 世纪的以太概念，但它是一种更加保守的看待宇宙的方式，而且代表着与爱因斯坦曾经拥护的马赫的激进主义的决裂。

这显然使他感到不舒服。他的结论是，要想消除独立于物质而存在的以太，最好方法就是发现那种难以捉摸的统一场论。那

---

[1] Einstein, Ether and the Theory of Relativity, speech at University of Leiden, May 5, 1920, CPAE 7: 38.

[2] Greene 2004, 74.

[3] Janssen 2004, 22. 爱因斯坦在 1921 年普林斯顿讲演中将这一点说得更清楚，但还说："马赫似乎正确地认为，惯性依赖于物质的相互作用。"Einstein 1922a, chapter 4.

将是多么美妙啊！"以太与物质的这种对立将会逐渐消失，"他说，"通过广义相对论，整个物理学将变成一个完备的思想体系。"[1]

玻尔、激光和"偶然性"

到目前为止，爱因斯坦中年时期从革命者转变成保守主义者的最重要表现就是他对量子理论越来越强硬的态度。量子理论在20世纪20年代中期造就了一个崭新的力学体系。他对这种新的量子力学疑虑重重，追寻一种能够将量子力学与相对论调和起来并且恢复自然确定性的统一理论，这些将是其后半生科学生涯的主要工作。

他曾是一个无畏的量子先驱，与普朗克一道在20世纪之初发动了量子革命；与普朗克不同，他是少数几位真正相信量子的物理实在性的科学家之一，认为**光实际上**是以能量包的形式出现的。这些光量子有时表现得像粒子，是不可分的单元，而不是连续体的一部分。

在1909年的萨尔茨堡演讲中，他曾预言物理学必须承认光有波粒二象性。在1911年第一次索尔维会议上，他宣称："普朗克理论中的这些非常令人困惑的非连续性似乎在自然中真实存在着。"[2]

普朗克并不认为他的量子果真具有物理实在。这使得普朗克在

---

[1] Einstein, "Ether and the Theory of Relativity," speech at University of Leiden, May 5, 1920, CPAE 7: 38.

[2] Einstein, On the Present State of the Problem of Specific Heats, Nov. 3, 1911, CPAE 3: 26；关于"在自然中真实存在"的引语出自英译本第三卷的第421页。

提名爱因斯坦当选普鲁士科学院院士的推荐信中说，爱因斯坦的"光量子也许走了极端"。另一些科学家也不肯承认爱因斯坦的量子假说。能斯特称它"也许是迄今为止最为奇特的说法"。即使在实验室中证实了光量子的预言能力之后，密立根也称它"完全站不住脚"。[1]

量子革命的新阶段开始于1913年，那时玻尔提出了一个修正的原子结构模型。玻尔比爱因斯坦年轻6岁，他才华横溢，但却腼腆害羞，不擅表达。他是丹麦人，因此可以从普朗克、爱因斯坦等德国人的工作，以及汤姆孙、卢瑟福等英国人在原子结构方面的工作中中立地汲取养料。"当时，量子理论是德国人的发明，很少进入英国。"爱丁顿回忆说。[2]

玻尔曾经在剑桥追随汤姆孙进行研究。但这位口齿不清的丹麦人与那位唐突的英国人交流起来有困难，于是玻尔转到曼彻斯特，在更合群的卢瑟福那里工作。卢瑟福曾经提出过一种原子模型，即微小的带负电的电子围绕着带正电的原子核旋转。[3]

然而，这些电子并不会像经典物理学所暗示的那样塌缩到原子核里，释放出连续的辐射光谱。玻尔据此对原子模型做了改进。玻尔的新模型乃是基于对氢原子的研究，在这一模型中，电子只能沿某些特定轨道，以某些离散的能量态围绕原子核旋转。原子从辐射（比如光）中吸收的能量必须恰好能够把电子升至另一个允许的轨道。类似地，原子发射的能量必须恰好能够使电子降至另一个允许的轨道。

---

[1] Robinson 84—85.
[2] Holton and Brush 435.
[3] Lightman 2005，151.

当电子从一个轨道运动到另一个轨道时，就发生了量子跃迁。换句话说，它是从一个能级到另一个能级的不连续转移，其间没有过渡。玻尔继而表明如何用这个模型来解释氢原子的光谱线。

听说玻尔的理论时，爱因斯坦既印象深刻，又有点嫉妒。有位科学家曾对卢瑟福说:"他告诉我，他也曾经有过类似的思想，但却不敢发表出来。"爱因斯坦后来这样评价玻尔的发现:"这是思想领域最高形式的音乐。"[1]

爱因斯坦1916年的一系列论文便是基于玻尔的模型，其中最重要的一篇《论辐射的量子理论》于1917年在一本杂志上正式发表。[2]

爱因斯坦从一个思想实验开始。一个充满原子的腔室受光（或任何形式的电磁辐射）的照射。爱因斯坦继而将玻尔的原子模型与普朗克的量子理论结合起来。如果电子轨道的每一变化都对应着一个光量子的发射或吸收，那么——一转眼！——就可以用一种更好的方式导出普朗克的黑体辐射公式。正如爱因斯坦对贝索所说:"关于辐射的发射和吸收，我忽然有所领悟；这一点你会感兴趣的。

---

[1] Clark 202; George de Hevesy to Ernest Rutherford, Oct. 14, 1913; Einstein 1949b, 47.

[2] Einstein, Emission and Absorption of Radiation in Quantum Theory, July 17, 1916, CPAE 6: 34; Einstein, On the Quantum Theory of Radiation, after Aug. 24, 1916, CPAE 6: 38, and also in *Physikalische Zeitschrift* 18 (1917). 参见Overbye, 304—306; Rigden, 141; Pais 1982, 404—412; Fölsing, 391; Clark, 265; Daniel Kleppner, Rereading Einstein on Radiation, *Physics Today* (Feb. 2005): 30. 此外，爱因斯坦在1917年写了一篇关于力学理论中能量量子化问题的论文，名为《论索默菲和爱因斯坦的量子定理》。它显示了经典量子理论运用到混沌力学系统时所碰到的问题。早期的量子力学先驱曾经引用过这篇论文，但此后几乎被遗忘。对这篇论文以及它在量子力学发展史中重要性的出色描述，参见Douglas Stone, Einstein's Unknown Insight and the Problem of Quantizing Chaos, *Physics Today* (Aug. 2005)。

这完全是从普朗克公式引出来的一个惊人结果。这一切全是量子化的。"[1]

原子自发地发出辐射，但爱因斯坦的理论却说，这一过程也可以被激发。我们可以用一种比较简化的方式来说明这一点：假设原子已经吸收了一个光子，从而处于一个高能量态。如果另一个特定波长的光子射向它，那么就可以发射出两个相同波长和方向的光子。

爱因斯坦的发现要更复杂一些。假定有一团原子，电脉冲或光脉冲等能量从外界被注入，那么许多原子将吸收能量，进入更高的能量态，并开始发射光子。爱因斯坦认为，这团光子云的出现使得一个与云中其他光子具有同样波长和方向的光子更有可能被发射出来。[2] 大约40年后，这种受激发射过程将成为发明激光的基础。"激光"（laser）是"受激辐射的光放大"（light amplification by the stimulated emission of radiation）的首字母缩写词。

爱因斯坦关于辐射的量子理论会导出一些奇特的结果。"可以令人信服地证明，"他告诉贝索，"基本的发射吸收过程是定向过程。"[3] 换句话说，光子从原子中射出时，并不沿各个方向出射（就像经典波动说所认为的那样），而是具有动量。换句话说，只有当每个辐射量子都沿某一特定方向发射时，方程才有效。

这倒还能理解。但问题是：**我们无法确定一个光子会沿哪个方向射出**，而且也**无法确定它什么时候射出**。如果一个原子处于较高的能量态，可以计算它在某一特定时刻发射光子的概率，但

---

[1] Einstein to Michele Besso，Aug. 11，1916.
[2] 感谢耶鲁大学的斯通教授就此处的叙述提供的帮助。
[3] Einstein to Michele Besso，Aug. 24，1916.

不论你拥有多少信息，都不可能精确确定发射的时间和方向，就像掷骰子一样全凭**偶然性**。

这个问题威胁了牛顿力学的严格决定论，破坏了经典物理学的确定性以及这样一种信念，即如果知道了一个系统的所有位置和速度，就可以确定它的未来。相对论的思想或许看似激进，但至少保留了严格的因果性，而量子古怪的不可预测性却破坏了这种因果性。

爱因斯坦承认，"将基本过程的时间和方向归结为'偶然性'，这是理论的一个弱点"。这一古怪的偶然性概念（他用的词是"Zufall"）令他深感不安。他用引号将这个词引起来，就好像要把它与自己隔开一样。[1]

认为宇宙本质上是随机的，事件可以没有原因地发生，不仅会引起爱因斯坦以及大多数经典物理学家的不安，而且也破坏了物理学的整个纲领。事实上，在这一点上他从来也不会妥协。"因果性的事情令我非常苦恼，"1920年他给玻恩写信说，"光量子的吸收和发射是否可以通过完全的因果性来设想呢？"[2]

爱因斯坦终其一生都将抵制这样一种观念，即在量子力学领域，概率和不确定性统治着自然。"一个暴露于辐射的电子竟然会**凭借其自由意志**不仅选择跃迁的瞬间，而且选择它的方向，我认为这种思想是不可容忍的，"几年后他对玻恩绝望地说，"要是这样，我宁愿当皮匠，甚至是赌场中的雇员，也不愿做物理学家。"[3]

从哲学上讲，爱因斯坦似乎对反相对主义者做了回应，后者

---

[1] Einstein, On the Quantum Theory of Radiation, after Aug. 24, 1916, CPAE 6: 38.
[2] Einstein to Max Born, Jan. 27, 1920.
[3] Einstein to Max Born, Apr. 29, 1924, AEA 8-176.

把爱因斯坦的相对论解释（或曲解）为终结了自然中的确定性和绝对性。事实上，爱因斯坦认为相对论导向了一种基于四维时空结构的对确定性和绝对性的更深描述，他称为"不变性"。而量子力学却基于自然中实际隐藏的不确定性，事件只能通过概率来描述。

1920年访问柏林期间，量子力学运动哥本哈根学派的领袖玻尔第一次见到了爱因斯坦。玻尔带着丹麦奶酪和黄油来到爱因斯坦的寓所，然后开始讨论偶然性和概率在量子力学中扮演的角色。爱因斯坦表达了他对"放弃连续性和因果性"的谨慎，玻尔则对进入这一模糊领域更为大胆。他反驳爱因斯坦说，鉴于目前的证据，放弃严格的确定性是"唯一出路"。

爱因斯坦承认，玻尔在原子结构方面的突破以及它所蕴含的辐射量子的随机性给他留下了很深的印象，但也使他感到忧虑。"也许我自己本来也可以得出类似的结论，"爱因斯坦感慨地说，"但果真如此的话，那将意味着物理学的终结。"[1]

虽然爱因斯坦觉得玻尔的思想令人惶恐，但他发现这个不拘礼节的高个子丹麦人很可爱。"在我的生活中，很少有人能像你一样带给我如此乐趣。"他在那次访问之后马上写信给玻尔，还说乐于想象"你那孩子般的愉快面孔"。他在其他人面前也有相同的评价。"玻尔在这里，我和你一样喜欢他，"他写信给两人共同的朋友莱顿的埃伦菲斯特，"他极为敏感，就好像在这个世界上恍惚地游走。"[2]

玻尔对爱因斯坦也十分敬重。1922年11月宣布他们相继获得

---

[1] Niels Bohr, Discussion with Einstein, in Schilpp, 205—206; Clark, 202.

[2] Einstein to Niels Bohr, May 2, 1920; Einstein to Paul Ehrenfest, May 4, 1920.

诺贝尔奖后，玻尔写信说，爱因斯坦首先是因为"你在我研究的那个领域中做出的基础贡献"而被认可，这使他备感喜悦。[1]

第二年夏天，在从瑞典发表获奖演说回家的路上，爱因斯坦到哥本哈根看望玻尔。玻尔在火车站迎接他，乘有轨电车接他到家。他们在路上就开始争论起来。"我们乘坐电车，谈兴正浓，不觉坐过了站，"玻尔回忆说，"我们下了车往回走，但又坐过了站。"两人都没有留心，因为这种对话实在是太让人着迷了。"我们来来回回地坐车，"玻尔说，"人们对我们怎么看可想而知。"[2]

他们的关系不仅是一种友谊，而且也成了一种思想交流。它始于对量子力学的不同观点，随即扩展到科学、知识和哲学的相关问题。"在整个人类思想史上，没有什么对话能比尼尔斯·玻尔与阿尔伯特·爱因斯坦在若干年里关于量子含义的对话更伟大了。"曾经在玻尔指导下进行研究的物理学家惠勒说。社会哲学家斯诺甚至宣称："此前从未有过更为深奥的思想辩论"。[3]

他们的争论涉及宇宙设计的核心。是否存在着一种不依赖于我们观察的客观实在？是否存在着什么定律能够给看似随机的现象恢复严格的因果性？宇宙中的一切事物是否都是被预先决定的？

在以后的日子里，玻尔将一次次地揭示爱因斯坦的错误以使其皈依量子力学。"爱因斯坦，爱因斯坦，爱因斯坦"，每一次恼人的会面之后他都会这样喃喃地说。但这种讨论背后隐藏的是一种深挚的感情，甚至是会心的幽默。有许多次，当爱因斯坦宣称上帝不会掷骰子时，玻尔都会反唇相讥地说出那句名言：爱因斯坦，

---

[1] Niels Bohr to Einstein, Nov. 11, 1922, AEA 8-73.
[2] Fölsing, 441.
[3] John Wheeler, Memoir, in French, 21; C. P. Snow, Albert Einstein, in French, 3.

不要告诉上帝做什么![1]

量子跃迁

与几乎由爱因斯坦单枪匹马提出的相对论的发展不同，量子力学在1924—1927年的发展得益于一群年轻人在短时间内的独立研究与精诚合作。无论是拒绝量子极端结果的普朗克和爱因斯坦的工作，还是新一代的导师玻尔所取得的突破，都是他们工作的基础。

路易·德布罗意因为与废黜的法国王室有关系而拥有亲王头衔。他本来研究历史，希望成为一名公务员。但大学毕业以后，他迷上了物理学。他1924年的博士论文给这一领域带来了新的生机。他问到，如果波可以表现得像粒子，那么粒子不也应当表现得像波吗？

换句话说，量子理论认为，光不仅应当看作波，而且也应看作粒子。与此类似，按照德布罗意的说法，像电子这样的粒子也可以看作波。"我突然灵光闪现，"德布罗意后来回忆说，"爱因斯坦所说的波粒二象性是一种绝对一般的现象，可以推广到所有物体。如果是这样，那么一切粒子——光子、电子、质子或其他粒子——的运动都必定与波的传播联系在一起。"[2]

运用爱因斯坦的光电效应定律，德布罗意表明，与电子（或

---

[1] 玻尔的这句妙语经常被引用。我能找到的一个叙述不太简练的出处是玻尔和爱因斯坦1927年在索尔维会议上对存在的描述："爱因斯坦开玩笑似的问我们是否真的相信亲爱的上帝会掷骰子。对此我以古代思想家提出的要求作为回应，他们说，在用日常语言赋予上帝属性时要非常谨慎。" Niels Bohr, Discussion with Einstein, in Schilpp, 211. 讨论时在场的海森伯也重述了这句妙语："玻尔对此只能回答：'但是，不能由我们来告诉上帝如何去管理世界。'" Heisenberg 1989, 117.

[2] Holton and Brush, 447; Pais 1982, 436.

任何粒子)相联系的波长将与普朗克常量除以粒子的动量有关，结果将是一个小得不可思议的波长。这意味着这种波通常只与亚原子粒子有关，而不涉及像石块、行星、棒球这样的东西。[1]

在玻尔的原子模型中，电子只有通过某些量子跃迁才可以改变轨道（或者更准确地说，是改变其恒定的驻波模式）。德布罗意的论文通过把电子设想成既是粒子又是波来解释这一点。那些波围绕着原子核形成圆周，其周长必须是粒子波长的整数倍（比如2倍、3倍、4倍……）。如果有波长的一部分余下来，它就不会精确符合指定的圆。于是，所允许的轨道依赖于与普朗克常量相关的波长。

德布罗意打出了三份论文，一份寄给了他的导师朗之万，他也是爱因斯坦（和居里夫人）的朋友。朗之万有些拿不定主意，他把一份稿寄给了爱因斯坦。爱因斯坦对这项工作大加称赞，说它"揭开了大幕的一角"。德布罗意自豪地说："朗之万因此而肯定了我的工作。"[2]

爱因斯坦也做出了自己的贡献。那年6月，他收到了印度的年轻物理学家萨蒂延德拉·纳特·玻色寄来的一篇英语论文。他通过将辐射看成一团气云，并用统计方法来分析，从而导出了普朗克的黑体辐射定律。但玻色说，无论在理论上还是实际上，任何处于相同能量态的光子是绝对不可区分的，在统计计算中不应分开处理。

玻色对统计分析的创造性运用让人想起了爱因斯坦年轻时对这

---

[1] 以每小时90英里的速度掷出的棒球的德布罗意波长大约是 10^{-34} 米，它比原子甚至质子都要小得多，这么小的尺寸根本无法观测到。

[2] Pais 1982，438. 泡利回忆说："1924年秋天，在因斯布鲁克举行的物理学会议讨论中，爱因斯坦建议用分子束来研究干涉衍射现象。" Pauli，91.

种方法的热情。他不仅让玻色的论文得以发表，而且还亲自写了三篇论文对它进行拓展。在这些论文中，他将玻色的计算方法（后来被称为"玻色-爱因斯坦统计"）应用于实际的气体分子，从而成为量子统计力学的主要创始人。

玻色的论文考虑的是没有质量的光子，爱因斯坦则拓展了这一观念。他将某些情况下有质量的量子粒子看成在统计上彼此不可区分。"量子或分子不应被看成在统计上彼此独立的结构。"他写道。[1]

爱因斯坦从玻色的原始论文中得到的关键洞见涉及如何计算多个量子粒子每一种可能状态的概率。耶鲁物理学家斯通以骰子做类比来说明这一计算。在计算两个骰子（A和B）滚动后得到7点的机会时，我们先是计算A是4点、B是3点的概率，再计算A是3点、B是4点的概率，最后将两者看成得到7点的完全不同的方式，把两项结果结合起来。爱因斯坦意识到，在运用这种计算量子态机会的新方法时，两个概率不应被看成不同，而应被看成同一个。4-3组合与3-4组合是不可区分的；类似地，5-2组合与2-5组合也不可区分。

这就将两个骰子得到7点的方式数目减少了一半，将得到6点的方式数目从五种减少到三种，但并不影响得到2点或12点的方式数目（无论采用何种计数方法，都只有一种方式来实现2点或12点）。只要花几分钟记下可能的结果，就会表明这个系统如何改变了得到任何特定总数的总概率。如果把这种新的计算方法运用于几

---

[1] Einstein, Quantum Theory of Single-Atom Gases, part 1, 1924, part 2, 1925. 这句引语出现在第7节，第2部分。这篇论文的手稿于2005年在莱顿被发现。

十个骰子，那么它所造成的变化将会更大。如果我们讨论的是数十亿个粒子，概率的改变就是巨大的了。

爱因斯坦在把这种方法运用到量子粒子气时，发现了一个奇怪的性质：对经典粒子气而言，除非粒子彼此吸引，它仍然是一种气；但量子粒子气，却会凝聚成某种流体，就像粒子相互吸收一样，即使它们之间并没有力。

这一现象现在被称为玻色-爱因斯坦凝聚[1]，它是量子力学的一项卓越的重要发现，而大部分功劳都应归功于爱因斯坦。玻色并没有充分意识到他所运用的统计数学代表着一种全新的研究方法。和普朗克常量一样，爱因斯坦洞悉了他人发明设计中的物理实在和意义。[2]

正如爱因斯坦和德布罗意所建议的，爱因斯坦的方法将粒子看成好像具有波性。爱因斯坦甚至预言，如果用一束气体分子做托马斯·杨的双缝干涉实验（该实验通过将一束光通过两个狭缝而看到干涉纹样，表明光的行为像波），它们将像波一样彼此干涉。他写道："一束穿过缝隙的气体分子必定会像光线那样发生衍射。"[3]

令人惊讶的是，不久实验就表明事实的确是这样。尽管爱因斯坦对量子理论的方向感到不安，但至少在目前，他仍然在推进

---

[1] 1995年，玻色-爱因斯坦凝聚终于被 Eric A. Cornell，Wolfgang Ketterle 和 Carl E. Wieman 用实验观察到，他们也因此而获得2001年诺贝尔奖。

[2] 感谢耶鲁大学的斯通教授帮助写作本节内容，并解释爱因斯坦工作的基础重要性。斯通是一位理论凝聚态物理学家，他正在写一本关于爱因斯坦对量子力学的贡献及其意义的书，尽管爱因斯坦后来拒斥这一理论。根据斯通的说法，"这一被称为玻色-爱因斯坦凝聚的基本发现有99%应归功于爱因斯坦。玻色甚至并没有意识到他是以不同的方式进行计算的"。关于因实现玻色-爱因斯坦凝聚而获得的诺贝尔奖，参见 nobelprize.org/physics/laureates/2001/public.html。

[3] Bernstein 1973，217；Martin J. Klein, Einstein and the Wave-Particle Duality, *Natural Philosopher* (1963)：26.

量子理论。"显然，爱因斯坦影响了波动力学的基础，"他的朋友玻恩后来说，"这是无可否认的。"[1]

爱因斯坦承认，粒子的这种"相互影响非常神秘"，因为它们似乎本应独立地行为。"量子或分子未被看成彼此独立"，他写信给另一位困惑的物理学家，并在附言中承认，它在数学上没有什么问题，但"物理性质依然隐藏着"。[2]

从表面上看，假设两个粒子无法区分，违反了爱因斯坦坚持的可分离性原理，他后来也用这条原理来质疑量子力学的完备性。该原理断言，在空间中处于不同位置的粒子被赋予了分离的、独立的实在性。广义相对论引力理论的一个目标就是避免任何"神秘的超距作用"，即发生在一个物体上的事情可以瞬时影响另一个遥远的物体。

爱因斯坦又一次站在了量子理论的最前沿，这方面将一直使他耿耿于怀。又一次，年轻同行比他更容易接受他的思想，一如他曾经比普朗克、庞加莱和洛伦兹等人更拥护他们的思想。[3]

奥地利理论物理学家埃尔文·薛定谔迈出了下一步。由于他觉得自己不大可能发现任何重要的东西，于是决定成为一名哲学家。但在世的奥地利哲学家实在太多了，他在哲学上无法谋职，于是开始坚持做物理。爱因斯坦对德布罗意的表扬使他深受鼓舞，不久他提出了一种被称为"波动力学"的理论，得出了支配德布罗意电子波的方程。薛定谔根据自己的理解，称这种波为"爱因斯坦-

---

[1] Max Born, Einstein's Statistical Theories, in Schilpp, 174.
[2] Einstein to Erwin Schrödinger, Feb. 28, 1925, AEA 22-2.
[3] Don Howard, Spacetime and Separability, 1996, AEA Cedex H; Howard 1985; Howard 1990b, 61-64; Howard 1997. 后者认为叔本华的哲学影响了爱因斯坦的空间可分离性理论。

德布罗意波"。[1]

开始时爱因斯坦很有兴趣，但很快就对薛定谔波的一些结果感到困惑，特别是这种波能够在一段时间内传播很远。爱因斯坦认为，电子实际上不可能这样波动。那么在现实世界中，波动方程到底表示什么呢？

当时正在哥廷根教书的玻恩是爱因斯坦的密友，两人一直保持着通信往来。玻恩回答了这个问题。他提出，这种波描述的并不是电子或粒子的行为，而是它在任一时刻处于某一位置的**概率**。[2]于是，量子力学从根本上说乃是基于偶然性而不是因果确定性，甚至比先前认为的更甚，这使爱因斯坦更加惶惑不安。[3]

就在这时，1925年，年仅23岁的海森伯提出了量子力学的另一种研究进路。他先是在哥本哈根随玻尔学习，然后又到哥廷根随玻恩学习。就像爱因斯坦年轻时比较激进一样，海森伯也拥护马赫的主张，即理论应当避免那些无法观察、测量或证实的概念。在海森伯看来，这意味着无法观察到的电子轨道概念需要避免。

但通过他所使用的数学方法，却可以解释一些能够观察到的东西，即这些电子在失去能量时发出的辐射谱线波长。由于结果过于复杂，海森伯把他的论文交给了玻恩，希望他的导师能够计算出结果，然后便同一群青年人去野营了。玻恩用到了矩阵这种数学工具，真的算出了所有结果，并把论文发表了，[4]海森伯与玻

---

[1] Bernstein 1996a, 138.

[2] 更加准确地说，与概率成正比的是波函数的平方。Holton and Brush, 452.

[3] Einstein to Hedwig Born, Mar. 7, 1926, AEA 8-266; Einstein to Max Born, Dec. 4, 1926, AEA 8-180.

[4] aip.org/history/Heisenberg/p07.htm; Born 2005, 85.

恩以及哥廷根的其他人合作提出了一种矩阵力学，后来被证明等价于薛定谔的波动力学。

爱因斯坦礼貌地给玻恩的妻子海德维希写信说："海森伯-玻恩概念让我们上气不接下气。"这些精雕细琢的词语可以从各种角度加以解读。在给莱顿的埃伦菲斯特的信中，爱因斯坦语气更加生硬。"海森伯下了一个大量子蛋，"他写道，"在哥廷根，他们都相信它，我可不信。"[1]

两年后的1927年，海森伯做出了他更著名也更具破坏性的贡献。对普通公众来说，这是量子物理学最著名也最令人困惑的成就之一：不确定性原理。

海森伯宣称，我们不可能同时知道一个粒子（比如一个运动的光子或电子）的精确**位置**和精确**动量**。粒子的位置测量越是精确，其动量就越不能测量精确。描述这种平衡的公式中含有普朗克常量（这并不奇怪）。

观测活动本身——让光子、电子或其他粒子或能量波轰击物体——会影响观测结果，但海森伯的理论超出了这一点。在我们观测电子以前，电子并不具有确定的位置或路径。他说，这就是宇宙的特征，而不仅仅是我们观测能力的某种缺陷。

不确定性原理是如此简洁，又如此令人震惊，它深深地切中了经典物理学的核心。它断言，在我们的观察之外没有什么客观实在，甚至没有粒子的客观位置。不仅如此，海森伯的不确定性原理以及量子力学的其他方面还破坏了宇宙严格遵守因果律的观

---

[1] Max Born to Einstein, July 15, 1925, AEA 8-177; Einstein to Hedwig Born, Mar. 7, 1926, AEA 8-178; Einstein to Paul Ehrenfest, Sept. 25, 1925, AEA 10-116.

念。偶然性、不确定性和概率取代了确定性。爱因斯坦写信给海森伯反对这些特征,海森伯则径直回答说:"我认为非决定论,即严格因果性的失效,是必要的。"[1]

海森伯1926年在柏林讲演时第一次见到了爱因斯坦。一天晚上,爱因斯坦邀他到寓所进行友好的讨论。1905年,爱因斯坦或许也进行过这样的争论,那时的对象是一些反对他拒斥以太的保守者。

"我们无法观测到原子内部的电子轨道,"海森伯说,"一个好的理论必须基于直接可观测的量。"

"但你并不真正相信,"爱因斯坦反驳说,"只有可观测量才能进入一个物理理论。"

"那不就是你的相对论所做的事情吗?"海森伯有些惊奇。

"也许我的确用过这种推理,"爱因斯坦承认,"但它仍然是胡说。"[2]

换句话说,爱因斯坦的思想已经有所转变。

爱因斯坦与他在布拉格的朋友弗兰克也进行过类似的交谈。"物理学中出现了一种新时尚。"爱因斯坦抱怨说,"它宣称,某些事物无法观测到,因此就不是实在的。"

弗兰克表示抗议:"但你所说的这种时尚恰恰是你1905年的发明啊!"

爱因斯坦回答:"好的笑话不能老是重复。"[3]

20世纪20年代初所取得的理论进展被玻尔、海森伯等人发展

---

[1] Werner Heisenberg to Einstein, June 10, 1927, AEA 12-174.

[2] Heisenberg 1971, 63; Gerald Holton, Werner Heisenberg and Albert Einstein, *Physics Today* (2000), www.aip.org/pt/vol-53/iss-7/p38.html.

[3] Frank 1947, 216.

第十四章　诺贝尔奖获得者，1921—1927

成为对量子力学的所谓哥本哈根诠释。物体的某种性质只有在对这一性质进行观测的背景下才能讨论，这些观测不仅反映了同一图像的不同方面，而且也彼此互补。

换句话说，并没有什么独立于我们观测的唯一的背后实在。"认为物理学的任务就是发现自然如何**存在**，这是错误的，"玻尔宣称，"物理学关注的是我们能够对自然说些什么。"[1]

无法精确地知道这种"背后实在"，就意味着不存在经典意义上的严格决定论。"当我们希望从'现在'计算'未来'时，我们只能得到统计结果，"海森伯说，"因为我们永远也发现不了现在的每一个细节。"[2]

这场革命于1927年春进入高潮。爱因斯坦则用牛顿逝世200周年来捍卫基于因果性和确定性的经典力学体系。20年前，年轻的爱因斯坦推倒了包括绝对空间和时间在内的牛顿宇宙的多根支柱。但是现在，他成了既定秩序的捍卫者，成了牛顿的捍卫者。

他说，在新的量子力学中，严格的因果性似乎消失了。"但事情还没有定论，"爱因斯坦说，"但愿牛顿方法的精神能够使我们重新恢复物理实在与牛顿学说最深刻的特征——严格因果性之间的联系。"[3]

爱因斯坦从未完全妥协，即使实验和观测一次又一次地表明量子力学是有效的。他仍然是一个实在论者，坚定地信仰一种植根

---

[1] Aage Petersen, The Philosophy of Niels Bohr, *Bulletin of the Atomic Scientists* (Sept. 1963): 12.

[2] Dugald Murdoch, *Niels Bohr's Philosophy of Physics* (Cambridge, England: Cambridge University Press, 1987), 47, citing the Niels Bohr Archives: Scientific Correspondence, 11: 2.

[3] Einstein, To the Royal Society on Newton's Bicentennial, Mar. 1927.

于确定性的客观实在。不论我们是否去观察，它都存在。

"他不掷骰子"

那么，是什么使得爱因斯坦把革命道路让给了年轻的激进者，而甘愿充当一名辩护者呢？

作为一个受马赫著作激励的年轻的经验论者，爱因斯坦一直愿意抛弃任何无法观察的概念，比如以太、绝对时间、绝对空间和同时性。但广义相对论的成功使他确信，马赫的怀疑论也许对于清除某些多余的概念是有用的，但在构建新理论方面却不能提供太多帮助。

"他骑着马赫那匹可怜的马，直到把它累得精疲力竭为止。"爱因斯坦曾经向贝索抱怨他们的一位朋友写的一篇论文。

"至于马赫那匹可怜的马，还是不辱骂它为好，"贝索回复说，"穿过相对性那个地狱，难道不就是靠着它吗？说不定，驮着爱因斯泰纳（Einsteina）[1]这个堂吉诃德穿越讨厌的量子的也还是它！"

"你知道我对马赫那匹小马是怎样想的，"爱因斯坦在回信中说，"他不可能创造出什么有生命的东西，而只能消灭有害的虫豸。"[2]

成熟的爱因斯坦更坚定地相信，无论我们是否可以观察到，都存在着一种客观实在。他一再强调，对一个不依赖于人的观察

---

[1] 这是对爱因斯坦的谑称。——译者注

[2] Einstein to Michele Besso, Apr. 29, 1917; Besso to Einstein, May 5, 1917; Einstein to Besso, May 13, 1917. 有关于此的出色分析，参见 Holton, Mach, Einstein, and the Search for Reality, in Holton 1973, 240。

的外间世界的信念是一切科学的基础。[1]

此外，爱因斯坦拒斥量子力学还因为它放弃了严格因果性，而用不确定性和概率来定义实在。休谟的真正弟子不会为此而苦恼。除了形而上学信念或根深蒂固的习惯，没有什么理由可以让人确信，自然必须以绝对的确定性进行运作。虽然可能不太令人满意，但相信某些事物的确是随机发生的也许同样合理。当然，有大量证据证明，在亚原子层次这就是实情。

但在爱因斯坦看来，这似乎不可能是真的。他一再说，物理学的最终目标就是发现严格确定的因果定律。"我非常不愿放弃完全的因果性。"他对玻恩说。[2]

他对决定论和因果性的信念反映了他最热爱的宗教哲学家斯宾诺莎的信念。爱因斯坦这样写斯宾诺莎："他对一切现象的因果依存性深信不疑，当时理解自然现象因果联系方面的成就还比较有限"。[3]这句话爱因斯坦也可用来描述自己，强调在量子力学出现之后"还"一词所蕴含的暂时性。

和斯宾诺莎一样，爱因斯坦并不相信一个参与人事的人格化的上帝。但他们都相信，支配着宇宙的有待发现的优雅定律反映了一种神圣的设计。

这不仅仅是对某种信仰的表达，也是被爱因斯坦（就像相对性原理那样）提升至基本假设层次的一条原理。"当我判断一个理论

---

[1] "Belief in an external world independent of the perceiving subject is the basis of all natural science." Einstein, "Maxwell's Influence on the Evolution of the Idea of Physical Reality," 1931, in Einstein 1954, 266.

[2] Einstein to Max Born, Jan. 27, 1920.

[3] Einstein's introduction to Rudolf Kayser, *Spinoza* (New York: Philosophical Library, 1946). 凯泽尔娶了爱因斯坦的继女，写了一本关于爱因斯坦的比较权威的回忆录。

时,"他告诉朋友霍夫曼,"我就问我自己, 如果我是上帝, 我是否会以这种方式设计世界。"

当他提出那个问题时, 有一种可能性他绝对不会相信: 善良的上帝竟然会创造美妙而微妙的规则来确定宇宙中发生的**大部分**事物, 而把少许事物完全留给偶然性。 这感觉起来就不对。"要是上帝希望这样做, 就会将事情完全包下来, 而不会遵照某种模式……他本可以彻底地干。 要是那样, 我们就完全不必寻找定律了。"[1]

这引出了爱因斯坦对物理学家朋友玻恩(将与他就此话题争论30多年)所说的一句名言。"量子力学固然令人赞叹," 爱因斯坦说,"可是有一种内在的声音告诉我, 那还不是真实的东西。 这个理论说得很多, 但是一点也没有使我们更接近于'老头子' 的秘密。 无论如何, 我深信上帝不是在掷骰子。"[2]

于是, 爱因斯坦最终认为, 量子力学或许不是**错**的, 但至少是**不完备**的。 必定存在着一种关于宇宙如何运作的更完美的解释, 这种解释将同时包含相对论和量子力学。 在这一过程中, 它将不会把事物归于偶然性。

---

[1] Fölsing 703－704; Einstein to Fritz Reiche, Aug. 15, 1942, AEA 20－19.

[2] Einstein to Max Born, Dec. 4, 1926, AEA 8－180.

第十五章 统一场论，
1923—1931

和玻尔在1927年索尔维会议上

求索

处于量子力学核心的不确定性并没有使许多人畏惧，他们继续发展着量子力学。然而此时，爱因斯坦却更加孤独地试图对宇宙做出更加完备的解释，寻找一种能够将电磁、引力和量子力学结合在一起的统一场论。他的天才一向体现在发现不同理论之间缺失的环节，其1905年狭义相对论[1]和光量子论文的开头便是这样的例子。[2]

他希望拓展广义相对论的引力场方程，使之也能描述电磁场。"追求统一的心灵不可能满足于存在着两种本质上非常独立的场，"爱因斯坦在其诺贝尔奖演说中说，"我们寻求一种在数学上统一的场论，在这一理论中，引力场和电磁场仅仅被解释为同一种均一场的不同分量或显现。"[3]

他希望这样一种统一理论能够使量子力学与相对论相容。在1918年普朗克60岁生日祝词中，爱因斯坦公然将普朗克拉入了同一战壕："但愿他能够将量子理论与电动力学和力学成功地统一到同一个逻辑系统中。"[4]

爱因斯坦的求索主要是由一连串失误构成的，其中涉及的数学也越来越复杂。它始于爱因斯坦对他人失误的反应。在这些人中，首先是数学物理学家外尔，他1918年提出了一种拓展广

---

[1] 原文误为"广义相对论"。——译者注

[2] 他1905年的狭义相对论论文："大家知道，麦克斯韦的电动力学——就像通常所理解的那样——应用到运动物体时，会引起一些不对称，而这种不对称似乎不是现象所固有的。比如设想一个磁体同一个导体之间的电动力的相互作用。"他1905年的光量子论文说："在物理学家关于气体和其他有重物体所形成的理论同麦克斯韦关于所谓空虚空间中的电磁过程的理论之间，有着深刻的形式上的区别。"

[3] Einstein, Ideas and Problems of the Theory of Relativity, Nobel Lecture, July 11, 1923. 见 nobelprize. org/nobel _ prizes. 本节参考了以下讨论爱因斯坦统一场求索的文章：van Dongen 2002，感谢作者；Tilman Sauer, Dimensions of Einstein's Unified Field Theory Program, 即将出版于 *Cambridge Companion to Einstein*, 感谢作者；Norton 2000; Goenner 2004。

[4] Einstein, The Principles of Research, a toast in honor of Max Planck, Apr. 26, 1918, CPAE 7: 7.

第十五章 统一场论，1923—1931

义相对论几何的方法，使之看起来也能将电磁场几何化。

爱因斯坦开始时很有兴趣。"这是第一流的天才之举，"他对外尔说。但他有一个问题："我尚不能消解我的量杆反驳（measuring-rod objection）。"[1]

依照外尔的理论，量杆和时钟会随着它们在空间中走过的路径而变化，然而实验观测却表明并没有这种现象发生。爱因斯坦又考虑了两天，之后写了一封信，在褒奖的同时也做了贬低。"您的推理过程美妙地自成一体，"他对外尔说，"除了未与实在相合，它的确是一项了不起的思想成就。"[2]

1919年，柯尼斯堡的数学教授西奥多·卡鲁扎建议给四维时空加上第五维。他又进一步假设，这一额外的空间维是圆形的，也就是说，如果你沿着它的方向往前走，你又会回到开始的位置，就像围绕一个圆柱行走一样。

卡鲁扎并不试图描述这一额外空间维的物理实在性或位置，而只是把它当成一种数学工具。毕竟，他是一个数学家，没有必要这样做。对于任何一个点，爱因斯坦四维时空的度规都要求有10个分量来描述所有可能的坐标关系。卡鲁扎知道，对于五维区域来说，需要有15个这样的分量来确定它的几何。[3]

在摆弄这种复杂的数学结构时，卡鲁扎发现，可以由额外5个量中的4个来导出麦克斯韦的电磁方程。至少在数学上，这

---

[1] Einstein to Hermann Weyl, Apr. 6, 1918.
[2] Einstein to Hermann Weyl, Apr. 8, 1918. 在1918年5月8日致仓格尔的信中，爱因斯坦称外尔的理论很"天才"，但"在物理上不正确"。不过，它后来的确成了杨-米尔斯规范理论公认的一个先驱理论。
[3] 我对卡鲁扎和克莱因理论的描述取自于Krauss, 94–104。这是一部引人入胜的著作，讨论的是额外维度对于解释宇宙的作用。

种方法也许可以将引力与电磁力统一在一起。

这又一次引起了爱因斯坦的兴趣和疑问。"我从未想过一个五维的圆柱世界，"他给卡鲁扎写信说，"你的思想初看起来很让我喜欢。"[1]但不幸的是，没有理由认为这种数学能有什么实际的物理基础。身为纯粹数学家的卡鲁扎承认这一点，并希望物理学家能够解决这个问题。"很难相信，所有这些具有无与伦比的形式统一性的关系竟然只是偶然的巧合，"他写道，"如果能够在这些假定的关联背后找到一种超出空洞的数学形式的东西，爱因斯坦的广义相对论将获得一场新的胜利。"

那时爱因斯坦对数学形式已经相当信任，因为它曾经对广义相对论的最终完成立下汗马功劳。在解决了几个问题之后，他帮助卡鲁扎在1921年发表了论文，接着又亲自写了几篇文章。

另一项贡献是物理学家奥斯卡·克莱因做出的，他是瑞典首位拉比的儿子，也是玻尔的学生。克莱因不仅视统一场论为统一引力和电磁力的方法，也希望能够用它来解释量子力学中潜藏的一些秘密，甚至可以由它找到一种发现"隐变量"的方法，从而消除不确定性。

克莱因更多是一名物理学家而不是数学家，因此他比卡鲁扎更关注第四个空间维对应着什么物理实在。他认为，这一维度也许卷缩成了一个看不见的小圆，在我们可见的三维空间中的每一点都投射出一个新的维度。

这些想法的确很天才，但对于虽然怪异但却越来越得到证实的量子力学以及粒子物理学的新进展，它并不能解释多少。于是，卡鲁扎-克莱因理论暂时被放弃，尽管爱因斯坦多年以后还

---

[1] Einstein to Theodor Kaluza, Apr. 21, 1919.

第十五章 统一场论，1923—1931

会重新捡起其中的某些概念。事实上，直到今天仍然有物理学家在这样做，弦理论中所谓的额外紧致维度就体现了这些思想。

接下来出场的是英国天文学家和物理学家爱丁顿，他曾领导了著名的日食观测。他用一种被称为仿射联络的几何概念完善了外尔的数学。爱因斯坦在前往日本途中读到了爱丁顿的想法，并把它当成了自己新理论的基础。"我终于理解了电与引力的关系，"他激动地给玻尔写信说，"爱丁顿比外尔更接近真理。"[1]

现在，统一理论的塞壬之歌（siren song）[2]已经开始令爱因斯坦迷醉。"在它之上传来了大自然的冷笑。"他对外尔说。[3]乘船通过亚洲期间，爱因斯坦打磨出了一篇新的论文。1923年2月一到埃及，他就把论文寄给柏林的普朗克发表。他宣称自己的目标是"能够统一地理解引力场和电磁场"。[4]

爱因斯坦的声明再次成为全世界的头条新闻。"爱因斯坦描述了他的最新理论。"《纽约时报》说。而且，他所采用方法的复杂性又一次被夸大。正如一个副标题所警告的："外行无法理解。"

不过爱因斯坦告诉记者，它并非如此复杂。"我可以用一句话讲清楚它的意思，"记者引用他的话说，"它关乎电与引力的关系。"他还感谢了爱丁顿，说"它是基于这位英国天文学家的

---

[1] Einstein to Niels Bohr, Jan. 10, 1923, AEA 8-74.

[2] 塞壬：希腊神话中半人半鸟的女海妖，以美妙歌声诱惑过往海员，从而使驶近的船只触礁沉没。——译者注

[3] Einstein to Hermann Weyl, May 26, 1923, AEA 24-83.

[4] Einstein, On the General Theory of Relativity, the Prussian Academy, Feb. 15, 1923.

理论"。[1]

在当年的后续论文中，爱因斯坦明确表示他的目标不仅是统一，而且要找到一种方法来克服量子理论中的不确定性和概率。这种求索显见于1923年的一篇论文标题："场论是否为量子问题的解决提供了可能性？"[2]

这篇论文一开篇就描述了基于偏微分方程（含初始条件）的电磁场理论与引力场理论如何提供了因果确定性。在量子领域，也许不可能自由选择或运用初始条件，但我们能否拥有一种基于场方程的因果理论？

"肯定可以。"爱因斯坦自信地自答。他说需要有一种方法来"多方决定"方程中的场变量。这种多方决定的方法成了他可能用于解决所谓量子不确定性"问题"的另一种工具。

没过两年，爱因斯坦已经断言这些进路是错误的。他写道："我（1923年）发表的文章并没有真正解决这一问题。"但无论如何，他又想出了另一种方法。"在不懈寻找了两年之后，我想我已经找到了正确答案。"

他的新方法是找到在没有电磁场情况下引力定律最简洁的形式表述，然后对它进行推广。他认为，麦克斯韦的电磁理论是第一级近似。[3]

较之物理学，爱因斯坦现在更依赖于数学。他在广义相对论方程中使用的度规张量有10个独立分量，但如果它是非对称

---

[1] *New York Times*, Mar. 27, 1923.

[2] Pais 1982, 466; Einstein, On the General Theory of Relativity, the Prussian Academy, Feb. 15, 1923.

[3] Einstein, Unified Field Theory of Gravity and Electricity, July 25, 1925; Hoffmann 1972, 225.

的，则将有16个独立分量，足以将电磁学包含在内。

但事实证明，这一方法和其他方法一样不奏效。"爱因斯坦痛苦地意识到，这一思想的问题在于，它中间没有任何东西能将电磁场的6个分量与描述引力的普通度规张量的10个分量联系在一起，"得克萨斯大学物理学家史蒂文·温伯格说，"洛伦兹变换或其他任何坐标变换都将把电场或磁场变成电场与磁场的混合，但却没有变换能够将它们与引力场相混合。"[1]

爱因斯坦并不惧怕，他又重新开始了工作，这一次尝试了一种他所谓的"远距平行"方法。它可以将弯曲空间不同部分的矢量联系在一起，并由此得到新的张量形式。他希望得出的方程可以不包含那个代表量子的恼人的普朗克常量。[2]

"这看起来很过时，我亲爱的同行们，还有你，都将瞠目结舌，因为普朗克常量不在方程里，"他1929年1月给贝索写信说，"但是当他们到达对统计狂热的极限时，他们将充满悔意地回到这种时空图景，然后这些方程将构成一个出发点。"[3]

多么美妙的梦想！一种不包含难以驾驭的量子的统一场论。统计方法到头来成了一种短暂的狂热。相对论场论卷土重来。瞠目结舌的同行们后悔吧！

对于已接受量子力学的物理学界来说，爱因斯坦对统一理论的求索开始显得难以理喻。但在一般人的想象中，他仍然是一位超级明星。围绕着他1929年1月发表的五页论文（这只是他一系列未果的理论尝试中最近的一次）的狂热实在令人惊讶。世

---

[1] Steven Weinberg, Einstein's Mistakes, *Physics Today* (Nov. 2005).
[2] Einstein, On the Unified Theory, Jan. 30, 1929.
[3] Einstein to Michele Besso, Jan. 5, 1929, AEA 7-102.

界各地的新闻记者云集爱因斯坦的公寓楼前，他好不容易才逃出来，躲进了他的医生在城外哈维尔河（Havel River）的别墅。《纽约时报》几个星期前就开始造势，它有一篇文章的大标题是："爱因斯坦即将做出大发现：切勿打扰"。[1]

爱因斯坦的论文直到1929年1月30日才公之于众，但在刚刚过去的整整一个月，新闻报纸一直都在进行透露和猜测。例如，《纽约时报》有大标题指：

> 1月12日："爱因斯坦拓展了相对论／新工作力图'统一引力场定律和电磁定律'／他称之为他最伟大的'书'／柏林科学家花了十年来准备。"
>
> 1月19日："爱因斯坦惊讶于理论引发的轰动／迫使100个记者无法近身／柏林——在过去的1周里，这里所有的媒体一直力图获取阿尔伯特·爱因斯坦博士关于'新场论'的五页手稿。而且，从世界各地发来了（回复资费已付的）数百封电报和无数信件，希望得到这份手稿的一份详细说明或副本……"
>
> 1月25日（第1页）："爱因斯坦将所有物理学还原为一个定律／新的电-引力理论将所有现象联系在一起，柏林译员如是说／而且只有一种物质／假说使人的想象飘飘然，纽约大学教授如是说／柏林——阿尔伯特·爱因斯坦教授最新的工作'一种新的场论'（很快就会付印）将相对论力学的基本定律和电的基本定律归结为一个公式，英译员如是说。"

---

[1] *New York Times*, Nov. 4, 1928; Vallentin, 160.

第十五章 统一场论，1923—1931

爱因斯坦也在哈维尔河的避难所推波助澜。甚至在他的小论文发表之前，他就接受了一家英国报纸的采访。"将自然定律的二重性统一起来一直是我最大的抱负，"他说，"我的工作旨在推进这一简化，特别是用同一个公式来解释引力场和电磁场。因此，我称它为对'统一场论'的贡献……现在，不过只是在现在，我们知道推动电子沿椭圆轨道围绕原子核运动的力与推动地球绕日周年旋转的力是同一种。"[1] 当然，事实上爱因斯坦并不知道这一点，甚至我们现在也不知道。

他还接受了《时代》周刊的采访，而且上了封面，这是爱因斯坦五次登上《时代》封面中的第一次。《时代》周刊报道说，当世界等待他"深奥且条理清晰的场论"公之于众时，爱因斯坦还在他的乡间隐居处缓缓踱步，看上去"形容枯槁，神经紧张，心情烦躁"。《时代》周刊还解释说，他之所以面露病容，是因为受到胃痛的折磨，而且总是有来访者打扰。此外，"就像许多犹太人和学者一样，爱因斯坦博士完全不进行体育锻炼"。[2]

普鲁士科学院印制了爱因斯坦论文的1000份拷贝，这是一个相当惊人的数字。1月30日一经面世就立即销售一空，科学院又赶紧加印了3000份。伦敦的一家百货商店在橱窗里将它贴了出来，人们争相到那里观看，试图理解这篇带有33个神秘方程的复杂的数学论文。康涅狄格州的卫斯理大学支付了一大笔

---

[1] Clark, 494; *London Daily Chronicle*, Jan. 26, 1929.
[2] Einstein's Field Theory, *Time*, Feb. 18, 1929. 爱因斯坦还上过《时代》周刊1938年4月4日、1946年7月1日的封面，以及去世后上过1979年2月19日和1999年12月31日的封面。爱尔莎曾经上过1930年12月22日的封面。

钱，为的是让论文手稿能够珍藏在其图书馆。

美国报纸有些不知所措。《纽约先驱论坛报》决定将整篇论文逐字付印，但如何用电报机发送那些希腊字母和符号成了一个难题，于是它只好请几位哥伦比亚大学的物理学教授设计了一个编码系统，然后在纽约将论文重构出来。对于大多数读者来说，《纽约先驱论坛报》关于他们如何传送论文的有声有色的文章要比爱因斯坦的论文本身好理解得多。[1]

至于《纽约时报》，则在那个星期天派记者到城市周边的教堂报道关于它的布道，从而将统一理论提升到一种宗教层次。"爱因斯坦被视为几近神秘。"大标题这样写道。据报道，亨利·霍华德牧师大人说，爱因斯坦的统一理论支持了圣保罗的综合以及世界的"统一性"。有一位信仰基督教的科学家说，它为玛丽·贝克·埃迪的虚幻物质理论提供了科学支持。还有人欢呼它"促进了自由"，是"迈向普遍自由的一步"。[2]

神学家和新闻记者也许为之兴奋异常，但物理学家并没有。爱丁顿通常都是狂热的仰慕者，但这次却表示了怀疑。第二年，爱因斯坦一直在完善理论，并坚持对朋友们说这些方程"很美"，但对他亲爱的妹妹玛雅承认，他的工作已经引起了"我的同行相当程度的不信任和激烈反对"。[3]

泡利便是这些不满的人当中的一位。他毫不客气地告诉爱因斯坦，其新方法已经"背叛"了他的广义相对论，依赖的是与物理实在没有任何关系的数学形式。他还指责爱因斯坦"已经皈

---

[1] Fölsing, 605; Clark, 496; Brian 1996, 174.
[2] *New York Times*, Feb. 4, 1929.
[3] Einstein to Maja Winteler-Einstein, Oct. 22, 1929, AEA 29-409.

依了纯数学家"，并预言"最多一年，您就将像早先放弃仿射理论那样放弃整个远距平行理论"。[1]

泡利是对的。爱因斯坦在一年内放弃了这一理论。但他并没有放弃求索，而是将注意力转到了另一种修正的进路上。这一进路将会引出更多大标题，但却无助于解决他向自己提出的大谜。"爱因斯坦完成了统一场论。"1931年1月23日的《纽约时报》斩钉截铁地说，虽然这样的声明既不是第一次也不是最后一次出现。在当年的10月26日又报道说："爱因斯坦宣布了一种新的场论。"

最后，在第二年的1月，爱因斯坦向泡利承认："还是你说对了，你这个淘气鬼。"[2]

就这样又过了20年。爱因斯坦最终没能成功地提出统一场论。事实上，随着新的粒子和力逐渐被发现，物理学正在变得**不那么**统一。爱因斯坦努力的价值，充其量是法国数学家埃利·嘉当1931年的勉强褒扬："他的努力即便未获成功，也会迫使我们思考基本的科学问题。"[3]

索尔维会议上的交锋，1927年和1930年

面对着量子力学的冲击，爱因斯坦的顽强抵抗在布鲁塞尔举行的两次难忘的索尔维会议上达到高潮。在两次会议上他都充当

---

[1] Wolfgang Pauli to Einstein, Dec. 19, 1929, AEA 19−163.

[2] *New York Times*, Jan. 23, Oct. 26, 1931; Einstein to Wolfgang Pauli, Jan. 22, 1932, AEA 19−169.

[3] Goenner 2004; Elie Cartan, Absolute parallelism and the unified theory, *Review Metaphysic Morale*（1931）.

破坏分子，试图找到新的流行学说中的漏洞。

1927年10月，出席会议的首先是这样三位大师，他们曾经帮助开辟了物理学的新时代，现在却对由此造就的怪异的量子力学心存疑虑：晚年的洛伦兹，74岁，因电磁辐射方面的工作而获得诺贝尔奖；普朗克，69岁，因量子理论而获得诺贝尔奖；爱因斯坦，48岁，因为发现光电效应定律而获得诺贝尔奖。

在其余的26位与会者中，有超过半数曾经获得或将会获得诺贝尔奖。量子力学的新生代悉数到场，他们都希望能够说服爱因斯坦改变看法：海森伯，25岁；狄拉克，25岁；泡利，27岁；德布罗意，35岁；美国的阿瑟·康普顿，35岁。还有薛定谔，40岁，在年轻的叛逆者和老派的怀疑论者之间游移不定。当然，还有叛逆者的领袖玻尔，42岁，曾经以他的原子模型帮助缔造了量子力学，现在是其反直觉涵义的坚定捍卫者。[1]

洛伦兹曾经希望爱因斯坦在会议上报告量子力学的情况。爱因斯坦先是答应，后又拒绝了。"经过长时间的考虑，我断定我没有能力报告当前的形势，"他回信说，"这部分是由于我不赞同新理论纯统计的思路。"接着他非常悲哀地补充了一句："我请求你不要生我的气。"[2]

最后，玻尔做了开场报告。在描述量子力学的成就时，他毫不客气地说，确定性和严格因果性在亚原子层次并不存在。

---

[1] 1932年诺贝尔奖获得者朗缪尔为会议拍摄了两分钟的录像，参见 www.maxborn.net/index.php?page=filmnews。

[2] Einstein to Hendrik Lorentz, Sept. 13, 1927, AEA 16-613.

第十五章 统一场论，1923—1931

并没有什么决定论的定律，只有概率和偶然性。脱离观察和测量来谈论"实在"是没有意义的。根据所选择的实验类型，光可以是波或粒子。

爱因斯坦在正式会议上没有说什么。"抱歉的是，我并没有足够深入地研究量子力学。"他一开始就坦言。不过经过几天的讨论，他将把玻尔及其支持者带入热烈的讨论之中，不时还会用掷骰子来善意地幽默一把。"不能用一大堆'也许'来构造一种理论，"据泡利回忆，爱因斯坦这样说，"归根结底它是错误的，即使它在经验和逻辑上很正确。"[1]

"讨论很快就集中到爱因斯坦与玻尔就目前的原子论能否被视为最终解答的决斗上来。"海森伯回忆说。[2]正如埃伦菲斯特后来对学生所说："哦，它很让人愉快。"[3]

无论是在会上还是在非正式讨论中，爱因斯坦一直在抛出新奇的思想实验，以证明量子力学并未给出关于实在的完备描述。通过某种假想的精巧装置，他试图至少从原则上表明，确定地测量出一个运动粒子的所有特征是可能的。

例如，爱因斯坦有一个思想实验是，一束电子射过屏幕上的一条窄缝，当电子撞击感光板时，电子的位置便被记录下来。其他要素也被天才地设置，比如可以用一个快门来瞬时开启和关闭窄缝，以表明位置和动量从理论上说可以精确地知晓。

"爱因斯坦在早餐会上提出了这样一个设想。"海森伯回忆说。他和泡利对爱因斯坦的诡计都不是很担心。"会好的，会好

---

[1] Pauli, 121.
[2] John Archibald Wheeler and Wojciech Zurek, *Quantum Theory and Measurement* (Princeton：Princeton Univ. Press, 1983), 7.
[3] Fölsing, 589；Pais 1982, 445, 出自第五届索尔维会议记录。

的。"他们不住地说。但玻尔却经常忧心忡忡，暗自抓狂。

他们通常会聚集到会议大厅，设法回应爱因斯坦的挑战。"到了晚餐时间，我们往往就能够证明，他的思想实验并不违反不确定性原理。"海森伯回忆说，然后爱因斯坦会承认失败。"但第二天早餐时，他又会提出一个新的思想实验，通常比前一个更复杂。"到了晚餐时同样会被否证。

就这样，爱因斯坦的每一次出击都会遭到玻尔的回击。玻尔每一次都会说明，不确定性原理的确限制了我们关于一个运动电子可能知道的信息。"就这样一连数天，"海森伯说，"最终我们——玻尔、泡利和我——知道，我们现在可以对自己的领域信心百倍了。"[1]

"爱因斯坦，我为你感到害羞。"埃伦菲斯特责备道。他很沮丧，因为爱因斯坦对量子力学表现出的顽固与保守的物理学家当初对相对论的表现如出一辙。"他现在对玻尔的看法正像绝对同时性的拥护者当初对他的看法一样。"[2]

爱因斯坦在会议最后一天的发言表明，不确定性原理并非他关心量子力学的唯一方面。量子力学似乎允许超距作用，这使他备感困扰（而且后来变得更甚）。也就是说，根据哥本哈根解释，发生在一个物体上的事情能够瞬间确定对另一处物体的观测。根据相对论，位于空间中不同位置的粒子是独立的。如果对其中一个粒子的作用能够瞬间影响远处的另一个粒子，爱因斯坦指出："那么在我看来，它就与相对论假设相抵触。"爱因斯

---

[1] Heisenberg 1989，116.

[2] Niels Bohr, Discussion with Einstein, in Schilpp，211－219 对索尔维会议以及其他讨论做了细致生动的描述； Otto Stern recollections, in Pais 1982，445；Fölsing 589.

坦坚称，没有力能够传播得比光速还快，引力也不例外。[1]

爱因斯坦也许在这场交锋中落败了，但他仍然是整个事件的明星。德布罗意一直希望能够见他一面，这个愿望没有落空。"他那温和而又深思熟虑的表述，他的亲切、质朴和友好给我留下了非常深刻的印象。"他回忆说。

两人很谈得来，因为德布罗意也像爱因斯坦一样，希望能够挽救经典物理学的因果性和确定性。他一直在研究所谓的"双解理论"，希望它能够为波动力学提供一种古典基础。

"非决定论的拥护者多为顽固的年轻人，他们毫不留情地非难我的理论。"德布罗意回忆说。但爱因斯坦却欣赏德布罗意的努力。回柏林途中，他们一道乘火车去巴黎。

在巴黎火车北站，他们在站台上相互道别。爱因斯坦对德布罗意说，抛开数学表述不算，所有科学理论都应当能够非常简单地描述出来，"以至于小孩子都能理解"。他又说，有什么能比波动力学的纯统计解释**更复杂**呢！"坚持下去，"离别时他对德布罗意说，"你的方向是正确的！"

但他的方向并不正确。到了1928年，量子力学的正确性已经成为一种共识，德布罗意不得不放弃原有立场。"但爱因斯坦依然坚持己见，认为对波动力学的纯统计解释不可能是完备的。"德布罗意多年以后回忆说，言语中带着尊敬。[2]

事实上，爱因斯坦仍然是顽固的反对派。"我深深地赞叹年轻一代物理学家在量子力学方面做出的成就，我相信那种理论包

---

[1] "Reports and Discussions," in *Solvay Conference of 1927* (Paris: Gauthier-Villars, 1928), 102. 亦参见 Travis Norsen, Einstein's Boxes, *American Journal of Physics*, vol. 73, Feb. 2005, pp. 164–176.

[2] Louis de Broglie, My Meeting with Einstein, in French, 15.

含着深刻的真理，"他1929年在被授予普朗克奖章（由普朗克本人颁发）时说，"但是"——爱因斯坦支持量子理论的任何一句话中都会有一个"但是"——"我相信统计定律的限制将是暂时的。"[1]

就这样，爱因斯坦与玻尔之间的一场更为戏剧性的决战即将上演，这次是在1930年10月的索尔维会议上。如此有趣的交锋在理论物理学界是罕见的。

这一次，爱因斯坦设计了一个更为精巧的思想试验，试图难住玻尔、海森伯等人，恢复力学的确定性。根据不确定性原理，不可能同时精确测量粒子的动量和位置，也不可能同时精确测量粒子的发射时间和能量。

爱因斯坦设想了一个装有快门的箱子，能够迅速打开和关闭，以至于一次只能释放一个光子。快门由一个精确的时钟来控制。箱子事先被精确称重。在某一时刻，快门打开，光子被释放。现在再次对箱子称重。能量与质量的关系（别忘了 $E=mc^2$）使得我们可以精确地确定粒子的能量，而光子离开箱子的精确时间可以由时钟得出。事情就是这样！

当然，物理上的限制使得这样一个实验不可能**实际**进行。但从理论上说，它是否反驳了不确定性原理呢？

这对玻尔是一次不小的震动。整个晚上，玻尔都非常不安。"他极力游说每一个人，试图使他们相信爱因斯坦说的不可能是真的，不然那就是物理学的末日了，"一个与会者记录说，"但他想不出任何反驳来。我永远不会忘记那两个对手离开会场

---

[1] Einstein, Speech to Professor Planck, Max Planck award ceremony, June 28, 1929.

的一幕：爱因斯坦的身形高大庄严，脸上带着一丝嘲讽的微笑，静静地走了出去。玻尔跟在后面一路小跑，极为沮丧。"[1]

经过一夜思考，玻尔竟然能够以其人之道还治其人之身，这真是科学论战中最大的讽刺之一。这一思想实验没有考虑到爱因斯坦本人的美妙发现——广义相对论。根据广义相对论，强引力场中的时钟要比弱引力场中的时钟走得慢。爱因斯坦忘记了这一点，但玻尔记得。在释放光子时，箱子的质量会减少。由于箱子挂在一个用于称重的弹簧秤上，所以在地球引力的作用下，箱子将略有上升。这一小量恰恰能够保持能量-时间的不确定性关系。

"考虑时钟速度与它在引力场中位置的关系是至关重要的。"玻尔回忆说。他感谢爱因斯坦好心地帮助使他完成了计算，最后使不确定性原理获胜。但爱因斯坦从未被完全说服。甚至一年之后，他还在构想各种类似的思想实验。[2]

量子力学最终被证明是一种成功的理论，爱因斯坦后来也给出了他自己的不确定性版本。他不再说量子力学不正确，而只是说它不完备。1931年，他提名海森伯和薛定谔获诺贝尔奖（他们和狄拉克一起获得了1932年和1933年诺贝尔奖）。"我确信这种理论无疑包含了一部分终极真理。"爱因斯坦在提名信中写道。

一部分终极真理。 爱因斯坦感到，量子力学的哥本哈根解释并不能完全解释实在。

---

[1] Léon Rosenfeld, Niels Bohr in the Thirties, in Rozental 1967, 132.
[2] Niels Bohr, Discussion with Einstein, in Schilpp, 225–229; Pais 1982, 447–448. 感谢 Murray Gell-Mann 和 David Derbes 对本节写作的帮助。

它的缺点在于，它"声称描述的不是物理实在本身，而仅仅是我们观察到的物理实在发生的**概率**"。爱因斯坦在那年为麦克斯韦（这位大师为物理学提供了他所钟爱的场论进路）写的一篇颂辞中写道。文章的结尾是一段纯正的实在论告白，足以令休谟、马赫甚至是年轻的爱因斯坦蹙额。它径直否定了玻尔的看法，即物理学关心的不是自然是什么，而只是"我们可以对自然说些什么"。他宣称："对一个独立于感知主体的外在世界的信念是一切自然科学的基础。"[1]

从自然中探取原理

在少不更事、阅历尚浅的时期，爱因斯坦并未强调这一信念，而更像是一个经验论者或实证主义者。换句话说，他已经将休谟和马赫的著作奉若神明，这使他抛弃了以太、绝对时间等无法通过直接观察来认识的概念。

而今，随着对以太概念的反对变得更加微妙，以及对量子力学的不满日趋增强，他开始偏离这一正统。晚年的爱因斯坦反思道："我不喜欢这种论证中的那种基本的实证主义态度，在我看来它是站不住脚的，它与贝克莱的原理——'存在即被感知'（*Esse est percipi*）[2] 如出一辙。"[3]

---

[1] Einstein, Maxwell's Influence on the Evolution of the Idea of Physical Reality 1931, in Einstein 1954, 266.

[2] "存在即被感知"意味着说未被感知的事物——贝克莱最著名的例子就是森林中的树，"没有人从旁边经过去感知它们"——真实存在是没有意义的。(George Berkeley, *Principles of Human Knowledge*, section 23.)

[3] Einstein, Reply to Criticisms (1949), in Schilpp, 669.

第十五章 统一场论，1923—1931

爱因斯坦的科学哲学不乏连续性，因此说他的思想经历了一个从经验论到实在论的清晰转变是错误的。[1] 不过公平地说，他在20世纪20年代反驳量子力学时，已经变得不那么恪守马赫的教义，而更像是一个实在论者。正像他在麦克斯韦颂辞中所说，他相信一种独立于我们观察而存在的背后的实在。

这可见于爱因斯坦1933年6月在牛津所作的一个名为"理论物理学的方法"的讲演，其中概括了他的科学哲学。[2] 讲演一开始就告诫大家，要想真正理解物理学家的方法和哲学，"不要听他们说什么，而要看他们做什么"。

如果我们看看爱因斯坦做了什么，而不是听他说什么，那么很显然，他相信（任何真正的科学家都是如此）一切理论的最终结论必定能被经验和实验检验所证实。他在论文结尾经常会呼吁做这类实验。

但他的理论思考的基石，即逻辑推导所基于的那些原理和假设是如何获得的呢？正如我们已经看到的，他通常并不从需要做某种解释的一套经验数据开始。"无论把经验事实收集得多么丰富，都不可能得出如此复杂的方程。"他在描述自己提出广义相对论的过

---

[1] 对爱因斯坦实在论更完整的讨论参见本书第二十章。关于与此对立的观点，参见 Gerald Holton，Mach，Einstein, and the Search for Reality，in Holton 1973，219，245（他认为爱因斯坦哲学中存在着一种非常清晰的转变："对于一个科学家来说，如此根本地改变其哲学信念是罕见的。"）；Fine，123（他认为："爱因斯坦经历了一种哲学转变，从年轻时的实证主义变得越来越倾向于实在论。"）；Howard 2004（他认为："爱因斯坦从来也不是一个热忱的'马赫式的'实证主义者，也不是一个科学实在论者。"）本节还参考了 Dongen 2002（他认为："宽泛地说，可以说爱因斯坦的立场从早年马赫的经验论变成了后来很强的实在论。"）亦参见 Anton Zeilinger，Einstein and Absolute Reality，in Brockman，121-131。

[2] Einstein，On the Method of Theoretical Physics，the Herbert Spencer lecture，Oxford，June 10，1933，in Einstein 1954，270.

程时说。[1] 在他的许多著名论文中，他都坚称自己并没有过分依赖于任何特定的实验数据——布朗运动、探测以太或光电效应——来归纳出他的新理论。

相反，他一般会从对物理世界的理解中抽象出来的假设开始，比如引力与加速的等效。这种等效并不是他通过考察经验数据而得到的。作为理论家，爱因斯坦有一种强大的能力，那就是他能够比其他科学家更为敏锐地提出他所谓的"能够充当出发点的一般原理和假设"。

这一过程中贯穿着从实验数据中找到规律的直觉感受。"在考察复杂的经验事实时，科学家必须通过辨别某些一般特征而从自然中探寻出这些一般原理。"[2] 在寻找统一理论的基础时，他在致外尔的一封信中道出了这一过程的本质："我相信，要想取得任何真正的进步，就必须找到一条从自然中探取的普遍原理。"[3]

一旦从自然中探明这条原理，他就会凭借物理直觉和数学形式，朝着某些可以检验的结论迈进。他早年有时会轻视纯数学可能起的作用，但在向广义相对论做最后冲刺时，正是数学最终帮助他收获了胜利的果实。

从那以后，他在探索统一场论时越来越依赖于数学形式。"广义相对论的发展将爱因斯坦引向了抽象的数学形式，特别是张量演算，"天体物理学家约翰·巴罗写道，"起初，一种深刻的物理洞见协调着广义相对论的数学，但是后来，天平朝着另一个方向偏

---

[1] Einstein 1949b, 89.

[2] Einstein, "Principles of Theoretical Physics," inaugural address to the Prussian Academy, 1914, in Einstein 1954, 221.

[3] Einstein to Hermann Weyl, May 26, 1923, AEA 24-83.

第十五章　统一场论，1923—1931

转了。爱因斯坦对统一场论的寻求体现了对抽象形式本身的迷恋。"[1]

在牛津讲演中，爱因斯坦先是肯定了经验论："一切关于实在的知识都始于经验并终于经验。"但旋即强调了"纯粹理性"和逻辑推导的作用。他坦言，在用张量演算成功地提出了广义相对论方程之后，他已经转而信任一种数学进路，较之经验的作用，它更强调方程的简洁和优雅。

他说，既然这种进路能够使广义相对论受益，那么"我们就有理由相信，**自然乃是可能设想的最简单的数学观念的实现**"。[2]这种信念不仅雅致，而且极为有趣。在数学"简单性"指导他探索统一场论的那些年里，它的确道出了爱因斯坦思想的精髓。它与牛顿在其《自然哲学的数学原理》第三卷中的伟大宣言遥相呼应："自然喜欢简单性。"

但爱因斯坦并未证明这一似乎与现代粒子物理学相对立的信念，[3]也从未详细解释他所说的数学简单性到底是什么意思。他只是坚持了这样一种深刻的直觉，即这就是上帝创造宇宙的方式。"我确信我们可以借助纯数学构造来发现将它们彼此相连的概念和定律。"他宣称。

这种信念（事实上是一种信仰）爱因斯坦曾在1931年5月访问牛津

---

[1] John Barrow, "Einstein as Icon," *Nature*, Jan. 20, 2005, 219. 亦参见 Norton 2000。

[2] Einstein, On the Method of Theoretical Physics, the Herbert Spencer lecture, Oxford, June 10, 1933, in Einstein 1954, 274.

[3] Steven Weinberg, Einstein's Mistakes, *Physcis Today*（Nov. 2005）："自爱因斯坦以后，我们已经学会不再信任这种审美标准。我们在基本粒子物理学中的经验教导我们，只要基本原理允许，物理学场方程中的任何一项都可能存在于方程中。"

时表达过，那时是要授予他荣誉博士学位。他在讲演中解释说，他对统一场论的不懈追求更多是受到了优雅的数学而不是实验数据的推动。"指导我的不是来自背后实验事实的压力，而是来自前方数学简单性的吸引，"他说，"只能希望实验将会追随数学的旗帜前进。"[1]

在 1933 年牛津讲演的最后，爱因斯坦同样表示相信，场论的数学方程是把握"实在"的最好方式。他承认，到目前为止，这在似乎由偶然和概率所支配的亚原子层次并不奏效。但他告诉听众，他坚信这并非最终答案。"我仍然相信可能有一种关于实在的模型——也就是说，有一种理论可以表示事物本身，而不仅仅是它们发生的概率。"[2]

最大的错误

1917 年，当爱因斯坦根据其广义相对论做"宇宙学考察"时，大多数天文学家都以为宇宙仅仅是我们的银河系连同其 1000 亿颗左右的恒星在空荡荡的太空中飘游。不仅如此，它似乎是一个相当稳恒的宇宙。虽然群星游走，但却没有明显地向外膨胀或向内塌缩。

于是，爱因斯坦给他的场方程补充了一个表示"斥"力的宇宙学常数。发明这个常数是为了抵抗引力，因为如果星体不能以足够的动量彼此飞离，引力就会把它们拉到一起。

---

[1] Einstein, Latest Developments of the Theory of Relativity, 1931 年 5 月 23 日，在牛津的三次罗得斯（Rhodes）讲演中的第三次，这一天爱因斯坦被授予牛津大学的名誉博士学位。重印于 *Oxford University Gazette*, June 3, 1931。

[2] Einstein, On the Method of Theoretical Physics, Oxford, June 10, 1933, in Einstein 1954, 270.

第十五章　统一场论，1923—1931　467

从 1924 年开始，加州帕萨迪纳市威尔逊山天文台的充满传奇色彩的天文学家哈勃用 100 英寸反射望远镜做出了一系列惊人发现。第一项发现是，所谓仙女座星云实际上是大小与银河系差不多的另一个星系，距离我们接近 100 万光年（我们现在知道这一距离超过 200 万光年）。不久他又发现了 20 多个更远的星系（我们现在认为存在着超过 1000 亿个这样的星系）。

哈勃接下来的发现更为惊人。通过测量恒星光谱的红移（光谱的红移之于光波就如同多普勒效应之于声波），他意识到这些星系正在远离我们。关于四处的遥远星体看起来正在远离我们，至少存在两种可能的解释：① 我们处于宇宙的中心（自哥白尼以来，只有小孩子才会相信这种观点）；② 整个宇宙都在膨胀，也就是说，一切物体都在四处向外延伸，因此所有星系都在彼此远离。

当哈勃证实，总体来说诸星系正在以和我们距离成正比的速度退行时，事实变得很清楚，第二种解释是正确的。那些两倍之遥的星系退行速度就快两倍，三倍之遥的星系退行速度就快三倍。

为了理解这一点，不妨设想一个点栅，所有点都分布在一个气球的弹性表面上，彼此相距 1 英寸。然后气球表面尺寸膨胀到原先的两倍，使得现在点与点之间相距 2 英寸。于是在膨胀过程中，开始时 1 英寸远的点又远离了 1 英寸。在同一时间内，开始时 2 英寸远的点又远离了 2 英寸，开始时 3 英寸远的点又远离了 3 英寸，开始时 10 英寸远的点又远离了 10 英寸。某个点开始时距离我们越远，它相对于我们的退行速度就越快。从气球上的每一个点来看都是如此。

这些简单的说法意在表明，不仅星系在远离我们，而且整个空间或宇宙都在膨胀。为了理解三维的情况，不妨把各个点想象成烘烤过程中正在膨胀的蛋糕中的葡萄干。

1931年1月第二次访问美国时，爱因斯坦决定到威尔逊山（从他正在访问的加州理工学院去那里很方便）亲眼看一看。他和哈勃乘坐一辆漂亮的皮尔斯-阿洛（Pierce-Arrow）敞篷旅游汽车沿盘山公路上了山。在山顶上，他见到了因以太漂移实验而著称的年老多病的迈克耳孙。

这天天气晴朗，爱因斯坦愉快地摆弄起望远镜的转盘和仪表来。有人向随行的爱尔莎解释，这台仪器是用来确定宇宙的范围和形状的。据说她回答："我丈夫在一张旧信封背面就可以做这件事。"[1]

在大众媒体的报道中，宇宙膨胀的证据被视为对爱因斯坦理论的一个挑战。抓住公众想象力的是一种科学的戏剧效果。有一则报道是这样开篇的："巨大的星体以每秒7300英里的速度飞离地球，这给阿尔伯特·爱因斯坦博士出了一道难题。"[2]

但爱因斯坦喜欢这一报道。"威尔逊山天文台的人很是杰出，"他写信给贝索说，"他们最近发现，螺旋星云在太空中基本上均匀分布，它们显示出与距离成正比的强多普勒效应，我们可以从不带'宇宙学'项的广义相对论中将其推导出来。"

换句话说，被勉强加入以解释一个静态宇宙的宇宙学常数显然是不必要的，因为宇宙实际上正在膨胀。[3]"这真是令人兴奋。"他对贝索说。[4]

---

[1] Marcia Bartusiak, Beyond the Big Bang, *National Geographic*（May 2005）。爱尔莎的妙语被广泛报道，但从未给出过完整的出处。参见 Clark, 526。

[2] Associated Press, Dec. 30, 1930.

[3] 正如爱丁顿所表明的，即使宇宙后来被证明是静态的，宇宙学项可能也不能奏效，因为它要求一种微妙的平衡，任何一点小的扰动都可能造成宇宙无法控制的膨胀或收缩。

[4] Einstein to Michele Besso, Mar. 1, 1931, AEA 7-125.

第十五章　统一场论，1923—1931

当然，如果爱因斯坦相信他最初的方程，并且直接宣布他的广义相对论预言了宇宙在膨胀，那将更令人激动。倘若他果真这样做了，那么哈勃在十几年后对宇宙膨胀的证实将和爱丁顿证实他关于太阳引力使光线弯曲的预言一样引发轰动。"大爆炸"也许会因此而被命名为"爱因斯坦爆炸"，而且可能会像现代物理学那些最迷人的理论发现一样永载史册，引人遐想。[1]

事实上，爱因斯坦欣然放弃了这个他从不喜欢的宇宙学常数。[2]在1931年新版的相对论通俗著作中，他增补了一个附录[3]来解释他曾经加到场方程中的那一项为什么（谢天谢地）不再必要。"当我与爱因斯坦讨论宇宙学问题时，"乔治·伽莫夫后来回忆说，"他指出，引入宇宙学项是他一生中最大的错误。"[4]

实际上，爱因斯坦的错误甚至要比一般科学家的胜利更吸引人，也更复杂。从场方程中消除这一项很难。"不幸的是，"诺贝尔奖获得者温伯格说，"直接抛弃宇宙学常数并不容易，因为任何对真空能量密度有所贡献的东西都会发挥宇宙学常数的作用。"[5]

---

[1] Greene 2004, 279: "这当然可以列为历史上的伟大发现，甚至是最伟大的发现。"亦参见 Edward W. Kolb, The Greatest Discovery Einstein Didn't Make, in Brockman, 201。

[2] Einstein, On the Cosmological Problem of the General Theory of Relativity, Prussian Academy, 1931; Einstein Drops Idea of 'Closed' Universe, *New York Times*, Feb. 5, 1931.

[3] Einstein 1916, appendix Ⅳ.（最初见于1931年版）

[4] Gamow 1970, 149.

[5] Steven Weinberg, The Cosmological Constant Problem, in *Morris Loeb Lectures in Physics* (Cambridge, Mass.: Harvard University Press 1988); Steven Weinberg, Einstein's Mistakes, *Physics Today* (Nov. 2005); Aczel 167; Krauss 117; Greene 2004, 275−278; Dennis Overbye, A Famous Einstein 'Fudge' Returns to Haunt Cosmology, *New York Times*, May 26, 1998; Jeremy Bernstein, Einstein's Blunder, Bernstein 2001, 86−89.

结果证明，宇宙学常数不仅很难消除，而且仍然是宇宙学家所必需的。今天，宇宙学家用它来解释宇宙的加速膨胀。[1]导致这种膨胀的似乎是神秘的暗能量，它们的行为就好像是爱因斯坦常数的一种表现。结果，每年都要进行两三次观测，每次所做的报告都会以类似2005年11月的这段文字开篇："阿尔伯特·爱因斯坦给他的方程加了一个'宇宙学常数'来解释宇宙的膨胀，继而又撤回了它，但新的研究也许证明了他的天才。"[2]

---

[1] 凯斯西储大学的 Lawrence Krauss 和芝加哥大学的 Michael Turner 认为，对宇宙的解释需要用到一个宇宙项，它与爱因斯坦加到场方程中继而抛弃的宇宙项有所不同。他们的宇宙项源于量子力学而非广义相对论，而且基于这样一个前提：甚至"空虚"空间的能量也不必然是零。参见 Krauss and Turner, A Cosmic Conundrum, *Scientific American* (Sept. 2004)。

[2] Einstein's Cosmological Constant Predicts Dark Energy, *Universe Today*, Nov. 22, 2005. 这一特殊的大标题乃是基于一个被称为"超新星遗迹研究"（Supernova Legacy Survey, SNLS）的超新星研究项目。根据加州理工学院的一则新闻报道，SNLS "旨在发现和考察700颗遥远的超新星，以勾勒宇宙膨胀的历史。这项研究证实了较早的发现，即宇宙过去膨胀得较慢，现在加快了。然而，朝前迈进的关键一步发现，爱因斯坦1917年对空虚空间恒常能量项的解释与新的超新星数据非常吻合"。

第十六章 知命之年，
1929—1931

爱因斯坦在柏林近郊卡普特的住宅

卡普特

爱因斯坦希望避开媒体，平静地度过50岁生日。1929年3月，就像几个月前酝酿他的统一场论论文那样，他又一次躲进了哈维尔河畔一处庄园的花园别墅。庄园的主人是匈牙利裔医生亚诺什·普莱什。他追求浮华，爱传小道消息，曾给爱因斯坦治过病。

一连数日，爱因斯坦独自生活，亲自下厨。众多新闻记者和官方人士苦苦寻觅他，希望对此进行报道或表达良好祝愿。报纸媒体纷纷猜测其行踪。只有他的家人和助手知道他在哪里，他们甚至连亲近的朋友都不透露。

生日那天一早，由于住处没有安电话，爱因斯坦来到附近的一个房子打电话给爱尔莎。爱尔莎对他的50岁生日致以良好祝愿，但被爱因斯坦打住。"过个生日也那么麻烦。"他笑道。他打电话是为了一件物理学的事情，而不是他个人。他告诉爱尔莎，助手瓦尔特·迈尔的计算中犯了一个小错误，希望她能记下更正，转告他人。

那天下午，爱尔莎和女儿出席了一场小型的私人庆祝活动。她惊讶地发现，爱因斯坦穿着她藏起来的旧衣服。"你怎么找到它的？"她问道。

"哈，"他回答，"那些隐藏之处我都清楚。"[1]

一贯坚韧不拔的《纽约时报》是唯一一家找到爱因斯坦的报纸。一位家庭成员后来回忆说，爱因斯坦异常愤怒，把记者吓跑了。事实并非如此。那名记者非常机敏，爱因斯坦尽管佯作愤怒，也和平时一样随和。"爱因斯坦生日那天躲起来了。"报纸大标题写道。他给记者看他获赠的一架望远镜，《纽约时报》报道说，他就像一个"快乐的男孩子"摆弄着一个新玩具。[2]

---

[1] Vallentin, 163.
[2] *New York Times*, Mar. 15，1929.

第十六章 知命之年，1929—1931

各种礼物和祝福从世界各地纷至沓来。最令他感动的是普通人寄来的礼物。一个女裁缝寄给他一首诗，一个失业的男人用自己积攒的硬币给他买了一小袋烟草。爱因斯坦深受感动。第一个收到他致谢回信的就是这个失业工人。[1]

另一份生日礼物引出了更多问题。在好事的医生普莱什的建议下，柏林市决定赠予这位最著名的市民一间乡间邸宅的永久居住权，它是一座巨大的湖畔庄园的一部分。爱因斯坦可以在那里隐居，扬帆起航，不受干扰地涂写他的方程式。

这种慷慨而热诚的姿态使爱因斯坦满心欢喜。他喜欢驾驶帆船，喜爱孤独和简单，但他周末没有隐居之所，只能和朋友们一起驾驶帆船。于是他激动地接受了这份礼物。

这座古典风格的住宅坐落在哈维尔河克拉多（Cladow）村附近的庄园里。报纸上登出了它的照片，一个亲戚称它为"富于创造性和喜欢航行的人的理想居所"。但爱尔莎发现，曾经将地产卖给了市里的贵族夫妇，现在他们仍然住在那里。他们声称自己仍然有权继续使用这份地产。通过核对文件，表明事实的确如此，他们不能被赶出去。

于是柏林市政府决定把这座庄园的另外一个地方交给爱因斯坦一家，他们可以在那里建造房屋。但这也违反了市里的购买协议。压力和知名度并没有使原住户屈服，反倒使他们更加坚定地阻止爱因斯坦一家在那里造房。后来，第三种建议也没有被接受，这场惨败轰动一时，着实令人尴尬。

最后的方案是，爱因斯坦一家可以自行选择地方，由市里出钱购买。于是爱因斯坦挑选了归朋友所有的一小块土地，它

---

[1] Reiser，205.

位于波茨坦南部的卡普特村附近，离市区更远。那里林木茂盛，位于哈维尔河和一片茂密的森林之间，爱因斯坦很喜欢。于是市长要市议会批准拨款两万马克买下这份地产，作为爱因斯坦50岁的生日礼物。

一个年轻的建筑师草拟了设计图，爱因斯坦买了附近的一个小花园。接着政治卷了进来。在议会中，右翼的德国民族主义者表示反对。他们推迟了投票，坚持以后再对这项议案做充分讨论。显然，爱因斯坦本人将成为争论的焦点。

于是爱因斯坦以幽默的笔调写了一封信，谢绝了这份礼物。"生命很短暂，"他对市长说，"政府拖的时间太长了。我的生日已过，不能再领受这份礼物。"第二天《柏林日报》的大标题写道：共和党丢尽了脸——爱因斯坦拒绝这份礼物。[1]

这时，爱因斯坦一家已经喜欢上了卡普特的那块地。他们用自己的钱买下了它，并绘出了建房图纸。"我们花掉了大部分积蓄，"爱尔莎抱怨说，"但有了自己的地方。"

房子造得很简洁，内部是光洁的镶板，外部则是未上清漆的原木。透过一扇大落地窗，可以欣赏哈维尔河的宁静景色。著名的包豪斯家具设计师马塞尔·布劳耶曾经表示愿意做室内设计，但爱因斯坦趣味保守。"我不愿住在这些家具中间，它们会使我想起机器车间或医院手术室。"他说。最后还是用了柏林公寓里剩下的一些笨重的旧式家具。

爱因斯坦在底层的房间里有一张简洁的木桌、一张床和一幅不大的牛顿肖像。爱尔莎的房间也在楼下，两个屋子之间是一个公用的盥洗室。楼上的小房间是她两个女儿以及女仆的卧室。

---

［1］ Reiser，207；Frank 1947，223；Fölsing，611。

"我非常喜欢住在这个新的小木屋里,虽然这所房子几乎使我破产,"他住进去不久给妹妹写信说,"每天可以进行帆船运动,欣赏风景,秋日独自漫步;这里静谧非常,真是一个天堂。"[1]

在这里,他经常驾驶一条23英尺的崭新的"海豚号"(Tümmler)帆船,这是朋友们送给他的生日礼物。按照他提出的规格和愿望,小船特意造得宽敞而坚固。他并不下水游泳,而是喜欢独自泛舟游弋。"他一到水上就感到无比幸福。"一位访客回忆说。[2]他喜欢轻轻掌着舵,让船缓缓地顺水漂流。"他的科学思考总是表现出一种幻想的性质,即使在行船时也没有停止,"一位亲戚说,"理论思考是富于想象的。"[3]

伴侣

爱因斯坦似乎终生都无法摆脱与女性的暧昧关系。他的磁性魅力和真诚举止不断吸引着女性。即使他通常避免做出纠缠不清的承诺,但偶尔也会因受到吸引而不能自拔,就像他曾经与米列娃甚至爱尔莎那样。

1923年,在与爱尔莎结婚之后,他爱上了秘书贝蒂·诺依曼。根据新近披露的信件,他们的风流韵事既一本正经,又充

---

[1] www.einstein-website.de/z_biography/caputh-e.html; Jan Otakar Fischer, Einstein's Haven, *International Herald Tribune*, June 30, 2005; Fölsing 612; Einstein to Maja Einstein, Oct. 22, 1929; Erika Britzke, Einstein in Caputh, in Renn 2005d, 272.

[2] Vallentin, 168.

[3] Reiser, 221.

满激情。在那年秋天访问莱顿期间，他写信暗示自己可能会在纽约任职，她可以来做他的秘书。爱因斯坦幻想贝蒂可以在那里同他和爱尔莎一起生活。"我会说服我的妻子答应这件事，"他说，"我们可以永远生活在一起。我们可以在纽约之外弄一套大房子。"

贝蒂在回信中取笑了他和这种想法，这促使他承认自己是一头多么"疯狂的驴子"。"你比我这个老数学家更懂得三角几何学的困难。"[1]

最终，爱因斯坦结束了这段风流韵事，并悲叹道，他"必须在星空中寻找"地球上不能给予他的真爱。"亲爱的贝蒂，取笑我这头老驴吧，找一个比我年轻十岁、像我一样爱你的人。"[2]

但这种暧昧关系依然持续着。第二年夏天，爱因斯坦去德国南部看望他的儿子，在那里他给妻子写信说，他不能到附近的疗养胜地去看她和她的女儿了，因为"好事不宜做得太过头"。同时又给贝蒂·诺依曼写信说，他将偷偷去柏林，但她不能告诉任何人，因为如果爱尔莎知道了，她"肯定会翻脸"。[3]

卡普特的住宅建好之后，有几位女性朋友相继来到这里拜访爱因斯坦，爱尔莎只得勉强默许。托尼·曼德尔是一位富有的

---

[1] Einstein to Betty Neumann, Nov. 5 and 13, 1923. 这些信连同其他信被赠予了希伯来大学，在爱因斯坦档案中没有编目。

[2] Einstein to Betty Neumann, Jan. 11, 1924; Pais 1982, 320.

[3] Einstein to Elsa Einstein, Aug. 14, 1924, part of sealed correspondence released in 2006; Einstein to Betty Neumann, Aug. 24, 1924. 感谢耶路撒冷爱因斯坦档案馆的罗森克朗茨和加州理工学院帮助我找到并翻译这些信件。

第十六章 知命之年，1929—1931

寡妇，在万湖（Wannsee）拥有一座庄园。她有时会到卡普特与爱因斯坦一起驾驶帆船，有时爱因斯坦则会乘小艇到她的别墅，在那里弹钢琴到很晚。他们偶尔甚至会一起去柏林的剧院。有一次，曼德尔开豪华轿车来接爱因斯坦，爱尔莎与他大闹一场，不给他一分钱零花钱。

他还与柏林的一位社会名流埃塞尔·米沙诺夫斯基发生了一段风流韵事。1931年5月，米沙诺夫斯基尾随爱因斯坦到了牛津，据说住在当地的一家旅馆。一天，爱因斯坦在牛津基督教会学院的一张短柬卡上为她作了一首五行诗。"体态修长，窈窕安详，一切都逃不过她的目光……"诗句这样开始。几天后，米沙诺夫斯基寄来了一份贵重的礼物，但爱因斯坦并不高兴。"小包裹着实让我生气了，"他写道，"请不要再频繁给我寄礼物……还是把这样的东西寄给英国的学院吧，无论如何，我们周围充斥着毫无意义的财富！"[1]

当爱尔莎发现米沙诺夫斯基到牛津找过爱因斯坦时暴跳如雷，特别是因为米沙诺夫斯基没有对她说实话。爱因斯坦在牛津写信给爱尔莎要她冷静。"你对M女士的不满毫无理由，因为她的行为完全符合最好的犹太-基督教道德，"他说，"证明如下：① 一个人应当做他喜欢且不伤害他人的事情。② 一个人不应当做他不喜欢且只会激怒他人的事情。因为第一条，她来找了我。因为第二条，她没有把这件事告诉你。这种行为难道不是无可指摘吗？"但在给爱尔莎的女儿玛戈特的一封信中，爱因斯坦称米沙诺夫斯基的追求是徒劳的。"她对我的追求正在变得

---

[1] Einstein to Ethel Michanowski, May 16 and 24, 1931, in private collection.

不可收拾，"他给米沙诺夫斯基的朋友玛戈特写信说，"我不在乎别人怎么说我，但为了妈妈（爱尔莎）和 M 女士，最好不要让张三李四说闲话。"[1]

在给玛戈特的信中，他坚称自己并不特别依恋米沙诺夫斯基以及其他与之调情的女人。"在所有的女人中，我实际上只对 L 女士依依不舍，她温柔可亲，品行端正。"他的话似乎并不那么让人放心。[2] 这里指的是一位金发碧眼的奥地利女士，名叫玛格丽特·勒巴赫，爱因斯坦与她有过一段众所周知的风流韵事。勒巴赫来卡普特时，为爱尔莎带来了油酥点心。爱尔莎自然无法忍受她，只好早早地离开村子，到柏林去买东西。

有一次，勒巴赫的一件衣服落在了爱因斯坦的帆船上，这酿成了一场家庭纠纷。爱尔莎的女儿因此敦促爱尔莎让爱因斯坦结束这段不正当的关系。但爱尔莎担心丈夫会拒绝。因为他曾经表示，一夫一妻并非男人和女人的天性。[3] 所以最后，她还是觉得尽力维持他们的婚姻更明智，因为婚姻可以满足她在其他方面的渴望。[4]

爱尔莎爱她的丈夫，也敬重他。她意识到，必须完全接受

---

[1] Einstein to Elsa Einstein and Einstein to Margot Einstein，May 1931，part of sealed correspondence released in 2006. 感谢《爱因斯坦全集》的罗森克朗茨帮助提供背景和译文。

[2] Einstein to Margot Einstein，May 1931，sealed correspondence released in 2006.

[3] 他终生持这种观点。Einstein to Eugenia Anderman，June 2，1953，AEA 59-097："你一定知道，根据天性，大多数男人（以及许多女人）并非一夫一妻。当传统挡住去路时，这种天性愈发得到了加强。"

[4] Fölsing，617；Highfield and Carter，208；Marianoff，186.（注意：弗尔辛将她的名字拼成了"Lenbach"，根据爱因斯坦档案的副本，这是不正确的。）

第十六章 知命之年，1929—1931

他的复杂个性，特别是因为作为爱因斯坦夫人的生活给她带来了许多幸福。"这样一个天才应当在任何方面都无可指摘，"她对艺术家和蚀刻画家赫尔曼·施特鲁克（他在爱因斯坦50岁生日时为他画了肖像，就像10年前所做的那样）说，"但大自然并不是这样运作的。她在哪里毫不吝惜地给予，也在哪里慷慨大方地拿走。"好处和坏处只能通盘接受。"你必须把他看成一个整体，"她解释说，"尽管同他生活令人疲惫，复杂难解，而且不只在一个方面，而是在许多方面，但上帝已经赋予他如此多的高贵品质，我觉得他很了不起。"[1]

在爱因斯坦生活中扮演最重要角色的另一个女人是杜卡斯。她言行谨慎，忠心耿耿，竭力保护爱因斯坦，而且对爱尔莎没有威胁。杜卡斯从1928年开始任爱因斯坦的秘书，那时他因心脏病卧病在床。爱尔莎认识杜卡斯的姐姐，即犹太孤儿组织的负责人，爱尔莎则任该组织的名誉主席。爱尔莎在允许杜卡斯见爱因斯坦之前先对她进行了面试，觉得她可以信赖，更重要的是，她在各方面都很让人放心。所以甚至在杜卡斯见到爱因斯坦之前，她就答应让杜卡斯工作了。

1928年4月，32岁的杜卡斯被领进爱因斯坦的病房，爱因斯坦伸出手，微笑着对她说："这里躺着一具老顽童的尸体。"从那一刻起，直到爱因斯坦1955年去世（事实上是直到她本人1982年去世），终身未嫁的杜卡斯忠心耿耿地保护着他的时间、隐私、名誉和遗产。虽然她会对看着顺眼的人露出善意的微笑，显得充满生气，但她总体上说是严厉无情的，有时甚至会

---

[1] Elsa Einstein to Hermann Struck, 1929.

激怒别人。[1]

在那些不速之客看来，杜卡斯不仅是一个秘书，更是爱因斯坦的斗牛狗（pit bull），或如爱因斯坦所说，是他的刻耳柏洛斯（Cerberus），即守卫冥府入口的看门狗。她会把新闻记者拒之门外，帮爱因斯坦过滤掉可能会浪费他时间的信，隐藏一切她认为应当保持私密的事情。没过多久，她已经像自家人一样了。

常常光顾爱因斯坦家的还有来自维也纳的年轻数学家瓦尔特·迈尔，他后来成了爱因斯坦的一位助手，用爱因斯坦的话说，是"计算器"。爱因斯坦与他合写了一些关于统一场论的论文，并称他"是极好的伙伴，如果不是犹太人，早就成教授了"。[2]

甚至离婚后使用少女名的米列娃，也开始重新使用"爱因斯坦"这个名字，并且与他建立了一种紧张但又过得去的关系。爱因斯坦访问南美时，给她带回了几篮仙人掌。由于米列娃喜欢植物，这件礼物也许意在显示友善。访问苏黎世时，爱因斯坦偶尔会待在她的寓所。

他甚至邀米列娃到柏林时，与他和爱尔莎同住，这一安排可能会让他们每个人都感觉不舒服。好在米列娃明智地住在了哈伯家。爱因斯坦对米列娃说，他们的关系已经改善了许多，当他向朋友们描述他们相处得很好时，朋友们都很惊讶。"爱尔莎

---

[1] George Dyson, Helen Dukas: Einstein's Compass, in Brockman, 85—94.（乔治·戴森是普林斯顿高等研究院的物理学家弗里曼·戴森的儿子，爱因斯坦去世后，杜卡斯照看乔治·戴森的孩子。）亦参见 Abraham Pais, Eulogy for Helen Dukas, 1982, American Institute of Physics Library, College Park, Md。

[2] Einstein to Maurice Solovine, Mar. 4, 1930, AEA 21-202.

也很高兴，你和儿子们不再敌视她了。"他补充说。[1]

他还说，两个儿子是他心中最宝贵的财富。在他的身体朽坏之后，这份遗产仍会保留下来。尽管如此，或者说正因如此，他与儿子们的关系仍然十分紧张，特别是当汉斯·阿尔伯特决定结婚时更是如此。

就好像众神希望从复仇中获得快感，这种情形一如爱因斯坦当初决定娶米列娃时使父母经受的痛苦。汉斯·阿尔伯特在苏黎世联邦工学院读书时曾经爱上一个比他年长9岁的女生弗里达·克乃希特。她身高不到5英尺，相貌平平，举止鲁莽，但非常聪明。米列娃和爱因斯坦一致认为，弗里达诡计多端、缺乏魅力，将来生的孩子可能体质不佳。"我竭力劝说他相信，和她结婚是愚蠢之举，"爱因斯坦写信给米列娃，"但他似乎完全被她俘虏，我的劝说毫无作用。"[2]

爱因斯坦认为儿子定是受到了引诱，因为他性格腼腆，跟女人打交道还没有经验。"她是第一个迷住你的人，现在你把她当作女性气质的化身，"他写信给汉斯·阿尔伯特，"这是女人欺骗不谙世事的人的惯用伎俩。"他暗示，一个有魅力的女人也许会解决这样的问题。

但汉斯·阿尔伯特和25年前他父亲一样顽固，他宣布铁定要和弗里达结婚。爱因斯坦承认自己无法阻止，但劝儿子保证不会要孩子。"要是哪一天你感觉不得不离开她了，你不要面子上过不去，不来找我谈话，"爱因斯坦写道，"那一天终究是要

---

[1] Einstein to Mileva Marić, Feb. 23, 1927, AEA 75-742.
[2] Einstein to Mileva Marić, Feb. 23, 1927, AEA 75-742.

来的。"[1]

汉斯·阿尔伯特和弗里达于1927年结婚，也有了孩子，直到31年后弗里达去世，他们的婚姻一直很稳定。正如他们的养女伊夫林·爱因斯坦多年后回忆的："阿尔伯特曾就自己的婚姻同他的父母纠缠了那么久，你也许以为他不会去干涉自己的儿子。但并非如此。我的父母结婚时，冲突一次接着一次。"[2]

在一封写给爱德华的信中，爱因斯坦表达了他对汉斯·阿尔伯特婚姻的沮丧。"家族退化是一个严重的问题，"爱因斯坦写道，"这就是我为什么不能原谅（汉斯·）阿尔伯特罪过的原因。我本能地避免见到他，因为在他面前我开心不起来。"[3]

但没过两年，爱因斯坦开始接受弗里达了。1929年夏，汉斯·阿尔伯特夫妇去看望他，他写信给爱德华说，他们已经言归于好。"她给我的印象要比预想的好，"他写道，"他们在一起的确很甜蜜。上帝保佑那些乐观的人。"[4]

至于爱德华，则在学术追求上变得愈发爱空想了，他的心理问题日益明显。他喜欢诗歌，经常写一些不错的打油诗和格言警句，特别是当主题有关家庭时。他弹钢琴时充满激情，特别在演奏肖邦的曲子时。这种激情最初似乎可以用来对抗他平日里表现出的那种倦怠，但最终却变得让人惊恐不安。

他给父亲写信倾诉他那颗哲学和艺术的灵魂，其感情同样强烈。爱因斯坦有时慈爱地做了回复，有时则超然处之。"我经常

---

[1] Einstein to Hans Albert Einstein, Feb. 2, 1927, AEA 75−738, and Feb. 23, 1927, AEA 75−739.
[2] Highfield and Carter, 227.
[3] Einstein to Eduard Einstein, Dec. 23, 1927, AEA 75−748.
[4] Einstein to Eduard Einstein, July 10, 1929, AEA 75−782.

第十六章 知命之年，1929—1931

满心欢喜地给爸爸写信，有几次他的处理比较冷淡，我为此很烦恼，"爱德华后来回忆说，"我只是后来才知道他是多么珍视这些信。"

爱德华在苏黎世大学学习医学，打算做精神病学家。他对弗洛伊德很感兴趣，卧室里就挂着弗洛伊德的照片，他也尝试过对自己进行心理分析。这一时期他给父亲写的信里经常谈起他运用弗洛伊德的理论来分析电影、音乐等生活的各个领域，其中不乏睿智。

毫不奇怪，爱德华对父子关系特别感兴趣。他的一些评论简洁而动人。"拥有这样一位著名的父亲有时很难，因为他会感到自己如此无关紧要。"他曾经这样写道。几个月后，他表现出了更多的不安全感。"整天忙于脑力劳动的人会生出体弱多病的、神经质的，甚至是完全白痴的孩子（比如你生出我）。"[1]

后来，他的评论变得更加复杂，比如他分析过父亲的那句著名的感慨，即"为了惩罚他对权威的蔑视，命运把他自己变成了一个权威"。爱德华写道："从心理分析的角度讲，这意味着，由于你不想在自己父亲面前屈服，而是与之斗争，你必须变成一个权威以接替他的位置。"[2]

1927年，弗洛伊德从维也纳到柏林过新年，爱因斯坦见到了他。弗洛伊德当时70岁了，患有口腔癌，一只耳朵听不见了，但两人有一次愉快的谈话，这部分原因是由于他们关注的

---

[1] Eduard Einstein to Einstein, May 1 and Dec. 10, 1926. 两封信都在2006年公布的密封的书信夹中，在档案中没有编目。

[2] Eduard Einstein to Einstein, Dec. 24, 1935. 这封信也在2006年公布的密封的书信夹中，在档案中没有编目。

是政治而不是各自的研究领域。"爱因斯坦对心理学的了解就像我对物理学的了解。" 弗洛伊德在给朋友的信中写道。[1]

爱因斯坦从未请弗洛伊德看望或治疗他的儿子，对心理分析的思想似乎也没有多少兴趣。"深入潜意识并不总是有帮助，"他曾这样说，"我们的腿由 100 多块不同的肌肉所控制。如果通过分析我们的腿，清楚了解了每一块肌肉的确切目的及其运作次序，你认为这能帮助我们走路吗？" 爱因斯坦肯定没有兴趣亲自接受治疗。"我希望一直躲在暗处，不被分析。" 他说。[2]

然而最终，也许是为了让爱德华高兴，爱因斯坦的确向他承认，弗洛伊德的工作或许是有价值的。"我必须承认，通过各种琐碎的人生经验，我至少信服了他的主要论点。"[3]

上大学时，爱德华爱上了一个年龄比他大的女人，这一特征频频出现在他们家庭中，也许会让弗洛伊德觉得好笑。后来，这一关系痛苦地结束了，他变得倦怠而抑郁。他的父亲建议他找一个年轻点的"玩物"调情，还建议他找份工作。"即使像叔本华那样的天才也曾有过失业的挫折，" 他写道，"生活就像骑自行车，要想保持平衡，就要不断运动。"[4]

爱德华无法保持平衡。他开始旷课，闭门不出。看着他越

---

[1] Sigmund Freud to Sandor Ferenczi, Jan. 2, 1927. 关于对弗洛伊德与爱因斯坦相互影响的分析，参见 Panek 2004。

[2] Viereck, 374; Sayen, 134. 亦参见 Bucky 113："我很怀疑他的一些理论。我认为弗洛伊德过分强调梦的理论了。毕竟，一个盛满垃圾的密室产生不了所有东西……另一方面，弗洛伊德读起来十分有趣，他也非常机智。我当然不是想过分挑剔。"

[3] Einstein to Eduard Einstein, 1936 or 1937, AEA 75－939.

[4] Einstein to Eduard Einstein, Feb. 5, 1930, 未编目；Highfield and Carter, 229, 234. 参见本书卷首引语的注释。

来越心神不宁,爱因斯坦也越来越关心和疼爱他。爱因斯坦不断思考爱德华的心理学思想,斟酌他那谜一般的警句,此时他给烦恼的爱德华写的信中有一种痛苦的甜蜜。

"生活的意义就在于生活本身。"爱德华有这样一句警句。

爱因斯坦礼貌地回信说他可以接受这种看法,"但它几乎什么也没说清楚。"他接着说,生活本身是没有内涵的。"那些生活在社会中,坦诚相见、有难同当的人,那些专注于重要的事情并乐在其中的人——这些人过的是一种充实的生活。"[1]

这一劝诫中有一种会意的自指性。爱因斯坦在分担别人的痛苦上没有什么倾向或天分,作为补偿,他专注于对他来说重要的东西。"泰特身上有我自己的许多东西,但在他那里似乎更加突出,"爱因斯坦向米列娃坦言,"他是一个有趣的人,但生活起来并不容易。"[2]

1930年10月,爱因斯坦看望了爱德华。他与米列娃一起,试图恢复其越来越糟糕的精神状态。他们一起弹钢琴,但没有什么作用。爱德华继续朝一个更黑暗的世界滑去。爱因斯坦离开后不久,他威胁要从卧室的窗户跳出去,米列娃赶忙拦住了他。

1930年11月,爱因斯坦复杂的家庭生活又节外生枝。四年前,一个名叫马里亚诺夫的苏联作家曾经密谋见到爱因斯坦。他以极大的勇气和坚韧在爱因斯坦家门口介绍自己,最终说服爱尔莎让他进了屋。他大谈俄国戏剧,使爱因斯坦入了迷,还通过演示笔迹分析,使爱尔莎的女儿玛戈特为之注目。

---

[1] Einstein to Eduard Einstein, Dec. 23, 1927, AEA 75-748.

[2] Einstein to Mileva Marić, Aug. 14, 1925, AEA 75-693.

玛戈特极为害羞，总是躲着陌生人，但马里亚诺夫的诡计很快就使她敞开了心扉。爱德华自杀未遂后没几天，他们举行了婚礼。此时，心神狂乱的米列娃匆匆赶到柏林寻求前夫的帮助。马里亚诺夫后来描述了婚礼结束时的这一场面："正当我们走下台阶时，我注意到一个女人站在门廊附近。要不是她的眼神如此迫切，我可能都注意不到她。玛戈特低声说：'那是米列娃。'"[1]

儿子的病情使爱因斯坦深感震惊。"这种悲伤正在吞噬阿尔伯特，"爱尔莎写道，"他觉得事情很难办。"[2]

然而，他爱莫能助。在婚礼后的第二天早上，他和爱尔莎乘火车去了安特卫普，从那里他们第二次乘船去了美国。这次启程很是慌乱。爱因斯坦在柏林火车站与爱尔莎走失了，然后又丢了车票。[3]最终他们还是找齐了所有东西，开始了又一次成功的美国之旅。

重访美国

爱因斯坦第二次美国之旅始于1930年12月。与第一次不同，这次大概不会引起公众的狂热，也不会大肆宣传，因为他这次来是要在加州理工学院做两个月的工作访问。安排此行的官员希望保护他的隐私，他们和爱因斯坦在德国的朋友都视任何宣

---

[1] Marianoff, 12. 他显然弄错了自己结婚的年份。他称是在1929年秋，而实际上是在爱因斯坦1930年年底第二次访美之前不久。希伯来大学爱因斯坦档案馆的芭芭拉·沃尔夫说，她相信这则轶事有修饰的成分。

[2] Elsa Einstein to Antonina Vallentin, undated, in Vallentin 196.

[3] Einstein, Trip Diary to the U. S. A., Nov. 30, 1930, AEA 29-134.

第十六章 知命之年，1929—1931   487

传为有损尊严。

和通常一样，爱因斯坦似乎（在理论上）同意。他要来的消息一经传开，他每天都会收到数十封电报邀请他做讲演或授奖，所有这些他都拒绝了。在途中，他和数学"计算器"瓦尔特·迈尔躲进了由船员守门的上层甲板套房，着手修改他的统一场论。[1]

他甚至决定当船停靠纽约港时不下船。"我讨厌面对照相机，回答连珠炮似的问题，"他说，"人们竟会对我这样一个思考抽象事物、喜欢独处的科学家抓住不放，这是一种我所不能理解的大众心理的表现。"[2]

但当时的世界，特别是美国，已经进入了新的名人时代。对名声的厌恶不再被认为是自然的。虽然许多体面的人仍然倾向于回避名声，但其诱惑已经开始被人接受。在船抵达纽约的前一天，爱因斯坦放出话来，他不再拒绝记者的要求，一到纽约就会举行一场记者见面会，让大家有拍照的机会。[3]

"它比最不现实的预想还糟。"他在旅行日记中写道。50位记者和50多位摄影师云集船上，还有德国领事和他肥胖的助手。"记者问了一些异常空洞的问题，对此我以廉价的笑话作答，博得了满堂彩。"[4]

在被要求用一句话来定义第四维时，爱因斯坦回答："你只能去问巫师。"可否用一句话定义相对论？"给出简短的定义需要三天时间。"

---

[1] Einstein Works at Sea, *New York Times*, Dec. 5, 1930.
[2] Einstein Puzzled by Our Invitations, *New York Times*, Nov. 23, 1930.
[3] Einstein Consents to Face Reporters, *New York Times*, Dec. 10, 1930.
[4] Einstein, Trip Diary, Dec. 11, 1930，AEA 29-134.

然而，有一个问题他是想认真作答的，可惜他答错了。有一个政客，他的党派3个月前一鸣惊人，在德国大选中赢得了18％的选票。"你怎样看希特勒？"爱因斯坦回答说："德国饥肠辘辘，这是他的靠山。一旦经济情况好转，他就不再显要了。"[1]

那一期的《时代》周刊将爱尔莎搬上了封面。她头戴一顶风格轻快的帽子，欢呼她作为世界上最有名科学家妻子的角色。杂志称，"由于数学家爱因斯坦不能正确地管理账目"，他的妻子不得不照管他的花销，负责旅行安排。"我必须做所有这些事情，这样他才认为他是自由的，"她对《时代》周刊的记者说，"他就是我生活的全部。他值得我这样做。身为爱因斯坦夫人我很高兴。"[2]她规定丈夫的每个签名收费1美元，每张照片则收费5美元；她有一个分类账户，可以把钱捐给儿童慈善机构。

当船驶入纽约港时，爱因斯坦改变主意，不再躲在船里。事实上，他去了许多地方。他和15000人在麦迪逊广场花园庆祝犹太人的光明节，乘车游览唐人街，与《纽约时报》的编委们共进午餐，到大都会歌剧院听著名女高音歌唱家玛丽亚·耶里查演唱《卡门》，获得了城市钥匙（纽约市长吉米·沃克笑称，这是"相对"授予的），被哥伦比亚大学校长誉为"心智的统治者"。[3]

---

[1] Einstein on Arrival Braves Limetlight for Only 15 Minutes，*New York Times*，Dec. 12，1930.

[2] He Is Worth It，*Time*，Dec. 2，1930.

[3] Brian 1996，204；Einstein Receives Keys to the City，*New York Times*，Dec. 14，1930.

第十六章　知命之年，1929—1931

他还参观了刚刚竣工的河边教堂（Riverside Church）。这是一座大型建筑，教堂中殿有 2100 个座位。它是一个浸礼会教堂，但西门上方却雕有一尊爱因斯坦的全身石像，与历史上的其他 12 位大思想家并列。著名牧师哈里·埃默森·福斯迪克在教堂门口迎接爱因斯坦和爱尔莎，带领他们参观。爱因斯坦停住脚步，赞叹一扇绘有康德在花园中漫步的彩色玻璃窗，然后问起他自己的雕像。"在所有这些历史人物中，我是唯一在世的人么？"福斯迪克博士回答说："是这样的，爱因斯坦教授。"言语中透着几分沉重。

"那么在我的余生中，我一定要非常注意我的言行。"爱因斯坦回答说。根据后来教堂简报上一篇文章的说法，他开玩笑说："我也许想到他们会把我变成一个犹太教的圣徒，但从未想到我会成为一个新教的圣徒！"[1]

教堂是在小洛克菲勒资助下建成的。爱因斯坦与这位大资本家、大慈善家见了面，目的是讨论洛克菲勒基金会提供研究资助的复杂规定。爱因斯坦说："烦琐的手续就像绑扎木乃伊的带子一样束缚人的心智。"

因大萧条之故，他们还讨论了经济和社会正义。爱因斯坦建议缩短工作时间，使得更多的人能够有机会被雇用，至少就他对经济学的理解而言是这样。他还说，延长学年可以避免年轻人同他们的长辈竞争就业。

小洛克菲勒问："这种想法难道不是要把不正当的限制强加于个人自由吗？"爱因斯坦答到，当前的经济危机证明这些措施

---

[1] Einstein Saw His Statue in Church Here, *New York Times*, Dec. 28, 1930.

是正当的，就像各国政府在战时所采取的那些措施一样。这使爱因斯坦有机会阐述其和平主义立场，小洛克菲勒对此客气地表示不敢苟同。[1]

最令人难忘的演讲是他给新历史学会作的和平主义呼吁。在讲演中，他呼吁"不妥协地抵制战争，在任何情况下都拒绝服兵役"。接着，他讲了一段著名的话，呼吁有2％的勇敢者站出来：

> 胆怯的人也许会说："这有什么用？我们会被投入监牢。"我可以这样回答他们：在预定要服兵役的人当中，哪怕只有2％的人……宣布拒绝打仗，那么政府就会无能为力，他们不敢把那么多的人送进监狱。

这次演说很快就成了反战人士的一份宣言。带有"2％"字样的纽扣开始在学生与和平主义者的上衣翻领上流行起来。[2]《纽约时报》在头版登出了大字标题，并全文刊发了这篇演讲。一家德国报纸也用了大字标题，只是少了些热情，"爱因斯坦为拒绝服兵役的人乞讨——科学家在美国难以置信的宣传方法"。[3]

---

[1] George Sylvester Viereck, profile of John D. Rockefeller, *Liberty*, Jan. 9, 1932; Nathan and Norden, 157. 爱因斯坦在写给玻恩的一封信中提到了与洛克菲勒的这次会见：letter to Max Born, May 30, 1933, AEA 8－192。

[2] 和平主义者认为不需要其他解释，但不知何故，当时有些报道竟认为这些纽扣指的是2％的啤酒。

[3] Einstein, New History Society speech, Dec. 14, 1930; Nathan and Norden, 117; Einstein Advocates Resistance to War, *New York Times*, Dec. 15, 1930, p. 1; Fölsing, 635.

第十六章 知命之年，1929—1931

离开纽约当天，爱因斯坦对他抵达时发表的一个声明稍作修改。在被重新问及希特勒时，他宣称，如果纳粹掌权，他将考虑离开德国。[1]

爱因斯坦的船穿过巴拿马运河前往加利福尼亚。在妻子忙于梳妆打扮时，他给杜卡斯口述信件内容，并和瓦尔特·迈尔继续研究统一场论方程。虽然他抱怨游客们"不停地照相"使他难以忍受，但他的确让一个年轻人给他画了速写，然后他附上了一首自嘲打油诗，使之成了收藏家们追逐的对象。

在古巴，他享受着温暖的天气，在当地的科学院做了讲演。然后到了巴拿马，那里正在发生一场革命，总统将被赶下台。后来知道，这位总统也是苏黎世联邦工学院的毕业生。不过，官员们仍然为爱因斯坦精心准备了一场欢迎仪式，其间他获赠"一个厄瓜多尔的印第安文盲用半年时间织成的"一顶帽子。圣诞节那天，他通过船上的无线电装置向美国民众致以节日问候。[2]

1930年的最后一天早晨，当船驶入圣地亚哥时，数十位新闻记者涌上了船，其中两人在上甲板时从梯子上摔了下来。500位统一着装的女孩站在码头等待给他演奏乐曲。华而不实的欢迎仪式持续了四小时，安排了多次讲话和介绍。

他被问及，宇宙在别处是否还有人居住？"也许有其他生物，但不是人。"他答道。科学与宗教相互冲突吗？"其实不冲

---

[1] Einstein Considers Seeking a New Home, Associated Press, Dec. 16, 1930.

[2] Einstein, Trip Diary, Dec. 15 – 31, 1931, AEA 29 – 134; Einstein Welcomed by Leaders of Panama, *New York Times*, Dec. 24, 1930; Einstein Heard on Radio, *New York Times*, Dec. 26, 1930.

突，"他说，"当然，这要取决于你对宗教的看法。"[1]

德国的朋友们在新闻短片上看到所有这些宣传造势活动时非常惊讶，甚至有些恐慌。"在每周的新闻短片上看到你在圣地亚哥被赠予一辆载有可爱的海仙女的花车，以及种种类似的场面，我总是觉得很好笑，"言辞尖刻的海德维希·玻恩写道，"无论事情从外表看来多么疯狂，我一直觉得亲爱的上帝知道他在做什么。"[2]

如前一章所述，正是在这次旅行中，爱因斯坦参观了威尔逊山天文台。他看到了宇宙膨胀的证据，抛弃了加到广义相对论方程中的宇宙学常数，还向年迈的迈克耳孙表示了敬意，谨慎地赞扬了他著名的以太零漂移实验，而没有明言它们是狭义相对论的基础。

爱因斯坦沉浸在南加州所能提供的各种快乐中。他参加了玫瑰碗（Rose Bowl）[3]巡游，观看了专门为他放映的影片《西线无战事》(*All Quiet on the Western Front*)，在朋友家度周末时在莫哈韦（Mojave）沙漠享受了日光浴。在好莱坞的摄影棚，特技效果组为了让他开心，特地为他拍摄了一段影片。他坐在一辆停止的汽车中假装驾驶，晚上放映时看起来就像是他在开车疾驰，驶过洛杉矶，直入云端，飞过落基山脉，最后降落在德国乡下。甚至有人请他出演一些电影角色，他礼貌地拒绝了。

---

[1] Brian 1996，206.

[2] Hedwig Born to Einstein，Feb. 22，1931，AEA 8-190.

[3] 玫瑰碗橄榄球赛是美国最古老、最著名的大学橄榄球碗杯赛（bowl game），每年元旦在加利福尼亚州帕萨迪纳的玫瑰碗体育场举行，赛前有玫瑰碗巡游，队伍中有许多玫瑰花车。——译者注

第十六章 知命之年，1929—1931

与爱因斯坦在太平洋中同行的还有加州理工学院的院长密立根，爱因斯坦在日记里称他在学校中"扮演着上帝的角色"。密立根是一位物理学家，曾因"用实验证实了爱因斯坦极为重要的光电方程"而获得1923年诺贝尔奖。他还证实了爱因斯坦对布朗运动的解释。此时，他正努力把加州理工学院建成世界上最著名的科学机构之一，他当然会积极游说爱因斯坦到那里。

尽管有不少共同点，但他们两人在许多个人看法上很不一致，以致他们的关系注定会比较尴尬。密立根在科学上非常保守，他反对爱因斯坦对光电效应的解释及其对以太的抛弃，即使这些结论已经被他自己的实验所证实。他在政治上则更为保守。他自幼身体结实，体格健壮。他父亲是艾奥瓦州的一个传道士。他充满了军国主义爱国热情，其强烈程度不亚于爱因斯坦对它的憎恶。

此外，密立根提升加州理工学院的质量依靠了具有类似想法的保守派的大量捐赠。爱因斯坦的和平主义和社会主义感情使他们中的许多人感到不安，他们敦促密立根别让爱因斯坦再对地球上的事情说三道四，而要对宇宙问题发表看法。正如阿莫斯·弗里德少将所说，他们必须防止"因招待阿尔伯特·爱因斯坦博士而帮助和教唆这个国家的年轻人去叛国"。作为回应，密立根斥责爱因斯坦呼吁抵制军事对抗。他宣称："任何一个有见识的人都不可能做出那个2%的评论。"[1]

密立根特别瞧不起两个人，一个是鼓吹社会主义观点的作家厄普顿·辛克莱，密立根称他是"加利福尼亚最危险的人"；另

---

[1] Amos Fried to Robert Millikan, Mar. 4, 1932; Robert Millikan to Amos Fried, Mar. 8, 1932; cited in Clark, 551.

一个是演员卓别林，他在世界上的名气与爱因斯坦相当，在左翼的观点上则有过之而无不及。令密立根不安的是，爱因斯坦竟然在短时间里与两人交好。

爱因斯坦曾与辛克莱写信交流过他们关于社会正义的共同看法。到达加利福尼亚后，爱因斯坦愉快地接受了辛克莱的邀请，出席了一系列晚宴、聚会和会议。甚至在辛克莱家参加一场滑稽聚会时，爱因斯坦尽管开心，也仍然表现得彬彬有礼。当辛克莱夫人挑战他关于科学和精神的观点时，爱尔莎责怪她自以为是。"你知道，我的丈夫有着世界上最伟大的头脑。"她说。辛克莱夫人答道："是的，我知道，但他肯定不是什么都知道。"[1]

在游览环球影城时，爱因斯坦提到他一直想见卓别林。于是摄影棚老板给卓别林打了电话，他马上赶来与爱因斯坦夫妇在内部餐厅共进午餐。结果几天以后，爱因斯坦和卓别林打着黑色领带，一起出席《城市之光》的首映式，这是这个新的名人时代最令人难忘的景象之一。他们走进剧场时，人们欢声雷动。卓别林意味深长地（且准确地）指出："他们欢呼我是因为他们都理解我，他们欢呼你则是因为他们都不理解你。"[2]

最后，爱因斯坦给加州理工学院的学生们做了一场报告，这时他表现得更为严肃。这场报告以他的人道主义观点为基础，

---

[1] Brian 1996，216.

[2] Seelig 1956a，194. 根据派特森（Cissy Patterson）女士的一篇生动报道，爱因斯坦看电影时"目不转睛，全神贯注，就像一个孩子在看圣诞节的童话剧"。派特森是一位雄心勃勃的年轻记者，她也记述了爱因斯坦裸身晒日光浴的情形。她后来掌管了《华盛顿先驱报》（*Washington Herald*）。Brian 1996，214，citing the *Washington Herald*，Feb. 10，1931.

第十六章 知命之年，1929—1931

讨论的是科学以往所带来的好处为何不多于害处。战争期间，科学给了人们"相互毒害和残杀的手段"；而在和平时期，科学则"使我们生活忙碌和不安定"。科学非但不是一种解放的力量，反倒让人"一天到晚疲倦地工作，在劳动中毫无乐趣"，从而"使人沦为机器的奴隶"。力图改善普通人的生活必须是科学的主要目标。"当你们埋头于图表和方程时，千万不要忘记这一点！"[1]

爱因斯坦夫妇乘火车一路东行，并从纽约返航。沿途中，他们去了大峡谷，并受到了一群霍皮（Hopi）的印第安人的欢迎（这些人是大峡谷的商摊雇用来的，不过爱因斯坦并不知晓），同时作为"伟大的相对论者"（亦可作"伟大的亲人"解）被接纳为部落会员。他得到了一顶用羽毛装饰的华贵头饰，留下了几张经典照片。[2]

当火车抵达芝加哥时，爱因斯坦在站台上向一群赶来欢迎他的和平主义者发表了讲话。密立根一定被吓坏了。它类似于爱因斯坦在纽约做过的那次"2%"讲演。"富有成效的唯一途径就是采取拒绝服兵役这种革命性的方法，"他宣称，"许多自认为善良的和平主义者不想去参与这样一种激进形式的和平主义；他们会说，爱国主义妨碍他们采取这样的行动。但正如我们在世界大战中看到的，在紧急情况下，无论如何不能依靠这样的人。"[3]

---

[1] Einstein address, Feb. 16, 1931, in Nathan and Norden, 122.

[2] At Grand Canyon Today, The *New York Times*, Feb. 28, 1931; Einstein at Hopi House, www.hanksville.org/sand/Einstein.html.

[3] Einstein in Chicago Talks for Pacifism, *New York Times*, Mar. 4, 1931; Nathan and Norden, 123.

3月1日一早，爱因斯坦的火车驶入纽约市。在接下来的16小时里，爱因斯坦引发的狂热达到了新高潮。"不知何故，爱因斯坦的个性引发了一种群众性歇斯底里。"德国领事向柏林报道。

爱因斯坦先是到了船上，400位反战同盟的成员正在那里恭候他。他请所有人上了船，在一间舞厅向他们发表讲话。"如果和平主义组织的成员在和平时期不准备做出牺牲，冒着坐牢的危险与当局对抗，那么他们在战时肯定会失败，因为此时只能期望最坚决、最果敢的人去反对战争。"人们极度兴奋，抑制不住激动的和平主义者冲上来亲吻他的手和衣服。[1]

社会主义领导人诺曼·托马斯正在会上，他试图劝爱因斯坦相信，没有激进的经济改革，就不可能有和平主义。爱因斯坦不同意这种观点。"和平主义比社会主义更容易赢得人民，"他说，"我们应当先为和平主义工作，然后再为社会主义工作。"[2]

当天下午，爱因斯坦夫妇来到沃尔道夫（Waldorf）旅馆的套房，在那里接待了各位新闻记者以及海伦·凯勒等多位访客。实际上，这里是两个完整的套房，由一个豪华餐厅连接起来。一位下午赶来的朋友问爱尔莎："阿尔伯特在哪里？"

"我不知道，"她面含愠怒，"他总是在这些房间里迷路。"

他们最终找到了爱因斯坦，他也在到处找爱尔莎。这种铺张卖弄激怒了他。"我告诉你该怎么做，"这位朋友建议，"锁住

---

[1] Fölsing 641; Einstein talk to War Resisters' League, Mar. 1, 1931; Nathan and Norden, 123.

[2] Nathan and Norden, 124.

第二个套房就好了。"爱因斯坦依计而行，果然奏效。[1]

当天晚上，爱因斯坦在犹太复国主义者举办的一次收费的筹款晚宴上发表了演说，直到凌晨才回到船上。但即使在那时，他也休息不得。到达码头时，一群年轻的和平主义者高呼"永远没有战争"，热烈欢迎他，后来的青年和平联盟就是由这次行动成立的。爱因斯坦潦草地写了一段鼓励的话寄给他们："祝愿你们在和平主义的激进道路上取得大的进步。"[2]

爱因斯坦的和平主义

在整个20世纪20年代，这种激进的和平主义一直植根于爱因斯坦心中。随着50岁的爱因斯坦与物理学前沿渐行渐远，他变得更加热衷于政治。至少在希特勒和纳粹上台之前，他的首要目标就是裁军和抵制战争。"我不仅是一个和平主义者，"他去美国时告诉一位采访者，"而且是一个好战的和平主义者。"[3]

国际联盟是第一次世界大战之后成立的国际组织，美国没有加入。爱因斯坦不赞同国际联盟采取的过于温和的方法，因为它不是呼吁彻底裁军，而只是力图为交战和军控制定适当的规则。1928年1月，当被邀请加入国际联盟的一个裁军委员会，

---

[1] Marianoff, 184.
[2] Einstein to Mrs. Chandler and the Youth Peace Federation, Apr. 5, 1931; Nathan and Norden, 124; Fölsing, 642. 这段话的图片见www.albertein-stein.info/db/ViewImage.do? DocumentID=21007&Page=1。
[3] Einstein interview with George Sylvester Viereck, Jan. 1931, in Nathan and Norden, 125.

研究限制毒气战的措施时，他公开表达了对这种半吊子手段的厌恶：

> 在我看来，为战争行为指定规则和限度是完全徒劳的。战争不是游戏；因此，人们不可能像在做游戏时那样根据规则来进行战争。我们的斗争必须指向反对战争本身。众人可以通过建立一个完全拒绝服兵役的组织，来最有效地与战争体制做斗争。[1]

就这样，爱因斯坦成了反战国际所领导的日益高涨的运动的一位精神领袖。"反对参与任何类型的战争服务的国际运动是我们当代最鼓舞人心的发展之一。"他1928年11月致信这一组织的伦敦分部。[2]

甚至在纳粹开始掌权时（至少在一开始），爱因斯坦也拒不承认他的和平主义假设可以有例外。一位捷克记者问他，如果再次爆发欧洲战争，而且一方显然为侵略者，他会怎么办？"我将无条件拒绝一切直接或间接的战争服务，并会力图劝说我的朋友采取同一立场，不论我对特定战争的起因有何感受。"他回答说。[3] 布拉格的审查员没有让这一评论发表，但它在别处被公之于众了，爱因斯坦作为标准的纯粹和平主义者的地位也因此而得到提升。

---

[1] Einstein to Women's International League, Jan. 4, 1928, AEA 48-818.

[2] Einstein to London chapter of War Resisters' International, Nov. 25, 1928; Einstein to the League for the Organization of Progress, Dec. 26, 1928.

[3] Einstein statement, Feb. 23, 1929, in Nathan and Norden, 95.

第十六章 知命之年，1929—1931

这些观点在当时并非罕见。第一次世界大战之惨烈使人震惊，而且似乎完全没有必要。辛克莱、弗洛伊德、杜威和韦尔斯等人都持爱因斯坦这种和平主义观点。"我们相信，每一位真诚渴望和平的人都要求废止对年轻人的军事训练，"他们在1930年的一份爱因斯坦也参与签名的宣言中说，"军事训练是在杀人技巧方面进行精神和身体的教育。它阻挠了人争取和平的意志的成长。"[1]

1932年，即纳粹上台的前一年，爱因斯坦对反战的支持达到了顶点。同年在日内瓦召开了一次由国际联盟和美苏组织的裁军会议。

一开始，爱因斯坦对这次会议抱以极大的希望。正如他在给《民族》（Nation）杂志写的一篇文章中所说，这次会议"将对这代人和下代人的命运有决定性意义"。但同时警告说，它绝不能只满足于制定不痛不痒的军备限制规则。"只在限制军备上达成协议，不能提供任何保障。"应当有一个国际组织有权就争端做出裁决，并加强和平。"强制的仲裁必须有执行力做支持。"[2]

他的担心变成了现实。会议在如何计算航空母舰在维持军控平衡方面的攻击力等议题上陷入了僵局。5月，当讨论这一议题时，爱因斯坦到了日内瓦。当他出现在参观者走廊时，代表们停止了讨论，起身鼓掌。但爱因斯坦并不高兴。那天下午，

---

[1] Manifesto of the Joint Peace Council, Oct. 12, 1930; Nathan and Norden, 113.

[2] Einstein, The 1932 Disarmament Conference, *The Nation*, Sept. 23, 1931; Einstein 1954, 95; Einstein, The Road to Peace, *The New York Times*, Nov. 22, 1931.

他在旅馆举行了一场记者招待会，公开指责他们的怯懦。

"人们不能通过制定战争规则而使战争发生的可能性减小，"他对数十位激动的新闻记者（他们都是放弃了会议，专程前来报道他的批评的）说，"我们所有人都应当公开指责这次会议是（对正义的）一种嘲弄！"他声称，哪怕这次会议彻底失败，也比通过"使战争人性化"的协议要好，他认为这是一种悲惨的错觉。[1]

"爱因斯坦一旦出了科学领域，就有不切实际的倾向了。"他的小说家朋友兼和平主义伙伴罗曼·罗兰评论道。考虑到德国即将发生的事情，裁军的确不啻为一种妄想。用一个有时用来形容爱因斯坦的词说，和平主义者的希望很"幼稚"。但应当指出，他的批评还是有些道理的。日内瓦的那些鼓吹军控的人也同样幼稚。正当德国重整旗鼓时，他们竟然花了五年时间做着徒劳的不可思议的争论。

政治理想

"请往前走一步，爱因斯坦！"这是德国社会主义领导人库尔特·希勒在1931年8月发表的一封致爱因斯坦的公开信的大标题。在众多敦促爱因斯坦将其和平主义扩展为激进政治的左翼激进主义分子中，希勒就是其中之一。他认为，和平主义只是其中的一步，真正的目标是倡导社会主义革命。

爱因斯坦称这篇文章"相当愚蠢"。和平主义并不要求社会

---

[1] Nathan and Norden，168；Einstein Assails Arms Conference，*New York Times*，May 24，1932.

主义，社会主义革命有时会导致对自由的压制。"我并不相信那些通过革命活动获取权力的人会按照我的理想行事，"他写信给希勒，"我也相信，争取和平的斗争必须全力以赴地推进，使之远远超前于任何带来社会变革的努力。"[1]

和平主义、世界联邦制和对国家主义的憎恶只是爱因斯坦政治观点的一部分，他还强调社会正义，同情受压迫者，痛恨种族主义，偏爱社会主义。然而和以前一样，在20世纪30年代，他对权威的警惕、对个人主义的忠诚以及对自由的热衷使他拒不接受布尔什维克主义和共产主义的教条。"爱因斯坦既非赤色分子，亦非受人操纵的傀儡。"曾经分析过爱因斯坦政治观点的弗雷德·杰罗姆写道，他也曾研究过美国联邦调查局搜集的关于爱因斯坦的大宗档案。[2]

这种对权威的警惕反映了爱因斯坦所有道德原则中最基本的部分：自由和个人主义是创造性和想象力得以发展的必要条件。当他还是一个少不更事、莽撞无礼的孩子时就已经证明了这一点。1931年，他又对这一原则做了清晰表述。"我认为，国家最重要的使命是保护个人，并使之可能发展成为有创造才能的人。"他说。[3]

1932年，照料爱尔莎女儿的医生的儿子，13岁的托马斯·巴基见到了爱因斯坦，他们有过一次关于政治的长时间讨论。"爱因斯坦是一个人道主义者、社会主义者和民主主义者，"

---

[1] Einstein to Kurt Hiller, Aug. 21, 1931, AEA 46-693; Nathan and Norden, 143.

[2] Jerome, 144. 特别参见第十一章，"How Red?"

[3] Einstein, The Road to Peace, *New York Times*, Nov. 22, 1931; Einstein 1954, 95.

巴基回忆说，"他是一个彻底的反极权主义者，不论是苏联、德国还是南美。他主张将资本主义与社会主义结合起来，而且痛恨一切独裁统治，无论是左派的还是右派的。"[1]

在1932年受邀参加世界反战大会时，爱因斯坦对共产主义的怀疑表现得很明显。虽然一般认为会议的发起者是一群和平主义者，但他们实际上已经成为苏联共产主义者的一个前哨。比如会议宣言指责"帝国主义列强"助长了日本对苏联的侵略态度。爱因斯坦拒绝参加这次会议，也不支持它的宣言。"由于它包含着对苏维埃俄国的颂扬，我不能在上面签字。"

他还说，他对苏联得到了一些阴郁的结论。"在顶端出现的是个人斗争，在这一斗争中，出于纯粹自私的动机而行动的、渴望权力的个人运用着最卑劣的手段；在底部似乎存在着对个人和言论自由的彻底压制。人们感到惊奇，在这种情况下，生活还有什么价值。"可笑的是，美国联邦调查局在20世纪50年代的红色恐惧时期汇编爱因斯坦的秘密档案时，竟然有一份证据显示，他曾经**答应**而非拒绝参加这次世界反战大会。[2]

当时爱因斯坦有一位名叫艾萨克·唐·莱文的俄裔美国新闻记者朋友。作为赫斯特（Hearst）[3]报业的专栏作家，他曾经对共产主义者表示同情，但渐渐开始激烈反对斯大林及其政权。与美国公民自由协会的创始人罗杰·鲍德温及罗素等公民自由的捍卫者一样，爱因斯坦支持出版莱文的《来自苏联监狱的信》

---

[1] Thomas Bucky interview with Denis Brian, in Brian 1996, 229.
[2] Einstein to Henri Barbusse, June 1, 1932, AEA 34－543; Nathan and Norden, 175－179.
[3] 赫斯特（William Randolph Hearst, 1863－1951），美国大富豪，拥有多家报纸、杂志、广播电台和两个电影制片厂。——译者注

第十六章 知命之年，1929—1931

（*Letters from Russian Prisons*），以揭露斯大林主义的恐怖。他甚至还亲笔写了一篇文章，严厉斥责"苏联的骇人政权"。[1]

莱文随后出版了斯大林的传记，对这位独裁者的残忍进行了猛烈批判和揭露，爱因斯坦读后称其"鞭辟入里"。他由这本书得出了一个有关独裁政权（无论是何种类型）的明确教训。"暴力滋养了暴力，"他给莱文写信表示赞许，"自由是一切真正的价值得以发展的必要基础。"[2]

但是渐渐地，爱因斯坦开始与莱文决裂。和最终走向反共道路的许多先前的共产主义者一样，莱文殉道式的热情使他很难欣赏处于中间位置的任何东西。他觉得，爱因斯坦过于把苏联的某些压迫看成革命变化的一种不幸的副产品了。

事实上，爱因斯坦的确欣赏苏联的许多方面，包括他所认为的消除阶级区分和经济层级的努力。"我认为阶级区分是有悖正义的，"他在一篇自述中谈到了他的信念，"我也认为，简朴的生活无论在身体上还是精神上，对每个人都是有益的。"[3]

这些看法也使爱因斯坦开始批判他所认为的美国的过度消费和贫富差距。于是，他参加了许多有关种族平等和社会正义的运动。例如，他开始关注"斯科茨伯勒男孩"（Scottsboro

---

[1] Einstein to Isaac Don Levine, after Jan. 1, 1925, AEA 28-29.00（这篇亲笔书写的文章的图片见 www.alberteinstein.info/db/ViewImage.do?DocumentID=21154&Page=1；Roger Baldwin and Isaac Don Levine, *Letters from Russian Prisons*（New York：Charles Boni, 1925）；Robert Cottrell, *Roger Nash Baldwin and the American Civil Liberties Union*（New York：Columbia, 2001），180。

[2] Einstein to Isaac Don Levine, Mar. 15, 1932, AEA 50-922。

[3] Einstein, The World As I See It, originally published in 1930, reprinted in Einstein 1954, 8。

Boys)案,这群黑人男孩被指控在阿拉巴马州实施轮奸,但没有得到公正审判;还有穆尼案,一个因被指控在加利福尼亚进行谋杀而被判入狱的劳工激进主义分子。[1]

在加州理工学院,密立根对爱因斯坦的激进主义很是不安,并写信告诉了他。爱因斯坦礼节性地做了回复。他同意:"在只关乎贵国公民的事情上坚持己见不可能是我的事。"[2]密立根认为,爱因斯坦和许多人一样,在政治上很幼稚。在某种程度上确实如此。但不要忘了,事实证明,爱因斯坦对斯科茨伯勒男孩和穆尼被定罪的疑虑是有道理的,他对种族公平和社会正义的拥护也符合历史的发展潮流。

尽管与犹太复国主义事业关系密切,但爱因斯坦对阿拉伯人也很同情,犹太人大量涌入后来的以色列正在使阿拉伯人流离失所。他的话很有预见力。"如果我们无法找到一种方法与阿拉伯人真诚合作,签订公平合约,"他1929年给魏茨曼写信说,"那么经过了2000年的苦难,我们实际上没有学到任何东西。"[3]

无论是在给魏茨曼的信中,还是在写给一个阿拉伯人的公开信中,爱因斯坦都建议成立一个由不受约束的四个犹太人和四个阿拉伯人组成的"枢密院",以解决各种争端。他说:"两个伟大的闪米特族拥有一个共同的伟大未来。"他警告犹太复国主义运动中的几位朋友,如果犹太人不能确保双方和谐相处,那么

---

[1] Ask Pardon for Eight Negroes, *New York Times*, Mar. 27, 1932; "Einstein Hails Negro Race," *New York Times*, Jan. 19, 1932, 引用了1932年2月即将出版的《危机》(*Crisis*)杂志中一篇爱因斯坦的文章。

[2] Brian 1996, 219.

[3] Einstein to Chaim Weizmann, Nov. 25, 1929, AEA 33-411.

在未来的几十年里将无有宁日。[1]

爱因斯坦与弗洛伊德的通信

1932年，国际联盟的国际知识界合作协会邀请爱因斯坦选择一位思想家，与之就战争和政治等议题进行通信。爱因斯坦选择了弗洛伊德这位伟大的知识分子及和平主义偶像。他在信中提出了一种已经思考多年的观点。他说，要想消除战争，各个国家应该把它们的一部分主权交给一个"超国家的组织，它有能力做出具有无可争辩的权威的裁决，并强迫绝对服从其裁决的执行"。换句话说，必须创建一些比国际联盟更有力量的国际权威机构。

早在少年，爱因斯坦就憎恶德国的军国主义；像约斯特·温特勒那样拥护世界联邦制时，他就一直痛恨国家主义。他的政治观点有一条基本假设，甚至在希特勒上台动摇了他的和平主义原则之后也仍然保持不变，那就是，他主张有一个国际的或"超国家的"组织能够通过强制化解争端来摆脱国家主权的混乱。

他写信给弗洛伊德："对国际安全的追求包含着每一个国家在某种程度上无条件地放弃它的行动自由——也就是它的主权，而且显然，没有其他道路能够导向这样的安全。"多年以后，爱因斯坦将更加固守这一途径，以克服他所帮助缔造的原子时代的军事危险。

---

[1] Einstein, Letter to an Arab, Mar. 15, 1930; Einstein 1954, 172; Clark, 483; Fölsing, 623.

爱因斯坦最后向这位"人的本能知识领域的专家"提出了一个问题。既然人有一种"仇恨和破坏的欲望"，领导者可以操纵它来激起军国主义狂热，那么"是否可能控制人的精神进化，使之不致产生仇恨和破坏的精神错乱呢"？[1]

弗洛伊德在复杂难解的回信中表达了他的悲观看法。"你猜测人身上有一种仇恨和破坏的活跃的本能，"他写道，"我完全赞同你的看法。"心理分析学家已经得出结论，两种类型的人的本能被编织在一起："保存和一体化的本能，我们称之为'性爱的'本能……其次是摧残与杀戮的本能，我们认为它等同于侵略或破坏的本能。"弗洛伊德警告说，不要把前者标为善的，后者标为恶的。"无论哪种本能，都像其对立面一样一点也不可缺少，所有生命现象都源于它们的活动，不论它们是协同一致地起作用还是对抗式地起作用。"

由此，弗洛伊德得出了一种悲观主义的结论：

> 这些观察的结论是，我们不可能压制人的侵略性倾向。有人说，在地球上一些幸福的角落，自然界大量产生出人们需要的各种东西，那里的种族兴旺发达，生活温和友善，而不知道侵略或强取豪夺。我很难相信这种说法，我想要关于这些幸福的人们的进一步详情。布尔什维克主义者也通过保障物质需要的满足和实行人与人之间的平等，立志消除人的侵略性。在我看来，这种希望是徒劳的。其间，他们正忙于

---

[1] Einstein to Sigmund Freud, July 30, 1932, http://www.cis.vt.edu/modernworld/d/Einstein.html.

第十六章 知命之年,1929—1931

改善他们的军备。[1]

弗洛伊德对这次通信并不满意。他开玩笑说,他怀疑两人的通信可以使他们中的某一个人赢得诺贝尔和平奖。无论如何,到了它1933年即将发表之时,希特勒登上了权力舞台。于是,这个话题突然没有了意义,一共只印出了几千本。作为一个优秀的科学家,爱因斯坦那时正在基于新的事实修改他的理论。

---

[1] Sigmund Freud to Einstein, Sept. 1932, http://www.cis.vt.edu/modernworld/d/Einstein.html.

第十七章　爱因斯坦的上帝

在圣芭芭拉海滨，1933 年

爱因斯坦和妻子在柏林出席一次晚宴时，曾经听到一位客人表达自己对占星术的信仰。爱因斯坦嘲笑这纯粹是迷信。又有一位客人插话，以类似的方式贬损宗教。他坚称，对上帝的信仰同样是一种迷信。

这时，主人称爱因斯坦也有宗教信仰，试图使这位客人的心情平复下来。

"那不可能!"这位客人将信将疑,并问爱因斯坦是否真有宗教信仰。

"的确,你可以这样说,"爱因斯坦平静地回答,"尝试用我们有限的手段探寻自然的奥秘,你将会发现,在所有可以认识的规律和联系背后,存在着某种微妙的、无形的、莫名的东西。对这种超越了可理解事物的力量的敬畏就是我的宗教。在这个意义上,我的确是有宗教信仰的。"[1]

爱因斯坦小时候曾经历过一个狂热的宗教阶段,但后来摆脱了出来。在接下来的 30 年里,他不再对此话题发表过多看法。但是到了 50 岁时,他又开始在各种文章、采访和书信中更加明确地评价他的犹太血统以及对上帝的信仰,尽管这是一个非人格的、泛神论的上帝概念。

当然,人到了 50 岁时,可能天然就趋向对永恒进行反思,但除此之外或许还有别的原因。犹太同胞受到的压迫使爱因斯坦感到了与他们的血脉联系,这重新唤起了他的某些宗教情感。不过,他的信仰似乎主要源于他的敬畏感以及通过科学工作而发现的某种超验秩序。

无论是拥护美妙的引力场方程还是拒斥量子力学中的不确定性,他都表现出了对宇宙秩序的深刻信念。这是他的科学观和宗教观的基础。他在 1929 年写到,"一个科学工作者最高程度的满足"就是认识到"上帝本身只能以现有方式安排各种联系,

---

[1] Charles Kessler, ed., *The Diaries of Count Harry Kessler* (New York: Grove Press, 2002), 322 (entry for June 14, 1927); Jammer 1999, 40. Jammer 1999 对爱因斯坦宗教思想的传记、哲学、科学等方面做了详尽考察。

就像他无法把 4 创造成素数一样"。[1]

和大多数人一样，对爱因斯坦来说，对某种超越性事物的信仰是一种至关重要的情感。这种情感在他心中同时唤起了信心和谦卑，并为一种令人愉悦的单纯质朴所裹挟。鉴于他倾向于以自我为中心，这些品质无异于上天的眷顾。加之他的幽默和自知之明，他得以避免世界上大多数名人都会沾染的虚伪和自负。

敬畏和谦卑的宗教情感还赋予了他社会正义感。这使他厌恶高贵的身份和阶级区分，远离穷奢极欲，愿意为难民和受压迫者尽自己的力量。

在 50 岁生日之后不久，爱因斯坦接受了一次不平凡的采访，其间透露了他更多的宗教思想。采访者名叫格奥尔格·西尔维斯特·菲尔埃克，是一位自命不凡但会讨人欢心的诗人和宣传家。他生在德国，小时候搬到了美国，后来写一些庸俗华丽的艳情诗，采访一些名人，不断表达他对祖国怀有的复杂的爱。

菲尔埃克设法对弗洛伊德、希特勒、德皇等人进行了采访，并出版了一本名为《伟人一瞥》（*Glimpses of the Great*）的书。后来他又成功地在爱因斯坦柏林的寓所对他进行了采访。爱尔莎准备了树莓汁和水果沙拉。接着菲尔埃克和爱因斯坦来到僻静的书房。不知为什么，爱因斯坦总以为菲尔埃克是犹太人。事实上，菲尔埃克自豪地与德皇攀上了亲，后来成为纳粹

---

[1] Einstein, Ueber den Gegenwertigen Stand der Feld-Theorie, 1929, AEA 4-38.

的同情者，第二次世界大战期间因为宣传德国而在美国坐了牢。[1]

菲尔埃克一上来就问爱因斯坦认为自己是德国人还是犹太人。"也许两者都是，"爱因斯坦回答说，"民族主义是人类的一种幼稚病，一种痼疾。"

犹太人应当试图同化吗？"我们犹太人一直过于渴望牺牲我们的特质来顺从别人了。"

您在多大程度上受基督教影响？"我小时候受过《圣经》和《塔木德》的教育。我是犹太人，但耶稣这一光辉形象很让我着迷。"

您认为耶稣确有其人吗？"毫无疑问！任何人读福音书都会感受到耶稣的真实存在。他的人格跃动在字里行间。神话中找不到这种生活。"

您信仰上帝吗？"我不是一个无神论者。对我们有限的心灵来说，这里涉及的问题太大了。我们就像一个小孩子进入了一个巨大的图书馆，里面藏有用多种语言写成的书籍。这个孩子知道一定有人写过这些书，但不知道是如何写成的，也不懂得写作所使用的语言。他隐约怀疑有一种神秘的秩序掌控着这些书，但不知道它是什么。在我看来，即使最有思想的人对待上帝也无非是这种态度。我们看到宇宙秩序井然，遵从着某些定律，但我们只是模模糊糊地理解这些定律。"

这是一种犹太人的上帝概念吗？"我是一个决定论者，并不

---

[1] Neil Johnson, *George Sylvester Viereck: Poet and Propagandist* (Iowa: University of Iowa, 1968); George S. Viereck, *My Flesh and Blood: A Lyric Autobiography with Indiscreet Annotations* (New York: Liveright, 1931).

相信自由意志。犹太人相信自由意志，他们认为人可以塑造自己的生活，而我并不这样认为。在这个意义上，我并不是犹太人。"

这是斯宾诺莎的上帝吗？"我对斯宾诺莎的泛神论很着迷，但我更欣赏他对近代思想的贡献，因为作为哲学家，他第一次将心与物看成一体，而不是两种不相干的东西。"

您是如何得到您的思想的？"我实在是一个艺术家，可以自由地利用我的想象。想象比知识更重要。知识是有限的，想象则可以包含世界。"

您相信不朽么？"不。一次生命对我已经足矣。"[1]

爱因斯坦试图清晰地表达这些感受，不仅是为自己，也是为所有那些希望他能就自己的信仰简单作答的人。于是1930年夏天，在卡普特航行沉思期间，他创作了一篇信仰告白——《我的信仰》，结尾解释了他为何自称有宗教信仰：

> 我们所能体验到的最美好感情是神秘的感情。它是一切真正艺术和真正科学发端处的基本感情。谁要是体验不到它，谁要是不再有好奇心，也不再有敬畏的感觉，他就无异于行尸走肉，一支熄灭的蜡烛。认识到在可经验事物背后存在着某种我们的心灵所不能把握的东西，其美和崇高只能间接地为我们感受到，这才是真正的宗教感情。在这个意义

---

[1] Viereck, 372—378；菲尔埃克最初发表的这篇采访是 What Life Means to Einstein, *The Saturday Evening Post*, Oct. 26, 1929. 我大致采用了 Brian 2005, 185—186 和 Calaprice 中的翻译和解释。亦参见 Jammer 1999, 22。

上，而且也只是在这个意义上，我才是一个笃信宗教的人。[1]

人们觉得这些文字很有见地，发人深省。它不断被重印，各种译本层出不穷。不过，这并不能满足那些想要他就是否信仰上帝给出直截了当回答的人。结果，让爱因斯坦简明扼要地回答那个问题，取代了较早前要他用一句话解释相对论。

一位科罗拉多的银行家写到，他已经从24位诺贝尔奖获得者那里得到了他们对是否信仰上帝的回答。他也问爱因斯坦这个问题。"我不能设想这样一个人格化的上帝，他竟会直接干预人的活动，或是对自己的造物进行评判，"爱因斯坦在信中说，"我们只能把握到可知世界的一鳞半爪，对其中显露出来的至高精神进行谦卑的赞美，这就是我的宗教感情。在感情上深信，在无法理解的宇宙中存在着一种至高的理性力量，便是我的上帝观念。"[2]

纽约一所主日学校的一位六年级小女孩以稍微不同的形式提出了这个问题。"科学家们祈祷吗？"她问道。爱因斯坦认真做了回复。"科学研究的思想基础是，任何事物的发生都是由自然规律决定的，人的活动也是如此，"他解释说，"因此科学家很

---

[1] Einstein, "What I Believe" 最初写于1930年，并为德国人权联合会录了音。它以"我的世界观"（The World as I See It）为题发表于 Forum and Century，1930；in Living Philosphies（New York：Simon and Schuster, 1931）；in Einstein 1949a, 1－5；in Einstein 1954, 8－11。这些版本的翻译均略有不同，并有稍许改动。录音版本见 http://www.yu.edu/libraries/digital_library/einstein/credo.html。

[2] Einstein to Schayer, Aug. 5, 1927, AEA 48－380；Dukas and Hoffmann, 66.

难相信，祈祷者或者向一个超自然的主宰提出的愿望可以影响事件的发生。"

然而，这并不意味着没有上帝，没有比我们强大的精神。他继续对这个小女孩解释道：

> 任何严肃追求科学的人都会越来越确信，有一种精神呈现于宇宙定律之中。这种精神远远超越了人的精神。面对它，力量有限的我们必定会感到谦卑。于是，对科学的追求会导向一种特殊的宗教感情，它着实不同于某些更加幼稚的人的宗教感情。[1]

在有些人看来，只有明确地表明自己信仰一个能够支配我们日常生活的人格化的上帝，才称得上是令人满意的回答。爱因斯坦关于非人格化上帝的思想以及他的相对论是名副其实的。"我非常怀疑爱因斯坦本人是否真的知道他的意思。"波士顿的红衣主教威廉·亨利·欧康奈尔说。但有一点似乎是清楚的，那就是无神论。"这种怀疑的结果以及令人困惑的时空思辨只是一个幌子，在它下面隐藏着无神论的可怖幽灵。"[2]

在这位红衣主教的冲击下，纽约著名的正统派犹太领袖戈德斯坦拉比给爱因斯坦发去了一封非常直接的电报："您信仰上帝吗？句号。回复资费已付。五十字。"爱因斯坦用规定字数的一半做了回复。这也是他给出的各种回答里最著名的版本："我信仰斯宾诺莎的那个在事物的和谐有序中显示出来的上帝，而不

---

[1] Einstein to Phyllis Wright, Jan. 24, 1936, AEA 52-337.
[2] "Passover," *Time*, May 13, 1929.

信仰那个同人类的命运和行为有牵连的上帝。"[1]

爱因斯坦的回答并不能服众。例如,一些虔诚的犹太人指出,斯宾诺莎曾因持这些信仰而被逐出阿姆斯特丹犹太集体,还遭到过天主教廷的谴责。"要是欧康奈尔主教没有攻击爱因斯坦的理论就好了,"布朗克斯(Bronx)的一位拉比说,"要是爱因斯坦没有宣称不信仰一个与人的命运和行为有牵连的上帝,就更好了。两人都在自己的权限之外做了断言。"[2]

然而,不论是否完全赞同,大多数人是满意的,因为他们欣赏爱因斯坦所说的话。一个在创造的荣耀之中反映出来而不介入日常事务的非人格化上帝的思想,在欧洲和美洲都隶属于一种可敬的传统。它也可以在爱因斯坦最喜欢的一些哲学家那里找到,而且总体上符合托马斯·杰斐逊、本杰明·富兰克林等美国缔造者的宗教信仰。

有些人将爱因斯坦频繁地援引上帝斥为仅仅是一种修辞。这其中,信仰者和非信仰者兼而有之。他还用过许多说法,其中一些很幽默,比如"上帝先生"(der Herrgott)或"老头子"(der Alte)。但爱因斯坦不会为了顺从而违心地说话,事实恰恰相反。因此,当他一再强调,这些常用说法并不是为了掩饰他实际上是无神论者时,我们应当相信他说的话。

爱因斯坦终生都坚决反对别人说他是无神论者。"有些人说上

---

[1] Einstein to Herbert S. Goldstein, Apr. 25, 1929, AEA 33-272; Einstein Believes in Spinoza's God, *New York Times*, Apr. 25, 1929; Gerald Holton, "Einstein's Third Paradise" *Daedalus* (Fall 2002): 26-34. 戈德斯坦是哈勒姆犹太会堂的拉比,长期担任美国正统派犹太会众联合会主席。

[2] Rabbi Jacob Katz of the Montefiore Congregation, quoted in *Time*, May 13, 1929.

帝不存在，"他对朋友说，"但真正令我感到气愤的是，他们竟然用我的说法来支持这样的观点。"[1]

与弗洛伊德、罗素和萧伯纳不同，爱因斯坦从未感到有必要去诋毁那些信仰上帝的人，而是倾向于贬损无神论者。"宇宙和谐的秘密无法获得，由此产生的绝对谦卑感将我与大多数所谓的无神论者区分开来。"他解释说。[2]

事实上，相比于信仰者，爱因斯坦更倾向于批判清除信仰的人，他们似乎更加缺少谦卑或敬畏。他在一封信中写道："狂热的无神论者就像一些奴隶，在一番艰苦斗争之后，他们已经摆脱了枷锁，却仍然感受到它的压迫。由于抱怨传统宗教是'人民的鸦片'，他们无法听到天籁。"[3]

后来，爱因斯坦曾就此话题与一位从未谋面的美国海军少尉通过信。这位海员问爱因斯坦是否真的在耶稣会神父的引领之下信了上帝。爱因斯坦回答说，那很荒谬，并认为信仰一个父亲式的上帝乃是源于一种"幼稚的类比"。这位海员又问爱因斯坦，能否用他刚才的回答来反驳那些更有宗教信仰的船员。爱因斯坦警告他不要过分简化。"你也许可以称我为不可知论者，但我并不赞同那种职业无神论者的十字军精神，其热情大都来自年轻时从宗教灌输的桎梏中解脱出来的痛苦经历，"他解释说，"我倾向于对理解自然和我们自身方面的弱点保持谦卑态度。"[4]

---

[1] Calaprice, 214; Einstein letter to Hubertus zu Löwenstein, ca. 1941, in Löwenstein's book, *Towards the Further Shore* (London: Victor Gollancz, 1968), 156.

[2] Einstein to Joseph Lewis, Apr. 18, 1953, AEA 60-279.

[3] Einstein to unknown recipient, Aug. 7, 1941. AEA 54-927.

[4] Guy Raner Jr. to Einstein, June 10, 1948, AEA 57-287; Einstein to Guy Raner Jr., July 2, 1945, AEA 57-288; Einstein to Guy Raner Jr., Sept. 28, 1949, AEA 57-289.

第十七章 爱因斯坦的上帝

这种宗教本能如何与他的科学相关联？爱因斯坦的信仰赋予了他的科学工作以形式和灵感，而不是与之相冲突。他说："这种宇宙宗教感情是科学研究最强烈、最高贵的动机。"[1]

爱因斯坦后来在纽约协和神学院的一次会议上谈了他对科学与宗教关系的看法。他说，科学只能断言"是什么"，而不能断言与"**应当**是什么"有关的人的思想和行动；宗教则有相反的职权范围。然而两者有时可以相辅相成。"科学只能由那些全心全意追求真理和向往理解事物的人来创造，"他说，"然而这种感情的源泉却来自宗教领域。"

这篇谈话上了新闻头版，他言简意赅的结论也变得众人皆知。"这种情况也许可以通过一个比喻来表达：没有宗教的科学就像跛子，没有科学的宗教就像瞎子。"

爱因斯坦继续说，但有一种宗教观念是科学所不能接受的，那就是一个可以随意介入他所创造的事件或造物生活的神。"当今宗教领域与科学领域之间冲突的主要来源在于人格化的上帝这一概念。"他说。科学家旨在发现支配实在的永恒定律，在此过程中他们必须否认神的意志或人的意志会破坏这种宇宙因果性。[2]

这种内在于爱因斯坦科学观的对因果决定论的信仰不仅与人格化的上帝概念相冲突，而且与人的自由意志也不相容，至少在爱因斯坦心目中是这样。尽管他怀有深深的道德关切，但他对严格

---

[1] Einstein, "Religion and Science," *New York Times*, Nov. 9, 1930, reprinted in Einstein 1954, 36—40. 也参见 Powell。

[2] Einstein, Speech to the Symposium on Science, Philosophy and Religion, Sept. 10, 1941, reprinted in Einstein 1954, 41; "Sees No Personal God," Associated Press, Sept. 11, 1941. 奥维尔·莱特给了我一份发黄的剪报。他当时是一位年轻的海军军官，已经保存这份剪报60年了；它曾在他的船上广为传阅，并从不同水手那里得到了注释，比如他们会说"告诉我，你对此怎么看"这样的话。

决定论的信仰使他很难接受处于大多数伦理体系核心的道德选择和个体责任的观念。

犹太教神学家和基督教神学家一般都认为，人有这种自由意志，要对其行为负责。就像《圣经》中所讲的那样，人甚至可以自由选择不去遵从上帝的命令，尽管这似乎与上帝全知全能的信念相悖。

而另一方面，就像斯宾诺莎那样，[1]爱因斯坦又相信人的行动如同弹子球、行星或恒星的运动一样确定。"人在思想、感情和行动方面是不自由的，而是像星体运动那样受制于因果性。"爱因斯坦1932年在给一个斯宾诺莎协会的声明中宣称。[2]

他相信，人的行动同时受制于物理定律和心理定律，这一思想也是得自于叔本华的著作。在1930年的《我的世界观》中，他将一条格言归之于叔本华：

> 我完全不相信人类会有那种在哲学意义上的自由。每一个人的行为，不仅受着外界的强迫，而且还要适应内心的必然。叔本华说过："人可以依其意愿而行，但不能随心所欲。"（A man can do as he wills, but not will as he wills.）[3]从我青年

---

[1] "在心灵中没有绝对的或自由的意志，但心灵有这个意愿或那个意愿却是被一个原因所决定，而这个原因又为另一原因所决定，这个原因又同样为别的原因所决定，如此递进，以至无穷。" Baruch Spinoza, *Ethics*, part 2, proposition 48。

[2] Einstein, statement to the Spinoza Society of America, Sept. 22, 1932。

[3] 这句话有时会译为"人可以做他想做的，但不能要他想要的（A man can do what he wants, but not want what he wants.）"我没有在叔本华的著作中找到这句话的出处，不过这种情感的确符合叔本华的哲学。比如他说："一个人的生活，无论大事小事，都像钟表的运动一样必然被预先决定着。" Schopenhauer, On Ethics, in *Parerga and Paralipomena: Short Philosophical Essays* (New York: Oxford University Press, 2001), 2: 227。

时代起，这句话对我就是真正的启示：在自己和他人生活面临困难的时候，它总是给我以安慰，并且永远是宽容的源泉。[1]

曾经有人问爱因斯坦是否相信人是自由的行动者？"不，我是决定论者，"他回答说，"无论是开端还是结束，一切都被我们所不能控制的力量决定着。无论是昆虫还是星体均如此。远方一个看不见的乐手奏出一支神秘的曲调，人、植物或宇宙尘埃都在和着这一曲调翩翩起舞。"[2]

这种态度让玻恩等朋友感到惊骇，玻恩认为它完全破坏了人类的道德基础。"我不明白你如何能将一个全然机械论的宇宙与伦理上的个人自由结合起来，"他给爱因斯坦写信说，"在我看来，一个决定论的世界相当令人厌恶。也许你是对的，正如你所说，世界就是如此。但在目前，物理学中似乎并不是这样——在世界的其余部分就更不是这样。"

在玻恩看来，量子不确定性为这一困境提供了出路。和当时的一些哲学家一样，他诉诸量子力学内在的不确定性来解决"伦理自由与严格的自然律之间的矛盾"。[3]

玻恩向自己容易激动的妻子海德维希解释这个问题，后者一直希望与爱因斯坦进行争论。她对爱因斯坦说，她也"无法相信一个'掷骰子'的上帝"。换句话说，与丈夫不同，她也不赞同量子力学的观点，即宇宙基于不确定性和概率。但她又说："我也不能想象你会相信（就像马克斯告诉我的）你的'完备律则'意味着一

---

[1] Einstein, The World as I see It, in Einstein 1949a and Einstein 1954.
[2] Viereck, 375.
[3] Max Born to Einstein, Oct. 10, 1944, in Born 2005, 150.

切都是预先决定的，比如我是否会让我的孩子打预防针。"[1] 她指出，那将意味着一切伦理的终结。

在爱因斯坦的哲学中，这个问题的出路在于将自由意志看成某种对文明社会有用甚至是必要的东西，因为它将要求人们对自己的行为负责。假想为自己的行为负责将在心理和实践上促使人们以一种更负责任的方式行动。"我不得不这样去行动，就好像自由意志存在一样，"他解释说，"因为倘若我希望生活在一个文明社会中，我就必须负责地行动。"他甚至可以既主张人们对其善行或恶行负责（因为那是一种既实用又明智的生活方式），同时又在理智上相信每个人的行为都是被预先决定的。"我知道从哲学上讲，一个杀人犯对他的罪行是没有责任的，"他说，"但我宁愿不与他一起喝茶。"[2]

在为爱因斯坦、玻恩或海德维希辩护时，应当指出的是，哲学家们一直试图将自由意志与决定论即全知的上帝调和起来，虽然有时做法很笨拙，而且并不很成功。姑且不论爱因斯坦是否比别人更擅长解决这个问题，有这样一个事实需要我们注意：他能够发展和实践一种强烈的个人道德（即使并不总是针对他的家庭成员，也至少是对整个人类），而没有被所有这些不可解决的哲学思辨所阻碍。"人最重要的职责就是在我们的行动中争取道德，"他写信给布鲁克林的一位教长说，"我们内心的平衡乃至我们的生存都依赖于它。只有我们行动中的道德才能赋予生活以美和尊严。"[3]

爱因斯坦认为，那种道德的基础超越了"纯个人的事情"，且

---

[1] Hedwig Born to Einstein, Oct. 9, 1944, in Born 2005, 149.
[2] Viereck, 377.
[3] Einstein to the Rev. Cornelius Greenway, Nov. 20, 1950, AEA 28-894.

有益于人性。有时他可能会对自己最亲近的人表现冷淡，这说明他和我们所有人一样也有缺点。但他要比大多数人更为诚实和勇敢地投身于他认为超越了自私欲望的行动，以促进人类进步，维护个人自由。一般说来，他温厚善良，和蔼友善，不矫揉造作。他和爱尔莎1922年赴日本访问时，曾经这样建议她的两个女儿如何过一种道德的生活："少留己用，多予他人。"[1]

---

[1] Sayen，165.

第十八章 流亡者，1932—1933

与温斯顿·丘吉尔在查特威尔庄园，1933 年

"迁徙之鸟"

"今天我决心放弃我在柏林的职位，在余生做一只迁徙之鸟，"

第十八章　流亡者，1932—1933

爱因斯坦在旅行日记中写道，"我正在学英语，但它不愿留在我的大脑里。"[1]

此时是 1931 年 12 月，爱因斯坦正横渡大西洋，第三次访问美国。他知道，也许科学将在没有他的情况下继续发展，祖国发生的事情可能会再次让他无所归属。此时，一场他所经历的最猛烈的暴风雨袭击了他的船，他在旅行日记中记下了当时的感受。"人感受到了个体的无足轻重，"他写道，"这使人幸福。"[2]

然而，爱因斯坦依然在犹豫是否要永远放弃柏林。他在那里安家落户已经 17 年了，爱尔莎居住的时间就更长。虽然有来自哥本哈根的挑战，柏林仍然是世界理论物理学的中心。尽管存在着各种政治的污泥浊水，但他仍然对那个地方充满感情和敬意。他不仅在卡普特拥有宅第，而且在普鲁士科学院也有席位。

与此同时，他的选择一直在增加。这次去美国是到加州理工学院再做两个月的访问教授，密立根正努力使这项安排成为常规。荷兰的朋友也一直劝他加盟，现在又有了牛津。

他住进加州理工学院优美雅致的教工俱乐部"雅典娜饭店"（Athenaeum）之后不久，出路又多了一条。一天早上，著名美国教育家亚伯拉罕·弗莱克斯纳来访，两人在庭院回廊里散了一个多小时的步。当爱尔莎找到他们，招呼丈夫参加午宴时，爱因斯坦摆了摆手。

弗莱克斯纳曾经是洛克菲勒基金会的一名官员，帮助改造了美国的高等教育，现在他正在为学者们搭建一个"象牙塔"，在那里可以自由地工作，没有任何学术压力或教学任务，正如他

---

[1] Einstein trip diary, Dec. 6, 1931, AEA 29-136.
[2] Einstein trip diary, Dec. 10, 1931, AEA 29-141.

所说，"不会受繁杂的实际事务的牵累"。[1] 路易斯·班伯格和他的妹妹卡罗琳·班伯格·富尔德为之捐赠了500万美元（他们在1929年股票市场崩盘的前几周卖掉了他们的连锁百货商店，从而发了大财），它将被命名为高等研究院，位于新泽西州，也许挨着（但不隶属于）普林斯顿大学，爱因斯坦曾在那里度过了一段愉快的时光。

弗莱克斯纳已经征求过密立根的意见，密立根（后来很后悔）让他与爱因斯坦面谈。弗莱克斯纳后来写到，当他们最终见面时，爱因斯坦"高贵的举止、迷人的风度和真正的谦卑"给他留下了深刻的印象。

显然，对于弗莱克斯纳的新研究院来说，爱因斯坦无疑是完美的精神支柱，定会使之身价倍增，但要让弗莱克斯纳在密立根的地盘发出邀请，也许不太合适。弗莱克斯纳与爱因斯坦商定，他们将在欧洲继续商量这件事。弗莱克斯纳在其自传中称，在这次会面之后，"我并不知道他（爱因斯坦）有兴趣加盟研究院"。但这种说法被他当时写给其赞助人的信所否证，他在信中称，爱因斯坦是一只"未孵出的小鸡"，其前景他们需要慎重对待。[2]

那时，爱因斯坦对南加州的生活已经没有那么大兴趣了。他曾为一个国际关系团体做过一次讲演，在讲演中，他谴责在军控方面做出妥协，主张完全裁军，而听众却似乎把这当成了名人的娱乐表演。"这里的有产阶级总是把任何东西都当成消遣解

---

[1] Flexner, 381-382; Batterson, 87-89.
[2] Abraham Flexner to Robert Millikan, July 30, 1932, AEA 38-007; Abraham Flexner to Louis Bamberger, Feb. 13, 1932, in Batterson, 88.

第十八章　流亡者，1932—1933

闷的手段。"他在日记中写道。爱尔莎在给朋友的信中也反映了他的懊恼。"这件事情不仅不够严肃，而且被当成一种社会消遣。"[1]

结果，当莱顿的朋友埃伦菲斯特请他帮忙在美国找份工作时，他没有答应。"我必须坦率地告诉你，从长远考虑，我更愿意待在荷兰而不是美国，"爱因斯坦回信说，"除了有几位真正优秀的学者外，整个社会枯燥乏味，令人厌烦，很快就会使你心灰意冷。"[2]

然而，在如此等等的话题上，爱因斯坦的想法并不那么单纯。他显然喜欢美国的自由、热情，甚至是赋予他的名人地位（事实也的确如此）。和许多人一样，他在批评美国的同时也被它吸引。他可能不满于美国偶尔表现出的粗俗愚钝和物质至上主义，但另一方面又会被它的自由和率真的个性所强烈吸引。

就在回到柏林后不久，那里的政治形势变得愈发紧张，爱因斯坦又到牛津做了几场讲演。他再一次觉得那些优雅的礼节让人难以忍受，与美国的反差就更强烈。在基督教会学院管理机构沉闷的会议上，爱因斯坦坐在资深教授共宴厅里，把笔记本拿到桌布下面演算方程。他又一次认识到，尽管美国品位不高，热情过度，却可以带来在欧洲无法享受的自由。[3]

于是，他很高兴弗莱克斯纳能够如约而至，继续他们在"雅典娜饭店"没有完成的谈话。从一开始，两人就知道这并不是一次抽象的讨论，而是招募爱因斯坦的重要一步。弗莱克

---

[1] Einstein trip diary, Feb. 1, 1932, AEA 29－141；Elsa Einstein to Rosika Schwimmer, Feb. 3, 1932；Nathan and Norden, 163.

[2] Einstein to Paul Ehrenfest, Apr. 3, 1932, AEA 10－227.

[3] Clark, 542, citing Sir Roy Harrod.

斯纳后来说，只是当他们围绕着基督教会学院汤姆方庭（Tom Quad）的草坪散步时，"我才意识到"爱因斯坦也许有兴趣来新研究院，这种说法有些言不由衷。"如果您在考虑之后认为它能够提供合适的机会，"弗莱克斯纳说，"我们随时恭候您的光临，并会依照您提出的条件行事。"[1]

一个月后，即1932年6月，弗莱克斯纳访问了卡普特，这次爱因斯坦终于决定去普林斯顿。那天天气凉爽，弗莱克斯纳穿着一件大衣，而爱因斯坦还穿着夏装。他开玩笑说，他喜欢"根据季节而不是天气"穿衣服。他们坐在别墅阳台上谈了一下午，吃罢晚餐又继续进行，直到将近晚上11时，爱因斯坦才把弗莱克斯纳送上柏林的公共汽车。

弗莱克斯纳问爱因斯坦希望要多少薪水。3000美元左右吧，爱因斯坦试探性地回答。弗莱克斯纳似乎有些惊讶。"哦，"爱因斯坦连忙说，"是否再少点？"

弗莱克斯纳乐了。他原以为爱因斯坦的要价会更高。"让爱因斯坦夫人和我安排吧。"他说。最后敲定的酬劳是每年10000美元。而且没过多久又增加了，因为主要赞助人路易斯·班伯格发现研究院的另一座靠山——数学家维布伦每年挣15000美元。班伯格坚持要给爱因斯坦同样的薪水。

还有另外一笔交易。爱因斯坦坚持也给他的助手瓦尔特·迈尔安排工作。此前他曾告诉柏林当局，他正在考虑接受美国的邀请，这将为迈尔提供生计，而柏林一直不愿意这样做。加州理工学院拒绝了这一要求。弗莱克斯纳一开始也拒绝了，但最

---

[1] Flexner, 383.

终还是做了妥协。[1]

爱因斯坦并未打算在高等研究院全职工作，不过可能主要待在那里。爱尔莎在给密立根的信中委婉地提出了这一点。"在这种情况下，您仍然希望我丈夫明年冬天待在帕萨迪纳吗？"她问道，"我很怀疑。"[2]

密立根的确希望。他们商定，爱因斯坦来年1月还会回来，那时普林斯顿的高等研究院还没有开始运作。不过，密立根很后悔当时没有签订长期协议，他意识到，爱因斯坦最后充其量也就是到加州理工学院做一次临时访问。事实证明，爱因斯坦在1933年如期到帕萨迪纳之后再也没有回来过。

密立根把一肚子火发到了弗莱克斯纳身上。爱因斯坦与加州理工学院的关系"好不容易在过去的十年里建立起来"，他写到，由于弗莱克斯纳暗挖墙脚，导致爱因斯坦将在某个新的避风港，而不是实验物理学和理论物理学的中心工作。"无论美国科学的进步是否将被这样一个举措所促进，或者是否爱因斯坦教授的生产力会被这样一个变动增加，至少是可以争论的。"作为妥协，他建议爱因斯坦在美国时在研究院和加州理工学院各待一半时间。

面对胜利，弗莱克斯纳显得不够有雅量。他（错误地）抗议说，他到牛津与爱因斯坦谈这件事"完全是出于偶然"。即使他本人后来的回忆录也否定了这种说法。至于让爱因斯坦在两边跑，弗莱克斯纳拒绝了。他说他要照顾爱因斯坦的兴趣。"我认

---

[1] Einstein to Abraham Flexner, July 30, 1932; Batterson, 149; Brian 1996, 232.

[2] Elsa Einstein to Robert Millikan, June 22, 1932, AEA 38-002.

为，每年短期住在几个地方既不合理，对健康也没有好处，"他写道，"从爱因斯坦教授的角度考虑所有这一切，我相信您和他所有的朋友都会为能够给他创造一个永久职位而高兴。"[1]

爱因斯坦本人则尚未确定如何安排时间。他认为他也许可以同时在普林斯顿、帕萨迪纳和牛津做访问教授。事实上，倘若德国的形势没有恶化，他甚至希望能够保留他在普鲁士科学院的职位以及卡普特心爱的别墅。"我并非在抛弃德国，"8月他在普林斯顿的职位公布时宣称，"柏林仍将是我永远的家。"

弗莱克斯纳对这种关系的描述是另一个样子，他对《纽约时报》说，普林斯顿将是爱因斯坦主要的家。"爱因斯坦将把时间专用于研究院，"弗莱克斯纳说，"他的国外之旅只是假期期间在他柏林郊外的避暑别墅休息和沉思。"[2]

后来的结果表明，事件的发展超出了任何一个人的控制。1932年夏，德国的政治形势迅速恶化。纳粹虽然持续在全国选举中落败，但却增加了他们的投票数，以致年逾八旬的总统保罗·冯·兴登堡任命妄自尊大的弗朗茨·冯·巴本为总理，后者试图凭借军事权威进行统治。那年夏天，朋友弗兰克到了卡普特，爱因斯坦悲叹道："我确信一个军事政权将无法阻止迫近的国家社会主义（纳粹）革命。"[3]

1932年12月，正当爱因斯坦准备离开德国第三次访问加州理工学院时，他又一次遭到了辱骂。关于他未来在普林斯顿任

---

[1] Robert Millikan to Abraham Flexner, July 25, 1932, AEA 38-006; Flexner to Robert Millikan, July 30, 1932, AEA 38-007; Batterson, 114.

[2] Einstein Will Head School Here, the *New York Times*, Oct. 11, 1932, p. 1.

[3] Frank 1947, 226.

职的报道引起了"妇女爱国者团体"的愤慨,这是一个美国组织,一度势力很大,但目前正在衰退,自称反对社会主义、和平主义、共产主义、女权主义和不受欢迎的外国人。尽管爱因斯坦只符合前两个范畴,但妇女爱国者们确信他全都符合,也许只有女权主义除外。

这一团体的领导人弗罗辛厄姆夫人(联系当时的情境,她著名的姓氏就好像是被狄更斯想出来的一样)向国务院递交了一封16页的便函,详细列举了"拒绝并限制给爱因斯坦教授派发这种护照签证"的种种理由。它指责爱因斯坦是一个好战的和平主义者和共产主义者,妄图"让无政府状态在未受侵扰的地方滋生蔓延"**,即便是斯大林本人**,也没有像阿尔伯特·爱因斯坦这样参与了如此众多的无政府-共产主义国际组织,企图推进世界革命,导致最终的无政府状态"。[1]

国务院的官员们可能并没有理会这封信。他们将它置于一个文件夹中,23年后进入了联邦调查局1427页的爱因斯坦档案。他们还把信寄给了美国驻柏林领事馆,希望那里的官员能对爱因斯坦做出审查,在发给他签证之前看看这些指控是否属实。

爱因斯坦在报纸上读到了妇女们指控他的报道。一开始他觉得很有趣,便打电话给合众社驻柏林的总编朋友路易斯·洛克纳,发表了一个声明,不仅嘲笑了那些指控,而且决定性地证明不能指责他为女权主义者:

---

[1] Women's Patriot Corporation memo to the U. S. State Department,Nov. 22,1932,contained in Einstein's FBI file,section 1,available at foia. fbi. gov/foiaindex/einstein. htm. 这件趣事在 Jerome,6—11 中有出色的叙述。

> 我从来没有被女性如此强烈地拒绝过，即使发生过这样的事，也从未像这次这么多人。这些防范意识不俗的女市民们说得不是很对吗？谁会愿意给这样一个人敞开大门呢？他像克里特岛的牛头怪吞食可口的希腊少女一样吞食冷酷无情的资本家，况且这个人又如此鄙俗，以至于除了与妻子进行不可避免的战争之外，还极力反对任何形式的战争。听从你们这些聪明的爱国妇女的建议吧，别忘了，强大的罗马就曾被她那忠实的鹅的嘎嘎乱叫挽救了。[1]

《纽约时报》在头版做了报道，还配以大标题——"爱因斯坦嘲笑了这里的妇女对他的攻击/称鹅的嘎嘎乱叫曾经救过罗马"。[2]然而没过两天，爱因斯坦就没那么开心了。当他和爱尔莎准备离开时，他接到了柏林的美国领事馆办公室打来的电话，要他那天下午来面谈一次。

总领事当时正在休假，所以由他那位倒霉的代理人进行审查。结束之后爱尔莎立即向记者们做了叙述。[3]《纽约时报》第二天就此刊登了三篇报道，说他们一开始谈得还不错，但没过多久就产生了不快：

"您的政治信条是什么？"

爱因斯坦木然凝视，随即放声大笑。"我不知道，"他说，

---

[1] 重印于 Einstein 1954, 7. 爱因斯坦与合众社的洛克纳的关系在 Marianoff，137 中有详细叙述。

[2] *New York Times*, Dec. 4, 1932.

[3] Einstein's Ultimatum Brings a Quick Visa, Consul Investigated Charge, and Women Made Complaint, all in *New York Times*, Dec. 6, 1932; Sayen, 6; Jerome, 10.

"我不能回答这个问题。"

"您是某个组织的成员吗？"

爱因斯坦把手放入"乱蓬蓬的头发"，转头看了看爱尔莎。"哦，是的！"他叫道，"我是反战人士。"

审查进行了45分钟，爱因斯坦变得愈发不耐烦。在被问到是否同情任何共产党或无政府主义政党时，爱因斯坦火了。"是你的同胞在邀请我，乞求我，"他说，"我可不想作为嫌疑犯到你的国家去。你要是不想给我签证，就说不给。"

然后他起身拿起外套和帽子。他问道："你做这些是为了自娱自乐，还是在执行上面的命令？"还没等回答，他就拖着爱尔莎走了。

爱尔莎对报社说，爱因斯坦不再收拾行装，已经离开柏林回卡普特的别墅了。如果他第二天中午还拿不到签证，就取消美国之行。那天深夜，领事馆发布了一则声明，说已经做了考虑，会立即发放签证。

正如《泰晤士报》正确报道的："他不是一个共产主义者，曾经拒绝到苏联讲演的邀请，因为他不想给人留下同情莫斯科政权的印象。"不过，没有一家报纸披露，爱因斯坦的确在领事馆所要求的一份声明上签了字，表明他不是共产党员，也不是任何旨在颠覆美国政府的组织的成员。[1]

---

[1] 这是佛罗里达国际大学的施瓦茨（Richard Alan Schwartz）发现的，他对联邦调查局的爱因斯坦档案做了全新的研究。他得到的版本被修改了25%。凭借着信息自由法案，杰罗姆（Fred Jerome）能够获得更完整的版本，并用在了他的书中。施瓦茨这方面的文章包括：The F. B. I. and Dr. Einstein, *The Nation*, Sept. 3, 1983, 168 - 173 以及 Dr. Einstein and the War Department, *Isis* (June 1989): 281 - 284。亦参见 Dennis Overbye, New Details Emerge From the Einstein Files, *New York Times*, May 7, 2002。

"爱因斯坦重新启程赴美。"《泰晤士报》第二天的大标题说。"昨晚我们收到了无数电报，"爱尔莎对记者说，"我们知道美国各界都为这件事深感不安。"国务卿亨利·史汀生说，他为这一事件感到遗憾，但他也指出，爱因斯坦"受到了非常礼貌和周到的对待"。当他们乘火车离开柏林到不来梅港坐船时，爱因斯坦笑着说，最后皆大欢喜。[1]

帕萨迪纳，1933 年

1932 年 12 月，当爱因斯坦离开德国时，他仍然认为他或许还能回来，但对此并不确定。他写信给正在巴黎出版他的著作的老友索洛文，要他"来年 4 月给我在卡普特的住址"寄样书。但在离开卡普特时，爱因斯坦仿佛有一种前兆，他对爱尔莎说："再好好看一眼吧，你再也见不到它了。"他们在前往加利福尼亚的汽船"奥克兰号"上装了 30 件行李，这对于三个月的旅行来说，也许多了点。[2]

---

[1] Einstein Resumes Packing, *New York Times*, Dec. 7, 1932; Einstein Embarks, Jests About Quiz and Stimson Regrets Incident, *New York Times*, Dec. 11, 1932.

[2] Einstein (from Caputh) to Maurice Solovine, Nov. 20, 1932, AEA 21-218；Frank 1947，226；Pais 1982，318，450. 弗兰克和派斯都叙述了爱因斯坦对爱尔莎说的关于卡普特预言性的话，两个人可能都从当事人那里听说了这则轶事。派斯等人说，他们带了 30 件行李。爱尔莎在美国领事馆的质询之后告诉记者，她已塞满了六个大行李箱，但她也许还没有装完，或仅仅指箱子，或者有意虚报了数目，以免激怒德国当局（或者是派斯说错了）。耶路撒冷爱因斯坦档案馆的芭芭拉·沃尔夫认为，无论是她塞满 30 个大行李箱的故事，还是他们离开卡普特时爱因斯坦让她"再好好看一眼"，都是虚构的（与笔者的私人通信）。

第十八章　流亡者，1932—1933

按照预定的计划，爱因斯坦需要在帕萨迪纳为庆祝德美友谊而发表演讲，这真是令人痛苦的尴尬讽刺。为了资助爱因斯坦在加州理工学院待下去，院长密立根从主张促进与德国文化交流的"欧伯兰德基金会"（Oberlaender Trust）获得了7000美元的资助，唯一的要求就是爱因斯坦做"一次有助于德美关系的广播"。爱因斯坦一到帕萨迪纳，密立根就宣称他"来美国的使命是为了左右舆论，促进德美关系的发展",[1] 这种说法也许会让带着30件行李的爱因斯坦大吃一惊。

密立根通常希望获得奖金的访问者不要谈论科学以外的事情。事实上，就在爱因斯坦到达之后不久，密立根就强迫他取消了一场预定要给反战联盟加州大学洛杉矶分校分会做的讲演，而他本来要在讲演中再次抨击义务服兵役的。"世界上并没有哪种政治力量能够命令我们去杀戮。"他在拟好的演讲稿中写道。[2]

不过，只要爱因斯坦是在支持德国，而不是发表和平主义观点，密立根就乐于听他谈论政治——特别是因为这与资助有关。密立根不仅通过安排这次讲演（美国国家广播公司将会广播）而确保了"欧伯兰德基金会"的7000美元资助，而且也邀请了捐赠大户出席此前在"雅典娜饭店"举行的宴会。

爱因斯坦的魅力使得买票参加这次宴会的人排起了长龙。利昂·沃特斯是纽约富有的药品生产商，当时与爱因斯坦坐在同一桌。他注意到爱因斯坦看起来很疲惫，便绕过中间隔着的一位

---

[1] Einstein Will Urge Amity with Germany, *New York Times*, Jan. 8, 1933.

[2] Nathan and Norden, 208; Clark, 552.

女士递给他一支烟，爱因斯坦三口两口就抽完了。两人后来成了亲密的朋友，爱因斯坦有时从普林斯顿访问纽约时会住在沃特斯在第五大街的寓所。

宴会结束后，爱因斯坦和客人们来到帕萨迪纳的城市礼堂，那里有数千人在等待聆听他的演讲。一位朋友已经对他的讲稿做了翻译，他用磕磕巴巴的英语读了一遍。

爱因斯坦先是开玩笑说，身穿无尾礼服使得说的话听起来太严肃，然后他抨击了那些用"带有感情色彩"的语词来威胁言论自由的人。宗教裁判所曾经使用过的"异端"一词便是如此。接着，他列举了不同国家中用来指人的类似的坏词："如今，美国的'共产主义'、苏联的'资产阶级'以及德国的'犹太人'均指反动分子。"并不是所有这些例子都是为了取悦密立根及其反共亲德的基金会。

他对当今世界危机的批判也不会引起忠实的资本主义者的兴趣。他说，导致经济大萧条的原因，特别是在美国，似乎主要是技术进步"降低了对人的劳动的需要"，并由此造成消费者购买力的下降。

至于德国，他也曾几次试图表达同情，并获得了密立根的赞许。他说，美国明智的做法是，不要为了持续获得还债和赔款而给德国太大压力。此外，他还认为德国要求在军事上平等有其正当性。

然而，这并不意味着德国应当重新实行义务兵役制。"普遍兵役制意味着培养年轻人尚武的精神。"他最后说。[1]密立根

---

[1] Einstein's Address on World Situation (text of speech) and Einstein Traces Slump to Machine, *New York Times*, Jan. 24, 1933.

也许通过演说中关于德国的内容得到了应有的报酬，但付出的代价就是忍受他曾经强迫爱因斯坦从讲演中去除的一些反战思想。

一周以后，所有这些议项——德美关系、偿还债务、抵制战争，甚至是爱因斯坦的和平主义——都遭受了沉重打击，这将使它们在十多年的时间里变得毫无意义。1933年1月30日，当爱因斯坦安然待在帕萨迪纳时，希特勒登上了德国总理的宝座。

一开始，爱因斯坦并不确定这对他到底意味着什么。在2月的第一周，他还给柏林写信，询问他4月返德之后的薪水怎么算。他在那周的旅行日记中只记下了宇宙射线实验等严肃的科学内容以及琐碎的社会活动，比如"晚上见了卓别林。在那里演奏了莫扎特的四重奏""一个专门和所有名人交朋友的胖女人"。[1]

然而到了2月底，国会大厦纵火案爆发，纳粹党员袭击了犹太人的家园，一切开始变得更加明朗了。"由于希特勒，我不敢踏上德国的土地了。"爱因斯坦给他的一位女性朋友写信说。[2]

3月10日，就在离开帕萨迪纳的前一天，爱因斯坦在"雅典娜饭店"的花园里来回踱步，《纽约世界电讯报》的记者伊夫林·西利来到这里，与他聊了45分钟。其中的一则声明上了全世界的报纸。"如果我还能有所选择，我只想生活在一个公民自由、宽容以及在法律面前人人平等已经深入人心的国家，"他

---

[1] Fölsing, 659.
[2] Einstein to Margarete Lebach, Feb. 27, 1933, AEA 50-834.

说,"这些条件目前在德国都不具备。"[1]

正当西利准备离开时,一场剧烈的地震袭击了洛杉矶(当地有116人遇难),但爱因斯坦几乎没有注意到。在一位编辑的纵容和默许下,西利用一个戏剧性的隐喻结束了她的文章:"当他起身离开,穿过校园去参加讨论会时,爱因斯坦博士感到大地在他脚下震动。"

现在想起来,西利的话倒是颇具预言性,因为就在那天下午,纳粹两次搜查了爱因斯坦在柏林的寓所。当然,西利和爱因斯坦都不知道这一点。爱尔莎的女儿玛戈特躲在屋里,她的丈夫马里亚诺夫出去办事了,差一点被暴徒抓住。马里亚诺夫要玛戈特赶紧把爱因斯坦的论文送到法国大使馆,然后到巴黎见他。这两件事玛戈特都办成了。伊尔莎和丈夫凯泽尔则成功逃到了荷兰。在接下来的两天里,柏林的寓所又被搜查了三次。爱因斯坦再也见不到它了。不过他的文稿是安全的。[2]

从加州理工学院乘火车一路东行,爱因斯坦于54岁生日那天抵达了芝加哥,并参加了青年和平理事会的一场集会。演讲者们发誓,不管德国发生什么事情,和平主义事业都会继续下去。爱因斯坦给人的印象是完全赞同。"爱因斯坦永远都不会放弃和平运动。"有人指出。

然而,他们错了。爱因斯坦的和平主义言辞已经开始缓和。在那天于芝加哥举行的生日午宴上,他略为谈及需要有国际组织来维护和平,但已经不再呼吁抵制战争。几天以后,在

---

[1] Evelyn Seeley, interview with Einstein, *New York World-Telegram*, Mar. 11, 1933; Brian 1996, 243.

[2] Marianoff, 142−144.

纽约为其和平主义著作文集——《反战斗争》(*The Fight Against War*)举行的招待会上,他也表现出了类似的谨慎。他主要谈了德国形势令人不安的变化。他认为,世界应在道义上明确反对纳粹,但他又补充说,德国人本身不应被妖魔化。

甚至当他准备乘船离开美国时,他都不清楚现在该到哪里生活。德国驻纽约的领事保罗·施瓦茨曾经是爱因斯坦在柏林时的朋友,他私下里找到爱因斯坦,要他无论如何不要再回德国。"他们会抓住你的头发把你拖到大街上。"他警告说。[1]

返航的第一站是比利时,爱因斯坦向朋友们暗示,之后他可能会去瑞士。等到高等研究院第二年开始运作,他计划每年在那里待四五个月或者更长。在启程前一天,他和爱尔莎悄悄到普林斯顿看了他们可能要买的房子。

他对家人说,他唯一想到德国再看看的地方就是卡普特。但在穿越大西洋时,他得到消息说,纳粹已经查抄了他的别墅,借口是那里可能藏有共产党人的武器。后来他们又回来没收了爱因斯坦心爱的小艇,借口它可能被用来从事走私。"我的避暑别墅常常因许多客人的光顾而蓬荜生辉,"他在船上发表声明说,"他们总是受到欢迎。没有任何理由要破门而入。"[2]

熊熊的火焰

闯入卡普特别墅的消息决定了爱因斯坦与德国的关系。他再

---

[1] Michelmore, 180. 米歇尔莫尔从汉斯·阿尔伯特那里得到了许多材料,不过这句话可能有所夸张。

[2] Einstein, Statement against the Hitler regime, Mar. 22, 1933, AEA 28-235.

也不会回到那个地方了。

1933年3月28日，船一到安特卫普，爱因斯坦就乘车到布鲁塞尔的德国领事馆交了他的护照，并且（就像他十来岁时那样）宣称，他准备放弃德国国籍。他还寄出了一封在船上写给普鲁士科学院的辞职信。他说："在目前情况下，我不能容忍对普鲁士政府的依赖。"[1]

曾经在19年前招募他加入普鲁士科学院的普朗克现在舒了一口气。"对我来说，你的这个主意似乎是唯一可以保证你与科学院体面地断绝关系的好办法。"普朗克的叹息在回信中隐约可闻。他还亲切地说："尽管我们在政治观点上存在着很大分歧，但我们之间的友好关系永远不会发生任何改变。"[2]

当纳粹媒体对爱因斯坦进行长篇累牍的谩骂时，普朗克希望不要像某些政府部长所要求的那样，对他进行正式的纪律聆讯，那将造成普朗克的极大痛苦和科学院的历史难堪。"启动正式程序驱逐爱因斯坦，将使我的良心受到很大谴责，"他给科学院的秘书写信说，"虽然在政治上我与他有严重分歧，但我也确信，在今后的几百年里，爱因斯坦将一直是最令我们科学院骄傲的明星之一。"[3]

唉，科学院不会对邪恶坐视不管。爱因斯坦不等被剥夺，就抢先在报纸上公然抛弃自己的公民身份和院士资格，这让纳粹恼羞成怒。于是，亲纳粹的科学院秘书以科学院的名义发布了一则声明。这则声明谈到了媒体报道的爱因斯坦在美国的一些评

---

[1] Einstein to the Prussian Academy, Mar. 28, 1933, AEA 36-55.
[2] Max Planck to Einstein, Mar. 31, 1933.
[3] Max Planck to Heinrich von Ficker, Mar. 31, 1933, 引自 Fölsing 663.

论（事实上他已经非常谨慎了），指责他"参与恶意诽谤宣传""在国外从事煽动活动"，结论是："有鉴于此，没有理由为爱因斯坦的离职感到惋惜。"[1]

爱因斯坦的老同事、老朋友劳厄表示抗议。在那周晚些时候举行的科学院会议上，他试图让院士们拒绝秘书的做法，但没有人愿意这样做，甚至连以前最支持爱因斯坦的好友之一、皈依了基督教的犹太人哈伯也没有。

爱因斯坦不愿对这种诽谤听之任之。"为此我声明，我从未参与过这种恶意诽谤宣传活动。"他回应说。他只是说出了德国的真实情况，而没有散布关于暴行的谣言。"我把德国目前的状况描述为民众的一种精神错乱状态。"他写道。[2]

那时，这些说法无疑都是对的。在那周早些时候，纳粹呼吁抵制所有犹太人，并在其店铺外安置纳粹冲锋队员。他们将犹太教师和学生赶出了柏林大学，并没收了他们的证件。爱因斯坦的老对手、诺贝尔奖获得者勒纳德在纳粹报纸上宣称："关于犹太人对自然研究的险恶影响，爱因斯坦先生便是最重要的例子。"[3]

爱因斯坦与科学院的通信言辞愈发激烈。一位官员给爱因斯坦写信说，即使他没有主动散布谣言，他也没有"站到我们国家的保卫者这一边，反对那些肆意污蔑它的大量谎言……您的一句好话也许就会在国外产生巨大的影响"。爱因斯坦认为这很荒谬。"要是在目前情况下给出这样的证词，我就是在为道德败坏

---

[1] Prussian Academy declaration, Apr. 1, 1933. 这些通信重印于 *Ideas and Opinions*, 205-209.

[2] Einstein to Prussian Academy, Apr. 5, 1933.

[3] Frank 1947, 232.

和一切现存文化价值的毁灭推波助澜。"他回复说。[1]

整个争论正在变得没有意义。1933年4月初，德国政府颁布了一条法令，规定犹太人（定义为祖父或祖母为犹太人的人）不能有正式职位，包括在科学院或大学。在被迫逃离的人当中，有14位诺贝尔奖获得者以及国内60名理论物理学教授中的26位。正是这些从德国法西斯或者它所占领的其他国家中逃出来的难民——爱因斯坦、泰勒、韦斯科夫、贝特、迈特纳、玻尔、费米、斯特恩、维格纳、西拉德等人——帮助同盟国先于纳粹研制出了原子弹。

普朗克试图使反犹政策有所缓和，他甚至亲自向希特勒呼吁。"我们的国家政策不会被废止或修改，哪怕是对科学家，"希特勒咆哮道，"如果解雇犹太科学家就意味着当前德国科学的毁灭，那么我们今后几年就不要科学！"此后，普朗克再也不做声了，他告诫其他科学家，挑战政治领袖不是他们的职责。

爱因斯坦不可能对普朗克发火，因为普朗克待他有如叔叔或赞助人一般。甚至在与科学院通信期间，他也赞同普朗克的要求，即要使他们彼此之间的尊敬不受影响。"使我感到欣慰的是，你作为老朋友无论怎样还接受我，不管外界的压力多么大，我们的关系尚未受到影响，"他用给普朗克写信时惯用的正式的、尊敬的语气写道，"不管在人世发生什么，这种关系依然是美好而纯洁的。"[2]

从纳粹的清洗中逃出来的还有玻恩，他和他言辞尖刻的妻子

---

[1] Prussian Aacdemy to Einstein, Apr. 7 and 13, 1933; Einstein to Prussian Academy, Apr. 12, 1933.

[2] Max Planck to Einstein, Mar. 31, 1933, AEA 19－389; Einstein to Max Planck, Apr. 6, 1933, AEA 19－392.

海德维希后来一直留在了英国。"我对德国人一直没有什么特别好的印象,"爱因斯坦得知后给他写信说,"但我必须承认,他们残忍和怯懦的程度仍然令我惊讶。"

玻恩很好地忍受了这一切,而且和爱因斯坦一样,他也对他的血统有了更深程度的认识。"至于我的妻儿,他们只是在最近的几个月才清楚地意识到自己是犹太人或(使用一个讨人喜欢的技术术语)'非雅利安人',我本人也从未对我是犹太人感觉特别强烈,"他在给爱因斯坦的回信中写道,"当然,我现在对此非常清楚,不仅因为我们被看作犹太人,而且因为压迫和不公令我出离愤怒,奋起抵抗。"[1]

更令人痛心的是爱因斯坦和米列娃的朋友哈伯,他认为在皈依了基督教,装出一副普鲁士人的样子,帮助德国在第一次世界大战中使用毒气之后,自己已经成了德国人。但是按照新的法律,就连64岁的他也要被免除柏林大学和科学院的职位,那时他很快就有资格拿退休金了。

就像是为了对放弃自己的血统做出补偿,哈伯开始积极帮助那些忽然需要在德国以外自谋生路的犹太人。爱因斯坦禁不住以惯用的幽默方式调侃其同化理论的失败。"我能够理解你内心的冲突,"他写道,"这就像不得不放弃一个终生为之奋斗的理论。不过对我来说不一样,因为我压根就没有相信过它。"[2]

在帮助新的部族伙伴移民的过程中,哈伯与犹太复国主义领

---

[1] Einstein to Max Born, May 30, 1933, AEA 8-192; Max Born to Einstein, June 2, 1933, AEA 8-193.

[2] Einstein to Fritz Haber, May 19, 1933, AEA 12-378. 关于对爱因斯坦与哈伯的关系以及最后这段插曲的概述,参见 Stern, 156-160。John Cornwell, *Hitler's Scientists* (New York: Viking, 2003), 137-139 也非常有用。

袖魏茨曼交上了朋友。他甚至尝试化解魏茨曼与爱因斯坦在犹太人如何对待阿拉伯人以及如何管理希伯来大学方面的分歧。"在我的整个一生中，我的犹太人感觉从未像现在这样强烈！"他高兴地说。

爱因斯坦回信说，当得知"你对金发碧眼的野兽曾经的爱有所冷却"时，他是多么的快乐。爱因斯坦说，"除少数几个人人品不错之外（普朗克60％高贵，劳厄100％），德国人都不怎么样。而今，在这不幸的时刻，他们与真正的同胞兄弟同为天涯沦落人，这至少可以使其感到宽慰。"对我来说，最美妙的事情莫过于与少数优秀的犹太人打交道——毕竟，这是一个有着数千年文明的民族。"[1]

哈伯决定在爱因斯坦援建的耶路撒冷的希伯来大学开始新的生活。然而，爱因斯坦再也见不到他了。在去往耶路撒冷途中，哈伯的心脏在巴塞尔停止了跳动。

1933年5月10日，近四万名德国人聚集在柏林歌剧院前，戴"卐"字徽的学生和发动啤酒馆政变的手持火把的暴徒将一本本的书籍投入熊熊大火之中。普通市民拿着从图书馆和私人家里劫来的书籍从四面八方涌来。"犹太人的思想已死，"宣传部长戈培尔站在讲台上激动地大叫，"德国灵魂终于可以重新表达自己了。"

德国1933年发生的事情不仅是由残暴的领导者犯下的、无知的暴民煽动的野蛮罪行，而且如爱因斯坦所说，它也是"所谓思想贵族的彻底失败"。爱因斯坦以及其他犹太人被驱逐出德

---

[1] Fritz Haber to Einstein, Aug. 1, 1933, AEA 385; Einstein to Haber, Aug. 8, 1933, AEA 12-388.

国，剩下的人也没有怎么抵抗。那里曾经是世界上最伟大的避难所之一，专供思想开放的研究者生活。它代表着爱因斯坦的老对手勒纳德之流的胜利，他被希特勒命名为雅利安科学的新领袖。"我们必须认识到，在思想上德国人不值得追随犹太人，"勒纳德那年5月欢呼道，"希特勒万岁！"12年后，盟军终于攻陷德国，剥夺了他的这一角色。[1]

勒科克海滨，1933年

远洋航船停在了比利时（更多是出于偶然，而非有意选择），爱因斯坦及随行人员——爱尔莎、杜卡斯、瓦尔特·迈尔——暂时在那里安家。思考了一段时间之后，爱因斯坦意识到，要把新家搬到苏黎世的老家附近，他还付不起这么多的感情精力。在等待预定的访问时，他也没有想好是否要委身于莱顿或牛津，或者可能搬到普林斯顿。于是，他在奥斯坦德附近的旅游胜地勒科克海滨（Le Coq sur Mer）的沙丘上租了一间房子，在那里他可以安详地对宇宙进行沉思，迈尔则可以不受干扰地对宇宙波进行计算。

然而，祥和是一种幻觉。即使在海上他也无法完全躲过纳粹的威胁。报纸上说，他的名字已经上了暗杀目标的黑名单，据说拿到他的人头，可获得5000美元的奖励。听到这个消息，爱因斯坦摸了摸自己的头，笑道："我可不知道它值那么多钱！"比利时人对这种危险非常重视，他们派了两名健壮的警官在他房

---

[1] Einstein to Willem de Sitter, Apr. 5, 1933, AEA 20 – 575; Frank 1947, 232; Clark, 573.

前站岗，这让他心里很不舒服。[1]

那年夏天，在布拉格接替爱因斯坦工作的弗兰克恰好途经奥斯坦德，他决定搞个突然袭击，给爱因斯坦一个惊喜。他问当地居民如何找到爱因斯坦。尽管政府规定不得随意提供这些信息，但没过多久，他就被引向了沙丘中的别墅。他走近时，看见两个强壮的男人正与爱尔莎聊着什么，看上去不像一般的客人。弗兰克后来回忆说："突然，这两个人看见了我，他们冲过来抓住了我。"

爱尔莎吓得脸色惨白，连忙上前阻止，"他们怀疑你就是传闻中的刺客。"

爱因斯坦觉得这件事有趣极了，包括附近的住户天真地给弗兰克指路。爱因斯坦跟弗兰克讲了他与普鲁士科学院的通信，这些信他都放在了一个文件夹里，还特意写了几句幽默的诗，作为想象中的回应："感谢你如此温柔的信／这是典型德国式的，宛如这个寄信人。"

爱因斯坦说，离开柏林无异于一种解放，此时爱尔莎为这个她一直深爱的城市做了辩护："你开完物理学讨论会回家后经常对我说，这种杰出物理学家的聚会在别的地方根本找不到。"

"是的，"爱因斯坦答道，"从纯科学的角度来看，柏林的生活的确很不错。不过，我总感觉有什么东西在压迫着我，我一直预感结局会不好。"[2]

鉴于爱因斯坦目前可以自由行动，欧洲各地的邀请纷至沓来。"我现在拥有的教授职位之多已经超出了我能设想的范围。"

---

[1] Vallentin, 231.
[2] Frank 1947, 240−242.

第十八章 流亡者，1932—1933

他对索洛文说。[1] 尽管他曾经做出承诺，每年至少要在普林斯顿待几个月，但是现在，他开始有些手足无措地接受这些邀请。他对拒绝邀请从来都不是很擅长。

这部分原因是由于它们的确很诱人，使他受宠若惊；部分原因是由于他仍想更好地资助他的助手瓦尔特·迈尔。此外，这些邀请也可以表明他和各所大学对纳粹践踏德国学术界的蔑视。"你可能觉得，不接受西班牙和法国的邀请是我的本分，"他对巴黎的朗之万坦言，"然而，这样的谢绝可能会引起误解，因为两份邀请至少在某种程度上都是政治示威，我认为这种示威是重要的，并不想破坏它。"[2]

爱因斯坦接受马德里大学的一个职位成了4月的新闻："西班牙部长宣布，物理学家已经接受了教授职位。"《纽约时报》说："消息一出，欢声雷动。"该报指出，这应该不会影响他在普林斯顿完成每年规定的任务。但爱因斯坦警告弗莱克斯纳，如果迈尔在高等研究院当不上正教授，而只能做副教授，他就不一定能如约完成工作。"您现已从新闻中获悉，我接受了马德里大学的一个职位，"他写道，"西班牙政府请我给他们推荐一个数学家做正教授……因此我发现自己处于两难境地：或者把他推荐给西班牙，或者问您他是否可以任正教授。"为了使威胁足够明确，爱因斯坦还说："他缺席研究院可能会对我本人的工作造成一些困难。"[3]

弗莱克斯纳妥协了。在4页的回信中，他告诫爱因斯坦过

---

[1] Einstein to Maurice Solovine, Apr. 23, 1933, AEA 21-223.
[2] Einstein to Paul Langevin, May 5, 1933, AEA 15-394.
[3] Einstein Will Go to Madrid, *New York Times*, Apr. 11, 1933; Abraham Flexner to Einstein, Apr. 13, 1933, AEA 38-23; Pais 1982, 493.

于依赖助手很危险，这样的结果不好的例子比比皆是，不过接着口气便缓和下来。尽管迈尔的头衔仍然是副教授，他还是被给予了终身职位，这已经足以保证交易的进行。[1]

爱因斯坦还接受了或乐于接受布鲁塞尔、巴黎和牛津的讲席。特别是牛津，他更渴望待些时间。"你认为基督教会学院会为我安排一个小房间吗？"他给那里的物理学家朋友、后来成为丘吉尔重要顾问的弗雷德里克·林德曼教授写信说，"它不必像前两年那样豪华。"在信的结尾，他发出了一声叹息："我再也见不到我的出生地了。"[2]

一个显然的问题是：他为什么不考虑在耶路撒冷的希伯来大学待些时间呢？毕竟，从一定意义上说，这所大学可称得上是他的孩子。1933年春，爱因斯坦四处呼吁筹建一所新的大学，以充当无家可归的犹太知识分子的避难所，也许建在英国。他为什么不招他们到希伯来大学呢？他自己又为何不去呢？

问题在于，在过去五年里，爱因斯坦一直在同那里的管理层作斗争。1933年，正当他和其他教授逃离纳粹的魔掌时，终于有了最终的了断。他所痛恨的是希伯来大学校长——来自纽约的前任拉比朱达·马格内斯，这位校长认为有义务在教授任命等方面取悦那些富有的美国慈善家，但这就意味着在学术等级上做出妥协。爱因斯坦希望大学更多地按照欧洲传统来运作，应

---

[1] Abraham Flexner to Einstein, Apr. 26 and 28, 1933, AEA 38-25, 38-26.

[2] Einstein Lists Contracts; Princeton, Paris, Madrid, Oxford Lectures Are Only Engagements, *New York Times*, Aug. 5, 1933; Einstein to Frederick Lindemann, May 1, 1933, AEA 16-372.

当在课程设置和教授任命上给予各个系足够的权力。[1]

在勒科克海滨期间，他对马格内斯的失望达到了顶点。"这个野心勃勃的弱者周围是另一些道德低下的人。"他写信给哈伯劝他不要去希伯来大学。他对玻恩说，这是"一个肮脏之地，纯粹假充内行"。[2]

爱因斯坦的抱怨使他与犹太复国主义的领导人魏茨曼发生了冲突。当魏茨曼和马格内斯正式邀请他加盟希伯来大学时，他公开表达了自己的厌恶。他对媒体说，这所大学"无法满足思想的需要"，并宣称他因此拒绝了邀请。[3]

马格内斯必须走人，爱因斯坦宣称。他给在一个委员会负责改革事务的英国高级专员塞缪尔写信说，马格内斯的工作已经造成了"巨大破坏"，"如果想让我合作，他就必须立刻辞职，这是我的条件"。6月，他也跟魏茨曼说了同样的话："只有彻底换人，情况才能发生改变。"[4]

魏茨曼精明干练，懂得如何防守。他决定利用这一机会削弱马格内斯的权力。如果获得成功，爱因斯坦就不得不加盟。在6月底赴美途中，有人问魏茨曼为什么爱因斯坦不去耶路撒冷。"他的确应当去，"魏茨曼说，"他已经收到邀请。"如果他

---

[1] Hannoch Gutfreund, Albert Einstein and Hebrew University, in Renn 2005d, 318.

[2] Einstein to Fritz Haber, Aug. 9, 1933, AEA 37-109; Einstein to Max Born, May 30, 1933, AEA 8-192.

[3] *Jewish Chronicle*, Apr. 8, 1933; Chaim Weizmann to Einstein, Apr. 3, 1933, AEA 33-425; Einstein to Paul Ehrenfest, June 14, 1933, AEA 10-255.

[4] Einstein to Herbert Samuel, Apr. 15, 1933, AEA 21-17; Einstein to Chaim Weizmann, June 9, 1933, AEA 33-435.

去了耶路撒冷,"他就不必浪迹于世界各所大学中了"。[1]

爱因斯坦非常愤怒。他说,魏茨曼对他不去耶路撒冷的原因一清二楚,"他也知道在何种情况下我会准备承担希伯来大学的工作"。于是,魏茨曼任命了一个委员会,他知道,这将剥夺马格内斯对大学学术的直接控制。随后,他在访问芝加哥时宣布,爱因斯坦的条件已经满足,因此他应当首先来希伯来大学。"阿尔伯特·爱因斯坦已经明确决定接管希伯来大学的物理学研究所。"犹太电讯社根据魏茨曼的信息做了这样的报道。

这是魏茨曼的一个骗人诡计,永远也不可能实现。但它不仅吓住了普林斯顿的弗莱克斯纳,而且也让希伯来大学的争论平息下来,使大学改革得以实施。[2]

和平主义的终结

作为一个训练有素的科学家,如果遇到新的证据,爱因斯坦的态度会发生转变。虽然和平主义是他最坚持的一条个人原则,但在1933年初,随着希特勒的上台,事情发生了改变。

于是爱因斯坦立即宣布了他的结论:绝对的和平主义和抵制战争至少在目前没有正当理由。"目前似乎不利于进一步拥护激进的和平主义运动的某些主张,"他给一位荷兰部长(他曾经请爱因斯坦对一个和平组织表示支持)写信说,"例如,面对着德国

---

[1] Weizmann Scores Einstein's Stand, the *New York Times*, June 30, 1933.

[2] Albert Einstein Definitely Takes Post at Hebrew University, Jewish Telegraphic Agency, July 3, 1933; Abraham Flexner to Elsa Einstein, July 19, 1933, AEA 33−033; Einstein Accepts Chair; Dr. Weizmann Announces He Has Made Peace with Hebrew University in Jerusalem, *New York Times*, July 4, 1933.

第十八章 流亡者，1932—1933

的重新武装，人们难道有正当的理由劝说法国人或比利时人拒绝服兵役吗？"爱因斯坦认为答案现在已经很清楚："坦率地讲，我不认为是这样。"

他没有强调和平主义，而是重申自己要致力于一个世界联邦制组织，比如一个真正拥有有效的实施手段的国际联盟，它有自己的职业化军队来执行其决定。"我以为，在目前的情况下，我们必须支持一个超国家的军事组织，而不是拥护去除一切武力，"他说，"最近的事件在这方面给了我一个教训。"[1]

这遭到了他长期支持的反战国际的抵制。该组织的领导人阿瑟·庞森比勋爵公开指责这一观点"是不可取的，因为这等于承认武力是能够解决国际争端的要素"。爱因斯坦不同意这种说法。他写到，在德国出现了新的威胁之后，他的新哲学是"没有安全就没有裁军"。[2]

4年前，在访问安特卫普时，伊丽莎白王后邀请爱因斯坦到比利时皇宫做客。[3]伊丽莎白王后是一位巴伐利亚大公的女儿，嫁给了比利时国王阿尔伯特一世。那天下午，爱因斯坦陪热爱音乐的王后演奏莫扎特、饮茶、讲解相对论。第二年再次被邀请时，他见到了她的丈夫阿尔伯特一世，认为这位国王非常有亲和力，丝毫不摆皇族架子。"这两位率真的人十分纯洁、善良。"他写信告诉爱尔莎。他又一次与王后演奏了莫扎特，之后应邀与这对夫妇共进晚餐。"没有仆人，只有蔬菜、菠菜煎

---

[1] Einstein to the Rev. Johannes B. Th. Hugenholtz, July 1, 1933, AEA 50-320.

[2] Nathan and Norden, 225.

[3] 王后的名字在许多书里都写作"Elizabeth"，但在她的雕像和布鲁塞尔的国家文物上刻的都是"Elisabeth"，大多数官方文献上写的也是"Elisabeth"。

蛋和土豆，"他说，"我很开心，我相信彼此都有这样的感觉。"[1]

就这样，爱因斯坦开始了与比利时王后一生的友谊。后来，这种关系在爱因斯坦与原子弹的牵连中发挥了一点作用。不过在1933年7月，紧要的议题是和平主义和抵制战争。

"第二小提琴手的丈夫乐于在紧要的事情上听取您的意见。"这是阿尔伯特国王确定自己身份的一种秘密方式，除爱因斯坦以外很少有人知道。于是，爱因斯坦去了皇宫。国王遇到了一个可能会引起国家动荡的案件。有两个人因为拒绝在比利时服兵役而坐了牢，国际和平主义者希望爱因斯坦能够站出来为他们说话。当然，这会引来麻烦。

国王希望爱因斯坦不要卷入这件事。出于友谊和对主宾国领导人的尊重，也是出于他新的诚挚信念，爱因斯坦同意了，甚至还给阿尔伯特一世写了一封信，并允许它公之于众。

"在由德国的事变所造成的目前的险恶形势下，比利时的武装力量只能看作是防御的手段，而不是侵略的工具，"他宣称，"而且现在，这种防御力量时刻都是迫切需要的。"

然而，他感到有必要附带做点评论。"凡是因其宗教信仰和道德信念而不得不拒绝服兵役的人，都不应被当作罪犯来处置，"他主张，"应当让他们有机会选择比服兵役更为繁重和更为危险的工作。"例如，可以让他们作为低薪的入伍者从事"矿山劳动，在船上给锅炉加煤，在医院的传染病房或精神病院的

---

[1] Einstein to Elsa Einstein, Nov. 1, 1930, uncatalogued new material provided to author.

某科病房做护理"等工作。[1]阿尔伯特国王寄回一张便条表示感谢,出于礼貌,它没有谈及任何替代性工作。

当爱因斯坦改变想法时,他并不试图隐瞒自己。于是,他也给促请他介入比利时案件的和平主义组织领导人写了一封公开信。"直到最近,我们在欧洲还以为个人反战足以对军国主义构成有效的反击,"他说,"今天,我们面临着完全不同的形势。在欧洲的心脏地区有一个强大的德国,它显然正在不遗余力地推进战争。"

他甚至说,如果他还年轻,他一定会参军。

> 我必须坦率地告诉您:假如我是比利时人,那么在目前的情况下,我不会拒绝服兵役;相反,我会心甘情愿地去服役,因为我相信,我这样做是在为拯救欧洲的文明效力。
> 这并不意味着我正在放弃我迄今为止所坚持的原则。我最大的希望莫过于在不久的将来,拒绝服兵役能够再次成为为人类进步事业服务的有效方法。[2]

一连数周,这则报道在全世界引起了强烈反响。"爱因斯坦改变了他的和平主义看法/建议比利时人武装起来反抗德国的威胁"。《纽约时报》的大标题说。[3]爱因斯坦不仅立场坚定,而且更加主动热情地解释自己,回应了一次又一次的攻击。

---

[1] Einstein to King Albert I of Belgium, Nov. 14, 1933, in Nathan and Norden, 230.

[2] Einstein to Alfred Nahon, July 20, 1933, AEA 51-227.

[3] *New York Times*, Sept. 10, 1933.

致反战国际的法国秘书："我的观点没有改变，但欧洲局势改变了……只要德国坚持重新武装，并且系统地教唆德国公民准备一场复仇战争，那么不幸得很，西欧各国就只好依赖军事防御了。的确，我甚至可以断言，如果他们深谋远虑，就不会赤手空拳地坐以待毙……我不能对现实熟视无睹。"[1]

致英国的和平主义同伴庞森比勋爵："德国正在狂热地重新武装起来，全体国民都被灌输了国家主义，为战争而训练，你难道看不到这一事实吗？……除了有组织的力量以外，你会提出什么防御呢？"[2]

致比利时反战委员会："只要没有国际警察，这些国家就必须着手保护文化。在过去的一年里，欧洲的局势已经发生了巨大变化；如果我们对此熟视无睹，那么我们就会让我们的仇敌占了便宜。"[3]

致一位美国教授："为了制止较大的罪恶，就必须暂时接受较小的罪恶——可憎的军事罪恶。"[4]

甚至一年后，致罗切斯特的一位心神不定的拉比："我还像以前任何时候一样，是一位热心的和平主义者。但我相信，只有当侵略性的独裁统治对于民主国家的军事威胁不复存在时，我们才可以拥护拒绝服兵役。"[5]

---

[1] Einstein to E. Lagot, Aug. 28, 1933, AEA 50-477.
[2] Einstein to Lord Ponsonby, Aug. 28, 1933, AEA 51-400.
[3] Einstein to A. V. Frick, Sept. 9, 1933, AEA 36-567.
[4] Einstein to G. C. Heringa, Sept. 11, 1933, AEA 50-199.
[5] Einstein to P. Bernstein, Apr. 5, 1934, AEA 49-276.

第十八章　流亡者，1932—1933

多年来，他保守的朋友一直称他幼稚，而现在则是那些左派感觉他的政治立场正在动摇。"爱因斯坦在其科学领域内是一位天才，但在科学领域外却软弱无力、优柔寡断和反复无常。"具有奉献精神的和平主义者罗曼·罗兰在日记中写道。[1]指控其反复无常肯定会让爱因斯坦感到好笑。对于一个科学家来说，当事实改变时改变他的学说并不代表软弱。

告别

上年秋天，爱因斯坦收到了老友贝索写的一封内容散漫芜杂的长信，和往常一样，谈的都是极为个人的事情。主要话题是爱因斯坦可怜的小儿子爱德华，他一直受到精神疾病的折磨，现住在苏黎世附近的一家精神病院。经常有人描写爱因斯坦与他的继女们生活的场景，但从未提起他与儿子们在一起的情形，贝索说。为什么不陪他们去旅行？或许可以带爱德华去一次美国，以便更好地了解他。

爱因斯坦深深地爱着爱德华。爱尔莎对一位朋友说："这种悲伤正在吞噬阿尔伯特。"但他觉得爱德华的精神分裂症是从母亲那里遗传的（在某种程度上也许是这样），对此他几乎无能为力。这也就是他为什么拒绝给爱德华做精神分析的原因。在他看来，精神分析不会有什么效果，特别是在严重的精神疾病可能由遗传导致的情况下。

而贝索却做过精神分析。他在信中滔滔不绝、无所顾忌地谈了很多事情。时间仿佛又回到了25年前，那时他们总是从专

---

[1] Romain Rolland, Sept. 1933 diary entry, in Nathan and Norden, 232.

利局一道步行回家，无所不谈。贝索说，他的婚姻也出了问题，这里指的是爱因斯坦给他介绍的安娜·温特勒。不过通过与儿子结成更为融洽的关系，他的婚姻仍然发挥着作用，生活也更有意义了。

爱因斯坦回信说，他希望带爱德华来普林斯顿。"不幸的是，一切都表明，强大的遗传正在确凿无疑地显示自己，"他悲叹道，"从泰特小时候我就已经发现，这种遗传正在无情地慢慢浮现。在这种情况下，外界的影响与内分泌相比发挥不了什么作用，对此任何人都爱莫能助。"[1]

然而，亲情毕竟实实在在的。爱因斯坦知道他必须去见爱德华，也很想去见。本来他5月底要去牛津，他决定将旅行延后一星期，以便到苏黎世看儿子。"我无法等六个星期再去见他，"他写信给林德曼请求原谅，"虽然你没有做父亲，但我知道你会理解的。"[2]

他与米列娃的关系已经大为改善。当米列娃听说他不能回德国时，便邀请他和爱尔莎来苏黎世与她同住。他又惊又喜，那年5月去苏黎世时就住在她那里，但与爱德华的接触却比预想的更加痛苦。

爱因斯坦把小提琴也带来了，他和爱德华经常在一起演奏，用音乐表达无法言传的情感。他们那时拍的照片特别令人痛苦。拍摄地点似乎是精神病院的会客室，他们穿着套装挨坐在一起，看起来很不舒服。爱因斯坦拿着琴和弓，脸转向一边。爱德华

---

[1] Michele Besso to Einstein, Sept. 18, 1932, AEA 7−130; Einstein to Michele Besso, Oct. 21, 1932, AEA 7−370.

[2] Einstein to Frederick Lindemann, May 9, 1933, AEA 16−377.

第十八章 流亡者，1932—1933

则低头死死盯着一堆稿件，痛苦似乎扭曲了他肉乎乎的面庞。

当爱因斯坦离开苏黎世到牛津时，他仍然认为自己每年会在欧洲待半年。然而他不知道，这已经是他最后一次看到前妻和小儿子了。

在牛津期间，爱因斯坦做了斯宾塞讲演，并阐述了他的科学哲学，而后又去了格拉斯哥，在那里讲述了广义相对论的发现之路。他对这次旅行非常满意，以至于回到勒科克海滨之后不久，便决定7月底再回英国，这次是应一位交往不深的熟人之邀。

英国司令官奥利弗·洛克-兰普森几乎与爱因斯坦毫无共同之处。他是一个维多利亚诗人的儿子，喜欢冒险，在第一次世界大战中成了一名飞行员，在拉普兰和俄国领导一个装甲师，担任俄军总司令尼古拉大公的顾问，参与策划了对格里高利·拉斯普京的谋杀。而今，他是一名法律顾问、新闻记者和议会议员。他曾经在德国学习，熟悉德语和德国人，（也许正因为此）成为与纳粹做斗争的早期拥护者之一。他喜欢有趣的人或事物，便开始给爱因斯坦写信，请他到英国做客，而爱因斯坦只是在牛津不经意间见过他一次。

爱因斯坦接受他的邀请之后，这位精力充沛的司令官充分利用了这次机会。他带爱因斯坦去见了丘吉尔，那时丘吉尔恰逢在野，在议会中任反对派议员。他们在丘吉尔的查特威尔（Chartwell）庄园吃午饭，其间讨论了德国重新武装的事情。"他是一个有智慧的杰出人物，"爱因斯坦那天写信给爱尔莎，"情况在我看来十分清楚，这些人已经下定了决心，准备很快就要采取行动。"[1] 这听起来像是某位刚同丘吉尔吃完午饭的人所做的估计。

洛克-兰普森还带爱因斯坦去见了另一个拥护重新武装的人奥斯汀·张伯伦，以及前首相戴维·劳埃德·乔治。当爱因斯坦到达劳埃德·乔治的家时，有人拿过来一个宾客意见簿请他签名。当填到家庭住址一栏时，他停了一下，然后写了"无"。

洛克-兰普森第二天在议会提交了一项议案，以"增加犹太人获得国籍的机会"，其间他眉飞色舞地讲述了这件事，此时爱因斯坦正身穿一身白色亚麻套装，从参观走廊注视着这一切。德国正在破坏自己的文化，威胁大思想家的安全。"它赶走了它最卓越的公民，阿尔伯特·爱因斯坦，"他说，"他在宾客意见簿上写的地址是'无'。如果牛津能够给他提供避难所，这个国家将会多么自豪啊！"[2]

回到比利时的海滨别墅后，爱因斯坦决定在再次赴美之前澄清或至少试图澄清一件事情。妇女爱国者团体等组织仍然把他列为危险的颠覆破坏分子或共产主义者，他认为其指控既令人愤怒，又没有道理。

由于主张社会主义与和平主义，反对法西斯主义，当时（事实上贯穿他的整个一生）就有人怀疑爱因斯坦同情苏联的共产主义者。他总是怀着诚挚之心，愿意以自己的名义支持他收到的几乎任何看起来有价值的宣言或报刊，但并不总能确定这些团体是否服务于其他目的。

[1] Einstein to Elsa Einstein, July 21, 1933, AEA 143-250.
[2] Locker-Lampson speech, House of Commons, July 26, 1933; Einstein a Briton Soon: Home Secretary's Certificate Preferred to Palestine Citizenship, *New York Times*, July 29, 1933; Marianoff, 159.

第十八章 流亡者，1932—1933

幸运的是，虽然他乐于以自己的名义支持各式各样的组织，但他不愿在任何会议上抛头露面，憎恶把时间花在拉帮结派的计划会上。因此，实际上他并没有加入许多政治团体，当然也没有加入什么共产主义组织。他坚持不访问苏联，因为他知道自己可能会被用来宣传。

随着启程日期的临近，爱因斯坦接受了两次采访以澄清这些观点。"我是一个有着坚定信仰的民主主义者，"《纽约世界电讯报》刊登了他对德国流亡者利奥·拉尼亚所说的话，"正是由于这个原因，我没有去苏联，尽管我收到了非常热诚的邀请。如果我去莫斯科，苏联的统治者肯定会利用它来为自己的政治目的牟利。"[1]

对于另一场采访《泰晤士报》和《纽约时报》均做了报道。爱因斯坦承认，有时他会受到一些组织的"愚弄"，这些组织自称秉持纯粹的和平主义或人道主义，"实际上只不过是为苏联专制统治服务的伪装的宣传机构"。他强调："我从不支持共产主义，现在也是如此。"其政治信念的实质是，反对任何极权势力"通过恐怖和暴力来奴役个人"。[2]

毫无疑问，这些声明都旨在平息美国关于他被指控的政治倾向的争论。不过它们都是真实的。爱因斯坦偶尔会被一些欺世盗名的团体所欺骗，但他从小就一直把反对极权主义（无论是左派的还是右派的）当成他的指导原则。

---

[1] *New York World Telegram*, Sept. 19, 1933, in Nathan and Norden, 234.

[2] Dr. Einstein Denies Communist Leanings, *New York Times*, Sep. 16, 1933; "Professor Einstein's Political Views", *Times of London*, Sept. 16, 1933, in Brian 1996, 251.

当夏天快要过去的时候，爱因斯坦得到了令人震惊的消息。不久前，埃伦菲斯特先是与妻子分居，之后又到阿姆斯特丹的一家医院看了自己患有唐氏综合征的16岁儿子。他朝孩子的脸部开了一枪，废掉了他的眼睛，但没有杀死他，随即自杀。

20多年前，年轻的犹太物理学家埃伦菲斯特流浪到布拉格，请求在那里工作的爱因斯坦帮忙找份工作。他们在咖啡馆讨论了几小时的物理学，随即成为情投意合的朋友。在许多方面，埃伦菲斯特都与爱因斯坦非常不同。他有"一种几乎病态的缺乏自信"，爱因斯坦说，他更擅长批判现有的理论，而不是营建新的理论。这使他成了一位好教员，"我所知道的最好的"，但这种"在客观上没有根据的不胜任的感觉不断折磨着他"。

但在一件重要的事情上他与爱因斯坦很像。他们都无法对量子力学心安理得。"一个人要学习并且讲授那些在他心里无法完全接受的东西，总是一件困难的事，"爱因斯坦说，"对于一个耿直成性的人来说，更是一种双倍的困难。"

爱因斯坦很清楚年近半百是什么样子，他接下来描述了他和埃伦菲斯特对量子力学的态度："年过半百的人要适应新思想总要碰到越来越大的困难。我不知道有多少读者在读了这几行之后能够充分体会到那种悲剧。"[1]爱因斯坦对此感同身受。

埃伦菲斯特的自杀使爱因斯坦深感不安，此时他的生命也受到了越来越大的威胁。他的名字已经与一本抨击希特勒恐怖政策的书错误地联系在一起；和往常一样，他同意担任一个委员会

---

[1] Einstein, Appreciation of Paul Ehrenfest, written in 1934 for a Leiden almanac and reprinted in Einstein 1950a, 236.

的名誉主席，接着便出版了这本书，而他连一个字都没有读过。德国报纸刊出了红色的大字标题"爱因斯坦的丑行"。一家杂志社将他归为德国政权的敌人，列举了他的"种种罪行"，最后一句话是"尚未绞死"。

于是，爱因斯坦决定在10月访美前的最后一个月再次接受洛克-兰普森的盛情邀请。爱尔莎想留在比利时收拾东西，她要《星期日快报》的一个记者做好安排，保证爱因斯坦平安到达英国。这位记者不愧训练有素，他在旅行中亲自陪伴爱因斯坦，并报道说，在横渡英吉利海峡时，爱因斯坦拿出笔记本，继续演算他的方程。

这出戏有如一部精彩的电影，配得上詹姆斯·邦德出演。洛克-兰普森让两位年轻的女"助手"把爱因斯坦带到一栋他所拥有的隐蔽别墅，它位于伦敦东北部的一处近海荒原。在那里，爱因斯坦卷入了一出涉及保密与公开的滑稽剧。这两位年轻女士手持霰弹猎枪，站在他身边，摆好姿态拍了张相交予媒体。洛克-兰普森宣称："倘若有不速之客走近，定要他尝尝铅弹的滋味。"爱因斯坦本人对安全的评价倒没这么吓人。"我保镖的美貌会比她们的霰弹猎枪更快地让不轨之徒放下武器。"他对一位访客说。

冲破这道脆弱安全防线的有这样一些人：一位前任外交大臣，想同爱因斯坦讨论欧洲的危机；爱因斯坦的女婿马里亚诺夫，为一篇曾经出售给法国出版物的文章而采访他；瓦尔特·迈尔，继续着寻找统一场论方程的永远完不成的任务；还有著名的雕塑家雅各布·爱普斯坦，他用三天时间制成了一尊漂亮的爱因斯坦胸像。

唯一与女保镖发生冲突的人是爱普斯坦，他问她们是否可以卸掉一扇门，以使他能够有更好的角度为爱因斯坦塑像。"她们幽默地问我下一步是否要卸掉房顶，"他回忆说，"我倒是愿意，但我并没有提出来，因为这些守护天使似乎对我闯入她们教授的隐居处颇为不满。"不过三天后，保镖们对爱普斯坦有了好感，当塑像快要完成时，大家开始在一起喝啤酒。[1]

爱因斯坦始终保持着他的幽默。他在英国收到过这样一封信，发信人认为，由于地球在旋转，引力使人有时头朝下，有时水平。他猜测，也许正是由于这个原因，人们才会干傻事，比如爱上别人。"爱上别人并非最愚蠢的事情，"爱因斯坦在回信中说，"不过这并不能归咎于引力。"[2]

在这次旅行中，爱因斯坦的主要亮相是10月3日在伦敦皇家阿尔伯特音乐厅发表讲演，从而为流离失所的德国学者筹措资金。有些人怀疑（无疑是正当的），为了促销门票，洛克-兰普森把爱因斯坦隐居处所受的安全威胁说得天花乱坠。如果是这样，那么他成功了。所有9000个座位都坐满了，还有不少人挤在走廊和门厅里。1000名学生充当向导和护卫，防范任何支持纳粹的示威发生（当天并无示威发生）。

爱因斯坦用英语谈了当前对自由的威胁，同时小心翼翼地不明确攻击德国政权。"如果我们要抵抗威胁思想自由和个人自由的势力，我们就必须清醒地认识到自由本身正处于危险之中，"他说，"要是没有这种自由，就不会有莎士比亚、歌德、牛顿、法拉第、巴斯德或李斯特。"

---

[1] Clark，600－605；Marianoff，160－163；Jacob Epstein，*Let There Be Sculpture*（London：Michael Joseph，1940），78.

[2] Dukas and Hoffmann，56.

第十八章 流亡者，1932—1933

他还谈了孤独的必要性。"单调的清静生活可以激发创造性的思想。"他说。和年轻时一样，他又一次建议科学家可以去看守灯塔，从而能够"不受干扰地致力于"思考。[1]

这种说法颇具启发性。在爱因斯坦看来，科学是一种孤独的求索。他似乎没有意识到，对于别人来说，如果同心协力去追求可能会更富有成果。在哥本哈根等地，量子力学团队之所以能够大显身手，全凭彼此的思想。不过，爱因斯坦所取得的伟大成就却可以由伯尔尼专利局、柏林寓所的顶楼或灯塔上的某个人做出来，也许只要有一个临时的宣传媒介和数学助手。

1933年10月7日，爱尔莎和杜卡斯从安特卫普乘坐远洋班轮"威斯特摩兰"（Westmoreland），在南安普敦接爱因斯坦和助手瓦尔特·迈尔。他没有想到他会离开很久。事实上，他还计划明年春季在牛津的基督教会学院再待一个学期。然而，尽管还要活22年，爱因斯坦再也看不到欧洲了。

---

[1] Einstein, Civilization and Science, Royal Albert Hall, Oct. 3, 1933; *Times of London*, Oct. 4, 1933; Calaprice, 198; Clark, 610—611. 克拉克的版本要比稿本更忠实于实际的讲演。稿本两次提到了德国，而爱因斯坦出于外交考虑都没有提及。

第十九章　美国，1933—1939

梅瑟街112号

普林斯顿

1933年10月17日，远洋班轮"威斯特摩兰"载着54岁的爱因斯坦抵达纽约港，这里将成为他新的祖国。他的律师朋友塞缪尔·安特梅耶带来了自己种的一些兰花，率领一个官方委员会在23街码头冒雨等候。此外还有欢呼的人群准备举行盛大的游行来欢迎他。

然而，爱因斯坦一行不知去向。高等研究院院长弗莱克斯纳竭尽所能让爱因斯坦不受公众注意，不论爱因斯坦可能有什么古怪的偏好。于是，他派研究院的两位董事会成员乘坐一艘拖船，等隔离一旦解除，就迅速把爱因斯坦从"威斯特摩兰"带走。"不要就任何主题发表声明或接受采访。"他发电报说。为了重申这一要求，他让一位迎接爱因斯坦的董事会成员带去了一封信。"你在美国的安全取决于你默不作声，不在公开场合露面。"信上说。[1]

爱因斯坦手拿提琴匣，头戴一顶宽边黑帽，帽檐周围露出浓密的头发。他和随行人员秘密上了拖船，一直坐到炮台公园，那里有一辆车等待接他们到普林斯顿。"爱因斯坦博士想要的就是安宁和平静。"弗莱克斯纳对记者们说。[2]

实际上，他还想要一份报纸和一个冰激凌蛋卷。所以他一住进普林斯顿的孔雀酒店就换上便装，点上烟斗，和瓦尔特·迈尔到报摊买了一份晚报，看到关于他行踪的报道，不由得哈哈大笑。接着他走进了一家"巴尔的摩"冰激凌店，用拇指指着一个年轻的神学学生刚刚买过的蛋卷，又指指他自己。

---

[1] Abraham Flexner telegram to Einstein, Oct. 1933, AEA 38-049; Flexner to Einstein, Oct. 13, 1933, AEA 38-050.

[2] Einstein Arrives; Pleads for Quiet / Whisked for Liner by Tug at Quarantine, *New York Times*, Oct. 18, 1933.

女服务生在找他钱时说:"我会永远记住这一个。"[1]

研究院的临时总部设在普林斯顿的范氏楼,爱因斯坦在那里有一个办公室。当时有18位学者住在那里,其中包括数学家奥斯瓦尔德·维布伦(社会理论家索尔斯坦·维布伦的侄子)和计算机理论的先驱冯·诺伊曼。当他参观办公室时,有人问他还需要什么设备。"一张课桌或桌子,一把椅子,纸和铅笔,"他回答说,"哦,对了,还要一个大废纸篓,以便我扔掉所有的错误。"[2]

他和爱尔莎很快就找到了租住的房子,他们举办了一个小型音乐会以示庆祝。音乐会以海顿和莫扎特的作品为主,由著名俄国小提琴家托沙·塞德尔领奏,爱因斯坦担任第二小提琴手。塞德尔传授了一些小提琴技巧,作为答谢,爱因斯坦试图给他讲解相对论,画了一些图显示运动长杆的长度会收缩。[3]

于是乎,小镇上流传的有关爱因斯坦热爱音乐的故事越来越多。其中一则说,爱因斯坦与小提琴大师弗里茨·克莱斯勒共同演奏四重奏,在某个地方他们没有同步。克莱斯勒停止了演奏,气冲冲地嘲笑爱因斯坦说:"怎么回事,教授,您不会数数吗?"[4]还有更动人的一则故事,一天晚上,一个基督教祈祷团举行集会,为遭受迫害的犹太人祷告。让他们没想到的是,爱因斯坦问他是否可以参加。他带来了小提琴,演奏了一

---

[1] Einstein Views Quarters, *New York Times*, Oct. 18, 1933; Rev. John Lampe interview, in Clark, 614; Einstein to Princeton, *Time*, Oct. 30, 1933.

[2] Brian 1996, 251.

[3] Einstein Has Musicale, *New York Times*, Nov. 10, 1933. 爱因斯坦为塞德尔画的草图现存于朱达·马格尼斯博物馆(Judah Magnes Museum),由爱因斯坦曾经反抗过的那位希伯来大学校长捐赠。

[4] Bucky, 150.

首独奏曲，仿佛在祷告一样。[1]

他许多表演纯粹是即兴的。那年万圣节，一群玩"不请客就捣蛋"（trick-or-treaters）[2]的12岁小姑娘们打算搞恶作剧，这时他出现在门口，拉起了小提琴，让她们一个个目瞪口呆，攻击兴致尽失。而圣诞节期间，当第一长老会的成员路过这里演唱赞美诗时，他走到雪地里，向一位女士借了一把小提琴为他们伴奏。"他真是一个可爱的人。"有人回忆说。[3]

在人们心目中，爱因斯坦是一个和蔼善良、温文尔雅的教授，可爱但有时心不在焉，经常一边散步一边沉浸在思考之中，还会帮助孩子们完成家庭作业，很少梳头或穿袜子。这几乎成了一个传奇，但并非没有事实依据。这种理解也符合他那种带有自知之明的幽默感。"我这种老古董主要是因为不穿袜子而出名，在特定场合会被当成怪人。"他开玩笑说。他不太修边幅，这既是对其朴素的肯定，又是一种温和的反叛行为。"人到了我这个年纪，如果有人让我穿袜子，我可以不穿。"他对邻居说。[4]

他松垂宽大的衣服也成了他缺少虚伪的一个象征。他有一件皮夹克，经常在各种场合穿。一位朋友发现他对羊绒衫有轻度的过敏，便去一家剩余物资商店给他买了一些宽松无领的棉运动衫，这些衣服他终生都在穿。他对发型和打扮的轻视态度极富

---

[1] Thomas Torrance，Einstein and God，Center for Theological Inquiry，Princeton，ctinquiry. org/publications/reflections _ volume _ 1/torrance. htm. 托兰斯（Torrance）说，这个故事是一位朋友讲给他听的。

[2] "不请客就捣蛋"：在万圣节玩的让人给糖果的游戏，威胁如果拒绝给糖果则会遭受恶作剧或捉弄。——译者注

[3] Eleanor Drorbaugh interview with Jamie Sayen，Sayen，64，74.

[4] Sayen，69；Bucky，111；Fölsing，732.

感染力，以至于爱尔莎、玛戈特和妹妹玛雅都开始炫耀她们同样凌乱的灰色头发。

他能够使这种头发凌乱的天才形象与卓别林塑造的小流浪汉一样出名。他既为人和善又超然物外，既才华横溢又有点摸不着头脑。带着一种心不在焉和冷嘲式的幽默感，爱因斯坦到处漂泊，四海为家。对于缺点和过错，他表现得很诚实，有时（但并不总是）的确看起来幼稚。他既挂心整个人类的命运，也关心具体的人。对宇宙真理和世界议题的专注使他显得似乎不太关心眼前的事情。他扮演的这种角色距离真理不远，但他愿意将它做到最大限度，因为这种角色是如此伟大。

那时，他也已经很适应爱尔莎所扮演的角色。作为妻子，爱尔莎对他既疼爱又苛求，既是保护伞又会受到社会欲望的驱使。在一些艰难的磨合之后，他们已经能够和谐相处。"我管着他，"她自豪地说，"但我从不让他知道我在管他。"[1]

实际上，爱因斯坦并非不知道，他觉得这样挺开心的。例如，爱尔莎抱怨他吸烟太多，他在感恩节跟爱尔莎打赌说，他将在一年时间里不碰烟斗。在一次宴会上，爱尔莎向众人吹嘘这件事，爱因斯坦抱怨说："你看，我不再是烟斗的奴隶，却成了那个女人的奴隶。"爱因斯坦信守了诺言，但"从新年第一天早晨起床开始，除了吃饭和睡觉，他的烟斗就再没有离过口"，爱尔莎在这次协议结束后不久对邻居们说。[2]

最令爱因斯坦感到不快的是弗莱克斯纳，他总想让爱因斯坦不受公众的注意。和往常一样，爱因斯坦对此并不像他的朋

---

[1] Had Pronounced Sense of Humor, *New York Times*, Dec. 22, 1936.
[2] Brian 1996, 265.

友、赞助人和自称的保护者们那样讲究。只要镁光灯一闪，他的眼睛马上就会亮起来。更重要的是，如果他能够用自己的名声为情况不断恶化的欧洲犹太人筹款和博得同情的话，他甘愿甚至渴望忍受这样的举动。

弗莱克斯纳是一个被同化了的保守的美国犹太人。在政治激进主义的影响下，爱因斯坦对名声的喜好使他深感不安。他认为这也许会激起反犹主义，特别是普林斯顿，至少在社交方面很警惕他们，而此时研究院正在吸引犹太学者到这里。[1]

弗莱克斯纳非常沮丧地听说，爱因斯坦已经欣然应允星期六在家接见来自纽华克（Newark）一所学校的一群孩子，他们以爱因斯坦的名字命名了他们的科学俱乐部。爱尔莎烘烤了小甜饼，当讨论转到犹太政治领袖时，她指出："我不认为这个国家有什么反犹主义。"爱因斯坦深以为然。这只不过是一次愉快的访问，只不过带队老师写了一篇华美的文章，主要记述了爱因斯坦关于犹太人困境的想法，刊登在纽华克《星期日纪录报》的头版显著位置。[2]

弗莱克斯纳极为愤怒。"我只是想保护他。"他给爱尔莎写了一封措辞严厉的信，并把那篇文章寄给了她。"在我看来，这种事情绝对不值得爱因斯坦教授去做，"他斥责道，"它将有损同事们对他的尊敬，因为他们会认为他热衷于宣传自己，我不知道如何能让他们相信这不是事实。"[3]

接着，弗莱克斯纳要爱尔莎劝阻她的丈夫参加曼哈顿的一场

---

[1] Abraham Flexner to Einstein, Oct. 13, 1933, in Regis, 34.

[2] Einstein, the Immortal, Shows Human Side, (Newark) *Sunday Ledger*, Nov. 12, 1933.

[3] Abraham Flexner to Elsa Einstein, Nov. 14, 1933, AEA 38−055.

音乐会，爱因斯坦已经答应出演，以便为犹太难民筹款。但和丈夫一样，爱尔莎并不反感公众的注意，也不反对帮助犹太事业，而是不满弗莱克斯纳企图控制这一切，于是她直截了当地拒绝了。

这促使弗莱克斯纳第二天又给爱尔莎写了一封信，语气惊人地强硬，他说他已经与普林斯顿大学校长谈过这件事。就像爱因斯坦的一些欧洲朋友（包括玻恩夫妇）那样，弗莱克斯纳警告爱尔莎，如果犹太人太受公众注意，将会激起反犹主义：

> 在美国完全有可能激起反犹情绪，而引发这种情绪的只可能是犹太人自己。有明确迹象表明，反犹主义已经在美国抬头。正因为我本人是一个犹太人，也因为我希望帮助受压迫的德国犹太人，我尽管不断努力，并且取得了一定成功，但绝对默不作声，也不透露姓名……这里涉及的是您丈夫以及美国最高水准的研究院的尊严，还有如何最有效地帮助美国和欧洲的犹太人。[1]

同一天，弗莱克斯纳写信给爱因斯坦，声称像他们这样的犹太人应当保持低调，因为热衷于自我宣传会激起反犹主义。"从希特勒开始推行反犹政策的那一刻起，我就感觉到了这一点，并相应采取了对策，"他写道，"在美国大学已经有迹象显

---

[1] Abraham Flexner to Elsa Einstein, Nov. 15, 1933, AEA 38-059. 弗莱克斯纳还在1933年11月14日给研究院的董事会成员马斯（Herbert Maass）写信说："我对每天不得不跟爱因斯坦和他的妻子'做工作'开始感到有些厌倦。他们并不了解美国。他们完全是小孩子，不服管束，很难听取忠告。您不知道我截获了多少宣传材料。" Batterson 152.

示,倘若不处处谨小慎微,犹太学生和犹太教授将会遭殃。"[1]

毫不奇怪,爱因斯坦按照预定的计划在曼哈顿举行了音乐会义演,264位客人购买了25美元一张的入场券。演出曲目主要是巴赫的D小调双小提琴协奏曲和莫扎特的G大调四重奏。媒体也对这场演出做了报道。"他深深地陶醉于音乐中,"《时代》周刊说,"整场演出结束时,他仍在拨弄琴弦,凝视远方。"[2]

为了阻止这些活动,弗莱克斯纳开始截取爱因斯坦的邮件,并代表他拒绝邀请。事情即将有个了断。纽约的拉比斯蒂芬·怀斯认为爱因斯坦应当去拜访罗斯福总统,与他讨论一下德国的犹太人政策。"罗斯福尚未帮助过德国犹太人,这次会见算是一点功劳。"怀斯写信给一位朋友。[3]

最终,罗斯福的社交秘书马文·麦金太尔打来电话,邀请爱因斯坦访问白宫。弗莱克斯纳事先得到了消息。他气急败坏地给白宫打电话,代表爱因斯坦冷冷地回绝了麦金太尔。弗莱克斯纳说,所有邀请都必须经他同意。

不仅如此,弗莱克斯纳还给总统写了一封正式信件。"我今天下午不得不向您的秘书做出解释,"弗莱克斯纳说,"爱因斯坦教授来普林斯顿是为了在隐居状态下从事科学工作,绝对不能让他引起公众的注意。"

要不是即将担任财政部长的杰出的犹太领袖亨利·摩根索问起这件事,爱因斯坦一直还蒙在鼓里。在沮丧地发现弗莱克斯

---

[1] Abraham Flexner to Einstein, Nov. 15, 1933, AEA 38−061.
[2] Fiddling for Friends, *Time*, Jan. 29, 1934; Einstein in Debut as Violinist Here, *New York Times*, Jan. 18, 1934.
[3] Stephen Wise to Judge Julian Mack, Oct. 20, 1933.

纳的肆意妄为之后，爱因斯坦写信给他在政治上意气相投的知音埃莉诺·罗斯福。"您简直难以想象，我对拜见这位正在以巨大精力处理我们时代最伟大、最艰难问题的人是多么感兴趣，"他写道，"然而事实上，没有任何邀请送达我这里。"

埃莉诺·罗斯福礼貌地回了信。她解释说，这是一场误会，因为弗莱克斯纳给白宫打电话时语气非常坚定。"我希望您和爱因斯坦夫人很快就能来。"她补充说。爱尔莎得体地回了信。"首先请原谅我糟糕的英语，"她写道，"爱因斯坦博士和我带着感激的心情接受您友好的邀请。"

1934年1月24日，爱因斯坦和爱尔莎来到白宫，参加了宴会，还住了一晚。总统以差强人意的德语跟他们交谈，其间谈到了罗斯福的海洋画和爱因斯坦对帆船运动的爱好。第二天早上，爱因斯坦在一张白宫的短柬卡上给比利时的伊丽莎白王后写了一首八行的打油诗，纪念他到访白宫，但没有发表公开声明。[1]

弗莱克斯纳的干涉激怒了爱因斯坦。他在给怀斯拉比的信中发泄了自己的愤怒（信的落款是"普林斯顿集中营"），还给研究院的董事会成员寄去了一封长达5页的信。爱因斯坦威胁说，或者向他保证不会再有"此类干涉发生，这是任何一个有自尊的人都无法容忍的"，或者"商讨以一种有尊严的方式与你们的研

---

[1] Col. Marvin MacIntyre report to the White House Social Bureau, Dec. 7, 1933, AEA 33－131; Abraham Flexner to Franklin Roosevelt, Nov. 3, 1933; Einstein to Eleanor Roosevelt, Nov. 21, 1933, AEA 33－129; Eleanor Roosevelt to Einstein, Dec. 4, 1933, AEA 33－130; Elsa Einstein to Eleanor Roosevelt, Jan 16, 1934, AEA 33－132; Einstein to Queen Elisabeth of Belgium, Jan. 25, 1934, AEA 33－134; "Einstein Chats About Sea", *New York Times*, Jan. 26, 1934.

究院断绝关系"。[1]

爱因斯坦取得了胜利，弗莱克斯纳再也不敢惹他了。但结果是，爱因斯坦失去了对弗莱克斯纳的影响力。他后来称弗莱克斯纳是他在普林斯顿"极少数敌人"之一。[2] 那年3月，量子力学的先驱薛定谔作为难民到访普林斯顿大学，被授予一个职位。但他希望加盟高等研究院。为此，爱因斯坦积极游说弗莱克斯纳，但根本不管用。弗莱克斯纳不再帮助他，即使这意味着将薛定谔拒之门外。

在访问普林斯顿期间，薛定谔问爱因斯坦那年春天是否会如期回到牛津。1931年，爱因斯坦在前往加州理工学院时称自己是一只"迁徙之鸟"，也许连他自己都不清楚这到底是一种解放还是一种悲伤。但是现在，他在普林斯顿生活得很惬意，不愿再离开了。

"为什么像我这样的老家伙不能享受一次平和与安宁呢？"他问朋友玻恩。于是，他请薛定谔转达他诚挚的歉意。"很抱歉，他要我告诉您，他肯定不去了，"薛定谔写信给林德曼，"他之所以有此决定，是因为害怕回到欧洲会遇到各种各样的麻烦。"爱因斯坦还担心如果去了牛津，巴黎和马德里也会希望他去，"我没有勇气接受所有这些邀请"。[3]

在命运的安排下，爱因斯坦不由自主地产生了一种惰性，继续流浪将使他感到疲惫。1921年，他第一次访问普林斯顿时

---

[1] Einstein to Board of Trustees of the IAS, Dec. 1–31, 1933.

[2] Johanna Fantova, Journal of conversations with Einstein, Jan. 23, 1954, in Calaprice, 354.

[3] Einstein to Max Born, Mar. 22, 1934; Erwin Schrödinger to Frederick Lindemann, Mar. 29, 1934, Jan. 22, 1935.

曾称它为"一支没有抽过的烟斗"，这个地方颇具欧洲大学城的新哥特风格，以其超凡的魅力吸引着他。"这是一个古雅而讲究礼仪的村落，里面住着一些腿部僵硬而又趾高气扬的半人半神，"他写信给比利时王后，"由于不理会某些社会习俗，我为自己营造了一种氛围，有助于专心致志做研究。"[1]

爱因斯坦特别欣赏的一点是，尽管美国存在着贫富不均和种族偏见，但与欧洲相比更是一个精英管理的社会。"使新来者热爱这个国家的，是人民中间的民主特性，"他赞叹道，"没有谁在别人或别的阶级面前低声下气。"[2]

随自己的心意说话和思考是每个人的权利，爱因斯坦自始至终都很看重这一点。此外，由于缺少传统的束缚，他从学生时代起就备加珍视的创造性更容易被激发出来。"美国青年有幸能够不让其观点被陈腐的传统所束缚，"他指出。[3]

爱尔莎也很喜欢普林斯顿，这对爱因斯坦很重要。长期以来，爱尔莎一直精心照料着爱因斯坦，他已经非常在乎爱尔莎的感受，特别是其居家本能。"整个普林斯顿就像一个大公园，树长得很好，"她写信给一位朋友，"我们差点以为自己是在牛津。"这里的建筑和乡下风光让她想起了英国，她对自己在这里优哉游哉而别人却在欧洲受苦感到有些歉疚。"我们在这里非常

---

[1] Einstein to Queen Elisabeth of Belgium, Nov. 20, 1933, AEA 32-369. 这句话通常被译为"身材矮小的踩着高跷的小神"。爱因斯坦用的词"stelzbeinig"意为"长着僵直的腿"，**就好像**腿是木制的高跷。它与高度无关，而是让人想起孔雀的步态。

[2] Einstein, The Negro Question, *Pageant*, Jan. 1946. 在这篇文章中，他将美国人的一般民主社会倾向与他们对待黑人的方式相比较。我们将会看到，他认为后来的问题比 1934 年更严重。

[3] Bucky, 45; Einstein Farewell, *Time*, Mar. 14, 1932.

幸福，也许过于幸福了。有时会感到良心不安。"[1]

于是，1934年4月，就在到达这里6个月之后，爱因斯坦宣布他要一直在普林斯顿待下去，在研究院做专职工作。结果，在余下的21年中，他再也没有在另一个地方生活过。当月，他出席了为他最喜欢的一些慈善团体筹款的"告别"宴会。对他来说，这些事情几乎与他的科学同样重要。正如他在一次活动中所宣称的："为社会正义而努力是生活中最有价值的事情。"[2]

令人悲伤的是，就在他们决定在普林斯顿安家落户时，爱尔莎不得不回到欧洲，照顾她敢于冒险的大女儿伊尔莎。伊尔莎曾与花花公子尼科莱调情，后来嫁给了文学记者凯泽尔。大家一开始以为伊尔莎得了肺结核，但后来证明是白血病。她的健康状况已经急转直下。她现已转到巴黎，由妹妹玛戈特看护。

伊尔莎坚持认为自己的问题主要是身心失调，所以没有接受药物治疗，而是继续采用心理疗法。刚发病的时候，爱因斯坦让她找一个正规的医生，但她没有同意。现在，除爱因斯坦以外的所有家人都来到了玛戈特在巴黎的寓所，聚在她的床前，但此时已经回天乏术。

伊尔莎的死令爱尔莎悲痛欲绝。"（她）变得苍老了，"玛戈特的丈夫回忆说，"几乎认不出来了。"她没有将伊尔莎的骨灰存放在教堂地下室，而是放在了一个密封袋里。"我不能和它

---

[1] Vallentin, 235. 亦参见 Elsa Einstein to Hertha Einstein, Feb. 24, 1934, AEA 37-693: "这个地方颇具魅力，与美国的其他地方完全不同……这里的一切都有英国风格——彻底的牛津风格。"

[2] Einstein Cancels Trip Abroad, *New York Times*, Apr. 2, 1934.

分开，"她说，"我必须拥有它。"她把袋子缝在了一个枕头里，以便在回美国的路上守在它身边。[1]

爱尔莎还带回了几箱丈夫的文稿，这是玛戈特通过法国的外交渠道，凭借反纳粹的经历从柏林偷偷带到巴黎的。爱尔莎乘坐的船上有一位普林斯顿的邻居卡罗琳·布莱克伍德，她帮爱尔莎将这些文稿带回了美国。

几个月前，爱尔莎在普林斯顿见到了布莱克伍德夫妇。他们说准备去巴勒斯坦和欧洲，希望见一些犹太复国主义领袖。

"我不知道你们是犹太人。"爱尔莎说。

布莱克伍德夫人说，他们实际上是长老会教徒，但犹太教传统与基督教传统之间关系很深，"而且，基督是一个犹太人"。

爱尔莎拥抱了她："没有基督徒对我说过这样的话。"她请他们帮忙找一本德语的《圣经》，因为当初从柏林搬家时弄丢了。布莱克伍德夫人送给她一本马丁·路德的译本，爱尔莎将书紧紧抱在胸前。"我希望我能更有信仰。"她对布莱克伍德夫人说。

爱尔莎记下了布莱克伍德夫妇乘坐的班轮号，在返回美国时特意订购了这一班的船票。一天早上，她带布莱克伍德夫妇来到船上的休息室，请求他们帮助。由于自己还不是美国公民，她担心丈夫的论文有可能被边境扣留，想请布莱克伍德夫妇带它们入境。

布莱克伍德夫妇同意了，尽管布莱克伍德先生出于谨慎，没有在通关申报表上撒谎。"在欧洲获得的学术材料。"他写道。后来，爱因斯坦冒雨到布莱克伍德家来取他的文稿。"这些胡话

---

[1] Marianoff，178. 另有资料报道说，伊尔莎的骨灰，至少是其中的一部分，被带到了凯泽尔挑选的一处荷兰墓地。

是我写的吗？"他看到一篇文章时笑了。不过据当时在场的布莱克伍德夫妇的儿子回忆，爱因斯坦"手拿书和文稿，显然深为感动"。[1]

1934年夏天，希特勒在"长刀之夜"[2]巩固了权力。伊尔莎的去世进一步切断了爱因斯坦与欧洲的联系。同年，玛戈特在与脾气古怪的俄国丈夫马里亚诺夫分居之后便移民到普林斯顿。不久，汉斯·阿尔伯特也来了。爱尔莎在回来后不久给卡罗琳·布莱克伍德写信说，她"完全不想再去欧洲""我感觉这个国家就像我的家一样"。[3]

消遣

爱尔莎从欧洲回来后，与爱因斯坦在罗得岛的守望山（Watch Hill）租了一栋夏季别墅。这是半岛上的一块僻静之地，附近就是长岛海湾与大西洋的交汇处。这里很适合驾驶帆船，于是在爱尔莎的敦促下，爱因斯坦决定在那里和朋友古斯塔夫·布基一家一起过夏天。

布基是一个医生、工程师、发明家和X射线技术的先驱。他本是德国人，20世纪20年代加入了美国国籍，曾在柏林见过爱因斯坦夫妇。爱因斯坦来美国时，与布基加深了友谊。他

---

[1] 整个故事源自1994年9月7日Denis Brian对布莱克伍德夫妇的儿子James的一次采访，在Brian 1996, 259—263中有详细记述。

[2] "长刀之夜"（Night of the Long Knives），指1934年6月30日夜，希特勒在德国授意谋杀了许多对手。——译者注

[3] 同上。亦参见James Blackwood, Einstein in the Rear-View Mirror, *Princeton History*, Nov. 1997.

们发明了一种能够控制摄影光圈的设备，并获得专利，在与另一项发明的竞争中，爱因斯坦作为鉴定人为布基作证。[1]

他的儿子彼得·布基开车带爱因斯坦到处逛，后来将自己的一些回忆记了下来。这些文字展现了晚年爱因斯坦那稍显古怪但又真挚自然的个性。有一次，彼得正开着敞篷汽车带爱因斯坦出游，这时忽然下雨了。爱因斯坦摘下帽子，把它放在外套下面。看着彼得疑惑不解的神色，爱因斯坦解释说："你看，我的头发已经多次挨雨淋了，但我不知道我的帽子能经受多少次。"[2]

爱因斯坦享受着守望山的简朴生活。他在小巷中悠闲地漫步，甚至与布基夫人一起去购物。他特别喜欢驾驶一艘17英尺的木质小艇"提奈夫"（*Tinef*），意第绪语的意思是"一块废料"。他总是独自驾驶小艇，没有目的，也常常漫不经心。"他往往一去就是一整天，就在随意漂流，"当地游艇俱乐部的一个成员回忆说，他不止一次去救营爱因斯坦，"他看起来像是在那里沉思冥想。"

和在卡普特一样，爱因斯坦喜欢在微风中泛舟游弋，无风时则在笔记本上演算方程。"我们所有人都越来越焦急地等待他下午返航，"布基回忆说，"直到晚上11时还不见他的踪影，我们只好派海岸巡逻队去搜寻。队员们在海湾找到了他，他对自己一点也不担心。"

有一次，一位朋友送给他一台贵重的舷外发动机，以备紧

---

[1] Einstein Inventor of Camera Device, *New York Times*, Nov. 27, 1936.

[2] Bucky, 5. 布基的书有一部分内容是连续的对话，虽然有些章节实际上是出自爱因斯坦其他一些采访和著作。

第十九章 美国，1933—1939

急之用。爱因斯坦拒绝了。对于冒一点风险逃到可以独处的地方，他有一种孩子般的喜悦（虽然不会游泳，但他从不带救生衣）。"对于一般人来说，静静地待上几小时可能是一次艰巨的挑战，"布基说，"但在爱因斯坦看来，这不过是提供了更多的思考时间罢了。"[1]

第二年夏天，当爱因斯坦夫妇开始在康涅狄格州的老莱姆镇（Old Lyme）以及长岛海湾租房时，营救爱因斯坦的传奇仍在继续。《纽约时报》有这样一篇报道，其大标题写道，"相对的潮汐和（由潮汐形成的）沙洲困住了爱因斯坦"。那些救起他的小男孩被请到屋里喝树莓汁。[2]

爱尔莎很喜欢老莱姆镇的房子，不过她和家人都觉得它有点过于华丽。它占地20英亩，有一个网球场和一个游泳池，餐厅非常大，他们一开始都没敢用。"这里的一切都很奢华，头十天（我向你发誓）我们是在餐具室吃的，"爱尔莎写信给一位朋友，"对我们来说，餐厅过于华丽了。"[3]

夏天过后，爱因斯坦夫妇每个月都要到布基在曼哈顿的家一两次。爱因斯坦一个人时，也会住在鳏夫沃特斯（即他在帕萨迪纳碰见的那位制药公司老总）的家。有一次，爱因斯坦没带晨衣和睡衣就来了，沃特斯很奇怪。"我退休后总是困了就睡。"爱因斯坦说。不过据沃特斯回忆，他的确借了一支铅笔和一个记事本放在床头。

爱因斯坦发现很难拒绝希望为他雕塑或拍照的艺术家和摄影

---

[1] Bucky, 16-21.
[2] *New York Times*, Aug. 4, 1935; Brian 1996, 265, 280.
[3] Vallentin, 237.

师的要求，这既是出于礼貌，也是出于少许的虚荣。1935年4月的一个周末，他在沃特斯家为两个艺术家摆好姿势坐在那里一整天。第一种坐姿是为拉比怀斯的妻子摆的，而后者的名气并不是因为艺术才能。那他为什么还要那样做？"因为她是一个好女人。"他回答说。

那天晚些时候，沃特斯和他的司机将爱因斯坦送到了格林尼治村，苏联的现实主义雕塑家谢尔盖·柯年科夫要为他塑像，他创作的这尊著名的爱因斯坦胸像现存于高等研究院。爱因斯坦是通过玛戈特（也是一位雕塑家）的介绍而认识柯年科夫的。不久，他们所有人都成了柯年科夫的妻子玛格丽塔·柯年科娃的朋友。爱因斯坦不知道，她是一个苏联间谍。事实上，爱尔莎死后，爱因斯坦还与她发生了一段风流韵事，我们将会看到[1]，最终的结果要比他知道的更为复杂。[2]

既然现在他们已经决定待在美国，那么爱因斯坦加入美国国籍就顺理成章了。爱因斯坦访问白宫时，罗斯福总统曾经提出，他应当接受一些国会议员的建议，即以他的名义通过一个特别法案，但爱因斯坦坚持走正规程序。这就意味着必须先离开这个国家，以使他（以及爱尔莎、玛戈特和杜卡斯）不是作为访客，而是作为寻求国籍的人入境。

于是，为了履行这些正式手续，他们1935年5月乘坐"玛丽皇后"号到百慕大待了几天。抵达百慕大首府汉密尔顿时，皇家总督在那里迎候他们，还介绍了岛上最好的两个宾馆。爱因斯坦发现它们不仅窒闷，而且讲排场。后来在城里散步时，

---

[1] 参见第二十二章。
[2] Brian 1996，268.

他们看见了一栋风格简朴的旅馆别墅,便在那里住下了。

爱因斯坦拒绝了百慕大社会名流的所有正式邀请,倒是和他在饭馆碰到的一位德国厨师混熟了。他们一起驾驶小艇,出去了七小时。爱尔莎唯恐纳粹的密探将她的丈夫抓了去,后来在厨师家发现了爱因斯坦,他在那里享用了一顿德式大餐。[1]

那年夏天,他们在普林斯顿租的房子附近有房出售。这是一幢装有护墙楔形板的朴素白房子,房前小院通向镇上一条景色宜人的林荫路。梅瑟街(Mercer Street)112号注定要成为世界上最著名的住宅之一,不是因为它有多么奢华,而是因为它是房主的完美象征。和晚年的爱因斯坦一样,这幢房子朴素大方,迷人可爱。它就坐落在一条主干道上,因阳台的掩映而不致太过显眼。

客厅很朴素,里面堆放着爱尔莎那些笨重的德国家具,虽然经过多次搬迁,这些家具一直没有丢掉。一楼的小图书馆是杜卡斯的工作室,她在这里处理爱因斯坦的信件,负责接听家里唯一一部电话(电话号码是普林斯顿1606,没有上电话簿)。

爱因斯坦的办公室在二楼,是爱尔莎负责建造的。后墙上装上一扇大落地窗,窗外是一个郁郁葱葱的后花园。两边的书架一直顶到天花板。屋里正中是一个大木桌,上面堆放着论文、烟斗和铅笔;还有一张安乐椅,爱因斯坦可以坐在那里写东西。

墙上挂着法拉第和麦克斯韦的画像。当然,还有一幅牛顿的,不过没过多久它从钩子上掉下来了。此外还有甘地的画像,在同时投身于政治和科学的爱因斯坦心目中,他现在是新

---

[1] Fölsing, 687; Brian 1996, 279.

的英雄。陈列出来的唯一奖品是爱因斯坦在伯尔尼科学协会的会员证,证书外还加了框。当然,这是一个小玩笑。

除了一帮女人,家里渐渐也住进来一些宠物。鹦鹉"毕波"大病小病不断,小猫名叫"老虎",还有原属布基家的小白狗"奇科",偶尔会惹出麻烦。"这只狗很聪明,"爱因斯坦说,"它很同情我,因为我收的邮件太多了。正因为此,它会咬邮递员。"[1]

"教授不开车,"爱尔莎经常说,"这对他来说太复杂了。"他喜欢走路,更准确地说是拖着脚走,每天早上从梅瑟街走到他在研究院的办公室。当他路过时,人们往往会蓦然回首,他走路时出神的样子很快成了小镇上的著名一景。

到了中午,经常有三四位教授或学生陪他回家。爱因斯坦走路时总是平心静气,就像沉浸在幻想之中,其他人则在周围手舞足蹈地发表自己的观点。到家时,众人散去,爱因斯坦有时会站在那里思考,甚至无意中又会走回研究院。杜卡斯总是透过窗户注视着这一切,这时她会出来拉爱因斯坦进屋吃午饭。饭后他会小睡一会儿,口述一些回信,然后到书房研究一两小时统一场论。[2]

偶尔他会独自漫步,这有时很让人担心。一天,有人给研究院打电话找某位院长。秘书说院长不在,通话者迟疑了一下,然后问爱因斯坦住在哪里。秘书告诉他,这不能透露。通话者的声音瞬间沉了下来。"请不要告诉任何人,"他说,"我

---

[1] Calaprice,251.
[2] Bucky,25.

就是爱因斯坦博士，我正在回家的路上，我忘记家住哪里了。"[1]

这个故事是院长的儿子讲述的。就像许多关于爱因斯坦健忘的故事一样，它可能有所夸张。健忘教授的形象与他很相配，所以渐渐开始深入人心。爱因斯坦乐于在公众中扮演这样的角色，邻居们对此也津津乐道。和大多数假想的角色一样，这当中还是有些道理的。

比如在为他举行的一次宴会上，他又开始心不在焉，甚至拿出记事本开始演算方程。当介绍到他时，四下里掌声雷动，但他仍然沉浸在思考中。杜卡斯提醒他起身。他站起来后，看到人们站在那里鼓掌，还以为是为了欢迎别的什么人，于是也热情地鼓起掌来。杜卡斯走过来告诉他，掌声是给他的。[2]

在诸多故事中，除了爱做白日梦，另一个主题是善良的爱因斯坦帮助一个孩子（通常是一个小女孩）补习家庭作业。这其中最著名的是辅导梅瑟街一个8岁的邻居阿德莱德·德隆，她按了爱因斯坦家的门铃，请他帮忙解决一个数学题。作为贿赂，她拿了一盘自制的软糖。"请进，"他说，"我相信我们可以解决这个问题。"他解释了其中的数学道理，但让她自己做作业。作为对软糖的答谢，他给了她一个小甜饼。

此后，这个小女孩经常光顾。她的父母发现后，一再表示歉意。爱因斯坦摆了摆手。"这完全不必要，"他说，"我从你们孩子那里学到的和她从我这里学到的一样多。"他喜欢讲她来访的故事，眼睛里闪着光。"她很淘气，"他放声大笑，"你们知道

---

[1] Clark, 622.
[2] Pais 1982, 454.

她试图用糖向我行贿吗?"

据阿德莱德的一个朋友回忆,有一次她们俩和另一个小女孩一起到了爱因斯坦家。三人走进了书房,爱因斯坦招呼她们吃午饭,她们欣然答应。"于是他把整捆的书稿从桌子上拿走,用开瓶器打开了四听豆子罐头,然后依次拿到炉子里加热,再分别放入一个勺子,这就是我们的午餐,"她回忆说,"他没有给我们任何喝的东西。"[1]

后来,爱因斯坦对另一位抱怨数学的小女孩说:"不要担心你在数学上的困难,我可以向你保证,我碰到的困难要大得多。"这成了他的一句名言。为了不让人以为他只帮助小女孩,他还接待过一群来自普林斯顿乡村日校的高年级男孩,期末考试里的一道数学题难住了他们。[2]

他还帮助过普林斯顿中学的一个名叫亨利·罗索的15岁男孩,他的一门新闻课程没有考好。老师给所有采访过爱因斯坦的人打的分数都是A,于是罗索来到梅瑟街的爱因斯坦住宅,但吃了闭门羹。正当他要离开时,送奶工教给他一个诀窍:爱因斯坦每天早上9时半都会沿一条特定的路线散步。于是罗索有一天溜出学校,在相应的地方等候,等爱因斯坦路过时与之搭上了话。

罗索思绪混乱,不知该从何说起,这也许是他课程得不到高分的原因。爱因斯坦发起了善心,向他建议问题。"不要问私

---

[1] Jon Blackwell, The Genius Next Door, *The Trentonian*, www. capitalcentury. com/1933. html; Seelig 1956a, 193; Sayen, 78; Brian 1996, 330.

[2] Einstein to Barbara Lee Wilson, Jan. 7, 1943, AEA 42－606; Dukas and Hoffmann, 8; Einstein Solves Problem That Baffled Boys, *New York Times*, June 11, 1937.

人问题，"爱因斯坦说，"还是问数学吧。" 聪明的罗索依计而行。"我发现大自然是以一种奇妙的方式构造的，我们的任务就是发现自然本身的数学结构，"爱因斯坦解释了他15岁时的见解，"这种信念帮助我度过了整个一生。"

这次采访让罗索得了一个A，不过他也有些沮丧。他曾经向爱因斯坦保证，这篇报道将只用于校报，但后来未经同意被特伦顿的报纸弄走了，接着又传到了世界其他媒体，这是新闻业的又一个教训。[1]

爱尔莎之死

就在搬入梅瑟街112号不久，爱尔莎的眼睛出现了水肿。曼哈顿的医生诊断为心脏病和肾病的症状，必须在床上静养。

爱因斯坦有时给她读书，但大部分时间会在书房更专心地工作。"紧张的脑力劳动和窥测上帝的本性无异于一些天使，它们安抚人心，使人坚强，但又冷酷无情，它们将引领我度过生命中的一切挫折。"他曾经给第一位女友的母亲写过这样的信。现在，他通过沉浸在描述宇宙的美妙数学中来逃避人的复杂情感。"我丈夫没日没夜做着计算，"爱尔莎写信给沃特斯，"我从未见过他如此专注于他的工作。"[2]

爱尔莎给朋友安东尼娜·瓦朗坦写信时描绘了丈夫更加热诚的一面。"他对我的病非常不安，"她说，"他不停地走动，显得

---

[1] Einstein Gives Advice to a High School Boy, *the New York Times*, Apr. 14, 1935; Sayen, 76.
[2] Elsa Einstein to Leon Watters, Dec. 10, 1935, AEA 52-210.

失魂落魄。我没想到他如此爱我。我很欣慰。"

爱尔莎认为，如果他们像往常那样到别的地方避暑，情况会好一些。于是他们在纽约阿迪朗达克山（Adirondacks）萨拉纳克（Saranac）湖租了一个别墅。"在那里我的身体肯定会好些，"她说，"要是我的伊尔莎现在走进我的房间，我马上就能康复。"[1]

事实证明，这个夏天过得很愉快，然而到了冬天，爱尔莎又一次卧床不起，健康越来越差。1936年12月20日，她离开了人世。

爱因斯坦受到的打击比事先预想的更大。事实上，他哭了，就像妈妈去世时一样。"我从未见过他落泪，"彼得·布基说，"但他确实哭了，而且悲叹道：'我真的很想她。'"[2]

他们的爱情称不上典范。结婚以前，爱因斯坦给她写的信充满了甜言蜜语，但渐渐地，那样的语言消失了。他有时可能会伤害和苛求对方，似乎不够在意她的感情需要，偶尔还会与其他女人调情。

然而，在由爱情一步步发展成为伴侣的背后，有一种东西是局外人看不到的。爱尔莎和爱因斯坦彼此相爱，相互理解，也许最重要的是（因为她实际上也非常聪明，只不过是以她自己的方式）能让对方开心。因此，虽然他们的关系并非那么浪漫，但却很稳固。通过它，双方的愿望和需要都得到了满足，是实实在在的，也是相互的。

爱因斯坦在工作中找到了安慰。他向汉斯·阿尔伯特坦言，

---

[1] Vallentin，238.
[2] Bucky，13.

第十九章 美国，1933—1939

集中精力很难，但这样做可以使他逃避个人的痛苦。"只要我还能工作，我绝对不能抱怨，也不会去抱怨，因为只有工作才能让生活充实起来。"[1]

他的合作者霍夫曼注意到，他走进办公室时"面色苍白，充满悲戚"，但仍然坚持每天忘我地工作。他说自己比以往更需要工作。"他力图专注于工作，让人很是同情，"霍夫曼回忆说，"但他对悲伤已经习以为常，知道工作是消除痛苦的良药。"[2] 他们那个月合作写出了两篇重要论文：一篇是关于"宇宙透镜"效应，即光线在星系引力场作用下发生的弯曲会放大遥远的恒星，另一篇研究了引力波是否存在。[3]

玻恩从爱因斯坦的来信中得知了爱尔莎的死讯，这部分内容几乎是在解释他为什么变得不善交际时补充进去的。"我仿佛是一头生活在洞穴里的熊，与以往多变的生活相比，我现在更感自如，"他对老朋友说，"妻子的故去使我变得更加笨拙了，她比我更善于与人相处。"玻恩后来赞叹爱因斯坦"以不经意的方式"透露了妻子的死讯。"尽管他心地善良，善于交际，爱所

---

[1] Einstein to Hans Albert Einstein, Jan. 4, 1937, AEA 75-926.
[2] Hoffmann 1972, 231.
[3] Einstein, Lens-like Action of a Star by Deviation of Light in the Gravitational Field, *Science* (Dec. 1936); Einstein with Nathan Rosen, On Gravitational Waves, *Journal of The Franklin Institute* (Jan. 1937). 这篇引力波论文最初投给了《物理评论》(*Physical Review*)。那里的编辑将它提交给一个评审委员会，他们发现了错误。爱因斯坦很愤怒，撤回了论文，让富兰克林学会发表了。接着，他意识到他完全错了（在匿名的评审委员间接告诉他之后），就在爱尔莎临死时，他和罗森做了多次修改。金内弗里克（Daniel Kinneflick）发现了这个故事的详细情况，在 Einstein versus the Physical Review, *Physics Today* (Sept. 2005) 中做了引人入胜的叙述。

有人，"玻恩评论说，"但他完全超然于所处的环境和周围的人。"[1]

　　这样说并不完全准确。作为一头自称的洞穴里的熊，爱因斯坦无论走到哪里都会吸引一群人。无论是从研究院走回家，在梅瑟街112号周围散步，还是和沃特斯或布基一家在别墅避暑或在曼哈顿共度周末，除了在书房工作，爱因斯坦很少一个人待着。他可以保持一种冷冷的超然，躲避到他的白日梦中，但只有在思想上，他才是一个真正的孤独者。

　　爱尔莎去世后，他仍然与杜卡斯和继女玛戈特生活在一起。不久，妹妹玛雅也搬了进来。之前，她一直和丈夫保罗·温特勒住在佛罗伦萨附近。然而1938年，墨索里尼责令赶走所有外国犹太人，玛雅独自搬到了普林斯顿。爱因斯坦激动万分，他对玛雅一直怀有深深的爱。

　　爱因斯坦还鼓励33岁的汉斯·阿尔伯特来美国，哪怕是做一次访问也好。他们的关系曾经很紧张，但爱因斯坦已经开始称赞作为工程师的儿子工作勤奋，特别是在他也曾亲自研究过的河流方面。[2]他还改变了看法，鼓励儿子要孩子，尽管他现在有了两个小孙子，享受着天伦之乐。

　　1937年10月，汉斯·阿尔伯特来到美国，准备住三个月。爱因斯坦在码头见到了他，在那里合了影。汉斯·阿尔伯特开玩笑似的点着了送给父亲的荷兰长烟斗。"我父亲希望我把家人带

---

　　[1] Einstein to Max Born, Feb. 1937, in Born 2005, 128.
　　[2] Einstein, The Causes of the Formation of Meanders in the Courses of Rivers and of the So-Called Baer's Law, Jan. 7, 1926.

第十九章 美国，1933—1939

来，"他说，"你知道他的妻子最近离开了人世，他现在非常孤独。"[1]

访问期间，年轻而热心的彼得·布基带汉斯·阿尔伯特穿越了美国，以使他能够到各个大学寻找工程师教授的职位。他们去了盐湖城、洛杉矶、艾奥瓦城、诺克斯维尔、维克斯堡、克利夫兰、芝加哥、底特律和印第安纳波利斯，行程达一万英里。[2]爱因斯坦告诉米列娃，他与儿子相处得非常愉快。"他的个性实在是很强，"他写道，"他娶这个妻子固然很不幸，但如果他觉得很幸福，你能怎么办呢？"[3]

爱因斯坦几个月前曾写信给弗里达，建议她这次不要陪丈夫一起来。[4]但是随着对汉斯·阿尔伯特的感情完全恢复，爱因斯坦敦促他们第二年带着两个孩子一起来美国定居。他们这样做了。汉斯·阿尔伯特在南加州的克莱姆森（Clemson）找到了一份研究土壤保持的工作，隶属于美国农业部，在那里他成了河流冲击输运领域的权威。他也表现出了父亲的品位，在附近的格林威尔（Greenville）建造了一个简朴的木屋，不由得让人想起卡普特的房子。1938年12月，他在当地申请了美国国籍。[5]

虽然爱因斯坦越来越感到与犹太同胞的紧密联系，但汉

---

[1] Dr. Einstein Welcomes Son to America, *New York Times*, Oct. 13, 1937.

[2] Bucky, 107.

[3] Einstein to Mileva Marić, Dec. 21, 1937, AEA 75-938.

[4] Einstein to Frieda Einstein, Apr. 11, 1937, AEA 75-929.

[5] Robert Ettema and Cornelia F. Mutel, Hans Albert Einstein in South Carolina, *Water Resources and Environmental History*, June 27, 2004; Einstein's Son Asks Citizenship, *New York Times*, Dec. 22, 1938. 他1938年12月21日在美国南加州格林威尔地方法院申请了国籍。一些传记说他当时住在北卡罗来纳州的格林斯博罗（Greensboro），这是不正确的。

斯·阿尔伯特却在妻子的影响下变成了一位基督徒科学家。由于这种信仰，他们拒绝医治疾病，从而酿成了悲剧。来美国之后几个月，他们6岁的儿子克劳斯死于白喉，葬在格林威尔的一座小型公墓。"慈爱的父母所能经历的最深的痛楚已经降临在你们身上。"爱因斯坦在一封信中安慰道。他与儿子的关系已经变得越来越稳固，有时甚至充满挚爱。

在汉斯·阿尔伯特生活于南加州的五年间，直到搬到加州理工学院和伯克利，爱因斯坦有时会乘火车来这里看望他。他们会讨论一些工程难题，这使爱因斯坦回想起他在瑞士专利局的那些日子。到了下午，他有时会在街道和森林里散步和遐思，当地人帮他找到了回家的路，许多有趣的轶事便是这样出炉的。[1]

由于患有精神疾病，爱德华无法移居美国。随着病情的恶化，他的面孔开始变得肿胀，语速也变慢了。米列娃更不敢让他在家待着，便延长了他的住院时间。米列娃的妹妹佐尔卡赶来照顾他们，却落得悲惨的下场。母亲去世后，她成了一个酒鬼，有一次竟然不小心将家里所有的钱（藏在一个旧炉子里）付之一炬。1938年，佐尔卡悄无声息地死在铺着稻草的地板上，只有她的猫围拢在身旁。[2]米列娃还活着，但愈发感到绝望。

战前的政治形势

现在想起来，纳粹的上台向美国提出了严重的道德挑战。然

---

[1] Einstein to Hans Albert and Frieda Einstein, Jan. 1939; James Shannon, Einstein in Greenville, *The Beat*, Greenville, S. C., Nov. 17, 2001.
[2] Highfield and Carter, 242.

第十九章 美国，1933—1939

而在当时，这一点并不十分清楚，在保守的普林斯顿小镇尤其如此。在普林斯顿大学，许多学生都怀有潜在的反犹心理。1938年曾对即将入学的大学新生做过一次调查，无论在当时还是现在，结果都很令人吃惊：希特勒当选为"当今在世的最伟大的人"，爱因斯坦排名第二。[1]

《他们为什么仇视犹太人?》，这是当年爱因斯坦为《科利尔周刊》（Collier's）撰写的文章。他写这篇文章不仅是为了研究反犹主义，同时也想说明，大多数犹太人所秉持的社会信条（这也是他本人的生活支柱），如何属于一种值得自豪的漫长传统。"几千年来使犹太人联结在一起，而且今天还在联结着他们的纽带，首先是社会正义的民主理想，以及所有人互助宽容的理想。"[2]

这种与犹太同胞的纽带以及他本人可能遭遇的困境促使他对难民伸出了援手。这样做公私兼顾，利人利己。为此，他做了数十场讲演，出席了更多宴会，甚至为"美国公谊服务会"（American Friends Service Committee）和"犹太人联合呼吁会"（United Jewish Appeal）举行了几场小提琴独奏会。组织者想了一个花招，即让人们给爱因斯坦本人写支票，然后爱因斯坦会在支票上签名交给慈善机构。捐赠者将会获得由爱因斯坦亲笔签名的注销支票作为纪念。[3] 他还帮助过数十个为了移民而需要经济担保的人，特别是

---

[1] Hitler Is "Greatest" In Princeton Poll: Freshmen Put Einstein Second and Chamberlain Third, *New York Times*, Nov. 28, 1939.

[2] *Collier's*, Nov. 26, 1938; Einstein 1954, 191.

[3] Sayen, 344; Einstein Fiddles, *Time*, Feb. 3, 1941. 《时代》周刊报道了为美国公谊服务会在普林斯顿举行的小型音乐会："爱因斯坦证明，他能够富有感情地演奏出舒缓的旋律，优雅地发出颤音，有时还会展示出一些复杂的技巧。听众们热烈鼓掌。小提琴手爱因斯坦致以温和的微笑，带着四维的焦虑看了看表，加演了一首曲子，又看了一次表，离场了。"

当美国执行了严格的签证政策时。

爱因斯坦还公开呼吁种族宽容。1937年,黑人女低音歌手玛丽安·安德森来普林斯顿举行音乐会,拿骚酒店(Nassau Inn)拒绝让她入住,于是爱因斯坦邀请安德森住在他家,这既是个人姿态,又公开表明了态度。两年后,当她被禁止在华盛顿宪政厅演出时,她在林肯纪念堂的台阶上举行了具有历史意义的免费音乐会。后来,只要来普林斯顿,她定会来看望爱因斯坦,最后一次拜访距离他的去世只有两个月。[1]

爱因斯坦频繁地参加各种运动组织,进行各种呼吁,担任多个名誉主席,这样做容易让人指控他是为破坏分子服务的骗子。他拒绝一些攻击斯大林或苏联政府的运动邀请,这种做法在那些对其忠诚怀有疑虑的人看来,无异于罪加一等。

比如1934年,朋友莱文(爱因斯坦曾经支持过他的反共著作)请他在一封谴责斯大林谋杀政治犯的请愿书上签字,遭到爱因斯坦拒绝。"我也对苏联政治领导人让他们失去生命深感悲痛,"爱因斯坦写道,"但尽管如此,我不能与你的行为发生联系。这不会对俄国产生影响。俄国人已经证明,他们唯一的目标就是改善俄国人民的命运。"[2]

爱因斯坦正专注于同纳粹做斗争,因此对莱文如此彻底地从左派转向右派感到气愤,他强烈反对将俄国的大清洗等同于纳粹的大屠杀。

1936年,莫斯科开始了更大规模的审讯,包括对流亡的利

---

[1] Jerome, 77.

[2] Einstein to Isaac Don Levine, Dec. 10, 1934, AEA 50-928; Levine, *Eyewitness to History* (New York: Hawthorne, 1973), 171.

昂·托洛茨基的支持者。对于那些现已成为反共人士的以前的左派朋友，爱因斯坦再次拒绝了他们的请求。哲学家西德尼·胡克是一位恢复了正常的马克思主义者，他写信给爱因斯坦，请他呼吁建立一个国际公共委员会，以保证托洛茨基及其支持者能够得到一次公平的而非徒有其表的审讯。"毫无疑问，每一位被指控的人都应当有机会证明自己的清白，"爱因斯坦回信说，"对于托洛茨基当然也是如此。"但这如何能够办到？爱因斯坦建议最好私下进行，而不是成立公共委员会。[1]

胡克写了一封很长的信，试图逐一反驳爱因斯坦的想法。但爱因斯坦不再有兴趣与胡克争论，没有回复。于是胡克把电话打到了普林斯顿。他联系上了杜卡斯，竟然成功地过了她这关，约好了会谈时间。

爱因斯坦诚挚地招待了胡克。在书房坐定后，他点上烟斗，用英语同胡克交谈。胡克重申了自己的观点，爱因斯坦听后表示了同情，但认为这件事不大可能成功。

爱因斯坦穿着一件旧运动衫，没有穿袜子，送胡克到火车站。一路上，他诉说了自己对德国人的愤慨。他们查抄了他在卡普特的寓所，寻找共产主义者窝藏的武器，结果只找到了一把切面包的餐刀。事实证明，他有一句话很有预见力。"如果战争爆发，"他说，"希特勒驱逐犹太科学家对德国造成的伤害将最终实现。"[2]

---

[1] Sidney Hook to Einstein, Feb. 22, 1937, AEA 34－731; Einstein to Hook, Feb. 23, 1937, AEA 34－735.

[2] Sidney Hook, My Running Debate with Einstein, *Commentary*, July 1982, 39.

第二十章　量子纠缠，1935

"幽灵般的超距作用"

虽然爱因斯坦借助思想实验向量子力学发起了攻击，但收效甚微。事实上，这甚至还有助于对量子力学做出检验，使我们更好地理解它的含义。不过，爱因斯坦并未善罢甘休，他仍然试图用新的办法来表明，玻尔、海森伯、玻恩等人对量子力学的解释中所固有的不确定性意味着，他们对"实在"的解释中缺少了某种东西。

就在 1933 年离开欧洲之前不久，爱因斯坦出席了一场讲演，演讲者是带有哲学倾向的比利时物理学家莱昂·罗森菲尔德。讲演结束后，爱因斯坦起身问了一个问题。"假定两个粒子以大小相等、方向相反的很大的动量朝对方运动，当它们在给定位置相遇时发生短暂的相互作用。"当粒子相互远离时，一位观察者测量了其中一个粒子的动量，"那么根据实验条件，他显然能够推断出另一个粒子的动量，"爱因斯坦说，"如果他选择测量其中一个粒子的位置，他将能够说出另一个粒子的位置。"

由于两个粒子相距很远，爱因斯坦可以断言，或至少是能够**假定**，"它们之间不再发生任何物理相互作用"。于是，他向罗森菲尔德提出了这样一个问题，以挑战量子力学的哥本哈根解释："第二个粒子的最终状态如何可能因为对第一个粒子的测量而受到影响呢？"[1]

多年来，爱因斯坦的实在论信念与日俱增，按照他的说法，这一信念是说，"实际的实在状况""独立于我们的观察"而存在。[2]这反映了他对海森伯的不确定性原理等主张观察决定实在的量子力学原理的不满。在向罗森菲尔德提出的问题中，爱因斯坦用了一个与此相关的概念——定域性（locality）[3]，也就是说，如果两个粒子在空间中彼此分离，那么其中一个粒子发生的事情与另一个粒子发生的事情无关，它们之间无论传递什么信号、力或影响，都不能超过光速。

---

[1] Hoffmann 1972, 190; Rigden, 144; Léon Rosenfeld, Niels Bohr in the Thirties, in Rozental 1967, 127; N. P. Landsman, When Champions Meet: Rethinking the Bohr-Einstein Debate, *Studies in the History and Science of Modern Physics* 37 (Mar. 2006): 212.

[2] Einstein 1949b, 85.

[3] 爱因斯坦使用了两个相关的概念。"可分离性"（separability）意味着在空间中占据不同区域的不同粒子或系统具有独立的实在性；"定域性"意味着对其中一个粒子或系统的作用不可能影响位于另一个空间部分的粒子或系统，除非有某种东西在它们之间传播，且这一过程须遵守光速限制。

爱因斯坦假定，对一个粒子进行观察或作用，不能对远处的另一个粒子瞬时产生作用。要想让对一个系统的作用能够影响远处的另一个系统，唯一的途径就是在它们之间传递某种波、信号或信息，而且这一过程必须遵守光速限制，甚至引力也是如此。如果太阳此时突然消失，那么在引力场变化以光速传到地球所需的八分钟内，地球轨道将不会受到影响。

正如爱因斯坦所说："在我看来，我们应当对这样一个假设坚信不疑：系统 S_2 **实际的实在状况**不依赖于我们对那个在空间上与之相分离的系统 S_1 所采取的措施。"[1] 这一结论非常直观，似乎显而易见。但正如爱因斯坦所指出的，这是一个从未得到证明的"假设"。

在爱因斯坦看来，实在论与定域性均为物理学的支柱，且相互有关联。他对朋友玻恩说："物理学应当阐明时间和空间中的实在，而用不着幽灵般的超距作用。"[2]

在普林斯顿定居之后，爱因斯坦开始改进这一思想实验。他的同伴沃尔特·迈尔似乎有欠忠诚，已经从与量子力学战斗的前线退却了。这时，内森·罗森和鲍里斯·波多尔斯基前来助阵，罗森是研究院的一位 26 岁的新人，波多尔斯基则是一位 49 岁的物理学家，爱因斯坦曾在加州理工学院见过他，后来他来到了研究院。

他们的合作成果是一篇四页的短文，发表于 1935 年 5 月，根据作者名字的首字母而被称为 EPR 论文，这是爱因斯坦移居美国之后写的最重要的论文。"能认为量子力学对物理实在的描述

---

[1] Einstein 1949b, 85.
[2] Einstein to Max Born, Mar. 3, 1947, in Born 2005, 155 (not in AEA).

是完备的吗?"他们在标题中提出了这样一个问题。

罗森做了大量数学演算,波多尔斯基撰写了发表的英文版。虽然他们详细讨论过论文内容,但爱因斯坦对波多尔斯基将清晰的思想掩藏在大量数学形式描述之下很不满意。"结果没有我当初预想的好,"文章刚一发表,爱因斯坦就向薛定谔抱怨,"恕我直言,关键的东西被形式描述掩藏起来了。"[1]

令爱因斯坦感到恼火的另一件事情是,波多尔斯基在文章发表之前就向《纽约时报》透露了其中的内容。报道的大标题称:"爱因斯坦对量子理论发起攻击/科学家及两位同事认为它即使'正确'也不'完备'。"当然,爱因斯坦偶尔也会就即将出炉的论文接受采访,但这一次,他说这种做法让他很不安。"我一向只在适当的场合才讨论科学问题,"他在给《泰晤士报》的声明中写道,"我反对就这种事情预先在通俗报刊上发表任何消息。"[2]

爱因斯坦和两位合作者先是定义了他们的实在论前提:"假如对一个系统没有任何干扰,我们就能够确定地预测一个物理量的值,那么对应于这一物理量,必定存在着一种物理**实在**的元素。"[3]换句话说,如果通过某种非定域过程,我们能够绝对确定地知晓粒子的位置,而且我们并没有通过观察而干扰粒子,那么我们就可以说粒子的位置是实在的,它完全独立于我们的观

---

[1] Einstein to Erwin Schrödinger, June 19, 1935, AEA 22-47.

[2] *New York Times*, May 4 and 7, 1935; David Mermin, My Life with Einstein, *Physics Today* (Jan. 2005).

[3] Albert Einstein, Boris Podolsky, and Nathan Rosen, Can Quantum-Mechanical Description of Physical Reality Be Regarded as Complete? *Physical Review*, May 15, 1935 (received Mar. 25, 1935). www.drchinese.com/David/EPR.pdf.

察而实际存在着。

接着，这篇论文又对爱因斯坦关于两个粒子因碰撞（或由原子衰变引起的反向飞离）而拥有相关属性的思想实验进行了拓展。文章称，我们可以对第一个粒子做出测量，由此得知关于第二个粒子的信息，而"不以任何方式干扰第二个粒子"。通过测量第一个粒子的位置，我们就可以精确地确定第二个粒子的位置。对于动量也是如此。"根据我们关于实在性的判据，我们必须认为，在第一种情况下，量 P 是实在的元素；而在第二种情况下，量 Q 是实在的元素。"

更简单地说，在任一时刻，我们没有进行观察的第二个粒子都拥有实在的位置和实在的动量。这两种作为实在特征的属性是量子力学所无法解释的，因此应当这样来回答标题所提出的问题：不，量子力学对实在的描述是不完备的。[1]

文章称，唯一的可能就是认为对第一个粒子进行测量会影响第二个粒子的位置和动量。"任何关于实在的合理定义都不会容许这一点。"他们总结说。

泡利给海森伯写了一封长信。"爱因斯坦又一次公然评论量子力学（和波多尔斯基、罗森一起——顺便说一句，这不是什么好团队），"他怒气冲冲地说，"众所周知，他每次这样做都会带来一场灾难。"[2]

玻尔在哥本哈根看到 EPR 论文后，意识到他必须再次担当

---

[1] 对该实验的另一种表述是，一位观察者测量其中一个粒子的位置，在"同一时刻"另一个观察者测量另一个粒子的动量，然后对他们的记录进行比较，就可以知晓两个粒子的位置和动量。参见 Charles Seife, The True and the Absurd, in Brockman, 71.

[2] Aczel 2002, 117.

起索尔维会议上的那种重任，抵挡住爱因斯坦对量子力学发动的新一轮袭击。"这次袭击如晴天霹雳一般从天而降，"玻尔的一位同事说，"它对玻尔震动很大。"以前面对这种情况时，玻尔往往会走来走去，口里不停地念叨："爱因斯坦……爱因斯坦……爱因斯坦！"这一次他又配上了几句打油诗："波多尔斯基（Podolsky），哦波多尔斯基（Opodolsky），哎哦波多尔斯基（Iopodolsky），塞哦波多尔斯基（Siopodolsky）……"[1]

"所有其他事情都被抛在了一边，"玻尔的同事回忆说，"我们必须立即清除这样一种误解。"在六个多星期的紧张工作中，玻尔不断地思考、动笔、修改和讨论，终于想出了回应 EPR 论文的对策。

对 EPR 论文的回应比原文更长。在文中，玻尔没有过分强调不确定性原理的一个方面，即观测行为所造成的力学干扰会导致不确定性。他承认，在爱因斯坦的思想实验中，"所考察的系统无疑受到了力学干扰"。[2]

这一承认非常重要。直到那时，由测量所引起的干扰一直是玻尔对量子不确定性的物理解释的一部分。在索尔维会议上，他在反驳爱因斯坦天才的思想实验时指出，同时知晓关于位置和动量的信息至少部分是不可能的，因为确定一种属性会造成干扰，使得精确测量另一种属性成为不可能。

不过，运用其互补性概念，玻尔加上了一项重要的限定。他指出，两个粒子同属一个整体现象。由于它们曾经发生过相

---

[1] Whitaker，229；Aczel 2002，118。
[2] Niels Bohr, Can Quantum-Mechanical Description of Physical Reality Be Regarded as Complete? *Physical Review*，Oct. 15，1935（received July 13，1935）.

互作用，因此是"纠缠"在一起的。它们是整个现象或整个系统的一部分，拥有同一个量子函数。

不仅如此，正如玻尔所说，EPR论文并未真正驳倒不确定性原理，即不可能**同时**精确知道一个粒子的位置和动量。爱因斯坦说得不错，通过测量粒子A的**位置**，我们的确可以知道粒子B的**位置**。同样，通过测量粒子A的**动量**，我们也可以知道粒子B的**动量**。然而，即使我们可以**设想**先测量粒子A的位置，再测量粒子A的动量，从而赋予粒子B的那些属性以"实在性"，但**事实上**，我们无法在任一时刻**同时**精确测量粒子A的这两种属性，因此无法同时精确知道粒子B的这两种属性。格林在讨论玻尔的回应时说："如果不能同时掌握向右运动的粒子的这两种属性，那么也不能同时掌握向左运动的粒子的这两种属性，因此这与不确定性原理并不冲突。"[1]

然而，爱因斯坦仍然认为，这是反映量子力学不完备性的一个重要例子，因为它违反了可分离性原则，即两个在空间中分离的系统是独立存在的。它也违反了与之相关的定域性原理，即对一个系统的作用不可能瞬间影响另一个系统。作为用时空连续区来定义实在性的场论的拥护者，爱因斯坦相信可分离性是大

---

[1] Greene 2004，102. 阿瑟·法因指出，玻尔对EPR的概括"更近乎于对EPR论文的讽刺而不是严肃的重构"。虽然由波多尔斯基写就的EPR论文的确谈到了确定"一种实在的元素"，但玻尔以及其他对爱因斯坦的阐释者给出的"实在性标准"并不符合爱因斯坦后来对EPR论文的解读。格林的书强调了"实在性标准"这一要素。参见 Arthur Fine, The Einstein-Podolsky-Rosen Argument in Quantum Theory, *Stanford Encyclopedia of Philosophy*, plato.stanford.edu/entries/qt-epr/, and also Fine, *The Shaky Game: Einstein, Realism, and the Quantum Theory*, chapter 3; Mara Beller and Arthur Fine, "Bohr's Response to EPR," in Jann Faye and Henry Folse, eds., *Niels Bohr and Contemporary Philosophy* (Dordrecht: Kluwer Academic Publishers, 1994), 1—31.

自然的一种基本特征。作为相对论的捍卫者，他主张将幽灵般的超距作用从牛顿的宇宙中清除出去，规定这些作用必须遵从光速限制，因而也相信定域性。[1]

薛定谔的猫

尽管薛定谔是作为量子先驱而获得成功的，但他却支持爱因斯坦反对哥本哈根学派。他们在索尔维会议上结成了联盟，当时爱因斯坦为上帝做了辩护，薛定谔饶有兴致地看着，深以为然。这是一场孤独的斗争，爱因斯坦1928年给薛定谔写信说："海森伯和玻尔精心策划了他们的安抚哲学（或宗教？），向那些虔诚的教徒暂时提供了一个舒适的软枕。那些人不是那么容易从这个软枕上醒来的。"[2]

毫不奇怪，薛定谔一看完EPR论文就给爱因斯坦发了一封贺信。"你公然扼住了教条式的量子力学的咽喉。"他写道。几周以后，他又高兴地补充说："它就像金鱼池中的狗鱼，把每一条鱼都弄得心神不宁。"[3]

薛定谔刚刚访问了普林斯顿，爱因斯坦徒劳地希望能够说服弗莱克斯纳让他加盟研究院。在随后与薛定谔的一系列通信中，爱因斯坦开始与他合谋寻找量子力学的漏洞。

---

[1] 法因表明，波多尔斯基写的EPR论文以及玻尔等"获胜者"对它的描述并没有完全领会爱因斯坦本人对量子力学的批判。唐·霍华德（Don Howard）已经在法因工作的基础上强调了"可分离性"和"定域性"问题。参见Howard 1990b。

[2] Einstein to Erwin Schrödinger, May 31, 1928, AEA 22−22; Fine 18.

[3] Erwin Schrödinger to Einstein, June 7, 1935, AEA 22−45, and July 13, 1935, AEA 22−48.

454　　"我不相信这一点。"爱因斯坦断言。在他看来,认为存在着"幽灵般的超距作用",这无异于"招魂术"。他还抨击这样一种观念,即超出我们对事物的观察就无法谈论实在。"这种沉迷于认识论之中的纵欲早就应当偃旗息鼓了,"他说,"不过,你肯定已经会心地笑了,毕竟,许多年轻的娼妓后来都变成了虔诚的老嬷嬷,许多年轻的革命者都变成了老反动派。"[1]薛定谔在回信中告诉爱因斯坦,他的确笑了,因为他已经从革命者慢慢变成了老反动派。

爱因斯坦与薛定谔在一个问题上看法不同。薛定谔并不认为定域性概念是神圣不可侵犯的,他甚至创造了我们现在使用的"纠缠"一词,来描述曾经发生过相互作用但现在彼此远离的两个粒子之间存在的相关性。无论现在距离多远,两个曾经有过相互作用的粒子的量子态此后必须合在一起描述,一个粒子发生的任何变化都会瞬间反映于另一个粒子。"预测的纠缠性源自这样一个事实:早先在**同一个**系统中形成,亦即正在发生相互作用的两个物体,已经在对方那里留下了**踪迹**,"薛定谔写道,"如果两个分离的物体先是相互影响,继而又彼此分离,那么就出现了我所谓的两个物体的纠缠。"[2]

爱因斯坦和薛定谔开始另辟蹊径(不再依靠定域性或分离)对量子力学提出质疑。他们的新方案是看看如果涉及亚原子粒子的量子领域发生的事件与日常宏观世界中的物体发生相互作用,会发生什么情况。

---

[1] Einstein to Erwin Schrödinger, June 19, 1935, AEA 22-47.
[2] Erwin Schrödinger, The Present Situation in Quantum Mechanics, third installment, Dec. 13, 1935, www.tu-harburg.de/rzt/rzt/it/QM/cat.html.

在量子领域，像电子这样的粒子在任何特定时刻都没有确定的位置，而是要用所谓的"波函数"来描述粒子出现在某一特定位置的概率。这些波函数也可以描述量子态，比如对原子进行观察时它发生衰变的概率。1925年，薛定谔提出了描述这种弥散于整个空间中的波的著名方程，它规定了一个粒子在被观察时处于某一位置或状态的概率。[1]

根据玻尔等量子力学先驱提出的哥本哈根解释，在这样一种观察做出之前，粒子的实际位置或状态仅仅是这些概率。对系统进行的测量或观察使得波函数发生坍缩，系统瞬时归于某一特定位置或状态。

在给薛定谔写的信中，爱因斯坦提出了一个生动的思想实验，表明为什么所有这些关于波函数和概率的讨论，以及说粒子在观察之前没有确定位置，都通不过他的完备性检验。想象有两个箱子，其中一个里面装着一个球。我们在打开其中一个箱子之前，这个球有50%的概率在里面。而我们打开看了之后，球在里面的概率或为100%，或为0%。然而**实际上**，球自始至终都在其中一个箱子里。爱因斯坦写道：

> 我这样来描述这种事态：球处于第一个箱子之中的概率为$\frac{1}{2}$。这是一种完备的描述吗？如果回答是否定的，那么完备的陈述是：球处于（或不处于）第一个箱子之中。这才是用一种完备的描述对该事态进行刻画。如果回答是肯定的，

---

[1] 更加具体地说，薛定谔方程表明了对一个粒子或系统进行测量所可能得到的结果的概率随时间的变化率。

那么在我打开箱子之前,球绝不在两个箱子中的一个。只有当我掀起箱盖时,球才处于某一个特定的箱子里。[1]

爱因斯坦显然倾向于前一种解释,这种表述反映的正是他的实在论。第二种回答则是量子力学解释事物的方式,他感到有什么地方不够完备。

爱因斯坦的论证似乎基于常识。然而,有时看似有道理的东西到头来并不能很好地描述自然。他在提出相对论时就知道这一点。他公然反对流俗的时间概念,迫使我们改变思考自然的方式。量子力学也是如此。他宣称,粒子只有在被观察时才有确定的状态,两个粒子可以处于一种纠缠态,对其中一个粒子进行观察能够瞬间确定另一个粒子的属性。一旦观察做出,系统就进入了一个特定状态。[2]

爱因斯坦从不认为这是对实在的完备描述。几周以后,他在1935年8月初又向薛定谔提出了另一个思想实验。它讨论了一种特殊情况,量子力学只能给出概率,然而常识却告诉我们,这背后**显然**存在着一种确定的实在。爱因斯坦说,假定有一堆火药,由于某个粒子的不稳定而在某一时刻开始燃烧。对于这一情况,量子力学方程"描述了系统尚未爆炸和已经爆炸的一种混合",但这并非"实际的事态",爱因斯坦说:"因为**实**

---

[1] Einstein to Erwin Schrödinger, June 19, 1935, AEA 22-47.
[2] 感谢科皮和斯通对本节写作的帮助。

际上，在爆炸与未爆炸之间不存在中间状态。"[1]

薛定谔提出了一个类似的思想实验，以表明如果把量子领域的不确定性与我们的日常世界相联系，就必然会出现古怪的结果。它所讨论的不再是火药，而是一只很快就要名扬天下的虚拟的猫。"在我刚刚完成的一篇长文中，我给出了一个与你的即将爆炸的火药桶非常类似的例子。"他告诉爱因斯坦。[2]

在这篇11月发表的文章中，薛定谔慷慨地感谢了爱因斯坦及其EPR论文为他的论证"提供了动力"。它所针对的是量子力学的一个核心概念，即衰变的原子核发出粒子的时间是不确定的，直到实际进行观察为止。在量子世界中，原子核处于一种"叠加态"，也就是说，它同时作为已衰变和未衰变的混合态而存在，直到被观察时波函数发生坍缩，它才或变成已衰变，或变成未衰变。

这对微观的量子领域也许还可以设想，但如果想象量子领域与可见的日常世界之间的交集就令人困惑了。薛定谔在其思想实验中问道，系统什么时候不再处于包含两种状态的叠加态，而瞬间落入一种实在呢？

这个问题导致一个虚拟生物的命运前途未卜，无论它是死是活，都注定会名垂千古，它被称为"薛定谔的猫"：

> 我们甚至可以提出一些荒谬可笑的例子。假设有一只猫

---

[1] Einstein to Erwin Schrödinger, Aug. 8, 1935, AEA 22-49; Arthur Fine, "The Einstein-Podolsky-Rosen Argument in Quantum Theory," *Stanford Encyclopedia of Philosophy*, plato.stanford.edu/entries/qt-epr/. 法因发现了爱因斯坦与薛定谔的一些通信。Fine, Chapter 3.

[2] Erwin Schrödinger to Einstein, Aug. 19, 1935, AEA 22-51.

457 被关在一个铁笼子里,笼子里有一块很小的放射性物质放在盖革计数器里(必须确保猫不对计数器产生直接干扰)。由于放射性物质很小,或许每小时只有一个原子发生衰变,或许(等概率地)没有任何原子发生衰变;而原子的衰变可以被盖革计数器检测到,进而通过一个继电器释放重锤,击碎一个装有氢氰酸的小瓶子。这就是说,如果在一小时之内没有原子发生衰变,那么我们就可以说猫仍然活着。描述整个系统的 Ψ 函数将同时包含活猫和死猫(抱歉这种表述)的混合。[1]

爱因斯坦非常激动。"你的猫表明,在对当前理论特征的评价上,我们的看法完全一致,"他回信说,"包含活猫和死猫的 Ψ 函数不能算作对实际事态的描述。"[2]

薛定谔的猫引发了大量深浅不一的回应,直到现在仍在继续。在量子力学的哥本哈根解释中,一个系统在被观察时不再是态的叠加,而是瞬间落入某一实在,然而什么构成了这样一种观察,却并没有明确的规则。猫可能做观察者吗?一只跳蚤?一台计算机?一台机械记录装置?没有固定答案。不过我们的确知道,量子效应在我们可见的日常世界里一般观察不到,无论是猫还是跳蚤都是如此。因此,大多数量子力学的支持者都不会认为,在箱盖打开以前,薛定谔的猫既死又活地坐

---

[1] Erwin Schrödinger, The Present Situation in Quantum Mechanics, Nov. 29, 1935, www.tu-harburg.de/rzt/rzt/it/QM/cat.html.

[2] Einstein to Erwin Schrödinger, Sept. 4, 1935, AEA 22-53. 薛定谔的论文没有发表,但薛定谔在他 1935 年 8 月 19 日给爱因斯坦的信中谈了他的论证。

在箱子里。[1]

爱因斯坦对薛定谔的猫以及他本人1935年的火药思想实验能够揭示量子力学的不完备性从未失去信心。那只可怜的猫得以问世有他的一份功劳，但这一历史功绩没有得到应有的评价。事实上，他后来在一封信中错误地把炸死而不是毒死动物的两个思想实验归功于薛定谔。"当今的物理学家们认为，量子理论提供了一种对实在的描述，甚至是一种**完备的**描述，"爱因斯坦1950年写信给薛定谔，"然而，这种解释被你的'放射性原子+盖革计数器+放大器+填充的火药+箱子里的猫'这一系统巧妙地反驳了，该系统的 Ψ 函数同时包含了活猫和被炸成碎片的猫。"[2]

爱因斯坦的一些所谓的错误，比如给引力场方程加入宇宙学常数，往往比其他人的成功更让人感兴趣。他对玻尔和海森伯的质疑也是如此。事实上，那篇EPR论文并未成功表明量子力学是错误的。但后来的确很清楚，正如爱因斯坦所认为的，量子力学与我们对定域性的常识理解——我们对幽灵般的超距作用的厌恶——不相容。奇怪的是，爱因斯坦似乎远比他预想的要正确。

在EPR思想实验提出之后的若干年里，幽灵般的超距作用（即对一个粒子的观察可以瞬间影响远处的另一个粒子这种奇特的量子现象）和纠缠的思想越来越成为实验物理学家研究的对象。1951年，杰出的普林斯顿大学助理教授大卫·玻姆对这个EPR思想实验做了重新改造，涉及的对象是两个因相互作用而

---

[1] en.wikipedia.org/wiki/Schrodinger's_cat.
[2] Einstein to Erwin Schrödinger, Dec. 22, 1950, AEA 22−174.

飞离的带有相反"自旋"的粒子。[1] 1964年，在日内瓦欧洲核子中心工作的约翰·斯图尔特·贝尔撰写了一篇论文，提出了一种实验检验方法。[2]

贝尔对量子力学也不满意。"我并不认为它是错的，"他曾经说，"但我知道它不够健全。"[3] 加之对爱因斯坦的钦佩，他希望能够证明正确的是爱因斯坦而不是玻尔。然而到了20世纪80年代，法国物理学家阿斯派克特等人做了这个实验，结果表明定域性并非量子世界的特征。"幽灵般的超距作用"，或者更准确地说，远距离粒子潜在的纠缠才是其特征。[4]

即便如此，贝尔仍然很欣赏爱因斯坦的努力。"在这件事情上，我感到爱因斯坦的思想要远胜于玻尔，前者清晰地看到了需要什么，后者则是蒙昧主义者，两个人之间存在着巨大鸿沟，"他说，"所以对我而言，很遗憾爱因斯坦的想法并不管用，合理的东西没有奏效。"[5]

爱因斯坦1935年作为一种破坏量子力学的方法而提出来的量子纠缠思想，现在已经成为物理学中最不可思议的内容之一，因为它是如此与直觉相悖。然而，每年都有支持它的新证据出炉，公众对它的兴趣也与日俱增。比如2005年年底，《纽约时报》刊登了奥弗比撰写的一篇介绍性文章——《量子欺骗：检

---

[1] David Bohm and Basil Huey, Einstein and non-locality in the quantum theory, in Goldsmith et al., 47.

[2] John Stewart Bell, On the Einstein-Podolsky-Rosen Paradox, *Physics* 1, no. 1 (1964).

[3] Bernstein 1991, 20.

[4] 关于对玻姆和贝尔所做分析的解释，参见 Greene 2004, 99－115; Bernstein 1991, 76。

[5] Bernstein 1991, 76, 84.

第二十章 量子纠缠，1935

验爱因斯坦最奇特的理论》。在这篇文章中，康奈尔大学物理学家 N. 戴维·默敏称量子纠缠为"我们所拥有的最接近魔法的东西"。[1] 2006 年，《新科学家》刊发了一篇报道——《爱因斯坦"幽灵般的作用"呈现于芯片》，文章的开头是这样的：

> 一个简单的半导体芯片被用来产生纠缠光子对，这是实现量子计算机的重要步骤。纠缠是量子粒子的神秘现象，被爱因斯坦著名地称为"幽灵般的超距作用"。借助于纠缠，两个像光子这样的粒子不论相距多远，都会表现得像同一个。[2]

这种幽灵般的超距作用——某个粒子所发生的事情会瞬时在数十亿英里以外的粒子上反映出来——有可能打破光速限制吗？不会的，相对论似乎仍然有效。两个粒子虽然相距遥远，但仍然同属一个物理事物。通过观察其中一个粒子，我们可以影响它的属性，这会与对第二个粒子的观察发生关联，但这中间并没有传递信息和发出信号，传统的因果关系并不存在。我们可以通过思想实验表明，量子纠缠不能被用来瞬时发送信息。"简而言之，"物理学家格林说，"狭义相对论侥幸逃生。"[3]

在过去的几十年里，像盖尔曼和哈特尔这样一些理论家对量子力学的看法与"哥本哈根解释"有所不同，他们对 EPR 思想实验做了较为简单的解释。他们的解释乃是基于宇宙的各种可选

---

[1] *New York Times*, Dec. 27, 2005.
[2] *New Scientist*, Jan. 11, 2006.
[3] Greene 2004, 117.

择的历史，因其只遵循某些变量而忽略其余而被称为粗粒（coarse-grained）历史。这些"退相干的"历史形成了一个树状结构，其中每一选择在下一时刻又会分出不同选择，如此等等，以至无穷。

对于 EPR 思想实验而言，两个粒子中的某一个的位置是在历史的某一支上被测量的。由于两个粒子拥有共同起源，所以另一个粒子的位置也被确定了。在历史的另一支上，一个粒子的动量可以测量出来，另一个粒子的动量也可以被确定。违背经典物理学定律的事情在任何一支上都不会发生。关于一个粒子的信息**蕴含**着关于另一个粒子的相应信息，但对第一个粒子进行测量不会对第二个粒子产生任何影响，因此狭义相对论以及它对瞬时传播信息的禁令并没有受到威胁。量子力学的特殊之处在于不可能同时确定粒子的位置和动量，因此，如果位置和动量均被确定，那必定出现在历史的不同支上。[1]

---

[1] 在对量子力学的退相干历史表述中，粗粒是指各个历史之间互不干扰。如果 A 和 B 是相互排斥的历史，那么 A 或 B 的概率就是 A 的概率与 B 的概率之和。这些"退相干的"历史形成了一个树状结构，其中每一选择在下一时刻又会分出不同选择，如此等等，以至无穷。这种理论不像哥本哈根解释那样强调测量。考虑一块包含着发射 α 粒子的放射性杂质的云母，每一个射出的 α 粒子都会在云母中留下轨迹。这些轨迹是实在的，无论是物理学家或其他人看，还是老鼠或蟑螂看，都是如此。重要的是，这些轨迹与 α 粒子的发射方向相关联，可以**被用来测量**它。发射前，所有方向的可能性都是平权的，都对历史的一支有贡献。感谢盖尔曼对本节写作的帮助。亦参见 Gell-Mann，135－177；Murray Gell-Mann and James Hartle, Quantum Mechanics in the Light of Quantum Cosmology, in W. H. Zurek, ed., *Complexity*, *Entropy and the Physics of Information* (Reading, Mass Addison-Wesley, 1990), 425－459, and Equivalent Sets of Histories and Multiple Quasiclassical Realms, May 1996, www.arxiv.org/abs/gr-qc/9404013. 这种观点源自埃弗雷特 1957 年首先提出的多世界解释。

"物理学与实在"

爱因斯坦与玻尔-海森伯群体关于量子力学的基本争论不仅仅是关于上帝是否掷骰子，或者猫是否处于半死状态，它也并非仅仅是关于因果性、定域性甚或完备性。它关乎的是实在。[1] 实在是否存在？更加具体地说，独立于我们的观察谈论物理实在有意义吗？爱因斯坦指出，量子力学"问题的核心与其说是因果性问题，不如说是实在论问题"。[2]

玻尔及其支持者嘲笑这样一种观念，即认为超出我们的观察而谈论背后的东西是有意义的。我们所能知道的全部就是我们实

---

[1] 关于爱因斯坦和实在论的文献引人入胜。本节的写作有赖于参考文献中列出的唐·霍华德、霍尔顿、米勒和东恩的研究成果。

唐·霍华德指出，爱因斯坦从来不是真正的马赫主义者或科学实在论者，他的科学哲学多年来并没有发生太大变化。"在我看来，爱因斯坦从来不是一个热忱的'马赫式的'实证主义者或科学实在论者，至少不是 20 世纪末哲学话语意义上的'科学实在论者'。爱因斯坦期望科学理论能够有恰当的经验证明，但他并非实证主义者；他期望科学理论能够对物理实在做出解释，但他并非科学实在论者。而且他在这两方面的观点自始至终都没有发生什么变化。" Howard 2004。

而霍尔顿则认为，"爱因斯坦的科学哲学从以感觉论和经验论为核心渐渐变成了以理性实在论为核心……对于一个科学家来说，如此彻底地改变其哲学信念是罕见的"（Holton 1973, 219, 245）。亦参见 Anton Zeilinger, Einstein and Absolute Reality, in Brockman, 123："爱因斯坦并非只接受能够被观察所证实的概念，而是认为存在着一种先于观察和独立于观察的实在。"

法因在《不可靠的游戏》（*The Shaky Game*）一书中全方位地探讨了这个问题。他提出了他所谓的"自然本体论态度"，它既非实在论，亦非反实在论，而是"介于两者之间"。关于爱因斯坦，他说："我认为，爱因斯坦所谓的实在论有一个深刻的经验论内核，这使它成为一种更为名义上的'实在论'。" Fine, 130, 108。

[2] Einstein to Jerome Rothstein May 22, 1950, AEA 22—54。

验和观察的结果，而不是超出我们知觉之外的某种终极实在。

1905年，爱因斯坦曾经表现过类似的态度，那时他正在阅读休谟和马赫的著作，反对像绝对空间和绝对时间这样的不可观察的概念。"那时我的思维方式比后来更接近于实证主义，"他回忆说，"只有在提出广义相对论之后，我才远离了实证主义。"[1]

从那时起，爱因斯坦愈发认为存在着一种古典意义上的客观实在。尽管他前后期的思想存在着某些相通之处，但他坦言，至少在其本人看来，他的实在论代表着一种对他早期马赫主义经验论的偏离。他说："这一信条并不符合我年轻时的观点。"[2]正如历史学家霍尔顿所指出的："对于一个科学家来说，如此彻底地改变其哲学信念是罕见的。"[3]

爱因斯坦的实在论概念包含三个要点：

1. 相信实在独立于我们的对它的观察而存在。正如他在自述中所说："物理学试图从概念把握实在，至于实在是否被观察，则被认为是无关的。人们就是在这种意义上谈论'物理实在'的。"[4]

2. 相信可分离性和定域性。换句话说，物体位于时空中的某些点，可分离性对这些点做出了规定。"如果人们不再

---

[1] Einstein to Donald Mackay, Apr. 26, 1948, AEA 17-9.
[2] Einstein 1949b, 11.
[3] Gerald Holton, Mach, Einstein and the Search for Reality, in Holton 1973, 245. 米勒不同意霍尔顿的某些解释。他强调，爱因斯坦的观点是，某种东西要想成为实在的，必须在**原则上**可以测量，即使并不真的去测量，他满足于用思想实验去"测量"某种东西。Miller 1981, 186.
[4] Einstein 1949b, 81.

假定存在于空间不同部分中的东西都有其自身独立的、实际的存在，那么我简直看不出物理学应当描述什么。"他写信给玻恩。[1]

3. 相信严格的因果性，它蕴含着确定性和古典决定论。在他看来，无论是认为概率在实在中扮演着角色，还是认为我们的观察可以使这些概率坍缩，都让人无法接受。"包括我本人在内的一些物理学家都不相信，"他说，"自然界中的事件竟会如同碰运气的赌博。"[2]

可以设想这样一种实在论，它只包含这三个方面中的两点甚或一点，有时爱因斯坦会考虑这样一种可能性。虽然学者们曾经讨论过这三点中的哪一点对于他的思考最为基本，[3]但爱因斯坦一直希望和相信所有这三个方面能够合而为一。正如他晚年在给克利夫兰的一所医学院所做的讲演中所说："所有概念都应当能够导向空间和时间中的物体，导向这些物体所遵从的定律关系。"[4]

这种实在论的核心是一种近乎宗教的，或许也是孩童般的敬畏：我们的所有感官知觉——我们每时每刻都在体验着的视觉和听觉——符合一定的样式，遵从一定的规则，而且有意义。我

---

[1] Einstein to Max Born, comments on a paper, Mar. 18, 1948, in Born 2005, 161.

[2] Einstein, The Fundamentals of Theoretical Physics, *Science*, May 24, 1940; Einstein 1954, 334.

[3] 例如，法因指出："因果性和不依赖于观察者是爱因斯坦实在论的**首要**特征，而空间/时间表示则是重要但**次要**的特征。" Fine, 103.

[4] Einstein, Physics, Philosophy and Scientific Progress, *Journal of the International College of Surgeons* 14 (1950), AEA 1-163; Fine, 98.

们会想当然接受由这些知觉所共同拼合成的外在物体，当这些物体的行为似乎受到某些定律的支配时，我们并不感到惊讶。

然而，就像小时候第一次见到罗盘时感到敬畏一样，爱因斯坦对于知觉遵从一定的规则而不是杂乱无章也感到敬畏。对宇宙的这种令人惊讶的、出人意料的可理解性感到敬畏是其实在论的基础，也是他所谓的宗教信念的决定性特征。

他在1936年的文章《物理学与实在》中表达了这一点，这时他已经同量子力学进行过较量，为实在论做了辩护。"借助于思维，我们的全部感觉经验就能够整理出秩序来，这是一个令我们敬畏的事实，"他写道，"世界的永恒秘密就在于它的可理解性……它是可理解的这件事，是一个奇迹。"[1]

老友索洛文（在奥林匹亚科学院的日子里，爱因斯坦曾与他读过休谟和马赫的著作）后来告诉爱因斯坦，他觉得爱因斯坦认为世界的可理解性是"一个奇迹或永恒秘密"很"奇怪"。爱因斯坦反驳说，按常理而言，认为世界不可理解才更符合逻辑。"毕竟，人们会先验地料想一个混乱无序的世界，一个为我们的心灵所无法把握的世界，"他写道，"在这一点上，实证主义者和职业无神论者的弱点暴露无遗。"[2] 当然，爱因斯坦既非实证主义者，亦非无神论者。

对爱因斯坦而言，认为存在着一种背后的实在，这种信念

---

[1] Einstein, Physics and Reality, *Journal of the Franklin Institute*（Mar. 1936），in Einstein 1954，292. 霍尔顿说，这句话更恰当的译法应为："这个世界永远不可理解的事情是它的可理解性。" 参见 Holton, "What Precisely Is Thinking?" in French, 161.

[2] Einstein to Maurice Solovine, Mar. 30, 1952, in Solovine, 131（not in AEA）.

有一种宗教感。索洛文对此感到不满，他写信说他对这样的说法有一种"厌恶"。爱因斯坦不同意他的看法。"我找不到一个比'宗教的'这个词更好的词汇来表达这种对实在的理性本质的信念，即实在在一定程度上是可以为人的理性所把握的。如果这种感情缺失了，科学就会蜕变为肤浅的经验论。"[1]

爱因斯坦知道，年轻一辈把他看成一个孤陋寡闻的保守派，固守着陈旧的经典物理学的确定性，因而受到蒙蔽。"即使量子理论最初所取得的巨大成功也不能使我相信〔大自然〕从根本上是一种骰子游戏，"他对老友玻恩说，"尽管我很清楚，我们的年轻同事会把这解释为衰老的后果。"[2]

对爱因斯坦怀有深挚感情的玻恩同意年轻人的看法，认为爱因斯坦已经变得与反对他的相对论的上一代物理学家同样"保守"，"他再也无法接受与他本人坚守的哲学信念相左的某些新的物理学思想"。[3]

但爱因斯坦认为自己并非保守派，而（再次）是一个反叛者，一个不循规蹈矩者，他能够热情而顽强地抵御流行的时尚。"对于把自然界看作**客观实在**的观点，现在人们认为这是一种过时的偏见，而认为量子理论家们的观点是天经地义的，"他1938年对索洛文说，"每个时代都有它时髦的东西，而大多数人从来看不见统治他们的暴君。"[4]

---

［1］Einstein to Maurice Solovine, Jan. 1, 1951, in Solovine, 119.
［2］Einstein to Max Born, Sept. 7, 1944, in Born 2005, 146, and AEA 8-207.
［3］Born 2005, 69. 他把爱因斯坦列为"无法从流行的哲学偏见中解放出来的保守的人"。
［4］Einstein to Maurice Solovine, Apr. 10, 1938, in Solovine, 85.

爱因斯坦在1938年与人合著的物理学史教科书《物理学的进化》中强调了他的实在论进路。这本书说，自古以来，对一种"客观实在"的信念已经造就了伟大的科学进展，这就证明它是一种有用的概念，即使得不到证明。"如果不相信有可能用我们的理论建构来把握实在，不相信我们世界的内在和谐，那么就不可能有科学，"这本书宣称，"不论是现在还是将来，这种信念都将是一切科学创造的基本动机。"[1]

此外，面对量子力学的进展，爱因斯坦还用这本书来捍卫场论的用处。最好的办法就是不把粒子看成独立的对象，而是看成场本身的一种特殊显现：

> 把实物和场当成两种截然不同的性质是不合理的。我们能否放弃物质概念而建立起一种纯粹的场物理学呢？我们可以把物质看作是空间中场特别强的一些区域。按照这种观点，掷出的石块就是一个变化的场，在其中场强最大的状态以石块的速度穿过空间。[2]

爱因斯坦与人合写这本教科书还有第三个更加私人的原因：帮助一个从波兰逃出来的犹太人英菲尔德，他曾在剑桥与玻恩合作过一段时间，然后到了普林斯顿。[3] 英菲尔德最初与霍夫曼一起研究相对论，他提出他们可以向爱因斯坦毛遂自荐。"看看他是否想让我们与他共事。"英菲尔德建议。

---

[1] Einstein and Infeld, 296.
[2] Einstein and Infeld, 241.
[3] Born 2005, 118, 122.

第二十章　量子纠缠，1935

爱因斯坦很高兴。"像推导方程这样的苦差事都由我们来干，"霍夫曼回忆说，"我们向爱因斯坦报告结果，然后开始讨论。有时他的想法异乎寻常，显得很古怪。"[1] 通过与英菲尔德和霍夫曼合作，爱因斯坦1937年用优雅的方式更为简洁地解释了行星和其他大质量物体的运动。

然而，他们关于统一场论的工作却从未变得明朗。有时的情况让人灰心，英菲尔德和霍夫曼变得十分沮丧。"但爱因斯坦从未失去勇气，其独创性也不曾辜负过他，"霍夫曼回忆说，"每当讨论陷入僵局，爱因斯坦总是用他那蹩脚的英语说一声，'让我想想（I will a little think）。'"他德语口音很重，think 中的 th 音发不准。屋子里安静下来，爱因斯坦会走来走去或者绕着圈子，不停地捻着一绺他那灰白的长发。"他的脸上浮现出一种梦幻般的、悠远而沉静的神色，没有显出一丝紧张和不安。"时间一分分地过去了，忽然，爱因斯坦似乎又回到了这个世界，"他脸上浮起一丝微笑，给出了问题的答案"。[2]

爱因斯坦对英菲尔德的帮助很满意，他试图劝说弗莱克斯纳在研究院给英菲尔德安排一个职位，但遭到拒绝。研究院已经勉强雇用了沃尔特·迈尔，这已经让弗莱克斯纳大为光火了。为了给英菲尔德争取区区 600 美元的生活补贴，爱因斯坦甚至还亲自去找了学校董事会（他很少这样做），但没有奏效。[3]

于是，英菲尔德想出了一个主意，如果与爱因斯坦合写一本物理学史，那么肯定能取得成功，版税平分即可。当他找到

---

[1] Brian 1996, 289.
[2] Hoffmann 1972, 231.
[3] Regis, 35.

爱因斯坦表明自己的想法时，英菲尔德变得异常吞吞吐吐，但最后还是说出了他的请求。"这主意不错，很不错呢！"爱因斯坦说，"我们来干吧。"[1]

1937年4月，本传记的出版公司的创始人理查德·西蒙和马克斯·舒斯特驱车来到普林斯顿，到爱因斯坦的家来争取版权。善于交际的舒斯特试图用幽默来使爱因斯坦就范。他说，他发现了某种比光速跑得还快的东西——"一位女士到巴黎购物的速度"。[2]爱因斯坦乐了，至少据舒斯特回忆是这样。无论如何，这次来访达到了目的。《物理学的进化》现在已经印刷了44版，它不仅宣扬了场论所扮演的角色和对客观实在性的信念，还使英菲尔德（以及爱因斯坦）在经济上更有保障。

英菲尔德可谓知恩图报。他后来称爱因斯坦"也许是自古以来最伟大的科学家和最善良的人"，并且在其导师健在时就写了一篇充满溢美之词的传记，赞扬爱因斯坦在探索统一理论时能够藐视传统思想。"多年来，他固执地紧随一个问题，固执地一再回到这个问题——这正是爱因斯坦天才的典型特征。"他写道。[3]

反潮流

英菲尔德说的对吗？固执是爱因斯坦天才的典型特征吗？在某种程度上，他一直被这个特点所护佑，特别是在探索广义

---

[1] Leopold Infeld, *Quest*, (New York: Chelsea, 1980), 309.
[2] Brian 1996, 303.
[3] Infeld, introduction to the 1960 edition of Einstein and Infeld; Infeld, 112-114.

相对论的漫长而孤独的征程中。从上中学时起，他就有意逆潮流而动，藐视权威。所有这些在他探索统一理论的过程中表现得很明显。

然而，尽管他不止一次说过，对经验数据的分析对于构建他的伟大理论起的作用很小，但他有一种直觉，能够基于当前的实验和观察，从大自然中攫取洞见和原理，这种能力一直使他受益良多。这一特征现在变得不那么明显了。

到了20世纪30年代末，他对新的实验发现愈发不闻不问。随着弱核力和强核力这两种新的力被发现，需要完成的不是引力与电磁力的统一，而是更大的统一。"爱因斯坦没有理会这些新的力，尽管它们和另外两种知道时间更长的力同样基本，"他的朋友派斯回忆说，"他继续着以前的研究，试图将引力与电磁力统一起来。"[1]

不仅如此，从20世纪30年代起，一系列新的基本粒子陆续被发现，目前已多达百十种，其中既有像光子和胶子这样的玻色子，也有像电子、正电子、上夸克、下夸克这样的费米子，林林总总，不一而足。对于爱因斯坦统一万物的目标来说，这并不是好兆头。1940年加盟研究院的泡利嘲弄了他徒劳的探索："神所分开的，人还是不要拼合吧。"[2]

爱因斯坦也感到这些新发现隐隐使人不安，但他还是心安理得地不去过分强调它们。"我从这些伟大发现中只能获得些许的愉快，因为目前它们似乎并不利于我对基础的理解，"他写信给

---

[1] Pais 1982, 23.

[2] Vladimir Pavlovich Vizgin, *Unified Field Theories in the First Third of the 20th Century* (Basel：Birkhäuser, 1994), 218. Matthew 19：6："所以神所配合的，人不可分开。"

劳厄,"奇怪的是,我并没有放弃希望,但我觉得自己就像一个得不到入门诀窍的孩子。毕竟,在这里与我们打交道的是斯芬克斯(sphinx)[1],而不是自愿的拉客妓女。"[2]

于是,爱因斯坦逆潮流而动,不断退回到过去。他意识到,沿这条孤独的道路行进很奢侈,对于那些仍在建功立业的年轻物理学家来说,这可能过于冒险了。[3]但正如事实所表明的,通常总会有至少两三位年轻物理学家被爱因斯坦的光环所吸引,希望同他合作,即使大多数物理学家都认为,他对统一场论的探索是不切实际的空想。

年轻的助手恩斯特·施特劳斯还记得与爱因斯坦合作的经历,当时所采取的方案爱因斯坦已经研究了近两年。一天晚上,施特劳斯失望地发现,他们的方程导出了一些明显的错误。第二天,他和爱因斯坦从各个角度研究了这个问题,但仍然没能避免这个令人失望的结果。那天他们早早回家了。施特劳斯灰心丧气,认为爱因斯坦只会心情更糟。但让他没想到的是,爱因斯坦第二天和往常一样热情和兴奋,他又提出了一种新的方案。"我们又开始了一种全新的理论,经过半年的工作又被扔进了垃圾堆,而哀悼它的时间并不比它的前身更久。"施特劳斯回忆说。[4]

---

[1] 斯芬克斯:古代希腊神话中带翼的狮身女怪,传说常叫过路行人猜谜,猜不出者即遭杀害。——译者注

[2] Einstein to Max von Laue, Mar. 23, 1934, AEA 16-101.

[3] Whitrow, xii:"爱因斯坦也认为成功的机会非常渺茫,但必须尝试一下。他本人已经确立了名声,职位有了保证,所以担得起失败的危险。而一个正在建功立业的年轻人却经不起这样的风险,因为他很可能会为此而失去一个好的职业,所以爱因斯坦觉得他有义务做这件事。"

[4] Hoffmann 1972, 227.

第二十章 量子纠缠，1935

爱因斯坦的探索一直被他的一种直觉所驱动，那就是：数学简单性是大自然的一个特征，他虽然在看到数学简单性时能够知道它，但从来没能将它定义清楚。[1] 每当有特别优美的公式出现时，他就会高兴地对施特劳斯说："上帝不可能放过如此简洁的东西。"

热情洋溢的信仍然陆陆续续从普林斯顿发出，通报他与量子理论家交战的最新进展。量子理论家们似乎迷上了概率，不愿相信有什么背后的实在。"我正在与我的年轻同事共同研究一种极为有趣的理论，我希望能够借此击败迷信神秘主义和概率的现代人，打消他们对物理学领域中实在概念的厌恶。" 他1938年写信给索洛文。[2]

类似地，关于各种突破的报道也继续从普林斯顿传出。"阿尔伯特·爱因斯坦博士，宇宙阿尔卑斯山的攀登者，正在一座人迹罕至的数学高峰之上翱翔，说他已经看到了空间和物质结构的一种新样式。" 著名的《纽约时报》科学记者威廉·劳伦斯在1935年的一篇头版文章中报道说。而在1939年的一篇头版文章中，同一位作者又在同一份报纸上报道说："从无限广袤的空间中的恒星和星系到无限小的原子内部的秘密，在对能够解释整个宇宙机制的定律做了20年不懈探索之后，阿尔伯特·爱因斯坦今天透露，他最终看到了他所希冀的那块'知识的应许之地'，

---

[1] Arthur I. Miller, A Thing of Beuaty, *New Scientist*, Feb. 4, 2006.

[2] Einstein to Maurice Solovine, June 27, 1938. 亦参见 Einstein to Maurice Solovine Dec. 23, 1938, AEA 21-236："我偶然发现了一个绝妙的问题，我正在与两位年轻同事热情研究。它使我们有可能摧毁我一直无法容忍的物理学的统计基础。这种对广义相对论的拓展具有相当的逻辑简单性。"

那里可能保有解决创世之谜的最重要的钥匙。"[1]

爱因斯坦年少时所取得的成功部分来自于他的一种本能，使之能够发现背后的物理实在。他能够直觉地感受到一切运动的相对性的含义，光速的恒定性以及引力质量与惯性质量的等效。由此他可以基于对物理学的感受去构造理论。然而到了后来，他变得愈发信赖那些脱离物理直觉的数学形式描述，因为正是凭借着这种方法，他才最终完成了广义相对论场方程。

如今，在探索统一理论的过程中，似乎有许多数学形式描述，但极少有基本的物理洞见在指导他。"在早先探索广义相对论时，爱因斯坦曾经受他的引力与加速等效的原理所指引，"在普林斯顿与爱因斯坦合作的霍夫曼说，"然而，可能导出统一场论的指导性原则在哪里？没有人知道。甚至爱因斯坦也不知道。因此，这项工作与其说是探索，不如说是在没有被物理直觉照亮的黑暗的数学丛林中摸索。"杰里米·伯恩斯坦后来说，这"就像是在不考虑物理学的情况下，对数学公式进行近乎随意的排列组合"。[2]

又过了一段时间，乐观的报道和信件不再从普林斯顿传出，爱因斯坦公开承认他至少在目前还处于困难境地。"我没有这么乐观。"他对《纽约时报》说。多年来，对于爱因斯坦所声称的统一理论的每一次突破，《纽约时报》都会做重点报道，但现在它的大标题说："宇宙之谜难住了爱因斯坦。"

然而，爱因斯坦说他仍然无法"接受这样一种看法，即大

---

[1] William Laurence, Einstein in Vast New Theory Links Atoms and Stars in Unified System, *New York Times*, July 5, 1935; William Laurence, Einstein Sees Key to Universe Near, *New York Times*, Mar. 14, 1939.

[2] Hoffmann 1972, 227; Bernstein 1991, 157.

自然中的事件如同一场碰运气的赌博"，因此，他发誓继续进行探索。即使失败，他也觉得这种努力是有意义的。"每个人都可以自由选择他的努力方向，"他解释说，"每个人都可以从这句名言中感到安慰：探索真理比对它的占有更宝贵。"[1]

在爱因斯坦60岁生日前后，即1939年初春，玻尔来到普林斯顿做两个月访问。爱因斯坦对他的老朋友和争论伙伴仍然有些疏远。他们在招待会上见过几次面，做了短暂的交谈，但并未就有关量子奇异性的思想实验重新进行交锋。

爱因斯坦在这一时期只做了一次讲演，玻尔出席了。他在讲演中谈到了他对统一场论的最新尝试。最后，爱因斯坦把目光转向玻尔，说他长期以来一直试图以这样一种时尚来解释量子力学。但他明确说自己不想再就这个问题继续讨论下去。"玻尔对此深感不快。"他的助手回忆说。[2]

玻尔带来了一些与爱因斯坦发现的质能关系 $E=mc^2$ 有关的科学新闻。在柏林，奥托·哈恩和弗里茨·施特拉斯曼已经通过中子轰击重铀的方法得到了一些有趣的实验结果。这些结果被送到了他们以前的同事迈特纳那里，她刚刚逃到瑞典，因为她是半个犹太人。她转而告诉了她的侄子奥托·弗里施，他们的结论是，原子裂开了，产生了两个较轻的原子核，少量丢失的质量变成了能量。

在证实了这些被他们称为"裂变"的结果之后，弗里施将它们告诉了正准备启程赴美的玻尔。1939年1月底，玻尔一到

---

[1] William Laurence, Einstein Baffled by Cosmos Riddle, *New York Times*, May 16, 1940.

[2] Fölsing, 704.

普林斯顿，就在物理学家的每周聚会（被称为"周一晚间俱乐部"）上讲述了这种新发现。一连数日，这些结果被不断重复，研究者们开始撰写论述这一过程的论文，玻尔和一位还没有获得终身职位的年轻物理学教授惠勒也合写了一篇。

爱因斯坦向来对控制原子的能量或释放由 $E=mc^2$ 蕴含的能量心存疑虑。在1934年访问匹兹堡时，他被问及释放原子能量的可能性，他回答说："通过轰击使原子裂开就像在鸟儿稀少的漆黑之地打鸟。"《匹兹堡邮报》头版的大标题称："爱因斯坦使原子能的希望破灭／释放巨大能量的尝试被指徒劳／著名科学家如是说。"[1]

随着1939年初的消息被披露，轰击原子核使之产生裂变显然很可能会成为现实，爱因斯坦需要再次面对这个问题。那年3月，在为他60岁生日所做的一次采访中，他被问及这对人类是否有用处。"迄今为止，关于原子裂变所获得的成果尚不能表明，在这一过程中所释放出来的原子能量能够实际加以利用。"他回答。然而，他又意味深长地补充说："几乎不可能有哪位物理学家会如此缺乏理智上的好奇，以至于仅仅因为以前的实验没有得到理想的结果而冷落这一极为重要的课题。"[2]

又过了四个月，他的兴趣的确快速增长了。

---

[1] *Pittsburgh Post-Gazette*, Dec. 29, 1934.
[2] William Laurence, Einstein Sees Key to Universe Near, *New York Times*, Mar. 14, 1939.

第二十一章 原子弹,
1939—1945

与西拉德再现 1939 年的会面, 1946 年

书信

西拉德是匈牙利物理学家, 颇有魅力, 但稍显古怪。他是爱因斯坦的老朋友。20 世纪 20 年代, 他们曾在柏林共同设计

过一种新型冰箱。虽然获得了专利，但销售并不是很好。[1]从纳粹的魔掌逃出之后，西拉德先是去了英国，然后来到纽约，在哥伦比亚大学研究如何产生核链式反应。几年前，他在伦敦等红灯时曾经设想过链式反应的思想。当他听说铀裂变的消息之后，他意识到可以用铀元素来实现这种具有潜在爆炸威力的链式反应。

西拉德与好友维格纳（一位来自布达佩斯的流亡物理学家）讨论了这种可能性，他们担心德国人可能会从当时的比利时殖民地刚果将铀买断。但他们两个美国的匈牙利难民如何才能通知比利时人呢？接着西拉德想到，爱因斯坦刚巧是比利时王后的朋友。

1939年夏天，爱因斯坦在长岛东部北支租了一栋别墅，与长岛南支汉普顿（Hamptons）的村镇跨匹克尼克湾（Great Peconic Bay）遥遥相望。在那里，他驾驶小艇"提奈夫"，在百货商店购买便鞋，和店主一起演奏巴赫。[2]

"我们知道爱因斯坦住在长岛的某个地方，但不知道确切位置。"西拉德回忆说。他给爱因斯坦在普林斯顿的办公室打电话，得知他此时正租住在匹克尼克（Peconic）村摩尔博士的房子。1939年7月16日，星期日，维格纳开车带西拉德开始了

---

[1] FBI interview with Einstein regarding Leó Szilárd, Nov. 1, 1940, obtained by Gene Dannen under the Freedom of Information Act, www.dannen.com/einstein.html. 具有讽刺意味的是，由于爱因斯坦本人已经被拒绝给予安全特许，联邦调查局与爱因斯坦进行了广泛而友好的会谈，以检验西拉德是否值得给予这种特许。亦参见 Gene Dannen, The Einstein-Szilárd Refrigerators, *Scientific American* (Jan. 1997).

[2] Recollections of Chuck Rothman, son of David Rothman, www.sff.net/people/rothman/einstein.htm.

他们的使命（西拉德和爱因斯坦都不开车）。

然而到达后，他们没有找到那所房子，而且似乎没有人知道摩尔博士是谁。正当他们准备放弃时，西拉德看见一个小男孩站在路边。"你知道爱因斯坦教授在哪儿住吗？"小男孩点了点头。对于镇上的大多数人来说，即使不知道摩尔博士是谁，也肯定知道爱因斯坦住在哪里。他带他们来到了老林路（Old Grove Road）尽头附近的一栋别墅，爱因斯坦正在那里沉思冥想。[1]

小别墅没有怎么布置，阳台上有一张木桌，上面没有放东西。西拉德坐在桌旁，向爱因斯坦解释了由核裂变释放出来的中子如何能够使铀石墨堆发生爆炸性的链式反应。"我从未想到这一点！"爱因斯坦插话说。他问了几个问题，对整个过程仔细考虑了15分钟，很快就领会了它的内涵。爱因斯坦建议，不用写信给王后，也许可以给他认识的一位比利时部长写信。

维格纳不无道理地指出，如果他们三个难民不与国务院商议，就给一个外国政府写信谈论秘密的安全事务，恐怕有所不妥。在这种情况下，也许恰当的做法是让爱因斯坦给比利时大使写一封信，再给国务院写一封附信，因为爱因斯坦是他们中间唯一可能受到重视的人。就这样，爱因斯坦用德语口述了一份草稿。维格纳对它做了翻译，交由秘书打印出来，然后交给了西拉德。[2]

几天以后，经过朋友的安排，西拉德见到了亚历山大·萨克斯。萨克斯是雷曼兄弟公司的经济学家，也是罗斯福总统的

---

[1] Weart and Szilard 1978，83—96；Brian 1996，316.
[2] Rhodes，304—308给出了权威的叙述。

朋友。他比三位理论物理学家多了个心眼，坚持应当直接把这封信交到白宫，并提出亲自去交。

这虽然是西拉德与萨克斯的第一次会面，但其大胆的计划还是很吸引西拉德。"这样做不会有任何害处。"西拉德写信给爱因斯坦。要对这封信做出修改，他们应当电话交谈呢，还是亲自面谈？爱因斯坦回复说，他应当再来长岛。

那时维格纳已经去加利福尼亚访问了，所以西拉德又从匈牙利裔的理论物理学家难民中拉了朋友泰勒兼做司机和科学共犯。[1]"我相信他的建议很有价值，我想您也许会愿意认识他，"西拉德对爱因斯坦说，"他人非常好。"[2]另外一个好处是，泰勒开着一辆1935年制造的大普利茅斯汽车。就这样，西拉德又一次前往长岛。

西拉德带来了两周前写的原始草稿，但爱因斯坦意识到，这封信的意义远比让比利时的部长提防刚果的铀输出重要得多。这位世界上最著名的科学家正要告诉美国总统，他应当开始留意一种能够将能量从原子中释放出来的武器，其威力几乎无法想象。"爱因斯坦用德语口述了一封信，"西拉德回忆说，"泰勒负

---

[1] 参见 Kati Marton, *The Great Escape：Nine Hungarians Who Fled Hitler and Changed the World*（New York：Simon & Schuster, 2006）。

[2] Leó Szilárd to Einstein, July 19, 1939, AEA 76－532.

责记录，我依照这篇德语文本草拟了两封致总统的信。"[1]

根据泰勒的记录，爱因斯坦口述的稿子不仅提出了刚果的铀问题，而且说明了链式反应的可能性，暗示一种新型的炸弹可能会被研制出来。他敦促总统与物理学家们进行正式接触，对这一问题进行研究。西拉德寄给爱因斯坦两封信，一封45行，一封25行，所署日期均为1939年8月2日，让爱因斯坦选出最喜欢的一封。爱因斯坦在两封信上都签了名，不过笔迹潦草，没有使用手写花体。[2]

最终送到罗斯福那里的是那封较长的信，以下是它的部分内容：

阁下：

我从费米和西拉德的手稿里，知道了他们最近的工作，使我预感在不久的将来，铀元素可能会变成一种重要的新能源。这一情况的某些方面似乎需要加以密切注意，如有必要，政府方面还应迅速采取行动。因此，我认为我有责任请

---

[1] 一些流行的说法暗示，爱因斯坦仅仅在西拉德所撰写并带来的一封信上签了名。于是，泰勒1969年对作家克拉克说，爱因斯坦在西拉德和泰勒那天带来的一封信上签了名，"几乎未作评论"。参见 Clark, 673. 然而，这与西拉德本人对那天的详细记述以及泰勒那天做的笔录相矛盾。笔录以及爱因斯坦用德语口述的新信重印于 Nathan and Norden, 293. 爱因斯坦口述的信的确基于西拉德那天带来的一份草稿，但那是对爱因斯坦两周前口述的信的翻译。一些论述，包括爱因斯坦本人后来偶尔所做的评论，都试图将他所起的作用最小化，说他只是在别人写的信上签了字。但事实上，即使是西拉德推动和促成了那些讨论，爱因斯坦也完全参与了他独自签名的信的写作。

[2] Einstein to Franklin Roosevelt, Aug. 2, 1939. 较长的信藏于纽约海德公园的富兰克林·罗斯福档案馆（AEA 33-143是一副本），较短的信藏于加州大学圣地亚哥分校的西拉德档案馆。

您注意以下情况和建议：

……在大量的铀中建立起原子核的链式反应会成为可能，由此会产生大量的能量和大量像镭一样的新元素。现在看来，几乎可以肯定，这件事在不久的将来就能做到。

这种新现象也可用来制造炸弹，并且能够设想——尽管还很不确定——由此可以制造出极有威力的新型炸弹来。只要一颗这种类型的炸弹，用船运出去，并且使之在港口爆炸，很可能就会把整个港口连同它周围的一些区域一起毁掉……

鉴于这种情况，您也许会认为，让政府与那批在美国从事链式反应工作的物理学家经常进行接触是可取的。

信的最后警告说，德国科学家可能正在研制一种炸弹。虽然信已写好，也签了名，但谁最适合将它送到罗斯福总统手中呢？爱因斯坦对萨克斯不太有把握。他们当时考虑的是财政家伯纳德·巴鲁克和麻省理工学院院长卡尔·康普顿。

更让人吃惊的是，西拉德在寄回信件打字稿时，建议让查尔斯·林白当中间人。12年前，林白曾独自驾驶飞机横越大西洋，并因此而一举成名。显然，这三名犹太难民都不知道，这位飞行员在德国住了多年，前一年还被纳粹头子戈林授予了国家荣誉勋章，正在成为一名孤立主义者和罗斯福的对手。

几年前，爱因斯坦曾在纽约与林白有过一面之缘，所以他在把签名信寄给西拉德时还附了一张介绍信。"我想请你见一下我的朋友西拉德博士，认真考虑考虑他的话，"爱因斯坦写信给林白，"在科学领域之外的人听来，他要说的事也许显得有些离奇，但你一定会认识到有这样一种可能性，必须为了公共利

第二十一章 原子弹，1939—1945

益而密切注意。"[1]

林白没有回应，于是西拉德9月13日又给他写了一封信进行提醒，再次请求见面。两天后，林白做了一次全国性的广播讲话，这时他们才意识到自己是多么愚蠢。林白在讲话中对孤立主义表示明确支持。"这个国家的命运并不要求我们卷入欧洲战争。"林白说。他不仅同情和支持德国，甚至还就犹太人拥有媒体发表了一些反犹言论。"我们必须追问谁拥有和影响着新闻报纸、新闻图片和广播电台，"他说，"假如我们的人民掌握了真相，我们的国家就不大可能参战。"[2]

西拉德在给爱因斯坦的下一封信中明确写道："林白不是我们的人。"[3]

他们现在把希望寄托在萨克斯身上，他已经拿到了正式的交给罗斯福的爱因斯坦签名信。虽然这封信极为重要，但萨克斯几乎有两个月都没能找到递交的机会。

随着形势的发展，这封重要信件已经变得愈发紧急。1939年8月底，纳粹与苏联签订战争联盟条约，进而瓜分了波兰，举世为之震惊。英法不得不向其宣战，第二次世界大战由此爆发。美国暂时还保持中立，至少是没有宣战。然而，美国的确开始重整军备，研发一切必要的新武器，以备未来之需。

---

[1] Clark 676；Einstein to Leó Szilárd, Aug. 2, 1939, AEA 39－465；Szilárd to Einstein, Aug. 9, 1939, AEA 39－467；Leó Szilárd to Charles Lindbergh, Aug. 14, 1939, Szilárd papers, University of California San Diego, box 12, folder 5.

[2] Charles Lindbergh, America and European Wars, speech, Sept. 15, 1939, www.charleslindbergh.com/pdf/9_15_39.pdf.

[3] Leó Szilárd to Einstein, Sept. 27, 1939, AEA 39－471. 林白后来不记得收到过西拉德的任何来信。

9月底，西拉德拜访萨克斯时，惊恐地发现他仍然未能与罗斯福约好见面时间。"萨克斯很有可能帮不了我们什么忙，"西拉德写信给爱因斯坦，"维格纳和我决定再给他十天时间。"[1] 萨克斯勉强赶上了最后期限。10月11日，星期三下午，他被领进椭圆形办公室，手里拿着爱因斯坦的信、西拉德的备忘录以及他本人写的一份800字的概要。

总统对他表示欢迎："萨克斯，有什么事吗？"

萨克斯可能比较健谈（这也许就是为什么总统副手很难为他约时间的原因），他往往会跟总统讲寓言。这次是关于一个发明家的故事。这位发明家告诉拿破仑，他要为其建造一种新型轮船，可以不用帆而用蒸汽。拿破仑觉得他疯了。萨克斯接着说，那位发明家就是罗伯特·富尔顿，这就是教训，皇帝本该听他的话。[2]

罗斯福听后给一位副官写了张便条，副官急匆匆地离开了，没过多久拿回了一瓶很有年头的拿破仑白兰地。罗斯福说这瓶酒暂时存放在他家。随后，他倒了两杯酒。

萨克斯担心，如果他把备忘录和信留给罗斯福，很可能随便扫一眼就被搁在一边。他觉得唯一可靠的办法就是将它们大声读出来，于是便站在总统办公桌前，将他对爱因斯坦信件的总结、西拉德备忘录的部分内容以及从各种历史文件中挑选的内容统统读了一遍。

"萨克斯，你是希望纳粹不会把我们炸掉。"总统说。

---

[1] Leó Szilárd to Einstein, Oct. 3, 1939, AEA 39-473.

[2] Moore, 268. 拿破仑的故事显然是萨克斯或别人断章取义的产物，因为富尔顿的确为拿破仑造过船，包括一种不成功的潜水艇；参见 Kirkpatrick Sale, *The Fire of His Genius*（New York：Free Press, 2001), 68-73.

"完全正确。" 萨克斯回答。

罗斯福打电话给私人助理。"我们需要行动。" 他宣布。[1]

当天晚上成立了一个由国家物理实验室度量衡局局长莱曼·布里格斯负责协调的专门委员会，还制订了计划。1939年10月21日，它在华盛顿举行了第一次非正式会议。爱因斯坦没有出席，也不想出席。他既不是核物理学家，也不喜欢亲近政治或军事领导人。但三位匈牙利难民西拉德、维格纳和泰勒出席了会议。

过了一周，爱因斯坦收到了总统写来的一封感谢信，信写得礼貌而正式。"我已经召集了一个委员会来认真研究您关于铀元素的建议是否可行。" 罗斯福写道。[2]

原子弹工程进展缓慢。在接下来的几个月里，罗斯福政府只批准了6000美元来进行石墨和铀实验。西拉德开始有些沉不住气了。他愈发相信链式反应是可行的，难民同胞们关于德国活动的报道使他更加忧虑。

于是1940年3月，他再次到普林斯顿拜访了爱因斯坦。他们又写了一封信让爱因斯坦签名，虽然名义上是写给萨克斯，但实际上却打算交给总统。信里警告说，他们听说柏林正在从事各种关于铀的研究。鉴于用链式反应产生巨大爆炸性的研究正在取得突破，这封信敦促总统调查美国的工作是否进展得足够快。[3]

罗斯福召集了一个会议，旨在更为紧迫地推进工作，并要

---

[1] 1945年11月27日，萨克斯把这个故事讲给了美国参议院的一个原子能听证特别委员会。这在大多数原子弹史中都有叙述，包括 Rhodes, 313—314。

[2] Franklin Roosevelt to Einstein, Oct. 19, 1939, AEA 33-192.

[3] Einstein to Alexander Sachs, Mar. 7, 1940, AEA 39-475.

求确保爱因斯坦能够参加。但爱因斯坦不愿更多地介入,他回复说自己患了感冒——一个方便的托词——不能出席会议。不过,他的确敦促这个团队要加紧努力。"这项工作要在一定条件下才能以更快的速度和更大的规模进行,我对创造这些条件的明智和紧迫性深信不疑。"[1]

即使爱因斯坦愿意参加这次会议,从而促成研制原子弹的曼哈顿计划,他也可能会不受欢迎。令人惊讶的是,帮助启动该计划的爱因斯坦竟被一些人认为潜在的安全危险巨大,因此不能了解这项工作。

1940年7月,准将谢尔曼·迈尔斯,即正在组织这个新委员会的代理陆军参谋长,给已经当了16年联邦调查局局长的胡佛(他还要再当32年)写了一封信。在审查情报决策时,迈尔斯暗中以势压人,按照胡佛的国民警卫队军衔称呼他为"胡佛上校"。然而,当迈尔斯索取联邦调查局关于爱因斯坦的信息概要时,胡佛显得信心十足。[2]

胡佛先是向迈尔斯将军提供了1932年弗罗辛厄姆夫人的妇女爱国者团体写的16页的信,呼吁不要给爱因斯坦发放签证,并对他曾经支持过的各种和平主义组织和政治团体发出警告。[3]不过当时联邦调查局并未对其中任何一条指控进行证实或评估。

胡佛接着说,爱因斯坦还参加过1932年在阿姆斯特丹召开的世界反战大会,它的委员会中有一些欧洲的共产主义分子。

---

[1] Einstein to Lyman Briggs, Apr. 25, 1940, AEA 39-484.
[2] Sherman Miles to J. Edgar Hoover, July 30, 1940, in the FBI files on Einstein, foia. fbi. gov/einstein/einstein1a. pdf. 关于这些文件的出色分析和背景参见 Jerome。
[3] J. Edgar Hoover to Sherman Miles, Aug. 15, 1940.

第二十一章 原子弹，1939—1945

前面说过，爱因斯坦公开拒绝参加这次大会，甚至明确表示不支持；正如他在给会议组织者的信中所说："由于它包含着对苏维埃俄国的颂扬，我不能在上面签字。"在那封信中，爱因斯坦还公开指责了苏联，说那里"渴望权力的个人运用着最卑劣的手段""似乎存在着对个人和言论自由的彻底压制"。然而，胡佛暗示爱因斯坦支持过这次大会，因此是亲苏的。[1]

胡佛的信里还有六段话对各种自称的爱因斯坦团体做了类似指控，从和平主义协会到支持西班牙共和派的组织，不一而足。同时附上的还有一个充斥着误传（"有一个孩子"）和主观臆测的小传，称他"极端激进"，并曾"服务于共产主义杂志"。当然，这些都是诬陷。迈尔斯将军着实对这份备忘录大吃一惊，以至于写了一个旁注警告说："倘若泄露，有可能引火烧身。"[2]

这篇未署名的小传得出了极端的结论。"鉴于这种激进的背景，在没有做认真研究的情况下，我们不推荐雇用爱因斯坦博士从事秘密性的工作，因为具有他这样背景的人似乎不大可能在如此短的时间内变成一个忠诚的美国公民。"第二年的一份备忘录则称，海军已经同意给予爱因斯坦安全特许，但"陆军尚不能给他特许"。[3]

---

[1] Einstein to Henri Barbusse, June 1, 1932, AEA 34-543.
[2] Jerome, 28, 295 n. 6. 迈尔斯的注释在国家档案馆的副本中，但不在联邦调查局的档案里。
[3] Jerome, 40-42.

成为美国公民

当陆军做决定时,爱因斯坦正热心忙于一件事情。自从他攒钱使自己可以在离开德国后成为瑞士公民,他已经有40年没做过类似的事情了。此时,他正自愿加入美国国籍,将要自豪地成为一个美国公民。事实上,五年前他驶往百慕大时,这一过程就开始了,这样他便可以拿着移民签证归来。他仍然拥有瑞士国籍和护照,所以这样做不是必需的。但他仍然想这样做。

1940年6月22日,他在特伦顿的联邦法院接受了公民资格审查。为此,他答应做一次广播访谈,作为移民规划署主办的《我是美国人》系列节目的一部分。鉴定人管了午饭,在他的议事厅招待了电台人员,以使爱因斯坦心里更放松。[1]

这一天令人振奋,部分是因为爱因斯坦显示了他是怎样的一个言论自由者。他在广播中主张,为了防止未来发生战争,世界各国必须把一部分主权交给一个武装起来的国际性的国家联盟。"如果一个世界组织无法控制其成员国的所有军力,就无法有效地确保和平。"他说。[2]

爱因斯坦通过了审查。1940年10月1日,他和他的继女玛戈特、助手杜卡斯以及另外86位新公民做了宣誓。此后,他向负责报道其入籍的记者们赞扬了美国。他说,这个国家将证

---

[1] Einstein, This Is My America, unpublished, summer 1944, AEA 72-758.

[2] Einstein to Take Test, *New York Times*, June 20, 1940; Einstein Predicts Armed League, *New York Times*, June 23, 1940.

明，民主不仅是一种政府形式，而且也是"一种与道德力量的伟大传统相联系的生活方式"。在被问及是否会放弃其他忠诚时，他笑着说，如果必要，他"甚至会放弃我心爱的帆船"。[1] 不过，他没有必要放弃瑞士国籍，也没有这样做。

爱因斯坦刚到普林斯顿时的印象是，与欧洲不同，美国或可成为一个没有奴役和严格阶级等级的国家。但渐渐地，他更深的印象来自这个国家对思想自由、言论自由和离经叛道的宽容（这使他不仅是一个优秀的美国人，而且也是一个颇受争议的美国人）。这曾经是他的科学的检验标准，现在也是其公民身份的检验标准。

他已经抛弃了纳粹德国，并且公开声明，如果人民坚持和表达自己思想的自由得不到保证，他绝不会生活在这样一个国家。"到那时就会知道，我选择美国作为这样一个地方是多么正确，"他在成为美国公民后在一篇未发表的文章中写道，"我经常听说，无论男人还是女人，都在表达着自己关于政府候选人和当前问题的看法，而不必担心有什么后果。"

他说，美国的好处在于这种对每个人思想的宽容，而没有像欧洲那样出现"暴力和恐惧"。"根据我对美国人的所见所闻，我认为如果没有这种自我表达的自由，生活对他们来说就是不值得过的。"[2] 几年以后，美国进入麦卡锡时代，那些持非主流观点的人开始受到胁迫。爱因斯坦对美国核心价值的欣赏有助于解释他那时为什么会公开表达愤怒和不满。

---

[1] Einstein Is Sworn as Citizen of U. S.，*New York Times*，Oct. 2，1940.
[2] Einstein, This Is My America, unpublished, summer 1944, AEA 72-758.

1941 年 12 月 6 日，在爱因斯坦及其同事提请注意研制原子武器的可能性之后两年多，美国启动了超级保密的曼哈顿计划。这恰好是日本偷袭珍珠港的前一天，那次事件终于将美国拖入了战争。

由于像维格纳、西拉德、奥本海默和泰勒等众多物理学家都消失在了偏僻的小镇，爱因斯坦能够猜到，他所推荐的研制原子弹的工作正在更加紧张地进行着。但他没有被邀请加入曼哈顿计划，也没有被正式告知这件事。

他之所以没有被秘密召到像洛斯阿拉莫斯或橡树岭这样的地方，有许多原因。他既非核物理学家，在当前科学问题的实践方面也不是行家里手。正如上文所说，他被一些人当成了安全威胁。虽然他已经放弃和平主义观点，但他从未表达过任何愿望或提出任何要求来积极参与这项事业。

不过，那年 12 月，有人给他安排了一点工作。通过接替弗莱克斯纳担任普林斯顿高等研究院院长的弗兰克·艾德洛特，监管曼哈顿计划的科研发展处主任万尼瓦尔·布什联系上了爱因斯坦，请他就一个涉及同位素分离的问题提供帮助。爱因斯坦欣然答应。运用其旧有的渗透和扩散方面的专门知识，他提出了一种气体扩散过程，在这一过程中，铀变成了一种气体，并通过了滤器。为了保密，他甚至不能让杜卡斯或别人帮他打字，于是只得亲自写信并寄出。

"爱因斯坦对您的问题非常感兴趣，他对此已经研究数日，给出的解答我装在了信封里，"艾德洛特写信给布什，"爱因斯坦托我转告，如果您还希望他从其他角度对这个问题进行研究，或是对它的某个部分做进一步阐述，您只需告诉他一声，他一定尽力而为。我非常希望您能够尽可能充分地利用他，因为我

第二十一章 原子弹，1939—1945

知道，如果他做的事情能够有利于国家，他会感到多么满足。"艾德洛特还特意补充了一句："我希望您能够读懂他的笔迹。"[1]

科学家们收到爱因斯坦的论文后很是感佩，他们与布什进行了讨论。为了让爱因斯坦发挥更大的价值，他们说，应当告诉他关于同位素分离与研制原子弹的其他工作如何联系的更多信息。

布什拒绝了。他知道爱因斯坦很难获得安全特许。"在这件事情上，我并不认为应当对他足够信任，以至于要告诉他这件事情如何服务于我们的国防，"布什写信给艾德洛特，"我很希望能够告诉他所有情况，完全信任他，但是鉴于华盛顿研究过他的整个经历的人的态度，这是绝对不可能的。"[2]

后来在战争期间，爱因斯坦在一些机密性不高的事情上提供了帮助。有一位海军上尉来研究院拜访他，请他参与分析军火性能。他热情地答应了。正如艾德洛特所说，自从忙完铀同位素的短期工作以后，爱因斯坦觉得自己不再受到重视。在担任每天报酬为25美元的顾问期间，他研究了各种问题，其中包括在日本港口排布海洋水雷的方法。他的物理学家朋友伽莫夫赶来请教他各种问题，据他回忆，爱因斯坦对同事们开玩笑说："我供职于海军，却没有被要求剪一个海军头。"也许他们想不出如果爱因斯坦留一个板刷头是什么样子。[3]

为了助战，爱因斯坦还在一次募集战时公债的活动中拍卖了

---

[1] Frank Aydelotte to Vannevar Bush, Dec. 19, 1941; Clark, 684.
[2] Vannevar Bush to Frank Aydelotte, Dec. 30, 1941.
[3] Pais 1982, 12; George Gamow, Reminiscnece, in French, 29; Fölsing 715.

他的狭义相对论手稿。不过，这并不是原始版本，原稿1905年发表之后就扔掉了，他不知道这些东西有朝一日竟会价值百万。为此，他让杜卡斯把论文朗读出来，他再抄下来。"我真这么说吗？"他有一次抱怨说。杜卡斯告诉他确实如此。他悲叹道："我本可以说得更简洁。"当他听说这份手稿以及另一份手稿总共拍出了1150万美元时，他笑称："经济学家得修改他们的价值理论了。"[1]

原子恐惧

早在布拉格时，物理学家奥托·斯特恩就是爱因斯坦的朋友。他一直在秘密参与曼哈顿计划，主要在芝加哥，到了1944年年底，他已经确信曼哈顿计划会取得成功。那年12月，斯特恩访问了普林斯顿。爱因斯坦听说的消息令他沮丧：无论原子弹是否被用于战争，战争与和平的性质将永远被改变。他和斯特恩都认为，决策者并未考虑这些，必须尽快敦促他们这样做。

于是，爱因斯坦决定给玻尔写信。虽然他们曾经就量子力学进行过争论，但爱因斯坦相信玻尔在更为世俗的事情上的判断。爱因斯坦是极少数知道玻尔（一半血统是犹太人）正秘密待在美国的人之一。纳粹侵占丹麦时，玻尔和儿子乘一只小艇冒险逃到了瑞士，并从那里飞到英国，以"约翰·贝克"（John Baker）的名字伪造了一个护照，然后来到美国参加在洛斯阿拉

---

[1] Sayen, 150；Pais 1982, 147. 这些手稿被堪萨斯城市人寿保险公司所购买，后来捐给了国会图书馆。

莫斯的曼哈顿计划。

爱因斯坦写信给玻尔（用的是玻尔真名），请华盛顿的丹麦大使馆转交，这封信辗转到了玻尔手中。在信中，爱因斯坦讲了他与斯特恩的谈话，对政府如何在未来控制原子武器方面缺乏思考深感不安。"政客们并不了解这些可能性，因此不知道威胁的严重性。"爱因斯坦写道。他再次主张，一旦原子武器时代降临，需要由一个经过授权的世界政府来防止军备竞赛。爱因斯坦敦促："有机会向政治领袖进言的科学家们应当联名给他们国家的政治领导人以压力，以使武装力量国际化。"[1]

即将主宰爱因斯坦最后十年的政治使命就这样开始了。自从他还是一个十几岁的德国少年时，他就憎恶国家主义。他一直主张，防止战争的最好办法就是建立一个世界权力机构来解决争端，它拥有武装力量来强制执行决议。现在，随着一种能够改变战争与和平性质的可怕武器的迫近，爱因斯坦不再视这种途径为一种理想，而是一种必需。

看罢爱因斯坦的信，玻尔非常紧张，这倒不是出于爱因斯坦希望看到的原因。和爱因斯坦一样，这个丹麦人也希望原子武器国际化。在之前与丘吉尔和罗斯福分别会面时，玻尔都提出过这种主张，但非但没有说服他们，反而导致两位领导人命令其情报部门"应当调查玻尔教授的活动，并采取措施确保他不会泄露信息，特别是泄露给俄国人"。[2]

玻尔一收到爱因斯坦的信就赶往普林斯顿。他想保护他的朋友，警告他要小心谨慎，还希望向政府官员通报爱因斯坦的

---

[1] Einstein to Niels Bohr, Dec. 12, 1944, AEA 8-95.
[2] Clark, 698.

话，以修补他本人的名誉。

这次私人谈话在梅瑟街的寓所进行。玻尔对爱因斯坦说，如果了解原子弹研制的人知道了这一消息，将会导致"最糟糕的后果"。玻尔向他保证，华盛顿和伦敦负责任的政治家知道原子弹所造成的威胁，明白这是一次"推进国家之间和谐关系的独一无二的机会"。

爱因斯坦被说服了。他保证自己不会再传播他曾经猜测的任何信息，并将敦促他的朋友们不再使美国或英国的外交政策复杂化。为了履行诺言，他立即给斯特恩写了一封信。对于爱因斯坦来说，这种小心细致是罕见的。"我感到，我们必须力争负起责任，暂时不去谈论这件事，在目前这个时候，让它引起公众的注意不会有任何帮助。"他说。他小心翼翼地不去透露任何东西，甚至是他与玻尔的会面。"对我来说，以这样一种模糊的方式说话很困难，但目前我只能这样做。"[1]

爱因斯坦在战争结束以前的唯一一次介入仍然是被西拉德鼓动的。1945年3月，西拉德来访时对如何使用原子弹表示了担忧。现在很清楚，距离投降只有几个星期的德国并未研制原子弹。那么，美国人为什么还要迫不及待地制造它呢？倘若不用原子弹就能保证胜利，为什么还要用它来攻击日本？决策者们难道不应三思而后行吗？

爱因斯坦答应再给罗斯福总统写一封信，敦促他同西拉德以及关心此事的科学家会面，他自己则假装不知情。"我不知道西拉德博士打算向您提交的需考虑的问题和建议的内容，"爱因斯

---

[1] Einstein to Otto Stern, Dec. 26, 1944, AEA 22-240; Clark, 699-700.

坦写道,"西拉德博士正在保密条件下工作,保密条款不容许他向我告知他工作的信息。不过我听说,他现在极为担心从事这项工作的科学家与您的内阁中负责制定政策的成员之间缺乏充分的接触。"[1]

罗斯福没有读到这封信。他4月12日去世后,这封信在他办公室被发现,并被交予杜鲁门总统。杜鲁门又把它交给了即将上任的国务卿詹姆斯·伯恩斯。最终,西拉德在南卡罗来纳面见了伯恩斯,但伯恩斯不为所动。

1945年8月6日,几乎没有经过什么高层的争论,原子弹就被投到了广岛。那天下午,爱因斯坦正在他租住的阿迪朗达克山萨拉纳克湖的别墅小憩。他下楼喝茶时杜卡斯告诉了他这个消息。"哦,我的上帝!"这是他得知消息后唯一的话。[2]

三天后,另一颗原子弹被投到了长崎。第二天,华盛顿的官员发布了由普林斯顿物理学教授亨利·德沃尔夫·史密斯撰写的关于研制秘密武器的长篇报告。史密斯报告将曼哈顿计划的实施在很大程度上归因于爱因斯坦1939年给罗斯福写的信,这让爱因斯坦一直感到不安。

在常人的想象中,爱因斯坦与原子弹的研制脱离不了干系,即使这种参与是边缘的。他们不仅把这归咎于那封信的影响,而且还与他40年前提出的质能关系挂起了钩。他成了《时代》周刊的封面人物,在封面图片上,一朵蘑菇云正在他后方升起,上面饰以"$E=mc^2$"的标记。杂志刊出了一篇以当时典型的散文风格写成的报道(编辑为惠特克·钱伯斯):

---

[1] Einstein to Franklin Roosevelt, Mar. 25, 1945, AEA 33-109.
[2] Sayen, 151.

透过随之而起的剧烈爆炸和熊熊火焰，那些对历史因缘有兴趣的人隐隐看到了一个身材不高的男人。他性格腼腆，天真单纯，有如圣徒一般，褐色的眼睛里闪着柔和的光，脸上低垂的皱纹让人想起一只厌倦了尘世的猎狗，头发有如北极光……阿尔伯特·爱因斯坦并未直接参与研制原子弹。但在两个重要的意义上，爱因斯坦是原子弹之父：①正是他的倡议启动了美国的原子弹研究；②正是他的方程（$E = mc^2$）使得原子弹在理论上成为可能。[1]

这种看法令他十分痛苦。《新闻周刊》以"始作俑者"为大标题做了一期他的封面，爱因斯坦看后发出了一声令人难忘的悲叹。"要是我知道德国人不能成功研制出原子弹，"他说，"我一点力都不会出。"[2]

当然，他和西拉德以及任何参与研制原子弹的朋友（其中许多人都是从希特勒的恐怖中逃出来的难民）都不可能知道，海森伯等留在柏林的卓越科学家无法破解秘密。"或许我可以得到宽恕，"爱因斯坦去世前几个月同莱纳斯·鲍林谈话时说，"因为我们都觉得德国人很可能正在研究这个问题，并且会取得成功，他们会使用原子弹，成为优等民族。"[3]

---

[1] *Time*，July 1，1946. 这封肖像画为杂志资深封面艺术家贝克（Ernest Hamlin Baker）所作。

[2] *Newsweek*，Mar. 10，1947.

[3] Linus Pauling report of conversation，Nov. 16，1954，in Calaprice 185.

第二十二章 世界公民，1945—1948

军备控制

在原子弹投下之后的几个星期里，爱因斯坦异常地沉默寡言。他回绝了那些找上门来的记者，甚至当他的邻居——《纽约时报》的出版人亚瑟·海斯·萨尔兹伯格打来电话时，他也拒不发表任何评论。[1]

---

[1] Brian 1996，345；Helen Dukas to Alice Kahler Aug. 8，1945："《纽约时报》的一位年轻记者很晚的时候来了……萨尔兹伯格也一直打电话希望能够发表一份声明。但是没有用。"亚瑟·奥克斯·萨尔兹伯格（Arthur Ochs Sulzberger）先生告诉我，他的父亲亚瑟·海斯·萨尔兹伯格和叔叔戴维当时在萨拉纳克湖避暑，结识了爱因斯坦。

直到 9 月中旬准备离开租住的避暑别墅时，也就是在投掷原子弹一个多月以后，爱因斯坦才同意跟一位来访的通讯社记者谈论这一事件。他强调，原子弹强化了他长期以来对某种世界联邦制的支持。"文明和人类获救的唯一出路在于创建一个世界政府，"他说，"只要主权国家继续拥有各自的军备和武器秘密，新的世界大战就不可避免。"[1]

菲利普·哈尔斯曼拍摄的照片，1947 年

和科学一样，爱因斯坦也试图从世界政治中找到一套统一的原则，以摆脱无政府状态，重新建立起秩序。如果各个主权国家都有其自身的军事力量、相互竞争的意识形态和彼此冲突的国家利益，那么在这个基础上建立起来的体系将不可避免地导致更多的战争。因此，他认为建立一个世界权力机构不是空想而是现实，不是幼稚而是实际。

在战争年代，爱因斯坦一直比较慎重。作为难民，他所在的国家动用武力是出于崇高的目的，而不是为了国家主义。然而原子弹的投掷和战争的结束改变了一切。随着进攻性武器的破坏力越来越大，建立一个世界组织来保证人类的安全也变得愈发迫切。爱因斯坦在这个时候再次就政治发表看法，可谓恰逢

---

[1] United Press interview, Sept. 14, 1945, reprinted in *New York Times*, Sept. 15, 1945.

第二十二章　世界公民，1945—1948

其时。

在生命的最后十年里，爱因斯坦不仅积极探索着一种能够支配所有自然力的统一场论，而且热情地提倡在全世界建立一个统一的政府组织。尽管在许多方面迥然不同，但这两种追求都反映了他向往超越秩序的本能，也展现了他甘当反叛者、希望自由挑战流行观点的典型意愿。

在原子弹投掷之后的那个月，一些科学家签署了一份声明，旨在敦促政府创建一个国家顾问委员会来控制核武器。作为回应，爱因斯坦给曾经成功地领导了洛斯阿拉莫斯科学项目的奥本海默写了一封信。爱因斯坦说，他理解这份声明背后的情感，但认为这种政治谏言"显然不能胜任"，因为它们仍然把主权国家保留下来作为最终的政治力量。"如果没有一个真正凌驾于各国之上的政府组织来指导国际关系，实现和平是不可想象的。"

奥本海默客气地指出："你归之于我的这份声明并非出自我之手。"它是另一群科学家写的。不过，他对爱因斯坦关于一个正式的世界政府的主张提出了挑战。"这个国家自南北战争以来的历史表明，当它试图去整合的社会价值带有深刻差异时，建立一种联邦政府是何等困难。"[1] 于是，奥本海默成为战后第一位批评爱因斯坦过于理想主义的现实主义者。当然，如果人们注意到，南北战争恰恰可怕地表明，当成员国（州）之间存在着价值差异时，只有国家（州）军事主权而**没有**一个稳固的联邦政府会相当危险，那么奥本海默的论证可以一带而过。

---

[1] Einstein to J. Robert Oppenheimer (care of a post office box in Santa Fe near Los Alamos), Sept. 29, 1945, AEA 57－294; Oppenheimer to Einstein, Oct. 10, 1945, AEA 57－296.

爱因斯坦所设想的是一个可以垄断军事力量的世界"政府"或"权力机构"，他称之为"超国家"组织而非"国际"组织，因为它将凌驾于其成员国之上，而不是充当各个主权国家的调停者。它所扮演的角色将严格限制在军事和国际关系上，而不是一个国家的内政。只有在人权遭到严重侵犯的地方（他当然想到了纳粹德国），这个超国家的政府才有权介入一个国家的内部事务。[1]

在接下来的几个月里，爱因斯坦继续在一系列短文和访谈中发出倡议。其中最重要的一篇文章源自他与美国广播公司的晚间新闻评论员雷蒙德·格拉姆·斯温的通信。爱因斯坦邀请斯温来普林斯顿访问，他向斯温口述的内容以"要原子战争还是要和平"为题发表在1945年11月的《大西洋月刊》上。[2]

爱因斯坦在文章中称，世界三大强国——美国、英国和苏联——应当联合建立一个新的世界政府，然后邀请其他国家加入。他用了一个有些让人误解的尚存争议的说法，说"原子弹

---

[1] 当他得知他认为过于胆怯的那篇声明并非奥本海默所写之后，他给田纳西州橡树岭的科学家们（真正胆怯的实际上是他们）写了一封信。在信中，他解释了他关于世界政府应当具有和不应当具有什么权力的想法。"世界政府的各成员国不必立即把他们的关税和移民立法权交给世界政府，"他说，"事实上，我认为世界政府的唯一职能应当是拥有军事垄断权。"Einstein to John Balderston and other Oak Ridge scientists, Dec. 3, 1945, AEA 56−493.

[2] 重印于 Nathan and Norden, 347 和 Einstein 1954, 118。亦参见 Einstein, The Way Out, in *One World or None*, Federation of Atomic Scientists, 1946, www.fas.org/oneworld/index.html. 这本重要的书考察了爱因斯坦、奥本海默、西拉德、维格纳和玻尔等当时多位科学家关于如何用世界联邦制来控制核武器的看法。

的秘密"应当由华盛顿移交给这个新的组织。[1]他认为控制核武器唯一有效的办法就是让一个世界政府来垄断军事力量。

1945年年底,冷战已经爆发。由于苏联在红军占领的波兰和其他东欧地区强行建立共产主义政权,美英两国已经开始与苏联发生冲突。苏联正苦于寻找一个安全区域,任何干涉其内政的行为都会令其神经紧张,这使苏联领导人拒绝将任何主权交予一个世界政府。

因此,爱因斯坦试图说明,他所设想的世界政府不会把一种西方式的自由民主强加到别处。他倡导建立一个世界立法机构,它将由每一个成员国的人民以无记名投票的方式直接选举产生,而不是由国家的统治者任命。不过,为了打消苏联的疑虑,他又补充说:"没有必要去改变三大强国的内在结构。一个超国家安全体系的成员资格不应建立在任何独断的民主标准之上。"

爱因斯坦很难解决的一个问题是,这个世界政府在什么时候才有权干涉国家的内部事务。他以西班牙为例说道,"如果一个国家的少数人正在压迫大多数人",那么世界政府就可以"对这个国家进行干涉"。为了避免苏联误会,他解释说:"我们务必谨记,苏联人民并不具有接受政治教育的悠久传统,苏联状况的改善不得不由少数人来实现,因为大多数人并无此种能力。"

爱因斯坦为防止未来战争所做的努力不仅源于他从前的和平主义本能,而且也为他鼓励实施原子弹计划的愧疚感所促动。

---

[1] 爱因斯坦意识到没有永恒的原子弹的"秘密"可以保护。正如他后来所说:"美国目前军事力量占优势,但我们肯定没有永恒的秘密。大自然告诉一群人的东西,它也会及时地告诉另一群人。" Einstein, The Real Problem Is in the Hearts of Men, *New York Times Magazine*, June 23, 1946。

在诺贝尔奖委员会12月在曼哈顿举行的一次宴会上，爱因斯坦指出，诺贝尔设立这个奖的目的是"为了弥补曾经发明了当时威力最大的炸药"。他现在的处境也类似。他说："今天，参与研制有史以来最可怕、最危险的武器的物理学家们正在为同样的责任感所困扰，虽然说不上是犯罪。"[1]

这些看法促使爱因斯坦1946年5月担任了他一生中最为显赫的公共政策角色。他成了新成立的致力于核军控和世界政府的原子能科学家应急委员会（ECAS）主席。在当月的一份筹款电报中，爱因斯坦说："从原子中释放出来的巨大能量改变了除我们思维方式之外的一切，灾难正在向我们一步步逼近。"[2]

西拉德担任这个委员会的执行董事，做了大量组织工作。直到1948年年底，爱因斯坦一直是该委员会的主席，他发表讲演，主持会议，认真履行自己的职责。"自史前人类发现火以来，我们这代人已经把最具革命性的力量带到了这个世界，"爱因斯坦说，"这种宇宙的基本力量并不适合过时的狭隘国家主义概念。"[3]

杜鲁门政府为国际控制原子能提出了各种方案，但没有一项（无论是有意还是无意）能够获得莫斯科的支持。结果，关于最佳方案的斗争迅速造成政治文化和意识形态的一种分裂。

有些人欢呼美国和英国在研制这些武器的竞争中成功地击败

---

[1] Einstein, remarks at the Nobel Prize dinner, Hotel Astor, Dec. 10, 1945, in Einstein 1954, 115.
[2] Einstein, ECAS fund-raising telegram, May 23, 1946. 与此相关的材料见于爱因斯坦档案的文件夹40—11。ECAS的历史和档案见于 www.aip.org/history/ead/chicago_ecas/20010108_content.html#top。
[3] Einstein, ECAS letter, Jan. 22, 1947, AEA 40-606; Sayen, 213.

了其他国家。他们视原子弹为西方自由的保护神，甘愿守护他们所认为的"秘密"。而像爱因斯坦这样的人则呼吁军控。"原子弹的秘密之于美国就如同1939年以前马其诺防线之于法国，"爱因斯坦对《新闻周刊》说，"它给予我们的是假想的安全，就此而言，它是一个重大的危险。"[1]

爱因斯坦和朋友们意识到，公共舆论不仅需要占领华盛顿，也需要占领通俗文化领域。这使他们在1946年卷入了一场与路易斯·B. 梅耶[2]和一伙热心的好莱坞电影制片商之间的有趣的（并且有历史教益的）混战。

米高梅电影制片公司的编剧萨姆·马克斯问是否可以来普林斯顿，与爱因斯坦合作完成一部有关原子弹研制的文献电视片。爱因斯坦回复说，他无意提供帮助。几周以后，爱因斯坦收到了曼哈顿计划科学家协会的一位官员写来的一封急切的信。信中说，电影似乎天然就有利于军事，能够宣传原子弹的研制成功以及它赋予美国的安全。"我知道您并不想让您的名字出现在一部误解原子弹的军事和政治含义的影片中，"信中说，"但我希望您能够视剧本情况决定是否使用您的名字。"[3]

一周后，西拉德就此问题拜访了爱因斯坦。不久，一些热爱和平的物理学家开始炮轰爱因斯坦和米高梅电影制片公司。爱因斯坦读了剧本，决定和他们一起抵制这部电影。"它所讲的事实完全是误导人的，我拒绝以我的名义进行合作，绝不允许使

---

[1] *Newsweek*, Mar. 10, 1947.

[2] 路易斯·B. 梅耶（1885－1957），生于俄国，1924年与他人共同创建美国米高梅电影公司，担任公司首脑直至1951年，因此成为好莱坞最有权力的人物之一。——译者注

[3] Richard Present to Einstein, Jan. 30, 1946, AEA 57-147.

用我的名字。"他说。

他还给那位著名的巨头（梅耶）写了一封措辞严厉的信抨击这部电影，使用的也是梅耶曾经用过的那种腔调。"虽然我不常看电影，但是从您的公司早期拍摄的那些电影的一般趋向中，我知道您会理解我的理由，"他写道，"我发现整部电影基本上都是从军方和（曼哈顿）计划的军方领导人的观点写的，而他们的影响并不总是符合人性的观点所期望的方向。"[1]

梅耶把爱因斯坦的信转交给了电影的总编，这位总编回了一张便笺，让梅耶寄给爱因斯坦。便笺说，杜鲁门总统"非常希望这部影片能够拍摄出来"，他亲自审阅了剧本并表示赞同。这种说法丝毫不能打消爱因斯坦的疑虑。"作为美国公民，我们一定要尊重政府的观点。"这种论证对爱因斯坦并不十分适用。接下来还有一个说服力更弱的论证："必须认识到，戏剧性的真理对我们的要求就像真正的真理对科学家的要求一样是强制性的。"

这张便笺最后承诺，科学家们所提出的道德议题将通过一位虚构的年轻科学家来恰当地公诸于众，扮演这位科学家的人名叫汤姆·德雷克。"我们从众多年轻的男演员中选出了这位最能体现诚挚和精神品质的演员，"他信心十足地说，"您只需回想一下他在《黛绿年华》（*The Green Years*）中的表演就可以了。"[2]

毫无疑问，这并未使爱因斯坦回心转意。当编剧马克斯写信恳求他改变主意，允许别人饰演他时，爱因斯坦草草地答复

---

[1] Einstein to Dr. J. J. Nickson, May 23, 1946, AEA 57-150; Einstein to Louis B. Mayer, June 24, 1946. AEA 57-152.

[2] Louis B. Mayer to Einstein, July 18, 1946, AEA 57-153; James Mc Guinness to Louis B. Mayer, July 16, 1946, AEA 57-154.

第二十二章 世界公民,1945—1948

道:"我已经在写给路易斯·迈尔先生的信中解释了我的观点。"但马克斯仍然顽固坚持,他在回信中写道:"影片完成后,观众将会对这位年轻科学家致以最深切的同情。"那一天晚些时候他又说:"这是新修订的剧本。"[1]

结局不难预料。科学家们对新剧本更为满意,他们没有经受住在大屏幕上被歌颂的诱惑。西拉德在发给爱因斯坦的电报中说:"我已经收到了米高梅电影制片公司的新剧本,我回信说不反对在其中使用我的名字。"爱因斯坦发了慈悲,他在电报背面写了寥寥几句英语:"同意基于新剧本使用我的名字。"他唯一要求修改的是西拉德1939年来长岛拜访他的那场戏。剧本中说,他此前尚未与罗斯福会面,但事实并非如此。[2]

电影《原子弹的秘密》(*The Beginning or the End*)于1947年2月公映,好评如潮。博斯利·克罗瑟在《纽约时报》上撰文,称它"对原子弹的研制和使用做了冷静睿智的叙述,朴实自然,没有刻意宣传"。爱因斯坦的扮演者名叫路德维希·施托塞尔,他曾在《卡萨布兰卡》(*Casablanca*)中扮演一位想去美洲的德国犹太人,后来在60年代为瑞士殖民地的葡萄酒做广告而名噪一时,他在广告中的口头禅是:"那个小小的老酿酒商,就是我。"[3]

---

[1] Sam Marx to Einstein, July 1, 1946, AEA 57−155; Einstein to Sam Marx, July 8, 1946, AEA 57−156; Sam Marx to Einstein, July 16, 1946, AEA 57−158.

[2] Einstein to Sam Marx, July 19, 1946, AEA 57−162; Leó Szilárd telegram to Einstein, and Einstein note on reverse, July 27, 1946, AEA 57−163, 57−164.

[3] Bosley Crowther, Atomic Bomb Film Starts, *New York Times*, Feb. 21, 1947.

20世纪40年代末，爱因斯坦为军控所做的努力和对世界政府的拥护招致了糊涂幼稚的骂名。尽管从表面上来看他似乎有点糊涂，但能说他是幼稚吗？

杜鲁门政府的绝大多数官员，甚至那些致力于军控的人都是这样认为的。戈尔登就是一个例子。他是原子能委员会的职员，正在为国务卿乔治·马歇尔准备一份报告，他去普林斯顿征求爱因斯坦的意见。爱因斯坦指出，华盛顿需要更加努力地争取让莫斯科参加军控计划。戈尔登觉得爱因斯坦"怀着近乎天真的拯救愿望，似乎根本没有仔细考虑他的解决方案"。他向马歇尔禀报说："尽管按理说不应如此，但很奇怪，在数学工作以外，他在国际政治方面似乎相当幼稚。在对世界政府的思考中，这个曾经普及了四维概念的人只能在其中的二维中思维。"[1]

至于说爱因斯坦幼稚，这并不是因为他认为人性是善的。作为一个在20世纪上半叶的德国生活过的人，这种可能几乎不存在。著名摄影师哈尔斯曼曾经在爱因斯坦的帮助下逃离了纳粹的魔掌，他问爱因斯坦永久和平是否可能，爱因斯坦回答说："不，只要有人，就会有战争。"就在那一刻，哈尔斯曼按下了快门，那张著名的照片应运而生，爱因斯坦那种悲天悯人而又洞穿世事的眼神被捕捉下来。[2]

爱因斯坦之所以拥护一个被授权的世界政府，并非基于感

---

[1] William Golden to George Marshall, June 9, 1947, Foreign Relations of the U. S.; Sayen, 196.
[2] 哈尔斯曼引用的爱因斯坦名言由哈尔斯曼的妻子讲述，刊登在《时代》周刊1999年12月31日的世纪人物专号，封面就是哈尔斯曼拍摄的爱因斯坦照片。

伤，而是建立在他对人性的一贯评价之上。"如果世界政府的思想是不现实的，"他在1948年说，"那么对我们的未来只可能有一种现实的看法：人对人的大规模毁灭。"[1]

就像在科学上取得突破一样，爱因斯坦放弃了别人当作真理而确立的一些假设。作为世界秩序的一根支柱，国家主权和军事自治已经有400年的历史了，正如绝对时间和绝对空间作为宇宙秩序的支柱已经有400年的历史那样。主张超越这一点不啻为一种激进的思想，只能出自一个不循规蹈矩的思想家。但是就像爱因斯坦的许多想法一样，即使初看起来非常激进，一旦接受下来就不是那样了。

爱因斯坦——事实上，还有许多非常冷静的政治领袖——在美国垄断原子弹之初拥护世界联邦制并非不可想象。如果说他幼稚，那也是因为他以一种简单的方式提出了自己的想法，而没有考虑中间的种种复杂情况。物理学家不习惯为了让别人接受而对其方程进行修正或折衷。这就是他们不能成为优秀政治家的原因。

20世纪40年代末，当他越来越清楚地看到国际化和控制核武器的努力行将失败时，有人问他下一次世界大战会是什么样子。他回答道："我不知道第三次世界大战会用什么武器，但我知道第四次世界大战肯定是用——石头！"[2]

---

[1] Einstein comment on the animated antiwar film，*Where Will You Hide*? May，1948，AEA 28-817.

[2] Einstein interview with Alfred Werner，*Liberal Judaism*，Apr.-May 1949.

苏联

那些希望对原子弹进行国际控制的人面临着一个大问题：如何对付苏联。越来越多的美国人，连同他们所推选的领袖，都把莫斯科的共产党员看作危险的扩张主义者和骗子。至于苏联人，似乎既不愿统治世界，也不希望军控。他们对于自身安全怀有根深蒂固的恐惧，渴望拥有自己的原子弹，渴望其领袖在任何干涉国家内部事务的行为面前毫不妥协。

在对待苏联的态度上，爱因斯坦也不墨守成规。他不像许多人那样摇摆不定，当苏联人在战时成为同盟者时就恭维他们，当冷战开始的时候又对他们进行妖魔化。但是到了20世纪40年代末，这种处事风格使爱因斯坦逐渐淡出美国的主流观点之外。

他不喜欢共产主义的独裁，但也不认为它日益威胁着美国的自由。他觉得更大的危险是对假想的红色威胁感到异常恐惧。《星期六评论》的编辑、美国国际主义者知识分子的新闻业赞助人诺尔曼·卡曾斯写了一篇呼吁国际军控的文章，爱因斯坦写信表示赞赏，但同时也提出告诫。"在您的文章中，我要反对的是，对于苏联的侵略在我国造成的歇斯底里恐惧症，您不仅不加反对，反而加以鼓励，"他说，"我们每一个人都应扪心自问，客观地说，这两个国家中，哪一个国家更有理由害怕对方的侵略意图。"[1]

---

[1] Norman Cousins, As 1960 Sees Us, *Saturday Review*, Aug. 5, 1950; Einstein to Norman Cousins, Aug. 2, 1950, AEA 49-453. （周刊实际上要比所注日期提前一周出版。）

至于苏联国内的镇压，爱因斯坦往往只提供由借口所淡化过的轻微的谴责。"不可否认，在政治领域存在着严重的高压政策，"他在一次讲话中说，"这可能部分原因是由于必须粉碎先前的统治阶级的权力，使国家免受外国的侵略，把一个政治上不成熟、文化上落后的民族改造成一个有组织的进行生产劳动的民族。我不能贸然就这些困难的事情做判断。"[1]

于是，爱因斯坦成了那些认为他同情苏联的人的众矢之的。密西西比州的国会议员约翰·兰金说，爱因斯坦的世界政府方案"简直就是在执行共产主义路线"。兰金还站在议员席上公然指责爱因斯坦的科学，称他是"一个老骗子"，还说："自从他出版了相对论的书劝说世人相信光有重量之后，他就利用他作为科学家的声誉来从事共产主义活动。"[2]

爱因斯坦曾就苏联问题与社会哲学家西德尼·胡克长期通信。胡克曾经是一个共产主义者，后来变得极端反共。他们之间的交流虽然不像与玻尔那样崇高，但也同样热烈。"我并非对苏联政府体制的严重缺陷视而不见，"爱因斯坦在给胡克的回信中说，"但是从另一方面来看，它也有很多优点，如果采用较为温和的方法，很难说苏联人是否还能幸存下来。"[3]

胡克希望让爱因斯坦认识到自己的错误，他经常给爱因斯坦写一些长篇大论，不过爱因斯坦大都没有理会这些信。在少数

---

[1] Einstein talk (via radio) to the Jewish Council for Russian War Relief, Oct. 25, 1942, AEA 28-571. 亦参见 Einstein unsent message regarding the May-Johnson Bill, Jan. 1946, Nathan and Norden, 342; broadcast interview, July 17, 1947, in Nathan and Norden, 418。

[2] Rankin Denies Einstein A-Bomb Role, United Press, Feb. 14, 1950.

[3] Einstein to Sidney Hook, Apr. 3, 1948, AEA 58-300; Sidney Hook, My Running Debate with Einstein, *Commentary* (July 1982).

几次回信中，爱因斯坦一般也会同意苏联的压迫是错误的，但是他往往会补充说，这多少也可以理解。正如他在1950年的一封回信中所说：

> 我并不赞同苏联政府对思想艺术领域进行干预的做法。我认为这些干预令人作呕，祸害无穷，甚至荒谬可笑。我还认为，政治权力的集中和对个人自由的限制不应超过安全、稳定和计划经济这些考虑所要求的界限。一个局外人很难对事实和可能性做出判断。但无论如何，苏联政府无疑在教育、公共卫生、社会福利和经济方面取得了巨大成就，总的来看，苏联人民从这些成就中获益甚多。[1]

尽管这些有理有据的借口可以为莫斯科的一些行为做辩护，但爱因斯坦并不像有些人所说的那样是苏联的支持者。他总是拒绝访问莫斯科，有左派朋友请他入盟，他也不答应。他谴责莫斯科在联合国一再行使否决权，反对世界政府的想法。当情况越来越清楚地表明，苏联对于军控毫无兴趣时，他的批判态度变得更加鲜明了。

比如1947年，一群官方的苏联科学家在报纸上发表了一篇文章——《爱因斯坦博士的错误想法》，抨击爱因斯坦关于世界政府的设想是资本主义者的一个密谋。他们写道："'世界超国家'的倡议者要我们自愿为世界政府而放弃独立，这不过是垄断资本家为了夺取世界霸权而打出的漂亮招牌而已。"他们指责爱因斯坦建议直接选举一个超国家的议会："他在这个方向上已经

---

[1] Einstein to Sidney Hook, May 16, 1950, AEA 59-1018.

第二十二章 世界公民，1945—1948

走得如此之远，以至于竟然宣称，如果苏联拒绝加入这个新奇的组织，那么别的国家应当完全有权不管苏联而继续干下去。爱因斯坦所支持的这种政治奇想，倒是对真诚的国际合作和持久和平的不共戴天的仇敌有利。"[1]

当时同情苏联的人甘愿沿着莫斯科所指示的任何政党路线前进。这种顺从并不符合爱因斯坦的天性，他更可能反其道而行之。当他不同意某个人的看法时，他就痛痛快快说出来。因此，不论是公开还是私下，他都会欣然接受苏联科学家的挑战。

虽然他重申自己拥护民主社会主义理想，但他反驳苏联人对共产主义教条的信仰。"我们不应当错误地把一切现存的社会和政治的祸害都归咎于资本主义，也不应当错误地假定，只要建立起社会主义就足以医治人类的一切社会和政治的痼疾。"他写道。这样的思想会使共产党的忠实信徒滋生"狂热的褊狭性"，从而为专制铺平道路。

虽然他批评自由放任的资本主义，但更令他终生厌恶的是对思想自由和个性的压制。"任何政府只要在它内部带有向暴政蜕化的倾向，它本身就成了一种祸害，"他警告苏联科学家，"如果在一个国家中，政府不仅有权控制军事力量，而且还掌握了教育和情报的每一条渠道以及每一个公民的经济生活，那么很明显，在这个国家中，上述那种蜕化的危险就更加严重。"[2]

---

[1] Dr. Einstein's Mistaken Notions, in *New Times* (Moscow), Nov. 1947, in Nathan and Norden, 443 and Einstein 1954, 134.

[2] Einstein, Reply to the Russian Scientists, *Bulletin of Atomic Scientists* [the publication of the Emergency Committee that he chaired], Feb. 1948, in Einstein 1954, 135; "Einstein Hits Soviet Scientists for Opposing World Government", *New York Times*, Jan. 30, 1948.

在与苏联科学家的争论爆发前夕，爱因斯坦与斯温合作修订了他们两年前在《大西洋月刊》上发表的文章。这一次，爱因斯坦抨击了苏联的统治者。他说，他们不支持世界政府的理由"显然是借口"。他们真正担心的是，其强制性的共产主义指挥系统在这样一种环境中无法运转。"苏联人的理由有一部分也许是正确的，那就是在超国家政体的组织里要维持他们当前的社会结构确实有困难，尽管他们早晚会明白，参加这样的政体比留在一个法制世界的外面损失要小得多。"[1]

他说，即使没有苏联的加入，西方国家也应当继续创建一个世界政府。他相信苏联最终会回心转意的："我相信，倘若能够明智地做到这一点（而不是采用杜鲁门那种笨拙的方式），那么苏联一旦认识到它无论如何都阻挡不了世界政府的成立，它就会予以合作。"[2]

从那时起，无论是对苏联百般责备的人，还是认为苏联无可指摘的人，爱因斯坦似乎都会怀着一种莫名的自豪与他们争辩。有一位左倾的和平主义者将一本关于军控的书寄给他，期望得到他的签名，但遭到拒绝。"本书通篇都在鼓吹苏联的观点，"爱因斯坦写道，"但在所有那些对苏联不利的事情上（并非微不足道），你却保持了沉默。"[3]

在涉及苏联问题时，他长期以来的和平主义也出现了一种艰难的现实主义转折，就像纳粹在德国掌权之后那样。和平主义者可能会认为，爱因斯坦20世纪30年代与他们思想的决裂是因纳粹的

---

[1] Einstein, Atomic War of Peace, part 2, *Atlantic Monthly*, Nov. 1947.
[2] Einstein to Henry Usborne, Jan. 9, 1948, AEA 58-922.
[3] Einstein to James Allen, Dec. 22, 1949, AEA 57-620.

第二十二章 世界公民，1945—1948

特殊威胁而导致的心理失常，有些传记作者也认为这是一种暂时的反常。[1] 但这种看法低估了爱因斯坦思想的转变。他再也不是一个纯粹的和平主义者了。

例如，有人希望他参加一场活动，以劝说美国的科学家不要研制原子武器，他不仅拒绝了邀请，而且严厉斥责组织者主张单方面裁军。"除非所有国家都参与进来，否则裁军不可能有效，"他在演讲中说，"哪怕只有一个国家继续武装自己，无论是公开的还是秘密的，其他国家的裁军活动都会导致灾难性的后果。"

他解释说，像他这样的和平主义者曾经在20世纪20年代错误地鼓励德国的邻邦不要重整军备。"这样做只会激起德国人的傲慢。"现在苏联的情况也是如此。"类似地，如果你们的建议有效，那就只能导致对民主的严重削弱，"他写信给那些推行反战请愿的人，"因为我们必须认识到，我们可能无法对苏联同行们的态度产生任何显著的影响。"[2]

1948年，当以前的反战联盟同事邀请他再次加入这个组织时，他也采取了类似的立场。为了讨好，他们引用了他以前的一句和平主义宣言，但还是遭到拒绝。"那句话准确表达了我在1918年到

---

[1] 纳坦在1960年与人合编的爱因斯坦政治著作选集《爱因斯坦论和平》（*Einstein on Peace*）就对这种看法起了促进作用。纳坦和杜卡斯同为爱因斯坦遗嘱执行人，他对早期出版的著作有巨大的影响。他是公开的社会主义者与和平主义者。他的选集很有价值，但如果查阅了整个爱因斯坦档案，就会发现他倾向于忽略那些爱因斯坦批评苏联或极端和平主义的材料。罗（David E. Rowe）和舒尔曼在2007年出版的爱因斯坦政治著作选集《爱因斯坦的政治世界》（*Einstein's Political World*）做了弥补。他们强调，爱因斯坦"并不打算放弃自由事业而主张一种严格的计划经济，特别是不会以基本自由为代价"。他们还强调了爱因斯坦改变纯粹和平主义立场的现实性和实际性。

[2] Einstein to Arthur Squires and Cuthbert Daniel, Dec. 15, 1947, AEA 58—89.

20世纪30年代初这段时间对反战的看法，"他回复说，"但是现在，我觉得那种反对个人参与军事活动的看法太过简单了。"

他警告说，过分简单化的和平主义可能很危险，尤其是考虑到苏联的内政外交态度。"反战运动实际上削弱了那些政体更为自由的国家，从而间接支持了现有专制政府的政策，"他指出，"只有在全世界都行得通，通过拒绝服兵役而进行的反战活动才是明智的。个体的反战活动在苏联是不可能的。"[1]

一些和平主义者认为，持久和平的最好基础是世界社会主义而非世界政府。爱因斯坦不同意这种观点。在给一个持这种观点的人回信时，爱因斯坦说："你说社会主义的本性就决定了它反对把战争作为解决问题的方式，我并不这样认为。很容易想象，两个社会主义国家之间也会发生战争。"[2]

波兰是一个冷战的早期策源地，占领那里的红军组建了一个亲苏政权，而没有像莫斯科事先承诺的那样举行公选。当这个新的波兰政府邀请爱因斯坦参加一个会议时，他们领教了爱因斯坦不依从党派教条的独立精神。他礼貌地解释说，他不再到海外旅行了。在表示鼓励的同时，他还强调了对世界政府的期盼。

波兰人决定删去关于世界政府的那部分内容，因为这是莫斯科所反对的。爱因斯坦很愤怒，他将未能发出的信件全文交予《纽约时报》发表。信中说："只有让一个超国家组织独自拥有制造和控制这些武器的权力，才能保护人类免遭难以想象的破坏和随时会降临的毁灭。"他也向主持会议的英国和平主义者抱怨，共产主义者

---

[1] Einstein to Roy Kepler, Aug. 8, 1948, AEA 58－969.

[2] Einstein to John Dudzik, Mar. 8, 1948, AEA 58－108. 亦参见 Einstein to A. Amery, June 12, 1950, AEA 59－95："无论我多么相信社会主义的必然性，它也解决不了国际安全问题。"

是如何强制服从政党路线的。"我确信，篱笆另一边的我们的同行根本无法表达他们的真实想法。"[1]

联邦调查局档案

爱因斯坦批评过苏联，拒绝去苏联访问，也反对共享原子弹的秘密，除非创建一个世界政府。他从未参与研制原子弹的工作，对有关技术的机密信息一无所知。然而，他却无意中卷入了一连串事件，这些事件表明联邦调查局在追踪苏联共产主义幽灵时是何等多疑、冒昧和无能。

红色恐惧和对共产主义颠覆活动的调查最初还有某些正当的理由，但是到了后来，一些装模作样的调查变得与政治迫害无异。这一切始于1950年年初，那时苏联研制出原子弹的消息令美国深感震惊。这年年初，杜鲁门总统启动了一项氢弹研制计划，在洛斯阿拉莫斯工作的德国流亡物理学家克劳斯·富克斯被当作苏联间谍抓起来了，参议员麦卡锡发表了著名演讲，宣称他在国务院有一份正式共产党员的名单。

作为原子能科学家应急委员会的主席，爱因斯坦不支持研制氢弹的计划，这让泰勒感到沮丧。不过他也没有彻底反对。当著名的和平主义者和社会主义活动家马斯特请他一同呼吁推迟研制新武器时，爱因斯坦拒绝了。"在我看来，你们的新建议非常不切实际，"他说，"只要军备竞赛流行开来，就不可能在某一国制止这

---

[1] "Poles Issue Message by Einstein; He Reveals Quite Different Text," *New York Times*, Aug. 29, 1948; Einstein to Julian Huxley, Sept. 14, 1948, AEA 58—700; Nathan and Norden, 493.

一过程。"[1] 他感到，建立一个世界政府，推进全球性的解决要更明智一些。

就在爱因斯坦写下那封信的第二天，杜鲁门就宣布全力实施氢弹研制计划。在普林斯顿的家里，爱因斯坦为美国国家广播公司周日晚间的电视节目《今天与罗斯福夫人在一起》的首播录制了一段三分钟的讲话。丈夫死后，前第一夫人已经成了进步论的代言人。"后面的每一步都是前面一步不可避免的结果，"爱因斯坦谈到军备竞赛时说，"最后，越来越清楚地展现在眼前的是全人类的毁灭。"第二天《纽约邮报》的大标题称，"爱因斯坦警告世界：要么禁止氢弹，要么自取灭亡"。[2]

爱因斯坦在电视访谈中还说，他越来越关切美国政府日益加强的安全措施和对公民自由的威胁。"一支力量日益增强的警察部队严密监视着公民特别是公务员的忠诚，"他警告说，"有独立见解的人受到折磨。"

就好像是为了证明他的正确，胡佛和几乎同样仇恨共产主义者的埃莉诺·罗斯福第二天就约见了联邦调查局负责国内情报的主管，让他们就爱因斯坦的忠诚及其与共产主义的可能关系做汇报。

两天以后，一份15页的文件出炉了。它列举了34个组织、一些据称与爱因斯坦有过交往或以自己的名义支持的共产主义阵线，其中也包括原子能科学家应急委员会。"他主要是和平主义者，可以看成一个自由思想者。"这份备忘录不无仁慈地总结说，它既没指控爱因斯坦是一个共产主义者，也没有给他安上为破坏分子提

---

[1] Einstein to A. J. Muste, Jan. 30, 1950, AEA 60-636.
[2] *Today with Mrs. Roosevelt*, NBC, Jan. 12, 1950, www.cine-holocaust.de/cgi-bin/gdq? efw00fbw002802.gd; *New York Post*, Feb. 13, 1950.

第二十二章 世界公民，1945—1948

供情报的罪名。[1]

事实上，没有任何东西能够把爱因斯坦与安全威胁联系起来。然而，联邦调查局在读过档案之后的所作所为却愚蠢而无能。他们回答不出诸如爱尔莎是否是爱因斯坦的第一任妻子，他在德国时杜卡斯是否是苏联间谍，他是否应对带富克斯来美国负责等问题。（所有这三个问题的正确答案都是否。）

联邦调查局试图证实一个秘密消息：爱尔莎曾经告诉加利福尼亚的一个朋友，他们有一个儿子，名叫小阿尔伯特·爱因斯坦，现正在苏联。事实上，汉斯·阿尔伯特那时是伯克利的一名工程学教授。无论是他还是仍在瑞士疗养院休养的爱德华都没有去过苏联。（如果这个谣传有任何根据的话，那就是爱尔莎的女儿玛戈特曾经嫁给一个俄国人，离婚以后，这个俄国人回到了苏联，尽管联邦调查局从未查出这一点。）

自从1932年弗罗辛厄姆夫人和她的女性爱国者们发表那篇文章以来，联邦调查局就一直在搜集与爱因斯坦有关的各种谣言。现在，可以从一份不断增加的卷宗中系统地了解那些材料。比如其中有这样的情报：有位柏林妇女寄给爱因斯坦一份关于如何在柏林买彩票中奖的数学图解，但没有收到回复，她便认定爱因斯坦是

---

[1] D. M. Ladd to J. Edgar Hoover, Feb. 15, 1950, and V. P. Keay to H. B. Fletcher, Feb. 13, 1950, both in Einstein's FBI files, box 1a, foia. fbi. gov/foiaindex/einstein. htm. 杰罗姆的书《爱因斯坦档案》（The Einstein File）做了分析。杰罗姆说，在选择爱因斯坦作为世纪人物时，《时代》周刊没有说他是社会主义者。"《时代》周刊的管理者似乎决定走到一定程度就适可而止，他们的文章没有提到爱因斯坦的社会主义信念。作为杂志当时的总编，我可以证明，这实际上是我们的疏漏，而不是政策决定的结果。"

共产主义者。[1] 爱因斯坦去世前，联邦调查局已经搜集了长达1427页的14箱材料，所有文件都印有"机密"字样，但都不能认定爱因斯坦有罪。[2]

回想起来，关于爱因斯坦的联邦调查局档案最著名的并不是它所记载的那些古怪的内部消息，而是一则有着重大关系的失踪了的情报。事实上，爱因斯坦曾经与一个苏联间谍交往而毫不知情，但联邦调查局始终找不到此事的线索。

这个间谍就是柯年科娃，她和丈夫，也就是前面提到的那个苏联现实主义雕塑家柯年科夫住在格林尼治村。柯年科娃以前是一个律师，能讲五种语言，对男人颇有吸引力。可以这么说，她作为苏联间谍在战争期间的工作就是试图去影响美国科学家。玛戈特把她介绍给了爱因斯坦，她在战时也成了普林斯顿的常客。

不知是出于职责还是愿望，柯年科娃与鳏居的爱因斯坦开始了一段风流韵事。1941年夏天的一个周末，她和几位朋友邀请爱因斯坦到长岛的一个别墅，他居然同意了，这出乎所有人的意料。他们带了煮鸡腿当午餐，乘火车离开宾州车站（Penn Station），度过了一个愉快的周末。爱因斯坦在海面上泛舟游弋，还在阳台上演算方程。其间他们到一个僻静的海滩看日落，险些被一个不认

---

[1] Gen. John Weckerling to J. Edgar Hoover, July 31, 1950, Einstein FBI files, box 2a.

[2] 参见 foia.fbi.gov/foiaindex/einstein.htm。罗默斯坦（Herb Romerstein）和布兰德尔（Eric Breindel）的《维诺那秘密》（*The Venona Secrets*，New York: Regnery, 2000）是一本抨击苏联间谍的书，他们根据在美国的苏联特工发送的"维诺那"秘密电报而行动。书中有一节叫"欺骗爱因斯坦"（第398页），它说，总有人希望把爱因斯坦列为各种亲苏团体的"荣誉主席"，但他们说，没有证据显示爱因斯坦曾经参加过共产主义会议，他所做的仅仅是以自己的名义支持一些有时充当共产国际"前线机构"的听起来好听的组织机构，比如"工人国际救济会"等。

第二十二章 世界公民，1945—1948

识爱因斯坦的当地警察所拘捕。"难道你不识字吗？"这个警官指着一个"不准擅自进入"的标志对爱因斯坦说。爱因斯坦和柯年科娃一直保持着情人关系，直到1945年她51岁时返回莫斯科。[1]

她成功地把爱因斯坦介绍给了同为间谍的苏联驻纽约副领事。但爱因斯坦没有任何秘密可与之分享，也没有任何证据表明他愿意以任何方式帮助苏联人，而且他也拒绝了柯年科娃提出的访问莫斯科的邀请。

爱因斯坦与柯年科娃的风流韵事和潜在的安全问题之所以会曝光，与联邦调查局的调查毫无关系，而是因为爱因斯坦在20世纪40年代写给柯年科娃的九封情书于1998年被公之于众了。此外，苏联间谍帕维尔·苏多普拉托夫出版了一本相当轰动但并不完全可信的回忆录，他在书中披露柯年科娃是一个代号为"卢卡斯"的特工。[2]

爱因斯坦的信是在柯年科娃离开美国之后写的。她、苏多普拉托夫以及其他任何人都从未声称爱因斯坦向他们透露过任何秘密，不论有意还是无意。不过，这些信件的确表明，66岁的爱因斯坦依然能够含情脉脉地写文章，甚或向别人示爱。"我最近给自己洗头，但做得不是太好，"他在一封信中说，"我不像你那样细心。"

然而，即便是对他的苏联情人，爱因斯坦也明确地说，他对

---

[1] Marjorie Bishop, Our Neighbors on Eighth Street, and Maria Turbow Lampard, introduction, in Sergei Konenkov, *The Uncommon Vision* (New Brunswick, N. J.: Rutgers University Press, 2000), 52—54 and 192—195.

[2] Pavel Sudoplatov, *Special Tasks*, updated edition (Back Bay, 1995), appendix 8, p. 493; Jerome 260 & 283; Sotheby's catalogue, June 26, 1988; Robin Pogrebin, Love Letters by Einstein at Auction, *New York Times*, June 1, 1998. 柯年科娃作为间谍的身份后来被其他材料所确认。

苏联并非没有看法。在一封信中，他抨击了莫斯科带有军国主义色彩的"五一"庆祝活动："我关切地看了这些夸张的爱国主义表演。"[1] 任何国家主义和军国主义的过度表达总会让他感到不舒服，当他还是一个孩子的时候，他就看过德国军队的游行表演，与现在他所看到的苏联别无二致。

爱因斯坦的政治思想

不管胡佛如何怀疑，爱因斯坦依然是一个坚定的美国公民。他认为自己反对这股忠诚调查的浪潮是在捍卫国家的真正价值。他一再指出，对言论自由的宽容和思想独立是美国人最为珍视的核心价值，他对此感到欣慰。

在总统选举中，他把前两张选票投给了他公开热情支持的罗斯福。1948年，杜鲁门的冷战政策使他深感沮丧，他把选票投给了进步党候选人亨利·华莱士，因为华莱士主张与苏联加强合作，加大社会福利投入。

终其一生，爱因斯坦在基本政治信念方面始终如一。从瑞士的学生时代起，他就支持社会主义经济政策，与之相协调的则是一种对个体自由、个人自治、民主制度和保护自由的强烈本能。他与罗素和诺曼·托马斯等许多英美民主社会主义领袖交情甚笃。1949年，他还为《每月评论》（*Monthly Review*）的创刊号写了一篇影响广泛的文章——《为什么要社会主义？》。

他在这篇文章中指出，不加限制的资本主义造成了巨大的贫富

---

[1] Einstein to Margarita Konenkova, Nov. 27, 1945, and June 1, 1946, uncatalogued.

差距，经济繁荣总是伴随着经济衰退，失业率居高不下。这种制度所鼓励的是自私自利而非合作，是攫取财富而非为他人服务。人们接受教育是为了他们的职业，而不是出于对工作和创造的热爱。政党也因为巨额的政治捐助而变得腐败。

爱因斯坦在文章中指出，如果能够防止专政和权力集中，那么这些问题可以通过一种社会主义经济来避免。"计划经济按照社会的需要而调节生产，它将把工作分配给一切能工作的人，并且保障每一个人，无论男女老幼，都能生活，"他写道，"对个人的教育，除了要发挥他本人天赋的才能，还应当努力发展他对整个人类的责任感，以代替我们目前这个社会中对权力和成功的崇拜。"

不过他又补充说，计划经济有可能发展成官僚主义和专制压迫，正如苏联等共产主义国家的情况那样。"计划经济本身可能伴随着对个人的完全奴役。"他警告说。因此，那些信仰个体自由的社会民主主义者需要面对两个关键问题："鉴于政治权力和经济权力的高度集中，怎样才有可能防止官员变得权力无限和傲慢自负？怎样才能使个人权利得到保护？"[1]

保护个人权利是爱因斯坦最基本的政治信条。个人主义和自由对于创造性艺术和科学的繁荣是必不可少的。无论是在个人方面，还是在政治和职业方面，他对任何约束都深为反感。

正因为此，爱因斯坦才对美国的种族歧视直言不讳。在20世纪40年代的普林斯顿，电影院依然实行隔离制度，黑人不允许在百货商店试穿衣服和鞋子，学生报纸声称黑人与白人享有同等的上

---

[1] Einstein, Why Socialism? *Monthly Review*, May 1949, reprinted in Einstein 1954, 151.

大学的机会只是"一种高尚的情感，但时机尚未到来"。[1]

作为一个在德国长大的犹太人，爱因斯坦对这种歧视极为敏感。"我越感到自己是一个美国人，这种情况就越使我痛苦，"他在一篇为《庆典》（*Pageant*）月刊所写的《黑人问题》一文中写道，"我只有把它说出来，才能摆脱同谋犯的感觉。"[2]

尽管爱因斯坦很少接受授予他的许多荣誉学位，但是当宾夕法尼亚州的黑人教育机构林肯大学邀请他访问时，他破了例。他穿着破破烂烂的灰色夹克站在黑板前，为学生们温习了一遍他的相对论方程，然后做了一个毕业致辞。他谴责美国的种族隔离制度是"美国的一个未加批判的代代相传的传统"。[3] 就好像是为了打破这种传统，他接见了林肯大学校长贺拉斯·邦德6岁的儿子朱利安·邦德。朱利安后来成了佐治亚州的参议员，是民权运动的领导人之一，也是全国有色人种协进会的主席。

然而，有一个团体是爱因斯坦在战后几乎不能容忍的。"所有德国人对于这些大规模杀戮是有责任的，作为一个民族应当受到惩罚。"他宣称。[4] 1945年年底，他的德国朋友詹姆斯·夫兰克要他帮助呼吁对德国经济进行宽大处理，他愤然拒绝了。"长期阻止德国恢复工业政策是绝对必要的，"他说，"倘若你们的呼吁流传开来，我会不遗余力地反对它。"虽然夫兰克继续坚持，但爱因斯坦变得愈发坚定。"德国按照周密计划屠杀了数百万平民，"他写

---

[1] *Princeton Herald*, Sept. 25, 1942, in Sayen, 219.
[2] Einstein, The Negro Question, *Pageant*, Jan. 1946, in Einstein 1950a, 132.
[3] Jerome, 71; Jerome and Taylor, 88－91; Einstein Is Honored by Lincoln University, *New York Times*, May 4, 1946.
[4] Einstein, To the Heros of the Warsaw Ghetto, 1944, in Einstein 1950a, 265.

第二十二章 世界公民，1945—1948

道，"只要有能力，他们还会这样干的。在他们身上看不到一丝歉疚或忏悔。"[1]

爱因斯坦甚至不允许他的书再次在德国销售，也不允许他的名字再次出现在任何德国科学协会的花名册上。他写信给物理学家哈恩说："在所谓文明国家的一切历史中，德国人所犯的罪行是最为恶劣的。德国知识分子阶层的所作所为与一伙暴徒的行为没什么两样。"[2]

和许多犹太难民一样，爱因斯坦的感受也有个人的原因。雅克布叔叔的儿子，即他的堂兄罗伯托，也遭到了纳粹迫害。战争行将结束时，德军从意大利撤离期间肆意杀害了他的妻子和两个女儿，然后又焚烧了他的房子，他躲在森林里才幸免于难。罗伯托写信告诉了爱因斯坦这个噩耗，一年之后也自杀了。[3]

这件事情使得爱因斯坦更加清楚地意识到了自己的国家关系和种族纽带。"按照国籍，我不是德国人，而是犹太人。"他在战争结束时宣称。[4]

然而，通过某种微妙但却现实的方式，他也成了一个美国人。1933年定居普林斯顿之后，除了到百慕大进行短暂巡游以启动移民进程之外，他在22年余生中从未离开过美国。

不可否认，他是一个意见多少有些不同的公民。但就此而言，他又处在美国人所特有的一些值得尊敬的传统之中：强烈地保护个

---

[1] Einstein to James Franck, Dec. 6, 1945, AEA 11-60; Dec. 30, 1945, AEA 11-64.

[2] Einstein to Verlag Vieweg, Mar. 25, 1947, AEA 42-172; Einstein to Otto Hahn, Jan. 28, 1949, AEA 12-72.

[3] Brian 1996, 340; Milton Wexler to Einstein, Sept. 17, 1944, AEA 55-48; Roberto Einstein to Einstein, Nov. 27, 1944, AEA 55-49.

[4] Einstein to Clara Jacobson, May 7, 1945, AEA 56-900.

人自由，反对政府的干预，质疑财富的过分集中，信奉在两次世界大战之后博得美国知识分子好感的理想化的国际主义。

他感到，惯于发表不同言论和标新立异并没有使他变成一个更糟糕的美国人，而是使他变得更好。1940年，在加入美国国籍的那一天，他在广播谈话中提到了这些价值。战争结束后，杜鲁门特地指定了一个节日向所有新公民表示祝贺。为爱因斯坦入籍的法官发出了上千封正式信函，邀请每一位宣过誓的公民到特伦顿的一个公园参加庆祝活动。他没有想到，到场的竟然有一万多人。更令他惊讶的是，爱因斯坦和他的家人也来了。在庆祝活动上，爱因斯坦坐在那里笑容可掬，不时挥手示意，一个小女孩坐在他的腿上，幸福地融入"我是一个美国人"的节日当中。[1]

---

[1] Sayen, 219.

第二十三章 里程碑，1948—1953

和以色列总理本-古里安在普林斯顿，1951年

无尽的求索

世界问题固然对爱因斯坦很重要，但宇宙问题有助于他摆正世俗事务的位置。虽然他在去世前再也没能做出什么重要的科学成

果，但他所不懈追求的仍然是物理而非政治。一天早上，他步行前往办公室，与支持军控的科学助手施特劳斯一同工作。他对他们如何在两个领域分配时间进行了思考。"但我们的方程对我更重要，"爱因斯坦说，"政治是暂时的，而方程是永恒的。"[1]

战争结束时，爱因斯坦66岁，这时他已经正式从高等研究院退休。但他每天仍然在那里的一个小办公室继续工作，而且能够得到忠诚助手的帮助，他们愿意追求那种被视为异类的统一场论。

平日里，他每天都会按时醒来，吃早餐，读报，10点钟左右从梅瑟街慢慢走到研究院。这样便衍生出许多虚虚实实的故事。他的同事派斯回忆说："有一次，一个司机忽然认出了这位正在街上行走的慈祥老人，黑色的毛线帽，紧紧戴在花白的头发上。吃惊之际，他的汽车撞在了树上。"[2]

战争结束后不久，奥本海默从洛斯阿拉莫斯来到普林斯顿接任研究院院长。他是一位卓越的理论物理学家，烟不离口，在领导科学家制造原子弹方面有超凡的能力。他的魅力和才智使他既赢得朋友，又树敌甚多，不过爱因斯坦两者都不是。他和奥本海默带着愉快和尊敬看待对方，两人的关系既友好，又不那么亲密。[3]

奥本海默1955年第一次访问研究院，那时他称它为"疯人院"，"一群唯我独尊的名人处在孤独无助的凄凉之中"。爱因斯坦无疑是这些名人中最伟大的一位，奥本海默称他是"完全的疯

---

[1] Seelig 1956b，71.
[2] Pais 1982，473.
[3] 参见 Bird and Sherwin。

第二十三章 里程碑，1948—1953

子"，虽然这样说似乎是为了表达一种挚爱。[1]

成为同事后，奥本海默在对待爱因斯坦时变得更加灵巧，其话语也变得更加微妙。他称爱因斯坦是"一个里程碑，但不是一座灯塔"，意为人们赞叹他的伟大成就，但极少有人在事业上追随他。事实也的确如此。几年以后，他又对爱因斯坦做了另一番生动描述："他身上总是透出一种强烈的纯粹性，既如孩子般单纯，又极为坚定。"[2]

爱因斯坦与研究院极为内向的另一位偶像式人物哥德尔成了密友，他们经常一起步行。哥德尔讲德语，是一位来自布尔诺和维也纳的数理逻辑学家，以其"不完备性定理"而著名。这两条逻辑定理表明，任何有用的数学系统都将包含一些命题，无法根据该系统的假设被证明为真或为假。

人才辈出的德语思想界向来有将物理学和数学与哲学结合在一起的传统，20世纪出现了三种不和谐的理论：爱因斯坦的相对论、海森伯的不确定性原理和哥德尔的不完备性定理。这三个词表面的相似性（都唤来了一个不确定的、主观的宇宙）过度简化了这些理论及其相互关系。不过，它们似乎都对哲学产生了影响，这成了哥德尔和爱因斯坦在前往办公室途中的讨论话题。[3]

---

[1] J. Robert Oppenheimer to Frank Oppenheimer, Jan. 11, 1935, in Alice Smith and Charles Weiner, eds., *Robert Oppenheimer: Letters and Recollections* (Cambridge, Mass.: Harvard University Press, 1980), 190.

[2] Sayen, 225; J. Robert Oppenheimer, On Albert Einstein, *New York Review of Books*, Mar. 17, 1966.

[3] Jim Holt, Time Bandits, *New Yorker*, Feb. 28, 2005; Yourgrau 1999, 2005; Goldstein. Yourgrau 2005, 3 讨论了不完备性、相对论和不确定性与时代精神的关系。霍尔特的文章解释了他们共有的看法。

他们的个性非常不同。爱因斯坦充满了幽默和睿智，这些都是哥德尔所缺乏的，他深刻的逻辑有时会推翻常识。这一点在哥德尔1947年加入美国国籍时表现得淋漓尽致。他非常认真地准备考试，仔细研究宪法，发现了一个他所谓的逻辑缺陷（这倒是符合人们对不完备性理论的提出者的预期）。他坚持说，这种内在的不一致性将使整个政府沦落为专制。

爱因斯坦不放心，决定陪同（或陪护）哥德尔到特伦顿参加入籍考试，主考官正是给爱因斯坦考试的那位法官。他和另一位朋友在途中试图让哥德尔分散精力，劝他不要提这个缺陷，但不管用。当主考官问他对宪法有何看法时，哥德尔开始论证其内在的不一致性有可能会导致独裁。幸运的是，考虑到他与爱因斯坦的关系，主考官及时打断了他。"你不必详谈了。"他说。哥德尔的国籍保住了。[1]

哥德尔研究了相对论的一些推论。通过分析，他不仅认为时间是相对的，甚至对是否可以说有时间这种东西存在都表示怀疑。他指出，爱因斯坦的方程可以描述一个旋转的而非（或同时）膨胀的宇宙。在这种情况下，空间与时间的关系将在数学上混在一起。他写道："存在着时间的客观流逝意味着，实在是由相继产生的无穷多个'现在'构成的。然而如果同时性是相对的，那么每一个观察者都有他自己的'现在'，没有哪一组'现在'有权代表时间的客观流逝。"[2]

哥德尔的结论是，时间旅行是可能的。"在这些世界中，只

---

[1] Goldstein，232 n. 8说，可惜各种研究都没能发现哥德尔所看出的确切错误是什么。

[2] Kurt Gödel，"Relativity and Idealistic Philosophy"，in Schilpp，558.

要乘坐宇宙飞船沿着足够宽广的曲线做一次往返旅行，就有可能进入过去、现在和未来的任何区域，然后再回来。"他认为这很荒谬，因为那样一来，我们就可以回去与年轻时的我们聊天（或者更糟的是，老年的我们会回来与我们聊天）。"哥德尔令人惊讶地表明，严格意义上的时间旅行与相对论是一致的，"波士顿大学哲学教授帕勒·尤格劳在关于哥德尔与爱因斯坦关系的书《没有时间的世界》（*World Without Time*）中说，"其主要结果是强有力地证明了，如果时间旅行是可能的，那么时间本身就不存在。"[1]

爱因斯坦对哥德尔的论证很钦佩，但兴趣并不大。他简短地评价说，这是"一项重要贡献"，但他很早以前就思考过这个问题，"这里所涉及的问题已经困扰过我"。他暗示，虽然时间旅行在数学上可以设想为真，但在现实中是不可能的。"看看能否基于物理的理由将它们排除是很有趣的。"爱因斯坦说。[2]

至于他自己，则仍在努力完成那个艰巨的任务。他的求索并非凭借亚哈（Ahab）[3]魔鬼般的冲动，而是带着以实玛利（Ishmael）[4]的忠诚与镇定。在探索统一场论的过程中，他一直没有获得像引力与加速等效，或同时的相对性那样令人信服的物理洞见，所以他仍然是在抽象的数学方程中苦苦摸索，没有航标灯为他导向。"这就像置身于一艘飞艇中，虽然可以在云端

---

[1] Yourgrau 2005，116.

[2] Einstein，Reply to Criticisms, in Schilpp，687—688.

[3] 亚哈，《圣经》中邪恶的以色列王，娶腓尼基公主耶洗别（Jezebel）为妻。——译者注

[4] 以实玛利，《圣经》中亚伯拉罕和使女夏甲所生之子，在以撒出生后被弃。——译者注

游弋，却看不清如何才能回到现实中的地球。"他对朋友悲叹道。[1]

他数十年来的目标始终如一，那就是提出一种能够同时包含电磁场和引力场的理论。然而，认为它们**必须**同属于一种统一的结构，这只是他的直觉，即自然喜欢美和简单性，除此之外并无令人信服的理由。

他也希望能够找到他的场方程可以允许的点状解，从而用场论说明粒子的存在。"他认为，如果我们对场论的基本观念深信不疑，那么物质就应当是场的实实在在的一部分，而不应强行加入进来，"他在普林斯顿的合作者霍夫曼回忆说，"事实上，或者可以说他希望仅仅从时空弯曲把物质构建出来。"在这一过程中，他使用了各种数学手段，但仍觉不够。"我需要更多的数学。"他曾向霍夫曼抱怨说。[2]

他为什么坚持这样做？引力场理论与电磁场理论的差异，粒子与场的区分，这些分裂和二元性一直都使他的内心感到不安。他直觉地感到，简单性和统一性是"老头子"（Old One）的产品特征。"一种理论的前提的简单性越大，所涉及的事物的种类越多，应用范围越广，它给人的印象也就越深。"他写道。[3]

20世纪40年代初，爱因斯坦暂时回到了他20年前从卡鲁扎那里得知的五维的数学方案。他甚至同量子力学的先驱泡利一起做了研究，泡利在战争期间曾在普林斯顿待过几年。但所得

---

[1] Einstein to Han Muehsam，June 15，1942，AEA 38-337.
[2] Hoffmann 1972，240.
[3] Einstein 1949b，33.

到的方程仍然无法描述粒子。[1]

于是他继而采取了"双向量场"方案。爱因斯坦似乎变得有些孤注一掷。他承认，这种新方案可能要求放弃他在攻击量子力学的一些思想实验中所认可的定域性原理。[2] 无论如何，这种方案不久也被放弃了。

爱因斯坦在生命中最后十年所采取的策略是复兴他在20世纪20年代曾经做过的一种尝试。他使用了一种不对称的黎曼度规，有16个分量。其中10个量表示引力，6个量表示电磁力。

他把早期的工作成果寄给了老同事薛定谔。"我只把它寄给了你，因为你是我所知道的唯一能够看清楚我们科学中基本问题的人，"爱因斯坦写道，"这一尝试所依赖的思想初看起来有些过时，似乎用处不大，即引入一种非对称张量……我把这种想法告诉泡利时，他朝我吐了吐舌头。"[3]

薛定谔花了三天时间仔细考虑了爱因斯坦的工作，回信说他十分钦佩。"你在搜寻一头大猎物。"他说。

这种支持让爱因斯坦很激动。"这封信使我欢欣鼓舞，"他回信说，"因为你是我最亲密的兄弟，我们的想法很类似。"可惜没过多久他就意识到，这种尚未成形的脆弱理论虽然在数学上很优雅，但似乎无法与任何物理的东西联系在一起。"从我内心来讲，我对它不像以前那样肯定了，"他几个月后向薛定谔坦言，

---

[1] Einstein and Wolfgang Pauli, Non-Existence of Regular Solutions of Relativistic Field Equations, 1943.

[2] Einstein and Valentine Bargmann, Bivector Fields, 1944. 他有时被称为"Valentin"，但他在美国签的名字是"Valentine"。

[3] Einstein to Erwin Schrödinger, Jan. 22, 1946, AEA 22-93.

"我们在这上面耗费了许多时间，得到的结果却像是魔鬼的祖母给予的礼物。"[1]

不过，他仍然迎难而上，艰苦地写出了几篇论文，偶尔还上了新闻大标题。当《相对论的意义》一书于1949年再版时，他把给薛定谔看的论文的最新版本《引力理论的推广》作为附录补充了进去。《纽约时报》用一整版的篇幅刊登了手稿中复杂的方程，并在头版配以大标题"爱因斯坦的新理论是宇宙的万能钥匙；经过30年的工作，科学家提出了可以沟通星体与原子的概念"。[2]

但没过多久，爱因斯坦意识到它依然不正确。在提交论文和刊印之间的六个星期里，他又有了新的想法，并再次进行了修改。

事实上，他对理论一再进行修改，但都没有成功。他的悲观情绪日渐浓厚，这可见于他给老友索洛文（当时在巴黎做爱因斯坦的出版商）的信。"这个问题我永远解决不了了，"他1948年写道，"它将被遗忘，以后肯定会被重新发现。"一年后他又说："我不敢肯定我走的路是否正确。我的同时代的人把我看成异端和叛逆分子，因为自己活久了人们已把我忘了。"1951

---

[1] Erwin Schrödinger to Einstein, Feb. 19, 1946, AEA 22-94; Einstein to Erwin Schrödinger, Apr. 7, 1946, AEA 22 - 103; Einstein to Erwin Schrödinger, May 20, 1946, AEA 22-106; Einstein, Generalized Theory of Gravitation, 1948, with subsequent addenda.

[2] Einstein, *The Meaning of Relativity*, 1950 edition, appendix 2, revised again for the 1954 edition; William Laurence, New Theory Gives A Master Key to the Universe, *New York Times*, Dec. 27, 1949; William Laurence, Einstein Publishes His Master Theory; Long-Awaited Chapter to Relativity Vol. Is Product of 30 Years of Labor; Revised at Last Minute, *New York Times*, Feb. 15, 1950.

第二十三章 里程碑，1948—1953

年，他有些无奈地说："统一场论的研究已经不再进行了。它在数学上过于困难，我无法证明它。这种情况还将持续很多年，主要是因为物理学家们不理解逻辑和哲学论证。"[1]

爱因斯坦对统一理论的求索注定不会给物理学体系带来什么切实的成果。他没能获得什么伟大的洞见或思想实验，直觉不到背后的原理来帮助他实现目标。"没有图像能够帮助我们，"他的合作者霍夫曼悲叹道，"它的数学非常高深。多年以来，或是和助手一起，或是孤身一人，爱因斯坦克服了一个又一个困难，最后发现还有新的困难在等待着他。"[2]

也许这种探索是徒劳的。假如再过一个世纪仍然找不到统一理论，那么它仍将受到误解。但爱因斯坦从不后悔他的努力。有一天，一位同事问他为什么要把时间花在（也许是浪费在）这项孤独的事业中，他回答说，即使找到统一理论的希望很渺茫，这种努力也很值得。他说自己已经功成名就，不必担心丢掉饭碗，花时间冒这个险还担负得起。但年轻理论家这样做就太危险了，因为他很可能会因此而毁掉自己的前途。于是爱因斯坦说，自己有义务这样做。[3]

虽然爱因斯坦在探索统一场论的过程中接二连三地失败，但这并没有使他改变对量子力学的怀疑态度。1948年，他昔日的论战对手玻尔到研究院访问，并撰文记述他们在战前索尔维会议

---

[1] Einstein to Maurice Solovine, Nov. 25, 1948, AEA 21 − 256; Mar. 28, 1949, AEA 21−260; Feb. 12, 1951, AEA 21−277.

[2] Tilman Sauer, Dimensions of Einstein's Unified Field Theory Program, courtesy of the author; Hoffmann 1972, 239; 绍尔正在研究爱因斯坦晚年在场论方面的工作，感谢他的帮助。

[3] Whitrow, xii.

上的争论。[1] 玻尔在爱因斯坦楼上的办公室里绞尽脑汁构思文章，其间因心理阻滞而无法写下去，便叫派斯来帮忙。玻尔围着一张长条桌团团转，派斯则一边用好话劝他，一边做着笔记。

玻尔觉得沮丧时，有时会一遍遍地念叨同一个词。这一次，轮到了爱因斯坦的名字。他走到窗边不住地念叨："爱因斯坦……爱因斯坦……"

这时，爱因斯坦悄悄开门走了进来，并向派斯示意不要出声。他偷拿了一点医生不让他买的烟草。玻尔喊出最后一声"爱因斯坦"之后，一回头，发现了使他产生焦虑的始作俑者。"毫不夸张地说，玻尔好一阵子说不出话来。"派斯回忆说。又过了一会儿，他们全都放声大笑。[2]

另一位试图让爱因斯坦改变想法但未获成功的人是普林斯顿大学著名的理论物理学家惠勒。一天下午，惠勒来到梅瑟街，向爱因斯坦解释他和他的研究生费曼正在思考的一种量子理论新方案。"我希望让爱因斯坦相信，从这种新的角度看，量子理论是十分自然的。"惠勒回忆说。爱因斯坦耐心地听了20分钟，但还是重复了他那句名言："我不相信善良的上帝会掷骰子。"

惠勒有些失望，爱因斯坦的口气稍微减弱了一些。"当然，我可能是错的，"他用舒缓和幽默的语气说，"不过我也许拥有了犯错误的权利。"爱因斯坦后来向一位女性朋友坦言："我不认为我在有生之年能够看到谁是正确的。"

惠勒后来又来过多次，有时还带着学生。爱因斯坦承认惠

---

[1] Niels Bohr, Discussion with Einstein, in Schilpp, 199.
[2] Abraham Pais, in Rozental 1967, 225; Clark, 742.

勒的许多论证很精巧，但他从未改变自己的想法。晚年的爱因斯坦曾经宴请过惠勒的几位学生。当谈到量子力学时，他再次质疑我们的观察可以影响和确定实在这种观点。爱因斯坦问他们："老鼠的观察会改变宇宙的状态吗？"[1]

冬狮

由于几次小的中风，米列娃的健康每况愈下。她仍然住在苏黎世，照料正在住院的儿子爱德华，他的行为已经变得愈发怪异和暴力。她又开始受到经济问题的困扰，与爱因斯坦的关系也开始紧张起来。爱因斯坦在美国从诺贝尔奖金中为她投到信托账户中的钱在大萧条时期已经损值大半。为了给爱德华治病，她卖了三幢公寓房中的两幢。到了1946年年底，爱因斯坦不得不卖掉剩下的那幢房子，让爱德华的法定监护人来管理财务。不过，米列娃仍然拥有房子的用益权和委托书，她害怕失去任何控制。[2]

一个寒冷的冬日，她沿着结冰的小路去看望爱德华，不幸

---

[1] John Wheeler, Memoir, in French, 21; John Wheeler, Mentor and Sounding Board, in Brockman, 31; Einstein quoted in Johanna Fantova journal, Nov. 11, 1953. 在1952年给贝索的信中，爱因斯坦还是一如既往地倔强。他坚持说，对自然的完备描述应当能够描述实在或"决定论的实在状态"，而不仅仅是描述观察。"正统的量子理论家通常（基于实证主义的考虑）拒绝承认实在状态的概念，于是就落到与善良的贝克莱主教类似的境地去了。" Einstein to Michele Besso, Sept. 10, 1952, AEA 7-412。一个月后他又说："量子理论宣称：规律并不涉及事物本身，而只涉及我们通过观察所感知的东西……对此我不能苟同。" Einstein to Michele Besso, Oct. 8, 1952, AEA 7-414.

[2] Einstein to Mileva Marić, Dec. 22, 1946, AEA 75-845.

中途摔倒，失去了知觉，后被路人救起。她自知不久于人世，经常梦见在雪中艰难前行，但仍然无法见到爱德华的情形。她担心爱德华可能遭遇什么不测，常给汉斯·阿尔伯特写一些令人揪心的信。[1]

1948年年初，爱因斯坦总算卖出了米列娃的房子，但由于有委托书，米列娃没有把收益寄给他。他给汉斯·阿尔伯特写信说了详细情况，并向他保证，无论发生什么事情，他都会照顾爱德华，"即使倾家荡产也在所不惜"。[2]那年5月，米列娃又一次中风，精神恍惚，嘴里不断念叨着"不，不！"直到三个月后离开人世。后来，人们在她的床垫下面发现了卖房所得的85000瑞士法郎。

爱德华神志不清，不再谈起他的妈妈。住在附近的爱因斯坦的朋友塞利希经常去看他，并给爱因斯坦带回消息。塞利希希望他能够与儿子进行接触，但他从未这样做。"有一种东西阻挡着我，我也说不清楚它是什么，"爱因斯坦对塞利希说，"我相信，无论我以什么方式露面，都会在他心里唤起各种痛苦的情感。"[3]

1948年，爱因斯坦的健康状况也开始下降。多年来，他一直受到胃痛和贫血的折磨。那年年底，他感到胃剧痛，呕吐不止，随即住进布鲁克林的犹太医院进行检查。经诊断，他的腹

---

[1] Fölsing 731; Highfield and Carter 253; Brian 1996, 371; Einstein to Karl Zürcher, July 29, 1947.

[2] Einstein to Hans Albert Einstein, Jan. 21, 1948, AEA 75-959.

[3] Einstein to Carl Seelig, Jan. 4, 1954, AEA 39-59; Fölsing, 731.

第二十三章　里程碑，1948—1953

部主动脉里长了一个动脉瘤，[1] 医生们对此有些束手无策。他们（正确地）认为，这种病有一天也许会夺去他的生命，不过只要注意饮食健康，他也可能活得更久。[2]

为了康复，他做了一次长途旅行，最远到达佛罗里达的萨拉索塔（Sarasota），这将是他在普林斯顿居住的22年里距离最长的旅行。有一次，他成功地躲过了公众的注意。"爱因斯坦悄悄到访萨拉托加。"当地的报纸埋怨说。

杜卡斯陪伴着他。爱尔莎去世后，她不仅是一个忠诚的护卫者，而且帮爱因斯坦拦下了汉斯·阿尔伯特的女儿伊夫林写的信。汉斯·阿尔伯特怀疑杜卡斯可能与他的父亲有染，而且跟别人也这么说。"汉斯·阿尔伯特多次跟我讲，他很早以前就怀疑这一点。"爱因斯坦一家的朋友彼得·布基后来回忆说。但其他认识杜卡斯的人都认为这种说法难以置信。[3]

那时，爱因斯坦与儿子的关系已经好多了，汉斯·阿尔伯特现在是一位受人尊敬的伯克利的工程教授。汉斯·阿尔伯特曾经东行去看望父亲，他后来回忆说："我们见面时总会通报各自的领域和工作中有趣的进展。"爱因斯坦特别喜欢了解新发明和如何解决难题。"也许发明和难题都会让他想起在伯尔尼专利局度过的无忧无虑、卓有成就的时光。"汉斯·阿尔伯特说。[4]

爱因斯坦的妹妹玛雅的健康也在恶化。玛雅是他生命中关系

---

[1] 动脉瘤是血管的扩张或膨胀，就像起水疱一样。腹部主动脉是连接心脏的大动脉之一，位于横膈膜与腹部之间。

[2] Sayen, 221; Pais, 1982, 475.

[3] *Sarasota Tribune*, Mar. 2, 1949, AEA 30－1097; Bucky 131. 杰里米·伯恩斯坦写道："任何人只要跟杜卡斯女士待上5分钟，就能明白这种指控是多么愚不可及。" Bernstein 2001, 109.

[4] Hans Albert Einstein interview, in Whitrow, 22.

最近的人了。墨索里尼颁布反犹太人的法令后，她来到普林斯顿，而与之分居多年的丈夫保罗·温特勒则搬到了瑞士，与他的妹妹和妹夫贝索住在一起。[1]他们时常通信，但再也没能团聚。

和爱尔莎一样，玛雅也开始模仿爱因斯坦的打扮了：放射状的银发，淘气的微笑。甚至是在问问题时，她所使用的腔调和略带讥讽的语气也与爱因斯坦相似。她是素食主义者，却喜欢吃热狗，爱因斯坦便裁定热狗是一种蔬菜，这让她很满意。[2]

玛雅不幸中风，到了1948年不得不整日卧病在床。爱因斯坦对她悉心照料，这在别人那里是没有的。每天晚上，爱因斯坦都会读书给她听。有时涉及的话题很严肃，比如托勒密反对阿里斯塔克日心说的论证。"我不禁想起了当今物理学家的一些论证：深奥而微妙，但没有洞察力。"他写信给索洛文谈了那天晚上的情形。有时阅读的内容轻松一些，但同样能够给人以启发，比如《堂吉诃德》，他有时将自己反对流行的科学观念比作堂吉诃德随时准备拿长矛与风车战斗。[3]

1951年6月，玛雅去世，爱因斯坦极度悲伤。"我对她的思念超乎想象。"他写信给一位朋友。他脸色苍白，长时间坐在家里的后阳台上，神情严肃地仰望长空。他的继女玛戈特来安

---

[1]"玛雅和保罗之间的矛盾正在加剧。他们应当离婚。保罗据说有了外遇，婚姻面临崩溃。不应当等待太久（就像我一样）……异族通婚没有任何好处（安娜说：哦！）。"Einstein to Michele Besso, Dec. 12, 1919。这里半开玩笑似的提到的安娜是指安娜·温特勒·贝索，即贝索的妻子，保罗·温特勒的妹妹。温特勒一家不是犹太人，贝索和爱因斯坦一家则是犹太人。

[2] Highfield and Carter, 248.

[3] Einstein to Solovine, Nov. 25, 1948, AEA 21-256; Sayen, 134.

慰他，他用手指着天空，就好像在安慰自己说："好好看看大自然，你就更能理解它了。"[1]

玛戈特也离开了丈夫（他写了一本爱因斯坦传记，但未被认可）。她很崇拜爱因斯坦，随着时间的推移，他们的关系越来越近。爱因斯坦觉得玛戈特很有魅力。"玛戈特说话时，"他说，"你看见花儿在生长。"[2]

他能够唤起和感受到这种挚爱，表明他并不像通常认为的那样在感情上与人疏远。玛雅和玛戈特上了年纪之后，都更愿意与他一起生活，而不是与丈夫住在一起。他曾经是一位不易相处的丈夫和父亲，因为任何约束性的关系都会使他不舒服，然而当他投入其中而不是受到限制时，也可以热情洋溢和充满感情，无论是对家人还是朋友。

爱因斯坦毕竟是人，既有优点又有缺点，他最大的失败来自于私人领域。他有几位终生不渝的朋友，家里也有人疼爱，但有少数人（特别是米列娃和爱德华），当关系变得过于令人痛苦时，他干脆置之不理。

至于他的同事，则看到了他温和的一面。他很和蔼，对同伴和下属非常慷慨，对助手总是很慈祥，无论这些人是否同意他的看法。他与一些人的友谊持续了很多年。他的热心（有时在家里看不到）使所有人感到温暖。因此，随着他慢慢老去，周围的同事对他不仅尊敬，而且爱戴。

---

[1] Einstein to Lina Kocherthaler, July 27, 1951, AEA 38−303; Sayen, 231.

[2] Einstein Repudiates Biography Written by His Ex-Son-in-Law, *New York Times*, Aug. 5, 1944; Frieda Bucky, You Have to Ask Forgiveness, *Jewish Quarterly* (winter 1967—1968), AEA 37−513.

他从佛罗里达疗养回来后，在人们为他举行的 70 岁生日宴会上，他感受到了那种事业和生活上的友情，从学生时代起，这种友情就一直伴随着他。尽管按照预定的计划，讨论的话题本应集中在爱因斯坦的科学，但大多数人还是谈了他的可爱和善良。当他步入会场时，人们安静了下来，接着爆发出雷鸣般的掌声。"爱因斯坦根本不知道人们对他有多么敬重。"他的一位助手回忆说。[1]

作为生日礼物，研究院的朋友们给他买了一台 AM-FM 高级收音机和高保真电唱机。有一天在他工作时，他们悄悄把这台机器装上了。爱因斯坦很感动，不仅用它来听音乐，还听新闻。他特别喜欢听霍华德·史密斯的电台评论。

那时他已经基本上不再演奏小提琴，他老迈的手指已经很难完成这项任务。他转而弹奏自己并不十分擅长的钢琴。有一次，有一节旋律总是弹不过去，他转回头看了看玛戈特，笑着说："莫扎特在这里乱写一气。"[2]

他现在看起来更像是一个先知：长长的头发，眼神中带着些许忧伤和疲倦，面孔瘦削了许多，显示出智慧和沧桑，但也更为安详。他仍和年轻时一样喜欢幻想，只是现在多了一份宁静。

"人们一般认为我冥顽不化，"他对当时在爱丁堡做教授的老友玻恩说，"我觉得这种角色并不坏，因为它非常符合我的性情……在任何方面我都更愿意给予而不是接受，我不太把自己或

---

[1] Einstein Extolled by 300 Scientists, *New York Times*, Mar. 20, 1949; Sayen, 227; Fölsing, 735.

[2] Einstein to Queen Mother Elisabeth of Belgium, Jan. 6, 1951, AEA 32-400; Sayen, 139.

大众的做法当回事，对我的弱点和恶习并不感到羞愧，而是带着幽默的心情对事物泰然处之。"[1]

以色列总统

第二次世界大战以前，爱因斯坦曾经在曼哈顿的康莫多旅馆举行的逾越节庆祝会上向3000位来宾致辞，反对建立犹太国。"我所认识到的犹太民族的本性是同一个有着边界、军队和世俗权力的犹太国的思想相抵触的，"他说，"我担心对犹太教的内部损害——特别是我们自己的队伍中发展起来的一种狭隘的民族主义所造成的损害——会持续下去。我们已经不再是马加比（Maccabee）[2]时代的犹太人了。"[3]

战后，他的立场依然没有改变。1946年，他在华盛顿向一个研究巴勒斯坦局势的国际委员会作证时，指责英国人挑拨犹太人与阿拉伯人的关系，呼吁让更多的犹太人移民入境，但并不认为犹太人应当组建一个国家。"国家的观念与我的看法不符，"他说话的声音虽然不高，却在热情的犹太复国主义者听众中引起强烈震动，"我不明白为什么要这样做。"[4] 爱因斯坦竟然在这

---

[1] Einstein to Max Born, Apr. 12, 1949, AEA 8-223.
[2] 此处"Maccabee"恐系"Maccabees"或"Maccabaeus"之误。马加比（Judas Maccabaeus,? 一前161），犹太游击队领导人，争取犹太人宗教信仰自由及政治独立，反抗叙利亚统治，重建犹太国，使犹太免于希腊化，后战死。——译者注
[3] 3,000 Hear Einstein at Seder Service, *New York Times*, Apr. 18, 1938；Einstein, Our Debt to Zionism, in Einstein 1954, 190.
[4] Einstein Condemns Rule in Palestine, *New York Times*, Jan. 12, 1946; Sayen, 235-237; Stephen Wise to Einstein, Jan. 14, 1946, AEA 35-258; Einstein to Stephen Wise, Jan. 14, 1946, AEA 35-260.

样一种公开的听证会上背叛犹太复国主义者，这让犹太拉比怀斯大吃一惊。他最终让爱因斯坦签署了一份声明进行澄清，尽管它事实上什么也没有澄清。

爱因斯坦对梅纳赫姆·贝京等犹太军事领导人使用的军国主义方法倍感沮丧，他与昔日的对手胡克在《纽约时报》上联名签署了一份请愿书，指责贝京是"恐怖分子"，与法西斯主义者"非常类似"。[1] 暴力与犹太传统相违背。"我们仿效着愚蠢的国家主义和异教徒的种族谬论。"他在1947年给一个朋友的信中说。

然而当以色列1948年宣布建国时，爱因斯坦又写信给这位朋友说，他的态度发生了转变。"出于经济、政治、军事上的理由，我从不认为国家是一个好的概念，"他承认，"但是现在，我们别无退路，只能以斗争方式解决问题。"[2]

以色列的建国也使他又一次背离了曾经拥护的纯粹的和平主义。"我们也许会后悔不得不使用一些在我们看来可憎而愚蠢的方法，"他写信给乌拉圭的一个犹太团体，"但是为了使国际状况有所改善，我们必须首先尽自己的一切力量维持我们的经验。"[3]

1921年，魏茨曼带爱因斯坦来到美国。他终生致力于犹太复国主义运动，当选以色列第一任总统。在既定体制中，总理及其内阁握有更大的权力，总统虽然声望很高，但没有实权。1952年11月，魏茨曼去世，有一份耶路撒冷的报纸呼吁让爱因斯坦来接任他。在压力面前，总理本-古里安不得不做出妥协，他迅速放出

---

[1] Einstein Statement Assails Begin Party, *New York Times*, Dec. 3, 1948; Einstein Is Assailed by Menachim Begin, *New York Times*, Dec. 7, 1948.

[2] Einstein to Hans Muehsam, Jan. 22, 1947, AEA 38－360, and Sept. 24, 1948, AEA 38－379.

[3] Einstein to Lina Kocherthaler, May 4, 1948, AEA 38－302.

第二十三章 里程碑，1948—1953

话来，会征询爱因斯坦的意见。

这种想法既令人惊讶，同时也不现实。爱因斯坦是在魏茨曼去世一周后，在《纽约时报》的一篇小文中得知这一提议的。起初，他们一家人权当是个笑话，但没过多久，记者开始打电话了。"这真让人难堪。"他对一位来访者说。几小时以后，以色列驻华盛顿大使阿巴·埃班发来了一份电报，问大使馆可否第二天正式派人来看他。

"既然我肯定不会同意，那个人干吗还要大老远跑来？"爱因斯坦说。

杜卡斯决定给埃班大使打电话说明情况。在那个时候，即兴的长途电话还是比较新奇的。让她没有想到的是，她竟然联系上了华盛顿的埃班，然后把话筒交给爱因斯坦。

"我不是合适的人选，不可能去担任。"爱因斯坦说。

"我不能跟我的上司说，你给我打了电话表示不同意，"埃班答道，"我只能装装样子，正式发出这份邀请。"

最后，埃班派了一个代表，交给爱因斯坦一封正式信函，问他是否愿意出任总统。"接受这一职位就意味着必须搬到以色列，加入以色列国籍。"埃班在信上说（也许是为了防止爱因斯坦幻想能够在普林斯顿管理以色列）。不过接下来还有安抚的话："在此情况下，以色列政府和人民将为让您从事您的伟大的科学研究工作提供全部的便利和自由，他们完全理解您工作的重大意义。"换句话说，这一职位只要求他挂个名字，而不要求他做很多工作。

虽然这份邀请似乎有些奇怪，但它有力地证明了爱因斯坦是犹太世界无与伦比的英雄。它"体现了犹太人民所能给予她的子民的最深敬意"，埃班说。

埃班的特使一到，爱因斯坦就把已经准备好的拒信交给了他。

特使开玩笑说:"我做了一辈子律师,从未见过在陈述案情之前就被驳回的。"

爱因斯坦在回信中说,这一邀请使他"深为感动",对自己不能接受它"感到悲伤和羞愧"。"我终生都在同客观事物打交道,缺乏天生的资质和经验与人民打交道,做官处理世事,"他解释说,"与犹太人民的血脉联系是我一生中最亲切、最强烈的心理寄托。特别是当我意识到,在世界各国中我们的处境还不稳定,这更加使我感到痛苦。"[1]

邀请爱因斯坦做以色列总统的主意很聪明,但爱因斯坦正确地意识到,有时一个出色的想法同时也是很糟糕的。正如他以惯有的调侃语气所说,他既没有与人民打交道的天生资质,也不适合做官。他天生就不适合做政治家或领袖。

他喜欢谈论自己的思想,没有耐心为管理(甚或象征性地领导)复杂的机构而做出必要的妥协。在希伯来大学创建之初,他担任了有名无实的领导人。他的性情决定了他做不到对各种权谋伎俩视而不见。与此类似,最近有一个组织在波士顿附近筹建布兰迪斯大学,他在与他们打交道时也有同样不愉快的经历,这使他辞去了相关职务。[2]

---

[1] Dukas interview in Sayen 245; Abba Eban to Einstein, Nov. 17, 1952, AEA 41-84; Einstein to Eban, Nov. 18, 1952, AEA 28-943.

[2] 爱因斯坦在创建希伯来大学方面所付出的艰苦努力在 Parzen 1974 中有所叙述。关于他与布兰迪斯大学的关系,参见 Abram Sacher, *Brandeis University* (Waltham, Mass.: Brandeis University Press, 1995), 22. 与他关系良好的一个地方是叶史瓦大学(Yeshiva University)。1952年,他被推选为在那里建造医学院的筹款运动的荣誉主席,第二医学院以他的名字命名。感谢爱德华·伯恩斯(Edward Burns)提供的信息。参见 www.yu.edu/libraries/digital_library/einstein/panel10.html.

第二十三章 里程碑，1948—1953

此外，爱因斯坦从未表现出处理各项事务的才能。他唯一担任过的正式管理职务就是主管柏林大学的一个新建的物理研究所。他只是雇了他的继女做一些文秘工作，并让一位天文学家来证实他的理论。

爱因斯坦的卓越在于他是一个孤独者、反叛者和不循规蹈矩的思想者，对于任何可能束缚其自由的事情，他都退避三舍。要想扮演在政治上息事宁人的角色，还有比这些特征更糟糕的吗？正如他在给为他呼吁的耶路撒冷报纸写的信中所说，他不愿意附和"可能造成我良心冲突"的某个政府决定。

无论在社会上还是科学上，他更愿意做一个标新立异者。"不错，许多反叛者最终都成了有责任感的人，"爱因斯坦那一周向一位朋友承认，"但我无法做到这一点。"[1]

本-古里安不由得长舒了一口气。他意识到这个主意并不好。"如果他接受了，我们该怎么办呢？"他开玩笑地对助手说，"话已经说出去了，我不得不让他担任这一职位，但这样一来我们可就麻烦了。"两天以后，埃班大使在纽约的一个招待会上碰到了爱因斯坦，他很高兴这件事已成过去。爱因斯坦没有穿袜子。[2]

---

[1] Einstein to *Maariv* newspaper editor Azriel Carlebach，Nov. 21，1952，AEA 41－93；Sayen，247；Nathan and Norden，574；Einstein to Joseph Scharl，Nov. 24，1952，AEA 41－107.

[2] Yitzhak Navon，On Einstein and the Presidency of Israel，in Holton and Elkana，295.

第二十四章 红色恐惧，1951—1954

和奥本海默在一起，1947 年

罗森伯格夫妇

氢弹的研制工作紧锣密鼓地进行，反共声浪愈演愈烈，参议员麦卡锡鼓吹的安全调查越来越肆无忌惮，所有这些都使爱因斯坦

第二十四章 红色恐惧，1951—1954

感到不安。这使他想起了20世纪30年代纳粹的上台和反犹主义的兴起。"几十年前德国的灾难正在重演，"他1951年年初向比利时王后悲叹道，"人们一味纵容默许，而不做任何抵抗，甘愿与恶势力为伍。"[1]

他试图在反美和反苏人士之间保持中立。一方面，他的合作者英菲尔德希望他支持世界和平委员会的声明，他（正确地）怀疑这个委员会是受苏联操纵的，没有答应。"在我看来，这多多少少是一种宣传。"他说。一群苏联学生恳请他一同抗议所谓美国在朝鲜战争期间使用生物武器，他也同样予以批驳。"你们不能指望我抗议那些或许（而且十有八九）从未发生过的事情。"他回复说。[2]

另一方面，爱因斯坦也不愿在胡克散发的一份请愿书上签字，该请愿书斥责那些如此指控美国的人不够诚实。他不落于任何一个极端。正如他所说："每一位有识之士都必须努力促进缓和，做出更为客观的判断。"[3]

为了不动声色地推进这种缓和，爱因斯坦写了一封私人信件，要求不要判朱利叶斯·罗森伯格和埃塞尔·罗森伯格死刑，他们被控将核机密泄露给了苏联人。此案已经使国家分成了激烈对立的两派，这在有线电视时代到来之前是很罕见的。爱因斯坦没有对这个案子发表任何看法。他将信寄给了主审法官欧文·考夫曼，并请他不要公布信的内容。他并没有说罗森伯格夫妇是清白的，他只是认为，对于这样一个案子来说，死刑过

---

[1] Einstein to Queen Mother Elizabeth of Belgium, Jan. 6, 1951, AEA 32-400.

[2] Einstein to Leopold Infeld, Oct. 28, 1952, AEA 14-173; Einstein to Russian students in Berlin, Apr. 1, 1952, AEA 59-218.

[3] Einstein to T. E. Naiton, Oct. 9, 1952, AEA 60-664.

于严厉了，因为它的事实模糊不清，判决结果更多是受民众的狂热而非客观性所驱使。[1]

毫不奇怪，考夫曼法官把这封私人信件交给了联邦调查局。它不仅被收入爱因斯坦档案，而且遭到仔细审查，看它是否属于不忠之举。三个月后，一份报告送到了胡佛手中，说没有找到进一步的指控证据，不过这封信仍然放在爱因斯坦档案里。[2]

由于考夫曼法官执意判决死刑，爱因斯坦给即将离任的杜鲁门总统写信，请求减刑。他在一张写满方程（显然没有得出任何结果）的纸的背面先用德语后又用英语起草了这封信。[3] 杜鲁门把决定权交给了继任的艾森豪威尔总统，而艾森豪威尔则维持了死刑判决。

爱因斯坦给杜鲁门的信最终被公之于众，《纽约时报》在头版做了报道，大标题为"爱因斯坦支持罗森伯格上诉"。[4] 100多封愤怒的信从全国各地纷至沓来。"你需要一些常识，外加对美国的恩惠心存感激。"弗吉尼亚朴茨茅斯的玛丽安·罗尔斯写道。"你把犹太人放在第一位，而把美国放在第二位。"纽约怀特普莱恩斯（White Plains）的查尔斯·威廉斯说。在朝鲜服役的下士霍默·格林说："你显然希望看到我们美国兵被杀掉。去苏联吧，或者回你的老家，因为我不喜欢你这样的美国人既

---

[1] Einstein to Judge Irving Kaufman, Dec. 23, 1952, AEA 41-547.
[2] Newark FBI Field Office to J. Edgar Hoover, Apr. 22, 1953, Einstein FBI files, box 7.
[3] Einstein to Harry Truman, with 15 lines of equations on the other side, Jan. 11, 1953, AEA 41-551.
[4] *New York Times*, Jan. 13, 1953.

靠这个国家生活，又发表反美言论。"[1]

持肯定意见的信件并不多，不过爱因斯坦与最高法院法官威廉·道格拉斯进行了愉快的通信。道格拉斯试图阻止执行死刑，但没有成功。"为了在我们这个不安的时代创造一种健康的舆论，您已经尽心尽力了。"爱因斯坦写信表示赞赏。道格拉斯回信说："您对我的褒扬使这段黑暗的时间光亮起来，我将永远铭记在心。"[2]

许多批评信质问爱因斯坦，为何为罗森伯格夫妇辩护，却不愿为被斯大林投入监牢的九位犹太医生讲好话，这几个犹太人被指控参与了犹太复国主义者暗杀苏联领导人的阴谋。《纽约邮报》的出版人和《新领袖》的编辑都公开指责爱因斯坦坚持双重标准。[3]

爱因斯坦也认为苏联的行为应当受到谴责。"苏联政府在所有官方审讯中对正义的扭曲应当毫无保留地予以谴责。"他写道。他又说，个人向斯大林呼吁可能不会起什么作用，也许一群学者发表联合声明会有帮助。于是，他联合诺贝尔化学奖得主哈罗德·尤里等人发表了联合声明。"爱因斯坦和尤里打击了共产主义者的反犹主义。"《纽约时报》报道。[4]（几周以后，斯大林

---

[1] Marian Rawles to Einstein, Jan. 14, 1953, AEA 41-629; Charles Williams to Einstein, Jan. 17, 1953, AEA 41-651; Homer Greene to Einstein, Jan. 15, 1953, AEA 41-588; Joseph Heidt to Einstein, Jan. 13, 1953, AEA 41-589.

[2] Einstein to William Douglas, June 23, 1953, AEA 41-576; William Douglas to Einstein, June 30, 1953, AEA 41-577.

[3] Generosa Pope Jr. to Einstein, Jan. 15, 1953, AEA 41-625; Daniel James to Einstein, Jan. 14, 1953, AEA 41-614.

[4] Einstein to Daniel James, Jan. 15, 1953, AEA 60-696; *New York Times*, Jan. 22, 1953.

逝世，那些医生被释放。）

另一方面，他在许多信件和声明中都强调，美国人不应由于害怕共产主义而放弃他们所珍视的公民自由和思想自由。他指出，在英国国内有更多的共产主义者，但那里的人并没有因国内的安全调查而陷入狂乱。美国人也不必如此。

弗劳恩格拉斯

每一年，洛德和泰勒（Lord & Taylor）百货公司都会颁发一个独立思考奖。在20世纪50年代初，这一举措也许显得尤为不同寻常。1953年，爱因斯坦实至名归地因其在科学上的"标新立异"而获奖。

爱因斯坦对这一特点感到自豪，他知道自己多年来得益于此甚多。"看到一个无可救药的标新立异者的顽固受到大家的热情赞许，确实让我感到莫大的愉快。"他在接受这一奖项的广播讲话中说。

尽管是因为在科学领域的标新立异而获此殊荣，但爱因斯坦利用这一场合谈到了麦卡锡式的调查。"当然，大家是在对一个冷僻领域（物理学）中的标新立异者欢呼，在这一领域，参议院尚未感到有必要抗击国内缺乏批判力或胆小的公民的安全威胁。"[1]

---

[1] Einstein, Acceptance of the Lord & Taylor Award, May 4, 1953, AEA 28-979。在给时任《普林斯顿日报》的学生编辑克鲁格（Dick Kluger）的一封信中，他写道："只要一个人没有违反'社会契约'，那么任何人都无权调查他的信念。如果不遵守这一原则，思想就不可能自由发展。" Einstein to Dick Kluger, Sept. 17, 1953, in Kluger's possession.

第二十四章 红色恐惧，1951—1954

一位名叫理查德·弗劳恩格拉斯的布鲁克林的中学教师收听了他的讲话。一个月前，他曾被调查共产主义在中学影响的参议院内部安全小组委员会传唤到华盛顿作证，他拒绝发表意见。现在他想问爱因斯坦他这样做是否正确。

爱因斯坦回了信，并告诉弗劳恩格拉斯可以公开这封信。"反动政客在设法向公众灌输一种思想，让他们怀疑一切理智的努力，"他写道，"现在，他们又来压制教学自由。"知识分子应当如何来反抗这种罪恶？"坦率地讲，我看只有采用甘地所主张的那种不合作的革命方法，"爱因斯坦说，"每一位受到委员会传讯的知识分子都应当拒绝作证。"[1]

爱因斯坦一直拒绝流行时尚，这不仅使他终生受益，也使他在麦卡锡时代固执己见。在那个时代，人们常常被要求说出别人的名字，并在对他们及其同事的忠诚调查中作证，爱因斯坦的做法却很简单：不要合作。

正如他对弗劳恩格拉斯所说，他认为这应当以第一修正案所保证的言论自由为根据，而不是援引防止自己受到牵连的第五修正案作为"托词"。他说，维护第一修正案尤其是知识分子的义务，因为他们在社会中扮演着维护自由思想的特殊角色。纳粹上台时，德国大多数知识分子都没有站出来声讨，这仍然使他感到惊骇。

他给弗劳恩格拉斯的信发表后，所引发的轩然大波甚至超过了他对罗森伯格案件的呼吁。全国的社论群起而攻之。

---

[1] Einstein to William Frauenglass, May 16, 1953, AEA 41–112; Refuse to Testify Einstein Advises, *New York Times*, June 12, 1953; *Time*, June 22, 1953.

《纽约时报》:"在这种情况下,爱因斯坦教授建议运用公民不服从这一人为的不合法力量无异于以毒攻毒。爱因斯坦教授所反抗的情形固然需要纠正,但出路并不在于违反法律。"

《华盛顿邮报》:"他不负责任的建议,已经将他归入了极端主义者的行列。这又一次证明,科学上的天才绝不能保证政治上的睿智。"

《费城问讯者报》:"看到一个颇有成就、获得无数荣誉的学者竟然被为他提供避难所的国家的敌人用作宣传工具,真是特别可悲……爱因斯坦博士从星空中下来染指意识形态的政治,结果令人悲叹。"

《芝加哥论坛报》:"发现一个人在某些方面智力超群,在另一些方面却是愚不可及,总是令人感到惊讶。"

《普韦布洛(Pueblo)星报》:"在所有人当中,他最应该知道,是这个国家保护他没有落入希特勒的魔掌。"[1]

普通人也给他写了信。"好好照照镜子,看看没有疯子一般的发型,你是多么丑陋,像布尔什维克那样戴一顶俄国羊毛帽子吧。"克利夫兰的萨姆·艾普金说。反共专栏作家维克多·拉斯基寄给他一封冗长的信:"你最近对这个伟大国家的制度的攻击最终使我确信,尽管你有许多科学知识,但却是个傻瓜,是对这个国家的威胁。"新泽西州东奥兰治(East Orange)的乔治·斯特林费洛不正确地指出:"不要忘了,你是从一个共

---

[1] All of these editorials ran on June 13, 1953, except the Chicago one, which ran on June 15.

第二十四章 红色恐惧，1951—1954

产主义国家来到这里才获得自由的。不要滥用这种自由，先生。"[1]

参议员麦卡锡也进行了责难，尽管语气因为爱因斯坦的身份而有所收敛。"无论是谁，只要劝说美国人把关于间谍和破坏活动的情报保密，他就是美国的敌人。"他没有指名道姓地说。[2]

然而这一次，实际上更多的信是支持爱因斯坦的。他的朋友罗素的还击比较有趣。"你们似乎认为，无论法律有多么坏，都应当遵守，"哲学家给《纽约时报》写信说，"我不由得设想你们会判乔治·华盛顿的罪，主张你的国家应当回过头来效忠于伊丽莎白二世陛下。作为一个忠诚的英国人，我当然举双手赞成，但只怕它在你们国家中得不到太多支持。"爱因斯坦给罗素写了一封感谢信，悲叹道："这个国家的所有知识分子，以至最年轻的学生，全都受到威胁。"[3]

弗莱克斯纳已从高等研究院退休，现居第五大街，他希望利用这次机会修复与爱因斯坦的关系。"作为一个土生土长的美国人，我感谢你写给弗劳恩格拉斯的出色的信，"他写道，"如果在被问到个人观点和信仰时绝对缄口不言，一般美国公民的地位将会更为高贵。"[4]

---

[1] Sam Epkin to Einstein from, June 15, 1953, AEA 41-409; Victor Lasky to Einstein, June 1953, AEA 41-441; George Stringfellow to Einstein, June 15, 1953, AEA 41-470.

[2] *New York Times*, June 14, 1953.

[3] Bertrand Russell to *New York Times*, June 26, 1953; Einstein to Bertrand Russell, June 28, 1953, AEA 33-195.

[4] Abraham Flexner to Einstein, June 12, 1953, AEA 41-174; Shepherd Baum to Einstein, June 17, 1953, AEA 41-202.

弗劳恩格拉斯十几岁的儿子理查德说的话很令人心酸:"在这样一个不安的时代,您的声明也许会改变这个国家的进程。"这倒是有些道理。他说,他将终生珍藏爱因斯坦这封信,然后又补充了一句:"我最喜欢的科目也是你最喜欢的——数学和物理学。现在我正在学习三角。"[1]

被动反抗

后来,数十位持不同政见者请求爱因斯坦站出来为他们说话,但他拒绝了。他认为自己的观点已经讲得很清楚,没有必要使自己不断陷入争执。

但物理教授阿尔伯特·沙多维茨着实成功了。他在战争期间当过工程师,帮助建立了一个工会,后因委员会中有共产主义者而被开除出工人运动。参议员麦卡锡想证明这个工会与莫斯科有联系,曾给国防工业造成威胁。正如爱因斯坦向弗劳恩格拉斯建议的那样,曾是共产党员的沙多维茨决定援引第一修正案而非第五修正案作为保护。[2]

沙多维茨很担心自己的处境,他决定打电话向爱因斯坦求助。但爱因斯坦的电话号码没有列出来,于是他开车从北新泽西来到了爱因斯坦在普林斯顿的住所,在那里见到了忠于职守的门卫杜卡斯。"您约好了吗?"她问。他承认没有。"那么您不能进屋与爱因斯坦教授谈话。"她宣布。但是听他解释了情况后,

---

[1] Richard Frauenglass to Einstein, June 20, 1953, AEA 41−181.
[2] Sarah Shadowitz, Albert Shadowitz, *Globe and Mail* (Toronto), May 26, 2004. 作者是沙多维茨的女儿。

第二十四章　红色恐惧，1951—1954

杜卡斯盯着他看了一会儿，让他进去了。

爱因斯坦还是一贯的装束：宽松的套衫、灯芯绒裤子。他带沙多维茨来到楼上书房，称其做法是正确的。他是一个知识分子，在这些情况下挺身而出是知识分子的义务。"如果你这样做了，我的名字可随意使用。"爱因斯坦慷慨地说。

面对这张空头支票，沙多维茨又惊又喜。在第一次秘密听证会上，麦卡锡的首席顾问罗伊·科恩向沙多维茨发问，麦卡锡在一旁听着。他是共产主义者吗？沙多维茨答道："我拒绝回答这个问题，我采用的是爱因斯坦教授的建议。"麦卡锡忽然问他是否认识爱因斯坦。沙多维茨回答说，其实不认识，但见过面。当这一幕在公开听证会上重演时，台词没有什么变化。和弗劳恩格拉斯案一样，这件事又激起了轩然大波。

爱因斯坦相信他是一个好公民，而并非不忠。他读过第一修正案，认为支持它的精神恰恰是美国人所珍视的自由的核心。有一位愤怒的批评者寄给他一张卡片的复制品，上面含有他所谓的"美国信条"，其部分内容是："我有热爱祖国、拥护宪法、遵守法律的义务。"爱因斯坦在边缘处写道："这正是我所做的事情。"[1]

当著名黑人学者杜波伊斯被指控传播由世界和平委员会发布的一份请愿书时，爱因斯坦主动为他作证。这份请愿书代表着

---

[1] Sayen, 273—276; Permanent Subcommittee on Investigations, Committee on Government Operations, Testimony of Albert Shadowitz, Dec. 14, 1953, and Report on the Proceedings Against Abert Shadowitz for Contempt of the Senate, July 16, 1954; Albert Shadowitz to Einstein, Dec. 14, 1953, AEA 41-659; Einstein to Albert Shadowitz, Dec. 15, 1953, AEA 41-660. 麦卡锡倒台后，1955年7月，沙多维茨于听取证词两年后被还以清白。

爱因斯坦支持公民权利和言论自由的主要观点。当杜波伊斯的律师告知法庭爱因斯坦将会到场之后，法官旋即决定驳回此案。[1]

另一桩案件发生在家门口，那就是奥本海默事件。在领导众多科学家研制出原子弹之后，奥本海默出任普林斯顿高等研究院的院长，同时仍然担任原子能委员会的顾问，拥有忠诚审查的特许。由于当初反对研制氢弹，他与泰勒交恶，而且与原子能委员会的委员刘易斯·斯特劳斯疏远。奥本海默的妻子基蒂和他的弟弟弗兰克在战前都曾是共产党员，他本人则与共产党员以及忠诚可疑的科学家过从甚密。[2]

所有这些都促成了1953年剥夺了对奥本海默忠诚审查的特许。本来它不用多久就会失效，这件事本可以不动声色地得到解决，但在那种狂热气氛下，奥本海默和他的对手都不希望背离自己所标榜的原则，遂决定在华盛顿举行秘密听证会。

有一天，爱因斯坦在研究院碰到了正在准备听证会的奥本海默，他们聊了一会儿。奥本海默上了汽车，向一位朋友讲述了他们的谈话。"爱因斯坦认为我受到的攻击太过分了，我应当辞职。"他说。爱因斯坦认为，奥本海默甚至没有必要回应那些指控，这足以见得他是"一个傻瓜"。在为国家立下汗马功劳之后，他没有义务让自己受"政治迫害"。[3]

1954年4月，正当哥伦比亚广播公司记者爱德华·默罗与麦卡锡进行较量，关于安全调查的争论趋于白热化之际，秘密

---

[1] Jerome and Taylor, 120—121.
[2] Bird and Sherwin, 133, 495.
[3] Bird and Sherwin, 495.

第二十四章 红色恐惧，1951—1954

听证会还是举行了。过了几天，詹姆斯·莱斯顿在《纽约时报》的整个头版公布了听证会的内容。[1] 奥本海默的忠诚受政府调查的事件瞬间又成了人们争论的焦点话题。

由于有消息说，报道可能会突然转向，派斯来到梅瑟街，让爱因斯坦对媒体打来电话做好思想准备。派斯告诉他，奥本海默继续坚持参加听证会，而不是与政府直接断绝关系。爱因斯坦苦笑着说："奥本海默的麻烦在于，他爱上了一个不爱他的女人——美国政府。"他告诉派斯，奥本海默需要做的就是，"到华盛顿对官员们说他们是傻瓜，然后回家"。[2]

奥本海默失败了。原子能委员会经投票表决认定，他是一个忠诚的美国人，但存在着安全危险，于是（在失效的前一天）撤销他的忠诚审查特许。第二天，爱因斯坦到研究院看望了他，发现他很沮丧。当天晚上，爱因斯坦对一个朋友说，他"不明白奥本海默为何把这件事看得那么认真"。

研究院的一些成员发起了一份请愿书来支持院长，爱因斯坦立即在上面签了字。其他人一开始拒绝了，其中有些人是出于恐惧。这刺激了爱因斯坦。他"运用其'革命才能'来募集支持"，一位朋友回忆说。开了几次会之后，爱因斯坦说服所有人在声明上签了字。[3]

奥本海默在原子能委员会的对手刘易斯·斯特劳斯是研究院

---

[1] James Reston, Dr. Oppenheimer Suspended by A. E. C. in Security Review, *New York Times*, Apr. 13, 1954. 4月11日，星期天，约瑟夫·奥尔索普（Joseph Alsop）和斯图尔德·奥尔索普（Steward Alsop）曾经在其《纽约先驱论坛报》的专栏猜测，现在"顶尖物理学家"成了安全调查的对象，但并未提及奥本海默的名字。

[2] Pais 1982, 11; Bird and Sherwin, 502-504.

[3] Johanna Fantova's journal, June 3, 16, 17, 1954, in Calaprice, 359.

的理事，这让教授们很担忧。他会试图解雇奥本海默吗？爱因斯坦给另一位理事会成员朋友——纽约州参议员赫伯特·雷曼写信称，奥本海默"是迄今为止研究院最有能力的院长"，开除他"将会激起所有知识分子的义愤"。[1] 于是理事会投票保留了他。

奥本海默事件发生后不久，曾经的和未来的民主党总统候选人阿德莱·斯蒂文森到普林斯顿拜访了爱因斯坦，他很受知识分子喜爱。爱因斯坦对他说，政客们正在煽动对共产主义的恐惧，这让他很是不安。斯蒂文森比较谨慎地回应说，其实苏联是一个威胁。在谈了一些次要话题之后，斯蒂文森感谢爱因斯坦在1952年给予他支持。爱因斯坦说，没有必要感谢，他这样做只是因为他更不信任艾森豪威尔。斯蒂文森说，他喜欢这种诚实。爱因斯坦认为他并不像初看起来那样自命不凡。[2]

爱因斯坦对麦卡锡主义的反抗部分源于他对法西斯主义的担忧。他感到，美国最危险的内部威胁并非来自共产主义破坏分子，而是来自于那些利用对共产主义者的恐惧来践踏公民自由的人。"与在这里疯狂搜捕寥寥几位共产主义者相比，美国受本国共产主义者的威胁要小得多。"他对社会主义领导人诺曼·托马斯说。

甚至对不认识的人，爱因斯坦也用质朴的话语表达了他的厌恶。一个从未谋面的纽约人给他写了一封11页的信，他回信说："我们已经在建立法西斯政权的道路上走得很远，我们这里

---

[1] Einstein to Herbert Lehman, May 19, 1954, AEA 6-236.
[2] Johanna Fantova's journal, June 17, 1954, in Calaprice, 359.

总的状况与1932年的德国何其相似。"[1]

一些同事担心，爱因斯坦发表的观点会引起人们对研究院的争论。他开玩笑说，他为此而急白了头发。实际上，他以一种美国式的孩子气自由表达着自己的感受。"在我这个新祖国里，由于我无法保持沉默，无法忍受在这里发生的一切，我已经成了一个'专爱捣乱的人'（enfant terrible.），"他写信给伊丽莎白王后，"而且，我认为上了年纪的人已经没有什么可以失去的，他们应当站出来为受到更多约束的年轻人说话。"[2]

他甚至亦庄亦谐地宣布，鉴于目前的政治胁迫，他不可能想做教授。"如果我重新是个青年人，并且要决定怎样去谋生，那么我绝不想做什么科学家、学者或教师，"他拖长声音对《记者》杂志的西奥多·怀特说道，"我宁愿做一个管道工或小贩，以希望在目前的情况下还能得到程度不高的独立性。"[3]

这段话不仅使爱因斯坦获得了美国"管道业工会"授予的荣誉会员称号，而且引发了关于学术自由的全国辩论。即使爱因斯坦的一句比较无关紧要的评论也会引起广泛关注。

爱因斯坦看得很清楚，学术自由正在遭到蹂躏，这对事业的损害是实实在在的。例如，与奥本海默和爱因斯坦在普林斯顿共事的著名理论物理学家——在量子力学某些方面做出改进的

---

[1] Einstein to Norman Thomas, Mar. 10, 1954, AEA 61-549; Einstein to W. Stern, Jan. 14, 1954, AEA 61-470. 亦参见 Einstein to Felix Arnold, Mar. 19, 1954, AEA 59-118: "目前的调查要比国内那几个共产主义者对我们社会造成的威胁大得多。"

[2] Johanna Fantova journal, Mar. 4, 1954, in Calaprice, 356; Einstein to Queen Mother Elizabeth of Belgium, Mar. 28, 1954, AEA 32-410.

[3] Theodore White, U. S. Science, *The Reporter*, Nov. 11, 1954. White 后来撰写了 *The Making of the President* 系列丛书。

玻姆，接到了美国众议院反美活动调查委员会的传讯，借口第五修正案而失去了工作，最后移居巴西。

不过事实证明，爱因斯坦的说法（以及他一连串的厄运）是夸张之辞。尽管他有些话不够审慎，但他的言论并没有受到钳制，工作也没有受到威胁，甚至联邦调查局编纂爱因斯坦档案这场闹剧也没有剥夺他言论自由的权利。在奥本海默遭调查的最后阶段，他和爱因斯坦仍然安全藏身于普林斯顿的避难所，可以随意思考和发表意见。虽然两个人的忠诚都受到质疑，拒绝给他们忠诚调查特许有时很可耻，但这并不像在纳粹德国，任何事情都是秘密的，尽管爱因斯坦有时会发表不当言论。

爱因斯坦和其他一些难民往往把麦卡锡主义看成法西斯主义的余波，而不是在民主制度中泛起的波澜，这是可以理解的。正如事实所证明的，和往常一样，美国的民主又重新恢复起来。1954年，麦卡锡遭到陆军律师、他的参议员同事、艾森豪威尔总统，以及德鲁·皮尔逊、爱德华·默罗等新闻记者贬斥。奥本海默案件的文字记录公布后，至少是在学术界和科学界，刘易斯·斯特劳斯和泰勒的声誉受到了损害，程度之深堪比奥本海默。

爱因斯坦不习惯于能够自动复正的政治体制，也不能完全欣赏美国的民主及其对个人自由的培养是多么有弹性。所以过了一段时间，他的鄙夷加深了。但其冷嘲式的超然和幽默感使他没有沉溺于绝望。他死时注定不会痛苦。

第二十五章 最后的时光，1955

爱因斯坦在普林斯顿

辞世的预兆

1954年3月，为了祝贺爱因斯坦75岁生日，一个医学中心送给他一只鹦鹉，爱因斯坦给它取名"毕波"。这次迁居很艰难，毕波似乎受到了惊吓。当时，爱因斯坦正在接见一位在普林斯顿大学图书馆工作的妇女约翰娜·范托娃，20世纪20年代他们曾在德国见过面。"这只鹦鹉被送来之后一直精神不振，爱因斯坦试图用笑话逗它开心，但它似乎无动于衷。"范托娃在日记中记下了他们的会谈。[1]

在爱因斯坦的照料下，毕波的精神总算恢复了，不久便可以进食。不过它患了传染病，需要打几次针，爱因斯坦担心它支持不下去。但毕波是一只坚强的鸟，打了两针后就恢复了健康。

爱因斯坦的贫血和胃病也时有反复。而且他知道，其腹部主动脉上的动脉瘤是致命的，他开始平静地对待自己的死亡。他在为柏林和普林斯顿的物理学家鲁道夫·拉登堡致悼词时，说的话似乎是感同身受。"人生短暂，宛如造访一间奇特的房子，又迅速离去，"他说，"所走的道路勉强被摇曳不定的意识照亮。"[2]

他似乎感到，生命中的最后这段时光既顺乎自然，又有些精神性。"奇怪的是，随着人的慢慢老去，他对眼前事物的亲密感渐渐失去，"他写信给比利时王后说，"人仿佛身陷于无穷，多少有些孤独。"[3]

同事们将5年前送给爱因斯坦的音响做了更新，作为送给他的75岁生日礼物。他反复播放一张由RCA录制的贝多芬的《庄

---

[1] Johanna Fantova Journal, Mar. 19, 1954, in Calaprice, 356.
[2] Einstein eulogy for Rudolf Ladenbberg, Apr. 1, 1952, AEA 5-160.
[3] Einstein to Jakob Ehrat, May 12, 1952, AEA 59-554; Einstein to Ernesta Marangoni, Oct. 1, 1952, AEA 60-406; Einstein to Queen Mother Elizabeth of Belgium, Jan. 12, 1953, AEA 32-405.

第二十五章 最后的时光，1955

严弥撒》的唱片。选择这张唱片非比寻常，因为首先，贝多芬并不是他最喜欢的作曲家，他认为贝多芬"过于个人和直白"；[1]其次，他的宗教本能通常并不包括这些外部装饰。"我是一个非常虔诚的无信仰者，"他对一位送来生日祝福的朋友说，"这是一种新的宗教。"[2]

回忆往昔岁月可谓恰逢其时。老友哈比希特和索洛文从巴黎寄来了一张明信片，回忆起他们半个多世纪前在伯尔尼组建的所谓奥林匹亚科学院的日子。爱因斯坦在回信中对其大加颂扬："虽然我们都已经有点老态龙钟，可是你所闪耀的明亮耀眼的光辉依然照耀着我们孤寂的人生道路。"他后来在另一封信中向索洛文悲叹道："魔鬼正在细心点数着年头。"[3]

虽然有胃病，但他仍然喜欢走路。有时他会和哥德尔一起走到研究院，或从那里回来，有时则会和玛戈特在普林斯顿近郊的树林里散步。他和玛戈特的关系变得更近了，但他们散步时通常不说什么话，似乎在享受着这种宁静。玛戈特注意到，无论是在个人方面还是在政治上，爱因斯坦都更加成熟稳重了。他所做的判断不再像以前那样尖刻，而是变得温和甚至是可爱。[4]

特别是，他终于与汉斯·阿尔伯特和平共处了。就在他庆祝了75岁生日不久，汉斯·阿尔伯特也到了50岁。儿媳弗里

---

[1] Einstein interview with Lili Foldes, *The Etude*, Jan. 1947; Calaprice, 150. 关于爱因斯坦反复播放这张唱片的消息是一个认识晚年爱因斯坦的人告诉我的。

[2] Einstein to Hans Muehsam, Mar. 30, 1954, AEA 38-434.

[3] Einstein to Conrad Habicht and Maurice Solovine, Apr. 3, 1953, AEA 21-294; Einstein to Solovine, Feb. 27, 1955, AEA 21-306.

[4] Sayen, 294.

达寄来了一个纪念品,爱因斯坦给汉斯·阿尔伯特写了一封较为正式的信表示感谢,就好像是专为某个特殊场合而写的。不过其中也对儿子以及科学生活的价值大加赞颂:"令我颇感欣慰的是,我的儿子继承了我的主要性格特点:能够数十年如一日地牺牲自我,追求一种非个人的目标,从而超越单纯的生存。"[1] 那年秋天,汉斯·阿尔伯特去看望了爱因斯坦。

到那时,爱因斯坦终于发现了美国的一个基本原则:当美国被一些潮流所席卷时,局外人所看到的一些危险的政治激情,其实只是一时的情绪,可以被其民主制度所消解,被其宪法所纠正。麦卡锡主义已经渐渐销声匿迹,艾森豪威尔缓解了紧张局势。"上帝自己的国家变得越来越奇怪了,"他那年圣诞节给汉斯·阿尔伯特写信说,"但他们还是成功地恢复了正常。所有东西都在这里成批生产,甚至精神病。但任何东西很快就不再流行。"[2]

他几乎每天都要到研究院研究他的方程,试图朝着统一场论的方向有所推进。他常常会有新的思想产生出来,并在头天用过的纸上演算方程,并同一位来自以色列的女物理学家——他最后一年的助手布鲁莉娅·考夫曼一起进行研究。

布鲁莉娅会在黑板上写下新的方程,供他们思考和提问题。接着,爱因斯坦会试图进行反驳。"他有一些标准来判断这是否与物理实在相关。"布鲁莉娅说。甚至当新方案屡屡受挫时,爱因斯坦也依然很乐观。"嗯,我们也并非一无所获。"到点时

---

[1] Einstein to Hans Albert Einstein, May 1, 1954, AEA 75-918.
[2] Einstein to Hans Albert Einstein, unfinished letter, Dec. 28, 1954, courtesy of Bob Cohn, purchased at Christie's sale, Einstein Family Correspondence.

第二十五章 最后的时光，1955

他会这样说。[1]

到了晚上，爱因斯坦往往会给他的朋友范托娃解释其最新努力，范托娃则会在日记里记录下来。在1954年记录的内容里，希望时而升起，时而破灭。2月20日："他可能给理论找到了一个重要的新角度，可以简化它。希望他不会发现什么错误。" 2月21日："没有找到任何错误，但新的工作不像他前一天想的那样令人振奋。" 8月25日："爱因斯坦的方程看起来不错，也许由此可以推出一些结果，但这项工作繁重得要死。" 9月21日："它初看上去只是一种理论，不过现在似乎还不错，他正在取得进展。" 10月14日："今天在他的工作中找到了一个错误，遭遇挫折。" 10月24日："他今天疯狂地计算，但一无所获。"[2]

那一年，量子力学的先驱泡利来访。就像25年前在索尔维会议上那样，关于上帝是否掷骰子的辩论又一次展开。爱因斯坦告诉泡利，他仍然反对量子力学的基本信条，即一个系统必须通过指定如何进行实验观察才能定义。他坚持认为，有一种实在独立于我们的观察而存在。"爱因斯坦有一种哲学偏见，认为所谓的'**实在**'状态在任何情况下都可以被客观定义，也就是说，不需要指定用来考察这一系统的实验安排。"泡利给玻恩写信说。[3]

就像对老友贝索所说的那样，爱因斯坦也坚持认为，物理学应当建立在"场的概念，即连续体"的基础上。70年前，

---

[1] Gertrude Samuels, Einstein, at 75, Is Still a Rebel, *New York Times Magazine*, Mar. 14, 1954.

[2] Johanna Fantova journal, 1954, in Calaprice, 354—363.

[3] Wolfgang Pauli to Max Born, Mar. 3, 1954, in Born 2005, 213.

他在观察罗盘时所感到的敬畏使他惊叹于场的概念，从那以后，场的概念一直指导着他的理论。但他很担心，如果场论到头来无法解释粒子和量子力学会怎么样。"如果真是这样，那么我的空中楼阁（包括引力理论）就将**荡然无存**。"[1]

于是，甚至当爱因斯坦对他的固执表示歉意时，他也自豪地拒不放弃它。"我大概像一只鸵鸟，为了不面对讨厌的量子，总把头埋进相对论的沙堆里。"他写信给德布罗意。通过信任一种背后的原理，他已经找到了引力理论，这使他"狂热地相信"，类似的方法将最终导向一种统一场论。"这将能够解释鸵鸟政策。"他苦笑着对德布罗意说。[2]

爱因斯坦给《狭义与广义相对论浅说》的最后一版又增补了一个附录，其最后一段话更加明确地表达了这一点。"目前流行的看法是，只有物理实在的概念削弱之后，才能体现已由实验证实了的自然界的二重性（粒子性和波性），"他写道，"我认为，我们现有的实际知识还不能做出如此深远的理论否定；在相对论性场论的道路上，我们不应半途而废。"[3]

此外，罗素鼓励他继续寻找一种能够确保原子时代和平的组织。罗素回忆说，他们都曾反对第一次世界大战，支持第二次世界大战，现在则必须防止第三次世界大战。"我想，为了使政府认识到可能发生的灾难，科学界的杰出人士应当做出点像样的事情来。"罗素写道。爱因斯坦建议发表"公开声明"，让一

---

[1] Einstein to Michele Besso, Aug. 10, 1954, AEA 7−420.

[2] Einstein to Louis de Broglie, Feb. 8, 1954, AEA 8−311.

[3] Einstein 1916, final appendix to the 1954 edition, 178.

些著名科学家和思想家签名。[1]

爱因斯坦开始拉他的老友和争论伙伴玻尔加盟。"别那样皱眉头！"爱因斯坦开玩笑说，就好像他是在与玻尔面对面交谈，而不是给身在哥本哈根的他写信，"这封信与我们过去的物理学争论毫无关系，它所关注的事情我们看法完全一致。"爱因斯坦承认，他本人的名字也许在国外有些影响，但在美国并非如此，"因为在这里我被看成一个败类（不仅仅在科学问题上）"。[2]

可惜玻尔拒绝了，不过玻恩等其他九位科学家同意了。罗素在这份文件的最后这样呼吁："鉴于在任何未来的世界大战中肯定会使用核武器，鉴于这种武器威胁着人类的继续生存，我们敦促世界各国政府认识到并且公开承认，世界大战解决不了任何问题。因此，我们敦促他们寻求和平手段来解决国家之间的一切争端。"[3]

爱因斯坦等到了他的76岁生日，但其健康状况不允许他出门向聚集在梅瑟街112号门前的记者和摄影师挥手致意。邮递员送来了礼物，奥本海默带来了论文，布基一家带了一些智力玩具，范托娃则在那里做记录。

在礼物当中有一条领带，这是纽约法明代尔（Farmingdale）小学的五年级学生送的，他们可能看到了爱因斯坦的照片，认为他可以使用一条。"对我来说，领带只是一种遥远的记忆。"

---

[1] Bertrand Russell to Einstein, Feb. 11, 1955, AEA 33−199; Einstein to Bertrand Russell, Feb. 16, 1955, AEA 33−200.

[2] Einstein to Niels Bohr, Mar. 2, 1955, AEA 33−204.

[3] Bertrand Russell, Manifesto by Scientists for Abolition of War, sent to Einstein on Apr. 5, 1955, AEA 33−209, and issued publicly July 9, 1955.

他在感谢信中客气地承认。[1]

几天以后，他得知了贝索去世的消息。60年前，他们在苏黎世求学时结识，从那以后，贝索就一直是他推心置腹的朋友和科学上的咨询者。爱因斯坦仿佛知道自己只能活几个星期了，他在一封给贝索家人的慰问信中谈到了死亡和时间的本性："他在我之前离开了这个奇妙的世界。这并没有什么。对于我们这些有信仰的物理学家来说，过去、现在和未来的区别只是一种顽固的幻觉。"

爱因斯坦曾把贝索介绍给了安娜·温特勒，后来他们结了婚。他赞叹贝索在经历了痛苦的波折之后还能维持住婚姻。爱因斯坦说，贝索最让人佩服的一点就是能与一个女人和谐相处，"在这方面，我不幸失败了两次"。[2]

4月的一个星期天，哈佛大学科学史家 I. 伯纳德·科恩来访。他看到爱因斯坦皱纹深陷，但炯炯有神的眼睛使他看上去并不显得苍老。他说话温和而清晰，时而也放声大笑。科恩回忆说："每当说到兴奋处，或者听到感兴趣的事情时，他总会开怀大笑。"

爱因斯坦对最近收到的一个演示等效原理的科学模型特别感兴趣。这是一种老式的小玩具，一个小球由弹簧悬挂在长杆的一端，必须向上摇动它，才能使它落入长杆顶部的杯中。现在这个玩具更加复杂。与小球相连的弹簧穿过杯子的底部，与装置手柄内的一根松弛的弹簧相连。随机的摇动不时会把小球送入

---

[1] Einstein to Farmingdale Elementary School, Mar. 26, 1955, AEA 59-632; Alice Calaprice, ed., *Dear Professor Einstein* (New York: Prometheus, 2002), 219.

[2] Einstein to Vero and Bice Besso, Mar. 21, 1955, AEA 7-245.

第二十五章 最后的时光，1955

杯中。现在的问题是：有没有一种方法，使得每一次都能把球送入杯中？

科恩告辞的时候，爱因斯坦的脸上闪过一丝狡黠，向他公布了问题的答案。"这就是等效原理了！"他宣布。他抓住那根长杆向上抬起，使它几乎触到天花板，然后放手让它落下。小球在自由落体时就像失重一样。装置内的弹簧瞬间就把小球推入了管中。[1]

爱因斯坦现在到了生命中的最后一周，他当然要关注对他来说最重要的事情。1955年4月11日，他签署了罗素-爱因斯坦宣言。罗素后来说："在这个疯狂的世界中，他仍然心智健全。"[2]这份宣言促成了帕格沃什会议，科学家和思想家每年都会聚在一起讨论如何控制核武器。

那天下午，以色列大使埃班来到梅瑟街，商讨爱因斯坦即将为犹太国成立7周年做的广播讲话。埃班对他说，届时将有6000万名听众收听这次讲话。爱因斯坦笑着说："嗯，我现在有了一个名扬世界的机会。"

爱因斯坦对埃班说，他把以色列的诞生看成自己一生中极少数有道德性质的政治活动之一。但他认为，犹太人应当学习如何与阿拉伯人相处。"我们对待阿拉伯少数民族的态度对我们作为一个民族的道德标准来说是一个真正的检验。"他几周之前对一位朋友说。他想对其讲话进行拓展，敦促创建一个世界政府来

---

[1] Eric Rogers, The Equivalence Principle Demonstrated, in French, 131; I. Bernard Cohen," An Interview with Einstein," *Scientific American* (July 1955).

[2] Whitrow, 90; Einstein to Bertrand Russell, Apr. 11, 1955, AEA 33-212.

维护和平。他用一手非常工整的德文将它写了出来。[1]

第二天，爱因斯坦又来到了研究院，但他的腹股沟很疼。助手注意到他脸色不对，就问他："一切都好吗？""一切都好，"他答道，"但我不好。"

又过了一天，他待在家里没有出门，一方面以色列领事要来，另一方面也是因为他仍然感觉不好。客人走后，他躺下睡了一会儿。到了下午，杜卡斯听到他冲进盥洗室，然后倒在地上。为了帮助他入睡，医生给他注射了吗啡，杜卡斯则把床移到他的床旁边，以便在夜间将冰块放到他干燥的嘴唇上。他的动脉瘤已经开始破裂。[2]

天亮后，一群医生来到他家。在进行会商之后，他们推荐让一位外科医生做手术，认为主动脉或许还可以挽救，虽然希望不大。爱因斯坦拒绝了。"人为地延长生命是索然无味的，"他对杜卡斯说，"我已经尽了我的责任，是该走的时候了。我会走得很体面的。"

不过，他的确询问了医生自己是否会"死得很痛苦"。医生告诉他，也许，但谁也不知道。大出血造成的疼痛可能极为痛苦，但也许只有一分钟，也许要一小时。他对惊慌失措的杜卡斯微笑着说："你过于紧张了——我终归是要走的，什么时候走其实并不重要。"[3]

---

[1] Einstein to Zvi Lurie, Jan. 5, 1955, AEA 60-388; Abba Eban, *An Autobiography* (New York: Random House, 1977), 191; Nathan and Norden, 640.

[2] Helen Dukas, Einstein's Last Days, AEA 39-71; Calaprice, 369; Pais 1982, 477.

[3] Helen Dukas, Einstein's Last Days, AEA 39-71; Helen Dukas to Abraham Pais, Apr. 30, 1955, Pais 1982, 477.

第二十五章 最后的时光，1955

第二天早上，杜卡斯发现他极为痛苦，无法抬头。她立即给医生打电话，医生让他赶快到医院。他起初拒绝了，但医生告诉他，那样会给杜卡斯造成太大负担，于是他妥协了。救护车里的自愿救护人员是普林斯顿的一位政治经济学家，爱因斯坦与他亲切交谈起来。玛戈特给汉斯·阿尔伯特打了电话，他迅速乘飞机从旧金山赶到父亲床前。经济学家纳坦也从纽约赶来了，他也是德国难民，曾与爱因斯坦结为好友。

生命的终点并未接踵而至。1955年4月11日，他起床时感觉好了一些。他要杜卡斯拿来眼镜、纸和铅笔，想继续做一些计算。他跟汉斯·阿尔伯特讨论了一些科学思想，又跟纳坦谈到了德国重新武装的危险。他指着方程，半开玩笑地对儿子悲叹道："我要是数学工具再多些就好了。"[1]半个世纪以来，他一直在悲叹德国的国家主义和他自己数学工具的局限，临终前说这些话也是很自然的。

只要有可能，他就会工作。当疼痛过于剧烈时，他就去睡觉。1955年4月18日，星期一，凌晨1点钟刚过，他突然用德语喊嚷起来，但值班护士听不懂。她叫来了医生，但为时已晚。动脉瘤破裂了，76岁的爱因斯坦离开了这个世界。

他的床头放着预备在以色列独立日发表的演说草稿。"今天，我不是作为美国公民，也不是作为犹太人，而是作为一个人来向你们发表演讲。"文章这样开始。[2]

他的床边还放着十二页写得密密麻麻的方程，满是删改的痕

---

[1] Michelmore, 261.
[2] Nathan and Norden, 640.

迹。[1] 直到生命的最后一刻，他仍在努力寻找那种难于发现的统一场论。在最后一次入睡前，他写下了又一行符号和数字，希望能使我们更加接近宇宙定律所显示出来的那种精神。

$$u_i{}^n u_g{}^q *(-\tfrac{16}{9}+\tfrac{2}{9}-\tfrac{4}{9}+\tfrac{2}{9}+\tfrac{2}{9\pi}+\tfrac{2}{9\pi})+u_k{}^n u_{q^i}{}^q(\tfrac{4}{9}+\tfrac{2}{9}-\tfrac{2}{9}+\tfrac{2}{9}-\tfrac{1}{9}\mp\tfrac{1}{9})$$

$$8 \to 2, -\tfrac{4}{3} \qquad \tfrac{9}{9}\;\tfrac{5}{9}$$

---

[1] Einstein, final calculations, AEA 3－12. 最后一页可见于 www.alberteinstein.info/db/ViewImage.do? DocumentID=34430&Page=12。

尾声：爱因斯坦的大脑和心灵

爱因斯坦去世时的书房

当牛顿爵士逝世时，他的遗体安卧在威斯敏斯特教堂的耶路撒冷寝宫，他的护柩者包括大法官、两位公爵和三位伯爵。爱因斯坦的葬礼本来也可以有如此规格，让全世界的高官显贵云集。但根据他的遗愿，去世那天下午即在特伦顿火化，那时还没有对外公布消息。在场的只有12个人，包括汉斯·阿尔伯特、杜卡斯、纳坦和布基家的4个成员。纳坦朗诵了歌德的几句诗，然后把爱因斯坦的骨灰撒入附近的特拉华河（Delaware River）。[1]

"对于20世纪知识的巨大增长，没有人的贡献比他更多，"艾森豪威尔总统称，"但在对知识力量的拥有上，没有人比他更谨慎，他比别人更确信，缺乏智慧的力量是致命的。"第二天，《纽约时报》就爱因斯坦的逝世刊发了九篇报道和一篇社论："人站在这个微不足道的地球上，凝望着浩瀚的星空、巨浪翻腾的海洋和摇曳多姿的树木，不禁浮想联翩。这一切意味着什么？它是如何产生的？300年来，我们中间出现的最有思想的探索者莫过于阿尔伯特·爱因斯坦。"[2]

爱因斯坦坚持撒掉骨灰，以免他最后的安息之地成为众人膜拜的场所。然而，他有一部分身体没有被火化。在40多年的时间里，爱因斯坦的大脑竟然成为居无定所的遗物。整个过程

---

[1] Michelmore, 262. 由逻辑学家哥德尔等人做证的爱因斯坦的遗嘱规定，杜卡斯获得20000美元、他的大部分私人财产和书，以及她去世前（1982年）他的版税收入。汉斯·阿尔伯特只得到了10000美元，1973年，他在马萨诸塞州的伍兹霍尔（Woods Hole）作访问学者时去世，有一个儿子和一个女儿。爱因斯坦另一个儿子爱德华得到了15000美元，在苏黎世精神病院继续进行治疗，他死于1965年。他的继女玛戈特得到了20000美元和梅瑟街的房子（实际上已经在她名下），1986年在那里去世。杜卡斯和纳坦成为遗稿保管人，他们忠心耿耿地保护着爱因斯坦的名誉和书稿，以至于多年来，只要传记作家和爱因斯坦文集的编者试图出版任何触及他私人方面的内容都会碰钉子。

[2] Einstein the Revolutionist, New York Times, Apr. 19, 1955; Time, May 2, 1955.《普林斯顿日报》号外的lead story由《泰晤士报》未来的通讯记者R. W. "Johnny" Apple执笔。

尾声：爱因斯坦的大脑和心灵

无异于一场恐怖的闹剧。[1]

就在爱因斯坦去世后几小时，普林斯顿医院的病理学家托马斯·哈维做了所谓例行的尸体解剖。哈维是一个褊狭的贵格会教徒，他性情温柔，但对生死有一种相当空幻的看法。当纳坦心烦意乱地等待时，哈维检查了爱因斯坦身上的主要器官，并将其一一取走，最后用电锯切开了他的头骨，取走了他的大脑。他把身体重新缝合后，未经允许便决定给爱因斯坦的大脑做防腐处理。

第二天早上，在普林斯顿的一所中学里，五年级的一个班正在上课，老师问同学们听说了什么新闻。"爱因斯坦去世了。"一个女孩自豪地说，她认为自己最先给出了这一信息。但坐在后排的一个文静的男孩却说："我爸爸拿到了他的大脑。"[2]

纳坦和爱因斯坦的家人在发现这一切时惊骇万分。汉斯·阿尔伯特给医院打了电话，但哈维坚持说对大脑进行研究也许有科学价值。他说，这也许符合爱因斯坦的愿望。汉斯·阿尔伯特

---

[1] 有两本引人入胜的书专门讲述了这个不可思议的故事：一本是卡罗琳·亚伯拉罕（Carolyn Abraham）的《拥有天才》（*Possessing Genius*），它对爱因斯坦大脑的冒险之旅做了全面的叙述；另一本是米夏埃尔·帕特尼提（Michael Paterniti）的《运送阿尔伯特先生》（*Driving Mr. Albert*），它以轻松的笔调讲述了一次横跨美国的旅行，这辆租来的别克车的行李箱里装着爱因斯坦的大脑。还有一些纪念文章，包括 Steven Levy's, My Search for Einstein's Brain, *New Jersey Monthly*, Aug. 1978; Gina Maranto's, The Bizarre Fate of Einstein's Brain, *Discover*, May 1985; Scott McCartney, The Hidden Secrets of Einstein's Brain are Still a Mystery, *Wall Street Journal*, May 5, 1994. 不仅如此，爱因斯坦的眼科医师艾布拉姆斯当时恰好走到了解剖室，他取走了爱因斯坦的眼球，将其保存在新泽西的一个保险箱中。

[2] Abraham, 22. 这个女孩长大后，亚伯拉罕于 2000 年采访了她。

弄不清自己在这件事情上有什么实际权利，便不情愿地同意了。[1]

不久，人们纷纷向哈维索取爱因斯坦的大脑或其中的一部分。他接到了华盛顿美国陆军病理组官员们的传唤，但他拒不展示这份得意的财产。保卫它已经成为一种使命。他最终决定让宾州大学的朋友将它的一部分制成显微切片，于是他将切碎的爱因斯坦大脑装入了两个广口瓶，将其放在福特车的后备箱里带到那儿。

后来，哈维将剩余大脑的切片或小块不断分发给那些能够激发其幻想的研究者。他没有进行严密精确的研究，多年来没有发表任何研究结果。在这期间，他辞去了普林斯顿医院的职务，与妻子离婚，又数次再婚，从新泽西搬到密苏里，再从密苏里搬到堪萨斯，经常不留新地址，但一直与剩余的爱因斯坦大脑寸步不离。

不时会有记者碰巧看到这个消息并追踪到哈维，从而掀起小小的媒体风暴。1978年，当时在《新泽西月刊》工作，后来在《新闻周刊》任职的史蒂文·利维在苏联西伯利亚地区的赤塔（Wichita）地区找到了哈维。他看到，哈维从其办公室角落的一个标有"科斯塔牌苹果酒"（Costa Cider）的箱子里取出了一大瓶爱因斯坦的大脑，将其放在一个红色塑料冷藏箱背后。[2] 20

---

[1] Son Asked Study of Einstein's Brain, *New York Times*, Apr. 20，1955；Abraham，75. 哈维表示，他将把大脑送到纽约的蒙特菲奥里（Montefiore）医学中心进行研究。但是当那里的医生翘首企盼时，他却改变了想法，决定由自己保存。这一争论上了报纸。《芝加哥论坛报》的报道是：Doctors Row over Brain of Dr. Einstein，Abraham 83，citing *Chicago Daily Tribune*，Apr. 20，1955。

[2] Levy 1978. 亦参见 www.echonyc.com/~steven/einstein.html。

年后，哈维又被《时尚芭莎》杂志的一个精力过人的专栏作家帕特尼提追踪到。根据与哈维连同爱因斯坦的大脑乘坐租来的别克车穿越美国的旅行经历，帕特尼提写了一篇获奖文章和一本畅销书《运送阿尔伯特先生》。

他们的目的地是加利福尼亚，在那里他们拜访了爱因斯坦的孙女伊夫林·爱因斯坦。她已经离婚，几乎失业，生活穷困潦倒。哈维带着爱因斯坦的大脑来访使她感到毛骨悚然，但她对这其中可能埋藏的一个秘密怀有极大兴趣。她是汉斯·阿尔伯特和妻子弗里达的养女，但她的出生时间和情况均不详。曾有传言指，她或许是爱因斯坦的亲生女儿。她在爱尔莎去世后出生，那时和爱因斯坦交往的有几个女人，或许她就是这其中某一次暧昧关系的产物，然后爱因斯坦让汉斯·阿尔伯特来收养她。伊夫林与《爱因斯坦全集》的前任主编舒尔曼合作，希望通过研究爱因斯坦大脑的 DNA 而弄清真相。可惜，哈维对大脑进行防腐处理的方式使得可用的 DNA 无法析取出来。她的问题成了一桩悬案。[1]

1998 年，在守卫了爱因斯坦的大脑 43 年后，86 岁的哈维决定放手了。他给当时普林斯顿医院接任他的病理学家打电话，让他把东西取走。[2]

多年以来，在从哈维这里获得爱因斯坦大脑的数十个人当中，只有三个人发表了重要的科学研究结果。第一篇是由玛丽

---

[1] 关于对这件事情的记述，参见 Abraham，214－230。
[2] Bill Toland, Doctor Kept Einstein's Brain in Jar 43 Years; Seven Years Ago, He Got "Tired of the Responsibility", *Pittsburgh Post-Gazette*, Apr. 17, 2005.

安·戴蒙德领导的一个伯克利的小组。[1]它报道说，爱因斯坦大脑的顶叶皮层有一个区域，神经胶质细胞与神经元的比例较高。作者说，这可能暗示神经元消耗和需要更多能量。

这项研究的一个问题是，与76岁的爱因斯坦的大脑进行比较的是平均去世年龄为64岁的另外11个男人的大脑。样本中没有其他天才可以帮助确定其结论是否符合一种样式。此外，还有一个更加基本的问题，那就是我们无法追溯大脑在人的整个一生中的发育，弄不清楚更高的智能是由什么物理性质引起的，以及长年使用和训练大脑的某些部分会产生什么结果。

第二篇论文发表于1996年，它表明，爱因斯坦的大脑皮质要比其他五个样本的大脑皮质更薄，神经元的密度也更大。但这次的样本数同样太少，只能描绘出大略的样式。

引用率最高的论文是安大略麦克马斯特大学的桑德拉·维特森教授和他的小组于1999年完成的。哈维曾经主动发给她一个传真，表示愿意提供样本以供研究。那时的哈维已经年逾八旬，但还是亲自驱车来到加拿大，大约运送了包括顶叶在内的爱因斯坦大脑的1/5。

通过与其他35个男人的大脑相比较，爱因斯坦的内顶叶有一个区域沟槽要短得多，这里被认为是控制数学和空间思考的关键部位。他大脑的这个区域也要比别人宽15%。这篇论文猜

---

[1] Marian Diamond, On the Brain of a Scientist, *Experimental Neurology* 88 (1985); www.newhorizons.org/neuro/diamond_einstein.htm.

想，这些特征也许使得这一区域的大脑回路更密集、更完整。[1]

然而，研究爱因斯坦的神经胶质和沟槽的样式，永远不可能使我们真正理解爱因斯坦的想象力和直觉。要紧的问题是他的"心灵"如何运作，而不是他的大脑。

爱因斯坦本人对其思想成就最常给出的解释是他的好奇心。正如他在临终时所说："我并没有什么特别的天赋，只是极为好奇罢了。"[2]

综观爱因斯坦天才的各个要素，也许从这一特征谈起是最佳之选。小时候，他经常纳闷罗盘针为何会指向北。我们大多数人也能回忆起看到罗盘针摇摆到位的样子，但很少有人会充满热情地研究磁场如何工作，它传播有多快，如何与物质发生相互作用等问题。

追赶一束光会是什么样子？假如我们像甲虫爬过弯曲的树叶一样穿过弯曲的空间，我们如何能够发觉这一点？说两个事件同时发生是什么意思？就爱因斯坦而言，好奇心不仅来自于追问神秘现象的欲望，更重要的是，它来自于一种孩子般的惊异感，这种感觉促使他对司空见惯的事物提出质疑，对"普通成

---

[1] Sandra Witelson et al., The Exceptional Brain of Albert Einstein, *Lancet*, June 19, 1999; Lawrence K. Altman, Key to Intellect May Lie in Folds of Einstein's Brain, *New York Times*, June 18, 1999; www.fhs.mcmaster.ca/psychiatryneuroscience/faculty/witelson/; Steven Pinker, His Brain Measured Up, *New York Times*, June 24, 1999.

[2] Einstein to Carl Seelig, Mar. 11, 1952, AEA 39-013. 亦参见 Bucky, 29: "我并非比别人更有天赋。我只是比一般人更有好奇心，在找到问题的恰当解答之前不会放弃。"

年人懒得考虑的"那些概念提出质疑。[1]

他可以从司空见惯的事实中得出别人注意不到的洞见。例如自牛顿以来,科学家们都知道惯性质量等于引力质量。但爱因斯坦看到,这意味着引力与加速之间存在着一种等效,可以用来对宇宙做出解释。[2]

爱因斯坦的一个信念是,大自然没有多余的属性。因此,好奇心必定是有用途的。在爱因斯坦看来,好奇心之所以存在,是因为它创造了可以进行质疑的心灵,使得我们可以欣赏宇宙,他将这等同于宗教情感。"好奇心有其自身存在的理由,"他曾经说,"当一个人沉思永恒、生命、世界的精妙结构等奥秘时,只能感到敬畏。"[3]

从早年开始,爱因斯坦的好奇心和想象力就主要通过形象思维——心理图像和思想实验——而非言语来表达,比如能够设想与数学相联系的物理实在。"在数学公式背后,他能够立即看出物理内容,而在我们眼中,它仍然是一个抽象的公式。"他早年的一个学生说。[4]普朗克提出了量子概念,认为它主要是一种数学发明,但爱因斯坦却理解了它的物理实在性。洛伦兹提出了描述运动物体的数学变换,但爱因斯坦却基于这些变换创造了一种新的相对性理论。

20世纪30年代的一天,爱因斯坦邀请诗人圣-琼·佩斯到普林斯顿访问,想看看诗人是如何工作的。"诗的观念如何形

---

[1] Seelig 1956a,70.

[2] Born 1978,202.

[3] Einstein to William Miller, quoted in *Life* magazine, May 2, 1955, in Calaprice,261.

[4] Hans Tanner, quoted in Seelig 1956a,103.

成？"爱因斯坦问。佩斯谈到了直觉和想象的作用。"研究科学的人也是如此，"爱因斯坦愉快地应和，"那时眼前会忽然一亮，如狂喜一般。尽管到了后来，理智会对直觉进行分析，实验会证实或否证直觉。但在一开始，想象力的确有很大的跃升。"[1]

爱因斯坦的思想中有一种美学标准和美感。他感到，简单性是美的一个要素。在离欧赴美的那一年，他曾在牛津宣布过他的信条："自然是可能设想的最简单的数学思想的实现。"从而呼应了牛顿的格言"自然喜欢简单性"。[2]

尽管奥卡姆的剃刀以及其他哲学格言也是同样思路，但并没有什么自明的理由表明其必然为真。或许上帝真的在掷骰子，他也许真就喜欢复杂性。但爱因斯坦并不这样认为。"在构建一种理论时，他的做法与艺术家有异曲同工之妙，"他在20世纪30年代的助手罗森说，"他追求简单性和美，在他看来，美本质上首先就是简单性。"[3]

他的做法很像是一位在花坛除草的园丁。"我认为使爱因斯坦取得诸多成就的首先是一种道德品质，"物理学家李·斯莫林说，"他远比他的大多数同行更关注物理学定律必须融贯一致地解释自然中的万事万物。"[4]

---

[1] André Maurois, *Illusions* (New York: Coumbia University Press, 1968), 35, courtesy of Eric Motley. 佩斯是1960年诺贝尔文学奖得主，原名玛丽·勒内·奥古斯特（Marie René Auguste）。

[2] Newton's *Principia*, book 3; Einstein, On the Method of Theoretical Physics, the Herbert Spencer lecture, Oxford, June 10, 1933, in Einstein 1954, 274.

[3] Clark, 649.

[4] Lee Smolin, Einstein's Lonely Path, *Discover* (Sept. 2004).

爱因斯坦向往统一的本能深深植根于他的个性，同时也反映在他的政治见解中。他不仅在科学中寻求一种能够支配整个宇宙的统一理论，在政治中也同样寻求能够支配这个星球的统一理论，希望能够通过一种基于普遍原理的世界联邦制来克服不加限制的国家主义所导致的无政府状态。

在他的个性中，也许最重要的是不愿意服从权威。这种态度可见于他在生命行将结束之时为新版的伽利略著作所写的一篇序言中。他说："我在伽利略著作中所认识到的主题是，充满激情地反抗任何种类的基于权威的教条。"[1]

普朗克、庞加莱和洛伦兹都差点实现爱因斯坦1905年的某些突破，但他们都受制于权威教条的束缚。只有爱因斯坦有足够的反叛性，能够摒弃主宰科学数百年的传统思想。

这种不服从不仅使他对普鲁士军人迈着整齐的步伐列队行进厌恶至极，也造就了他的一种政治信条。他痛恨对自由思想一切形式的专制，无论是纳粹主义、斯大林主义还是麦卡锡主义。

爱因斯坦的基本信条是，自由是创造性的源泉。"科学的发展以及精神的创造性活动都要求一种自由，这种自由在于，思想独立于权威和社会偏见的限制。"他认为，培养这种自由应当是政府的基本职能和教育的使命。[2]

爱因斯坦的观点可以用一套简单的规则来说明。创造性要求我们不愿墨守成规。这便要求培养自由的思想和自由的精神，而这

---

[1] Einstein's foreword to Galileo Galilei, *Dialogue Concerning the Two Chief World Systems* (Berkeley: University of California Press, 2001), xv.
[2] Einstein, Freedom and Science, in Ruth Anshen, ed., *Freedom, Its Meaning* (New York: Harcourt, Brace, 1940), 92, reprinted in part in Einstein 1954, 31.

又反过来要求有一种"宽容精神"。支持宽容即为谦卑，即相信没有人有权将思想和信念强加于他人。

世界上出现过许多特立独行的天才。爱因斯坦的特别之处在于他的思想和灵魂为这种谦卑所调节。他既可以在其孤独的旅程中镇定自若地充满自信，也会对大自然美妙的作品感到敬畏。"宇宙定律中显示出一种精神——这种精神远远超越于人的精神，在它面前，力量有限的我们必定会感到谦卑，"他说，"在这个意义上，对科学的追求导向了一种特殊类型的宗教感情。"[1]

在某些人看来，奇迹证明了上帝的存在。而在爱因斯坦看来，正是奇迹的不在场印证了上帝的眷顾。宇宙能够为我们所理解，并且服从着定律，这一事实让我们感到敬畏。这是"在万物的和谐中显现自身的上帝"的首要性质。[2]

他认为这种敬畏感，这种宇宙宗教，是一切真正的艺术和科学的源泉。正是这种东西时时刻刻激励着他。他说："当我判断一种理论时，我会问自己，如果我是上帝，我是否会以这种方式安排世界。"[3]正因为此，信心和敬畏才在他那里美妙地交织在一起。

他是一个深切关怀人类的孤独者，一个充满敬畏的反叛者。就这样，一个富于想象、特立独行的专利员读解了造物主的心灵，揭开了原子和宇宙的奥秘。

---

[1] Einstein to Phyllis Wright, Jan. 24, 1936, AEA 52-337.

[2] Einstein to Herbert S. Goldstein, Apr. 25, 1929, AEA 33-272. 关于对迈蒙尼德（Maimonides）和犹太思想中神恩的讨论，参见 Marvin Fox, *Interpreting Maimonides* (Chicago: University of Chicago Press, 1990), 229-250。

[3] Banesh Hoffmann, in Harry Woolf, ed., *Some Strangeness in the Proportion* (Saddle River, N. J.: Addison-Wesley, 1980), 476.

参考书目

爱因斯坦的文稿、通信和著作：

The Collected Papers of Albert Einstein, vols. 1—10. 1987—2006. Princeton: Princeton University Press. (《爱因斯坦全集》，缩写为 CPAE)

第一任主编是斯塔契尔（John Stachel）。目前的主编是布克沃尔德（Diana Kormos Buchwald）。其他主编依照时间顺序依次是：卡西迪（David Cassidy）、舒尔曼（Robert Schulmann）、雷恩（Jürgen Renn）、克莱因（Martin Klein）、诺克斯（A. J. Knox）、扬森（Michel Janssen）、伊利（Jósef Illy）、雷纳（Christoph Lehner）、肯尼菲克（Daniel Kennefick）、绍尔（Tilman Sauer）、

罗森克朗茨（Ze'ev Rosenkranz）和霍尔默斯（Virginia Iris Holmes）。

这十卷的时间范围是 1879 年至 1920 年。除非特别注明，我引用的爱因斯坦 1920 年以前的所有文稿均取自《爱因斯坦全集》。它们是以时间顺序编排的，除非有特别理由，我按照日期来引用这些材料。每一卷都以德文本和英译本出版。两种版本的页码有所不同，但文件号是相同的。如果我引用的某些信息而非文件仅仅出自其中一个版本（比如编者的文章或脚注），我会说明引用的版本、卷号和页码。

Albert Einstein Archives（《爱因斯坦档案》，缩写为 AEA）

这些档案现存于耶路撒冷的希伯来大学，在加州理工学院的"爱因斯坦文稿计划"和普林斯顿大学图书馆有副本。

引自这些档案的文件会注明日期和 AEA 的文件夹（卷）号和文件号。对于大多数没有翻译的德文文件，我根据的是霍佩斯（James Hoppes）和霍夫迈耶（Natasha Hoffmeyer）为我做的翻译。

经常引用的著作：

Abraham, Carolyn. 2001. *Possessing Genius*. New York: St. Martin's Press.

Aczel, Amir. 1999. *God's Equation: Einstein, Relativity, and the Expanding Universe*. New York: Random House.

——. 2002. *Entanglement: The Unlikely Story of How Scientists, Mathematicians, and Philosophers Proved Einstein's Spookiest Theory*. New York: Plume.

Baierlein, Ralph. 2001. *Newton to Einstein: The Trail of Light, an Excursion to the Wave-Particle Duality and the Special Theory of Relativity*. New York: Cambridge University Press.

Barbour, Julian, and Herbert Pfister, eds. 1995. *Mach's Principle: From Newton's Bucket to Quantum Gravity*. Boston: Birkhäuser.

Bartusiak, Marcia. 2000. *Einstein's Unfinished Symphony*. New York: Berkley.

Batterson, Steve. 2006. *Pursuit of Genius*. Wellesley, Mass.: A. K. Peters.

Beller, Mara, et. al., eds. 1993. *Einstein in Context*. Cambridge, Eng.: Cambridge University Press.

Bernstein, Jeremy. 1973. *Einstein*. Modern Masters Series. New York: Viking.

——. 1991. *Quantum Profiles*. Princeton: Princeton University Press.

——. 1996a. *Albert Einstein and the Frontiers of Physics*. New York: Oxford University Press.

——. 1996b. *A Theory For Everything*. New York: Springer-Verlag.

——. 2001. *The Merely Personal*. Chicago: Ivan Dee.

——. 2006. *Secrets of the Old One: Einstein, 1905*. New York: Copernicus.

Besso, Michele. 1972. *Correspondence 1903—1955*. German with parallel French translation by Pierre Speziali. Paris: Hermann.

Bird, Kai, and Martin J. Sherwin. 2005. *American Prometheus: The Triumph and Tragedy of J. Robert Oppenheimer*. New York: Knopf.

Bodanis, David. 2000. $E = mc^2$: *A Biography of the World's Most Famous Equation*. New York: Walker.

Bolles, Edmund Blair. 2004. *Einstein Defiant: Genius Versus Genius in the Quantum Revolution*. Washington Brockman, John, ed. 2006.

My Einstein. New York: Pantheon,: Joseph Henry.

Born, Max. 2005. *Born-Einstein Letters*. New York: Walker Publishing.(首版于 1971 年,2005 年版增补了新材料。)

———. 1978. *My Life: Recollections of a Nobel laureate*. New York: Scribner's Sons.

Brian, Denis. 1996. *Einstein: A Life*. Hoboken, N. J.: Wiley.

———. 2005. *The Unexpected Einstein*. New Jersey: Wiley.

Bucky, Peter. 1992. *The Private Albert Einstein*. Kansas City,: Andrews and McMeel.

Cahan, David. 2000. *The Young Einstein's Physics Education*. In Howard and Stachel 2000.

Calaprice, Alice, ed. 2005 *The New Expanded Quotable Einstein*. Princeton: Princeton University Press.

Calder, Nigel. 1979. *Einstein's Universe: A Guide to the Theory of Relativity*. New York: Viking Press.(2005 年由 Penguin Press 再版。)

Carroll, Sean M. 2003. *Spacetime and Geometry: An Introduction to General Relativity*. Boston: Addison-Wesley.

Cassidy, David C. 2004. *Einstein and Our World*. Amherst, New York: Humanity Books.

Clark, Ronald. 1971. *Einstein: The Life and Times*. New York: Harper Collins.

Corry, Leo, Jürgen Renn and John Stachel. 1997. *Belated Decision in the Hilbert-Einstein Priority Dispute*, Science 278: 1270—1273.

Crelinsten, Jeffrey. 2006. *Einstein's Jury: The Race to Test Relativity*. Princeton, N J: Princeton University Press.

Damour, Thibault. 2006. *Once upon Einstein*. Wellesley, Mass.: A. K. Peters.

Vibert Douglas. 1956. *The Life of Arthur Stanley Eddington*. London：Thomas Nelson.

Dukas, Helen and Banesh Hoffmann, eds. 1979. *Albert Einstein：The Human Side. New Glimpses from His Archives*. Princeton：Princeton University Press.

Dyson, Freeman. 2003. *Clockwork Science. New York Review of Books*, Nov. 6,（Review of Galison）.

Earman, John. 1978. *World Enough and Space-Time*. Cambridge, Mass.：MIT Press.

Earman, John et al., eds. 1993. *The Attraction of Gravitation：New Studies in the History of General Relativity*. Boston：Birkhäuser.

Earman, John, Clark Glymour, and Robert Rynasiewicz. 1982. *On Writing the History of Special Relativity. Philosophy of Science Association Journal* 2：403—416.

Einstein, Albert. 1916. *Relativity：The Special and the General Theory*.（这本书是一本普及读物，1916年12月出版德文版。权威的英译本于1920年由伦敦的 Methuen & Co. 出版。在爱因斯坦一生中共出版了15个英语版本，他不断地增补目录，直到1952年。现在多家出版社都出版过此书。我引用的版本是1995年的 Random House 版。电子版可见 www.bartleby.com/173 以及 www.gutenberg.org/etext/5001.）

———. 1922a. *The Meaning of Relativity*. Princeton：Princeton University Press.（根据他1921年在普林斯顿的讲演写成的技术性说明。出版于1954年的第五版包含了一个附录，修订了他的统一场论工作。2005年普林斯顿大学出版社出版的版本包含了布赖恩·格林写的导言。）

———. 1922b. *Sidelights on Relativity*. New York：Dutton.

———. 1922c. *How I Created the Theory of Relativity*. Talk in Kyoto, Japan, Dec. 14, 1922, transcribed and translated by Yoshimasa A. Ono, *Physics Today*, Aug. 1982, 46. Copy and information in AEA readex folder 357. See: Seiya Abiko, *Einstein's Kyoto Address*, *Historical Studies in the Physical and Biological Sciences* 31: 1—35 (2000).

———. 1934. *Essays in Science*. New York: Philosophical Library.

———. 1949a. *The World As I See It*. New York: Philosophical Library. (Based on *Mein Weltbild*, edited by Carl Seelig.)

———. 1949b. *Autobiographical Notes*. In Schilpp 1949, 3—94.

———. 1950a. *Out of My Later Years*. New York: Philosophical Library.

———. 1950b. *Einstein on Humanism*. New York: Philosophical Library.

———. 1954. *Ideas and Opinions* New York: Random House.

———. 1956. *Autobiographische Skizze*. In Seelig 1956b.

Einstein, Albert and Leopold Infeld. 1938. *The Evolution of Physics: The Growth of Ideas from Early Concepts to Relativity and Quanta*. New York: Simon & Schuster.

Einstein, Elizabeth Roboz. 1991. *Hans Albert Einstein: Reminisces of Our Life Together*. Iowa City: University of Iowa Press.

Einstein, Maja. 1923. *Albert Einstein-A Biographical Sketch*. CPAE 1: xv. （这份素描最初写于 1923 年，是她想写的一本书的开头，但从未发表。她只把她哥哥的生活追溯到 1905 年。）参见: lorentz. phl. jhu. edu/AnnusMirabilis/AeReserveArticles/maja.pdf。

Eisenstaedt, Jean and A. J. Kox, eds. 1992. *Studies in the History of General Relativity*. Boston: Birkhäuser.

Elon, Amos. 2002. *The Pity of It All: A History of the Jews in Germany*, 1743—1933. New York: Henry Holt.

Elzinga, Aant. 2006. *Einstein's Nobel Prize*. Sagamore Beach, Mass. : Science

History Publications.

Fantova, Johanna. *Journal of Conversations with Einstein*, 1953—1955. In Princeton University Einstein Papers archives and published as an appendix in Calaprice 2005.

Federal Bureau of Investigation, Files on Einstein. Available through the Freedom of Information Act website, foia. F. B. I. gov/Foiaindet/einstein htm.

Feynman, Richard. 1997. *Six Not-So-Easy Pieces: Einstein's Relativity, Symmetry, and Space-Time*. Boston: Addison-Wesley.

———. 1999. *The Pleasure of Finding Things Out*. Cambridge, England: Perseus.

———. 2002. *The Feynman Lectures on Gravitation*. Boulder, Co. : Westview Press.

Fine, Arthur. 1996. *The Shaky Game: Einstein, Realism, and the Quantum Theory*. Chicago Press: University of Chicago. (1986年初版的修订版)

Flexner, Abraham. 1960. *An Autobiography*. New York: Simon & Schuster.

Flückiger, Max. 1974. *Albert Einstein in Bern*. Bern: Haupt.

Fölsing, Albrecht. 1997. *Albert Einstein: A Biography*. Translated and abridged by Ewald Osers. New York: Viking. (原始未删节德文版出版于1993年。)

Frank, Philipp. 1947. *Einstein: His Life and Times*. George Rosen, transl. New York: Da Capo Press. (2002年再版)

———1957. *Philosophy of Science*. Saddle River, N. J. : Prentice-Hall.

French, A. P. , eds. 1979. *Einstein: A Centenary Volume*. Cambridge, Mass. : Harvard University Press.

Friedman, Alan J. , and Carol C. Donley. 1985. *Einstein as Myth and Muse*. Cambridge, England: Cambridge University Press.

Friedman, Robert Marc. 2005. *Einstein and the Nobel Committe*. *Europhysics News*, July/Aug.

Galilei, Galileo. 1632. *Dialogue Concerning the Two Chief World Systems: Ptolemaic and Copernican*. (我使用的是 2001 年的 Modern Library 版, Stillman Drake 译, 爱因斯坦前言, John Heilbron 导言。)

Galison, Peter. 2003. *Einstein's Clocks, Poincaré's Maps*. New York: Norton.

Gamow, George. 1966. *Thirty Years That Shook Physics: The Story of Quantim Theory*. New York: Dover.

———. 1970. *My World Line*. New York: Viking.

———. 1993. *Mr. Tompkins in Paperback*. New York: Cambridge University Press.

Gardner, Martin. 1976. *The Relativity Explosion*. New York: Vintage.

Gell-Mann, Murray. 1994. *The Quark and the Jaguar*. New York: Henry Holt.

Goenner, Hubert. 2004. *On the History of Unified Field Theories*. Living Reviews in Relativity website, http://relativity.livingreviews.org/.

———. 2005. *Einstein in Berlin*. Munich: Beck Verlag.

Goenner, Hubert, et al. , 1999. *The Expanding Worlds of General Relativity*. Boston: Birkhäuser.

Goldberg, Stanley. *Understanding Relativity: Origin and Impact of a Scientific Revolution*. Boston: Birkhäuser, 1984.

Goldsmith, Maurice, et al. 1980. *Einstein: The First Hundred Years*. New York: Pergamon Press.

Goldstein, Rebecca. 2005. *Incompleteness: The Proof and Paradox of Kurt Gödel*. New York: Atlas/Norton.

Greene, Brian. 1999. *The Elegant Universe: Superstrings, Hidden Dimensions, and the Quest for the Ultimate Theory*. New York: Norton.

——. 2004. *The Fabric of the Cosmos : Space , Time , and the Texture of Reality*. New York: Knopf.

Gribbin, John and Mary Gribbin. 2005. *Annus Mirabilis : 1905 , Albert Einstein , and the Theory of Relativity*. New York: Chamberlain Brothers.

Haldane, Richard. 1921. *The Reign of Relativity*. London: Murray. The 1921 edition was reprinted in 2003 by the University Press of the Pacific in Honolulu.

Hartle, James. 2002. *Gravity : An Introduction to Einstein's General Relativity*. Boston: Addison-Wesley.

Hawking, Stephen, and Roger Penrose. 1996. *The Nature of Space and Time*. Princeton: Princeton University Press.

Hawking, Stephen, *A Brief History of Relativity* , *Time* , Dec. 31 , 1999.

——. 2001. *The Universe in a Nutshell*. New York: Bantam.

——. 2005. *Does God Play Dice?* www. hawking. org. uk/lectures/lindex. html.

Heilbron, John. 2000. *The Dilemmas of an Upright Man : Max Planck and the Fortunes of German Science*. Cambridge, : Harvard (Revised edition of 1986 book.)

Heisenberg, Werner. *Physics and Philosophy* (New York: Harper, 1958).

——. 1971. *Physics and Beyond : Encounters and Conversations*. New York: Harper & Row.

——. 1989. *Encounters With Einstein*. Princeton: Princeton Univ. Press.

Highfield, Roger and Paul Carter. *The Private Lives of Albert Einstein*. New York: St. Martin's Press, 1994.

Hoffmann, Banesh, with the collaboration of Helen Dukas. 1972. *Albert Einstein : Creator and Rebel*. New York: Viking.

Hoffmann, Banesh. 1983. *Relativity and Its Roots*. New York: Scientific American Books.

Holmes, Frederick L. , Jürgen Renn, and Hans-Jörg Rheinberger, eds. 2003. *Reworking the Bench: Research Notebooks in the History of Science*. Dordrecht: Kluwer.

Holton, Gerald. 1973. *Thematic Origins of Scientific Thought: Kepler to Einstein*. Cambridge: Harvard.

——. 2000. *Einstein, History, and Other Passions: The Rebellion against Science at the End of the Twentieth Century*. Cambridge, Mass. : Harvard University Press.

——. 2003. *Einstein's Third Paradise*, Daedalus 132: 4 (Fall 2003), 26—34, www. physics. harvard. edu/holton/3rdParadise. pdf.

Holton, Gerald, and Stephen Brush. 2004. *Physics, the Human Adventure*. New Jersey. : Rutgers.

Holton, Gerald, and Yehuda Elkana, eds. *Albert Einstein: Historical and Cultural Perspectives*. The Centenial Symposium in Jerusalem. Mineola, New York: Dover Publications, 1997.

Howard, Don. 1985. *Einstein on Locality and Separability*. Studies in History and Philosophy of Science 16: 171—201.

——. 1990a. *Einstein and Duhem*. Synthese 83: 363—384.

——. 1990b. Nicht sein kann was nicht sein darf, or The Prehistory of EPR, 1909—1935: Einstein's Early Worries about the Quantum Mechanics of Composite Systems. In *Sixty-Two Years of Uncertainty: Historical, Philosophical, and Physical Inquiries into the Foundations of Quantum Mechanics*, Arthur Miller, eds. New York: Plenum, 61—111.

——. 1993. Was Einstein Really a Realist? *Perspectives on Science*: 1: 204—251.

——. 1997. A Peek behind the Veil of Maya: Einstein, Schopenhauer, and the

Historical Background of the Conception of Space as a Ground for the Individuation of Physical Systems. In John Earman and John D. Norton, eds. , *The Cosmos of Science*: *Essays of Exploration* (Pittsburgh: University of Pittsburgh Press, 1997), 87—150.

——2004. Albert Einstein, Philosopy of Science. *Stanford Encyclopedia of Philosophy*. plato. stanford. edu/entries/einstein-philscience/.

——2005. Albert Einstein as a Philosopher of Science. *Physics Today*, December 2005, 34.

Howard, Don, and John Norton. 1993. Out of the Labyrinth? Einstein, Hertz, and the Göttingen Answer to the Hole Argument. In Earman et. al. 1993.

Howard, Don, and John Stachel, eds. 1989. *Einstein and the History of General Relativity*. Boston: Birkhäuser.

Howard, Don, and John Stachel, eds. 2000. *Einstein*: *The Formative Years*, 1879—1909. Boston: Birkhäuser.

Illy, József, ed. 2005. Einstein Due Today. February 2005 manuscript, courtesy of the Einstein Papers Project, Pasadena. Includes newspaper clippings about Einstein's 1921 visit. Forthcoming publication planned as *Albert Meets America* (Baltimore: Johns Hopkins University Press).

Infeld, Leopold. 1950. *Albert Einstein*: *His Work and Its Influence on Our World*. New York: Scribner's.

Jammer, Max. 1989. *The Conceptual Development of Quantum Mechanics*. Los Angeles: American Institute of Physics.

——. 1999. *Einstein and Religion*: *Physics and Theology*. Princeton: Princeton University Press.

Janssen, Michel. 1998. Rotation as the Nemesis of Einstein's Entwurf Theory, in Goenner 1999.

———. 2002. The Einstein-Besso Manuscript: A Glimpse behind the Curtain of the Wizard, Fall 2002. www.tc.umn.edu/~janss011/.

———. 2004. Einstein's First Systematic Exposition of General Relativity, philsci-archive.pitt.edu/archive/00002123/01/annalen.pdf.

———2005. Of Pots and Holes: Einstein's Bumpy Road to General Relativity. *Annalen der Physik* 14, Supplement, 58—85.

———2006. What Did Einstein Know and When Did He Know It? A Besso Memo Dated August 1913. www.tc.umn.edu/~janss011/.

Janssen, Michel and Jürgen Renn. 2004. Untying the Knot: How Einstein Found His Way Back to Field Equations Discarded in the Zurich Notebook. www.tc.umn.edu/~janss011/pdf%20files/knot.pdf.

Jerome, Fred. 2002. *The Einstein File: J. Edgar Hoover's secret war against the world's most famous scientist*. New York: St. Martins Press.

Jerome, Fred, and Rodger Taylor. 2005. *Einstein on Race and Racism*. New Jersey: Rutgers University Press.

Kaku, Michio. 2004. *Einstein's Cosmos: How Albert Einstein's Vision Transformed Our Understanding of Space and Time*. New York: Atlas Books.

Kessler, Harry. 1999. *Berlin in Lights: The Diaries of Count Harry Kessler (1918—1937)*. Translated and edited by Charles Kessler. New York: Grove Press.

Klein, Martin J. 1970a. *Paul Ehrenfest: The Making of a Theoretical Physicist*. New York: American Elsevier.

———. 1970b. The First Phase of the Bohr-Einstein Dialogue. *Historical Studies in the Physical Sciences*. Vol 2, pp. 1—39.

Kox, A. J., and Jean Eisenstaedt, eds. 2005. *The Universe of General Relativity: Einstein Studies Volume* II. Boston: Birkhäuser.

Krauss, Lawrence. 2005. *Hiding in the Mirror*. New York: Viking.

Levy, Steven. 1978. My Search for Einstein's Brain. *New Jersey Monthly*, August.

Lightman, Alan. 1993. *Einstein's Dreams*. New York: Pantheon Books.

——. 1999. "A New Cataclysm of Thought."*Atlantic Monthly*, Jan.

——. 2005. *The Discoveries*. New York: Pantheon.

Lightman, Alan, et al. 1975. *Problem Book in Relativity and Gravitation*. Princeton: Princeton University Press.

Marianoff, Dmitri. 1944. *Einstein: An Intimate Study of a Great Man*. New York: Doubleday. (马里亚诺夫与爱因斯坦第二个妻子爱尔莎的女儿玛戈特·爱因斯坦结婚后离婚,爱因斯坦曾经谴责过这本书。)

Mehra, Jagdish. *The Solvay Conferences on Physics: Aspects of the Development of Physics Since 1911*. Dordrecht, Holland: D. Reidel Publishing, 1975.

Mermin, N. David. 2005. *It's about Time: Understanding Einstein's Relativity*. Princeton: Princeton University Press.

Michelmore, Peter. 1962. Einstein: Profile of the Man. New York: Dodd, Mead.

Miller, Arthur I. 1981. *Albert Einstein's Special Theory of Relativity: Emergence (1905) and Early Interpretation (1905—1911)*. Boston: Addison-Wesley.

——. 1984. *Imagery in Scientific Thought*. Boston: Birkhäuser.

——. 1992. Albert Einstein's 1907 Jahrbuch Paper: The First Step from SRT to GRT, in Eisenstaedt and Kox 1992, 319—335.

——. 1999. *Insights of Genius*. New York: Springer-Verlag.

——. 2001. *Einstein, Picasso: Space, Time and the Beauty That Causes Havoc*. New York: Basic Books.

——. 2005. *Empire of the Stars*. New York: Houghton Mifflin.

Misner, Charles, Kip Thorne, and John Archibald Wheeler. 1973. *Gravitation*. San Francisco, CA: Freeman.

Moore, Ruth. 1966. *Niels Bohr: The Man His Science, and the World They Changed*. New York: Knopf.

Moszkowski, Alexander. 1921. *Einstein the Searcher: His Work Explained from Dialogues with Einstein*. New York: Dutton.

Nathan, Otto, and Heinz Norden, eds. 1960. *Einstein on Peace*. New York: Simon & Schuster.

Neffe, Jürgen. 2005. *Einstein: Eine Biographie*. Hamburg: Rowohlt.

Norton, John D. 1984. How Einstein Found His Field Equations. *Historical Studies in the Physical Sciences*, reprinted in Howard and Stachel 1989, 101—159.

——. 1985. What Was Einstein's Principle of Equivalence? *Studies in History and Philosophy of Science*, 16, pp. 203—246; reprinted in Howard and Stachel 1989, 5—47.

——. 1991. Thought Experiments in Einstein's Work, in Tamara Horowitz and Gerald Massey, eds. *Thought Experiments in Science and Philosophy*. Savage, Md: Rowman and Littlefield, 129—148.

——. 1993. General Covariance and the Foundations of General Relativity: Eight Decades of Dispute. *Reports on Progress in Physics*, 56, 791—858.

——. 1995a. Eliminative Induction as a Method of Discovery: Einstein's Discovery of General Relativity, in Jarrett Leplin, eds. *The Creation of Ideas in Physics: Studies for a Methodology of Theory Construction*. Dordrecht: Kluwer, pp. 29—69.

——. 1995b. Did Einstein Stumble: The Debate over General Covariance.

Erkenntnis,:223—245.

——. 1995c. Mach's Principle Before Einstein. www. pitt. edu/~jdnorton/papers/Mach Principle. pdf.

——. 2000. Nature Is the Realization of the Simplest Conceivable Mathematical Ideas:Einstein and the Canon of Mathematical Simplicity. *Studies in the History and Philosophy of Modern Physics*, 31 (2000), pp. 135—170.

——. 2002. Einstein's Triumph over the Spacetime Coordinate System. *Dialogos*, 79, 253—262.

——. 2004. Einstein's Investigations of Galilean Covariant Electrodynamics prior to 1905. *Archive for History of Exact Sciences*, 59, pp. 45—105.

——. 2005a. How Hume and Mach Helped Einstein Find Special Relativity. 2005. Prepared for M. Dickson, and M. Domski, eds. *Synthesis and the Growth of Knowledge*; *Essays at the Intersection of History, Philosophy, Science, and Mathematics*. Open Court, forthcoming.

——. 2005b. A Conjecture on Einstein, the Independent Reality of Spacetime Coordinate Systems and the Disaster of 1913, in Kox and Eisenstaedt.

——. 2006a. Einstein's Special Theory of Relativity and the Problems in the Electrodynamics of Moving Bodies That Led Him to It. Preprint at www. pitt. edu/~jdnorton/homepage/cv. html.

——. 2006b. What Was Einstein's "Fateful Prejudice"? In *The Genesis of General Relativity*. Vol. 2. Dordrecht:Kluwer, 2006.

——. 2006c. Atoms, entropy, quanta: Einstein's miraculous argument of 1905. Studies in the History and Philosophy of Modern Physics 35, March 2006.

Overbye, Dennis. 2000. *Einstein in Love*: *A Scientific Romance*. New York:

Viking.

Pais, Abraham. 1982. *Subtle Is the Lord: The Science and Life of Albert Einstein*. New York: Oxford University Press.

——. 1991. *Niels Bohr's Times in Physics, Philosophy, and Polity*. Oxford: Clarendon Press.

——. 1994. *Einstein Lived Here: Essays for the Layman*. New York: Oxford University Press.

Panek, Richard. 2004. *The Invisible Century: Einstein, Freud, and the Search for Hidden Universes*. New York: Viking.

Parzen, Herbert. 1974. *The Hebrew University: 1925—1935*. New York: KTAV.

Paterniti, Michael. 2000. *Driving Mr. Albert*. New York: Dial.

Pauli, Wolfgang. 1994. *Writings on Physics and Philosophy*. Berlin: Springer-Verlag.

Penrose, Roger. 2005. *The Road to Reality*. New York: Knopf.

Poincaré, Henri. 1902. *Science and Hypothesis*. spartan. ac. brocku. ca/~lward/Poincare/Poincare_1905_toc. html.

Popović, Milan. 2003. *In Albert's Shadow: The Life and Letters of Mileva Marić*. Baltimore: Johns Hopkins University Press.

Powell, Corey. 2002. *God in the Equation*. New York: Free Press.

Pyenson, Lewis. 1985. *The Young Einstein*. Boston: Adam Hilger.

Regis, Ed. 1988. *Who Got Einstein's Office*. New York: Addison-Wesley.

Reid, Constance. 1986. *Hilbert-Courant*. New York: Springer-Verlag.

Reiser, Anton. 1930. *Albert Einstein: A Biographical Portrait*. New York: Boni.（莱泽尔原名鲁道夫·凯泽尔，他娶了爱因斯坦第二个妻子爱尔莎的女儿伊尔莎·爱因斯坦。）

Renn Jürgen. 1994. The Third Way to General Relativity. Max Planck Institute, www. mpiwg-berlin. mpg. de/Preprints/P9. pdf.

——. 2005a. Einstein's Controversy with Drude and the Origin of Statistical Mechanics, in Howard and Stachel 2000.

——. 2005b. Standing on the Shoulders of a Dwarf, in Kox and Eisenstaedt 2005.

——. 2005c. Before the Riemann Tensor: The Emergence of Einstein's Double Strategy, in Kox and Eisenstaedt 2005.

——. 2005d. *Albert Einstein: Chief Engineer of the Universe. One Hundred Authors for Einstein.* New Jersey: Wiley.

——. 2006. *Albert Einstein: Chief Engineer of the Universe : Einstein's Life and Work in Context and Documents of a Life's Pathway.* New Jersey: Wiley.

Renn, Jürgen and Tilman Sauer. 1997. The Rediscovery of General Relativity in Berlin. Max Planck Institute, www. mpiwg-berlin. mpg. de/en/forschung/Preprints/P63. pdf.

——. 2003. Errors and Insights: Reconstructing the Genesis of General Relativity from Einstein's Zurich Notebook, in Holmes et al. 2003, 253—268.

——. 2006. Pathways out of Classical Physics: Einstein's Double Strategy in Searching for the Gravitational Field Equation. www. hss. caltech. edu/~tilman/.

Renn, Jürgen, and Robert Schulmann, eds. 1992. *Albert Einstein and Mileva Maric: The Love Letters.* Princeton: Princeton University Press.

Rhodes, Richard. 1987. *The Making of the Atom Bomb.* New York: Simon &. Schuster.

Rigden, John. 2005. *Einstein 1905. The Standard of Greatness.* Cambridge, UK: Cambridge University Press.

Robinson, Andrew. 2005. *Einstein: A Hundred Years of Relativity*. New York: Abrams.

Rosenkranz, Ze'ev. 1998. *Albert Through the Looking Glass: The Personal Papers of Albert Einstein*. Jersualem: Hebrew University Press.

——. 2002. *The Einstein Scrapbook*. Baltimore: Johns Hopkins University Press.

Rozenthal, Stefan, ed. 1967. *Niels Bohr: His Life and Work As Seen By His Friends and Colleagues*. New Jersey: Wiley.

Ryan, Dennis P., ed. 1987. *Einstein and the Humanities*. New York: Greenwood Press.

Ryckman, Thomas. 2005. *The Reign of Relativity*. Oxford: Oxford University Press.

Rynasiewicz, Robert. 1988. Lorentz's Local Time and the Theorem of Corresponding States. in *Philosophy of Science Association Journal* 1: 67—74.

——. 2000. The Construction of the Special Theory: Some Queries and Considerations. in Howard and Stachel 2000, 159—201.

Rynasiewicz, Robert and Jürgen Renn. 2006. The Turning Point for Einstein's Annus Mirabilis. *Studies in the History and Philosophy of Modern Physics* 37, March 2006.

Sartori, Leo. 1996. *Understanding Relativity*. Berkeley: Univ. of California Press.

Sauer, Tilman. 1999. The Relativity of Discovery: Hilbert's First Note on the Foundations of Physics. *Archive for History of Exact Sciences* 53: 529—575.

——. 2005. Einstein Equations and Hilbert Action. What is Missing on Page 8 of the Proofs for Hilbert's First Communication on the Foundations of

Physics? *Archive for History of Exact Sciences* 59:577.

Sayen, Jamie. 1985. *Einstein in America: The Scientist's Conscience in the Age of Hitler and Hiroshima*. New York: Crown.

Schlipp, Paul Arthur, eds. 1949. *Albert Einstein: Philosopher-Scientist*. La Salle, Ill. : Open Court Press.

Seelig, Carl. 1956a. *Albert Einstein: A Documentary Biography*. Translated by Mervyn Savill. London: Staples Press, 1956. (Translation of *Albert Einstein, Eine Dokumentarische Biographie*, a revision of *Albert Einstein und die Schweiz*. Zürich: Europa-Verlag, 1952.)

Seelig, Carl, eds. 1956b. *Helle Zeit, Dunkle Zeit: In Memoriam Albert Einstein*. Zurich: Europa-Verlag.

Singh, Simon. 2004. *Big Bang: The Origin of the Universe*. New York: Harper Collins.

Solovine, Maurice. 1987. *Albert Einstein: Letters to Solovine*. New York: Philosophical Library.

Sonnert, Gerhard. 2005. *Einstein and Culture*. Amherst, NY: Humanity Books.

Speziali, Maurice, ed. 1956. *Albert Einstein-Michele Besso, Correspondence 1903—1955*. Paris: Hermann.

Stachel. 1980. "Einstein and the Rigidly Rotating Disk." In A. Held, ed., *General Relativity and Gravitation: A Hundred Years after the Birth of Einstein*. New York: Plenum, 1—15.

——. 1987b. How Einstein Discovered General Relativity. In M. A. H. MacCallum (ed.), *General Relativity and Gravitation: Proceedings of the 11th International Conference on General Relativity and Gravitation*. Cambridge: Cambridge University Press, 200—208.

Stachel, John. 1989a. The Rigidly Rotating Disk as the Missing Link in the

History of General Relativity, in Howard and Stachel 1989. 48—62.

Stachel, John. 1989b. Einstein's Search for General Covariance, 1912—1915, in Howard and Stachel 1989, 62—100.

Stachel, John. 2002b "What Song the Syrens Sang: How Did Einstein Discover Special Relativity?" and "Einstein and Ether Drift Experiments," both reprinted in Stachel 2002.

Stachel, John. *Einstein's Miraculous Year: Five papers that changed the Face of Physics*. Princeton: Princeton University Press, 1998.

———. 2002a. *Einstein from "B" to "Z"*. Boston: Birkhäuser.

Stern, Fritz. 1999. *Einstein's German World*. Princeton: Princeton University Press.

Talmey, Max. 1932. *The Relativity Theory Simplified, and the Formative Period of Its Inventor*. New York: Falcon Press.

Taylor, Edwin, and J. Archibald Wheeler. 1992. *Spacetime Physics: Introduction to Special Relativity*. New York: W. H. Freeman.

———. 2000. *Exploring Black Holes*. New York: Benjamin/Cummings.

Thorne, Kip. 1995. *Black Holes and Time Warps: Einstein's Outrageous Legacy*. New York: Norton.

Trbuhovic-Gjuric, Desanka. 1993. *In the Shadow of Albert Einstein*. Bern: Verlag Paul Haupt.

Vallentin, Antonina. 1954. *The Drama of Albert Einstein*. New York: Doubleday.

Van Dongen, Jeroen. 2002. *Einstein's Unification: General Relativity and the Quest for Mathematical Naturalness*. Ph. D. dissertation. University of Amsterdam.

Viereck, George Sylvester. 1930. *Glimpses of the Great*. New York: Macauley. (Einstein profile first published as "What Life Means to Einstein,"*Saturday Evening Post*, October 26, 1929.)

Walter, Scott. 1998. Minkowski, Mathematicians, and the Mathematical Theory of Relativity, in Groenner et al. 1999.

Weart, Spencer, and Gertrud Weiss Szilard, eds. 1978. *Leo Szilard: His Version of the Facts*. Cambridge, MA: MIT Press.

Weizmann, Chaim. 1949. *Trail and Error*. New York: Harper.

Wertheimer, Max. 1959. *Productive Thinking*. NewYork: Harper.

Whitaker, Andrew. 1996. *Einstein, Bohr and the Quantum Dilemma*. Cambridge, UK: Cambridge University Press.

White, Michael, and John Gribbin. 1994. *Einstein: A Life in Science*. New York: Dutton.

Whitrow, Gerald J. 1967. *Einstein: The Man and His Achievement*. London: BBC.

Wolfson, Richard. 2003. *Simply Einstein*. New York: Norton.

Yourgrau, Palle. 1999. *Gödel Meets Einstein*. La Salle, Ill.: Open Court Press.

———. 2005. *A World without Time: The Forgotten Legacy of Gödel and Einstein*. New York: Basic Books.

Zackheim, Michele. 1999. *Einstein's Daughter*. New York: Riverhead.

人名译名对照表

阿德勒，弗里德里希 Adler, Friedrich
阿尔伯特一世（比利时国王）Albert I, King of Belgium
阿尔伯特一世（摩纳哥王子）Albert I, Prince of Monaco
阿伏伽德罗，阿梅迪欧 Avogadro, Amedeo
阿莱科维奇，米拉 Alečković, Mira
阿雷尼乌斯，斯万特 Arrhenius, Svante
阿里斯塔克 Aristarchus
埃班，阿巴 Eban, Abba
埃迪，玛丽·贝克 Eddy, Mary Baker
埃里克森，埃里克 Erikson, Erik
埃隆，阿莫斯 Elon, Amos
埃伦菲斯特，保罗 Ehrenfest, Paul
艾德洛特，弗兰克 Aydelotte, Frank
艾略特 Eliot, T. S.
艾普金，萨姆 Epkin, Sam
艾森豪威尔，德怀特 Eisenhower, Dwight D.
爱迪生，托马斯 Edison, Thomas
爱丁顿，阿瑟·斯坦利 Eddington, Arthur Stanley
爱普斯坦，雅各布 Epstein, Jacob
爱因斯坦，阿尔伯特 Einstein, Albert
爱因斯坦，爱德华 Einstein, Eduard "Tete"
爱因斯坦，爱尔莎·勒温塔尔 Einstein, Elsa Löwenthal
爱因斯坦，保拉 Einstein, Paula
爱因斯坦，保莉妮·科赫 Einstein, Pauline Koch
爱因斯坦，范妮·科赫 Einstein, Fanny Koch
爱因斯坦，弗里达·克乃希特 Einstein, Frieda Knecht
爱因斯坦，汉斯·阿尔伯特 Einstein, Hans Albert
爱因斯坦，赫尔曼 Einstein, Hermann
爱因斯坦，克劳斯 Einstein, Klaus
爱因斯坦，莉色儿 Einstein, Lieserl
爱因斯坦，鲁道夫 Einstein, Rudolf

爱因斯坦，罗伯托 Einstein, Roberto
爱因斯坦，玛戈特 Einstein, Margot
爱因斯坦，玛丽亚（玛雅）Einstein, Maria "Maja"
爱因斯坦，伊尔莎 Einstein, Ilse
爱因斯坦，伊夫林 Einstein, Evelyn
安德森，玛丽安 Anderson, Marian
安特梅耶，塞缪尔 Untermyer, Samuel
奥本海默，J. 罗伯特 Oppenheimer, J. Robert
奥本海默，弗兰克 Oppenheimer, Frank
奥本海默，基蒂 Oppenheimer, Kitty
奥本海姆，舒拉米特 Oppenheim, Shulamith
奥弗比，丹尼斯 Overbye, Dennis
奥卡姆，威廉 Occam, William
奥森，卡尔·威廉 Oseen, Carl Wilhelm
奥斯特瓦尔德，威廉 Ostwald, Wilhem
巴本，弗朗茨·冯 Papen, Franz von
巴赫，约翰·塞巴斯蒂安 Bach, Johann Sebastian
巴鲁克，伯纳德 Baruch, Bernard
巴罗，约翰 Barrow, John
巴斯德，路易斯 Pasteur, Louis
班伯格，路易斯 Bamberger, Louis
邦德，贺拉斯 Bond, Horace
邦德，朱利安 Bond, Julian
鲍德温，罗杰 Baldwin, Roger
鲍林，莱纳斯 Pauling, Linus

贝多芬，路德维希·凡 Beethoven, Ludwig van
贝尔，约翰·斯图尔特 Bell, John Stewart
贝尔福，阿瑟·詹姆斯 Balfour, Arthur James
贝尔克斯，罗伯特 Berks, Robert
贝京，梅纳赫姆 Begin, Menachem
贝克莱，乔治 Berkeley, George
贝索，安娜·温特勒 Besso, Anna Winteler
贝索，米歇勒·安吉洛 Besso, Michele Angelo
贝特，汉斯 Bethe, Hans
本-古里安，大卫 Ben-Gurion, David
比兰德，汉斯 Byland, Hans
毕达哥拉斯 Pythagoras
毕加索，巴布罗 Picasso, Pablo
波波维奇，米兰 Popović, Milan
波多尔斯基，鲍里斯 Podolsky, Boris
玻恩，海德维希 Born, Hedwig
玻恩，马克斯 Born, Max
玻尔，尼尔斯 Bohr, Niels
玻尔兹曼，路德维希 Boltzmann, Ludwig
玻姆，大卫 Bohm, David
玻色，萨蒂延德拉·纳特 Bose, Satyendra Nath
伯恩斯，詹姆斯 Byrnes, James

人名译名对照表

伯恩斯坦，杰里米 Bernstein, Jeremy
伯恩斯坦，亚伦 Bernstein, Aaron
伯林，以赛亚 Berlin, Isaiah
勃拉姆斯，约翰内斯 Brahms, Johannes
布基，彼得 Bucky, Peter
布基，古斯塔夫 Bucky, Gustav
布基，托马斯 Bucky, Thomas
布克沃尔德，戴安娜·科默斯 Buchwald, Diana Kormos
布拉什，史蒂文 Brush, Steven
布莱克伍德，卡罗琳 Blackwood, Caroline
布兰代斯，路易斯 Brandeis, Louis
布朗，罗伯特 Brown, Robert
布劳耶，马塞尔 Breuer, Marcel
布里格斯，莱曼 Briggs, Lyman
布里渊，马塞尔 Brillouin, Marcel
布卢门菲尔德，库尔特 Blumenfeld, Kurt
布罗德，马克斯 Brod, Max
布什，万尼瓦尔 Bush, Vannevar
仓格尔，海因里希 Zangger, Heinrich
戴蒙德，玛丽安 Diamond, Marian
戴森，弗兰克 Dyson, Frank
戴森，弗里曼 Dyson, Freeman
戴森，乔治 Dyson, George
道格拉斯，威廉 Douglas, William
德拜，彼得 Debye, Peter
德布罗意，路易斯 Broglie, Louis de
德雷克，汤姆 Drake, Tom
德隆，阿德莱德 Delong, Adelaide
德鲁德，保罗 Drude, Paul
德西特，威廉 Sitter, Willem de
狄拉克，保罗 Dirac, Paul
迪昂，皮埃尔 Duhem, Pierre
第谷·布拉赫 Brahe, Tycho
东恩，杰伦·范 Dongen, Jeroen van
杜波伊斯 Du Bois, W. E. B.
杜卡斯，海伦 Dukas, Helen
杜雷尔，劳伦斯 Durrell, Lawrence
杜鲁门，哈里 Truman, Harry S.
杜威，约翰 Dewey, John
法因，阿瑟 Fine, Arthur
范塔，贝莎 Fanta, Bertha
范托娃，约翰娜 Fantova, Johanna
菲茨杰拉德，乔治 Fitzgerald, George
菲尔埃克，格奥尔格·西尔维斯特 Vier-eck, George Sylvester
菲什，阿道夫 Fisch, Adolf
斐索，伊波利特 Fizeau, Hippolyte
费曼，理查德 Feynman, Richard
费米，恩里科 Fermi, Enrico
夫兰克，詹姆斯 Franck, James
弗莱克斯纳，亚伯拉罕 Flexner, Abraham
弗兰茨·约瑟夫（奥地利皇帝）Franz Joseph (Emperor of Austria)
弗兰克，菲利普 Frank, Philipp

弗兰克福特，菲利克斯 Frankfurter, Felix
弗劳恩格拉斯，理查德 Frauenglass, Richard
弗里德，阿莫斯 Fried, Amos
弗里德曼，罗伯特·马克 Friedman, Robert Marc
弗里施，奥托 Frisch, Otto
弗吕基格·马克斯 Max, Flückiger
弗伦德里希，埃尔温·芬莱 Freundlich, Erwin Finlay
弗伦德里希，凯特 Freundlich, Käthe
弗罗辛厄姆夫人 Frothingham, Mrs. Randolph
弗洛伊德，西格蒙德 Freud, Sigmund
弗普尔，奥古斯特 Föppl, August
福斯迪克，哈里·埃默森 Fosdick, Harry Emerson
福特，亨利 Ford, Henry
富尔德，卡罗琳·班伯格 Fuld, Caroline Bamberger
富尔顿，罗伯特 Fulton, Robert
富克斯，克劳斯 Fuchs, Klaus
富兰克林，本杰明 Franklin, Benjamin
盖尔曼，默里 Gell-Mann, Murray
甘地 Gandhi
高斯，卡尔·弗里德里希 Gauss, Carl Friedrich
戈德斯坦，赫伯特 Goldstein, Herbert S.
戈尔登，威廉 Golden, William
戈林，赫尔曼 Göring, Hermann
戈培尔，约瑟夫 Goebbels, Joseph
哥白尼，尼古拉 Copernicus, Nicolaus
哥德尔，库尔特 Gödel, Kurt
歌德，约翰·沃尔夫冈·冯 Goethe, Johann Wolfgang von
格尔克，恩斯特 Gehrcke, Ernst
格林，布赖恩 Greene, Brian
格林，霍默 Greene, Homer
格罗斯曼，马塞尔 Grossmann, Marcel
古德曼，埃伦 Goodman, Ellen
古尔斯特兰德，阿尔瓦 Gullstrand, Allvar
古斯塔夫五世（瑞典国王）Gustav Adolf V (King of Sweden)
哈比希特，保罗 Habicht, Paul
哈比希特，康拉德 Habicht, Conrad
哈伯，弗里茨 Haber, Fritz
哈伯，克拉拉 Haber, Clara
哈勃，爱德华 Hubble, Edward
哈丁，沃伦 Harding, Warren G.
哈恩，奥托 Hahn, Otto
哈尔斯曼，菲利普 Halsman, Philipp
哈勒尔，弗里德里希 Haller, Friedrich
哈特尔，詹姆斯 Hartle, James
哈维，托马斯 Harvey, Thomas
海顿，弗朗茨·约瑟夫 Haydn, Franz Joseph

人名译名对照表

海森伯，维尔纳 Heisenberg, Werner
亥姆霍兹，赫尔曼·冯 Helmholtz, Hermannvon
赫尔茨，保罗 Hertz, Paul
赫施巴赫，达德利 Herschbach, Dudley
赫兹，海因里希 Hertz, Heinlich
亨德尔，乔治·弗雷德里克 Handel, GeorgeFrederick
胡尔维茨，阿道夫 Hurwitz, Adolf
胡佛，J. 埃德加 Hoover, J. Edgar
胡克，西德尼 Hook, Sidney
华莱士，亨利 Wallace, Henry
华盛顿，乔治 Washington, George
怀斯，斯蒂芬 Wise, Stephen
怀特，西奥多 White, Theodore
怀特海，阿尔弗雷德·诺斯 Whitehead, AlfredNorth
惠更斯，克里斯蒂安 Huygens, Chris-tiaan
惠勒，约翰·阿奇博尔德 Wheeler, John Archibald
霍尔丹，理查德·伯登 Haldane, Richard, Lord
霍尔顿，杰拉尔德 Holton, Gerald
霍夫曼，班内什 Hoffmann, Banesh
霍华德，亨利 Howard, Henry
霍华德，唐 Howard, Don
霍金，史蒂芬 Hawking, Stephen
基尔霍夫，古斯塔夫 Kirchhoff, Gustav

纪尧姆，查理－爱德华 Guillaume, Charles-Edouard
加尔文，约翰 Calvin, John
伽里森，彼得 Galison, Peter
伽利略 Galileo
伽莫夫，乔治 Gamow, George
佳吉列夫，谢尔盖 Diaghilev, Sergei
嘉当，埃利·约瑟夫 Cartan, Elie Joseph
杰斐逊，托马斯 Jefferson, Thomas
杰罗姆，弗雷德 Jerome, Fred
金德里德 Kindred, J. J.
居里，玛丽（居里夫人）Curie, Marie
卡夫卡，弗朗茨 Kafka, Franz
卡鲁扎，西奥多 Kaluza, Theodor
卡诺瓦，安东尼奥 Canova, Antonio
卡曾斯，诺曼 Cousins, Norman
开尔文勋爵 Kelvin, William Thomson, Lord
开普勒，约翰内斯 Kepler, Johannes
凯勒，海伦 Keller, Helen
凯泽尔，鲁道夫 Kayser, Rudolf
凯泽尔，伊尔莎·爱因斯坦 Kayser, Ilse Einstein
康德，伊曼努尔 Kant, Immanuel
康普顿，阿瑟 Compton, Arthur
康普顿，卡尔 Compton, Karl
考夫曼，布鲁莉娅 Kaufman, Bruria
考夫曼，欧文 Kaufman, Irving

考克斯，钱宁 Cox, Channing
柯年科夫，谢尔盖 Konenkov, Sergei
柯年科娃，玛格丽塔 Konenkova, Margarita
科恩，I. 伯纳德 Cohen, I. Bernard
科恩，罗伊 Cohn, Roy
科赫，凯撒 Koch, Caesar
科赫，尤利乌斯 Koch, Julius
科赫，尤利亚 Koch, Julia
科皮，克雷格 Copi, Craig J.
克莱纳，阿尔弗雷德 Kleiner, Alfred
克莱斯勒，弗里茨 Kreisler, Fritz
克莱因，奥斯卡 Klein, Oskar
克劳奇，亨利 Crouch, Henry
克罗瑟，博斯利 Crowther, Bosley
拉登堡，鲁道夫 Ladenburg, Rudolf
拉格朗日，约瑟夫-路易斯 Lagrange, Joseph-Louis
拉尼亚，利奥 Lania, Leo
拉普拉斯，皮埃尔-西蒙 Laplace, Pierre-Simon, Marquis de
拉斯基，哈罗尔德 Laski, Harold
拉斯基，维克多 Lasky, Victor
拉斯普京，格里高利 Rasputin, Grigori
拉特瑙，瓦尔特 Rathenau, Walther
莱纳西维奇，罗伯特 Rynasiewicz, Robert
莱斯顿，詹姆斯 Reston, James
莱特，奥维尔 Wright, Orville

莱特曼，艾伦 Lightman, Alan
莱维-契维塔 Levi-Civita, Tullio
莱文，艾萨克·唐 Levine, Isaac Don
兰金，约翰 Rankin, John
朗之万，保罗 Langevin, Paul
劳埃德·乔治，戴维 Lloyd George, David
劳伯，雅各布 Laub, Jakob
劳厄，马克斯·冯 Laue, Max von
劳伦斯，威廉 Laurence, William
勒巴赫，玛格丽特 Lebach, Margarete
勒纳德，菲利普 Lenard, Philipp
雷恩，于尔根 Renn, Jürgen
雷曼，赫伯特 Lehman, Herbert
黎曼，伯恩哈特 Riemann, Bernhard
里克，爱德华 Riecke, Eduard
里奇，格里高利 Ricci-Curbastro, Gregorio
利维，史蒂文 Levy, Steven
利文森，托马斯 Levenson, Thomas
林白，查尔斯 Lindbergh, Charles
林德曼，弗雷德里克 Lindemann, Frederick
刘易斯，吉尔伯特 Lewis, Gilbert
卢瑟福，欧内斯特 Rutherford, Ernest
路德，马丁 Luther, Martin
罗，戴维 Rowe, David
罗尔斯，玛丽安 Rawles, Marian
罗曼·罗兰 Rolland Romain

人名译名对照表

罗森，内森 Rosen, Nathan
罗森伯格，埃塞尔 Rosenberg, Ethel
罗森伯格，朱利叶斯 Rosenberg, Julius and Ethel
罗森菲尔德，莱昂 Rosenfeld, Léon
罗森克朗茨，泽埃夫 Ze'ev Rosenkranz
罗斯福，埃莉诺 Roosevelt, Eleanor
罗斯福，富兰克林 Roosevelt, Franklin
罗素，伯特兰 Russell, Bertrand
罗索，亨利 Rosso, Henry
洛厄尔，A. 劳伦斯 Lowell, A. Lawrence
洛克，约翰 Locke, John
洛克-兰普森，奥利弗 Locker-Lampson, Oliver
洛克纳，路易斯 Lochner, Louis
洛伦兹，亨德里克 Lorentz, Hendrik
马丁内斯，阿尔贝托 Martinez, Alberto
马格里奇，拉斯托卡 Maglić, Rastko
马格内斯，朱达 Magnes, Judah
马赫，恩斯特 Mach, Ernst
马克斯，萨姆 Marx, Sam
马克瓦尔德，苏珊娜 Markwalder, Suzanne
马里亚诺夫，德米特里 Marianoff, Dimitri
马里亚诺夫，玛戈特·爱因斯坦 Marianoff, Margot Einstein
马斯特 Muste, A. J.

马歇尔，乔治 Marshall, George
马修，沃尔特 Matthau, Walter
玛里奇，米洛斯 Marić, Milos
迈尔，埃德加 Meyer, Edgar
迈尔，古斯塔夫 Maier, Gustav
迈尔，梅纳西 Meyer, Menasseh
迈尔，瓦尔特 Mayer, Walther
迈尔-施密特，安娜 Meyer-Schmid, Anna
迈尔斯，谢尔曼 Miles, Sherman
迈克耳孙，阿尔伯特 Michelson, Albert
迈特纳，莉泽 Meitner, Lise
麦金太尔，马文 MacIntyre, Marvin
麦卡锡，约瑟夫 McCarthy, Joseph
麦克斯韦，詹姆斯·克拉克 Maxwell, James Clerk
曼德尔，托尼 Mendel, Toni
梅耶，路易斯 Mayer, Louis
米勒，阿瑟 Miller, Arthur
米勒，戴顿 Miller, Dayton
米列娃·玛里奇 Marić, Mileva
米沙诺夫斯基，埃塞尔 Michanowski, Ethel
米歇尔莫，彼得 Michelmore, Peter
密立根，罗伯特·安德鲁斯 Millikan, Robert Andrews
闵可夫斯基，赫尔曼 Minkowski, Hermann
摩根索，亨利 Morgenthau, Henry

莫雷，爱德华 Morley, Edward

莫什科夫斯基，亚历山大 Moszkowski, Alexander

莫扎特，沃尔夫冈·阿玛迪乌斯 Mozart, Wolfgang Amadeus

墨索里尼，贝尼托 Mussolini, Benito

默里，吉尔伯特 Murray, Gilbert

默罗，爱德华 Murrow, Edward R.

默敏，N. 戴维 Mermin, N. David

穆尼，汤姆 Mooney, Tom

拿破仑一世（法国皇帝） Napoleon I (Emperor of France)

纳坦，奥托 Nathan, Otto

能斯特，瓦尔特 Nernst, Walther

尼科莱，格奥尔格·弗里德里希 Nicolai, Georg Friedrich

尼施，雅各布 Nüesch, Jacob

牛顿，艾萨克 Newton, Issac

诺贝尔，阿尔弗雷德 Nobel, Alfred

诺顿，约翰 Norton, John

诺依曼，贝蒂 Neumann, Betty

诺依曼，约翰·冯 Neumann, John von

欧康奈尔，威廉·亨利 O'Connell, William Henry

欧文，雷 Irvin, Rea

帕特尼提，米夏埃尔 Paterniti, Michael

派斯，亚伯拉罕 Pais, Abraham

庞加莱，昂利 Poincaré, Henri

庞森比，阿瑟 Ponsonby, Arthur

泡利，沃尔夫冈 Pauli, Wolfgang

裴斯泰洛齐，约翰·海因里希 Pestalozzi, Johann Heinrich

佩尔内，让 Pernet, Jean

佩斯，圣-琼 Perse, Saint-John

彭罗斯，伯依斯 Penrose, Boies

彭罗斯，罗杰 Penrose, Roger

皮尔逊，德鲁 Pearson, Drew

普莱什，亚诺什 Plesch, Janos

普朗克，马克斯 Planck, Max

普鲁斯特，马塞尔 Proust, Marcel

齐歇尔，埃米尔 Zürcher, Emil

钱伯斯，惠特克 Chambers, Whittaker

乔伊斯，詹姆斯 Joyce, James

丘吉尔，温斯顿 Churchill, Winston

萨尔兹伯格，亚瑟·海斯 Sulzberger, Arthur Hays

萨克斯，亚历山大 Sachs, Alexander

萨维奇，海琳·考夫勒 Savić, Helene Kaufler

萨维奇，佐尔卡 Savić, Zorka

塞德尔，托沙 Seidel, Toscha

塞登托普夫，亨利 Seidentopf, Henry

塞利希，卡尔 Seelig, Carl

塞缪尔，赫伯特 Samuel, Herbert

塞万提斯 Cervantes Saavedra, Miguel de

沙多维茨，阿尔伯特 Shadowitz, Albert

莎士比亚，威廉 Shakespeare, William

绍尔，蒂尔曼 Sauer, Tilman

人名译名对照表

施奈德，伊尔莎 Schneider, Ilse
施特拉斯曼，弗里茨 Strassman, Fritz
施特劳斯，恩斯特 Straus, Ernst
施特劳斯，里夏德 Strauss, Richard
施特劳斯，刘易斯 Strauss, Lewis
施特鲁克，赫尔曼 Struck, Hermann
施托塞尔，路德维希 Stössel, Ludwig
施瓦茨，保罗 Schwartz, Paul
施瓦茨希尔德，卡尔 Schwarzschild, Karl
史密斯，亨利·德沃尔夫 Smyth, Henry De Wolf
史密斯，霍华德 Smith, Howard
史汀生，亨利 Stimson, Henry
叔本华，阿图尔 Schopenhauer, Arthur
舒伯特，弗朗茨 Schubert, Franz
舒尔曼，罗伯特 Schulmann, Robert
舒曼，罗伯特 Schumann, Robert
舒斯特，马克斯 Schuster, Max
斯宾诺莎，巴鲁赫 Spinoza, Baruch
斯大林，约瑟夫 Stalin, Joseph
斯蒂文森，阿德莱 Stevenson, Adlai
斯莫林，李 Smolin, Lee
斯奈德，哈特兰 Snyder, Hartland
斯诺，C. P. Snow, C. P.
斯塔契尔，约翰 Stachel, John
斯特恩，奥托 Stern, Otto
斯特恩，马克斯 Stern, Max
斯特拉文斯基，伊戈尔 Stravinsky, Igor
斯特林费洛，乔治 Stringfellow, George
斯通，道格拉斯 Stone, Douglas
斯温，雷蒙德·格拉姆 Swing, Raymond Gram
斯文赫定 Hedin, Sven
苏多普拉托夫，帕维尔 Sudoplatov, Pavel
索恩，基普 Thorne, Kip
索尔维，欧内斯特 Solvay, Ernest
索福克勒斯 Sophocles
索洛文，莫里斯 Solovine, Maurice
索默菲，阿诺德 Sommerfeld, Arnold
塔尔穆德（塔尔梅）Talmud (Talmey), Max
泰勒，爱德华 Teller, Edward
坦纳，汉斯 Tanner, Hans
汤姆孙，J. J. Thomson, J. J.
托勒密 Ptolemy
托洛茨基，利昂 Trotsky, Leon
托马斯，诺尔曼 Thomas, Norman
瓦尔堡，埃米尔 Warburg, Emil
瓦格纳，里夏德 Wagner, Richard
瓦朗坦，安东尼娜 Vallentin, Antonina
瓦里查克，弗拉基米尔 Vari c'ak, Vladimir
外尔，赫尔曼 Weyl, Hermann
威廉二世（德国皇帝）Wilhelm Ⅱ (Emperor of Germany)
威廉斯，查尔斯 Williams, Charles

威廉斯，约翰·夏普 Williams, John Sharp
韦伯，海因里希 Weber, Heinrich
韦尔斯，H. G. Wells, H. G.
韦斯科夫，维克多 Weisskopf, Victor
韦特海默尔，马克斯 Wertheimer, Max
维奥勒，朱尔 Violle, Jules
维布伦，奥斯瓦尔德 Veblen, Oswald
维恩，威廉 Wien, Wilhelm
维格纳，尤金 Wigner, Eugene
维特森，桑德拉 Witelson, Sandra
魏茨曼，哈伊姆 Weizmann, Chaim
魏兰德，保罗 Weyland, Paul
温伯格，史蒂文 Weinberg, Steven
温特勒，安娜 Winteler, Anna
温特勒，保罗 Winteler, Paul
温特勒，罗莎 Winteler, Rosa
温特勒，玛丽 Winteler, Marie
温特勒，约斯特 Winteler, Jost
沃尔夫，芭芭拉 Wolff, Barbara
沃尔什，戴维 Walsh, David
沃克，埃文 Walker, Evan
沃克，吉米 Walker, Jimmy
沃特斯，利昂 Watters, Leon
乌兰德，路德维希 Uhland, Ludwig
西尔伯斯坦，路德维希 Silberstein, Ludwig
西拉德，莱奥 Szilárd, Leó
西利，伊夫林 Seeley, Evelyn
西门子，维尔纳·冯 Siemens, Werner von
西蒙，理查德 Simon, Richard
希本，约翰 Hibben, John
希尔伯特，大卫 Hilbert, David
希勒，库尔特 Hiller, Kurt
希特勒，阿道夫 Hitler, Adolf
香克兰，罗伯特 Shankland, Robert
萧伯纳 Shaw, George Bernard
小洛克菲勒 Rockefeller, John D., Jr.
肖邦，弗雷德里克 Chopin, Frédéric
辛克莱，厄普顿 Sinclair, Upton
兴登堡，保罗·冯 Hindenburg, Paul von
休谟，大卫 Hume, David
薛定谔，埃尔文 Schrödinger, Erwin
亚伯拉罕，马克斯 Abraham, Max
扬森，米歇尔 Janssen, Michel
杨，托马斯 Young, Thomas
尧曼，古斯塔夫 Jaumann, Gustav
耶里查，玛丽亚 Jeritza, Maria
伊丽莎白（比利时王后）Elisabeth (Queen of Belgium)
英菲尔德，利奥波德 Infeld, Leopold
尤格劳，帕勒 Yourgrau, Palle
尤里，哈罗德 Urey, Harold
约翰逊，保罗 Johnson, Paul
扎克海姆，米歇尔 Zackheim, Michele
张伯伦，奥斯汀 Chamberlain, Austen
卓别林，查理 Chaplin, Charlie

索 引[1]

A

阿德勒,弗里德里希 Adler, Friedrich, 38—39,150—151,156,158—159, 163,240

阿尔伯特一世(比利时国王) Albert Ⅰ (King of Belgium),415—416,432

阿尔伯特一世(摩纳哥王子) Albert Ⅰ (Prince of Monaco),296

阿伏伽德罗,阿梅迪欧 Avogadro, Amedeo,101—102

阿伏伽德罗常数 Avogadro's number, 101—103,106

阿拉伯人 Arabs,381,409,520,541

阿莱科维奇,米拉 Alečković, Mira,87

阿雷尼乌斯,斯万特 Arrhenius, Svante, 310—312,314

阿里斯塔克 Aristarchus,518

阿斯派克特,阿莱恩 Aspect, Alain,458

《阿维尼翁的少女》(毕加索) Demoiselles d'Avignon, Les (Picasso),280

埃班,阿巴 Eban, Abba,521—523,541

埃迪,玛丽·贝克 Eddy, Mary Baker, 343

埃里克森,埃里克 Erikson, Erik,275

埃隆,阿莫斯 Elon, Amos,284

埃伦菲斯特,保罗 Ehrenfest, Paul,68, 120,132,165,167—168,180,184, 204,205,218,234,252,259,268, 271,276,281,287,289,325,331, 345,396,421—422

艾德洛特,弗兰克 Aydelotte, Frank, 480—481

艾略特 Eliot,280

艾普金,萨姆 Epkin, Sam,528

---

[1] 索引中的页码为原书页码,即本书边码。 页码中出现的n指注释,包括原书中的尾注和脚注。 为了读者阅读方便,本书已将原书的尾注均改为脚注,但由于原书中大多数注释均为尾注,所以带有n的页码大都无法查阅,请读者注意。

艾森豪威尔,德怀特 Eisenhower, Dwight D., 525, 533, 534, 544—545

爱迪生,托马斯 Edison, Thomas, 6, 299

爱迪生测试 Edison test, 299

爱丁顿,阿瑟·斯坦利 Eddington, Arthur Stanley, 256—262, 264, 267, 279, 312, 321, 339, 340, 343, 355n, 600n, 601n

爱普斯坦,雅各布 Epstein, Jacob, 423

爱因斯坦,阿尔伯特:Einstein, Albert:～在德国阿劳 in Aarau, Germany, 25—31, 40, 46, 113, 115;～的健忘 absentmindedness of, 39, 44, 59, 203, 227n, 426—428, 435—436, 437, 438—441, 519;～的学术生涯 academic career of, 149—152, 158—163, 175—188, 239, 304—305, 368, 394—412, 431—432;～寻求的学术职位 academic positions sought by, 54—63, 65—67, 69, 78, 86, 92, 140, 142, 144—145, 149—153;～的超然 aloofness of, 2, 5, 12—13, 41, 44, 100, 150—151, 154, 161—162, 184—186, 226, 231, 232—233, 271, 273—277, 280, 441—443, 516, 518—520;～的贫血 anemia of, 517, 536;～的动脉瘤 aneurysm of, 516—517, 536, 541—543;～在安特卫普 in Antwerp, 368;～所支持的军控 arms control supported by, 487—495, 498, 500—501;～在瑞士阿罗莎 in Arosa, Switzerland, 234, 243;～反对同化 assimilation opposed by, 205—206, 280—284, 291, 302—304, 386, 408—410, 428;～对占星术和灵魂的看法 astrology and spirituality as viewed by, 374, 384;～对无神论的看法 atheism as viewed by, 386, 388—390, 462, 587n;～的奥匈帝国国籍 Austro-Hungarian citizenship of, 163—164;～所质疑的权威 authority questioned by, 2, 7—9, 12—13, 20—22, 29, 34, 38, 49, 54—55, 67—72, 73, 113, 180, 240, 317, 378—379, 550;～的亲笔签名 autograph of, 369, 445;～所获得的奖励和荣誉 awards and honors received by, 3, 60, 101, 154—155, 235, 236, 243, 280, 297, 309—316, 337, 348, 352, 368, 387, 438, 490, 505, 516, 533—534, 606n, 607n;～在巴特瑙海姆年会上 at Bad Nauheim confer-ence, 287—289;～在比利时 in Belgium, 168—171, 289—291, 344—349,

405，410—422；~作为柏林大学教授 as Berlin University professor, 14，168，178—181，184—189，201—213，215—221，224，227n，228—232，234，236—237，241—242，246—248，259，261—262，271，277，280，281—289，301—306，307，315，318，356—359，362—364，381—384，387—389，392，394—395，399—401，403，411，471，523，601n；~在百慕大 in Bermuda, 437，479，506；~作为伯尔尼居民 as Bern resident, 75—89，124—126，141—155，167，184—188；~作为伯尔尼大学教授 as Bern University professor, 144—153；~的传记 biographies of, 269—271，465，478，498，518，601n，639n；~的出生 birth of, 11，91—92；玻尔与~的争论 Bohr's disputes with, 269，324—326，344—349，496，514—515，539，609n；~的大脑 brain of, 545—548，640n；~的胸像 busts of, 423，436；~在加利福尼亚 in California, 263，268，315，354—355，368，371—374，380—381，384，395—399，401—404，431；~在加州理工学院 at Caltech, 315n，368，

373—374，380—381，395—399，401—404，431；~的卡普特别墅 Caputh cottage of, 357—360，357，361—362，387，395，397，398—399，401，405，444，447，619n；~访问中美洲 Central America visited by, 364，371—372；~在锡兰 in Ceylon, 306；~在芝加哥 in Chicago, 374—375，404—405；~的童年 childhood of, 8—31，67，114，180，205，385，462，483，538，548；~在克利夫兰 in Cleveland, 300，461—462；~对共产主义的看法 communism as viewed by, 287，379—380，399—401，403，420—421，445—447，478，489—490，494—503，524—534，550，633n—634n；给~的罗盘 compass given to, 13，67，462，538，548；~的通信 correspondence of, 1，3，39—47，50—53，93—94，97，104，106，131，135，137—138，143—144，165，170—171，174，184，355，360—361，405—406，408—409，411，415—417，421—422；亦参见 *specific correspondents*；~的通信（柏林）correspondence of (Berlin), 184，201—204，205，208，209—213，215—221，224，227n，

230—232, 234, 237, 242, 259, 271, 277, 286, 307, 318, 362, 363, 381—383, 387—389, 392, 601n；~的通信（普林斯顿）correspondence of（Princeton）, 430—431, 438, 441—442, 467, 478, 482—483, 484, 500—501, 503, 513, 519—520, 524—529, 537, 539, 540, 636n；~的火化cremation of, 544—545；~在古巴in Cuba, 371；~每日走路daily walks of, 438—439, 442—443, 509, 536—537；~的去世death of, 88, 94, 251, 445, 541—545；对~的死亡威胁death threats against, 410—411, 422—423, 437；~所支持的民主democracy supported by, 240, 242, 287, 420, 423—424, 479—480, 489—490, 499, 503—507, 537；~对经济的看法economic views of, 370—371, 375, 380, 403, 504—505, 633n；~对教育的看法education as viewed by, 6—7, 21—22, 26, 290, 292, 293, 299, 550；~的教育education of, 8—9, 15—49, 54—56, 60, 113, 115, 150—151, 565n；~的工程背景engineering background of, 23—24, 31, 53—54, 91, 113, 115,

126—127, 143—144, 161, 276—277, 304, 435, 443, 444, 517；~讲的英语English spoken by, 394, 402, 446, 464, 525；~的文章essays of, 208—209, 380, 479—480, 489—490, 497—498, 504；~的眼球eyeballs of, 640n；~的声望和名誉fame and reputation of, 2, 5—6, 136, 140—142, 149, 151—152, 154, 163, 166, 168—169, 172, 175, 176—177, 196, 240, 247, 263—316, 339—344, 357—359, 363, 368—376, 396, 403, 426—430, 445, 472—473, 517, 520—523, 525—534, 540, 541, 544—545, 633n, 639n；~作为父亲as father, 75—76, 86—88, 143, 161—162, 174—175, 186, 187, 209—211, 215—216, 225—240, 243, 246, 274, 276—277, 301, 417—419；联邦调查局的~档案FBI file on, 287, 379, 399, 477—478, 500—503, 525, 534, 629n；~写给罗斯福的信FDR letter written by, 473—478, 484, 485, 629n—630n；~与罗斯福的会面FDR's meeting with, 430—431, 493；~的50岁生日fiftieth birthday of, 357—359, 362—363；对~的电影描

绘 film portrayal of, 491—493；~的经济状况 financial situation of, 22—23, 32, 39, 72—73, 88—89, 162—164, 179, 186—188, 204, 210, 215, 226, 228, 233—236, 244, 275—276, 289—290, 297, 302, 306—307, 309, 316, 359, 397, 403, 465, 478—479, 607n, 639n；~的国外旅行 foreign tour of, 306—310, 315；~对法国的访问 France visited by, 301, 309, 311；~对言论自由的支持 free speech supported by, 479—480, 524—534；~对自由意志的看法 free will as viewed by, 387—388, 391—393, 618n, 635n；~讲的法语 French spoken by, 208, 301；~的友谊 friendships of, 12—13, 35—36, 61—62, 79—81, 85, 104, 137—139, 142—143, 167—168, 184—185, 206, 208, 222, 228, 231, 260, 269—271, 274—275, 286—287, 294—295, 305, 363—364, 408, 421—422, 518—519, 536, 540, 542, 566n；~的慷慨和善良 generosity and kindness of, 5, 186—188, 210, 215, 226, 228, 234—236, 275—276, 302, 309, 316, 427—430, 438—441, 445,

516, 518—519, 607n；~在日内瓦裁军大会 at Geneva Disarmament Conference, 377—378；~的德国国籍 German citizenship of, 23, 29, 58, 164, 405, 406；~对德国文化的看法 German culture as viewed by, 21—24, 26, 180, 205—209, 239—242, 275, 282—284, 401—403, 414, 447, 505—506, 542；~讲的德语 German spoken by, 149, 297, 306, 431, 542—543；~在格拉斯哥 in Glasgow, 419；~所讲的"上帝不掷骰子" "God does not play dice" quote of, 4, 326, 335, 392, 515, 538, 549, 609n；~作为祖父 as grandfather, 443—444；~所体验到的悲痛 grief experienced by, 84—85, 277, 417—419, 441—442, 518；~对陀螺仪的改进 gyroscope improvement by, 304；~弄伤了手 hand injured by, 35；~在哈维尔河别墅 at Havel River villa, 341—342, 357—358；~的心脏炎症 heart inflammation of, 363；~的斯宾塞讲演 Herbert Spencer Lecture given by, 419, 591n；~的远足旅行 hiking trips of, 24, 42, 46, 80—81, 181—182, 203, 209, 210, 217, 225, 229；~在好莱坞 in Hollywood, 263, 268, 372—374; 授予~的名誉学位 honorary degrees awarded to, 154—155, 352, 505; ~的健康不佳 ill health of, 13, 35, 217, 233—234, 238, 255, 291, 342, 363, 516—517, 519, 536, 541—542, 548; ~的移民签证 immigration visa of, 399—401, 437, 477, 479; ~对个人自由的支持 individual freedom supported by, 433, 445—447, 478—480, 503—507, 524—534, 537, 550, 637n; ~在高等研究院 at Institute for Advanced Studies, 298, 395—398, 402, 405, 410—412, 425—426, 428, 431—432, 436, 438—439, 442—443, 450, 453, 464, 466, 468—469, 480, 508—509, 514—515, 532, 536—537, 541, 622n; ~的思想发展 intellectual development of, 1—2, 8—9, 12, 78—84; ~作为国际主义者 as internationalist, 205—209, 240, 282, 291, 301, 302, 305, 378, 381—382, 386, 479, 482—483, 487—500, 541, 601n, 631n; 对~的采访 interviews with, 266, 342, 385—387, 420—421, 423, 428—429, 440—441, 450, 469—470; ~的发明 inventions of, 143—144, 161, 304, 435, 471; 让~担任以色列总统 Israeli presidency offered to, 520—523; ~在日本 in Japan, 306—307, 309—310, 315, 339, 393; ~的犹太背景 Jewish background of, 3, 9—11, 15, 16, 18, 20—21, 29—30, 43, 52, 61, 142, 149, 152, 163—164, 177, 183, 207, 243, 263, 269—271, 273, 281—308, 311—312, 315, 342, 359, 381, 385, 403—410, 412—414, 420, 427, 428—430, 444—445, 447, 505—506, 520—523, 541, 543, 567n; ~帮助的犹太难民 Jewish refugees aided by, 429—430, 445; ~在德国基尔 in Kiel, Germany, 304, 305; ~的京都讲演 Kyoto address of, 116; ~在科莫湖 at Lake Como, 63—64; ~在勒科克海滨 at Le Coq sur Mer, Belgium, 410—422; ~所做的讲演 lectures given by, 150—152, 159—160, 168—171, 175—176, 179, 203, 212, 214—215, 218—220, 223, 228, 232, 239, 272, 295, 296—298, 306—307, 318—321, 350—353, 361—362, 396—397, 469; ~在莱顿 in Leiden, 164—

166, 168, 318—320, 360—361；~在伦敦 in London, 279, 301；~作为孤独者 as loner, 12, 15, 24, 35—36, 38, 52, 137, 211, 357—360, 363, 423—424, 431—432, 435—436, 442—443, 551；~的爱情生活 love life of, 27, 28, 40—47, 153—154, 243, 275, 360—364, 437, 441—442, 502—504, 517, 535, 538, 540, 546—547；~给杂志和报纸写的文章 magazine and newspaper articles by, 267, 281, 285—288, 377, 445, 489—490, 497—498；~签名的宣言 manifestos signed by, 207, 539, 541；~对麦卡锡主义的反抗 McCarthyism opposed by, 480, 500, 524—534, 537, 550；~在瑞士梅希塔尔 in Melchtal, Switzerland, 50—51, 53—54；~在梅瑟街的家 Mercer Street home of, 425, 437—443, 445, 483, 509, 515, 518, 530, 532, 540—541, 639n；~在米兰 in Milan, 45, 58—63；~对军国主义的反抗 militarism opposed by, 4, 205—209, 240, 275, 371, 373, 375, 381—383, 414—417, 419—420, 488, 494, 498—499, 520；~作为军事顾问 as military consultant,

481—482；~对服兵役的逃避 military service avoided by, 23, 58；~的道德原则 moral principles of, 378—379, 387—388, 391—393, 541, 549—550, 602 n, 618 n, 635n；~在慕尼黑 in Munich, 11—23, 294, 305, 483；作为礼物给~的音响 music system as gift to, 519, 536；~对国家主义的反抗 nationalism opposed by, 4, 205—209, 240, 282, 291, 301—302, 305, 378, 381—382, 386, 479, 482—483, 487—491, 601n；~的神经紧张 nervous strain of, 184, 217—218, 255；~刊登的报纸广告 newspaper advertisement placed by, 76, 79；~对牛顿的赞叹 Newton admired by, 248, 301, 360, 423, 438；~与牛顿的比较 Newton compared with, 5—6, 90—91, 93, 312, 333, 352, 544, 549, 581n；~在纽约 in New York City, 281, 292—295, 369—371, 375—376, 402—443；~被授予诺贝尔奖 Nobel Prize awarded to, 3, 60, 101, 235, 236, 243, 280, 309—316, 337, 387, 490, 516, 606n, 607n；~作为不服从者 as nonconformist, 4, 7, 15, 20—22, 35—36, 38—39, 49,

52—53, 67, 74—76, 85—86, 158—159, 182, 248, 271—272, 305, 317, 347—348, 463, 523, 527, 550；~对核武器的反抗 nuclear weapons opposed by, 482—484, 487—495, 539, 541, 631n—632n；~的办公室 offices of, 166, 298, 426, 438, 508—509；~在康涅狄格州老莱姆镇的别墅 at Old Lyme, Conn. cottage, 436；~对军火性能的分析 ordinancecapabilities analyzed by, 481—482；~参加的组织 organizations joined by, 207—208, 305—306, 399—400, 445—446, 490—491, 500—501, 633n—634n；~在牛津大学 at Oxford University, 350—353, 361—362, 396—397, 410, 412, 418—420, 422—424, 431—432, 549, 591n；~作为和平主义者 as pacifist, 4, 23, 58, 205—209, 212, 302, 305, 371, 373, 374—378, 381—383, 396, 399—405, 414—417, 421, 483, 490, 498—499, 501, 521, 633n；~在巴勒斯坦 in Palestine, 306—308；~在巴拿马 in Panama, 371—372；~的论文 papers of, 75n, 86, 136, 404, 433—434, 633n, 639n；~在巴黎 in Paris,

309, 311；~作为专利审查员 as patent examiner, 1, 3, 36, 62—63, 72, 74, 76—79, 84—86, 89, 90, 92—93, 113, 122, 126, 128, 137—138, 140—143, 149—151, 154—155, 159, 250, 255—266, 424, 444, 517, 551；~获得的专利 patents awarded to, 304, 435, 471；~在意大利帕维亚 in Pavia, Italy, 23—25；~在纽约匹克尼克的别墅 at Peconic, N. Y. cottage, 472；~的敌人 personal enemies of, 207, 285—287, 304, 314—315, 405—410；~的个性 personality of, 2—4, 12—15, 21, 27—28, 34, 38—39, 41, 46, 49—51, 54—55, 84—85, 142, 150—151, 154, 161—162, 166—167, 173, 208, 211—212, 214, 247—248, 268—269, 273—277, 280, 285—289, 357—363, 364, 417—419, 441—443, 509, 518—520, 549—550, 566n, 635n；~对个人问题的回避 personal problems avoided by, 154, 166—167, 174—175, 183—188, 208, 215—216, 224—225, 231—234, 239, 273—277, 441—442；~养的宠物 pets owned by, 438, 535—536；~研究的哲学 philosophy studied by, 20, 52—53, 79—84, 113, 164, 166, 238, 334—335, 387—389, 391, 460—461, 518, 627n；~的照片 photographs of, ix, 8, 50, 90, 178, 225, 249, 263, 269, 281, 287, 293, 309, 336, 369, 371, 374, 394, 418—419, 436, 443, 471, 487, 493—494, 508, 524；~的容貌 physical appearance of, 2, 5, 27—28, 39, 79—80, 142, 150, 159, 182, 347, 426, 447, 518, 530；~弹钢琴 piano played by, 519；~在匹兹堡 in Pittsburgh, 469；~被授予普朗克奖章 Planck medal awarded to, 348；~作为管道业工会的荣誉会员 as plumbers' union honorary member, 533—534；~的政治观点 political views of, 4, 38—39, 58, 159, 205—209, 239—242, 274, 287, 373, 375, 378—383, 385, 399—401, 420—421, 438, 444—447, 477—480, 487—507, 508, 523, 524—534, 539, 541, 550, 633n—634n；~的肖像 portraits of, 362—363, 436；~作为布拉格大学教授 as Prague University professor, 162—168, 173, 175—177, 192, 421, 482；对~的新闻报道 press coverage of, 136, 153, 263—266, 269—271, 273, 277—278, 285—301, 304, 339—344, 355, 357—358, 363, 369, 370, 371, 377—378, 390, 398, 399—401, 406, 411—414, 416, 420—421, 422—423, 425—426, 428—430, 436, 440—441, 450—451, 459, 467—470, 479, 485, 487, 491, 499—500, 513, 517, 521, 525—526, 528, 545, 615n, 622n, 624n, 631n；~作为普林斯顿居民 as Princeton resident, 425—427, 431—432, 437—441, 444—445；~任无俸讲师 privatdozent appointment of, 144—153；~所做的公众讲演 public addresses by, 116, 166, 168—172, 232—233, 242, 282—283, 290, 295, 296, 297, 306—307, 315—316, 318, 368, 371, 373, 374—376, 390—391, 396, 401—405, 423—424, 445, 461—462, 491, 541, 543；~对种族主义的反抗 racism opposed by, 378, 380—381, 445, 505, 520, 531；~的广播讲话 radio broadcasts of, 372, 402, 479, 506—507, 527, 541；~的宗教信念 religious convictions of, 15, 16, 20—21, 29—30, 56, 163—164,

167—168, 182, 243, 282—283, 372, 384—393, 462, 536, 548, 550—551, 587n; ~在皇家阿尔伯特音乐厅的讲演 Royal Albert Hall speech of, 423—424; ~的帆船 sailboats owned by, 360, 435, 472, 479; ~航行作为消遣 sailing as pastime of, 38, 246, 304, 317, 358, 360—362, 373, 387, 405, 435—436, 437, 472, 479, 502—503; ~的薪水 salary of, 186, 235n, 397, 403; ~在萨尔茨堡 in Salzburg, 321; ~在萨拉纳克湖的别墅 at Saranac Lake cottage, 441, 485, 487; ~在佛罗里达的萨拉索塔 in Sarasota, Fla., 517, 519; ~德国沙夫豪森 in Schaffhausen, Germany, 72—73, 75; ~的安全特许 security clearance for, 399—401, 420, 477—478, 480, 481—484, 500—503, 629n; ~在塞林海滨胜地 at Sellin sea resort, 210; ~的幽默感 sense of humor of, 27—28, 46, 230—231, 385, 438, 518—519, 540—541; ~的75岁生日 seventy-fifth birthday of, 535—536; ~的76岁生日 seventy-sixth birthday of, 540; ~在新加坡 in Singapore, 306; ~的60岁生日 sixtieth birthday

of, 468, 469—470; ~抽烟 smoking by, 44, 142, 168, 181, 274, 292, 298, 402, 446; ~的社会主义理想 socialist ideals of, 4, 38—39, 205, 239—242, 373, 375, 378—381, 399—401, 420, 499, 504—505, 633n; ~不穿袜子 socks not worn by, 427, 447, 523; ~对苏联的看法 Soviet Union as viewed by, 379—380, 420—421, 446—447, 478, 489—490, 494—504, 524—526, 633n; ~的雕像 statues of, 296, 370, 604n; ~的胃病 stomach problems of, 217, 233—234, 238, 255, 291, 342, 516—517, 536; ~的顽固 stubbornness of, 144, 211—212, 214, 259—260, 316, 347—348, 364, 509, 538—539, 550, 635n; ~的学生 students of, 150, 159—162, 211; ~的书房 study of, 211—212, 247—249, 360, 386, 438, 440, 443, 446, 544; ~作为替补教师 as substitute teacher, 63, 65, 149; ~的施瓦本背景 Swabian background of, 9—10, 27, 34, 53n, 63; ~的瑞士国籍 Swiss citizenship of, 29, 32, 55—56, 58, 76, 164, 478—479; ~的电话 telephone owned by, 438,

530；~在电视上露面 television appearance of, 501；~的旅行日记 travel diaries of, 240, 306, 308, 369, 373, 394, 396；~作为教师 as tutor, 55—56, 62, 72—73, 75—76, 78—80, 206, 439—440；~的"2%"讲演 "2%" speech of, 371, 373, 375；~对美国的看法 U. S. as viewed by, 380, 478—480, 500, 524—534, 537, 550；~作为美国公民 as U. S. citizen, 59, 437, 478—480, 503—507, 510, 530—531, 543；~作为美国居民 as U. S. resident, 168, 298, 424, 425—447；~对美国的访问 U. S. visited by, 263, 281, 289—301, 354—355, 368—376, 394—396, 398—399, 431；~在威尼斯 in Venice, 53—54；~在维也纳 in Vienna, 164, 182, 272, 587n；~演奏小提琴 violin played by, 14, 29, 35, 37—38, 53, 80, 143, 159, 161, 166—167, 177, 227, 261—262, 272, 292, 296, 306, 403, 415, 418—419, 426—427, 430, 472, 519, 624n；~在罗得岛守望山的别墅 at Watch Hill, R. I. cottage, 434—436；~的遗嘱 will of, 639n；~在德国温特图尔 in Winterthur, Germany, 63, 65, 149；~对世界政府的支持 world government supported by, 209, 301, 479, 487—500, 541, 631n；~作为犹太复国主义者 as Zionist, 281—284, 289—301, 302—303, 306—308, 376, 381, 409, 412—414, 520—523, 526, 541；~在苏黎世 in Zurich, 24—26, 30—49, 54—60, 115, 149—153, 158—163, 167, 175—183, 192, 203, 210—211, 229—230, 234, 239, 246, 276, 301, 364, 367, 410, 418—419；~作为苏黎世联邦工学院教授 as Zurich Polytechnic professor, 150—151, 158, 175—183, 192, 203, 239；~作为苏黎世联邦工学院的学生 as Zurich Polytechnic student, 24—26, 30—49, 54—56, 60, 115；~作为苏黎世大学教授 as Zurich University professor, 150—153, 158—163, 167, 239；~作为物理学家 Einstein, Albert, as physicist：~的助手 assistants of, 358, 363, 368, 371, 397, 410—412, 423—424, 450, 463—465, 508—509, 537, 549；~的保守反应 conservative reaction of, 316—321, 333—335, 346, 350—353, 460—470, 514, 538—

539；～作为宇宙学家 as cosmologist, 223—224, 248—262, 265—266, 353—356, 372, 442, 510—511, 613n；～的创造性和天才 creativity and genius of, 1—7, 14—15, 21, 67, 106, 122, 124, 128, 134, 140—142, 149, 156, 163, 176—177, 215, 223—224, 253, 255, 316—318, 320, 333, 336, 350, 351—352, 424, 465, 538—539, 547—551, 570n, 607n—608n；～的博士论文 doctoral dissertation of, 1, 54, 71—72, 92, 101—103, 142—143, 150；～的早期研究 early investigations by, 24—25, 56—58, 67—72；～的实验证实 experimental verification by, 5, 34—35, 47—48, 57—58, 100—101, 103—106, 116—118, 125, 138—139, 158, 161, 316—317, 350—351, 465—466, 549；～的教职论文 habilitation thesis of, 144—145, 149—150；～的归纳法 inductive method of, 116—118, 191, 350—352, 579n—581n；～的直觉方法 intuitive approach of, 113—119, 131, 133, 142, 145—147, 155, 197—198, 201—202, 214, 250—251, 259—260, 297—298, 316—

318, 333—334, 346, 350—352, 449, 465—468, 538—539, 549—550, 580n—581n；～作为数学家 as mathematician, 3, 16—20, 30—31, 33, 48, 55—56, 63, 76, 99, 132, 133, 137, 149, 160, 192, 209—210, 216, 222, 235, 338—339, 439—441, 450, 542, 549, 624n；～的"奇迹年"（1905年）"miracle year" of (1905), 1—2, 54, 90—106, 140, 317, 550；～发表的论文 papers published by, 1—3, 13, 46, 56—59, 69—70, 92—106, 117, 122—135, 138—142, 144, 286, 315, 317, 322, 328, 339—344, 350—351, 442, 571n, 573n, 580n—581n, 608n, 624n；亦参见 specific papers；～作为科学实在论者 as scientific realist, 169, 323—325, 333—335, 349—353, 385, 450—451, 455, 460—465, 538—539, 612n, 627n—628n, 635n；～的怀疑论 skepticism of, 67—72, 78—79, 100, 113, 125, 164, 169, 284, 333—334, 350, 460—461；～作为理论物理学家 as theoretical physicist, 3, 7, 24—25, 32—37, 43—44, 47—48, 59, 91—93, 99, 104—106, 113, 143,

147—148，150，152，156，160，161，162，175，203，304，310—312，314，316—318，350—353，360，538—539，607n—608n；～的思想实验 thought experiments (*Gedanken experiment*) of, 2—5, 26—27, 78—79, 114, 121, 122—127, 138, 142, 145—147, 190, 201, 267, 322, 345—346, 348—349, 448—460, 468, 512, 514, 583n；～的形象思维 visual thinking by, 17, 26, 93, 114, 121—127, 142, 549；～的工作习惯 work habits of, 24, 38, 142, 159—162, 165, 175—176, 181, 184, 211—212, 247—248, 426, 508—509；亦参见 quantum mechanics；relativity；unified field theory

爱因斯坦，爱德华"泰特"：Einstein, Eduard "Tete"：～的童年 childhood of, 161—162, 177, 181—182, 209—211, 232；～的通信 correspondence of, ix, 276, 307, 365—366；～的教育 education of, 365—366；爱因斯坦与～的关系 Einstein's relationship with, 161—162, 181—182, 185—187, 196, 209—211, 228—229, 230, 235, 236—237, 243, 246, 276, 301,

316, 365—367, 417—419, 444, 516, 519, 639n；～的健康不佳 ill health of, 174, 181, 183, 184, 233—235；～的精神疾病 mental illness of, 365—368, 417—419, 565n；～弹钢琴 piano played by, 365, 367；～在疗养院 in sanatoriums, 234, 235, 243, 417—419, 444, 502, 516, 639n

爱因斯坦，爱尔莎：Einstein, Elsa Lowenthal；～在比利时 in Belgium, 410—411；～在柏林 in Berlin, 172—174, 178, 180—181, 207, 208, 304, 394, 400—401, 411, 619n；～在卡普特别墅 at Caputh cottage, 358—359, 361—362；～的通信 correspondence of, 173—174, 178, 180—182, 186—187, 198, 210—211, 396, 419, 441—442；～之死 death of, 441—442, 624n；～作为爱因斯坦的表姐 as Einstein's cousin, 172, 178, 181, 183；～与爱因斯坦的名声 Einstein's fame and, 263, 269, 271, 307, 357—358, 369, 374, 375, 386；～与爱因斯坦结婚 Einstein's marriage to, 182—183, 188, 227—228, 237, 239, 243—248, 277, 292, 304, 360—363, 418, 428, 441—442, 501,

502；~重获爱因斯坦的文稿 Einstein's papers recovered by, 433—434；~与爱因斯坦的关系 Einstein's relationship with, 172—174, 178, 180—183, 186—187, 210, 227—228, 233, 237, 238—239, 243—248, 293, 427；~第一次婚姻 first marriage of, 172n, 243；~的犹太背景 Jewish background of, 433—434；~的个性 personality of, 173—174, 182, 247—248, 442；~的照片 photographs of, 225, 263, 345；~作为普林斯顿居民 as Princeton resident, 405, 426—427, 428—429, 431—433, 437；~作为美国居民 as U. S. resident, 424, 434, 437；~访问美国 U. S. visited by, 292, 293, 354, 395, 396

爱因斯坦,保拉 Einstein, Paula, 173

爱因斯坦,保莉妮·科赫 Einstein, Pauline Koch, 10—11, 14—16, 23, 39—41, 45, 49—52, 53, 58—59, 66, 74, 85, 162, 172, 183, 187, 230, 259, 277, 441

《爱因斯坦,毕加索》Einstein, Picasso: Space, Time, and the Beauty That Causes Havoc (Miller), 280

《爱因斯坦博士的错误想法》"Dr. Einstein's Mistaken Notions", 497

《爱因斯坦的妻子》(美国公共广播公司的电视片) Einstein's Wife (PBS show), 136

《爱因斯坦的钟表,庞加莱的地图》(伽里森) Einstein's Clocks, Poincaré's Maps (Galison), 126, 569n—570n

爱因斯坦,范妮·科赫 Einstein, Fanny Koch, 172

爱因斯坦,弗里达·克乃希特 Einstein, Frieda Knecht, 364—365, 443, 546

爱因斯坦,汉斯·阿尔伯特 Einstein, Hans Albert, ~的童年 childhood of, 75n, 88, 137, 143, 161—162, 167, 177, 181—182, 209—211, 225—226；~作为基督教科学家 as Christian Scientist, 444；~的通信 correspondence of, 225, 231—232, 307, 364—365, 516；~与爱因斯坦的去世 Einstein's death and, 542, 544—545；~与爱因斯坦的关系 Einstein's relationship with, 14, 143, 167, 174, 181—182, 184—187, 209—211, 215—216, 225—240, 243, 246, 276—277, 301, 316, 364—365, 417, 442—444, 517, 537, 601n, 639n；~的工程师职业 engineering career of, 276—

277，443—444，502，517，639n；~的经济状况 financial situation of，316；~的婚姻 marriage of，364—365，443；~的个性 personality of，364—365，443；~的照片 photograph of，50；~弹钢琴 piano played by，227；~的科学能力 scientific ability of，209—210；~作为美国居民 as U. S. resident，434，443—444，502

爱因斯坦，赫尔曼 Einstein, Hermann，10—11，13，15—16，22—23，31—32，39，51—54，58—60，74，84—85，91，143，172，187，302

爱因斯坦，克劳斯 Einstein, Klaus，444

爱因斯坦，莉色儿 Einstein, Lieserl，3，63—67，72—77，86—88

爱因斯坦，鲁道夫 Einstein, Rudolf，172

《爱因斯坦论和平》(纳坦和诺登编) Einstein on Peace (Nathan and Norden, eds.)，633

爱因斯坦，罗伯托 Einstein, Roberto，506

爱因斯坦，玛戈特 Einstein, Margot，172，228，232，248，362，367—368，393，404，433，434，436，443，479，502，519，536—537，639n

爱因斯坦，玛丽亚(玛雅) Einstein, Maria (Maja)，8，11—12，16—17，23—24，39，49—50，59，66，74—75，85，140—141，234，236—237，268，343，427，443，517—518，636n

爱因斯坦，米列娃·玛里奇 Einstein, Mileva Marić，参见 Marić, Mileva

爱因斯坦，雅各布 Einstein, Jakob，11，17，22—24，31—32，39，91，113，143，506

爱因斯坦，伊尔莎 Einstein, Ilse，172，207，228，243—246，248，393，404，433，441

爱因斯坦，伊夫林 Einstein, Evelyn，365，517，546—547

爱因斯坦-德布罗意波 Einstein-de Broglie waves，330

"爱因斯坦文稿计划" Einstein Papers Project，75n，86，136

爱因斯坦兄弟 Einstein Brothers，32

爱因斯坦张量 Einstein tensor，220

安德森，玛丽安 Anderson, Marian，445

《安提戈涅》(索福克勒斯) Antigone (Sophocles)，81

安特梅耶，塞缪尔 Untermyer, Samuel，425

氨 ammonia，206

奥本海默，J. 罗伯特 Oppenheimer, J. Robert，251，480，488—489，509，524，531—532，534，540，631n，638n

奥本海默,弗兰克 Oppenheimer, Frank, 531

奥本海默,基蒂 Oppenheimer, Kitty, 531

奥本海姆,舒拉米特 Oppenheim, Shulamith, 13

奥弗比,丹尼斯 Overbye, Dennis, 13, 127, 216, 255, 459

奥卡姆的剃刀 Occam's razor, 549

奥克兰号 Oakland, 401

奥林匹亚科学院 Olympia Academy, 79—84, 85, 93, 125, 131, 135, 143, 164, 274, 317, 462, 513, 536

奥森,卡尔·威廉 Oseen, Carl Wilhelm, 313—314

奥斯特瓦尔德,威廉 Ostwald, Wilhelm, 59—60, 70, 310

奥匈帝国 Austro-Hungarian Empire, 163—164

B

巴本,弗朗茨·冯 Papen, Franz von, 399

《巴尔萨泽》(杜雷尔) *Balthazar* (Durrell), 279

巴赫,约翰·塞巴斯蒂安 Bach, Johann Sebastian, 29, 38, 420, 472

巴鲁克,伯纳德 Baruch, Bernard, 474

巴伦-科恩,西蒙 Baron-Cohen, Simon, 566n

巴罗,约翰 Barrow, John, 351—352

巴拿马运河 Panama Canal, 371

巴斯德,路易斯 Pasteur, Louis, 423

巴特瑙海姆年会(1920年) Bad Nauheim conference(1920), 287—289

《波士顿环球报》*Boston Globe*, 136

《波士顿先驱报》*Boston Herald*, 299

柏林大学 Berlin, University of, 14, 168, 178—181, 184—189, 201—213, 215—221, 224, 227n, 228—232, 234, 236—237, 241—242, 246—249, 259, 261—262, 271, 277, 280—289, 301—307, 315, 318, 356—359, 362, 363—364, 381—384, 387—389, 392, 394—395, 399—401, 403, 408, 411, 471, 523, 601n

《柏林日报》*Berliner Tageblatt*, 285—288, 359

柏林物理学会 Berlin Physical Society, 96

邦德,贺拉斯 Bond, Horace, 505

邦德,朱利安 Bond, Julian, 505

鲍德温,罗杰 Baldwin, Roger, 380

鲍林,莱纳斯 Pauling, Linus, 171n, 486

贝多芬,路德维希·凡 Beethoven, Ludwig van, 29, 38, 207, 536

贝尔,约翰·斯图尔特 Bell, John Stewart, 458

贝尔福,阿瑟·詹姆斯 Balfour, Arthur, 290

贝尔克斯,罗伯特 Berks, Robert, 604n

贝京,梅纳赫姆 Begin, Menachem, 520

贝克莱,乔治 Berkeley, George, 81, 350

贝索,安娜·温特勒 Besso, Anna Winteler, 27, 62, 231, 237, 418, 517, 540, 636n

贝索,米歇勒·安吉洛 Besso, Michele Angelo, 27, 61—62, 66, 83, 85, 101, 106, 113, 122, 126, 128, 136, 150—151, 169—170, 174, 184, 186, 190, 199—201, 210—211, 213, 215, 218, 221, 224—231, 234, 237, 239, 277, 322—323, 334, 341, 355, 417—418, 517, 538, 540, 576n, 591n, 636n

贝特,汉斯 Bethe, Hans, 407

悖论 paradoxes, 114—115, 130

本-古里安,大卫 Ben-Gurion, David, 508, 521, 523

比兰德,汉斯 Byland, Hans, 27—28

比利时 Belgium, 168, 471—473

比利时反战委员会 Belgian War Resisters' Committee, 417

彼得中学 Petersschule, 15—16

毕波(爱因斯坦的鹦鹉) Bibo(Einstein's parrot), 438, 535—536

毕达哥拉斯 Pythagoras, 194

毕达哥拉斯定理 Pythagorean theorem, 17, 195n

毕加索,巴布罗 Picasso, Pablo, 3, 5, 280

毕宿星团 Hyades, 257

"边界条件" "border conditions", 252—254, 265—266

表面张力 surface tension, 57

冰箱 refrigerators, 471

波波维奇,米兰 Popović, Milan, 87

波长 wavelengths, 65, 94—95, 97, 111, 322—323, 331

波动理论 wave theory, 1, 19, 24, 26, 34, 46, 47—48, 94—95, 97—98, 109—112, 119, 155—157, 170, 318, 323, 329, 578n

波动力学 wave mechanics, 329—331, 347, 454—456

波多尔斯基,鲍里斯 Podolsky, Boris, 450—453, 456, 458—460, 625n—626n

波兰 Poland, 499

玻恩,海德维希 Born, Hedwig, 270, 286—287, 330—331, 372, 392, 393, 408, 429

玻恩,马克斯 Born, Max, 95, 100, 106, 132, 223—224, 241—242, 253, 267, 268, 269—270, 274, 286—288, 324, 329—331, 334—335, 392—393, 408, 413, 429, 432, 442, 448, 450, 461, 463, 464, 519—520, 538—539

玻尔,尼尔斯:Bohr, Niels: ~的原子模型 atomic model of, 314, 321—322,

325，345；爱因斯坦与~的争论 Einstein's disputes with, 269, 324—326, 344—349, 496, 514—515, 539, 609n；~在高等研究院 at Institute for Advanced Studies, 514—515；~在曼哈顿计划中 in Manhattan Project, 482—484；~获得诺贝尔奖 Nobel Prize awarded to, 325；~的照片 photograph of, 336；~所支持的量子力学 quantum mechanics supported by, 324—326, 332—333, 344—349, 448, 451—452, 458, 468—469, 514—515, 626n；~的名声 reputation of, 5, 269, 311, 330—331, 325, 338, 407

玻尔兹曼，路德维希 Boltzmann, Ludwig, 33, 49, 56—57, 67—72, 98

玻姆，大卫 Bohm, David, 458, 534

玻色，萨蒂延德拉·纳特 Bose, Satyendra Nath, 327—329, 609n

玻色-爱因斯坦凝聚 Bose-Einstein condensation, 328—329, 609n

玻色-爱因斯坦统计 Bose-Einstein statistics, 327—328

伯恩斯坦，杰里米 Bernstein, Jeremy, 468, 576n

伯恩斯坦，亚伦 Bernstein, Aaron, 18—19, 567n

伯尔尼大学 Bern, University of, 142, 144—153

伯尔尼科学协会 Bern Scientific Society, 438

伯尔尼钟塔 Bern Clock Tower, 107, 113, 124—126

伯林，以赛亚 Berlin, Isaiah, 278

勃拉姆斯，约翰内斯 Brahms, Johannes, 167

不变量 invariances, 131—132, 324

《不可靠的游戏》Shaky Game, The (Fine), 627n

不确定性原理 uncertainty principle, 124, 331—333, 349, 449, 452—453, 510

不完备性理论 incompleteness theory, 509—510

布基，彼得 Bucky, Peter, 435—436, 441, 443, 517

布基，古斯塔夫 Bucky, Gustav, 435, 438, 540, 544

布基，托马斯 Bucky, Thomas, 379

布拉格大学 Prague, University of, 162—168, 173, 175—177, 192, 421, 482

布拉什，史蒂文 Brush, Steven, 99

布莱克伍德，卡罗琳 Blackwood, Caroline, 433—434

布兰代斯，路易斯 Brandeis, Louis, 298

布兰迪斯大学 Brandeis University, 522

布朗, 罗伯特 Brown, Robert, 103—104

布朗运动 Brownian motion, 68, 93, 101, 103—106, 117—118, 140, 351, 373, 577n

布劳耶, 马塞尔 Breuer, Marcel, 359—360

布里格斯, 莱曼 Briggs, Lyman, 476

布里渊, 马塞尔 Brillouin, Marcel, 313

布卢门菲尔德, 库尔特 Blumenfeld, Kurt, 282, 290, 303

布罗德, 马克斯 Brod, Max, 166—167

布什, 万尼瓦尔 Bush, Vannevar, 480, 481

C

裁军会议(1932年) General Disarmament Conference(1932), 377—378

仓格尔, 海因里希 Zangger, Heinrich, 170, 175—177, 180, 184, 185, 201—202, 207, 209—212, 217, 220—221, 228, 229, 231, 233—234, 236—237, 266, 272, 277, 316

测地线 geodesic lines, 192

长刀之夜 Night of the Long Knives, 434

长崎的原子弹爆炸(1945年) Nagasaki bombing(1945), 485

场论 field theory, 13—14, 92, 94, 95, 317, 612n

"超距作用""action at a distance," 319—320, 330, 346—454, 458

超新星遗迹研究 Supernova Legacy Survey(SNLS), 613

朝鲜战争 Korean War, 525

《场论是否为量子问题的解决提供了可能性?》(爱因斯坦)"Does the Field Theory Offer Possibilities for the Solution of Quanta Problems?"(Einstein), 340

《城市之光》 City Lights, 263, 374

《纯粹理性批判》(康德) Critique of Pure Reason (Kant), 20, 574n

磁场 magnetic field (magnetism), 13, 24—25, 91, 110, 115, 117, 127, 184, 185, 336, 548

《磁场中的以太状态研究》(爱因斯坦) "On the Investigation of the State of Ether in a Magnetic Field"(Einstein), 24—25

"存在即被感知" Esse est percipi principle, 350

D

D小调双小提琴协奏曲 Concerto for Two Violins in D-minor(Bach), 430

大爆炸理论 Big Bang theory, 355

大都会歌剧院 Metropolitan Opera House, 295, 370

《大会记录》Congressional Record, 295
大脑皮质 cerebral cortex, 547
《大西洋月刊》Atlantic, 489, 497
大萧条 Great Depression, 370—371, 516, 607n
大圆 great circle routes, 192
代数 algebra, 17
戴蒙德, 玛丽安 Diamond, Marian, 547
戴森, 弗兰克 Dyson, Frank, 257, 261, 269
戴森, 弗里曼 Dyson, Freeman, 134, 251, 269
戴森, 乔治 Dyson, George, 363
道德相对主义 moral relativism, 270, 277—280, 602n
道格拉斯, 威廉 Douglas, William O., 526
德西特 Sitter, Willem de, 252, 256, 580n
德拜, 彼得 Debye, Peter, 176
德布罗意, 路易斯 Broglie, Louis de, 326—327, 330, 345, 347, 538—539, 583n
德国科学家维护科学纯洁研究小组 Study Group of German Scientists for the Preservation of a Pure Science, 284—285
德雷克, 汤姆 Drake, Tom, 492
德隆, 阿德莱德 Delong, Adelaide, 439—440

德鲁德, 保罗 Drude, Paul, 68—69, 71, 102
"德意志物理学" "Deutsch Physik" ("German Physics"), 289, 315, 405—410
等效原理 equivalence principle, 147—148, 190, 197, 351, 540—541, 589n
狄拉克, 保罗 Dirac, Paul, 223, 345, 349
《狄堡独立周刊》Dearborn Independent, 289
迪昂, 皮埃尔 Duhem, Pierre, 158
地产抵押马克 Rentenmark currency, 302
第二次世界大战 World War II, 386, 475, 491, 539
第谷·布拉赫 Brahe, Tycho, 166
《第谷·布拉赫的救赎》(布罗德) Redemption of Tycho Brahe, The (Brod), 166—167
第五修正案 Fifth Amendment, 528, 530, 534
第一次世界大战 World War I, 188, 204—209, 224, 227, 233, 239—240, 250—251, 256—257, 274, 277, 283—284, 290, 376, 377, 408, 539
第一修正案 First Amendment, 527—528, 530
电磁场 electromagnetic field, 7, 13, 19, 24—25, 36—37, 91—92, 94, 97, 108,

110—111, 114, 134, 141—142, 315—316, 337—341, 344, 466, 512—513

电导率 electrical conductivity, 68, 70, 127, 165, 336n—337n

电动力学 electrodynamics, 2, 46, 118, 127—128, 138, 170, 315, 336n—337n

电感 electrical induction, 115

电荷 electrical charges, 143—144, 161

电流 electric current (electricity), 25, 46, 68, 91, 110—111n, 115, 323

电子 electrons, 68, 94, 96—97, 184, 219, 261, 321—322, 326—327, 330—332, 346, 466, 583n

调幅信号 AM radio signals, 111

调频信号 FM radio signals, 111

叠加 superposition, 456—460

顶叶皮层 parietal cortex, 547—548

定态 fixed states, 455—456

定域效应 local effects, 189—190, 583n

定域性原理 locality principle, 448—453, 454, 458, 461, 512, 626n

东恩,杰伦·范 Dongen, Jeroen van, 594n

动量 momentum, 323, 346, 348—349, 448—453, 459—460, 626n—627n

动能 kinetic energy, 43, 67—72, 91, 97, 103—104

杜波伊斯 Du Bois, W. E. B., 531

杜卡斯,海伦 Dukas, Helen, 84, 363, 371, 410, 424, 437—439, 443, 446, 479, 481, 482, 485, 501, 517, 521, 530, 541—542, 544, 633n, 636n, 639n

杜雷尔,劳伦斯 Durrell, Lawrence, 279

杜鲁门,哈里 Truman, Harry, 484, 491, 492, 493, 500, 504, 507, 525—526

杜威,约翰 Dewey, John, 377

度规张量 metric tensors, 194—198, 200—201, 212—222, 254—255, 320, 340—341, 351—352, 512—513, 590n—591n

多普勒效应(红移) Doppler effect (red shift), 119n, 148, 254, 311, 353—356

E

俄罗斯芭蕾舞团 Ballets Russes, 280

$E = mc^2$, 2, 5, 137—139, 140, 219, 272, 348, 469—470, 485, 604n

EPR 论文,《能认为量子力学对物理实在的描述是完备的吗?》(爱因斯坦、波多尔斯基和罗森) EPR paper, "Can the Quantum-Mechanical Description of Physical Reality Be Regarded as Complete?" (Einstein, Podolsky, and Rosen), 450—453, 456, 458—460, 625n—626n

F

发电机 generators, electric, 91, 115

法拉第,迈克尔 Faraday, Michael, 91, 115,127,248,315,423,438

法明代尔小学 Farmingdale Elementary School,540

法因,阿瑟 Fine, Arthur,627n

《凡尔赛合约》(1919年) Versailles Treaty(1919),303

反犹主义 anti-Semitism,3,15,30,43,61, 142,149,152,163—164,177,183,207, 269—271,281—308,311—312,315, 359,403—410,427,428—430,443, 444—445,469,475,505,517,524, 567n,601n

《反战斗争》Fight against War, The,405

反战国际 War Resisters' International, 414—417

反战联盟 War Resisters' League,375, 376,400,402,499

范塔,贝莎 Fanta, Bertha,166

范托娃,约翰娜 Fantova, Johanna,535, 538,540

仿射联络 affine connection,339,344

《放射性与电子学年刊》Yearbook of Radioactivity and Electronics,144,145, 148,189

非对称张量 non-symmetrical tensors, 512—513

菲茨杰拉德,乔治 Fitzgerald, George, 113,116

菲尔埃克,格奥尔格·西尔维斯特 Viereck,George Sylvester,385—387

菲什,阿道夫 Fisch,Adolf,160

斐索,伊波利特 Fizeau, Hippolyte, 112, 116,117

《费城公众纪录报》Philadelphia Public Ledger,293

《费城问讯者报》Philadelphia Inquirer, 528

费曼,理查德 Feynman, Richard, 515, 584n

费米,恩里科 Fermi,Enrico,407,474

分析命题 analytic propositions,82—83

分子: molecules: ~的吸引 attraction of, 56—57; ~的存在性 existence of, 43, 56, 67, 70, 103—104; ~气 gas, 43, 56—57, 67—72, 91, 103, 156, 328—29; 液体~ liquid, 2, 56—58, 68; ~的运动 motion of, 2, 68, 91, 93, 97, 101, 103—106, 117—118, 140, 156, 223, 351, 373, 577n; ~的尺寸 size of, 101—103

《分子大小的新测定法》(爱因斯坦)"New Determination of Molecular Dimensions, A"(Einstein),101—103

夫兰克,詹姆斯 Franck,James,505—506

弗莱克斯纳,亚伯拉罕 Flexner, Abraham, 395—398, 412, 425—426,

428—431,453,464,480,529,622n

弗兰茨·约瑟夫（奥地利皇帝）Franz Joseph, Emperor of Austria, 163

弗兰克,菲利普 Frank, Philipp, 12, 20, 164, 166, 172, 177, 248, 271—272, 285, 332, 399, 410—411, 567n, 579n

弗兰克福特,菲利克斯 Frankfurter, Felix, 298

弗劳恩格拉斯,理查德 Frauenglass, Richard, 529

弗劳恩格拉斯,威廉 Frauenglass, William, 527—530

弗里德,阿莫斯 Fried, Amos, 373

弗里德曼,罗伯特·马克 Friedman, Robert Marc, 310, 312

弗里施,奥托 Frisch, Otto, 469

弗伦德里希,埃尔温·芬莱 Freundlich, Erwin Finlay, 191, 202—205, 213, 222, 233, 243, 267

弗伦德里希,凯特 Freundlich, Käthe, 277

弗罗辛厄姆夫人 Frothingham, Mrs. Randolph, 399, 477, 502

弗洛伊德,西格蒙德 Freud, Sigmund, 3, 209, 284, 365—366, 377, 381—383, 386, 389, 614n—615n

弗普尔,奥古斯特 Föppl, August, 36—37, 115, 579n

福斯迪克,哈里·埃默森 Fosdick, Harry Emerson, 370

福特,亨利 Ford, Henry, 289

妇女爱国者团体 Woman Patriot Corporation, 399—401, 420, 477—478

富尔德,卡罗琳·班伯格 Fuld, Caroline Bamberger, 395

富尔顿,罗伯特 Fulton, Robert, 476, 630n

富克斯,克劳斯 Fuchs, Karl, 500, 501—502

富兰克林,本杰明 Franklin, Benjamin, 311, 389

富兰克林研究所 Franklin Institute, 624n

G

伽里森,彼得 Galison, Peter, 126, 569n—570n, 578n

伽利略 Galileo, 5—6, 80, 90—91, 108—109, 117, 128—129, 145, 146, 251—252, 288, 550

伽马射线 gamma rays, 111

伽莫夫,乔治 Gamow, George, 355—356, 481

盖尔曼,默里 Gell-Mann, Murray, 459—460

概率 probability, 84, 255, 323—325, 328—329, 330, 332, 333—335, 338—339, 345, 347, 349, 353, 392, 454—456, 461—462, 515, 626n—627n

干涉纹样 interference patterns, 112, 329

甘地 Gandhi, Mohandas K., 438, 527

《感觉的分析》Analysis of the Sensations (Mach), 81

刚果的铀输出 Congolese uranium exports, 471—473

《纲要》方案 Entwurf approach, 198—202, 204, 212, 213—216, 256, 591n, 592n, 594n

高等研究院 Institute for Advanced Studies, 298, 395—398, 402, 405, 410, 411—412, 425—426, 428, 431—432, 436, 438—439, 442—443, 450, 453, 464, 466, 468—469, 480, 508—509, 514—515, 532, 536—537, 541, 622n

高斯,卡尔·弗里德里希 Gauss, Carl Friedrich, 193—194, 215, 253, 589n

G大调四重奏(莫扎特) G Major Quartet (Mozart), 430

《告欧洲人书》"Manifesto to Europeans", 207

《告文明世界书》(《九十三人宣言》)(1914年)"Appeal to the Cultured World" ("Manifesto of the 93") (1914), 206—207, 244

戈德斯坦,赫伯特 Goldstein, Herbert, 388—389

戈尔登,威廉 Golden, William, 493

戈林,赫尔曼 Göring, Hermann, 474

戈培尔,约瑟夫 Goebbels, Joseph, 409

哥白尼,尼古拉 Copernicus, Nicolaus, 108, 112, 163, 353

哥本哈根解释 Copenhagen interpretation, 332—333, 347, 349, 424, 449, 453, 455, 457, 459—460, 626n—627n

哥德尔,库尔特 Gödel, Kurt, 509—511, 536, 634n, 639n

哥伦比亚大学 Columbia University, 370, 471

哥廷根大学 Göttingen, University of, 212, 222, 331

格丁根科学院 Göttingen Academy, 222

歌德,约翰·沃尔夫冈·冯 Goethe, Johann Wolfgang von, 30, 207, 423, 544

歌德联盟 Goethe League, 209

格尔克,恩斯特 Gehrcke, Ernst, 285—286, 304, 311

格林,布赖恩 Greene, Brian, 220, 320, 452—453, 459

格林,霍默 Greene, Homer, 526

格罗斯曼,马塞尔 Grossmann, Marcel, 36, 44, 47, 48, 59, 61—63, 71—75, 149, 159, 177, 192—193, 195—198, 215, 219, 267, 589n, 594n, 601n

格式塔心理学 Gestalt psychology, 116, 241

个体自由 individual freedom, 433, 445—447, 478—480, 503—507, 524—534, 537, 550, 637n

《根据广义相对论对宇宙学所作的考察》

(爱因斯坦)"Cosmological Considerations in the General Theory of Relativity"(Einstein),252—253

共产主义 communism,287,379—380,399—401,403,420—421,445—447,478,489—490,494—503,524—534,550,633n—634n

孤独症 autism,566n

孤立主义 isolationism,474,475

古德曼,埃伦 Goodman,Ellen,136

古尔斯特兰德,阿尔瓦 Gullstrand,Allvar,312—314

古斯塔夫五世(瑞典国王) Gustav Adolf V,King of Sweden,315

《关于光的产生和转化的一个试探性的观点》(爱因斯坦)"On a Heuristic Point of View Concerning the Production and Transformation of Light"(Einstein),94—101,105

《关于两大世界体系的对话》(伽利略)*Dialogue Concerning the Two Chief World Systems*(Galileo),108—109

《关于热的一般分子理论》(爱因斯坦)"On the Molecular Theory of Heat"(Einstein),97

《关于运动物体电学和光学现象的一种尝试性理论》(洛伦兹)*Attempt at a Theory of Electrical and Optical Phenomena in Moving Bodies*(Lorentz),116—117

惯性 inertia,80,107—109,118—119,131,146—147,190,199—201,251—252,318—320,468,548

惯性参照系 inertial reference system,107—109

惯性-引力场 inertio-gravitational field,190

光 light;～的吸收 absorption of,96,100,169,314,322,324;～的偏折 bending of,5,148—149,165,189—192,202—205,218,219,255—262,266,312—313,355,442;～的波粒二象性 dual(particle-wave)nature of,97—98,100,155—157,170,321,326—329,539,580n—581n,583n,586n;～的发射 emission of,94—96,99—100,119—120,156,204,256,259,314,322—324;以太作为～的介质 ether as medium for,92,111—113,115—116,119,317—320;～的频率 frequencies of,96—97,99,119,314;～的干涉纹样 interference patterns of,112,329;～的传播 propagation of,119—122,190—191,223,317—320;～的量子(粒子)理论 quantum(particle)theory of,1,65,93,94—101,105,110,120—122,

124，140—142，144，150，155—157，165，168—171，179，190，235，255—256，286，313—314，318—321，326—333，337n，539，580n—581n，583n，586n；~的辐射 radiation of，1，68，92—101，115，141—142，150，155—157，165，322—324，331，576n；~的红移 red-shift of，119n，148，254，311，353—356，相对论与~ relativity and，120—122，124，141—142，190，255，256，318—321，580n—581n，583n；~谱 spectrum of，93，322，331；~速 speed of，18—19，47—48，78，105—106，110—112，114，116—123，126，128—130，132，138—139，189，250，252，267，297，319，347，468，548，578n，579n—580n，581n；~的分束 split beams of，47—48，112；紫外~ ultraviolet，65，111；真空中的~ in vacuum，97，99，111n，114，157；~的波长 wavelengths of，9，65，94—95，97，111，322，323，331；~的波动理论 wave theory of，1，19，24，26，34，46—48，94—95，97—98，109—112，119，155—157，170，318，323，329，578n

光电效应 photoelectric effect，65，96—101，105，207，235，286，309，313—315，327，344，351，373

光谱 spectrum，light，93，322，331

光学 optics，98，114

光子 photons，94，99，101，322—324，326—333，349，459，466，576n

广岛的原子弹爆炸（1945年）Hiroshima bombing (1945)，484—485

《广义相对论和引力理论纲要》（爱因斯坦）"Outline of a Generalized Theory of Relativity and a Theory of Gravitation"（Entwurf approach）（Einstein），198—202，204，212—216，256，591n，592n，594n

国际计量局 International Bureau of Weights and Measures，312

国际联盟 League of Nations，305—306，376，377，381，414

国际知识分子合作委员会 International Committee on Intellectual Cooperation，305—306

国际知识界合作协会 Institute for Intellectual Cooperation，381—383

国家广播公司 NBC，402，501

国家主义（民族主义）nationalism，4，205—209，240，282，291，301—302，305，378，381—382，386，479，482—483，487—491，601n

索引

H

哈比希特,保罗 Habicht,Paul,143—144

哈比希特,康拉德 Habicht,Conrad, 80—81,85,93—94,97,104,106,135, 137—138,143—144,536

哈伯,弗里茨 Haber, Fritz, 174, 181, 184—185, 186, 203, 205—207, 228, 281—282, 291—292, 406, 408—409, 413

哈伯,克拉拉 Haber,Clara,185

哈勃,爱德华 Hubble,Edward,353—355

哈丁,沃伦 Harding, Warren G., 295—296

哈恩,奥托 Hahn,Otto,469,506

哈尔斯曼,菲利普 Halsman, Philippe, 487,493—494

哈佛大学 Harvard University,298

哈勒尔,弗里德里希 Haller, Friedrich, 74,78—79

哈特尔,詹姆斯 Hartle,James,193,459

哈维,托马斯 Harvey, Thomas, 545—548,640n

海德堡大学 Heidelberg, University of, 42—44

海顿,弗朗茨·约瑟夫 Haydn, Franz Joseph,426

海军 Navy,U. S.,478,481—482

海森伯,维尔纳 Heisenberg,Werner,124, 330—333, 345, 348—349, 448, 451, 453,458,485,510

海豚号(爱因斯坦的帆船)Tümmler (Einstein's sailboat),360

海王星 Neptune,199

亥姆霍兹,赫尔曼·冯 Helmholtz, Hermann von,34,36,45—46

好莱坞 Hollywood, 263, 268, 372—374, 491—493

合众社 Associated Press,355

和平主义 pacifism, 4, 23, 58, 205—209, 212, 302, 305, 371, 373, 374—378,381—383, 396, 399—405, 414—417,421,483,490,498—499,501,521, 633n

河边教堂 Riverside Church,370

河水流动 river flows, 276—277, 443—444

核裂变 nuclear fission,469—472

核武器 nuclear weapons, 482—484, 487—495,539,541,631n—632n

荷兰皇家学会 Dutch Royal Academy, 260—261

赫施巴赫,达德利 Herschbach,Dudley,6

赫尔茨,保罗 Hertz,Paul,208

赫兹,海因里希 Hertz,Heinrich,25,36

黑洞 black holes,250—252

《黑人问题》(爱因斯坦)"Negro Question, The"(Einstein),505

黑体辐射 blackbody radiation, 68, 94—96, 98—100, 118, 322

亨德尔, 乔治·弗雷德里克 Handel, George Frideric, 38

红色恐惧 Red Scare, 379, 480, 500—503, 524—534, 537, 550

红移 redshift, 119n, 148, 254, 311, 353—356

胡尔维茨, 阿道夫 Hurwitz, Adolf, 55—56, 177—178, 183, 301

胡佛, J. 埃德加 Hoover, J. Edgar, 287, 477—478, 501, 503, 525

胡克, 西德尼 Hook, Sidney, 446—447, 496, 520, 525

蝴蝶效应 capillary effect, 56—59, 68

《狐狸》(斯特拉文斯基) Renard (Stravinsky), 280

互补性 complementarity, 452—453

华莱士, 亨利 Wallace, Henry, 504

华盛顿, 乔治 Washington, George, 529

《华盛顿邮报》Washington Post, 295—296, 528

化学武器 chemical weapons, 206

怀斯, 斯蒂芬 Wise, Stephen, 430—431, 436, 520

怀特, 西奥多 White, Theodore, 533

怀特海, 阿尔弗雷德·诺斯 Whitehead, Alfred North, 261

怀疑论 skepticism, 67—72, 78—79, 100, 113, 125, 164, 169, 284, 333—334, 350, 460—461

环球影城 Universal Studios, 374

《荒原》(艾略特) Waste Land, The (Eliot), 280

皇家阿尔伯特音乐厅 Royal Albert Hall, 423—424

皇家天文学会 Royal Astronomical Society, 261, 273

皇家学会 Royal Society, 261, 264, 301, 312

惠更斯, 克里斯蒂安 Huygens, Christiaan, 110

惠勒, 约翰·阿奇博尔德 Wheeler, John Archibald, 220, 251, 325, 469, 515

"火药实验" "gunpowder experiment," 456—458

霍尔丹勋爵, 理查德·伯登 Haldane, Richard Burdon, Lord, 278—279, 307

霍尔顿, 杰拉尔德 Holton, Gerald, 13—14, 99, 137, 461, 579n, 612n, 627n—628n

霍夫曼, 班内什 Hoffmann, Banesh, 22, 134, 335, 442, 464, 468, 512, 514, 586n

霍华德, 亨利 Howard, Henry, 343

霍华德, 唐 Howard, Don, 627n

霍金, 史蒂芬 Hawking, Stephen, 251

霍皮的印第安人 Hopi Indians, 374

J

机电设备 electromechanical devices, 113, 126, 142—143

积分 integral calculus, 16

基本假设 postulates, 118—122, 127—128, 134, 191, 252, 335, 347, 581n

基督教科学 Christian Science, 444

基尔霍夫,古斯塔夫 Kirchhoff, Gustav, 36, 49—50, 94—95

激光 lasers, 5, 323

几何(学):geometry:欧几里得～ Euclidean, 17, 19—20, 33, 37, 44, 63, 75, 83, 149, 192—194, 209—210;非欧～ non-Euclidean, 163, 192, 193—196, 253;～命题 propositions of, 83;相对论～ of relativity, 192, 222, 337

纪尧姆,查理-爱德华 Guillaume, Charles-Edouard, 312

加尔文,约翰 Calvin, John, 155

加速(度) acceleration, 108, 145—149, 155, 181—182, 188—192, 199, 201—202, 223, 319—320, 511, 548, 607n

加州理工学院 California Institute of Technology, 315n, 368, 373—374, 380—381, 395—398, 399, 401—404, 431, 444

佳吉列夫,谢尔盖 Diaghile, Serg, 280

嘉当,埃利·约瑟夫 Cartan, Elie Joseph, 344

剑桥大学 Cambridge University, 267

教职论文 habilitation thesis, 144—145, 149—150

节育 birth control, 65—66

杰斐逊,托马斯 Jefferson, Thomas, 389

杰罗姆,弗雷德 Jerome, Fred, 379, 633n

《今天与罗斯福夫人在一起》Today with Mrs. Roosevelt, 501

金德里德 Kindred, 295

金牛座 Taurus, 257

金属 metals, 68

近日点 perihelion, 199, 212—213, 218—219, 223—224, 250, 311, 313, 593n—594n

《经济学家》Economist, 136

经验论 empiricism, 164, 350, 352, 612n, 627n

静止 rest, 127—128, 133—134

纠缠 entanglement, 454—455, 458—459

《93人宣言》(《告文明世界书》)(1914年) "Manifesto of the 93" ("Appeal to the Cultured World") (1914), 206—207, 244

矩阵力学 matrix mechanics, 331

决定论 determinism, 84, 156, 316, 317, 320—321, 323—325, 331—333, 334, 340, 345, 347, 349, 455, 575n

军国主义 militarism, 4, 205—209, 240,

275,371,373,375,381—383,414—417,419—420,488,494,498—499,520

军控 arms control,487—495,498,500—501

K

卡尔洛塔庄园 Villa Carlotta,64

卡夫卡,弗朗茨 Kafka,Franz,166

卡鲁扎,西奥多 Kaluza,Theodor,337—339,512

《卡门》(比才)*Carmen*(Bizet),370

卡诺瓦,安东尼奥 Canova,Antonio,64

《卡萨布兰卡》*Casablanca*,493

开尔文勋爵 Kelvin,William Thomson,Lord,90,575n

开普勒,约翰内斯 Kepler,Johannes,166—167

凯勒,海伦 Keller,Helen,375

凯斯西储大学 Case Western University,300

凯泽尔,鲁道夫 Kayser,Rudolf,248,404,433

凯泽尔,伊尔莎·爱因斯坦 Kayser,Ilse Einstein,172,207,228,243—246,248,393,404,433,441

康德,伊曼努尔 Kant,Immanuel,20,82—83,166,207,238,244,370,574n

康普顿,阿瑟 Compton,Arthur,345

康普顿,卡尔 Compton,Karl,474

《抗议声明》"Declaration of Protest",304

考夫曼,布鲁莉娅 Kaufman,Bruria,537

考夫曼,欧文 Kaufman,Irving,525

考克斯,钱宁 Cox,Channing,299n

柯年科夫,谢尔盖 Konenkov,Sergei,436,503

柯年科娃,玛格丽塔 Konenkova,Margarita,436—437,503—504

科恩,I.伯纳德 Cohen,I.Bernard,540—541

科恩,罗伊 Cohn,Roy,530

科尔多瓦天文台 Córdoba observatory,204

科赫,凯撒 Koch,Caesar,25

科赫,尤利乌斯 Koch,Julius,10,24

科赫,尤利亚 Koch,Julia,50

《科利尔周刊》*Collier's*,445

科莫湖 Lake Como,63—64,181—182

《科学与假设》(庞加莱)*Science and Hypothesis*(Poincaré),81,125

科研发展处 Office of Scientific Research and Development,U.S.,480

可分离性原理 separability principle,329—330,449—450,453—454,461,609n,626n

克莱纳,阿尔弗雷德 Kleiner,Alfred,71—72,101,150—152

克莱斯勒,弗里茨 Kreisler,Fritz,426—427

克莱因,奥斯卡 Klein,Oskar,338—339

克劳奇,亨利 Crouch,Henry,264

克里斯托菲,亨德里克 Christoffel van de Hulst,Hendrik,215

克虏伯基金会 Krupp Foundation,204

克罗瑟,博斯利 Crowther,Bosley,493

空间,时空 space, spacetime;绝对~ absolute, 2, 37, 84, 111, 125, 128, 169, 200, 223, 266, 277, 333, 460;弯曲~ curved, 3—5, 83, 192, 193—196, 220, 250—262, 266, 341, 464, 548;~作为虚空 as emptiness（void）, 97, 99, 111n, 114, 157, 319—320;五维~ five-dimensional, 337—338;四维~ four-dimensional, 4, 132, 324, 338, 369;量子力学中的~ in quantum mechanics, 348—349, 450, 453, 455, 461—462;相对论与~ relativity and, 93, 125, 128, 131—135, 140, 169, 192, 193—196, 200, 218, 220, 223, 250—262, 265—266, 277—278, 296, 318, 319, 333, 510—511, 548;三维~ three-dimensional, 252—253, 296, 339;二维~ two-dimensional, 4, 252—254, 296;统一场论中的~ in unified field theory, 337—338, 341, 512

"空穴论证" "hole argument", 201,

591n—592n

孔雀酒店 Peacock Inn,426

扩散 diffusion,105,223,481—482

L

拉登堡,鲁道夫 Ladenburg,Rudolf,536

拉格朗日,约瑟夫-路易斯 Lagrange,Joseph-Louis,Count,593n

拉尼亚,利奥 Lania,Leo,420—421

《拉帕洛条约》(1922年) Rapallo Treaty (1922),303

拉普拉斯,皮埃尔-西蒙 Laplace,Pierre-Simon,Marquis de,90—91,575n

拉斯基,哈罗尔德 Laski,Harold,279

拉斯基,维克多 Lasky,Victor,528

拉特瑙,瓦尔特 Rathenau, Walther, 302—305

《来自苏联监狱的信》Letters from a Russian Prison(Levine),380

莱顿大学 Leiden,University of,168

莱顿科学史博物馆 Leiden Museum for the History of Science,59

莱纳西维奇,罗伯特 Rynasiewicz,Robert,580n

莱斯顿,詹姆斯 Reston,James,532

莱特,奥维尔 Wright,Orville,618n

莱维-契维塔 Levi-Civita,Tullio,195, 197,212,215,589n

莱文,艾萨克·唐 Levine,Isaac Don,380,

446

兰金,约翰 Rankin,John,495—496

朗之万,保罗 Langevin,Paul,170—171,327,411

劳埃德·乔治,戴维 Lloyd George,David,419—420

劳伯,雅各布 Laub,Jakob,180

劳厄,马克斯·冯 Laue,Max von,141—142,267,269,286,406,409,466

劳伦斯,威廉 Laurence,William,467

老虎(爱因斯坦的猫) Tiger(Einstein's cat),438

勒巴赫,玛格丽特 Lebach,Margarete,362

勒纳德,菲利普 Lenard,Philipp,43,65,96—99,105,207,285—289,303—304,311—312,314—315,407,409—410

雷恩,于尔根 Renn,Jürgen,68,196,214,573n,592n,594n

雷曼,赫伯特 Lehman,Herbert,532

镭 radium,138—139,171

冷战 cold war,499—500,504

离心力 centrifugal force,251—252

黎曼,伯恩哈特 Riemann,Bernhard,193—196,214—215,219,253,513—514,589n,594n

里克,爱德华 Riecke,Eduard,60—61

里奇,格里高利 Ricci-Curbastro,Gregorio,195—197,214—216,220,221,589n

《理论物理学的方法》(爱因斯坦)"On the Method of Theoretical Physics"(Einstein),350—353

力学 mechanics;经典～ classical,91—92,109,113—114,127—128;定律 laws of,127—128;矩阵～ matrix,331;量子～ quantum,参见 quantum mechanics;统计～ statistical,67—70,98—99,101,103—106,167,255,327—329,333,341,345,347—348,629n;波动～ wave,329—331,347,454—456

《力学史评》(马赫)Mechanics and Its Development(Mach),81

利维,史蒂文 Levy,Steven,546

利文森,托马斯 Levenson,Thomas,275

粒子(量子)理论 particle(quantum)theory, 1, 65, 93, 94—101, 105, 110, 120—122, 124, 140, 141—142, 144, 150, 155—157, 165, 168—171, 179, 190, 235, 255—256, 286, 313—314, 318—321, 326—333, 337n, 539, 580n—581n,583n,586n

联邦调查局 Federal Bureau of Investigation(FBI),287,379,399,477—478,500—503,525,534,629n

联合国 United Nations,489,496

《恋爱中的爱因斯坦》(奥弗比)Einstein in Love(Overbye),13

量子力学 quantum mechanics, 320—335, 448—470;～中的"超距作用"

"action at a distance" in, 319—320, 330, 346—347, 448—453, 454, 458; 玻尔的贡献 Bohr's Contribution to, 324—326, 332—333, 344—349, 448, 451—452, 458, 468—469, 514—515, 626n; ～中的因果性 causality in, 345, 347, 460, 461; ～的哥本哈根解释 Copenhagen interpretation of, 332—333, 347, 349, 424, 449, 453, 455, 457, 459—460, 626n—627n; ～中的退相干历史 decoherent histories in, 459—460, 626n—627n; 爱因斯坦对～的贡献 Einstein's contributions to, 3—5, 22, 94—101, 140, 144, 155—157, 168—171, 211, 234—235, 238, 316, 321—333, 608n; 爱因斯坦对～的批判 Einstein's criticism of, 4, 7, 22, 84, 94, 157, 166, 298, 316—317, 320—335, 344—353, 385, 421—422, 448—470, 514—515, 538, 609n, 625n—629n, 635n; ～中的纠缠 entanglement in, 454—455, 458—459; 关于～的"EPR论文" "EPR paper" on, 450—453, 456, 458, 459—460, 625n—626n; 对～的实验支持 experimental support for, 329, 333, 458; ～中的定态 fixed states in, 455—456; ～的引力 gravitation in, 349, 449, 458; ～的"火药实验" "gunpowder experiment" for, 456—458; ～的不完备性 incompleteness of, 450—453, 457; ～中的定域性原理 locality principle in, 448—453, 454, 458, 461, 512, 626n; ～中的质量 mass in, 348—349; ～中的动量和位置 momentum and position in, 323, 346, 348—349, 448—453, 459—460, 626n—627n; 牛顿定律与～ Newton's laws and, 323, 333, 453; ～中的观测 observation in, 331—333, 345, 349, 448—470, 515, 538, 625n, 635n; ～中的物理实在 physical reality in, 169—170, 321, 326—333, 345—347, 349, 448—470, 538, 625n; ～中的概率 probability in, 84, 255, 323—325, 328—329, 330, 332, 333—335, 338—339, 345, 347, 349, 353, 392, 454—456, 461, 462, 515, 626n—627n; ～中的Ψ函数 psi-functions in, 457—458; 相对论与～的比较 relativity compared with, 5, 168—171, 320—321, 323, 326, 332, 334—337, 346—347, 453, 459, 460; ～的薛定谔方程 Schrödinger equation for, 454—455, 626n; "薛定谔的猫"与～

"Schrödinger's cat" and, 453—460；~的科学协作 scientific collaboration on, 326—333, 424, 451—453；~中的可分离性 separability in, 449—450, 453—454, 461, 609n, 626n；索尔维会议关于~的争论 Solvay conference debates on, 344—349, 452—453, 514, 538, 609n；~中的时空连续区 spacetime continuum in, 348—349, 450, 453, 455, 461—462；~中的"幽灵般的超距作用" "spooky action at a distance" in, 448—454, 458；~的统计计算 statistical calculations for, 327—329, 333, 341, 345, 347—348, 629n；亚原子粒子的~ of subatomic particles, 322—324, 326—333, 454, 459—460, 625n, 627n；~中的叠加 superposition in, 456—460；~的思想实验 thought experiments (*Gedankenexperiment*) for, 345—346, 348—349, 448—460, 468, 512；统一场论与~的对立 unified field theory vs., 4, 315—316, 320—321, 336—338, 340—341, 349, 453, 468—469, 538

《量子欺骗：检验爱因斯坦最奇特的理论》（奥弗比）"Quantum Trickery: Testing Einstein's Strangest Theory" (Overbye), 459

林白, 查尔斯 Lindbergh, Charles, 474—475

林德曼, 弗雷德里克 Lindemann, Frederick, 412, 418, 432

林肯大学 Lincoln University, 505

刘易斯, 吉尔伯特 Lewis, Gilbert, 576n

流体力学 hydrodynamics, 101

卢采恩湖 Lake Lucerne, 229

卢瑟福, 欧内斯特 Rutherford, Ernest, 168, 321, 322

卢伊特波尔德高级中学 Luitpold Gymnasium, 16—18, 21—22, 23

路德, 马丁 Luther, Martin, 434

路易斯·班伯格 Bamberger, Louis, 395, 397

氯气 chlorine gas, 206

伦理文化学会 Society for Ethical Culture, 38

《伦理学》（斯宾诺莎）*Ethics* (Spinoza), 81

《论比热容问题的现状》（爱因斯坦）"Present State of the Problem of Specific Heats, The" (Einstein), 169—171

《论动体的电动力学》（爱因斯坦）"On the Electrodynamics of Moving Bodies" (Einstein), 122—135

《论辐射的量子理论》（爱因斯坦）"On the Quantum Theory of Radiation" (Einstein), 322—324

《论引力对光的传播的影响》（爱因斯坦）

"On the Influence of Gravity on the Propagation of Light"（Einstein）,190—191,256

罗,戴维 Rowe,David,633n

罗尔斯,玛丽安 Rawles,Marian,526

罗曼·罗兰 Rolland,Romain,208,378,417

罗盘 compasses,13,67,462,538,548

罗森,内森 Rosen,Nathan,450—453,456,458,459—460,549,624n—626n

罗森伯格,埃塞尔和朱利叶斯 Rosenberg,Julius,Ethel,525—526,528

罗森菲尔德,莱昂 Rosenfeld,Léon,448,449

罗斯福,埃莉诺 Roosevelt,Eleanor,430—431,501

罗斯福,富兰克林 Roosevelt,Franklin,5,430—431,437,473—478,483,484,485,493,504,629n—630n

罗素,伯特兰 Russell,Bertrand,267,380,389,504,529,539,541

罗素-爱因斯坦宣言 Einstein-Russell manifesto,539,541

罗索,亨利 Rosso,Henry,440—441

逻辑 logic,81—84

螺旋星云 spiral nebulae,254,355

洛德和泰勒百货公司 Lord & Taylor department stores,527

洛厄尔,A.劳伦斯 Lowell,A.Lawrence,298

洛厄尔天文台 Lowell Observatory,254

洛克,约翰 Locke,John,81

洛克菲勒基金会 Rockefeller Foundation,395

洛克-兰普森,奥利弗 Locker-Lampson,Oliver,419—420,422—423

洛克纳,路易斯 Lochner,Louis,399—400

洛伦兹,亨德里克 Lorentz,Hendrik,32—33,112—113,115—117,126,133,142,161,164—166,168,170,180,201,213,259,260—261,267,269,271,310—311,318,330,341,344,549,550,583n,591n,593n,600n

洛伦兹变换 Lorentz transformation,341

洛斯阿拉莫斯实验室 Los Alamos laboratory,480,488

M

马德里大学 Madrid,University of,411—412,432

马格里奇,拉斯托卡 Maglić,Rastko,136

马格内斯,朱达 Magnes,Judah,412—414

马赫,恩斯特 Mach,Ernst,20,81—84,113,125,158,164,169,200—201,251—252,319,320,331,333—334,349—350,460—462,591n,612n,627n

马克斯,萨姆 Marx,Sam,491—493

马克瓦尔德,苏珊娜 Markwalder,Suzanne,37,38

马里亚诺夫,德米特里 Marianoff,Dimitri,248,367—368,404,423,502

马里亚诺夫,玛戈特·爱因斯坦 Marianoff,Margot Einstein,172,228,232,248,362,367—368,393,404,433—434,436,443,479,502,519,536—537,639n

马其诺防线 Maginot Line,491

马斯特 Muste,A. J.,500—501

马歇尔·乔治 Marshall,George,493

马修,沃尔特 Matthau,Walter,13

玛里奇,米洛斯 Marić,Milos,89

玛丽皇后号 Queen Mary,437

迈尔,埃德加 Meyer,Edgar,239

迈尔,古斯塔夫 Maier,Gustav,38

迈尔,梅纳西 Meyer,Menasseh,306

迈尔,瓦尔特 Mayer,Walther,358,363,368,371,397,410—412,423—424,450,464

迈尔-施密特,安娜 Meyer-Schmid,Anna,153—154

迈尔斯,谢尔曼 Miles,Sherman,477—478

迈克耳孙,阿尔伯特 Michelson,Albert,48,112—113,115—117,297,300,354,372,579n—580n

迈特纳,莉泽 Meitner,Lise,407,469

麦迪逊广场花园 Madison Square Garden,369—370

麦金太尔,马文 MacIntyre,Marvin,430

麦卡锡,约瑟夫 McCarthy,Joseph,500,524,529—532,534

麦卡锡主义 McCarthyism,480,500,524—534,537,550

麦克斯韦,詹姆斯·克拉克 Maxwell,James Clerk,7,34,91—92,97,110—111,114—115,118,120,121,126,138,155—157,169—170,248,336n—337n,338,340,349—350,438

《麦克斯韦电学理论导论》Introduction to Maxwell's Theory of Electricity (Föppl),36—37,115

麦克斯韦方程 Maxwell equations,115,118,120—121,138,155—156,157,169—170,336n—337n,338,549,578n,581n

曼德尔,托尼 Mendel,Toni,361

曼哈顿计划 Manhattan Project,477,480—486,491

曼哈顿计划科学家协会 Association of Manhattan Project Scientists,491

梅耶,路易斯 Mayer,Louis,491—492

《没有时间的世界》(尤格劳)World Without Time (Yourgrau),511

《每月评论》Monthly Review,504

美国公谊服务会 American Friends Service Committee,445,624n

美国国务院 State Department, U. S., 399—401, 472—473, 500

美国科学促进会 American Association for the Advancement of Science, 136

美国科学院 National Academy of Sciences, 296

美国陆军 Army, U. S., 478

美国农业部 Agriculture Department, U. S., 443—444

美国宪法 Constitution, U. S., 510, 527—528, 530—531, 534

"美国信条" "American Creed, The", 530—531

米高梅电影制片公司 Metro-Goldwyn-Mayer(MGM), 491—493

米勒,阿瑟 Miller, Arthur, 116, 135, 280, 578n, 581n, 628n

米勒,戴顿 Miller, Dayton, 300

米列娃·玛里奇: Marić, Mileva: ~在柏林 in Berlin, 183, 184—188; ~的通信 correspondence of, 7, 39, 42—47, 50—58, 60—63, 65—69, 72—77, 86, 96, 115, 136, 137, 173, 210, 215, 217, 227, 237—238, 246, 286, 367, 443, 598n; ~之死 death of, 75n, 516; ~的沮丧 depressions of, 177—178, 183—185; 爱因斯坦与~的离婚 Einstein's divorce from, 3, 85n, 87, 137, 182—183, 187, 225—240, 243, 275—276, 301, 309, 316, 363—364; ~作为爱因斯坦的思想伙伴 as Einstein's intellectual companion, 2—3, 7, 41—47, 57—58, 74—75, 135—137, 173, 188, 235, 360, 583n; 爱因斯坦与~的婚姻 Einstein's marriage to, 2—3, 42, 65, 74—76, 84—89, 136, 143, 153—154, 158, 172—175, 177—178, 181—188, 205—206, 209—211, 360, 519; 爱因斯坦与~的和解 Einstein's reconciliation with, 301, 363—364, 367—368, 418, 419, 516; 爱因斯坦与~分居 Einstein's separation from, 184—188, 205—206, 209—211, 215, 217, 224—240; ~的经济状况 financial situation of, 186—188, 210, 215, 226, 228, 234—236, 275—276, 302, 309, 316, 516, 607n; ~在海德堡大学 at Heidelberg University, 42—44; ~的健康不佳 ill health of, 161, 177—178, 229—230, 232, 237, 516, 598n; ~在科莫湖(1901年) at Lake Como (1901), 63—64; ~在莱顿 in Leyden, 164—165; ~作为数学家和物理学家 as mathematician and physicist, 2, 42—46, 48—49, 55, 135—137, 235, 583n; ~作为母亲 as mother, 63—67, 88, 96, 158, 161, 186, 187, 367—368, 516, 598n; ~作为东正教徒 as Orthodox Christian, 243; ~的个性 personality of, 42—44, 88, 153—154, 172—173, 177—178, 183, 184—185; ~的照片 photographs of, 45, 50; ~的容貌 physical appearance of, 42, 45, 154; ~在布拉格 in Prague, 166, 172; ~的怀孕 pregnancies of, 63—67, 88, 96, 158, 161; 相对论与~ relativity theory and, 135—137, 235, 583n; ~出租的财产 rental properties of, 316, 516, 607n; ~的塞尔维亚背景 Serbian background of, 42, 52, 64, 66—67, 86—88, 136, 180, 182, 243; ~在苏黎世 in Zurich, 2, 42—46, 48—49, 158, 177—178, 180, 187, 209—211, 246, 275—276, 301, 316, 364, 367, 418—419, 444, 516, 607n; ~在苏黎世联邦工学院 at Zurich Polytechnic, 2, 42—46, 48—49, 158

米沙诺夫斯基，埃塞尔 Michanowski, Ethel, 361—362

米歇尔莫尔，彼得 Michelmore, Peter, 88, 137

密立根，罗伯特·安德鲁斯 Millikan, Robert Andrews, 100—101, 212, 315, 321, 373, 380—381, 395—398, 402—403

民权运动 civil rights movement, 505, 531

民主 democracy, 240, 242, 287, 420, 423—424, 479—480, 489—490, 499, 503—507, 537

《民族》Nation, 377

闵可夫斯基，赫尔曼 Minkowski, Hermann, 35, 132—133, 193, 591n

摩根索，亨利 Morgenthau, Henry, 430

莫雷，爱德华 Morley, Edward, 48, 112—113, 115—117, 297, 300, 579n

莫什科夫斯基，亚历山大 Moszkowski, Alexander, 14, 127, 269—271, 601n

莫扎特，沃尔夫冈·阿玛迪乌斯 Mozart, Wolfgang Amadeus, 14, 29, 37—38, 177, 232, 272, 403, 415, 426, 430, 519

墨索里尼，贝尼托 Mussolini, Benito, 443, 517

默里，吉尔伯特 Murray, Gilbert, 305

默罗，爱德华 Murrow, Edward R., 531—532, 534

默敏，N. 戴维 Mermin, N. David, 459

木星 Jupiter, 191

穆尼，汤姆 Mooney, Tom, 380, 381

N

拿破仑一世（法国皇帝）Napoleon I (Emperor of France), 476, 630n

拿骚酒店 Nassau Inn,445

内顶叶 inferior parietal lobe,547—548

纳粹德国 Nazi Germany,471—473,479, 485—486,498—499,534

纳粹主义 Nazism,242,287,298,303, 371,376—378,386,399,403—412, 414—417,423,433—434,437,444— 447,471—474,479,485—486,498— 499,505—506,524,528,533—534,550

纳坦,奥托 Nathan,Otto,240—241,542, 544—545,633n,639n

南北战争 Civil War,U.S.,488—489

能(量):energy: ～守恒 conservation of, 197—198,213,592n; 暗～ dark, 356; 动～ kinetic,43,67—72,91, 97,103—104; 物质转化成～ mass converted to,2,5,137—139,272, 348,469—470,485; 分子～ molecular,97; 势～ potential,584n

能斯特,瓦尔特 Nernst,Walther,167, 168,174,178—179,205—207,285, 286,321

尼科莱,格奥尔格·弗里德里希 Nicolai, Georg Friedrich,207,243—246,433

尼施,雅各布 Nüesch,Jacob,72—73

凝聚 condensation,328—329

牛顿,艾萨克:Newton,Isaac: ～的"水桶实验""bucket experiment" of, 199—201,251—252,318—320; ～发明的微积分 calculus developed by, 93; ～与爱因斯坦的比较 Einstein compared with,5—6,90—91,93, 312,333,352,544,549,581n; 爱因斯坦对～的赞叹 Einstein's admiration for,248,301,360,423, 438; ～的引力定律 gravitational laws of,2,57,81—82,84,90—91,93, 110,113—114,118—119,125, 128,130—131,133,145—147, 156,189,197—201,204,214, 216,218,223,251—252,256, 258—259,261—262,264,266, 277,280,318—320,323,333, 352,453,548; ～《自然哲学的数学原理》 Principia of,125,128, 199—201,352

牛津大学 Oxford University,350—353, 361—362,396—397,410,412,418— 420,422—424,431—432,549,591n

纽华克《星期日纪录报》Newark Sunday Ledger,429

《纽约客》New Yorker,266—267

《纽约时报》New York Times,264—266, 277—278,285,292,294,296,299, 339—344,358,370,398,400,411— 412,416,421,436,450,459,467— 468,487,493,499—500,513,520— 521,525—526,528—529,532,545,631n

《纽约世界电讯报》New York World Telegram,404,420

《纽约晚邮报》New York Evening Post,294

《纽约先驱论坛报》New York Herald Tribune,343

《纽约邮报》New York Post,501,526

诺贝尔,阿尔弗雷德 Nobel,Alfred,310,490

诺贝尔奖 Nobel Prize,3,60,101,206,235,236,243,280,286,309—316,325,329,337,344—345,349,373,383,387,407,490,516,606n—607n

诺顿,约翰 Norton,John,195n,196—197,214,576n,594n

诺维萨德,塞尔维亚 Novi Sad,Serbia,42,64,73,75,76—77,86—88,136,161,182,570n

诺维萨德大学 Novi Sad,University of,136

诺依曼,贝蒂 Neumann,Betty,360—361

诺依曼,约翰·冯 Neumann,John von,426,607n—608n

黏性 viscosity,102,105

O

欧伯兰德基金会 Oberlaender Trust,401—403

欧几里得几何学 Euclidean geometry,17,19—20,33,37,44,63,75,83,192,193—194,209—210

欧康奈尔,威廉·亨利 O'Connell,William Henry,388,389

欧文,雷 Irvin,Rea,266—267

《欧洲联合国的创造》"Creation of the United States of Europe",207—208

P

ψ 函数 psi-functions,457—458

帕格沃什会议 Pugwash Conferences,541

帕萨迪纳城市礼堂 Pasadena Civic Auditorium,402—403

帕特尼提,米夏埃尔 Paterniti,Michael,546,640n

派斯,亚伯拉罕 Pais,Abraham,106,165,218,275,297n,466,509,514—515,532,619n

庞加莱,昂利 Poincaré,Henri,81,125,133—135,168,170,176—177,311,330,550,569n—570n,581n

庞森比,阿瑟 Ponsonby,Arthur,414—415,417

泡利,沃尔夫冈 Pauli,Wolfgang,156,267,343—346,451,466,538

裴斯泰洛齐,约翰·海因里希 Pestalozzi,Johann Heinrich,26

佩尔内,让 Pernet,Jean,34—35,54—55

佩斯,圣-琼 Perse,Saint-John,549

彭罗斯,伯依斯 Penrose,Boies,295

彭罗斯,罗杰 Penrose,Roger,251,581n

皮尔逊,德鲁 Pearson,Drew,534

《匹兹堡邮报》*Pittsburgh Post-Gazette*,469

频率:frequencies:

"平直居民""flatlanders",252—253

钋 polonium,171

普尔,查尔斯 Poor,Charles,277—278

普莱什,亚诺什 Plesch,Janos,357—358

普朗克,马克斯 Planck, Max, 5, 32, 95—100, 132, 140—141, 149, 155, 156—157, 160—161, 163, 168—170, 178—179, 203, 205—207, 211, 232—233,260,267,269,288,304,310—311, 321—322, 326—327, 329, 330, 331, 344,337,339,344,406—408,409,550, 549,576n

普朗克常量(h) Planck's constant (h),95—96,99,155,157,327,331

普朗克奖章 Planck medal,348

普林斯顿大学 Princeton University,289, 297—298,395,399,444—445

普林斯顿乡村日校 Princeton Country Day School,440

普林斯顿医院 Princeton Hospital, 545—547

普林西比岛 Principe Island,257—258, 261

普鲁士科学院 Prussian Academy of Sciences, 100, 179, 203, 214—215, 218—220, 250, 321, 343, 395, 398, 405—408,411

普鲁斯特,马塞尔 Proust,Marcel,280

《普韦布洛(科罗拉多)星报》*Pueblo (Colorado) Star-Journal*,528

齐歇尔,埃米尔 Zürcher,Emil,236

奇点 singularities,250—252

奇科(爱因斯坦的小狗) Chico(Einstein's terrier),438

启蒙运动 Enlightenment,277,279

气(体): gases: ~的原子结构 atomic structure of, 164, 323, 480—481; ~的凝聚 condensation of, 328—329; ~的扩散 diffusion of, 223; ~的分子理论 molecular theory of, 43, 56—57, 67—72, 91, 97, 103—104, 156, 328—329; ~的体积 volume of, 98, 101—103

钱伯斯,惠特克 Chambers, Whittaker, 485

潜能 potential energy,584n

乔伊斯,詹姆斯 Joyce,James,3,280

青年和平联盟 Youth Peace Foundation, 376,404—405

氢 hydrogen,219,322

氢弹 hydrogen bomb,500—501,524,531

《庆典》*Pageant*,505

"丘比特与普绪克" Cupid and Psyche (Canova),64

丘吉尔,温斯顿 Churchill, Winston, 394, 412,419,483

全国有色人种协进会 National Association for the Advancement of Colored People(NAACP),505

R

热:heat:～传导 conduction of, 48, 67—68, 70—71;～的分子运动论 kinetic theory of, 104;～辐射 radiation of, 96, 576n

热力学 thermodynamics, 69—70, 98, 105—106,141—142,576n

热力学第二定律 Second Law of Thermodynamics,69—70

《人类知识原理》(贝克莱) Principles of Human Knowledge (Berkeley),350n

《人性论》(休谟) Treatise of Human Nature, A (Hume),81,82

日本 Japan, 306—307, 309, 310, 315, 339, 379,393,481

日内瓦大学 Geneva, University of, 154—155,306

日食(1914年) solar eclipse (1914), 202—205

日食(1919年) solar eclipse (1919), 5, 218,255—262

瑞士专利局 Swiss Patent Office, 1, 3, 36, 62—63, 72, 74, 76—79, 84—86, 89—90, 92—93, 113, 122, 126, 128, 137—138, 140—143, 149—151, 154—155, 159—250,255,266,424,444,517,551

S

萨尔兹伯格,亚瑟·海斯 Sulzberger, Arthur Hays,487,631n

萨克斯,亚历山大 Sachs, Alexander, 473—477,630n

萨维奇,海琳·考夫勒 Savić, Helene Kaufler, 76—77, 86—88, 143, 154, 174—175,230,232

萨维奇,佐尔卡 Savić,Zorka,87,444

塞德尔,托沙 Seidel,Toscha,426

塞利希,卡尔 Seelig,Carl,35,516

塞缪尔,赫伯特 Samuel, Herbert, 307—308

塞万提斯 Cervantes Saavedra, Miguel de, 81,518

沙多维茨,阿尔伯特 Shadowitz, Albert, 530

莎士比亚,威廉 Shakespeare,William,423

熵 entropy,69—70

上帝 God, 4, 16, 20, 84, 91, 125, 297—298,326,335,352,384—393,466,515, 538,549—551,609n

绍尔,蒂尔曼 Sauer,Tilman,196

社会民主党 Social Democratic Party, 38—39, 150—151, 159, 239—242

社会主义 socialism, 4, 38—39, 205, 239—242, 373, 375, 378—381, 399—401, 420, 499, 504—505, 633n

神经胶质细胞 glial cells, 547

神经元 neurons, 547

《什么是相对论?》(爱因斯坦)"What Is the Theory of Relativity?"(Einstein), 267

渗透性 osmosis, 480—481

声 sound, 119n

声波 sound waves, 92, 109—110, 119, 224, 299

圣保罗 Paul, Saint, 343

《圣经》Bible, 20, 386, 391, 434

施奈德,伊尔莎 Schneider, Ilse, 259

施特拉斯曼,弗里茨 Strassman, Fritz, 469

施特劳斯,恩斯特 Straus, Ernst, 466—467, 508

施特劳斯,里夏德 Strauss, Richard, 38

施特劳斯,刘易斯 Strauss, Lewis, 531—532, 534

施特鲁克,赫尔曼 Struck, Hermann, 362—363

《施瓦本人的故事》(乌兰德)"Swabian Tale"(Uhland), 53n

施瓦茨,保罗 Schwartz, Paul, 405

施瓦茨希尔德,卡尔 Schwarzschild, Karl, 249—252, 319

施瓦茨希尔德半径 Schwarzschild radius, 250

《时代》周刊 Time, 342, 369, 430, 485, 624n, 633n

时间 time;绝对～ absolute, 2, 37, 82, 84, 124—125, 128, 169, 223, 266, 277, 288, 333, 460;～的持续 duration of, 130—132;～作为第四维 as fourth dimension, 132;当地～ local, 134;相对论中的～ in relativity theory, 93, 113, 122—127, 128, 130—135, 140, 148, 169, 223, 250—251, 266, 277, 318, 333, 349, 510—511, 581n—582n;～旅行 travel in, 511

《时间机器》Time Machine, The (Wells), 132

实证主义 positivism, 82, 350, 460—462, 609n, 627n

食 eclipses, 5, 191, 202—205, 218, 255—262, 267, 269, 275—276, 311, 316—317

史密斯,亨利·德沃尔夫 Smyth, Henry De Wolf, 485

史密斯,霍华德 Smith, Howard, 519

史汀生,亨利 Stimson, Henry, 401

世界反战大会(1932年)World Antiwar Congress (1932), 379, 478

世界和平委员会 World Peace Council, 524—525,531

世界犹太复国主义组织 World Zionist Organization,290

世界政府 world government,209,301, 479,487—500,541,631n

收缩 contraction,112—113,116

叔本华,阿图尔 Schopenhauer, Arthur, 52,367,391,609n,618n

舒伯特,弗朗茨 Schubert, Franz,38

舒尔曼,罗伯特 Schulmann, Robert, 86, 546,633n

舒曼,罗伯特 Schumann, Robert, 177, 178,183

舒斯特,马克斯 Schuster, Max,465

双生子佯谬 twin paradox,130

双向量场 bivector fields,512

双星 double stars,580n

水波 water waves,92,109—110

水星 Mercury,199,212—213,218—219, 223—224,250,311,313,593n—594n

思想实验 Gedanken experiment (thought experiments),2—5,26—27,78—79, 114,121—127,138,142,145—147, 190,201,267,322,345—346,348—349,448—460,468,512,514,583n

斯宾诺莎,巴鲁赫 Spinoza, Baruch,81, 84,334—335,387—389,391

斯宾诺莎协会 Spinoza Society,391

斯大林,约瑟夫 Stalin, Joseph,380,399, 446—447,526

斯蒂文森,阿德莱 Stevenson, Adlai, 532—533

斯科茨伯勒男孩 Scottsboro Boys,380, 381

斯莫林,李 Smolin, Lee,549—550

斯奈德,哈特兰 Snyder, Hartland,251

斯诺,C. P. Snow, C. P.,21—22, 268—269,325—326

斯塔契尔,约翰 Stachel, John,75n,136, 196

斯特恩,奥托 Stern, Otto,407,482—484

斯特恩,马克斯 Stern, Max,150

斯特拉文斯基,伊戈尔 Stravinsky, Igor, 3,280

斯特林费洛,乔治 Stringfellow, George, 528—529

斯通,道格拉斯 Stone, Douglas,328,609n

斯温,雷蒙德·格拉姆 Swing, Raymond Gram,489,497—498

斯文赫定 Hedin, Sven,311—312

死刑 death penalty,525—526

苏多普拉托夫,帕维尔 Sudoplatov, Pavel, 503

苏黎世笔记本 Zurich Notebook,196—198,214,592n,594n

苏黎世大学 Zurich, University of, 101—103,150—153,158—163,167,

239,365

苏黎世联邦工学院 Zurich Polytechnic,2,24—26,30—49,54—56,60,115,150—151,158,175—183,239,276—277,372

苏联 Soviet Union,379—380,420—421,446—478,489—490,494—504,524—526,633n

速度 velocity,107—109,114,118—119,127—131,145,148,189,192,201

随机性 randomness,2,84,103—106,577n

"随机游走""random walk",105,577n

索恩,基普 Thorne,Kip,133,222,251

索尔维,欧内斯特 Solvay,Ernest,168

索尔维会议(1911年) Solvay Conference (1911),168—171,178,321

索尔维会议(1921年) Solvay Conference (1921),289—290,291

索尔维会议(1927年) Solvay Conference (1927),336,344—348,450,452—453,514,538,609n

索尔维会议(1930年) Solvay Conference (1930),348—349,450,452,453,514,538

索福克勒斯 Sophocles,81

索洛文,莫里斯 Solovine,Maurice,79—81,85,131,141,291,304,317,401,411,462,463,467,513—514,536,

581n,601n

索默菲,阿诺德 Sommerfeld,Arnold,142,193,234,287,593n,594

索默菲-爱普斯坦量子定律 Sommerfeld-Epstein quantum law,234

T

《他们为什么仇视犹太人?》"Why do They Hate the Jews?"(Einstein),445

《塔木德》*Talmud*,386

塔尔穆德(塔尔梅),马克斯 Talmud (Talmey),Max,18—20,23,82,294—295

《泰晤士报》(伦敦) *Times* (London),263—264,267,273,281,421

太阳质量 solar mass,250

泰勒,爱德华 Teller,Edward,407,473,476,480,500,531,534,629n

坦纳,汉斯 Tanner,Hans,159—162

汤姆孙,J. J. Thomson,J. J.,261,279,321

《堂吉诃德》(塞万提斯) *Don Quixote* (Cervantes),81,518

糖溶液 sugar solutions,102

提奈夫(爱因斯坦的小艇) *Tinef* (Einstein's sailboat),435,472,479

体积 volume,98,101—103

天文学 astronomy,5,191,202—205,218,253—262,267,269,275—276,311,

316—317,353—356

天主教会 Catholic Church,389

通用电力公司 AEG,302

同位素 isotopes,480—481

统计力学 statistical mechanics, 2, 67—70, 98—99, 101, 103—106, 167, 255, 327—329, 333, 341, 345, 347—348, 629n

统一场论 unified field theory, 336—344；~中的仿射联络 affine connection in, 339, 344；~中的双向量场 bivector fields in, 512；~的复杂性 complexity of, 339—344；~中的远距平行理论 distant parallelism in, 341, 343—344；爱因斯坦对~的表述 Einstein's formulation of, 4, 13—14, 67, 316, 320, 336—344, 350—353, 358, 368, 371, 410, 423, 466—469, 508—509, 511—514, 537—539, 542—543；~中的电磁学 electromagnetism in, 338—341, 466, 512—513；~的实验证实 experimental verification of, 351—352；~中的引力 gravitation in, 338—341, 385, 466, 511—513, 538；~的卡鲁扎-克莱因表述 Kaluza-Klein formulation for, 337—339；~的数学方案 mathematical approach of, 67, 337—344, 351—352, 358, 363, 368, 423, 466—467, 511—514, 538—539, 542—543, 591n；~中的度规张量 metric tensors in, 340—341, 512—513；~中的非对称张量 non-symmetric tensors in, 512—513；关于~发表的论文 papers published on, 338, 339—344, 357, 363, 513；~的物理实在性 physical reality of, 337—338, 340, 342—344, 511—513, 537—539；对~的报道 press coverage of, 339—344, 467, 468, 513；量子力学与~ quantum mechanics vs., 4, 315—316, 320—321, 336—338, 340—341, 349, 453, 468—469, 538；相对论与~ relativity and, 336—338；~的科学有效性 scientific validity of, 316, 343—344, 511—514, 537—539, 628n—629n；~中的时空 spacetime in, 337—338, 341, 512；亚原子粒子的~ for subatomic particles, 463—464, 512, 538；~的统一概念 unified concept of, 3—4, 13—14, 67, 70—71, 148, 342, 550

偷袭珍珠港(1941年) Pearl Harbor attack(1941),480

退相干的历史 decoherent histories, 459—460,626n—627n

托勒密 Ptolemy,518

托洛茨基,利昂 Trotsky,Leon,446—447

托马斯,诺尔曼 Thomas, Norman, 375, 504

陀螺仪 gyroscopes,304

W

瓦尔堡,埃米尔 Warburg,Emil,174

瓦格纳,里夏德 Wagner, Richard, 11—12,38

瓦朗坦,安东尼娜 Vallentin, Antonina, 441

瓦里查克,弗拉基米尔 Varićak, Vladimir,185

外尔,赫尔曼 Weyl, Hermann, 298, 337, 339,351

《伟人一瞥》(菲尔埃克) *Glimpses of the Great* (Viereck),386

《未来形而上学导论》(康德) *Prolegomena* (Kant),238

威尔逊山天文台 Mount Wilson Observatory,353—355,372

威廉二世(德国皇帝) Wilhelm II (Emperor of Germany),386

威廉皇帝物理学研究所 Kaiser Wilhelm Institute of Physics,243

威廉斯,查尔斯 Williams,Charles,526

威廉斯,约翰·夏普 Williams, John Sharp,295

威斯特摩兰号 *Westmoreland*, 424, 425—426

微波 microwaves,111

微分运算 differential calculus,61

微积分 calculus,16,93

韦伯,海因里希 Weber, Heinrich, 25, 32—34,47—48,55,60—61,115,169, 177

韦尔斯,H. G. Wells, H. G.,132,377

韦斯科夫,维克多 Weisskopf,Victor,407

韦特海默尔,马克斯 Wertheimer, Max, 116,241—242

维奥勒,朱尔 Violle,Jules,24,25

维布伦,奥斯瓦尔德 Veblen, Oswald, 297—298,397,426

维恩,威廉 Wien,Wilhelm,48,115—116, 149,168,310

维格纳,尤金 Wigner, Eugene, 407, 471—473,475,476,480

"维诺那"秘密电报 "Venona" secret cables,633n

维特森,桑德拉 Witelson, Sandra, 547—548

维也纳科学院 Viennese Academy,234

卫斯理大学 Wesleyan University,343

《为什么要社会主义》"Why Socialism" (Einstein),504

魏茨曼,哈伊姆 Weizmann, Chaim, 290, 294—295, 298—300, 303, 381, 409, 413—414,520

魏兰德，保罗 Weyland, Paul, 284—289

魏玛共和国 Weimar Republic, 284

温伯格，史蒂文 Weinberg, Steven, 340—341, 356

温度 temperature, 105—106, 165

温特勒，安娜 Winteler, Anna, 27, 62, 231, 237, 418, 517, 540, 636n

温特勒，保罗 Winteler, Paul, 27, 234, 236—237, 443, 517—518, 636n

温特勒，罗莎 Winteler, Rosa, 27

温特勒，玛丽 Winteler, Marie, 27—28, 40—44, 46, 51—52

温特勒，玛丽亚·爱因斯坦"玛雅" Winteler, Maria Einstein "Maja", 8, 11—12, 16—17, 23—24, 39, 49—50, 59, 66, 74—75, 85, 140—141, 234, 236—237, 268, 343, 427, 443, 517—518, 636n

温特勒，约斯特 Winteler, Jost, 27, 29, 38, 67, 69, 205, 240

《我的信仰》(爱因斯坦)"What I Believe" (Einstein), 387, 391

《我对战争的看法》(爱因斯坦)"My Opinion of the War" (Einstein), 208—209

《我是一个美国人》系列节目 I Am an American series, 479

沃尔道夫旅馆 Waldorf Hotel, 375

沃尔什，戴维 Walsh, David, 295

沃克，埃文 Walker, Evan, 136

沃克，吉米 Walker, Jimmy, 370

沃特斯，利昂 Watters, Leon, 402, 436, 441, 443

乌得勒支大学 Utrecht, University of, 175—176

乌兰德，路德维希 Uhland, Ludwig, 53n

乌普萨拉大学 Uppsala, University of, 310—311

无俸讲师任命 privatdozent appointments, 144—153

无神论 atheism, 386, 388—390, 462, 587n

无线电信号 radio signals, 111

《物理评论》Physical Review, 624n

物理(学)：physics: ~中的绝对量 absolutes in, 2, 37, 82, 84, 111, 124—125, 128, 169, 200, 223, 266, 277, 288, 320, 333, 460; 经典~ classical, 90—92, 96, 99—101, 109, 113—114, 125, 156, 169, 197, 277, 280, 312—313, 317, 322—324, 332—333, 347, 461, 463; ~的演绎法 deductive method for, 116—118; 实验~ experimental, 34—35, 47—48, 57, 161, 286, 310—312, 314; "德意志~" "German", 289, 315, 405—410; ~的"启发式的"方法 heuristic approach to, 94, 98, 155; ~的历史发展 historical development of,

33—34, 90—92; 的归纳法 inductive method for, 116—118, 191, 350—352, 579n—581n; "犹太~" "Jewish", 142, 269—271, 284—289, 311—312, 315; ~定律 laws of, 17—19, 57, 69—70, 84, 90—91, 107—108, 193, 196—197, 216—217, 220, 223—224, 277—278, 312—313, 386, 388, 510—511, 549—550; 粒子~ particle, 316, 326—327, 334—345, 352—353, 463—464, 512, 538; 对~的通俗理解 popular understanding of, 5—7, 18, 263—280, 355, 567n; ~中的科学实在论 scientific realism in, 169, 323—325, 333—335, 349, 350—353, 385, 450—451, 455, 460—465, 538—539, 612n, 627n—628n, 635n; 理论~ theoretical, 33—35, 91—93, 99, 150, 152, 156, 161—162, 175, 203, 212, 286, 310—312, 314, 348, 407; ~的统一观念 unified conception of, 3—4, 13—14, 67, 70—71, 148, 352, 550; 亦参见 quantum mechanics; relativity; unified field theory

《物理学的基础》"Foundations of Physics, The"(Hilbert), 219

《物理学的进化》(爱因斯坦和英菲尔德)

Evolution of Physics, The (Einstein and Infeld), 463—465

《物理学理论的目的与结构》(迪昂) *Théorie Physique, La* (Duhem), 158

《物理学年鉴》*Annalen der Physik*, 57—58, 70, 94, 102, 127, 138, 140, 190—191, 220

"物理学中的归纳与演绎"(爱因斯坦) "Induction and Deduction in Physics" (Einstein), 118

《物体的惯性依赖于它所包含的能量吗?》(爱因斯坦)"Does the Inertia of a Body Depend on Its Energy Content?"(Einstein), 138—139

X

X射线 X-rays, 111, 435

西班牙内战 Spanish Civil War, 478, 490

西尔伯斯坦,路德维希 Silberstein, Ludwig, 261—262

西拉德,莱奥 Szilárd, Leó, 407, 471—476, 471, 480, 484—485, 490—493, 629n—630n

西利,伊夫林 Seeley, Evelyn, 404

西门子,维尔纳·冯 Siemens, Werner von, 32

西蒙,理查德 Simon, Richard, 465

希本,约翰 Hibben, John, 298

希伯来大学 Hebrew University, 290,

292—293,301,306,409,412—414,522

希尔伯特,大卫 Hilbert, David, 212—222,232

希勒,库尔特 Hiller, Kurt, 378

希特勒,阿道夫 Hitler, Adolf, 4, 242, 289, 303, 369, 371, 376—377, 381—383, 386, 403—405, 407—408, 410, 414, 422, 429—430, 434, 445, 447, 485, 528

《西线无战事》All Quiet on the Western Front, 372

《狭义与广义相对论浅说》（爱因斯坦）Relativity: The Special and General Theory (Einstein), 232, 256, 267, 355, 539, 577n

仙女座星系 Andromeda galaxy, 254, 353

弦理论 string theory, 339

现代主义 modernism, 3, 277—280

《现时代》（约翰逊）Modern Times (Johnson), 277

相对论（相对性）relativity, 107—149, 189—224, 249—262；~中的加速 acceleration in, 108, 145—149, 155, 181—182, 188—192, 199, 201—202, 223, 319—320, 511, 548, 607n；"超距作用"与~ "action at a distance" and, 319—320, 330；黑洞与~ black holes and, 250—252；~中的"边界条件" "border conditions" in, 252—254, 265—266；~中的因果性 causality in, 216, 323—324, 332；~的复杂性 complexity of, 6, 262, 265—267, 295—297；~中的概念突破 conceptual breakthroughs in, 107—113, 122—127, 138, 145—149, 176—177, 211—224, 266, 316—318, 467—468, 538—539, 548；~中的恒定速度 constant velocity in, 107—109, 114, 118—119, 127—131, 145, 148, 189, 201；~的宇宙学含义 cosmological implications of, 223—224, 248—262, 265—266, 353—356, 372, 442, 510—511, 613n；~中的宇宙学项（λ）cosmological term (λ) in, 254—255, 353—356, 372, 613n；~中的协变性 covariance in, 195, 198—202, 212—213, 218—222, 224, 591n—592n, 594n；~的发展 development of, 9, 14, 26, 47—48, 62, 71, 93—94, 107—139；爱因斯坦发现~的直觉方法 Einstein's intuitive approach to, 113—, 119, 131, 133, 142, 145, 146—147, 197—198, 201—202, 214, 250—251, 259—260, 297—298, 316—318, 333—334, 346, 351—352, 467—468, 538—539, 580n—581n；爱因斯坦关于~的讲演 Einstein's lectures on, 212,

214—215, 218—220, 223, 228, 232, 272, 295—298, 306—307; ~中的能量守恒 energy conservation in, 197—198, 213, 592n; ~的《纲要》方案 *Entwurf* approach for, 198—202, 204, 212—216, 256, 591n, 592n, 594n; ~中的等效原理 equivalence principle in, 147—148, 190, 197, 351, 540—541, 589n; 以太概念与~ ether concept and, 111—113, 115—117, 119, 128, 131, 133, 135, 297, 300, 317—320, 332, 351, 373, 578n, 579n—580n; 对~的实验支持 experimental support for, 47—48, 112, 115—118, 130, 147—148, 191, 199, 202—205, 212—213, 251, 255—262, 264, 267, 288, 310—312, 314, 351, 353—356, 579n—580n; ~作为场论 as field theory, 159, 189, 197—198, 200—201, 212—224, 254—255, 336—337, 353, 468, 591n—592n, 594n; 广义~ general theory of, 3, 13—14, 36, 83, 108, 145—149, 155, 159, 178, 179—180, 183, 189—224, 232, 235, 249—262, 291, 311—312, 317—320, 330, 333—334, 336—338, 340, 351—356, 372, 419, 460, 467—468,

589n—596n, 607n; ~几何学 geometry of, 192, 222, 337; 引力与~ gravitation and, 145—149, 155, 181—182, 189—197, 198, 199—202, 215—222, 223, 249, 250—262, 266, 293, 314, 319—320, 337, 347, 349, 468, 511, 538—539, 548, 590n—594n, 607n; 希尔伯特的~方程 Hilbert's equations for, 212—222, 232; ~中的"空穴论证" "hole argument" in, 201, 591n—592n; ~的归纳法 inductive method for, 116—118, 191, 579n—581n; ~中的惯性 inertia in, 107—109, 118—119, 131, 146—147, 190, 199—201, 251—252, 318—320, 468, 548; ~中的不变性 invariances in, 131—132, 324; ~作为"犹太物理学" as "Jewish physics", 142, 269—271, 284—289, 311—312, 315; 最小作用量原理与~ least action principle and, 141, 584n; ~中光的偏折 light bending in, 5, 148—149, 165, 189—192, 202—205, 218—219, 255—262, 266, 312—313, 355; ~中的局域效应 local effects in, 189—190, 583n; ~中的磁场 magnetic fields in, 184, 185; ~手稿 manuscripts of, 136, 482, 583n; ~中的质

量 mass in, 250—252, 468, 548; ～的数学策略 mathematical strategy for, 196, 197—198, 214, 594n; ～的数学 mathematics of, 36, 127, 132—133, 136—137, 149, 159, 191n, 192—199, 211—224, 250—251, 288, 337, 340, 351, 352, 468, 510—511, 590n—591n, 594n; 麦克斯韦方程与～ Maxwell equations and, 115, 118, 120—121, 138, 155—157, 169—170, 336n—337n, 338, 549, 578n, 581n; ～中的测量 measurement in, 128—129, 313, 337; ～所证实的水星近日点 Mercury perihelion confirmed by, 199, 212—213, 218—219, 223—224, 250, 311, 313, 593n—594n; ～中使用的度规张量 metric tensors used in, 194—198, 200—201, 212—222, 254—255, 320, 340, 351, 352, 590n—591n; 现代主义与～ modernism and, 3, 277—280; 道德相对主义与～的对照 moral relativism contrasted with, 270, 277—280, 602n; ～中的运动 motion in, 36, 93, 107—109, 127—131, 133—135, 145—146, 197, 199—201, 212—213, 215, 220, 223, 318—320, 467; ～所改造的牛顿定律 Newtonian laws modi-

fied by, 114, 118—119, 125, 133, 145—147, 189, 197—201, 204, 214, 216, 218, 223, 251—252, 256, 258—259, 261—262, 264, 266, 277, 280, 548; ～中的观察参照系 observational frames of reference in, 114, 116, 118—119, 121—122, 130—132, 148, 277, 333, 511, 581n, 594n, 596n; 关于～发表的论文 papers published on, 122—135, 138—139, 144, 190—191, 198—202, 214—215, 219, 220, 223, 252—256, 317—318, 580n, 582n; ～中的悖论 paradoxes in, 114—115, 130; 粒子理论与～ particle theory and, 120—122, 124, 141—142, 190, 255, 256, 318321, 580n—581n, 583n; ～中的物理定律 physical laws in, 107—108, 196—197, 216—217, 223—224, 277—278, 312—313, 510—511; ～的物理策略 physical strategy for, 196—197, 213—214, 591n, 594n; 对～的通俗解释 popular explanations of, 123—124, 133, 144—145, 148, 178, 189, 232, 256, 263—267, 277—280, 284—286—287, 293, 296—297, 302, 355, 369, 387, 426, 513, 539, 577n; ～的假定 postulates of,

118—122，127—128，134，191，252，335，347，581n；对～的公众反应 public reaction to，263—280，355；量子力学与～的比较 quantum mechanics compared with，5，168—171，320—321，323，326，332，334—337，346—347，453，459，460；～中的相对性原理 relativity principle in，118—122，124，126，127—135，138，148，201，250—254，318—320，323，332，335，347，349，467，510—511，579n—580n，581n；～中的静止概念 rest as concept in，127—128，133—134；～中的旋转 rotation in，192，199—201，212—213，251—252，318—320，593n—594n，596n；对～的科学接受 scientific acceptance of，132—135，140—142，163，176—177，201，223—224，256—257，263—266，284—289，309—316，510，606n；对～的科学反驳 scientific opposition to，142，269—271，273，284—289，309—316，324，388，389，495；～中的同时事件（同时性）simultaneous events in（synchronicity），123—127，129，131，134—135，333，346，511，548，581n—582n；～中的奇点 singularities in，

250—252；～中的空间概念 space as concept in（spacetime），93，125，128，131—135，140，169，192—196，200，218，220，223，250—262，265—266，277—278，296，318—319，333，510—511，548；狭义～ special theory of，2，5，13，26，36—37，46—48，93，106—137，138，148—149，169，176，185，189，193，235，250，255，310，313，317—318，336n—337n，482，570n，578n—583n；～中的光速 speed of light in，110—112，114，116—122，123，126，128—130，132，138—139，189，250，252，267，297，319，347，468，548，578n，579n—580n，581n；对～中的星光证实（日食）starlight verification of (eclipses)，5，191，202—205，218，255—262，267，269，275—276，311，316，317；支持～的思想实验 thought experiments (Gedanken experiment) for，2—5，114，121，122—127，138，142，145—147，190，201，267，583n；～中的时间概念 time as concept in，93，113，122—128，130—135，140，148，169，223，250，251，266，277，318，333，349，510—511，581n—582n；～中的双生子佯谬

twin paradox in,130;统一场论与~unified field theory and,336—338;~中的"唯一性"论证"uniqueness" argument in,213;~中的速度 velocity in,114,192;波动理论与~ wave theory and,109—112,578n;~的苏黎世笔记本 Zurich Notebook for,196—198,214,592n,594n

《相对论的统治》Reign of Relativity, The (Haldane),278—279

《相对论的意义》(爱因斯坦) Meaning of Relativity, The (Einstein),513,577n

相互影响 mutual influence,329—330

香克兰,罗伯特 Shankland, Robert,116—117

向量 vectors,194

萧伯纳 Shaw, George Bernard,279,389

"小机器"Maschinchen device,143—144,161

小洛克菲勒 Rockefeller, John D., Jr.,370—371

肖邦,弗雷德里克 Chopin, Frédéric,365

协变 covariance,195,198—202,212—213,218—222,224,591n—592n,594n

谐振子 harmonic oscillators,96

辛克莱,厄普顿 Sinclair, Upton,373—374,377

《新科学家》New Scientist,459

新历史学会 New History Society,371

《新领袖》New Leader,526

《新闻周刊》Newsweek,485,491

新祖国同盟 New Fatherland League,207—208,242

兴登堡,保罗·冯 Hindenburg, Paul von,399

《星际旅行》Star Trek,251

《星期日快报》Sunday Express,422

星系 galaxies,254,353—356,442

星云 nebulae,254,355

猩红热 scarlet fever,86—87

行星轨道 planetary orbits,199,212—213,218—219,223—224,250,311,313,593n—594n

休谟,大卫 Hume, David,20,81—82,113,125,166,169,334,349—350,460

旋转 rotation,192,199—201,212—213,251—252,318—320,510—511,593n—594n,596n

薛定谔,埃尔文 Schrödinger, Erwin,330—331,345,349,431—432,450,453—460,513,626n

"薛定谔的猫""Schrödinger's cat",453—460

薛定谔方程 Schrödinger equation,454—455,626n

Y

亚伯拉罕,马克斯 Abraham, Max,221,

592n

亚里士多德 Aristotle, 5

言语模仿症 echolalia, 9

扬森，米歇尔 Janssen, Michel, 196, 214, 594n

杨，托马斯 Young, Thomas, 329

尧曼，古斯塔夫 Jaumann, Gustav, 163

《要原子战争还是要和平》(爱因斯坦)"Atomic War or Peace"(Einstein), 489—490, 497—498

耶里查，玛丽亚 Jeritza, Maria, 370

耶稣基督 Jesus Christ, 386, 434, 567n

叶史瓦大学 Yeshiva University, 636n

液体: Liquids: ~的分子结构 molecular structure of, 2, 56—58, 68; 的温度 temperature of, 105—106; ~的黏性 viscosity of, 102, 105

伊丽莎白(比利时王后) Elisabeth(Queen of Belgium), 415, 431—432, 533, 536

伊普尔战役 Ypres, Battle of, 206

《一切之憾》(埃隆) Pity of It All, The (Elon), 284

以色列 Israel, 306—308, 381, 520—523, 541, 543

以太 ether, 24—25, 47—48, 62, 92, 105, 111—113, 115—117, 119, 128, 131, 133, 135, 297, 300, 317—320, 332, 351, 373, 578n, 579n—580n

阴极射线 cathode rays, 65

银河 Milky Way, 254, 353

引力，重力: gravitation, gravity: 加速与~ acceleration and, 145—149, 155, 181—182; ~场 field of, 13, 19, 94, 146, 319—320, 349; ~使光偏折 light bent by, 5, 148—149, 165, 189—192, 202—205, 218—219, 255—262, 266, 312—313, 355, 442; 牛顿的~定律 Newtonian laws of, 2, 57, 81—82, 84, 90—91, 93, 110, 113—114, 118—119, 125, 128, 130—131, 133, 145, 146—147, 156, 189, 197—198, 199—201, 204, 214, 216, 218, 223, 251—252, 256, 258—259, 261—262, 264, 266, 277, 280, 318—320, 323, 333, 352, 453, 548; 量子力学中的~ in quantum mechanics, 349, 449, 458; 相对论与~ relativity and, 145—149, 155, 181—182, 189—198, 199—202, 215—223, 249, 250—262, 266, 293, 314, 319—320, 337, 347, 349, 468, 511, 538—539, 548, 590n—594n, 607n; 太阳的~ solar, 191, 202—205, 218; 恒星的~ stellar, 250—252; 统一场论中的~ in unified field theory, 338—341, 385, 466, 511—513, 538; ~波 waves of, 442, 624n

《引力的场方程》(爱因斯坦) "Field Equations of Gravitation"(Einstein), 219—220

英菲尔德, 利奥波德 Infeld, Leopold, 263, 267, 274, 463—465, 524—525

英国科学促进会 British Association for the Advancement of Science, 90, 575n

"幽灵般的超距作用" "spooky action at a distance", 448—454, 458

尤格劳, 帕勒 Yourgrau, Palle, 511

尤里, 哈罗德 Urey, Harold, 526

《尤利西斯》(乔伊斯) Ulysses (Joyce), 280

犹太电讯社 Jewish Telegraph Agency, 414

犹太复国主义 Zionism, 281—284, 289—303, 306—308, 376, 381, 409, 412—414, 520—523, 526, 541

犹太孤儿组织 Jewish Orphans Organization, 363

犹太教德国公民 German Citizens of the Jewish Faith, 282

犹太军乐队 Jewish Legion, 293—294

犹太人: Jews: ~的同化 assimilation of, 205—206, 280—284, 291, 302—304, 386, 408—410, 428; 爱因斯坦对~的认同 Einstein's identification with, 3, 9—11, 15—16, 18, 20—21, 29—30, 43, 52, 61, 142, 149, 152, 163—164, 177, 183, 207, 243, 263, 269—271, 273, 281—308, 311—312, 315, 342, 359, 381, 385, 403—410, 412—414, 420, 427—430, 444—445, 447, 505—506, 520—523, 541, 543, 567n; 对~的偏见 prejudice against, 3, 15, 30, 43, 61, 142, 149, 152, 163—164, 177, 183, 207, 269—271, 281—308, 311—312, 315, 359, 403—410, 427, 428—430, 443, 444—445, 469, 475, 505, 517, 524, 567n, 601n; ~的犹太复国主义运动 Zionist movement for, 281—284, 289—301, 302—303, 306—308, 376, 381, 409, 412—414, 520—523, 526, 541

犹太医院(布鲁克林) Jewish Hospital (Brooklyn), 517

邮政电报大楼(伯尔尼) Postal and Telegraph Building(Bern), 77, 142

铀 uranium, 469, 471—473

有重和失重 weight and weightlessness, 145—146, 190

宇宙 universe; ~的他样历史 alternative histories of, 459—460; ~的大爆炸理论 Big Bang theory of, 355; ~中的暗能量 dark energy in, 356; ~的膨胀 expansion of, 253, 353—356, 372, 510; ~的星系 galaxies of, 254,

353—356,442；~的界限 limits of, 252—254；~的度规 metric of, 353—354；~的旋转 rotation of, 510—511

宇宙射线 cosmic rays,403

宇宙学 cosmology, 223—224, 248, 249—262, 265—266, 353—356, 372, 442,510—511,613n

宇宙学常数 cosmological constant, 254—255,353—356,372,613n

原子：atoms：~的存在 existence of, 2, 43, 56—57, 70, 93, 94, 95, 101, 103—104, 140, 164, 169, 255；~气 gas, 164, 323, 480—481；~的动量和位置 momentum and position in, 323, 346, 348—349；~核 nucleus of, 322, 456；~的裂开（核裂变）splitting of (nuclear fission), 469—472；~结构 structure of, 314, 321—322, 325, 345, 456；~的亚原子粒子 subatomic particles of, 316, 322—345, 352—454, 459—460, 463—464, 512, 538, 625n, 627n

原子弹 atomic bomb, 5, 272, 382, 415, 469—476, 480—486, 489—490, 497—498,500,509,525,629n—632n

《原子弹的秘密》Beginning or the End, The,491—493

原子量 atomic weight,57

原子能科学家应急委员会 Emergency Committee of Atomic Scientists, 490—491,500—501

原子能委员会（AEC）Atomic Energy Commission(AEC),531—532

远距平行 distant parallelism, 341, 343—344

约翰逊,保罗 Johnson,Paul,277

匀速 constant velocity, 107—109, 114, 118—119,127—131,145,148,189,201

运动 motion；绝对~ absolute, 320；布朗~ Brownian, 68, 93, 101, 103—106, 117—118, 140, 351, 373, 577n；~定律 laws of, 90—91；分子~ molecular, 2, 68, 91, 93, 97, 101, 103—106, 117—118, 140, 156, 223, 351, 373, 577n；相对~ relative, 36, 93, 107—109, 127—131, 133—135, 145—146, 197, 199—201, 212—213, 215, 220, 223, 318—320, 467；rotation and, 192, 199—201, 212—213, 251—252, 318—320, 510—511, 593n—594n, 596n；自发~ spontaneous, 69—70

《运送阿尔伯特先生》(帕特尼提)Driving Mr. Albert (Paterniti),546,640n

Z

《在阿尔伯特的阴影中》(波波维奇) In

Albert's Shadow(Popović),87

扎克海姆,米歇尔 Zackheim,Michele,86,88

占星术 astrology,384

战时公债 War Bonds,482

《战争生物学》*Biology of War, The*(Nicolai),244

张伯伦,奥斯汀 Chamberlain,Austen,419—420

哲学 philosophy,20,52—53,79—84,113,164,166,238,334—335,387—389,391,460—461,518,627n

《拯救阿尔伯特的罗盘》(奥本海姆)*Rescuing Albert's Compass*(Oppenheim),13

《芝加哥论坛报》*Chicago Tribune*,296—297

《芝加哥每日论坛报》*Chicago Daily Tribune*,528

《芝加哥先驱考察家报》*Chicago Herald and Examiner*,296

质量:mass:～转化为能量 energy converted from,2,5,137—139,272,348,469—470,485;引力～与惯性～ gravitational vs. inertial,146—147,468,548;牛顿的～定律 Newtonian laws of,90—91,130—131;量子力学中的～ in quantum mechanics,348—349;相对论与～ relativity and,250—252,468,548

智商 IQ,13

中子 neutrons,469,472

种族隔离 segregation,racial,445,505

种族主义 racism,378,380,381,445,505,520,531

众议院反美活动调查委员会(HUAC) House Un-American Activities Committee(HUAC),534

周一晚间俱乐部 Monday Evening Club,469

《庄严弥撒》(贝多芬)*Missa Solemnis*(Beethoven),536

《追忆逝水年华》*Remembrance of Things Past*,280

卓别林,查理 Chaplin,Charlie,263,268,373—374,403,427

资本主义 capitalism,497,504

紫外光 ultraviolet light,65,111

自发运动 spontaneous motion,69—70

自然:nature:～的原子模型 atomic model of,2,43,56,70,93,94—95,101,103—104,140,164,169,255;～中的因果性 causality in,1,81—84,90—91,95,216,323—326,332—334,345,347,460,461;～的和谐安排 harmonious arrangement of,3,4,13—14,20,37—38,78,297—298,388—389,548,549—

551；~中的客观实在 objective reality in, 323—326, 331—335, 352—353, 460—465, 538—539；~的物理存在性 physical existence of, 169—170, 251—252, 321, 326—333, 337, 345—347, 349, 350, 352—353, 448—470, 538, 625n simplicity of, 82—83, 99, 349, 512, 549；亦参见 physics

《自然科学大众丛书》(伯恩斯坦) *People's Books on Natural Science* (Bernstein), 18—19, 567n

自然研究者年会(1909年) *Naturforscher conference*(1909), 155

《自然哲学的数学原理》(牛顿) *Principia* (Newton), 125, 128, 199—201, 352

宗教 religion, 15—16, 20—21, 29—30, 56, 163—164, 167—168, 182, 243, 282—283, 372, 384—393, 462, 536, 548, 550—551, 587n

综合命题 synthetic propositions, 82—83

最小作用量原理 least action principle, 141, 584n

译后记

这是一本爱因斯坦的生活传记,也是爱因斯坦的所有文稿于2006年公开后出版的第一本传记。作者艾萨克森是《时代》周刊前主编,其《基辛格传》和《富兰克林传》早已广为人知。本书2007年出版后好评如潮,首版印数高达50万册。作者高超的叙事技巧和驾驭材料的能力令人惊叹,他能将浩如烟海的材料相当巧妙地糅合在一起,使这本传记的可读性极强。尤其可贵的是,作者并不刻意美化或丑化爱因斯坦的某个方面,而是能客观公允地看问题,用事实材料说话。爱因斯坦伟大的科学成就和非凡的人格魅力在书中得到完美结合。爱因斯坦当数20世纪思想最透彻的科学家,对什么是基本问题有着异常敏锐的直觉。他能很自然地把握事物的根本,而把其他细枝末节统统抛掉。在这个意义上,他又是极少数有深刻哲学思想的科学家。他可以用非常平实的语言把一个复杂的问题分析得清清楚楚,这不仅体现在他对科学的理解上,而且体现在他对人生和社会的看法上。他的著作总是朴实无华,自然亲切,所涉主题重大而高远,对人类怀有深切的悲悯,字里行间渗透着思想的伟力,闪烁着人性的光辉。

这也与爱因斯坦的宇宙宗教感情密切相关。斯宾诺莎那个决定论的上帝使他相信宇宙中存在着一种恒常不变的美妙秩序,也使他在哲学上自始至终无法认同量子力学。这种古典情怀加上幽默自嘲的气质使爱因斯坦能够超然物外,对世间纷扰有很强的屏蔽能力。科学与艺术的宁静世界是他心灵的避风港,真可谓"大隐隐于心",冷漠与热情在他那里奇特地交织在一起。"我有强烈的社会正义感和社会责任感,但我又明显地缺乏与别人和社会直接接触的需求,这两者总是形成鲜明的对比,"爱因斯坦说,"我实在是一个'孤独的过客',我从未全心全意地属于我的国家,我的家庭,我的朋友,甚至我最亲近的人。在所有这些关系面前,我从未失去距离感和保持孤独的需要。"用英菲尔德的话说:"我不知道还有谁像爱因斯坦那样孤独和超然。他不会真正受到伤害,他的生活充满了淡淡的愉快和冷冷的情感。其温文友善完全是不带感情的,这些东西似乎来自另一个星球。"这一点愈到晚年表现得愈明显。这也许是爱因斯坦最令人着迷之处。那些超越自我、达于神性的伟大人物,都会在一定程度上表现出这种悖论色彩,迫使每个人回归自己的内心。正因为如此,提起爱因斯坦,就像提起他最喜欢的莫扎特一样,我们多少会有一种复杂的感觉,那种感觉既亲切又遥远,既令人兴奋,又让人孤独。

  随着时光的流逝,爱因斯坦的科学成就已经得到很好的继承,其人性的一面会更加受人重视。了解爱因斯坦的一生不应只是出于历史的猎奇。在21世纪的今天,如何才能真正做到独立思考,秉持理想;如何才能成为一个真正"自由"的人,泰然接受命运的各种安排,在最大程度上从自我之中解放出来,已经成为更加紧迫的问题。在这个意义上,爱因斯坦对我们每个人都有永恒的意义。

  书中的部分内容已有译文,译者参考了《爱因斯坦全集》(1—5卷)、《爱因斯坦文集》(1—3卷)、《爱因斯坦论和平》等国内已经出版的著作,并在个别地方做了调整。在此向许良英、范岱年、赵中立、李醒民等学界前辈以及鲁旭东等先生的辛苦劳动致以衷心的谢意!在翻译过程中,承蒙中科院自然科学史研究所方在庆研究员多次指点,白彤东教授、郭孙伟先生热情回答了译者的一些问题,在此一并致谢!

  本书翻译难度很大,译者虽已尽力,许多地方还是难以传达原文的精妙和韵味。对于译文中的那些错误和不当之处,还望读者多多指正!

译 者

2008 年 10 月 13 日

图书在版编目（CIP）数据

爱因斯坦传：全2册／（美）沃尔特·艾萨克森著；张卜天翻译. ― 长沙：湖南科学技术出版社，2019.7（2024.11 重印）
书名原文：Einstein: His Life and Universe
ISBN 978-7-5710-0005-9

Ⅰ.①爱… Ⅱ.①沃… ②张… Ⅲ.①爱因斯坦(Einstein, Albert 1879-1955)―传记 Ⅳ.①K837.126.11

中国版本图书馆 CIP 数据核字(2018)第 269768 号

Einstein: His Life and Universe
Copyright © 2007 by Walter Isaacson
Chinese (simplified characters) Trade Paperback Copyright © 2019 by Hunan Science and Technology Press
Published by arrangement with International Creative Management, Inc.
All Rights Reserved
湖南科学技术出版社通过博达著作权代理有限公司独家获得本书简体中文版中国大陆出版发行权
著作权合同登记号：18-2014-149

AIYINSITAN ZHUAN
爱因斯坦传（全 2 册）

著　　者：（美）沃尔特·艾萨克森
翻　　译：张卜天
出 版 人：潘晓山
责任编辑：孙桂均　吴　炜
责任美编：殷　健
出版发行：湖南科学技术出版社
社　　址：长沙市芙蓉中路一段 416 号泊富国际金融中心
网　　址：http://www.hnstp.com
湖南科学技术出版社天猫旗舰店网址：
　　　　　http://hnkjcbs.tmall.com
印　　刷：长沙鸿和印务有限公司
　　　　　（印装质量问题请直接与本厂联系）
厂　　址：长沙市望城区普瑞西路 858 号
邮　　编：410200
版　　次：2019 年 7 月第 1 版
印　　次：2024 年 11 月第 4 次印刷
开　　本：880mm×1230mm　1/32
印　　张：27
字　　数：623 千字
书　　号：ISBN 978-7-5710-0005-9
定　　价：80.00 元（全 2 册）

（版权所有·翻印必究）